三联·哈佛燕京学术丛书
学术委员会：

季羡林　李学勤
（主任）

李慎之　苏国勋

厉以宁　陈　来

刘世德　赵一凡
　　　　　（常务）

王　蒙

———————

责任编辑：曾　诚
　　　　　孙晓林

茅海建 著

天朝的崩溃

鸦片战争再研究

修订版

The Collapse
of the Heavenly Dynasty:
A Restudy of Opium War

Revised Edition

生活・讀書・新知 三联书店

Copyright ⓒ 2014 by SDX Joint Publishing Company.
All Rights Reserved.
本作品版权由生活·读书·新知三联书店所有。
未经许可，不得翻印。

图书在版编目（CIP）数据

天朝的崩溃：鸦片战争再研究 / 茅海建著. —修订版. —北京：
生活·读书·新知三联书店，2014.10　（2025.5 重印）
（三联·哈佛燕京学术丛书二十年）
ISBN 978 - 7 - 108 - 05065 - 6

Ⅰ. ①天…　Ⅱ. ①茅…　Ⅲ. ①鸦片战争（1840～1842）－研究
Ⅳ. ① K253.07

中国版本图书馆 CIP 数据核字（2014）第 165979 号

责任编辑	孙晓林　曾　诚
装帧设计	蔡立国
责任印制	董　欢
出版发行	生活·讀書·新知 三联书店
	（北京市东城区美术馆东街 22 号　100010）
网　　址	www.sdxjpc.com
经　　销	新华书店
印　　刷	河北松源印刷有限公司
版　　次	2014 年 10 月北京第 1 版
	2025 年 5 月北京第 28 次印刷
开　　本	880 毫米 × 1230 毫米　1/32　印张 19
字　　数	452 千字
印　　数	346,001 - 366,000 册
定　　价	59.00 元

（印装查询：01064002715；邮购查询：01084010542）

三联·哈佛燕京学术丛书

从1994年创始至今，
二十年来，推出了近百种中青年学者的学术论著。

◆

本丛书由哈佛大学哈佛—燕京学社
（Harvard-Yenching Institute）
和生活·读书·新知三联书店共同负担出版资金，
保障作者版权权益。

◆

本丛书邀请国内资深专家组成编审委员会，
依照严格的专业标准评审遴选，定出每辑书目。
丛书保证学术品质，力求建立有益的学术规范与评审制度。

◆

展望未来，
本丛书将一如既往，稳健地推出新著，
为中文学术的繁荣发展竭尽绵薄。

献 给
我的导师陈旭麓先生

目 录

自 序 …………………………………………………………… 001

绪 论　由琦善卖国而想到的 …………………………………… 001
　　一　琦善其人 …………………………………………… 001
　　二　琦善卖国罪名之否定 ………………………………… 012
　　三　琦善卖国说形成的原因 ……………………………… 020
　　四　本书的主旨 ………………………………………… 028

第1章　清朝的军事力量 ………………………………………… 031
　　一　武器装备 …………………………………………… 031
　　二　兵力与编制 ………………………………………… 049
　　三　士兵与军官 ………………………………………… 067

第2章　骤然而至的战争 ………………………………………… 084
　　一　从严禁吸食到严禁海口 ……………………………… 084
　　二　林则徐的禁烟活动及其评论 ………………………… 100
　　三　林则徐的敌情判断 …………………………………… 112
　　四　林则徐的制敌方略 …………………………………… 128

第3章 "剿""抚""剿"的回旋 ········ 149
  一 初战 ········ 150
  二 "剿""抚"之变 ········ 161
  三 伊里布与浙江停战 ········ 185
  四 琦善与广东谈判 ········ 211
  五 虎门大战 ········ 227

第4章 广州的"战局" ········ 247
  一 杨芳的"果勇" ········ 248
  二 奕山的"靖逆" ········ 265
  三 三元里抗英的史实与传说 ········ 291

第5章 东南壁垒的倾塌 ········ 315
  一 璞鼎查的东来 ········ 316
  二 厦门的石壁 ········ 322
  三 定海的土城 ········ 339
  四 镇海的天险 ········ 359
  五 浙东的反攻 ········ 378

第6章 "抚"议再起 ········ 397
  一 "十可虑" ········ 397
  二 屡战屡败：从杭州湾到扬子江 ········ 426
  三 求和的历程 ········ 444

第 7 章　平等与不平等 ·············· 468
　　一　中英南京条约及其引起的忧虑············ 469
　　二　迈入陷阱：中英虎门条约············ 486
　　三　"等价交换"？中美望厦条约············ 511
　　四　"奉献"：中法黄埔条约············ 525

第 8 章　历史的诉说 ·············· 546

征引文献············ 577
人名、船名对照表············ 585
新版后记············ 589

插图目录

图一　乍浦西山嘴炮台　042

图二　虎门防御、作战示意图　229

图三　广州内河战斗示意图　253

图四　广州之战示意图　280

图五　厦门的石壁　326

图六　厦门防御、作战示意图　334

图七　舟山土城　345

图八　定海防御、作战示意图　356

图九　镇海之战示意图　364

图十　乍浦之战示意图　429

图十一　吴淞防御、作战示意图　434

图十二　镇江之战示意图　440

自　序

我不像许多人那般幸运，他们在历经苦难完成一部著作后，可以长舒一口气。自1992年年初起，我推开一切，整整两年，尝到了著书人都经受过的酸苦辣（没有感到甜），终于完工时，望着案上厚厚一摞文稿，心中没有一点轻松的感觉。

一、就一般而言，历史事件随着时光流逝而意义日减。鸦片战争则不然。它是中国历史的转折，提出了中国必须近代化的历史使命。中国的现代化一日未完成，鸦片战争的意义就一分不会减。生活在这一尚未现代化区域中的人们，体会现实，探索问题，免不了联系到那次灾难性的战争。屈辱、仇恨、自卑、希望……种种情绪交织，民族感情油然而生。这与已经完成同一使命的国度，比如日本，是大不相同的。它本身就是一个不让中国人轻松的课题。

然而，历史研究排斥感情的羼入，强调冷静和客观。我因此也常常自问，我是否真正做到了理智？

二、本书号称"鸦片战争再研究"，自然包含着对以往的研究进行批判的意味。就研究的过程而言，当属踩着前人的肩膀往上爬；就研究的结果而言，应是离历史真实更近。然事过境迁，一个半世纪前的人和事，与今有着层层历史隔膜。

我居住的地方，名皇城根，与紫禁城仅一箭之遥。从西窗中望去，昔日御花园景山上的万春亭，在夕阳下隐隐闪亮。我在位于紫禁城内的中国第一历史档案馆阅档时，因中午闭馆也常常在宫中闲荡，坐在"金銮殿"前的汉白玉阶上遐想。我也去过圆明园旧址，望着那些已无痕迹据说在航空照片上依稀可辨的中式园区。空间距离的接近，常使我感到时间跨隔的缩短。我试图与逝者对话，虽不能心灵沟通，却也增加了对他们心思的理解。尽管现代史学理论已经证明了再现历史之绝对不可能，但求真毕竟是治史者不灭的梦境。

三、本书是献给我的导师陈旭麓教授的。14年前，我投先生门下为研究生。他指导的第一篇论文为《鸦片战争时期中英兵力》。自此，我对鸦片战争的兴趣始终未减。毕业后，师生多有交往。他一直鼓励我把这本书写出来，我也暗冀获先生作序。可因工作关系，一直无暇动笔。1989年调入近代史研究所，终有供我支配的时间，导师却已于1988年仙逝。缘此，尽管真正展纸动笔仅两年，但搜集史料、思考问题却已经超出10年。导师为我作基，我却无缘索序。今天，我自序时，心中一直在想，这本书能否让他满意，渴望得到他的批评。可天堂距人间却是那么的遥远……

凡此三者，仍感到压在心上，尽管我已经写完了这本书。我等待着读者的批评。

我的同窗好友潘振平，对鸦片战争颇有心得。十几年来，我们多次进行讨论，常常彻夜不眠，使我受益非浅。本书始动手，他又提议两条：曰注重人物命运，曰解释历史现象。作为中国传统史学体裁正宗的纪传体，有着诸多优长，如何将这些优长揉之章节体中，我因之而探索。由于近代社会新陈代谢，价值观念和行为规范发生了很大变化,如何用当时的观念合情合理地解释当事人的思想和行为,我因之而努力。稿成,他又首先阅读,多有批评。可以说,没有他的帮助,本书不会是此模样。交久谊真,无需言谢,在此记之。

感谢武汉大学李少军先生。日人佐佐木正哉先生关于鸦片战争的论文,应是必读之作,可我不识东洋文字。李少军先生为我提供了译文。感谢今日已成同事的郦永庆先生。他是《鸦片战争档案史料》的编者之一。我因抄档有限且未校对,他提供了尚未印就的所编史料底稿,缓我一时之急。感谢同一师门的杨国强先生,阅读了部分文稿。他那提意见的技巧,使我顿然体会出自己的不足。感谢亦为同师的朱金元先生和唐克敏先生,他们的鼓励和帮助,成为我能如愿完工的一大动力。

我心中最为感激的,毫无疑问是在我之前作了充分研究且对我颇有启示的诸位先生。因我参考的文献较多,此处无法一一恭录。我已将拜读他们大作的收益,敬录于注释之中。在这里,我还要说一句,请原谅我踩在你们的肩膀上……

以上感谢,并无推卸责任的意思。本书的一切错误,当由我个人负责。

1994年1月于北京东皇城根

绪 论

由琦善卖国而想到的

中国的历史学,最注重人物评价。打开史籍,善恶忠奸分明,好人坏人一目了然。

在坏人的队伍中,琦善大约可属"最坏"的一类,因为他犯有古今中外均视为不赦的罪行——卖国。没有一个民族和国家,会饶恕自己历史上的卖国贼。

可是,琦善果真卖国吗?

我以为,这里面存有许多疑问,可作进一步的探讨。

一 琦善其人

琦善出生于一个满洲贵族家庭。祖上恩格得理尔,以率众投附有功,封一等侯爵。父亲成德,官至热河都统。琦善16岁时以荫生的资格分发刑部,由正五品的员外郎候补。18岁时正式补官,此后仕路畅顺,飞黄腾达。1819年,他29岁时,便当上了独挡一面的河南巡抚。后历山东巡抚、两江总督、东河总督、成都将军等职,期间曾因治水失宜而被革职,但开复特快。1831年,迁督抚疆

臣之首的直隶总督，1836年，授协办大学士，1838年，擢文渊阁大学士，官居正一品。❶

琦善为官办事，好用诡道怪行，但也多验明效。他为人傲慢气盛，但官场结交甚广。他勇于任事，好大喜功，任职中的失败几乎与成绩一般多。道光帝也特别看重他敢于闯创、敢于负责的品格。

至1840年鸦片战争时，琦善的正式身份是一等侯爵、文渊阁大学士、直隶总督（后改两广总督）、钦差大臣。他在与英方的公文往来中，得意洋洋地自称"本大臣爵阁部堂"。❷可以说，他位极人臣，圣眷正隆，达到他一生的顶点，为同僚们望尘莫及。

我们若从当时人的观念来思考，就会产生疑问：琦善一家世受国恩，本应更加忠君爱国，道光帝待其不薄，没有理由背叛主子，可他为什么要卖国呢？这与后来汪精卫因政治不得意而改换门庭的场景，似为格格不入。

当时的一些论著谈到琦善的举动时，采用了"贿和"的说法。让我们来看看这方面的可能性。

琦善之家是一个具有百年以上历史的大家族，家底颇丰。他本人又久为高官，在搜敛钱财上的功夫，也不差于其他官僚。他是个有钱人。

关于琦善的家产，民间流传的说法，几近天文数字，一份传抄的琦善于1841年获罪抄家的清单称，琦善拥有"番银"1000万元，珍珠奇宝无算，另有田地34顷，房屋340间，当铺6处，店栈81

---

❶ 王钟翰等点校：《清史列传》第10册，中华书局，1987年，第3144—3155页。
❷ 佐々木正哉编：《鸦片战争の研究：资料篇》，东京：近代中国研究委员会，1964年。

处。❶若此当真,琦善的家产超过当时任何一位英国贵族,甚至女王本人。

但从档案史料来看,民间的传说显然是夸大了。据负责查抄的吏部尚书、步军统领奕经等人奏称:

> 奴才等查抄琦善家产,前经奴才等将查出金锭、金条、金叶约重五千一百余两,元宝七百八十一个,散碎银锞锭二万六千五百余两大概情形,具奏在案。今复连日详细抄检,又续行查出金锭、金条、金叶约重二千两,元宝六百十七个,散碎锞锭银二万余两……❷

后据道光帝面谕,负责将琦善没官财产生息以充兵饷的军机大臣穆

---

❶ 中国第一历史档案馆编:《鸦片战争新史料》中录有民间流传的琦善抄家的清单:"番银一千万元,黄金四百二十三两五钱,东珠八百四十九粒,珠吊二十四十付(计大小七百四十八粒),玳瑁架床一付,瑚珠十六挂,大小自鸣钟十八件,金钱表十一件,家乐班行装十八箱,貂褂十四件,蟒袍二十八件,衣籍百三十件(另有清单),玉马二个,料狮二个,翡翠瓶十八丁,珠灯八堂,红呢铺垫大小三十付,水晶澡堂一架,私参四十二斤,药材十九札,彩帐十二件,泥金桌凳二付,铜牛望月二付,凤冠一只,轿车四套,大小牲畜二十八头,大呢幔幔羽衣二件,零星缎匹细件二百二十斤,直隶开设当典四处(协成、永成、大成、恒成),盛京典当二处(来成、福成),自置田亩三十四顷,祖遗房屋三百四十间,店栈各房八十一处,楠木桌凳九十四件。"见中国史学会主编、齐思和等编:《中国近代史资料丛刊·鸦片战争》(以下简称《丛刊·鸦片战争》)第3册,上海:新知识出版社,1955年,第433页。

此外,《入冠志》称,琦善家"抄出黄金六百八十二斤,银一千七百九十四两,并有珠宝十一箱"。(同上书,第316页)

❷ 中国第一历史档案馆编:《鸦片战争档案史料》第3册,天津古籍出版社,1992年,第198页。奕经还在该奏中揭露出一个有趣的事实:1824、1825、1826年,琦善分别与山西商人岳泉、陈宝书、曹添得合资,在天津大沽等处开设义和、全和、时和三家当铺,每家出资钱两万串,共计六万串。由于当时禁止官员开设当铺,琦善便让其家仆王幅出名,"写立公中合同"。王幅还派人参加当铺的管理。琦善的敛钱手段,由此可见一斑。

彰阿奏称：

> 琦善入官元宝银一千四百三十八个，散碎银四万六千九百二十两……琦善入官地亩，现据内务府按契核计，共地二百五十二顷十七亩零，以地方官征租差地核计，每年可收租银二千余两。又琦善入官铺面房间，内务府现已兑明，每月约得房租银九百六十二吊二百二十八文、银五十一两……❶

由于没有找到其他有关此次抄家的奏折和清单，我们还不能得知琦善的自住房产和达官贵人家常有的珍奇宝物古玩等项，但从上引金、银、田产、店铺等看，数额已经相当可观。

若说有钱人就不会受贿，当然不能成立。但作为家赀丰裕的琦善，大约不会见了自鸣钟、玻璃盏之类的新奇洋货便心旌荡漾。在中英交涉中，他若要受贿，就绝非小钱，而必然是一笔大数目。

实际上，有关琦善"贿和"的说法，当时风声甚大，就连深居于宫禁的道光帝都已听闻。生性多疑的道光帝，在下令锁拿琦善后的第三天，又密谕靖逆将军奕山"密加查访"义律与琦善之间"有无私相馈赠之事"。❷ 奕山对此未能找到证据。❸ 琦善逮京后，由道光帝亲自审定的讯问琦善各条中，其中一问是：

> 琦善既与义律（Charles Elliot）往返说话，情意亲密，自天津以至广东，该夷目馈送琦善物件若干？琦善回送是何物

---

❶ 《鸦片战争档案史料》第3册，第459—460页。
❷ 《筹办夷务始末（道光朝）》第2册，北京：中华书局，1964年，第824页。
❸ 同上书，第1000—1001页。

件？均须一一供吐，不准隐瞒！❶

琦善对此是一口否认，在审讯中称：

> 伏查琦善与逆夷言语不通，不过为公事暂事羁縻，假意待之，岂肯收受馈送，自外生成。亦未给过该夷物件。不敢隐瞒。❷

琦善的这个答复，显然未使道光帝完全放心。就在审讯琦善的同时，军机处审讯为琦善充当中英交涉的联络员鲍鹏，又提出了相同的问题：

> 琦善与义律情意亲密，有无彼此馈送情事？

鲍鹏对此问题，也是完全否认。❸

当事人的自白，自然不能用以证明当事人的清白。好在琦善所欲贪者，非为小数，若是大额，英方自然有账。

然而，从目前所能见到的英文资料来看，义律等英方官员并没有采用贿赂的手段，也无琦善索贿的记载。而义律听闻琦善因收取义律贿赂的罪名而受审讯的消息，特意拟出否认对琦善行贿、英国官员不会行贿的文件，转交广州知府。❹当然，这份文件并未上达中枢，即便上达，恐怕也不会对琦善有利，反而证明他与义律的勾结。

---

❶ 《鸦片战争档案史料》第 3 册，第 459 页。
❷ 同上书，第 475 页。
❸ 《军机处会讯鲍鹏供词》，《丛刊·鸦片战争》第 3 册，第 252 页。
❹ 义律致巴麦尊，1841 年 6 月 16 日，转引自佐佐木正哉：《鸦片战争研究——从英军进攻广州到义律被免职》第八部分"对琦善的审判"。（〔日〕《近代中国》第 11 卷）

我们不妨再设想一下当时的情景,此时的义律等人,已经不是当年龟缩于澳门、自称"远职"、处处求情疏通的模样,而是领兵上门勒索抢劫的凶犯。世上又哪有强盗上门先行贿后动手的事情。这与俄国为中俄密约、中东路而贿赂李鸿章的局面,似为格格不入。

由于鸦片战争前,中英之间实际存在的只是通商关系;又由于清政府官员的腐败,贿赂和陋规已经成为维系这种关系延续运作的不可缺少的润滑剂;凡是涉及这种商务联系的官员,无不受贿,无不发财,久已被视作官场中的正常现象。有关琦善"贿和"的流言,很可能由此而牵带推测、合理想象而来。也正因为如此,此类流言才会有着广泛的市场,尽管没有什么实际的根据。❶

以上对琦善卖国的心理活动的探究,是从求官图荣、贪财谋利的角度,即人类自身缺陷的角度去分析的。然而,古往今来的卖国者,对自己的行为还有一种堂皇的解释,即为了遵循某一种主义,实现某一种理想。

但是,若要将此落实到琦善的身上,似乎也沾不上边。

鸦片战争之前,中华文明一直是相对独立地发展的,并以其优越性,向外输出,在东亚地区形成了以中国为中心的汉文化圈。尽管它与外部世界的联系,从古以来,如缕不绝,但是,外来之物欲进入中国,须得经过中华文明强韧且持久的改造,化外来为内在,才能成为中华文明的组成部分。长此以往,中国人习惯于以居高临下的姿态,环视四方。清王朝正是在这种历史沉淀中,发展完备了"天朝"对外体制。

在古代,依据儒家的经典,中国皇帝为"天子",代表"天"

---

❶ 无独有偶,当后来伊里布被贬斥时,道光帝又让裕谦密查伊里布与英人有无私相馈赠情事,可见这种流言的普遍性。

来统治地上的一切的。皇帝直接统治的区域，相对于周边的"蛮荒"之地，为"天朝上国"。"普天之下，莫非王土"，《诗经》中的这句话，经常被人引用说明当时的土地制度，其实也反映出当时的中国人所能看到的世界，即"天下"，长久地不出于东亚地区。毫无疑问，这种"天下共主"的观念并不正确，但却客观地反映出中华文明长时期在东亚地区的无可争辩的优越，并长久地维系着大一统王朝在中国的世系相传，即所谓"国无二君"。❶这种情势在清朝，又具体地表现为"天朝上国"、藩属国、"化外各邦"的三重关系。

清王朝的强盛，使周边地区的各国君主，出于种种动机，纷纷臣属于中国，向清王朝纳贡，受清王朝册封。❷至于藩属国以外的国家，包括西方各国，清王朝一般皆视之为"化外蛮夷之邦"，❸在

---

❶ 从世界历史来看，"天下共主"的观念并非中国独有。在欧洲和西亚，大帝国的君主都曾宣称自己是"天下共主"。这在地理大发现之前的时代是不新鲜的。中国的问题仅在于没有意识到，随着地理知识的增长，应当抛弃这种错误观念，反而是千方百计地加以修补。至清代，这种"天下共主"的观念已经是漏洞百出，但统治者为了统治的需要，仍坚持不放。

❷ 中国的藩属国与西方的殖民地完全不同。这表现为：一、宗主国不谋取特殊的经济利益，在朝贡中又采用"薄纳厚赠"的政策，使藩属国的朝贡成为有利可图的生意，即"朝贡贸易"。二、在政治上，藩属国君主的目的在于维护其地位，以借助宗主国的势力来对抗、压制国内反对派。而宗主国又通过支持藩属国的君主，减少外族的入侵，保护边境的安全。从某种意义上说来，宗藩关系是一种地位不平等的政治同盟关系。

❸ 此处将西方各国列为"化外"，是从清朝与西方各国的实际关系而确定的。而当时的一些清朝官吏，为渲染盛世的"万邦来王"，将英国等国列为朝贡国。清朝的一些官方文书，也有这种记载。甚至当时先进的中国人，曾任礼部主客司主事的龚自珍也不例外，谓："我朝蕃服分二类，其朝贡之事，有隶理藩院者，有隶主客司者。隶主客司者，曰朝鲜，曰越南，曰南掌，曰缅甸，曰苏禄，曰暹罗，曰荷兰，曰琉球，曰西洋国。西洋诸国，一曰博尔都嘉利亚，一曰意达里亚，一曰博尔都噶尔，一曰噗咕唎。自朝鲜至琉球，贡有额有期，朝有期。西洋诸国，贡无定额，无定期。(《主客司述略》，《龚自珍全集》，上海人民出版社，1975年，第118—119页）还需说明的是，西方人见到将他们的国家列为朝贡国，必然生怒，认为是对他们的污辱；而清朝的官绅士子们却不这么认为，他们将此作为一种褒扬，即"化外"之邦有心"向化"，是一种进步。

官方文书中蔑称为"夷",并在其国名上加"口"字旁。如英、法、美三国,分别称为"㕦夷"、"咈夷"、"咪夷"。❶根据儒家的礼仪,清王朝拒绝与这些不愿朝贡的国家作正式的官方交往;又根据儒家"虽之夷狄,不可弃也"的教义,清王朝又准许这些国家通商。尽管这种通商在清初、清中叶有利于中国,也牵系着沿海数十万民众的生计,但依照"以农为本"的古训,兼之朝廷在此中获益不多,❷清王朝对此并不重视。在他们的心目中,通商是"天朝"施于"蛮夷"的一种恩惠,是"怀柔远人"的一种策略。

因此,清王朝在对外关系上,自以为是居于他国之上的"天朝",不承认与之平等的国家的存在,即所谓"敌国"。从某种意义上讲,"天朝"对外体制,使中国成为一个世界,而不是世界的一部分。

从明代开始,中英就有了通商关系。但在"天朝"体制和观念的笼罩下,中国人对英国的认识是混沌一片。1793年、1816年,英国先后遣使马戛尔尼(George MaCartney)、阿美士德(William Pitt Amherst)来华,清政府依照"天朝"制度,将其当作"㕦咭唎贡使"来接待,结果不欢而散。1834年,英国取消东印度公司的对华贸易垄断权,派律劳卑(William John Napier)为驻华商务第一监督。负责通商事务的两广总督卢坤,未究诘其来华目的,却震怒于以"平行款式"递交文件。❸1838年,英国驻华商务总监督义律投

---

❶ 除国名外,当时在西方的人名、船名亦加"口"字旁。本书采用当时译法的国名、人名、船名,除在行文中表示特别意义的,皆删去"口"字旁。

❷ 尽管当时外国商人在粤海关交纳甚多,但绝大部分作为陋规和贿赂进了官员、行商的私囊,上交朝廷的正税每年仅为银一百万两,占清王朝财政收入的百分之二至百分之三左右。因此,清朝皇帝时常有"区区关税"之言论,对中断对外贸易,表示无所谓。

❸ 卢坤认为,"查中外之防,首重体制,该夷目律劳卑有无官职,无从查其底里,即使实系该国官员,亦不能与天朝疆吏书信平行。事关国体,未便稍涉迁就,致令轻视。"于是,他下令中断中外贸易以对抗。未久,律劳卑病故,德庇时(John Francis Davis)继任,中外贸易恢复。(《鸦片战争档案史料》第1册,第146—168页)

递文书，封面上无"禀"字样，两广总督邓廷桢即"原封掷还"。❶因此，尽管1834年之后，英国有了官方代表——驻华商务监督（中文称之为领事），但清政府并不承认其官方地位，仍将其当作东印度公司的大班来看待。❷

  清朝傲视"四夷"的"天下"观念，部分是因为儒家文化的优越和外传的历史传统，部分是由于长期以来中国社会经济水平，并不低于西方。16世纪西方人初至，中国乃是世界上最发达的国家；17、18世纪之交，康熙大帝的文治武功，使中国进入一个新的"盛世"；即使是在18世纪英国工业革命前，中国的社会生产力仍不低于西方各国，生产总量则远远超过之。至鸦片战争前夕，中国确确实实是落后了。但是，由于文化背景的不同，英国最先进的事物，经过儒家教义的折光，顿时变为最荒谬不堪的东西。君主立宪，在皇权至上面前，有如大臣擅权；经商贸易，在农本主义面前，显为舍本求末；追逐利润，在性理名教面前，只是小人之举；至于女王主位、男女不辨，更是牝鸡司晨之类的"夷俗"；即便令人兴叹的西方器物（钟表、玻璃、呢羽等），享用赏玩收藏之余，仍可斥之为"坏人心术"的"奇技淫巧"。无怪乎海通200余年后，中土的官僚士子们并未折服于西方，反坚信于中华文物制度远胜于"西夷"，尽管他们在一个事实方面已经达成了共识：西方"船坚炮利"。

  如此不惜笔墨地描绘清朝的对外观念和当时的中英关系，只是为了指出琦善思考和行动的大背景。作为个人，无法背离其所处在的环境。

  琦善主要在北方任官，与西方没有直接打过交道。他不知道地

---

❶《鸦片战争档案史料》第1册，第329—331页。
❷ 同上书，第223页。

球是圆的,更不知"嘆咭唎"位于四大部洲的哪个角落。在天津,他初见英国军舰,大为震慑,但并未改变英国属"化外蛮夷"的基本观念。在留今的大量奏折中,他用以描绘英国最典型的词汇是"夷性犬羊",这也是当时官员的常用套语。就在广东中英谈判最紧张之时,他在奏折中有一段描绘英人行径的话:

> 而今之在粤者,名为兵目,尤为蛮野之人,礼义不知,廉耻不顾,皆得在场惟(为)所欲言,纷纷藉藉,无非扛帮,肆其鬼域伎俩。既不能以理谕,亦且难以情遣。❶

这些用语,活脱脱地显露了琦善只不过是一个墨守"天朝"观念、对世界大势浑浑噩噩的官员,又怎看得出他对英国的主义、理想有向往之情?

如果说奏折上的话,只是用来哄骗道光帝的,并不能反映琦善的内心,那么,我们还可以看看,他又是用什么样的语气对英方说话的。他在致义律的照会上写道:

> 查贵国来此通商,迄今二百余年,从无龃龉。只缘不肖商人夹带烟土,致绝贸易。本年贵国**前来乞恩**,事在情理。乃先占据定海,本不能**不上干天怒**。特缘本大臣爵阁部堂前在天津时,叠奏贵国**情词恭顺**,方简派本大臣爵阁部堂来此**查办**。否则**大皇帝抚有万邦**,人稠地广,添船添炮,事有何难?岂有因此定海一县,遽肯受人挟制之理?本大臣爵阁部堂之所以叠次照会**嘱令**缴还定海者,亦正欲**显有恭顺实迹,以便代恳恩施**,冀

---

❶ 《筹办夷务始末(道光朝)》第2册,第629页。

行久远。兹犹喜贵公使大臣自天津以来，**尚无滋扰**，本大臣爵阁部堂方敢允为代奏。**倘其间稍失恭顺**，本大臣爵阁部堂已先获陈奏不实之咎，自顾不暇，焉能再为贵国筹画？而贵国既欲通商，**若非处处恭顺，俟奏奉大皇帝恩旨准行**，贵国又岂能安然贸易乎？事须从长计议，未可专顾一面。❶（重点为引者所标）

这完全是一派天朝的语言。琦善的逻辑是：只有英方处处表现"恭顺"，听从他的"嘱令"，这位"大臣爵阁部堂"才会把这种"恭顺实迹"，上奏于"抚有万邦"的大皇帝，英方才有可能获得大皇帝的"恩施"。就连远在伦敦的英国外相巴麦尊（Henry John Temple Palmerston），看到义律转呈的这些文件，也不免大怒，为此专门训斥义律：

> 我也颇为不安地看到，在你与琦善全部文书往来中，你曾经容许他擅用了一种妄自尊大的口吻，而你自愿采取一种甘居人下的地位。❷

实际上，义律的这种"甘居人下"的姿态，也是他后来丢官卸职的原因之一。

时代的背景，规定了琦善的思想，而琦善的思想，又制约着他对英绝无卑媚仍不失傲慢的举止。我们似可由此而看到他的内心：他以堂堂天朝的"大臣爵阁部堂"自居，又怎么会冀求"区区岛夷"所颁之荣？又怎么会贪图"蕞尔小国"所施之财？又怎么会将泱泱大清卖给连地处何方都弄不清楚的"化外蛮夷"？

---

❶ 佐々木正哉编：《鸦片戦争の研究：资料篇》，第44页。
❷ 马士：《中华帝国对外关系史》第1卷，北京：生活·读书·新知三联书店，1964年，第729页。

所有这些，都向人们表明，琦善不像是要卖国的。

他没有卖国的动机。

二　琦善卖国罪名之否定

辨明琦善没有卖国动机之后，还须一一分析琦善的卖国罪名。

在当时人的描述和后来研究者的论著中，琦善被控罪名大约有四：

一、主张弛禁，成为清王朝内部弛禁派的首领，破坏禁烟。

二、英舰队到达大沽口外时，乘机打击禁烟领袖林则徐，主张投降。

三、主持广东中英谈判期间，不事战守，虎门危急时又拒不派援，致使战事失败，关天培战死。

四、私自割让香港予英国。

以上罪名是否属实呢？

先看第一项，关于禁烟。

弛禁的主张，酝酿于鸦片走私最为严重的广东。一些见鸦片屡禁不止的官僚士子，为遏制白银外流，企图以合法进口征税、内地种植替代的方法，对付日益猖獗的走私活动。1834年，两广总督卢坤上奏试探，未果。❶ 1836年，曾任广东按察使的太常寺少卿许乃

---

❶ 卢坤在奏折中使用曲笔，以试探道光帝的口风，谓："总之，势成积重，骤难挽回。屡经周咨博采，有谓应行照昔年旧章，准其贩运入关，加征税银……有谓弛内地栽种莺粟之禁，使吸烟者买食土膏……其说均不无所见，然与禁令有违……"（《鸦片战争档案史料》第1册，第166页）道光帝对此全然拒绝。

济正式出奏，又未行。❶除此两起外，我们在清官方文书中找不到其他主张弛禁的言论，可见持此论者，只是少数忧虑时政的官员，并未形成清王朝内部的所谓"弛禁派"。

时下流行的许多鸦片战争史的论著认为，大量侵吞鸦片贿赂的官僚集团是弛禁论的鼓动者和支持者。我以为，此说既缺乏史料依据，又与事理相悖。因为，一旦实行弛禁，鸦片便成为合法商品，贩卖者即可不必行贿。对这些贪官说来，保持现状，即明禁暗不禁，才是最为有利的。弛禁论有利于国内外大大小小的鸦片贩子，但对贪官的利益却是一种冲击。

从各类史料来看，我们找不到琦善有关弛禁的言论；又因为清王朝内部似无"弛禁派"，称琦善是弛禁派首领，也无从谈起。

1838年，鸿胪寺卿黄爵滋上奏，主张严禁，道光帝下令各省将军督抚议奏。琦善表示同意严禁。❷此后，根据道光帝的谕令，

---

❶ 许乃济此时上奏，另有契机。按照清政府的规定，每年年底，各省督抚等须专折奏报本省内吸食、种植鸦片的情形。行久而虚应故事，皆成具文。各省大吏无不虚报，道光帝对此类公文也已生倦。1836年初，道光帝在署两江总督林则徐、江西巡抚周之琦、浙江巡抚乌尔恭额、护安徽巡抚佟景文等人的奏折上朱批："既无买食鸦片之人，自明岁为始，毋庸具奏。"（《鸦片战争档案史料》第1册，第193—197页）很可能许乃济得知了这一消息，认为道光帝对鸦片的态度有所缓和，方上奏弛禁。许乃济上奏后，道光帝下令广东官员议复。两广总督邓廷桢等人表示赞同（同上书，第200—210页）。后内阁学士朱嶟、给事中许球、御史彭玉麟等人上奏反对（《复旦学报》1978年第1期；《鸦片战争档案史料》第1册，第213—217页）。道光帝终未同意弛禁。

❷ 《鸦片战争档案史料》第1册，第292—295页。案，这一时期的疆臣议奏，与后来湘、淮系把持地方权力时不同。各地大吏在政治上并无定见，惟以揣摩皇帝旨意为能事，以讨皇帝欢心。琦善在这一方面堪称高手。他同意严禁，并非表示其历来对鸦片深痛恶绝，而是已看出道光帝的意向，投机适应，后来在天津拿获烟贩也属此类。各地疆臣的29份奏折，无一不主张严禁，就连历来倾向弛禁的广东也不例外，这种空前的一致只能说明帝意明朗，谁也不敢冒险以忤圣心。道光帝决心严禁后，果然将许乃济休致。一些论者以是否同意黄爵滋"吸食者诛"，为弛禁或严禁的区别，似不能成立。我将在第二章中对此进行讨论。但从各奏折来看，有些大臣对此有严禁的决心，如林则徐等人，有些大臣平时对此事似乎不太留心，复奏亦不得要领，但看不出弛禁的倾向。

他在天津进行了雷厉风行的查烟活动，1838年8月至11月，共起获烟土15万余两。❶这一数字仅低于由邓廷桢主政的广东（26万余两），❷而高于林则徐主政的湖北（2万余两），❸居全国第二位。最近的研究也已证明，促使道光帝下令严禁鸦片的，不是林则徐，而是琦善。❹

由此可见，琦善在禁烟活动中有着出众的表现。这虽然不能证明他是强烈主张严禁的官员，但足以否认其弛禁的罪名。

再看第二项罪名，关于打击林则徐，主张投降。

称琦善乘英军北上天津之机，攻讦林则徐的唯一可以看到的材料是，1840年8月11日，琦善奏称，向清方投递文书的英军"守备马他仑"，"其词只谓叠遭广东攻击，负屈之由，无从上达天听，恳求转奏"。❺马他仑（Maitland）是英舰威厘士厘号（Wellesley）的舰长，❻前往接收文书的是督标后营游击罗应鳌，他们的对话今已无从查考。但据此时递交的英方文件的内容来看，"叠遭广东攻击"

---

❶ 《鸦片战争档案史料》第1册，第354—356、364—366、391—393、401页。

❷ 同上书，第449页。

❸ 林则徐致刘建韶信中称："查拿鸦片一事，弟在楚所获烟土、烟膏，已奏之一万二千余两，未奏者亦有此数。"（杨国桢编：《林则徐书简》，福建人民出版社，1985年，第44页）两万两之数，由此推定。

❹ 以往的论者，多据《道光洋艘征抚记》，称道光帝见到林则徐奏折上称，"烟不禁绝，国日贫，民日弱，十余年后，岂惟无可筹之饷，抑且无可用之兵"，大为震动，遂命林则徐进京。然从清代档案来看，情况完全不同。道光帝收到林则徐有上引内容的附片后，并未留下任何朱批、朱点、朱画，亦无上谕下发。而10月25日，京城发现庄亲王等吸食鸦片，给道光帝以很大刺激。11月8日，道光帝收到琦善的奏折，得知天津查获鸦片13万两，感到情势严重，遂于11月9日下令调林则徐进京（郦永庆：《有关禁烟运动的几点新认识》，《历史档案》1986年第3期）。至于道光帝为何选派林则徐负责禁烟，我将在第二章中讨论。

❺ 《筹办夷务始末（道光朝）》第1册，第368页。

❻ 这位军官与1838年率舰队至广东的东印度舰队司令马他仑同姓，不是同一人。

一语，似非琦善为诬林而自行编造。❶

至于惩办林则徐、另派钦差大臣前往广东一事，本为道光帝所为，与琦善无涉。但道光朝《筹办夷务始末》的编纂官们，将原本应附于琦善1840年9月2日奏折之后的照会，误植于其8月17日奏折之后。这就给人一种误解，以为是琦善首先向道光帝提议惩林的。我们若将佐佐木正哉所辑录的英国档案馆中的中英往来文件相对照，不难发现此中的错误。❷ 可以说，琦善完全是遵旨办事，并无羼杂个人的意见。

这里还有必要简述一下琦善与林则徐的私人关系。

据《林则徐日记》，琦、林之交始于1825年6月。是时，林以丁忧在籍的前江苏按察使的身份，被"夺情"而监督江苏高家堰河工。琦善以山东巡抚的身份前来巡视。未久，琦善迁两江总督，陶澍调江苏巡抚，为南漕海运，命林则徐总其事。林以病辞归，琦为之代奏。此后，各官一方，并未同事。

又据《林则徐日记》，鸦片战争前，琦善与林则徐见过两次面。第一次是在1837年3月，林则徐迁湖广总督离京赴任，琦善遣弁迎于直隶与顺天府交界的高碑店。林行至省城保定，琦又率文武官员出城迎接。在公所寒暄之后，琦即赴林寓所"长谈"。尔后，林又回拜，"谈至傍晚"。次日，林则徐离保定，琦善因"值丁祭，未得来，差省酬应"。❸ 迎来送往，自是官场风气，但两次长谈，似又属私谊。第二次在1838年12月，林则徐奉旨进京，行至直隶安肃

---

❶ 英方这份文件中有"可即以钦差大臣林如何凌辱英国官员暨商人等情节，照实陈明奏闻"一语（佐々木正哉编：《鸦片战争の研究：资料篇》，第8页），可见琦善转奏马他仑之语，并非无来历。

❷ 陈胜粦先生的论文《林则徐在粤功罪是非辩》对此进行了很好的分析，见《林则徐与鸦片战争论稿》（增订本），中山大学出版社，1990年，第113—116页。

❸ 中山大学历史系编：《林则徐集·日记》，中华书局，1962年，第226—227页。

(今河北徐水），适遇琦善由京返回，两人"谈至傍晚"。❶

后来的论者称琦、林交恶，多指两事。

其一谓，林则徐在道光帝召对时，倡言畿辅水利，后又奉旨上奏。琦善妒恨林则徐越俎代庖，从此结怨。查林著有《畿辅水利议》，后又有《复议遵旨体察漕务情形通盘筹画折》❷，其中心意思是，为了革除漕米、漕运、河工诸弊，只需在直隶，尤其是东部的天津、河间、永平、遵化四州府，改种高产的水稻，即可一劳永逸地解决京师缺粮的难题，而不再需要南漕。一百多年前的华北，虽不似今日之干旱，但在直隶种稻即可解决每年四百万石的南漕，今日看来，仍似为大胆之言。更何况，林则徐还疏言，无须先治水（当时潮河、白河、永定河常发大水），后营田，仅需行"沟洫之法，似皆为作上腴"。在这里，我们不必细究林的建策是否可行果效，身为直隶总督且须新负京米之责的琦善，自然不愿不会也不敢用此奇策，他本来就为治水而吃过亏；但谓琦善为此妒恨林，以致后来要设计陷害之，也似无必要。因为林的提议，早已有之，琦只需奏明即可。❸更何况当时此类事件颇多，若事事记恨，则记不胜记。

其二谓，林则徐于1838年12月路遇琦善，琦告之"勿启边衅"。后有论者据此称琦威胁林，迫其放弃严禁鸦片的立场。查

---

❶ 《林则徐集·日记》第314页。

❷ 关于林则徐胪陈直隶水利的时间，众说不一，有称1837年即林请训即赴湖广总督任时，有称1838年即林请训即赴钦差大臣任时。我以为，1838年似更为可靠。大约正是此次的印象，道光帝于1839年专门让他议奏金应麟一折。《畿辅水利议》今存光绪刻本，而后一份奏折，见中山大学历史系编：《林则徐集·奏稿》中册，中华书局，1965年，第715—724页。

❸ 后来琦善也确实奏明，颇得道光帝的理解。见《清实录》第37册，中华书局，1986年，第1179页。

"勿启边衅"一语，出自民国年间雷瑨所编《蓉城闲话》一书引用的戴莲芳所著《鹂砭轩质言》。❶ 然琦、林私语由何人何时传出，闻者得自何处，皆无说明。又检视此文，错误颇多，让人感到不太可靠。即便真有"勿启边衅"一语，究系劝诫还属威胁，又可再作分析。从后来发生的战争来看，琦善若有此语，似又有一定的预见性。

综上所述，我以为，鸦片战争前，琦善与林则徐自然不是意气相投的朋友，但若称之为势如水火、积不相能的政敌，也缺乏必要的史料依据。称琦善乘英军至津而诬林的罪名，似不能成立。

指控琦善的第三项罪名，即他在广东的所作所为，是本书第三章叙说的重点之一，这里只是简要地提一下拒绝增兵虎门的问题。

据琦善奏折，他于1840年11月29日到广州，12月4日接印视事。从11月29日至12月26日，他仍迷醉于通过"开导"解决中英争端。12月26日，接到义律的最后通牒，次日起4次增兵虎门。由此至1841年2月22日，琦善共向虎门派兵3150名，另雇勇5800名，且有调拨火炮等情事。❷ 称琦善拒不派援，致使关天培孤军困守以致失败的说法，不能成立。

最后，看一下第四项罪名，关于私许香港，这是道光帝革拿琦善的主要原因。

1841年1月7日，英军攻占虎门口端的大角、沙角。义律随之提出霸占沙角等要求。琦善在英军的强劲攻势面前，趋于软弱，

---

❶ 《丛刊·鸦片战争》第1册，第314页。
❷ 详见拙文：《1841年虎门之战研究》，《近代史研究》1990年第4期。

复照称，英军若退还定海、沙角等处，可上奏道光帝，请于珠江口外给予"寄寓一所"。❶1月14日，义律提出割占尖沙咀（即今九龙）、香港两地。琦善答以只能选择一处"寄寓泊船"，俟英方选定后，由他上奏请旨。❷

可是，义律歪曲了琦善的意思，于1月16日照会琦善，声称将"以香港一岛接收"。❸在这份照会后面还附有另一照会，以"私情致请"释放两名外国商人。1月18日，琦善照会义律，含混其词，全文为：

照得接据贵公使大臣来文，均已阅悉。**现在诸事既经说定**，所请释放港脚黑人那密及法兰西国人单亚泥二人，本大臣爵阁部堂即饬去员，带交贵公使大臣释放可也。为此照会。❹

（重点为引者标）

同日，琦善上奏道光帝，请求仿照澳门先例，准许英人在香港"泊舟寄居"，并称已派人前往"勘丈"，待道光帝批准后，再与英人"酌定限制"。❺

从琦善照会内容来看，明显是对义律请求放人的照会的回复。而义律不顾琦善上下文的本意，捉住"现在诸事既经说定"一语，于1月20日宣布，他已与琦善达成了共有四条内容的"初步协

---

❶ 佐々木正哉编：《鸦片战争の研究：资料篇》，第56、61页。
❷ 同上书，第69、70页。
❸ 同上书，第70—71页。案，当时"香港"一词，并非全岛之称谓，仅指该岛西南一隅。义律用"一岛"之词，而将一隅扩大至全岛，又用"接收"一词，而将"寄寓泊船"变为割占。此中的一些细节，见本书第三章第四节。
❹ 同上书，第73页。
❺ 《筹办夷务始末（道光朝）》第2册，第736页。

定"，其中第一条是"香港岛及港口割让予英王……"❶ 1月26日英军在没有任何条约依据的情况下，擅占香港。1月28日，英远征军海军司令伯麦（James John Gordon Bremer），照会清大鹏协副将赖恩爵，要求驻守该岛的清军撤回。❷英方的这些行动，说明了殖民主义者的强横。

广东巡抚怡良根据伯麦致赖恩爵的照会，上奏弹劾琦善"私许"香港。❸这说明怡良未知真情。

近人的研究也证明，琦善未与英方达成任何有关香港内容的条约或协定。❹

综上所述，可以确认，琦善实有允英人"寄居"香港之意，而无"割让"之举；且非为"私许"，实有请旨奏折。

核准历史事实，有关琦善卖国的四项罪名，无一可以成立。

然而，我们若放开那些对琦善的具体指责，从更宏观的角度看问题，不难看出，琦善卖国说的根由在于：**他不主张用武力对抗的方式，来制止英国的军事侵略，而企图用妥协的方式，达到中英和解。**

于是，"妥协"即被目为"投降"，而"投降"又被提升至"卖国"。帽子正是如此一顶顶地戴到了琦善的头上。

如果我们再细心地核查琦善在鸦片战争中的所作所为，不难发现，除在一些细小之处，琦善有蒙混道光帝的举动外，在根本问题

---

❶ *Chinese Repository*, vol. 10, p. 63.
❷ 佐々木正哉编：《鸦片战争の研究：资料篇》，第75页。
❸ 《筹办夷务始末（道光朝）》第2册，第803—804页。
❹ 佐佐木正哉：《论所谓"穿鼻条约草案"》，中译本见《外国学者论鸦片战争与林则徐》上册，福建人民出版社，1989年；胡思庸、郑永福：《穿鼻草约考略》，《光明日报》1983年2月2日；陈胜粦：《香港地区被迫割让与租借的历史真象》，《林则徐与鸦片战争论稿》，等等。

上,他大体上是按照道光帝的决策行事的,尽管在广东谈判的后期他过于执着而不惜于抗旨。琦善的确主张妥协,但妥协一策,非琦善所提出,却出自道光帝的钦定。因此,妥协的责任,本应更多地由道光帝来承担,而不是由琦善来承担。若如此,按照妥协即投降、投降即卖国的逻辑,身为"天朝"大皇帝的旻宁,岂非自己也要"卖国"予"岛夷"?这实乃匪夷所思。

三　琦善卖国说形成的原因

本书并非为琦善翻案而作。本人对琦善也无好感。更何况翻案的工作,早在30年代时,蒋廷黻教授就已经做过。[1]我也不同意蒋先生的基本观点——把琦善描绘成"远超时人"的外交家。我以为,在处理鸦片战争时的中英关系上,琦善只不过是"天朝"中一名无知的官员而已,并无精明可言。写上如此一大堆为琦善辩诬的话,目的并不是辩诬本身,只是为能突出地思考这些问题:

为何把琦善说成卖国贼?

这种说法是如何形成的?

这种说法的存在有何利弊?

我以为,在检讨以往鸦片战争史的研究时,这些问题是十分重要的,不应也不能回避。本书以此为绪论,也反映出本人的思考过程。

对琦善的非议,实际上很早就有了。

检视鸦片战争的中文资料,即使在战争进行期间,对琦善的指

---

[1]《琦善与鸦片战争》,《清华学报》第6卷第3期(1931年10月)。

责就已比比皆是。这类批评大多可以归类于我们前面已经提到的第三、第四项罪名。战争结束后出现的第一批中文著述，其中最能代表当时人（尤其是士大夫）思想，且又影响到今人的，是《道光洋艘征抚记》、《夷氛闻记》和《中西纪事》。这批著作毫无例外地对琦善持批判态度，把他描绘成大清朝的"奸臣"。

这是为什么呢？

从功利主义的角度来看，这种说法首先有利于道光帝。

在皇权至上的社会中，天子被说成至圣至明，不容许也不"应该"犯任何错误。尽管皇帝握有近乎无限的权力，因而对一切事件均应该负有程度不一的责任；但是，当时的人们对政治的批判，最多只能到大臣一级。由此而产生了中国传统史学、哲学中的"奸臣模式"："奸臣"欺蒙君主，滥用职权，结党营私，施横作恶，致使国运败落；一旦除去"奸臣"，圣明重开，万众欢腾。这一类模式使皇帝避免了直接承担坏事的责任，至多不过是用人不周不察，而让"奸臣"去承担责任，充当替罪羊。若非如此，将会直接批判到皇帝。这就冲犯了儒家的"礼"，是士人学子们不会也不愿去做的。

由此，我们可得到一种解释，尽管"妥协"的决策是由道光帝作出的，但是，"妥协"的失败责任却应当由执行者琦善来承担。与此相反，若"妥协"一策获得胜利，又应当归功于"圣裁"，作为执行者的琦善，也不会有多大的殊荣。实际上，当时的一些史料作者和著作家们，已经涉足于"妥协"的决策过程，并影射首席军机大臣穆彰阿应当负责，但没有一个人敢把矛头对准道光帝。

如果把这种只反奸臣不反皇帝的现象，完全归结于当时的文化专制主义，那就低估了在意识形态上占主导地位的儒家学说的社会功能和作用力。可以说，在当时的情况下，绝大多数的官僚士子们之所以只批判琦善，而不指责道光帝，并非出于思想上的压制，却恰恰出于思想上的自觉。

按照"奸臣模式",我们还可以同样地推论,如果道光帝继续重用林则徐,如果林则徐最终也不免于失败,那么,这种失败的责任也绝不会由道光帝来承担,而只能由林则徐独自吞食这一枚苦果。很可能林则徐当时就会被贬斥为"奸臣",很可能就不会有今天林则徐的形象。

按照儒家的学说,按照天朝的制度,按照"夷夏"的观念,按照时人的心理,对于那些桀骜不驯的"蛮夷",唯一正确的方法就是来一个"大兵进剿",杀他个"片帆不归"。可是,事实却开玩笑般的恰恰相反,在这场战争中,堂堂天朝居然惨败,区区岛夷竟然逞志。这是一个使当时的史料作者和著作家们大感不解的难题。但是,他们中间没有一个人能够从世界大趋势和中国社会本身去看问题,因而不可能看出问题的症结正在于他们津津乐道的天朝文物制度上。对于已经成为事实的失败,他们口不服输,心亦不服输。

既然"剿夷"是唯一正确之途,那么,他们也就合乎逻辑地推论,战争失败的原因在于"剿夷"的不力。之所以"剿夷"不力,又被进一步推论为是因为"奸臣"的破坏。仅仅琦善一个"奸臣"显然不够,于是又有浙江的伊里布、余步云,江苏的牛鉴、耆英……在这些史料作者和著作家们的笔下,出现了一批大大小小的"奸臣",每一次战役的失败,无不是"奸臣"作祟的结果。与奸臣截然对立的,是忠臣的精忠报国。于是乎,他们又以其笔端将胜利的希望,系在林则徐、关天培、裕谦、陈化成等主张或实行抵抗的人士身上。他们的结论是:只要重用林则徐,中国就可能胜利,如果沿海疆臣均同林则徐,如果军机阁辅均同林则徐,中国一定胜利。

用忠臣而摒奸臣,这是中国古典政治学中最常青又最常见的定理之一。在这些史料和著作中，奸臣是中国传统政治规范的破坏者——竟然与"蛮夷"讲和；忠臣是中国传统政治规范的维护者——坚决地不妥协地"剿夷"。这里面的标准是十分明确的。

顺便说一句，林则徐当时之所以得到喝彩，并非其"知夷"或"师夷"的工夫，对于这些当时并不受欣赏的内容，时人大多不清楚，林则徐本人也不宣扬。他得到众人的拥戴，正是他表示出与"逆夷"不共戴天。

不能说用忠奸的理论来解释鸦片战争完全一无是处，因为，在一定程度上，它也概括或反映出一部分官员英勇殉国，一部分官员贪生怕死的历史真实。但是，这种理论确有其致命伤：

忠奸的理论所能得出的直接结论是，中国欲取得战争的胜利，只需罢免琦善及其同党、重用林则徐及其同志即可，不必触动中国的现状。也就是说，只要换几个人就行，无须进行改革。

忠奸的理论所能得出的最终结论是，为使忠臣得志，奸臣不生，就必须加强中国的纲纪伦常，强化中国的传统。也就是说，鸦片战争所暴露出来的，不是"天朝"的弊陋，不是中华的落伍；反而是证明了中国的圣贤经典、天朝制度的正确性，坏就坏在一部分"奸臣"并没有照此办理。于是，中国此时的任务，不是改革旧体制，而是加强旧体制。

由此又可以得到一种解释，那些没有办法找到中国失败真正原因的史料作者和著作家们，正是让"奸臣们"承担了本应由中国旧体制承担的责任，从而就像保全皇帝的名誉那样，保全了中国的性理名教、文物制度的地位。在这里，琦善不仅做了道光帝的替罪羊，而且还做了中国旧有道统的替罪羊。

需要说明的是，忠奸理论和"奸臣模式"，并非是鸦片战争史独有的现象，而是中国传统史学的常用方法。正是它具有掩护君主、掩护道统的特殊功能，因而屡屡被官僚士子们用来解释那些他们不能解释或不愿解释的历史现象。这种理论和模式，经过他们长久的宣教，成为老百姓耳熟能详、最易接受的历史分析法，并在今天仍有其影响力。正是在这么一个基础上，琦善的"奸臣"形象很快得到了公众的认可。

综上所述，我以为，鸦片战争时期的史料和鸦片战争之后的早期著作，对琦善所作的"奸臣"形象的描绘，不管其具有几分历史真实，因其理论上的局限，在总体上仍是错误的。

孔子作《春秋》，为警世计，以周礼为标准，立"善善""恶恶"的原则。这一被中国传统史家普遍承认和接受的观念，也被他们广泛地运用于各种著作中，以规范现实生活中人们的思想和行为。

"善善""恶恶"是中国史学的传统准则。它附粘于史籍，却着眼于现实。

从"夷夏"的观念出发，对于"逆夷"的肆虐，"剿夷"本是应有之义。从近代民族主义出发，对于外来的侵略，抵抗本是应有之义。这就为不同时期不同类型的研究鸦片战争的史学家，订立了大体相同的评价是非的标准。"剿夷"和反抗是正确的，与此不同或对立的一切行为，都是错误的。

鸦片战争后，列强对中国的军事侵略并未中止，接连发生了第二次鸦片战争、中法战争、中日甲午战争、八国联军侵华战争。民族危机空前严重。至本世纪30年代，日本更是欲灭亡中国。在这么一个世道面前，前期的士林学子和后来的知识分子群体，为警世计，对历史上的一切主张妥协、投降的官员，无不进行猛烈的抨击，对历史上的一切主张抵抗的官员，无不加以热情的褒颂。很明显，这一时期对琦善之流的批判，无疑是对当时一切主张妥协、投降的人们发出的警告。

面对本世纪三四十年代日本疯狂侵华的局势，当时中国政府官员中任何妥协的主张，都是后来投降的托词，其最终必然走向卖国。此中的典型，就是早期功名显赫最后人皆不齿的汪精卫。"妥协→投降→卖国"的模式，在这一时期的现实生活中有许多原型。大约也就在这一时期，"妥协"即"投降"即"卖国"的模式也被大量地运用到历史领域。琦善也就从原来的"奸臣"，变成了"卖国贼"。

琦善的角色变换，反映了那个时代人们对一切向帝国主义妥协或投降之辈的敌视。历史学是讲究客观的，但历史学家的主观意愿，总是不断地被糅合到历史著作之中。这里面，一部分人是因为现实中的对帝国主义的仇恨和对妥协、投降官员的蔑视，而表现为在史学著作中的不自觉，一部分人却是自觉地举起已被当时史学界认定为错误的"善善""恶恶"的标准，贬斥主张妥协的琦善之流的一切，推崇主张抵抗的林则徐等人的一切。琦与林，以前所未有的对立程度出现了，成为不可调和的两极。

于是便出现了一种现象，史学理论中反神话、反鬼化的学说，与史学著作中的神话或鬼化的实践，同时并存不悖。原来由个人的情感、主义的差别而无意造成的"将真迹放大"，此时在现实需要的驱使下，在"善善""恶恶"原则的运用中，已经人为地将真迹尽最大可能地放大。他们用激昂的文字告诫人们，妥协是最为可卑的。这种为警世而作的历史著作和文章，已经超出了历史研究的范围，而成为一种**宣传**。

1931年11月，即"九一八事变"后的两个月，东北局势吃紧之时，蒋廷黻先生在《清华学报》上发表《琦善与鸦片战争》一文，大力称赞妥协性的琦善外交，贬斥林则徐的盲动，这不能不引起包括史学界在内的众多中国知识分子强烈且持久的反弹。联系到这一时期一部分知识分子的"低调俱乐部"的言论，蒋先生的论

文,也被一些人目为另一种主张的宣传。❶

宣传与研究不同。

当时宣传的目的,在于激励民众,义无反顾地投身于反抗日本帝国主义侵略的民族事业。历史上的人物和事件,只是宣传家手中的道具,原本不用去详加考证的。至于研究的性质和目的,已有足够多的研究者说了足够多的话,任何一位读者都能体会此中的差异。

史学的情况还有点特殊性。它本来就具备宣传的功能。自孔子作《春秋》之后,中国传统史学的宣传功能尤其为人所重。"善善""恶恶"原则的长存,相当大程度上是适应了宣传的需要。长久以来,中国史家经常将自己混同于宣传家,或热衷于为宣传家服务,于是便有了"摆大钱"、"借古讽今"、"影射史学"等等说法。尽管宣传只是史学诸社会功能其中的一项,且还不是最重要的一项,但是,在空前的民族危机面前,史学家不自觉地或自觉地扮演了宣传家的角色,又是今天的人们非常容易理解的。

我们今天不应否定这种宣传的正当性和合理性,但回过头来,又不无遗憾地看到,这一段时期的鸦片战争研究,虽在国际态势、英国内部状况等方面取得了进展,但仍以琦善、林则徐的对立作为叙说的主线,只不过分别把"奸臣"、"忠臣",变为"卖国"、"爱国";把"抚"、"剿",改为"投降"、"抵抗",等等而已。

"奸臣模式"、宣传家的角色,说明了以往的鸦片战争史,包括琦善在内的许多问题,仍需要考证、分析、评价。然而,最近几十

---

❶ 蒋廷黻先生的这篇论文,当时是否有现实方面的用意,也就是说,是否为宣传而作,今日已无法查证。但是,六年后,抗日战争爆发,蒋先生又著《中国近代史》一书,对琦善、林则徐的评价显然换了调。他虽然仍批评林,但已把林放到比琦更高的位置上,对琦则轻蔑地称为"不足责"。这又似乎表明了他对妥协和抵抗的新看法。

年的种种情况，又从许多方面限制了研究的条件和气氛。

直至今日，我们看到的鸦片战争史的主要著作、论文和众多中国近代史著作中对此的叙说，似乎大多都继承了以往的基本论点。批判性的工作刚刚开始，但又不自觉地收住脚步。❶ 为数不少的论文和著作，似乎只是将原有的结论更加完善化，加以时代的标记。在一些著作中，似乎是以林则徐为代表的爱国抵抗路线，与琦善为代表的卖国投降路线对立消长的两条路线斗争。而在另一些场合，又让人看起来似乎是在赞扬的高度或贬斥的力度上竞赛，看谁捧得高，看谁骂得狠。

鸦片战争以后，尤其是最近几十年，中国的状况已经发生了巨变，已经使历史学家对清王朝的实质、对整个中国近代史有了更深刻的认识。但是，这种新认识似乎没有改变鸦片战争史的旧结论，反而与它们羼杂糅合在一起。由此而产生了目前鸦片战争基本观点的矛盾现象：

> 在总体方面承认，鸦片战争的失败在于中国的落伍；在具体叙说上又认定，落伍的一方只要坚持抵抗，就有可能获得胜利。
>
> 在总体方面承认，清王朝昧于世界大势，无力挽回颓势；在具体叙说上又认定，林则徐等人代表了正确的方向，只要他们的主张得以实施，中国就有救。

这种不和谐的论点放在一起，反映出历史学家的深层意识——不服输的心气，总认为中国当时还不至于不可挽回地失败，还是有希望

---

❶ 这里所说的批判，是指哲学意义上的，即批判中汲取。而这方面工作的典型事例，是姚薇元先生所著《鸦片战争史实考》的各个版本。这部初版于40年代至今仍有很高地位的著作，原本是对《道光洋艘征抚记》的批判，几经修订后，批判的锋芒减弱了，而仅剩下对一些问题的考证。1983年，姚先生又著《鸦片战争》一书（湖北人民出版社），几乎看不到他昔年批判的锋芒了。

获胜。这种不和谐的论点被放在了一起，正是历史学家在内心中把愤懑和希望放在了一起。

历史学家这种不服输的心气，从本质上说来，仍是对多灾多难的祖国的挚爱。

四　本书的主旨

从以上"琦善卖国"的探讨中，凸现出来的问题是：

鸦片战争的失败，究竟应当归结于中国的落后和保守，还是应当归结于琦善等人的卖国？当时中国的正确之途，究竟是彻底地改弦更张，还是只需重用林则徐等力主抵抗的官僚？

前者从中国社会的角度来看问题，解决起来十分困难。后者似更注重于人物的褒贬，对策又似明快简单。两者之间，有着认识深度上的差别。

以纪传体为正宗的中国传统史学，过多地注重了人物的褒贬，历史著作中登场的历史人物，身上都带着明显的标签。若从更高的层面上看问题，就会发现，琦善也罢，林则徐也罢，个人毁誉事小，探究其中之理事大。

如果我们把已经提出的问题和在本篇绪论中不便展开的问题，全部放在一起思考，问题的核心就展现于面前，那就是：

在当时的情况下，中国能否取得鸦片战争的胜利？这是一场胜或负的结局皆有可能操作的战争，还是一场必定要失败的战争？当时清政府中有没有人可以领导或指导这场战争获得胜利？如果战争必败，我们又该如何评价这段历史？

毫无疑问，历史不会改变，战争的结局也不会改变。但是，历史学家在研究、分析、评价历史时,总是会注意到当时未被采纳的建策、未被利用的条件,总是会注意到历史可能出现但未能出现的转机。也就是说,他们心中有许多"如果"、"可能"、"万一"之类的假设,离开了这些,他们无法研究历史,而只能成为历史的宿命论者。

那么,**假设**我们把历史学家心目中的当时可能实现的**假设**,统统摆出来,再探讨一下,如果这些假设实现,是否会改变鸦片战争的失败结局?

问题一下子变得如此简单,但要解决这个问题,又似变得更加困难。

如果我们把视野放大,从今天的角度去探讨一百五十多年前这次战争的意义。我们会首先看到,这场战争把中国拖入世界。从此开始,中国遭受了列强的百般蹂躏;从此开始,中国人经受了寻找新出路的百般苦难。

鸦片战争的真意义,就是用火与剑的形式,告诉中国人的使命:中国必须近代化,顺合世界之潮流。这是今天历史学界都会同意的观点。

历史过去了一个半世纪。我们面前的一切,告诉我们这个历史使命还没有完成。中国依旧落后。我们还经常面对着那些曾困扰前几辈人的老问题,以致我们仿佛能直接走进历史而充当一个角色。

当然,我们也有理由将一切责任都推给历史。事实上,我们也从历史中找到许多无可辩驳的原因:西方列强的侵略,经济底子薄弱,人口基数太大,等等。但是,我们在历史中看得最少的是,**中国人在这个过程中究竟犯了哪些错误**,尽管历史已经明白无误地说明,我们犯过错误。

历史学最基本的价值,就在于提供错误,即失败的教训。所谓

"以史为鉴",正是面对错误。从这个意义上讲,一个民族从失败中学到的东西,远远超过他们胜利时的收获。胜利使人兴奋,失败使人沉思。一个沉思着的民族往往要比兴奋中的民族更有力量。历史学本应当提供这种力量。

正因为如此,我选择鸦片战争这一中国近代化理应发生的起点,专门分析中国人,尤其是决策者们,究竟犯了什么错误以及如何犯错误的,试图回答一些问题。这部书不可能回答鸦片战争本身提出的一切问题,但我尽力为这些问题的真解决提供一些素材。

对于帝国主义的侵略,对于西方文明的冲击,对于资本主义的挑战,现已有了足够多也足够好的著作和论文。本书叙说的重点,是作为其反面的清王朝。为此,本书对战争中涉及清王朝的种种史实进行考证,对种种陈说予以分析,并对这次战争中的主要人物加以评论。

今天,我们已进至20世纪90年代的中期,令人激动的新世纪即将到来。站在世纪末的高度,社会科学家就不应当仅仅憧憬着新世纪的辉煌,而有责任对本世纪的学术进行一番总结。我以为,此中第一个需要总结的,正是历史学。人们只有明白地看清了过去,才能清晰地预见到未来。

正是这么一种感受,使我不揣鄙陋,重新写下了鸦片战争这一段历史。

在本篇绪论即将结束之时,我还要说明,历史学家生来俱有无可排遣的民族情结,不应当演化为历史研究中对本民族的袒护。抱着这一观念,我在对清王朝的批判上,无论是妥协的主张,还是抵抗的主张,都是不留情面的。

一个民族对自己历史的自我批判,正是它避免重蹈历史覆辙的坚实保证。

第 1 章

清朝的军事力量

尽管现代人已对战争下了数以百计的定义，但是，战争最基本的实质只是两支军事力量之间的对抗。

鸦片战争是清军与英军的军事对抗，要判断清王朝能否获胜，首先就得考察清王朝的军事力量，并参照英国远征军的力量，进行评估。

一　武器装备

如果我们用一句话来概括鸦片战争时期中英武器装备各自的水平，那就是，**英军已处于初步发展的火器时代，而清军仍处于冷热兵器混用的时代**。

至于清军使用的冷兵器，即刀矛弓箭之类，名目繁多，记不胜记。好在这类兵器具有直观性，其使用方法及效能，也为一般读者详悉。这里重点放在清军使用的火器。❶

---

❶ 本节关于中国火药、火器的叙说，主要得益于王兆春先生的杰出著作《中国火器史》。

人们对于鸦片战争时期的清军火器，常冠以"土枪土炮"之谓。假如这仅仅指制造者，甚至制造工艺而言，似乎也有道理，但就火器的型制样式说来，却是一种误解。

火药和管型火器都是中国发明的，但中国一直处于前科学时期，没有形成科学理论和实验体系，使得中国火器的发展受到了根本性的制约。至鸦片战争时，清军使用的火器，主要不是中国发明研制的，而是仿造明代引进的"佛郎机"、"鸟铳"、"红夷炮"等西方火器样式制作的。由此可以说，**清军使用的是自制的老式的"洋枪洋炮"**。就型制样式而言，与英军相比，整整落后了二百余年。❶

清军使用的鸟枪，其原型可追溯至1548年（明嘉靖二十七年）的葡萄牙火绳枪，❷此后几经改良，成为主要单兵火器之一。

鸟枪是一种前装滑膛火绳枪。发射前须从枪口装填火药，再塞入弹丸，以火绳为点火装置。根据《皇朝礼器图式火器》的记载，清军鸟枪的种类达58种之多，大同小异。其中装备最多的是兵丁鸟枪。

兵丁鸟枪用铁制成，枪长2.01米，铅弹丸重1钱，装填火药

（接上页）（北京：军事科学出版社，1991年）；此外，刘旭的《中国古代火炮史》（上海人民出版社，1989年）；吕小鲜的《第一次鸦片战争时期中英两军的武器和作战效能》（《历史档案》1988年第3期）也给予我有益的启示。在此特表示感谢。

❶ 相对说来，在这二百年间，西方的火器发展也很慢，主要是点火装置的改良、制造工艺的进步，而在外形上大体相似。双方对于对手使用的火器，亦非完全不知或迷惑不解。但在性能上的差别是很大的。

❷ 1548年，明朝军队在与倭寇作战的双屿之战中，缴获了倭寇使用的葡萄牙及日本的火绳枪（日本火绳枪是仿照、改良葡萄牙火绳枪而来），时称"鸟铳"。在此次战斗中，明军还俘虏了善于造枪的外国工匠。明朝军事当局立即派工匠学习，得其传而自制。清朝在明清战争中，又从明军那儿学会了制造火绳枪的技术。

3钱。射程约100米。射速为1至2发/分钟。❶

英军此时装备了当时世界上比较先进的两种军用枪：一是伯克式（Barker）前装滑膛燧发枪。其点火装置为磨擦燧石。枪身长1.16米，口径为15.3毫米，弹丸重35克。射程约200米。射速为2至3发/分钟。该枪约1800年研制成功，后装备部队。二是布伦士威克式（Brunswick）前装滑膛击发枪。点火装置为击发枪机撞击火帽。枪身长1.42米，口径为17.5毫米，弹丸重53克，射程约300米，射速为3至4发/分钟。该枪约在1838年起陆续装备部队。

由此可以看出，与英军相比，清军鸟枪在型制上的缺陷是：枪身太长（装药、填弹和射击均为不便）；点火装置落后（风雨天效能极差）。而在性能上，又有着射速慢、射程近这两大致命伤。如果我们以射速、射程的参数对照，大致可以推论：两支兵丁鸟枪不敌1支伯克式枪；而1支布伦士威克枪，可顶5支兵丁鸟枪。如果再考虑到由制造工艺而引起的射击精度这一要素，❷这种差别恐怕还得加倍。

此外，值得我们注意的情况有：

一、由于清军鸟枪太长无法再装枪刺（此时西方军用枪皆有枪刺），由于清军鸟枪射程射速性能差，以至短兵相接难以应敌，由于清军军费的限制，此时清军士兵尚未能全数配备鸟枪，仍有一部分使用刀矛弓箭。据估计，就全国范围而言，鸟枪手与刀矛弓箭手

---

❶ 清军的装备极为混乱，此据庆桂纂：《钦定大清会典图》卷69，嘉庆十六年（1811）刻本。

❷ 此时英军在枪械制造上开始采用机器，制成的枪械规格统一。尤其是使用镗床后，枪管直，弹道延伸性能好，而枪管与枪弹之间的缝隙较小。在清朝，鸟枪制造工艺仍为手工打制，枪管壁厚薄不均，有不平滑之处，致使弹道紊乱，射击精度差；且口径也大小不一，口径过小，即无法装药填弹，而口径过大，易泄燃气，弹出无力，飞行不远即坠地。

的比例大约是 5∶5。❶ 在鸦片战争中，刀矛弓箭之类的冷兵器在战场上用处不大。

二、由于承平日久与军费限制，清军鸟枪并无定期修造报废更换制度。在一般情况下，鸟枪使用几十年极为平常，而在我见到的材料中，竟有使用166年尚未更换者。❷

三、由于鸟枪数量不足，在鸦片战争中，各地又纷纷赶制了一批，配发作战部队。然而，这些赶制的火器，质量尤其低劣。❸

加上这些因素，可以试想一下，多少支兵丁鸟枪方能抵得上一支伯克式或布伦士威克枪？如果把这些枪改换成持枪的士兵，可以

---

❶ 吕小鲜先生对此曾有研究，见《第一次鸦片战争时期中英两军的武器和作战效能》（《历史档案》1988年第3期）。另外，即便是鸟枪手，一般也配有腰刀等冷兵器，以便与敌格斗。

❷ 1850年底黑龙江副都统清安奏请各地驻防八旗改造所部鸟枪，以如京旗健锐营样式。咸丰帝命各驻防大臣议复。从15件遵旨议复的奏折来看，鸟枪的使用年限很长。除泛泛地提到"使用已久"外，提到具体使用年限的共有6份。最早者为黑龙江，称"康熙时征剿俄罗斯由部颁来"，如此推算，达166年之久。其次为福州驻防，1755年启用，使用95年；又其次为杭州，1761年启用，使用90年；又其次为荆州，1779年更换半数，使用72年，另半数不知何时启用，其使用年限当在72年以上；又其次为乍浦，1782年启用，使用69年；仅山海关一处称于1840年即鸦片战争时启用（收到时间为1851年，年限以此计算）。（《军机处录副》，本书引用各档案均为中国第一历史档案馆藏，以后不再一一注明）由此而推论，其他地区的鸟枪使用年限可以想见。

尽管各驻防八旗的鸟枪使用年限如此之久，完全应当更换，但各驻防大臣众口一词，声称兵丁已得心应手，毋庸改造。核其原因，我以为这是因为在当时的财政制度下，新制鸟枪不可能得到部款，所需资金只能靠捐助。驻防捐制不易，而各驻防大臣又应当首先捐献。从另一方面来看，新制成的鸟枪质量未必能超过原设鸟枪。参见注❸。

❸ 当时的前方将领对此也有议论，不一一引用。1851年杭州将军倭什纳奏称：1842年乍浦失陷，驻防八旗的鸟枪大部损失，战后配发新造鸟枪，与该部原设的由1782年启用的鸟枪混合使用。"检存原设鸟枪均按健锐营样式，操用自然便捷，施放均属得当。此外由军需局拨给绿营式样鸟枪五百九十一杆，较健锐营式，枪身长出尺许，配操不能便捷，且拨给以来，操用将及十载，多有伤膛，施放打准不甚得力。"（倭什纳折，咸丰元年四月十七日，《军机处录副》）枪身太长，仅使用不便。但仅使用9年的鸟枪的损坏程度竟大于使用了69年的鸟枪，可见制造质量之差。另一方面，清军绿营的兵器样式、质量均低于八旗，个中原因后将叙及。

再试想一下，多少名清军士兵方能抵得上一名英军士兵？

清军使用的火炮，如同其鸟枪，其原型可追溯至明代。❶康熙年间，西方传教士南怀仁等亦帮助清朝监制了许多火炮。因此，清军的火炮尽管名称繁多，但从样式上来看，主要是仿照西方17世纪至18世纪初的加农炮系列。

由于在18世纪内，西方火炮样式并无重大变化，至19世纪鸦片战争时，与英军相比，清军火炮在样式及机制原理上大体相同，两者的差别在于制造工艺引起的质量问题上，表现在以下几个方面：

一、铁质差。工业革命使英国的冶炼技术改观，铁质大为提高，为铸造高质量的火炮提供了良好的原料。清朝的冶炼技术落后，炉温低，铁水无法提纯，含杂质多，铸造出来的火炮十分粗糙，气孔气泡多，演放时很容易炸裂，自伤射手。❷清军针对此问题主要采用两策。一是加厚火炮的管壁，使清军的火炮极为笨重，数千斤巨炮，威力反不如西方的小炮。二是使用铜作为铸炮材料。由于当时铜资源缺乏，铜炮十分罕见，视为利器。此外，对于已经铸成气孔气泡较多、容易炸裂的火炮，清军则减少火药填量，这又降低了火炮的威力。

二、铸炮工艺落后。英国此时在铸造上已采用铁模等工艺，并

---

❶ 1620年（明泰昌元年），明朝大臣徐光启等人向澳门葡萄牙当局购买西洋火炮。次年，明朝政府不仅购炮，而且聘葡萄牙炮师和西方传教士来北京造炮。此类火炮，时称"红夷炮"。中国的火炮技术从此大为改观。明清战争中，明军在宁远之战用火炮大胜清军，努尔哈赤中炮身死，后清朝积极向明朝学习火炮制造技术。

❷ 例如，关天培称：1835年，他督放虎门炮台的火炮，一次便炸裂了6门火炮。后来，又在佛山镇制造了59门新炮，在试放时就炸裂10门，损坏3门，能用者不足75%。见《筹海初集》卷3，道光十六年（1836）刊本。

使用镗床对炮膛内部切削加工，使之更为光洁。清朝此时仍沿用落后的泥模工艺，铸件毛糙，又未对炮膛进行深入的加工，致使炮弹射出后，弹道紊乱，降低了射击精度。英方此时因科学的进步，对火药燃烧、弹道、初速度等方面已进行研究，火炮的各种尺寸比例和火门的设计，比较合理。而清方对火炮只是仿制，不懂得身管/口径比例，以及火门位置在火药燃烧中的实际意义，结果，许多火炮的比例不合，绝大多数火炮的火门口开得太前、太大。

三、炮架（炮车）和瞄准器具不全或不完善。炮架（炮车）是调整火炮射击方向和高低夹角的器具。清军对此不甚重视。至鸦片战争时，清军的许多火炮没有炮架，只是固定的。一些炮架只能调整高低夹角而不能左右活转，限制了射击范围。已设的炮架，大多用粗劣木料制成，演放后，炮架震松，难以使用。让人吃惊的是，清军的许多火炮竟无瞄准器具，或只有"星斗"（用以确定射击方向）而没有"炮规"（用以确定高低夹角）。士兵们主要靠经验来瞄准。

四、炮弹种类少，质量差。英军此期使用的炮弹有实心弹、霰弹、爆破弹等品种；而清军只有效能最差的实心弹一种，且有弹体粗糙或弹径偏小的缺陷。❶

此外，清军火炮在管理上亦同鸟枪，并无定期造换制度。由于平常并不使用，许多露天搁置在炮台、城垛等处的火炮，日晒雨淋，炮身锈蚀。至鸦片战争，这些火炮的使用年限大多已经很长，清初铸造的比比皆是，有的甚至是前明遗物。❷若不蒸洗试放，谁也不知能否使用。

---

❶ 炮弹的弹体粗糙，在发射时会与炮膛摩擦，将影响射程和射击精度；炮弹的弹径偏小，又使燃气旁泄，也会影响射程和射击精度。
❷ 《筹办夷务始末（道光朝）》第1册，第461页。

由此，我们可以得出结论，尽管中英火炮样式大体相同，但因质量的差距，使之具有射程近、射击速度慢、射击范围小、射击精度差、射中后炮弹威力弱等缺陷。这些缺陷中，哪一项不是致命伤？

鸦片战争中的绝大多数战斗，是清军的岸炮与英军的舰炮之间的炮战。按常理说，海岸炮依托坚固的陆地，可不计重量、后坐力等因素，而制作得更大，射程更远，威力更大。实际上清军的岸炮一般也重于英军的舰炮。但是，在战斗中，双方火炮的威力却发生了逆转。当战场上硝烟散尽之后，我们不得不惊愕地面对悲惨的事实：清军在战争的全过程中未能击沉英军的一艘战舰或轮船，而自己的阵地却被打得千疮百孔。

与枪、炮相关连的，是火药。

鸦片战争时期，中英火药处于同一发展阶段，皆为黑色有烟火药，其主要成分是硝、硫、炭。然而，同样是因为质量问题，使中、英在火药上的差距大于前面所提的火炮。这里面的关键，乃是科学与工业。

1825年，歇夫列里在经过多次实验后，提出了黑色火药的最佳化学反应方程式：

$$2KNO_3+3C+S=K_2S\downarrow +N_2\uparrow +3CO_2\uparrow$$

据此，在理论上，硝、硫、炭的配组比率以74.84%、11.84%、11.32%为最佳火药配方。英国按照这一方程式，配制了枪用发射火药（硝75%、硫10%、炭15%）和炮用发射火药（硝78%、硫8%、炭14%）。❶这两种配方被西方各国确定为标准的火药配方。除

---

❶ 王兆春：《中国火器史》，第204、291—292页。

了科学带来理论上的进步外,工业革命又带来了机械化的生产。❶英国此时的火药已在近代工厂中生产,居于世界领先地位。

中国的火药,起源于炼丹道士的偶尔发现,这就使中国的火药理论一开始就蒙上了阴阳五行学说的帷幕,妨碍对其理化现象作科学的分析。此后火药的发展,主要凭借经验的层积,鲜有理论上的层层揭示。至鸦片战争时,清军制造的火药,仍是按照明末的配方,以手工业作坊或工场生产。

战前广东水师提督关天培所采用的火药配方是硝80%、硫10%、炭10%。❷这是这一时期内我们能看到的唯一配方。而这一配方中的含硝量过高,容易吸潮,不便久贮,爆炸效力低。

手工业的生产方法,使清方无法提炼出高纯度的硝和硫,药料的杂质成分高;又无先进的粉碎、拌和、压制、烘干、磨光等工艺,只是靠舂碾,结果火药的颗粒粗糙,大小不一,往往不能充分燃烧。❸

火药的质量,直接影响到枪、炮的威力。清军使用的粗劣的火药,使其原本落后的枪、炮,在实战中效能更减。

对照中、英武器装备,差距最大者,莫过于舰船。

英国海军为当时世界之最,拥有各类舰船400余艘。其主要作

---

❶ 当时英国制造火药的工艺流程为:采用物理和化学的方法,以先进的工业设备,提炼高纯度的硝和硫;以蒸汽机带动转鼓式装置,进行药料的粉碎和拌和;用水压式机械,将配置的火药压成坚固而均匀的颗粒,使之具有一定的几何形状和密实性;用蒸汽加热器烘干,使之保持良好的干燥状态;最后用石墨磨光机,将药粒表面磨光,除去气孔,降低吸湿性,以延长火药的贮藏期。这些先进的工艺,保证了英军火药的优良品质。

❷ 关天培:《筹海初集》卷3。

❸ 福建提督陈阶平:《请仿西洋制造火药疏》(道光二十三年),魏源:《魏源全集·海国图志》第7册,长沙:岳麓书社,2011年,第2129—2131页。

战军舰仍为木制风帆动力,似与清军同类,但相较之下,有下列特点:一、用坚实木料制作,能抗风涛而涉远洋;二、船体下部为双层,抗沉性能好(当时中国人称"夹板船"),且用铜片等金属材料包裹,防蛀防朽防火;三、船上有两桅或三桅,悬挂数十具风帆,能利用各种风向航行;四、军舰较大,排水量从百余吨至千余吨;五、安炮较多,从10至120门不等。❶此外,诞生于工业革命末期的蒸汽动力铁壳明轮船,也于19世纪30年代起装备海军。尽管此时的轮船吨位小,安炮少,在西方正式海战中难期得力,在海军中也不占主导地位;但因其航速快、机动性能强、吃水浅等特点,在武器装备落后的中国沿海和内河横行肆虐。

清军的海军,时称"水师",主要有两支:一为福建水师,一为广东水师。❷其他沿海省份,亦有执行水师任务的镇、协、营,如浙江的定海水师镇,盛京的旅顺水师营,等等。然清军水师的任务却非出洋作战,而是近海巡缉,守卫海岸。"天朝"的水师并不以哪一国的舰队为作战对象,其对手仅仅是海盗。用今天的标准来衡量,清朝水师算不上是一支正式的海军,大体相当于海岸警卫队。

正因为如此,清朝水师的主要兵力,并不是在舰船上或为舰船服务的勤务分队中,而是驻守于沿海、沿江的众多炮台、城寨、

---

❶〔英〕巴那比著:《英国水师考》,傅兰雅、钟天纬译,上海:江南制造总局,光绪十二年(1886)刻本。当时的英国军舰分为7等:一等舰,炮100至120门;二等舰,炮80至86门;三等舰,炮74至78门;四等舰,炮50至60门;五等舰,炮22至48门;六等舰,炮22至34门;等外级舰,炮10至22门。从鸦片战争中英国派出的远征军来看,其战舰的主体为五、六等及等外级战舰和少量的三等舰。

❷ 福建水师提督设于1677年,至鸦片战争时,辖提标五营等协营,节制3镇,总兵力近2万人;广东水师提督设于1810年,至鸦片战争时,辖提标五营等协营,节制5镇,总兵力约2万人。

要隘。许多海防要地，如厦门、虎门、舟山等，其陆上防守全由水师负责。

从数量上讲，清军水师舰船也有数百艘之多；从种类上讲，清军战船样式亦达数十种；但是，其最基本的特点就是船小。清军最大之战船，其吨位尚不如英军等外级军舰，清军安炮最多之战船，其火炮数量也只相当于英军安炮最少之军舰。至于其他的弱点，当时人亦有清醒的认识。闽浙总督邓廷桢对此作过评论，除未涉及舰船的帆索、航速等技术外（很可能邓廷桢未有航海经验，对此不甚了解），对船体的质量、火炮的数量、炮手的安全等问题，都进行了具体的比较。他的结论是："船炮之力实不相敌"，"此向来造船部定则例如此，其病不尽在偷工减料"。❶

不是说当时中国的造船业只能达到这个水平，中国此时也造出过比战船更大更坚固的远洋商船。这里就涉及到邓奏中提到的"部定则例"。清朝的战船样式大体是在乾隆年间固定下来的，并用"工部军器则例"、"户部军需则例"等条规确定其样式和修造军费。这就自我限制了战船的发展。各地没有更多的钱去制造更大更好的军舰。为了保持水师战船对民船的某种优势，清朝又反过来规定民船的大小尺寸，限定民船出海时火器、粮食、淡水的携带数量。❷这么一个循环，严重滞碍了中国的造船业、航海业的进步。

即便是如此落后的水师师船，其完好在航率仍是很低的。例如，鸦片战争前，福建水师共有大小战船242艘，除去修理未竣、应届修期、被风击碎者外，在营驾驶者118艘，在航率仅48.8%。

---

❶ 《筹办夷务始末（道光朝）》第1册，第375页。

❷ 关于清朝对民船的种种限制，可见昆冈等修：《钦定大清会典事例（光绪朝）》卷120，光绪二十五年刊本。而清朝的这些规定，并没有被严格遵守。在福建厦门等处，也有超过清朝规定的大型商船。

又如,浙江定海水师镇共有战船77艘,遭风击碎、修理未竣者达30艘,在航率仅61.2%。❶

中英舰船水平的悬殊差距,使得清军在鸦片战争中根本不敢以水师出海迎战英军舰队,迫使清军放弃海上交锋而专注于陆地。这种由装备而限定的战略决策,实际使清军丧失了战争的主动权。英军凭借其强大海军,横行于中国海面,决定了战役战斗的时间、地点、规模。此中利害关系,后文会介绍。

由于鸦片战争中清朝的上下无不认识到清朝水师绝非英国海军之对手,大多主张在陆地,尤其是在海岸进行防御。防御工事的地位因此而凸显出来。

清朝的防御工事主要有两种,一为城,一为炮台。

城的防御设施,包括城墙、城门、护城河等。这些工事的情况与功能,久为人们所熟悉,且有今存的遗迹可增添人们的感官认识。城的攻防战,为中国古今的主要作战样式,更况鸦片战争中英军的攻城战,仅三次(广州、乍浦、镇江)。因此,这里不打算分析城的防御体系,而放在后面结合战斗作具体评论。

海岸炮台是鸦片战争中清军最主要的防御工事,而这些炮台今已不存,❷人们对它也缺乏感性认识。

中国第一历史档案馆中藏有一长卷,名《闽浙海防炮台图说》。它细致地描绘了福建、浙江所有海防炮台的具体样式。这里选一幅

---

❶ 齐思和编:《黄爵滋奏疏·许乃济奏议合刊》,中华书局,1959年,第99—101页;中国第一历史档案馆等编:《鸦片战争在舟山史料选编》,浙江人民出版社,1992年,第234—235页。

❷ 我们今天所能看到的广东东莞虎门、福建厦门胡里山等处炮台遗迹,都是光绪年间参照西方样式修筑的。鸦片战争时期的炮台等工事,我迄今尚未发现。

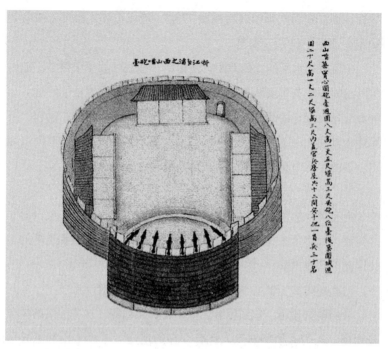

图一　乍浦西山嘴炮台

曾在鸦片战争起过作用的浙江乍浦西山嘴炮台之图。

　　该图的文字说明为："西山嘴筑实心圆炮台，周围八丈，高一丈五尺，垛高三尺，安炮八位。台后筑围城，周围二十丈，高一丈二尺，内盖官兵房屋十二间，安千把一员，兵三十名。"又据这一长卷，闽浙各炮台设炮4至10位不等，守兵20至50名不等。

　　乍浦西山嘴炮台，代表着鸦片战争前中国沿海炮台的一般水平；而于1839年完工的广东虎门靖远炮台，又是战前清朝最大最坚固火力最强的海岸炮台。奉旨查察该炮台的林则徐称：该台"平宽六十三丈，高一丈四尺五寸，台墙钉桩砌石，垛墙炮洞则用三合土筑成，安炮六十位。后围石墙九十丈"，❶又据邓廷桢奏折："守台掌炮千总一员，添拨额外二员，枪炮兵丁九十名。"❷若以靖远炮台与西山嘴炮台相比较，就会发现，只不过是在规格上放大几倍，样式大体相同。

这样的炮台能否经受得住西方舰队的攻击呢？对此，我们可看看此期西方炮台的情况。

随着火炮的运用和火炮技术的发展，西方的军事筑城技术也有了很大的进步。自16世纪起，欧洲的军事工程师提出了新的筑城理论，旧式的碉楼（高台型火炮阵地，与清军炮台类似）逐渐被废弃，出现了棱堡式炮台。棱堡是一种尖形的堡垒，分上下两层，各置火炮，侧部有通道，并有自身防卫性的火力配置。4至6个棱堡组成一个炮台（要塞）。整个炮台有炮50至数百门；驻有数百至数千名的骑兵和步兵，配合炮兵作战；内储有足够多的粮食、弹药，可固守数年；各棱堡间又有通道，可互相支援。至18世纪，欧洲又出现了堡垒式炮台，即在核心炮台的外围建筑堡垒，由多座堡垒构成完整的防御体系；核心炮台与外围堡垒间有一定的距离，可免遭敌炮火的直接打击；各堡垒间有掩蔽式通道，可互相支援；安设火炮的战斗部位是全掩蔽式的，可防护士兵的安全。

由此可见，清军此期的炮台仍是西方筑城技术变化前的那种小高台，其致命伤是不如西方那般注重防御功能：一、炮台上的兵丁仅以垛墙掩护正面，而这些垛墙很容易被西方炮火所摧毁；二、炮台顶部没有防护，敌曲射火炮可由上射中炮台；三、在火炮配置上，追求重炮，又集中安置在炮台的正面，以抗击来犯敌舰船，而

---

❶ 该炮台的图可参见，《文物》1963年第10期，第53页照片。林则徐的介绍文字见《林则徐集·奏稿》中册，第643页。
❷ 《鸦片战争档案史料》第1册，第621页。

对其登陆小艇和部队缺乏攻击手段；四、炮台的大门多开在正面或背面，没有壕沟、吊桥、关闸等设施，难以阻止敌登陆部队的攻击；五、炮台的侧后往往只有一道围墙，没有斜堤、堑壕等阵地，不能组织守军对登陆部队进行反击；六、炮台的侧后缺乏良好的道路系统，守军的兵员、粮草、弹药在战时难以补给。以上六项，前两项是对西方火炮的威力认识不足所致，后四项是对英军陆战能力评估错误所致（详见第二章第四节）。西方观察家对清军炮台的评价极低。❶

这里所作的分析，是以即将发生的鸦片战争作为前提，是以世界上最强大的英军作为对手；若按当时人的观念，不知道战争的到来，仅仅为了防备乘虚蹈隙的海盗，这些炮台确又可谓"固若金汤"！

如果将上述枪、炮、火药、战船、炮台诸因素综合起来，具体情况又会是怎样呢？

让我们以江苏的吴淞营为例。

吴淞营驻于江苏宝山县吴淞一带（今属上海市），是鸦片战争中的主要战场之一。1828年，时任苏淞镇总兵的关天培对该营的兵器有过调查，其中最主要的数字为：

腰刀948口，大刀277口，角弓213张，战箭11570支，火箭260支；鸟枪917杆，喷筒118个；发熕炮55位，玉带炮12位，

---

❶ 1836年，一名西方观察家看到了广州、虎门一带的炮台后，评论道："它们不过是属于幼稚阶段的堡垒建筑的样本，没有壕沟，也没有棱堡、斜堤或任何反击的防御工事。……河岸上的炮台都是裸露的，没有一个能抵挡得住一艘大型战舰的火力，或可以抵御在岸上与战舰配合的突击队的袭击。突击队总是从它们炮火所不及的侧面和后方找到最佳的据点来袭击他们。"（*Chinese Repository*, vol. 5, pp. 168–169）值得注意的是，这位作者已经提示了进攻这些炮台的方法。

决胜炮 72 位，劈山炮 42 位，过山炮 10 位，子母炮 40 位，红夷炮 7 位，红夷发烦炮 3 位；火药 8940 斤（上述数字的相当部分储备于仓库）。❶

吴淞营共有营兵约 1000 名，因驻守要地，兵器较他处优良。但是，从上引清单中可以看出，吴淞营的火炮，大多是明末清初时期的小型火炮，威力极其有限。

除上引清单外，吴淞营在宝山县城东南靠黄浦江入长江口的杨家嘴，有炮台一座，另有沙船 3 艘，艍犁船 4 艘，巡防江海。

若以近代战争的眼光来看，吴淞营的作战能力又是如何？

1832 年，东印度公司派商船阿美士德号从澳门北上，侦察中国沿海的情况。6 月 20 日，该船在未遇任何阻挠的情况下闯入吴淞。随船的普鲁士传教士郭士立（Karl Gützlaff）"巡视了（吴淞）炮台的左侧，考察了这个国家的防务内部组织"，他在日记中写道："如果我们是以敌人的身份来到这里，整个军队的抵抗不会超过半小时。"❷ 这个结论是比较了中西军事实力而得出的，参照后来的鸦片战争，并不夸张。

在这里，我们不妨作进一步的检讨，清军的武器装备水准，为何远远地落在西方的后面？

从中西武器装备发展史中可以看出，在明清之际，中国的军事科技并不落后于西方，这里自然有当时大胆引进西方先进火器的成效，还因西方的近代科学尚处在起步状态。至于在制造方面，双方都处于工场手工业的同一水平。到了清康熙朝之后，中西武器装备

---

❶ 梁蒲贵等修纂：《宝山县志》卷 6，光绪八年（1882）刻本，第 16—18 页。

❷ Karl Gützlaff（郭士立），*Journal of Three Voyages along the Coast of China, in 1831, 1832 & 1833*, London: Frederick Westley and A.H. Davis, 1834, p. 249.

的差距急剧扩大，除了前面已提到的科学和工业两大因素外，还有一个重要原因，就是战争规模的缩小。

明、清双方的交战对敌，各牵系其命运，故在武器装备的引进、学习、研制上都不惜血本。至康熙年间平定三藩、收复雅克萨城后，清王朝进入了一个长期的相对和平的阶段。此后，清朝虽在西北、西南边疆及内地用兵，不管战况如何，在武器装备上都能保持优势。这就使得清王朝不是继续着力于研制新武器而获取更大的优势，而是着力于垄断这种优势的军事技术，不让对手或潜在的对手所掌握。也就是说，清王朝的重点不是研究而是保密。这里举两个例子：

一、前面提到的兵丁鸟枪，是绿营兵的主要装备之一。但是据清官方文献及现今存有的实物，清军的鸟枪是大有差别的。其最优良者为御用枪，当时已有了燧发枪；其次是京营八旗所用之枪；再次是驻防八旗所用之枪；最次是绿营所用之枪（火炮配置也是如此）。清朝统治者的这种鸟枪质量梯次配备，自是出于以京营巩固根本、以驻防监视绿营的考虑。但是，这种为确保满洲贵族统治而采用的方式，却使得清军的主力——绿营在鸦片战争中以清朝最次的装备来应敌。

二、明末清初，中国在引进西洋大炮时，同时也引进了"开花炮弹"（一种爆破弹）的技术。然而这种技术，为御林军专有，现存北京故宫博物院的清初炮弹，几乎全为"开花炮弹"。然而，久不使用，就连统治者本身也都忘记了，至鸦片战争时，别说一般的官员，就连主持海防的林则徐和当时的造炮专家黄冕，都闹了不知"开花炮弹"为何物的大笑话。战后清王朝据实样试制，实际上是第二次引进。到了19世纪70年代，左宗棠督师西征新疆，在陕西凤翔发现明末所遗"开花炮弹"之实物，不禁感慨万千，谓西洋

"利器之入中国三百余年矣,使当时有人留心及此,何至岛族纵横海上,数十年挟此傲我"?❶

再进一步细心考察,又会发现,康熙朝以后的清军武器装备,不仅在性能上没有大的突破,而且在制造质量上也明显地呈现下降的趋势。

这就涉及到清朝的武器装备管理体制。❷清朝的武器装备管理体制,大抵始建于康熙朝,至乾隆朝臻于严密。这种制度首先规定了清朝各种兵器的型制,其次根据型制规定其制造工艺,最后根据型制和工艺规定工价、料价。尽管这种体制有利于清军武器的制式化、一体化(实际上种类还是偏多),适应当时清朝财政支出制度化的要求,也减少了官员从中舞弊的机会,但却窒息了新武器的研制和新技术的运用。

在这种制度下,新武器的研制在一开始就以不合规定而被拒绝,新技术、新工艺又因不合规定而被排斥,最后又用权威的价格将一切新因素封杀出局——不合规定不准报销!长久的和平,使清朝统治者们忘记了未来战争的大课题,他们从未制定过长期的武器装备研制计划。

自康熙朝开始,中国的物价、工价一直处于上升趋势,而这种管理体制却使兵器制造经费固定化。此后虽有一些价格调整,但上涨的幅度赶不上各地物价、工价的实际水平,有时甚至出现下降的势头。如火药,雍正朝为每斤银2.6分,嘉庆朝每斤银2.1分。这就使得兵器制造者不仅无利可图,反而时常可能亏损。当然,这已不敷足的工价、料价中,还得包括那个时代猖獗的承办官员的层层

---

❶ 《左宗棠全集·书信》第2册,长沙:岳麓书社,1996年,第416页。
❷ 对于这一问题的叙说,我使用了皮明勇先生的论点,见《清朝兵器研制管理制度与鸦片战争——兼论清朝军事科技落后的政治原因》,油印本,1990年。

克扣和验收弁兵的种种勒索。❶

规定价格与实际造价的背离,并不会改变追求利润的经济规律。任何一位制造者,从本能上就绝不会做亏本生意。为了防止赔累,偷工减料就成了必然之途。为了能够偷工减料,贿赂验收官弁又成了公开的秘密。当时的名士魏源曾指出:

> 中国之官炮,之官船,其工匠与监造之员,惟知畏累而省费,炮则并渣滓废铁入炉,安得不震裂?船则脆薄腐朽不中程,不足遇风涛,安能遇敌寇?
>
> 官设水师米艇,每艘官价四千,已仅洋艘五分之一。层层扣蚀,到工又不及一半。❷

如果说魏源的言论过于空泛,让我们来看一实例。1835 年,广东水师提督关天培为改善虎门防御态势而新制大炮 40 位,结果在试放过程中炸裂 10 位,炸死兵丁 1 名,炸伤 1 名,另有 5 位火炮还有其他问题。关天培检查炸裂的火炮,发现"碎铁渣滓过多,膛内高低不平,更多孔眼",其中有一空洞,"内可贮水四碗"!❸

---

❶ 当时任汀漳龙道的张集馨,对漳州的官办船厂有以下评论:"军功厂(即船厂)则为道中大累,厂中有水师武弁一员在彼监造,道中派文员数佐杂在厂相陪督造,又派道差县役多人弹压匠役,薪水月费,由道发给。每修造一船,道中少则赔洋银千数百元,多则赔三四千元。赴司领款,刁难需索,非给以司费,则应领之款亦领不出……每有船只造成,驾出海口,咨请水师收功领用,乃延搁竟至一年半载,海风飘荡,烈日熏蒸,及至牒请,至查来收功时,油色不能鲜明,不肯领用,又复重新修饰,更添赔累。"(张集馨:《道咸宦海见闻录》,中华书局,1981 年,第 63 页)官办船厂尚可如此赔累,而承包的私商又如何赔累得起?此中揭露出来的索贿、中饱现象,又何能保证战船的质量?

❷ 魏源:《圣武记》下册,中华书局,1984 年,第 545 页。

❸ 关天培:《筹海初集》卷 3。

在弱肉强食的殖民主义时代，西方各国始终把武器装备的研制和生产，放在最优先发展的地位。正如一位西方人，1836年8月在《中国丛报》的一篇评论清朝军事力量的长文中，一开头就提出的那样，"今天，作为评价各社会的文明与进步的标准，最正确的大概是：每个社会在'杀人技术'上的精湛程度，互相毁灭的武器的完善程度和种类多少，以及运用它们的熟练程度。"❶然而，依旧沉浸在"天朝"之井中的清朝统治者们，似乎还不知这些。他们的种种做法，使得清朝的武器装备尚未达到当时社会的技术和工艺已经达到的水平。

二 兵力与编制

武器装备有着物化的形态，其优劣易于察觉，因此，不同的人们都得出了相同的结论：清朝在鸦片战争中处于**兵器上的劣势**。可是，也有许多论者又不约而同地指出：清朝在鸦片战争中处于**兵力上的优势**。

就简单的数字来看，这是事实。

当时清朝有八旗兵约20万，绿营兵约60万，总兵力达80万。这是当时世界上一支最庞大的常备军。

英国的兵力要小得多，正规军约14万，加上担负内卫任务的国民军6万，总兵力仅20万。与清军相比，大约是1∶4。

中英两国远隔万里，英军自然不能全数派往中国。鸦片战争初期，英国远征军的总兵力，以海陆军合并计算，大约是7000人。

---

❶ *Chinese Repository*, vol. 5, p. 165.

与清军相比，大约是1∶110。后英国远征军的兵力不断增加，至战争结束时，大约有2万人。与清军相比，大约是1∶40。

人们从这些数字中会很自然地得出结论：兵器上处于劣势的清朝，可以通过其在兵力上的优势来弥补缺陷，再加上本土作战，清军以众击寡，以逸待劳，具有某些明显的有利因素。

然而，上述结论仅仅是理论上的正确，实际情况恰恰相反。

从此后各章的叙述中，我们可以看到：在总兵力占优势的清军，在各次战斗中并不具有很大的优势，有时反处于劣势；在本土作战的清军，并不是总能以逸待劳，有时反疲于奔命。

这是为什么呢？

解决这一问题的关键，在于研究清军的编制。

清朝的军队分为八旗和绿营两大系统。其中八旗又可分为京营和驻防两部分。京营共约10万人，驻扎于北京及其附近地区。驻防亦约10万人，分四类而散布全国：一、保卫龙兴之地，驻于黑龙江、吉林、盛京（约今辽宁）三将军辖地；二、监视北方的蒙古族，保卫京师，辖于察哈尔、热河两都统，密云、山海关两副都统；三、戍卫西北边疆地区，守于乌里雅苏台（今蒙古国扎布哈朗特）、科布多（今蒙古国吉尔格朗图）、绥远城（今呼和浩特）、伊犁（今新疆霍城县境内）、乌鲁木齐、喀什噶尔（今喀什）等地；四、也是最重要的，监视内地各行省，领有广州、福州、杭州、江宁（今南京）、荆州、成都、西安、宁夏六将军及京口（今镇江）、乍浦、青州（今山东益都）、凉州（今甘肃武威）四副都统。

清军的主体是绿营。除京师巡捕5营共1万人外，大多部署于各行省。一省的绿营体制为：

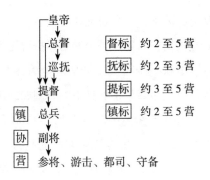

由此可见，除总督、巡抚自率的各标外，一省军事体制分提、镇、协、营四级，以营为基本单位。❶

---

❶ 为了使读者能掌握此中的情况，我以鸦片战争中战斗次数最多、交战时间最长的浙江省为例，作具体分析。浙江省共有绿营兵37000余人，在关内18行省中，是一个中等省份。这些兵丁的分布情况为：浙江巡抚驻杭州，辖抚标2营（左营407人，右营391人）。浙江水陆提督驻宁波，辖提标5营（中营850人，右营850人，左营850人，前营863人驻鄞县大嵩所，后营861人驻应家棚）。浙江提督直辖部队为，宁波城守营637人；杭州城守协865人，钱塘营667人（归杭州城守协副将节制）；海塘营408人（驻海宁）；湖州协3营（左营469人，右营469人，安吉营294人驻安吉）；嘉兴协2营（左营737人分驻嘉兴、海盐，右营732人驻乍浦）；绍兴协2营（左营863人驻绍兴，右营1026名分驻余姚、临山）；乍浦左、右营609人；太湖营623人。黄岩镇总兵驻黄岩，辖镇标3营（中营866人驻海门汛即今椒江市，左营866人，右营867人分驻黄岩、海门汛）；黄岩镇下辖部队为，台州协3营（中营720人，左营683人驻桃诸寨，右营690人驻前所寨）；宁海左、右营共1208人；太平营782人驻太平即今温岭县。定海镇总兵驻定海，辖镇标3营（中营990人，左营983人，右营892人）；定海镇下辖部队为，象山协3营（左营638人，右营638人，昌石水师营570驻石浦一带）；镇海水师营1163人。温州镇总兵驻温州，辖镇标3营（中营831人驻长沙汛，左营832人，右营889人驻宁村寨）；温州镇下辖部队为，温州城守营763人；乐清协2营（本营876人，盘石营301人驻盘石寨）；瑞安协2营（左营473人，右营469人）；平阳协2营（左营596人，右营595人）；玉环左右营共905人；大荆营669人。处州镇总兵驻处州（今丽水），辖镇标3营（中营836人，左营835人分驻龙泉、云和，右营836人驻遂昌）；处州镇下辖部队为，金华协2营（左营513人，右营513人分驻金华、永康）；丽水营534人。衢州镇总兵驻衢州，辖镇标3营（中营780人，一部驻龙游，左营658人驻常山，右营668人，一部驻江山）；衢州镇下辖部队为，严州协2营（左营506人，右营506人）；枫岭营481人。（转下页）

清军在编制上的弊陋，主要表现在营以下。绿营中的营，没有固定的编制，而是根据驻守地区是否冲要、执行任务繁简程度而决定，人数从 200 至 1000 余名不等，长官亦分为参将、游击、都司、守备四级，官秩从正三品降至正五品不等。例如，守卫海防重地吴淞口的吴淞营，因地位十分重要，共有兵弁 1100 余名，长官为参将，直隶于苏淞镇总兵。而更能说明问题的是营以下的建制及其分散驻防。据《宝山县志》，吴淞营营以下分哨，哨以下分汛。吴淞营除 200 名兵弁驻守吴淞西炮台外，其余 800 余名分布在县城及 35 处汛地。❶ 防守范围包括宝山县大部及嘉定县的一部分。❷ 每一汛地，驻兵数名、十数名、数十名不等。

是不是吴淞营的情况特殊而驻守特别分散呢？恰恰相反，从各地的情况来看，吴淞营的汛地不是特别多的。例如，号称精锐的湖南镇筸镇，额设兵丁 4107 人，"分布汛塘六十七处，驻守碉卡关门一哨台七百六十有九"。❸ 其驻防分散，不难想见。

从绿营的编制来看，在督、抚、提、镇各标中，由提督直辖的提标，是兵力最强、驻防最集中、机动性最强的部队。但是，它的情况并不优于前述吴淞营。

福建水师提标是清军最强大的海上力量之一，驻守厦门。它共

（以上据《清朝文献通考》，商务印书馆，1936 年，卷一八六。有关清军分布情况亦可见《清朝通典》和《清朝通志》）。从以上情况来看，除在一些较大的城市驻有 3 至 5 营外，一般城市驻 1 至 2 营，个别县没有驻军。当然，城市驻军，仅仅是指该提、镇、协、营的衙署驻在城内，而其部队则分散于各地。

❶ 梁蒲贵等纂修：《宝山县志》，卷六，第 13 页。由于该资料未称各汛具体兵数，可参见下页注 ❶。

❷ 当地宝山县境内，除吴淞营外，另有江南水陆提标后营一部（主要驻在县城一带）、川沙营一部（主要驻在吴淞口东岸）。吴淞营的防区为宝山县大部、嘉定县一部。当然，当时的宝山县境与今宝山区不完全相同。

❸ 李扬华：《公余手存·营制》，《丛刊·鸦片战争》第 1 册，第 222 页。

有中、左、右、前、后5营,额设官兵4300余名。其中一半是海岸防卫部队,另一半是舰船部队。就海岸防卫部队而言,它在厦门岛、鼓浪屿岛共有兵丁517名,但分在10处汛地、24个堆拨以及厦门城四门、水操台等40余处地方;又在厦门岛外围的大陆,沿马巷厅(今属同安县)、同安县、龙溪县、(今分属漳州市、龙海县)、海澄县(今属龙海)一圈海岸,驻兵1390名,分在41处汛地,每处3至201名不等。就舰船部队而言,共有大小船只67艘,其中48艘为战船(大横洋船、同安梭船),另有19艘为海岸巡哨之桨船;而在战船之中,又有13艘有固定的海上汛地,只有35艘可机动出洋作战。❶

我们不能用今日之军队整师、整团、整营地集中驻扎某一营房的概念,去想象当时的清军。就我见到的材料,绿营中没有一个营不分汛塘哨卡的,也就是说,营以下部队没有集中驻扎于一处营房的,而是数名、十数名、数十名、最多数百名(我仅见到200余名)分散在当时的市镇要冲等地。❷

就近代的军事原则而言,兵力分散意味着战斗力的削弱。我们不妨设想一下,一旦发生战争,要将这些分散的小部队集中起来,

---

❶ 周凯等纂:《厦门志》卷3"五营汛防",道光十九年(1839)刊本。从汛防的具体数字看,清军不仅分散,而且并不划区集中驻守。如厦门岛上,5营兵弁皆有,5营衙署亦皆在厦门城内外;又如大担,5营各派战船1只,兵弁41兵巡防。这种方法,当属八旗轮流抽派的影响所致,对作战极为不利。

❷ 罗尔纲先生对于绿营汛塘兵的解释似误。他在《绿营兵制》(中华书局,1984年)第8章第2节中提出:一、只是城守、分防各营设有"汛"兵;二、"汛"兵占绿营总数的三分之一。从地方志材料来看,情况完全不同。"汛"应是清军营以下的一级编制、组织形式,其兵数的多少,据其任务而定。清军的督、抚、提、镇各标都设汛。从这个意义说,绿营中不存在专门的"汛兵"或"非汛兵",因为未在"汛"的兵弁,亦在相应的塘、寨、堆拨等处,只不过是名称不同。罗尔纲先生认为,清军绿营中的提标、镇标不设防汛,机动性强,从上引福建水师提标的情况来看,似有误。

又是何等不易。在实际操作中，全部集中是完全不可能的。

清军如此分散驻守，原因在于其担负的职责。

清朝是靠武力镇压而建立起来的高度中央集权的政权，军队是其支柱。但是，当时清朝没有警察，高度中央集权也不准建立地方性的内卫部队；**维持社会治安，保持政治秩序就成了清军最重要最大量的日常任务**。从外部环境来看，尽管清朝数次在边疆地区用兵，康熙年间还在东北地区与俄罗斯作战，但在"四裔宾服"之后，清军并无强大的固定敌手。颠覆清朝的力量在内而不在外。这些决定了清军的基本职责是防民为主，内卫为主的性质。

由此，军队的分散驻防有其合理性：

一、警卫宫禁皇园陵寝，守卫各级衙门官府，看守仓库监狱，押解钱粮罪犯，协助关卡征税，查拿私盐鸦片走私，护卫驿站驿道，以及执行各级官府交付的临时性或相对长期性种种差使，都由清军执行。而要完成这些事务，显然不必强大的军团，却需要众多且分散的士兵。京营八旗、督标、抚标执行此类勤务甚多。

二、为维护城市治安，弹压盗匪，清军除在城门派兵守卫，盘查人员外，又在城内设立堆拨、栏栅，昼则巡查，夜则守更（如前提厦门24堆拨即属此类，相当于警察）。这又需要众多且分散的士兵。各城守协、营以及驻在城市中的驻防八旗和绿营，担负此类勤务甚多。

三、也是最重要的，为了更有效地监视民众，以防造反，为了使各地方官随时可以找到一支可资利用的部队，为了克服当时的交通困难而能及时镇压，清军在各市集、要隘、道口、险峻之处，设立了大大小小的汛、塘、卡、台，拨驻兵弁。这些小部队对付遍于全国揭竿而起又时起时落的反叛，极为便利，因为绝大多数在乡村活动的反叛者和盗匪都是小股流窜、乘虚蹈隙，清军若集中兵力往往无效，甚至找不到其踪迹。清军绿营兵的主力由此而分散。

四、强兵悍卒从来就是专制王朝的心头大患，而以少数民族入主中原的清朝，对于一支兵力强于本族武装（八旗）的汉族武装（绿营），更是多加防备，其基本对策就是用兵力相对集中的八旗监视兵力分散的绿营。因此，绿营兵驻扎的分散，不仅由于军事的考虑，而是出于政治的需要。❶

以上仅仅是理论上的分析，而在实际操作过程中的情况如何，可以引用一些官员在鸦片战争中的议论。

1840年8月，英军抵达天津海口，直隶总督琦善奏称："天津存城兵共止八百余名，除看守仓库监狱城池暨各项差使外，约止六百余名。其余沿海葛沽、大沽、海口等三营，葛沽止额设兵一百余名，余二营均止数十名不等，兵力较单。"❷ 查天津镇标两营，加上天津城守营、葛沽营，总兵力达2400人，❸ 与实际存营数字比较，可见出外担负勤务之多。

1841年9月，福州将军保昌等奏："省城旗绿营兵，除向例各处值班外，实存兵一千零四十名，"❹ "查福州八旗驻防兵弁1960名，

---

❶ 对此，龙汝霖谈及山西清军时称："除抚标及额设兵丁外，分成四十余营，再分州县之城守、汛塘……立法之初，原以为承平无事，一则散强悍之徒，使无尾大不掉之患；一则塞空虚之防，使无照顾不及之虞。用意至深且远。"（《皇朝经世文续编》卷62《整顿营务议》，光绪二十八年刻本）

❷ 《鸦片战争档案史料》第2册，第237页。

❸ 嵇璜等纂：《皇朝文献通考》卷183，上海图书集成局，光绪二十七年（1901）铅印本。天津镇标2营，共计1400余人，天津城守营450人，葛沽营490余人。又，琦善奏"葛沽、大沽海口等三营"，未查到相应的记载。查葛沽营分驻新城、大沽等处，此处的"营"似非编制上的"营"，似为驻扎的营地。又，《皇朝文献通考》为乾隆年间的数字，未必与鸦片战争时完全相同，但因清军军制改动很少，大体数字不会有很大的变动。鸦片战争后，清朝专门成立了总兵力达2000人的大沽协。

❹ 《鸦片战争档案史料》第4册，第120页。

由福建将军统辖的绿营兵共3营（左营938名，右营938名，水师营627人），总计4463人。"❶ "向例各处值班"兵数占四分之三以上。

1841年11月，盛京将军耆英奏称：奉天"所有各城额兵，多则七八百名，少则三四百名，东西各路额兵一二百名不等。省城西额兵五千二百余名，其各项差徭繁多，在在需人。又边外卡伦、看守围场堆拨等项，每年共需兵九百余名，均应按季轮流派往"。❷ 耆英虽未直接点出可机动的兵数，但指明了兵丁担负的各项差徭之繁重。

清军的编制明白地说明了它利于分散"治民"，而不利于集中御外。如果用今天的眼光观之，**清军不是一支纯粹的国防军，而是同时兼有警察、内卫部队、国防军三种职能**。其中国防军的色彩最淡，警察的色彩最浓。退一步说，以当时的4亿人口，配备80万警察，警、民比例为1∶500，以今天的标准来看，这一比例也不为过高。

清军布防的分散和承担的任务决定了：一、清军不可能全数用于作战，额设兵丁与可以参战的兵丁是两个不同量的概念；二、清军已束缚于各地，没有一支可机动作战的部队。❸ 也就是说，总兵力

---

❶《皇朝文献通考》卷186。

❷《鸦片战争档案史料》第4册，第398页。

❸ 这里对清军各部再作一些说明：一、京师八旗和巡捕5营共10余万，但相当大的部分用于执行宫廷、陵寝、衙门的日常勤务；巡捕5营及一部分八旗京营则是巡防地面，看守各城门、堆拨，维持京师治安。为了守卫京城，这些部队一般不轻易抽调。在鸦片战争中，也没有动用。二、各地将军、都统、副都统率的驻防八旗，相对集中，但一处至多不过数千，除日常勤务外，又有守城之责。在鸦片战争中，此类兵丁调动不多。三、各省督抚所率督标、抚标、漕标、河标，所担负的官府勤务相当繁重。提督所辖提标兵数较督标等为多，但有守土之责，不能全用以机动作战。四、各镇、协、营，有着明确的绥清地方之责，也不能全部用以参战。也就是说，如此庞大的清军，找不出一支可以完全用以作战的成建制的部队。

达80万这一数字，在实际操作中不具有今日应有的意义。

由此而论，真正有意义的是鸦片战争中清军可投入作战的数量。

鸦片战争的实际交战省份为广东、福建、浙江、江苏；更具体一点，实际交战地点为广东的虎门、广州，福建的厦门，浙江的定海、镇海、宁波、乍浦，江苏的吴淞、镇江。❶上述四省清军共约22万人，上述交战地区清军平时守兵约3万人。然而，不用说是全省，即便是交战地区，若非全境受英军攻击（如乍浦、镇江等地），守军不可能全数参战。例如前面提到的厦门，参加1841年8月厦门防御作战的清军共计5680人，但驻守当地的福建水师提标4300余人中参战者却不足2000人。

战争的到来并不能取消各地守军平时的任务，相反，局势的紧张使统治者们觉得更有必要监视民众，以防乘机生事。因此，即便在交战地区，当地清军并不能全部取消原先的汛塘哨卡，而集中其兵力；只能在这些汛塘哨卡中抽调一些兵弁，组成临时编制的部队，准备应战。**抽调是鸦片战争中清军集结的唯一方法**，各将军督抚从本辖区内地调兵增援海口，用的就是这一办法，清廷从内陆各省区调兵增援沿海各省，用的也是这一方法。这里我们举两个例子：

一、1840年7月15日，两江总督伊里布获悉定海失守，从江苏、安徽等处调兵3550名增援宝山、上海，共涉及徐州镇、寿春镇、扬州营、狼山镇、福山营、京口左右奇兵营、镇江营、常州营、

---

❶ 这里列举的仅指主要战斗地区，曾经发生过小规模战事的还有：广东从虎门到广州的东莞、南海、番禺县境内，从西江口至虎门后莲花山的香山、新会、顺德县境；浙江的慈谿、奉化、余姚；江苏的宝山、上海、松江以及长江下游诸要点。

太湖营、高资营。每处300至500名不等。❶

二、1841年1月16日，湖广总督裕泰等遵旨从湖南调兵1000名增援广东，结果从提标抽兵300名、镇筸镇标抽兵200名、永州镇标抽兵200名、绥靖镇标抽兵100名、抚标抽兵100名、辰永沅道标练勇抽勇100名。❷

正是如此，道光帝从各省抽调，各省督抚从各标营抽调，各标营长官又从各汛塘堆拨哨卡抽调。此处数名、十数名，彼处数名、十数名，积少成多，临时任命将弁督率出征。鸦片战争中，广东曾得外省援军共1.7万人，来自湘、桂、赣、鄂、云、贵、川七省，浙江先后共得外省援兵共约2万人，来自闽、皖、苏、赣、湘、鄂、豫、普、川、陕、甘、桂十二省。这些临时拼凑的部队，兵与兵不熟，兵与将不习，必然会使整体战斗力水准下降。❸

那么，这种抽调的方法究竟能集结多少兵力呢？

鸦片战争中，清廷共三次下令沿海各省加强海防：第一次是1841年7月获悉定海失陷后（是年9月英军南下时下令撤减）；第二次是1841年1月获悉虎门开战之后（是年7月因奕山谎报军情而下令撤减）；第三次是1841年9月获悉厦门失守之后。沿海各将军督抚皆从本省的内地抽调兵丁增援海口，其数量为：❹

---

❶《鸦片战争档案史料》第2册，第164页。具体数字为：徐州镇400名、寿春镇400名、扬州营500名、狼山镇350名、福山营350名、京口左营、右营、奇兵营350名、镇江营300名、常州营300名、太湖营300名、高资营300名。

❷《鸦片战争档案史料》第2册，第756页。

❸ 曾任兵部侍郎、后组建湘军的曾国藩对此极有体会，称："国藩每念今日之兵，极可伤恨者，在'败不相救'四字。"（《与江忠源》，《曾国藩全集·书信》第1册，长沙：岳麓书社，1990年，第192页）正因为如此，当江忠源奏请"调云贵湖广兵六千"之时，曾国藩劝其调兵不如雇勇。

❹ 额设兵丁一栏中，广东、直隶绿营兵为1841年之数（见《筹办夷务始末（道光朝）》第3册，第1330—1332页）；江苏、浙江、福建、山东绿营兵为1849年之数

省份	额设兵丁		第一次定海失守后	虎门失守后	厦门失守后
	八旗驻防	绿营兵			
直隶		38280		6790	10000余
盛京	约10000				500
山东	2320	20057		3000余	3000余
江苏	4745	38001	7800		
浙江	约4000	37565	7900	约10000	约10000
福建	4463	61675		13000余	15000余
广东	3500	68263	10000（含勇）		

从上表可见，除海口原设防兵外，抽调内地的兵力至多不过占其额兵的四分之一。此一数字可视为其最大抽调兵力之数，因为各省督抚们此后纷纷奏称"实无一兵可调"，又极为担心当地的"盐枭"、"烂匪"又会乘此兵力抽调之机生事。其中绿营兵抽调比例最低者为山东，而1842年1月28日山东巡抚托浑布奏称："各口岸调防弁兵仅止于三千余名，在沿海尚形单薄，在腹地已涉空虚……"❶尽管山东抽调的防兵仅占其额兵的六分之一，统治者就已感到难以维持地方上的正常秩序，只能抽回一些。

由于沿海各省的清军不敷调用，清廷从内地各省区抽调兵丁增

（接上页）（见《清史稿》第14册，第3892—3897页）。浙江、江苏八旗驻防为鸦片战争时期数，具体为江宁3560名，京口（镇江）1185名，杭州2000名，乍浦1181名（见《筹办夷务始末（道光朝）》，第2册，第857、1064页；第4册，第1843、1920页）。广东的广州、福建的福州、山东的青州和德州以及盛京的八旗驻防数据《皇朝文献通考》。

❶《筹办夷务始末（道光朝）》第3册，第1578页。

援沿海，其数字为：❶

调出省份	额设兵丁	调出兵丁	抽调比率
安徽	9502	3500	36.83%
湖北	20645	7300	35.35%
江西	12562	4000	31.83%
陕西	25001	5700	22.80%
河南	15491	4000	25.82%
四川	31808	7000	22.0%
吉林	约10000	2000	20.00%
黑龙江	约10000	2000	20.00%
察哈尔		2000	
广西	22632	3000	13.26%
湖南	27306	2500	9.16%
贵州	36737	2500	6.18%
山西	22962	1500	6.53%
甘肃	69341	3700	5.33%
云南	40042	500	1.25%

由上表可见，为了支撑战争，关内各行省及东北地区，都有调兵行动。只有新疆和蒙古地区未抽兵参战。

以上清廷从内地各省区抽调的兵力，共达5.1万人，分别增援

---

❶ 各行省额设兵丁数字只是绿营，不包括该省驻防。绿营兵数见《筹办夷务始末（道光朝）》第3册，第1332页；吉林、黑龙江为八旗，兵数参见《清朝文献通考》。各地抽调兵数参见《筹办夷务始末（道光朝）》有关上谕，因页码太多，不列。

广东（1.7万）、浙江（最高时为1.8万）、江苏（最高时为1.3万，其中大部分为原增援浙江的军队）、直隶（1万）、锦州（1000）、芜湖（1000）；若加上沿海各该省增援部队及海口原设防兵，清朝在鸦片战争中实际动员的部队共约10万。

当然，不能说清王朝无法再集结更多的部队，但若要有很大的增加，则是不可能的。❶

尽管清军的编制非常不适应近代战争，但是，总兵力80万毕竟是一庞大的数字，鸦片战争中也毕竟集结了10万军队，与英国远征军最高兵力时的2万人相比，仍为绝对优势。

然而，有一项因素致使上述态势发生根本性的逆转，这就是上节提到的英军舰船。

英军"船坚炮利"，是当时清朝上下已经达成的共识，而在此共识之下，放弃海上交锋又成为清军的必然选择。也就是说，清军失去了战争的主动权，只能在陆地被动地等待对方的进攻。

英军的舰船不仅是凶猛的进攻手段，而且是高效的运输手段，英军由此可重复使用其数量有限的军力。一艘战舰使用两次等于两

---

❶ 如果我们以交战地区浙江省的抽调比率24%和非交战地区的安徽省的抽调比率36%，作为清朝能达到的最高标准，那么，除已集结的10万人之外，还可以动员约10万人左右，但是下列事项值得注意：河南、四川、陕西等省距离战场太远；广西、湖南、贵州、云南、甘肃等省驻兵较多，但要监视当时清帝国内部的苗、回、蒙等少数民族；京畿八旗在鸦片战争中未动，是为了保卫在专制社会中占有绝对重要地位的首都；驻防八旗除吉林、黑龙江、江宁、青州等处有一些小调动外，其余在鸦片战争中未动，也是因为其担负的特殊使命。因此，以保持王朝的统治秩序的稳定为先决条件，浙江的24%和安徽的36%的抽调兵力的比例，在实际操作中是难以达到的。至于路途遥远而带来的问题，我在下面还会谈及。另外，太平天国战争时，地方糜烂，无秩序可言，其抽调的兵力高于鸦片战争，其中反映出来的清王朝的态度，说明他们视"社稷"重于"国家"。

艘。一名士兵参战两次等于两名。清军因其陆上调兵速度比不上英军的海上调兵，且不知英军的战略目标和作战指导方针，只得处处设防。也就是说，全国几千里海岸线，都是其防御的范围。

这就构致了清军在鸦片战争中的兵力配置的实际场景：为了对抗英军可能的入侵，盛京、直隶、江苏、浙江、福建、广东七省区几十个海口都得派兵拨炮防御，其中虎门、厦门、定海、镇海、吴淞、大沽为最重要，驻守的清军从四千至一万不等。由于英方因舰船优势而获得作战地点、作战时间和作战规模的决定权，清朝欲每战保持与英军相当的兵力，须事先在每一可能交战的地区部署与英军可能投入的部队相当的兵力。❶

集中兵力本是军事学中的常识，而清朝所处的被动地位，使之不得不分散兵力。

由此决定了总兵力占绝对优势的清军，在实际交战中无法保持此一优势。在后面的各章节中，我们将会看到，鸦片战争中较大规模的战役战斗共12次，除1841年5月广州之战和1842年3月浙东之战时因获各省援军而保持兵力上的优势外，绝大多数的战役战斗清军的兵力与英军相距不远，而在1840年7月定海之战、1841年1月沙角大

---

❶ 对此情况，我们可以举一例子来说明。1841年9月驻守浙江的钦差大臣、两江总督裕谦奏称："浙省防兵，统计虽有一万五千余名，系连各该处额设官兵之请给盐菜者一并计算。实在镇海、定海二处，除本营额设官兵外，各止调派外营外省兵三千余名。乍浦地方，除驻防八旗官兵外，止有调防兵八百余名。其余四五千名，分防沿海各口，自一二百名至数百名不等，本形单薄。现在逆夷四出纷扰，处处吃重，据各该地方官纷纷禀请添兵策应，固属实在情形。但奴才通盘筹画，浙江及附近各省，业已无兵可调，且该逆游魂海上，朝东暮西，飘忽不定，设我闻警调派，水陆奔驰，尚未行抵该处，而该逆又顾而之他，彼然疲于奔命，适坠其术。"（《筹办夷务始末（道光朝）》第3册，第1210页）从这段言论中可以看出：一、各处原设兵弁，参加防御者只能是一部分；二、本省和外省调防的万余援军，只能分散于定海、镇海、乍浦3处要点和10余处海口；三、每一设防地区的兵力仍有不足之虞。除浙江省外，沿海各省区情况无不如此。

角之战和1842年7月镇江之战中,反是英方占了兵力上的优势。

我们从实际操作的层面讨论清军的兵力问题,还有一个很容易被忽视的因素,即调兵速度。

由于清方不能确定战场位置和作战时间,更兼调兵还受到军费等因素的牵制,清廷在鸦片战争中的调兵行动,主要有两次:一是1841年1月虎门之战后,主要方向是广东;一是1841年10月镇海失守后,主要方向是浙江。

当时的运兵,基本沿驿递道线路行进,沿途各地方官组织车船夫马并提供粮草住宿。尽管清军的编制和任务,致使一省一次调兵仅一两千人,但因道路狭窄和当地供给能力有限,一两千军队亦不能集团开进,须分成数"起",每"起"200至300人。在河流通航的地区,援军可以乘船,至其他地区,因车马有限,绝大多数士兵只能靠两条腿走路,其速度之慢,不难想见。

为此,我具体统计了19拨援军的调兵清况,推算出清军调兵的大概速度:邻省约30至40天,隔一二省约50天,隔三省约70天,隔四省约90天以上。见下表:

命调时间	调出地	调入地	兵数	到达情况	时间
二十年六月二十六日 (1840年7月24日) 道光帝命调,七月二日 (7月30日)邓廷桢派出	福建 建宁镇	浙江 镇海	500	是年八月上旬(约8月底9月初)陆续到达	约40天
二十年十二月二十日 (1841年1月12日)	安徽 寿春镇	浙江 镇海	1200	次年二月初四日 (1841年2月24日) 伊里布奏称到达头起400名,初七日(27日)奏称业已陆续到达	46天

续表

命调时间	调出地	调入地	兵数	到达情况	时间
二十年十二月十四日（1841年1月6日）	湖南	广东广州	1000	次年二月初一日（1841年2月21日）琦善奏称到达600名，初七日（27日）奏称全数到达	51天
二十年十二月十四日（1841年1月6日）	贵州	广东广州	1000	次年二月初一日（1841年2月21日）琦善奏称到达	47天
二十年十二月十四日（1841年1月6日）	四川	广东广州	2000	次年三月初四日（1841年3月26日）林则徐日记称到达	79天
二十一年正月初五日（1841年1月27日）	江西南赣镇	广东广州	2000	二月初七日（2月27日）林则徐日记称到达（估计为头起），二月丁四日（3月6日）杨芳奏称到达1500名	估计40余天
二十一年正月初八日（1841年1月30日）	湖北	广东广州	1000	三月初十日（4月1日）林则徐日记称到达800名；三月十七日（4月8日）奕山奏称300名到达广东曲江。（林则徐所记数字可能有误）	估计约70天
二十一年正月初九日（1841年1月31日）	贵州	广东广州	500	二月三十日（3月22日）到达	50天
二十一年正月初九日（1841年1月31日）	湖南	广东广州	500	二月三十日（3月22日）到达佛山	50天
二十一年正月初八日（1841年1月30日）	四川	广东广州	1000	闰三月初六日（4月26日）奕山奏称已入广东省境内	估计约90天

续表

命调时间	调出地	调入地	兵数	到达情况	时间
二十一年九月初五日（1841年10月19日）	河南	浙江	1000	十月初十日（11月24日）奕经奏称到达镇江，后随奕经赴浙	
二十一年九月十二日（1840年10月26日）	四川	浙江	2000	十二月二十日（1842年1月30日）到达380名，后陆续到达。至二十二年正月初四日（1842年2月13日）末起兵300名尚未到达	估计约110天
二十一年十月初四日（1841年11月16日）	陕西甘肃	浙江	2000	十二月十九日（1842年1月29日）到达750名，后各起陆续到达。至二十二年正月初四日（1842年2月13日）末起兵250名尚未到达	估计约90天
二十一年十一月初九日（1841年12月31日）	河南	江苏	1000	次年正月初四（1842年2月13日）到达	45天
二十二年三月初六日（1842年4月16日）	广西	浙江	1000	五月二十一日（1842年6月29日）奕经奏称到达头起、二起共550名，后两起亦在该月到达	估计约70天
二十二年四月十九日（1842年5月28日）	湖北	江苏	1000	六月初三日（7月10日）到达	43天
二十二年五月二十日（1842年6月28日）	察哈尔	天津	2000	该部为马队，六月初九日（7月10日）到达	18天

续表

命调时间	调出地	调入地	兵数	到达情况	时间
二十二年六月二十三日（1842年7月30日）	河南	江苏清江	1000	八月初九日（9月13日）陆续到齐	45天
二十二年七月十一日（1842年8月16日）	河南	安徽芜湖	1000	七月二十五日（8月30日）到达头起200名，以后各起截回	

资料来源：《筹办夷务始末（道光朝）》，《林则徐集·日记》。调兵时间以道光帝下令时起算，包括各该省抽调兵弁及各该拨兵行走时间。

如此缓慢的调兵速度，使清军丧失了本土作战的有利条件。当时英海军舰船从南非的开普敦驶至香港约60天，从印度开来约30至40天，即使从英国本土开来也不过4个多月。蒸汽机的出现，轮船的使用，又大大加快了英军的速度。1841年英全权代表从孟买到澳门仅用了25天。由此推算，英军从浙江的舟山派轮船至印度调集援军或军需品，来回时间几乎相同于清方从四川调兵至广东或从陕甘调兵至浙江。方便快速的舰船缩短了英军漫长的补给线，而落后的交通条件则延长了清军增援的路程。先进的科学技术在兵力问题上显示出威力。

如此缓慢的调兵速度，使清军的兵力部署跟不上英军军事行动的展开。1840年6月，英军从广东水域出发，攻陷定海，兵临天津海口，仅花了35天；1841年8月，英军从香港出发，连陷厦门、定海、镇海、宁波数城，只用了53天。而清军呢，道光帝在1841年1月虎门沙角、大角之战前后增兵广东，但在4个月后才有一次弱小的攻势；1841年10月，道光帝获悉定海、镇海失陷后，再次派兵浙江，近5个月后，清军方发动反攻。

这样的叙述可能过于抽象，让我们来看两个例子：

一、1841年10月26日,道光帝调四川建昌、松潘两镇中精兵2000名,前往浙江"征剿"。❶一直到1842年2月,该部援军风尘仆仆,历经4000余里赶至前线。3月10日参加进攻宁波的战斗。而英军于1841年10月10日攻占宁波后,此时已休整近半年。比较中英双方,何劳何逸?

二、1841年4月16日,浙东反攻失败后,道光帝根据前方主帅奕经的请求,调广西兵1000名增援浙江。6月29日,该部头起、二起共550人到达,后两起450名尚在途中。而英军此时已放弃宁波,攻陷乍浦、吴淞,正浩浩荡荡驶进长江!奕经连忙将该部再派往江苏。一直到战争结束,该部未参加任何战斗。

鸦片战争距今已一百五十多年,我们不能用今天的标准去判断当时的情势,不管这些标准在今人的眼光中又是多么的天经地义。

三　士兵与军官

兵器和兵力,无疑是标志军事力量强弱的最重要的两大因素。然而,若仅此便能判断战争的胜负,那么,人类的战争史就会如同数学中的加减法那般单调枯燥,失去其应有的光彩。在历史上,以弱胜强的战例时有发生,其中的决定因素就在于人以及由人制定的战略战术。

人的复杂性在于其思想,人所制定的战略战术又千变万化,很难集中概括。因此,鸦片战争中的高层人士的经历、思想及其战略战术,我将放在以后各章结合战争过程进行讨论,本节只是简单地

---

❶《鸦片战争档案史料》第4册,第259页。

描述清军作战的主体——士兵和军官的一般情况。

中国史学的主要缺点之一,就是视野集中于上层,许多史料作者对其身旁的下层民众生活,因不具秘闻的性质而忽略不记。在我探究当时清军官兵的一般生活时,受窘于材料非常之少,只能将散见于各处的零星材料拼凑出大致而非精确的图画。

清朝的兵役制度是一种变形的募兵制。早期的八旗是兵民合一的制度,清入关后,人丁生繁,兵额固定,逐步演化为从各旗各佐领中抽选固定数量的男丁充兵。绿营兵募自固定的兵户。与民户相比,兵户出丁后可免征钱粮赋税。而在实际操作中,尤其在战时,绿营的兵员除来自兵户外,也有从社会其他成员中募集者,各色人等均有。

这种挑募的方式具体执行情况又是如何?我们可借用民国时期的著名将领冯玉祥的个人经历,帮助读者理解:

> 保定府五营练军,是有名的"父子兵"。这意思就是老子退伍,由儿子顶名补缺,普通外面不相干的人,是很难补进去的。有时即使一年半载能出一个缺,就有许多人来争着补,各方面托人保荐。所以我补了几次,都没有补上。
>
> ……
>
> 有一次,营中出了一个缺额,外人还不知道,管带苗大人就说:"这回补冯大老爷的儿子。"
>
> 旁人就问:"冯大老爷的儿子叫什么名字?"
>
> 这一问,苗大人也怔住了。接着那人就说:"我问问去。"
>
> 这时苗大人生怕他去一问,耽搁了时间,缺额又被旁人抢去,所以他随即说:"我知道,用不着问。"于是他就随手写了

"冯玉祥"三个字。

本来我们的名字是按照族中"基"字排行取的,家兄叫基道,我叫基善。这次补兵,因为苗大人随便一写,以后我就沿用下去,没有更换本名。这就是我的名字的来由。我补兵的这年,是光绪十八年,西历 1892 年,我才十一岁。

补上兵之后,我并没有随营操练。除了发饷时到营中应名领饷外,其余时间我仍在家中过活……❶

冯玉祥的父亲是一名哨官,冯玉祥加入的是淮军,这与鸦片战争时期的八旗绿营是有区别的。冯玉祥 11 岁参军,也是一种例外,故冯氏自觉有特别意义而写入自传。我们不能把冯氏的事例当作普遍现象来看待,但此中透露出来的募兵程序,却是清朝的一贯制度。

清军的士兵一旦被募后,就成了一种终身的职业。当时并无固定明确的退役制度。尽管清军中(主要是绿营)时有"汰老弱、补精壮"的行动,但从未规定多少岁为老,什么样为弱,更未规定多少年进行一次裁补的行动。因此,清军士兵的年龄大小不一。1840 年 7 月,中英第一次厦门之战,清军被打死 9 名士兵,档案中留下了他们个人情况的资料:

中营守兵林喜成,年三十五岁,系鸟枪手,母陈氏,妻李氏,子注。

左营守兵吴灿生,年二十五岁,系鸟枪手,妻傅氏,男顺意。

左营战兵吴观赏,年四十三岁,系鸟枪手,妻孙氏。

---

❶ 冯玉祥:《我的生活》,哈尔滨:黑龙江人民出版社,1981 年,上册,第 23—24 页。

左营守兵王大猷，年二十九岁，系鸟枪手，母吴氏。

右营战兵邱明禧，年三十九岁，系弓箭手，祖母林氏，母刘氏，妻陈氏。

右营战兵张世泽，年五十九岁，系鸟枪手，母余氏，妻黄氏，男光灿。

前营战兵胡满才，年四十七岁，系鸟枪手，男印蓝。

后营战兵周瑞安，年二十二岁，系鸟枪手，继父厂，母徐氏，弟举。

后营战兵吴振胜，年二十四岁，系藤牌手，父俊，母林氏，兄词，弟贤。❶

这9名士兵全属号称精锐的福建水师提标。从这份档案来看，他们的年龄从22至59岁不等，大多娶妻生子，母亲亦大多健在，却少有父亲的记载。我们不知道其父是否为已亡故的绿营兵，他们是否因父而补上兵缺。

清军士兵的家眷，皆随军住于营中，或另赁房屋住在附近，不似今日军营森严，士兵24小时集中居住。当时士兵执行的任务有如今日之警察，其生活亦同今日警察那样上班下班。除出征打仗外，军营并不开伙，士兵皆回家吃饭。一旦操演值勤来不及回家，家眷们便送饭前往。操演的场地周围，常常有他们的妻儿旁观。休息时与妻儿共饭，与操演相比又是一番风光。著名作家老舍在他的自传体小说《正红旗下》，描写了两位旗兵、一位骁骑校、一位佐领、一位参领的日常生活。这部写于20世纪60年代

---

❶《署泉州府厦防同知蔡观龙、标下兼护中军陈胜元、闽海关委员兴贵、署泉州府同安县知县胡国荣禀》，《军机处录副》。

而描写19世纪90年代的小说,虽不能当作史料来佐证鸦片战争时期的场景,但毕竟给我们提供了一个就近观察的位置。其中,老舍对那位充正红旗马甲、携"面黄无须"腰牌进出皇城守卫的父亲的生活,作如下描述:

> 到上班的时候,他便去上班。下了班,他照直地回家。回到家中,他识字不多,所以不去读书……他只是出来进去,劈劈柴,看看五色梅,或刷刷水缸。……一辈子,他没和任何人打过架,吵过嘴。他比谁都更老实。可是,谁也不大欺负他,他是带着腰牌的旗兵啊。❶

老舍的家,在今日北京护国寺一带,距他上班的皇城,并不算远。这位马甲得到这位后来出名的儿子时,已经40多岁,两年后死于八国联军之役。

我在前节已经说明,清军绝大多数士兵是分散驻扎的,每处数名、十数名、数十名不等。而这些分散的士兵携带家眷居于各市集要冲汛塘碉卡之地,除操演值勤外,平日的生活与周围的民户并无多大的差别。

清军绿营、驻防八旗的士兵,分马兵、战兵、守兵三种;京师八旗又有领催、马甲、步甲、养育兵等名目;每月领取粮饷。其标准为:❷

---

❶ 老舍:《正红旗下》,人民文学出版社,1980年,第56页。
❷ 转引自皮明勇:《晚清军人地位研究》,1990年,油印本。该文在军人的经济生活方面的叙述,使我受益匪浅。

绿营驻防八旗	马兵		战兵		守兵	
	0.3 石　2 两		0.3 石　1.5 两		0.3 石　1 两	
京师八旗	亲军前锋护军等营领催	马甲	步军营领催	步甲	养育兵	
	1.85 石 4 两	1.85 石 3 两	0.883 石 2 两	0.883 石 1.5 两	0.133 石 1.5 两	

马兵即为骑兵，战兵为出征作战之兵，守兵为戍守防卫之兵，原本职分明确。但到了鸦片战争时，因战争规模的缩小，许多马兵已革去战马等项开支，变为无马之马兵，而战、守兵的职责也日趋模糊。由于粮饷的差别，在实际操作中，守兵、战兵、马兵成为士兵晋升的等级。八旗兵丁除粮饷外，另有旗地，每名约 30 亩，但到了鸦片战争时，抵押、变卖已十分平常。

仅仅就数字来看，不易发现问题，让我们以士兵的收入对照一下当时的生活指数。1838 年，湖广总督林则徐称：

> 窃思人生日用饮食所需，在富侈者，固不能定其准数，若以食贫之人，当中熟之岁，大约一人有银四五分，即可过一日，若一日有银一钱，则诸凡宽裕矣。❶

以此计算，一人一年所需合银 15 两至 36 两。清军士兵的饷银为 12 至 24 两，另每年口粮 3.6 石，其粮饷养活士兵本人，当属绰绰有余。

可是清代的士兵又有家眷。从前引福建水师提标的 9 名士兵的材料来看，每一名士兵至少需养活 2 至 5 人（因女儿未计入内）。

---

❶《林则徐集·奏稿》中册，第 600 页。

当然，清代的兵户往往是多人当兵，但即便以三口之家作为标准，清军士兵的粮饷明显难以维持家计。

清军的粮饷标准是顺治朝制定的。是时经济正在恢复，物价极低。经康雍乾三朝的发展，通货膨涨已有相当幅度。而粮饷标准虽有多次调整，但主要是军官部分，且乾隆后期起清朝财政已陷于困境，清军士兵的收入一直没有也不可能有大的加增。

收入的低下只能降低生活水准而不能不生活，清军士兵为维持生计，须得在正项收入之外另觅别项来源。因此，替人帮工、租种田地、做小本生意等等，成为当时的普遍现象，犹如今日之"第二职业"一般红火。例如，湖南抚标右营游击的一位长随郑玉，与兵丁陈玉林等4人出资27千文，盘下即将倒闭的湖南长沙青石街上的"双美茶室"，经营半年之后，转手于兵丁蔡步云等人。❶当此类经营活动在时间上与值班操演发生冲突时，清军士兵也常常雇人顶替。

清军士兵的收入虽然不高，但毕竟有一份固定的旱涝保收的"铁杆庄稼"。不少人花钱托人补兵额，补上后，值班充差操演时应卯，其他时间仍操持旧业。浙江定海知县姚怀祥的幕客王庆庄透露，该地清军士兵"半系栉工修脚贱佣"，以银洋三四十元买充入伍。对于这些人来说，当兵反成了"第二职业"。❷

以上创收方式虽不符合清军的规定，但毕竟未直接祸害国家和百姓，为官者因牵系士兵生计或从中获取好处而眼开眼闭，一般并不追究。

其实，清军的士兵还有一项财源，即敲诈勒索收受贿赂。这种

---

❶《林则徐集·奏稿》中册，第551页。
❷《丛刊·鸦片战争》第3册，第240页。

腐败现象，放在后面与军官一起叙述。

清军军官的来源，主要为两途：一是行伍出身，如鸦片战争中的重要将领杨芳、余步云、陈化成等人，皆由士兵升至一品大员；二是武科举出身，又如鸦片战争中的名将关天培（武举人）、葛云飞（武进士）、王锡朋（武举人）等人，由下级军官而逐级晋升。此外还有世职、荫生、捐纳者，但为少数。行伍出身者，今日容易理解，而武科举一途，须作一些介绍。

清代的科举，分文、武两途。武科如同文科，分童试、乡试、会试、殿试4级考试，考中者也有武童生（武秀才）、武举人、武进士的称号。武科与文科的不同之处，就在于考试时分外场、内场。外场考骑射、步射、拉弓、举石、舞刀诸项。外场合格后，入内场，考策、论两篇，以"武经七书"（《孙子》、《吴子》、《司马法》、《尉缭子》、《唐太宗李卫公问对》、《三略》、《六韬》）为论题。

正如认为八股文章可以治天下一样荒谬，清代武科举的考试项目与近代战争的要求南辕北辙。且不论《武经七书》这类偏重于哲理的古代兵书不宜作为初级军官的教科书，然这项仅有的与谋略有关的内场考试，因考生们错误百出，❶而在嘉庆年间统统改为默写《武经》百余字。内场由此而成虚设，外场成了真正的竞争场所。道光帝更是明确下旨："武科之设，以外场为主"，❷将武科举的名

---

❶ 1765年，赵翼充顺天武乡试考官，看到考生的策论将"一旦"两字多写作"亘"，又将"丕"字写作"不一"。"国家"、"社稷"若指清王朝，应抬格，但许多考生将泛指的"国家四郊多垒"、"社稷危亡"之类亦抬写。武生自称"生"，应于行内偏右，许多考生竟将"生人"、"生物"、"生机"的"生"字一概偏在侧边。赵翼还发现，尽管当时规定考试成绩有双好、单好，但实际上"外场已挑入双好字号，则不得不取中"。许多考生入内场后不能为文，更是司空见惯之事。（赵翼：《簷曝杂记》，中华书局，1982年，第29—30页）

❷《钦定大清会典事例（光绪朝）》卷717，"兵部·武科·武会试"。

次集中于一项，即拉硬弓。他们以膂力为选择军官的标准，竟有中式者根本不识字之事。❶

很可能是用这种方式挑选出来的军官并不中用，清代武职以行伍出身为"正途"，科目次之，这种情况与文职恰恰相反。清代军官的升迁，除军功外，均需考验弓马技能，若不能合格，不得晋职。身强力壮、马步娴熟，仍是最重要的条件之一。❷

用今日眼光观之，这种方法挑选出来的不过是一名优秀的士兵，而不是领兵作战的军官。在冷兵器时代，军官的骁勇身先有着极大的鼓舞力，火器出现之后，这种勇猛的作风已经降到次要的地位。且不论与英军这支近代化的军队相对抗，即便与此期清朝传统敌人的作战中，这种方法也不足取。

由此，在当时人的心目中，军官只是一介鲁莽武夫，"不学无术"成了军官的基本标志。❸军人的身份为社会所鄙视，"重文轻武"又成了社会风尚。

这种对军官身份的社会认同，也决定了社会人才的流向。第一流的青年们致力于文科举，军队成为有膂力无才华的人们的去处。鸦片战争即将结束时，钦差大臣耆英和署乍浦副都统伊里布去英舰拜访英国全权代表，看到舰上有一批青年，即身穿制服的随军实习生，为他们从小就学习军事学术而震惊。伊里布对此评论道：

---

❶ 例如，冯玉祥的父亲在太平天国时期考取清朝的武生，入了武庠，却是一个不识字的泥瓦匠。（冯玉祥：《我的生活》上册，第1—5、21页）

❷ 刘子扬：《清代地方官制考》，紫禁城出版社，1988年，第38、43—44页。

❸ 这方面最为典型的言论见于钦差大臣裕谦的奏折："总之，武员大抵不学无术，全在驾驭者严毅方正，制其短而用其长，使之就我范围，即可收指臂之助。若稍事优容，必将志得意满，非纵兵生事，即自作聪明，冒销争功，事事与人为难。不独不能得力，转须防其债事、比比皆然。"（《鸦片战争档案史料》第3册，第573页）

这么年青的孩子，应当在学校里吸收"绝理智的学问"。这不比到战舰上学习如何打仗更好吗？❶

值得注意的还有二项：一是军官如同士兵一样，并无合理的退役制度。按照清朝的制度，参将以下军官可服役至63岁，而直接带兵的千总、把总可展至66岁。提督、总兵无明文规定，其致休出自圣裁。我们知其年龄的江南水陆提督陈化成、浙江提督祝廷彪、福建水师提督陈阶平、福建陆路提督余步云、湖南提督杨芳、广东水师提督关天培，均已70多岁或年近70。二是清军的高级指挥权，不是掌握在武将手中，而是由文官把持。各省的统兵大员实际上是督抚。这些文官出身于八股文章，游历于宦海官场，在未升至督抚前，并不统兵，未谙军旅，其军事知识局限于几部古书。文官将兵，这种不合理的指挥体制，又折射出武弁素质低下。

军官的社会地位下贱的另一原因，在于其经济地位。清军绿营军官的月薪为：❷

官职	提督	总兵	副将	参将	游击	都司	守备	千总	把总
收入（两）	217.25	167.63	98.12	63.63	52.63	33.45	24.23	14	9.66

就数字而言，军官的收入也不比文官低，❸而其品秩，更是高于文官：

---

❶ William Dallas Bernard, *Narrative of the Voyages and Service of the Nemesis,* vol.2, London: Henry Colburn, 1844, p. 444.

❷ 据罗尔纲：《绿营兵志》，中华书局，1984年，第342—343页。

❸ 这里指军官的实际地位与文官相比，如以营官比照县官、以协官比照府官、以镇官比照按察使或布政使，等等。若以品秩比较，那么文官的收入还是高于武官。

品秩	从一品	正二品	从二品	正三品	从三品	正四品	从四品	正五品	正六品	正七品
武官	提督	总兵	副将	参将	游击	都司		守备	千总	把总
文官	总督	巡抚	布政使	按察使		道员	知府	直隶州知州	州同	知县

但是一论实际权力,文官又比武官高出许多。且不论正二品的巡抚可名正言顺地节制从一品的提督,就是加"兵备"头衔的正四品的道员,即可节制辖境内的绿营,如台湾兵备道可管辖正二品的台湾镇总兵。而在经济收入上,文官治民理财,享有大量陋规和下级官员的孝敬,法定收入仅是其总收入的最小部分。"三年清知府,十万雪花银",这一人们熟知的民谚,道出了文官的实际收入(尽管有些夸大)远远超出其法定收入,而知府的品秩仅比清军营一级军官(参将、游击、都司、守备)中最低一级的守备,略高一些而已。

就清军军官的收入水准来看,绝无饥寒之虞。但当时官场的奢华风尚,使军官个个有如"穷瘪三"。自乾隆朝后期以降,吏治已经大坏。当官的目的,在于发财。仅凭薪水过活的官员,恐怕拿着放大镜也找不到。

可是,文官有可供搜刮之民(一知县辖有数万至数十万民众),有可供搜刮之方式(如征粮征税、主持科举等等);而武官手下只有数量有限的士兵(一营官辖兵200至1000名),前面已经提到,士兵的生活已经艰辛,并无多少油水。

搜刮管道的窄小,并不能阻止搜刮者的行动,反引出搜刮方式的朘刻。武官的主要手段为:

一、吃空额

这种人人知详的作弊方法,在当时与陋规一样,几乎是公开的。❶民间的议论，言官的奏章，对此訾议甚多，但真正查办落到实处者鲜有。因为此是官官无不为之的陋习，也就形成了官官相护牢不可破的保护网，根本无法查处。

正因为如此，对吃空额的数量，从来就缺乏一种严格的统计，但许多资料表明，这似乎取决于官弁的贪婪程度和胆量大小。曾任贵州知府、道员等职的胡林翼私下说过，道咸之际，贵州绿营普遍缺额过半，偏远营汛甚至仅存额兵的六分之一。❷这可能是一种极而言之的夸张说法，又贵州属边远省份。而吏部右侍郎爱仁于1853年公然奏称，京师"步军营额设甲兵共二万一千余名，风闻现在空额过半"，❸就难免让人惊骇。

就一般而言，在各大城市，清军因差役较多，官弁吃空额的数量较少，但吃空额的手段，却花样翻新。京师巡捕五营中的"署差"，即是其中的一种。❹为了应付操演巡视，官弁亦常雇人

---

❶ 清军绿营的吃空额，在清初便存在着。1730年，雍正帝明文规定吃空额的份额（提督80份，总兵60份，副将30份，参将20份，游击15份，都司10份，守备8份，千总5份，把总4份），倘定额外再冒领予以重罚。1781年，乾隆帝革此弊端，另拨养廉银两，但吃空额的陋习实未清厘。

❷ 胡林翼：《与孔廉访论全匪启》、《致黎平府曹子祥函》，沈卓然、朱晋材编：《胡林翼全集》中册，上海：大东书局，1936年，第68、82—84页。

❸ 爱仁折，咸丰三年三月初九日，《军机处录副》。

❹ 据兵科掌印给事中包炜奏称，京师巡捕五营，各官例有占用兵额，供其差使，如"副将例得占用六十名，参、游而下，以次递减，至外委仅得占兵二名"，"近闻各官占用多至数倍，而占用之兵，俱由己包揽，令其自便（即出外为生），名为署差"。官弁对署差之兵，每月仅给粮饷的一半，另一半归己。如有不愿署差者，官弁"多方勒抑，以之求生不得，求退不能，势必令其自告署差而自己"。所包揽署差之人，副、参、游系其辕门官经手，都、守系其衙门头目经手，千、把、外委所得，由都、守官分给，名"找儿钱"。包炜称："即一守备微官，每月可得署差钱八百千，则其他可知。"至于署差的人数，包炜估计，京师巡捕五营万人，"实在随营当差者不过三四千人"。至于署差之兵，因可在外自谋生理，另一半粮饷，大多乐意。（包炜折，咸丰八年六月二十一日，《军机处录副》）除在京城外，各地也有此类情事。张集馨称：福建"衙门官身名下所派差使，皆雇人顶充，缺出银米，两人朋分，此为伙粮"（《道咸宦海见闻录》，第279页）。

临时顶替。❶

二、克兵饷

此亦军官作弊的传统手法。清军士兵的粮饷,例有扣建、截旷、朋扣、搭钱、折色等各目,❷也为军官从中舞弊创造了机会。当然,也有一些军官根本不用任何名目,直接克扣兵饷。关于此类情况,史料比比皆是,这里不一一引证。

除此之外,军营中的各项开支,也往往被军官摊入兵饷。如福建绿营:

> 凡武官到任,铺张器具,都、守、千、把,红白喜葬,护送饷鞘弁兵盘费,修补零星军装器械,起早油蜡,差操茶点,无一不摊派兵饷,是以每月每兵仅得饷三钱有零,不敷一人食用,别寻小本经纪,或另有他项技艺,藉资事蓄。

更有甚者,军官将见上司的门包,亦摊入兵饷。❸

前面已经提到,士兵的生活本已拮据,再加上此等克扣,无疑雪上加霜。有清一代士兵闹饷事件常有发生,正是对军官种种盘剥的反抗。

---

❶ 关于此类记载颇多,这里举两个比较具体的例子。一是前引吏部右侍郎爱仁的奏折,称"若遇该管上司巡查,将各堆拨兵丁名下捏注别项差使,此外暂雇数人冒名应差,雇价每人每夜不过需钱七八十文,竟有一人赶赴三四堆拨应名者。"(爱仁折,咸丰三年三月初九日,《军机处录副》)二是工科给事中焦友麟奏:"臣籍山东,闻登州水师额设五百名,现有不过二百名,每遇抚臣校阅,则雇渔户匪人充数。"(咸丰元年七月初六日,《军机处录副》)

❷ 扣建是指小月官兵俸饷等扣除一月;截旷是指空缺粮饷截空;朋扣指在官兵俸饷中扣存买马费用;搭钱是指饷银一部分改发钱;折色是指兵丁月粮及马匹豆草改实物为银钱。

❸ 张集馨:《道咸宦海见闻录》,第279页。

三、贪赃枉法，祸害社会

上面提到的吃空额、克兵饷，只是在清朝的军费上面打主意。但清朝军费毕竟数量有限，许多人继而将目光转向社会，寻找发财机会。

而军队若取之社会，必然扮演与其职责相违相反的角色，它本是护法者，此时为了金钱而不惜枉法。这种行为往往是官兵联手，花样又层出不穷：浙江官弁出售兵缺，❶广东绿营开赌收费，❷这些都显得平常；福建水师的做法颇具创意，干脆将战船租赁给商人贩货运米，或租赁给来往台湾的各项差使。❸

实际上，最主要又是最简单的贪赃方式，是在执行公务时直接勒索和受贿。

前面已经提到，现代社会的警察职能，当时由清军来承担。看守监狱、协收粮款、巡查地面、捕押罪犯、缉拿走私……在他们的操作下，皆成了来钱的营生。久而久之，又形成了监盗两便的陋规，一面是交钱，一面是放行。

关于此类劣迹，史料记载太多，无法也不必一一引证。好在许多论著对此多有论述。在这里，我只想引证一条与本书主旨较密切的材料：

1841年，两广总督林则徐革职后奉旨前往浙江军营。路过湖南时，这位已亲历战败的大吏向当时的名士包世臣透露：

> 粤营以水师为最优，其岁入得自粮饷者百之一，得自土规

---

❶《丛刊·鸦片战争》第3册，第240页。
❷ 杨坚点校：《郭嵩焘奏稿》，长沙：岳麓书社，1983年，第164页。郭氏还透露，营弁与武生为争夺赌规而大打出手。
❸ 张集馨：《道咸宦海见闻录》，第63页。

者百之九十九，禁绝烟土，则去其得项百之九十九，仍欲其出力拒英夷，此事理之所必不得者。❶

"土规"即鸦片走私的陋规。这里提到的百分之一和百分之九十九，自然应视作文学的语言而不能当作量化的分析。但不管夸张的色彩有多浓，林则徐、包世臣用此等数字对照，可见问题之严重程度。

当权力与金钱一样上市流通之后，即刻产生威力无比的社会腐蚀剂，当军队将财神像奉为战旗时，腐败已不可逆转。世界上可以有一万种罪恶而安然无事，唯有一种足以致命：执法犯法。曾任福建汀漳龙道的张集馨向以"整顿"出名的林则徐讨教，如何改变福建水师兵匪一家的局面，林对曰：

虽诸葛武侯来，亦只是束手无策。❷

而后来督练湘军的曾国藩，更是一针见血：

国藩数年以来，痛恨军营习气，武弁自守备以上，无不丧尽天良！❸

以上的描写，颇有专门暴露黑暗之嫌。其实，我为了研究结论的公允，曾千百度地寻找光明，但光明始终远我而去。我不能不得出这样的结论：鸦片战争时期的清军，本是一个难得见到光明的黑暗世界。

---

❶ 包世臣：《安吴四种》，《丛刊·鸦片战争》第 4 册，第 466—467 页。
❷ 张集馨：《道咸宦海见闻录》，第 63 页。
❸ 《曾国藩全集·书信》第 1 册，第 393 页。

我的这一结论会否失之偏颇呢？只消看看当时人的言论即可释然。当时的人们因体会更真切，而评论更痛切，甚至呈递皇上的奏章中亦直言不讳。黄爵滋说：

> 今日之兵，或册多虚具，则有额无兵，粮多冒领，则有饷无兵；老弱充数，则兵即非兵，训练不勤，则又兵不习兵，约束不严，则更兵不安兵……顾何致积弊如此，臣思其故，皆由于营弁之侵饷自肥，扣饷自润……
>
> （京城旗营）三五成群，手提雀笼雀架，终日闲游，甚或相聚赌博。问其名声，则皆为巡城披甲，而实未曾当班，不过雇人顶替，点缀了事……❶

耆英说：

> 营员兵丁，亦无不以民为可欺，藉巡查则勒索商旅，买食物则不给价值，窝留娼赌，引诱良家子弟，包庇汤锅，代贼潜销牲畜。牧放营马于田间，名曰放青，阻夺货物于道路，指为偷漏。盗劫案件，则怂恿地方官，扶同讳饰；兵民涉讼，则鼓胁众丁，群起而攻。❷

曾国藩说：

> 兵伍之情状，各省不一。漳、泉悍卒，以千百械斗为常；

---

❶ 《黄爵滋奏疏·许乃济奏议合刊》，第36、48页。
❷ 《道光朝留中密奏》，《丛刊·鸦片战争》第3册，第469页。

黔蜀冗兵，以勾结盗贼为业；其他吸食鸦片，聚开赌场，各省皆然。大抵无事则游手恣睢，有事则雇无赖之人代充，见贼则望风奔溃，贼去则杀民以邀功。章奏屡陈，谕旨屡饬，不能稍变锢习。❶

在这些描写之下所能得出的清军总体印象，不正是一片黑暗吗？

至于由此而产生的训练废弛、军纪荡然，当时人的言论就更多了，我们已无必要再作进一步的讨论。

因此，在鸦片战争中，清军在作战中往往一触即溃，大量逃亡，坚持抵抗者殊少。在这种情况下，谈论人的因素可以改变客观上的不利条件，又似毫无基础可言。

因此，对于鸦片战争的失败，当时和后来的人们得出了同样的结论：清军已经腐败。

可是，眼下流行的各种鸦片战争的论著中，一方面承认清军已经腐败，一方面又使用了既模糊又明确的说法，"广大爱国官兵英勇奋战"云云，似乎只是一小部分上层人士对此应负责任，而下层官兵毫无责任可言。他们的例证，正是一小部分在抵抗中牺牲的将士。且不论这种以偏概全的方法在逻辑上的错误，就此一说法的倡导者的心态而言，多多少少又有一些阿Q的味道。

---

❶《曾国藩全集·奏稿》第1册，长沙：岳麓书社，1987年，第19页。

第 2 章

骤然而至的战争

如果以今天所能掌握的资讯作出判断,那么,清王朝此时最为明智的策略是,避免与英国的战争。我们甚至还可以进一步地推理,清王朝应在整顿军备、充实武力后,才可与英国较量。

然而在当时,清王朝上下,从皇帝到平民,都不知道英国的力量,甚至不明白英国地处何方,依然沉醉于"天朝"迷梦之中,根本没有把"天朝"以外的一切放在眼里。

尽管如此,清王朝当时仍没有打算与英国开战,甚至希望避免"衅端"。战争的恶魔是在清王朝全然不知的情况下忽然附身,给它带来了一场史无前例的厄运。

事情得从林则徐使粤说起。

一 从严禁吸食到严禁海口

1839年1月8日,北京,天气明朗。钦差大臣、湖广总督林则徐拜别了络绎不绝的宾客后,于中午时分,开用钦差关防,"焚香九拜,发传牌,遂起程"。❶由于是钦差大臣,礼仪规格殊荣,林则徐一行由正阳门出彰仪门,一路南下,直奔广东。

林则徐去广东,为的是查禁鸦片。而他的使命,又肇因于黄爵滋。

1838年6月2日,就在林则徐出京前的7个月,以"遇事敢言"而得到道光帝青睐的鸿胪寺卿黄爵滋❷上了一道严禁鸦片的奏折。他认为,鸦片屡禁不止,愈演愈烈,原因在于以往的禁烟方法不当。

他称言:若禁于海口,因稽查员弁贪图从中获利,"谁肯认真查办","况沿海万里,随在皆可出入",防不胜防。若禁止通商,不但损失了粤海关关税,而且贩烟外国船停泊在大洋之中,自有奸民为之搬运,"故难防者,不在夷商而在奸民"。若查拿烟贩,严治烟馆,无奈关津胥吏、衙役兵丁、世家大户不肖子孙、地方官幕友家人从中层层阻挠,难以奏效。若以内地种植替代进口,然"食之不能过瘾",非但外烟未绝,反而内地又生一害。

于是,他提出了一个新方法,制定一项新的法律,限期一年戒烟,尔后查获吸食者诛。❸

黄爵滋的这份奏折,要求改变以往重海口、重"夷商"、重查拿烟贩和查拿烟馆的老方法,将禁烟的目标,直接对准吸食鸦片的瘾君子。也就是说,将禁烟的重点从沿海扩大到内地,变为全国范围内的捕杀瘾君子的国内司法行动。

---

❶ 《林则徐集·日记》,第316页。
❷ "遇事敢言"系道光帝对黄爵滋的评价,故在其言官的迁转中,仍把他放在有上奏权的鸿胪寺卿这个位置上,以"风励言官","广开忠谏之路"。见《清史列传》第11册,第3257页。
❸ 《鸦片战争档案史料》第1册,第254—257页。

黄爵滋的这一主张,与他三年前的态度正好相反,那时他主张严禁海口。❶

正为白银外流而困扰的道光帝,看到这个颇为新奇的建议,没有立即下决心,而是将此奏折下发各地将军督抚,令他们"各抒所见,妥议章程,迅速具奏"。❷

由此,道光帝收到了29份各将军督抚议复的奏折。

从这29份奏折来看,同意黄爵滋吸烟者诛的主张的,仅8份,上奏人分别是湖广总督林则徐、两江总督陶澍、署四川总督苏廷玉、湖南巡抚钱宝琛、安徽巡抚色卜星额、河南巡抚桂良、江苏巡抚陈銮、东河总督栗毓美。其余的只主张对吸食者加重处罚,而不必杀头。但是,所有的奏折都主张加强对贩烟、售烟的缉拿,并加重罪罚。以此看来,所有的奏折都不同意黄爵滋前引奏折中的第三点分析。

值得注意的是,在这29份奏折中,竟有19份主张禁烟的重点在于查禁海口,这与黄爵滋的奏折中查禁吸食的意见相左;在这19份奏折中,除桂良、陈銮、苏廷玉外,又都不同意对吸烟者采用死刑,这就与黄爵滋的意见截然对立了。更引人注目的是,19份奏折中的8份,言词直指广东,上奏人分别为直隶总督琦善、盛京将军宝兴、湖北巡抚张岳松、陕西巡抚富呢扬阿、浙江巡抚乌尔恭额、河南巡抚桂良、广西巡抚梁章钜、江苏巡抚陈銮。其中又以张岳松、乌尔恭额、桂良三人言词最为激越。他们称言,禁烟须正本清源,鸦片的来源在广东,要禁烟,须在广东切断毒源。

为什么有这么多的官员不同意黄爵滋的意见呢?

---

❶ 《黄爵滋奏疏·许乃济奏议合刊》,第48页。
❷ 《鸦片战争档案史料》第1册,第258页。

有论者认为，这是琦善等反禁烟派（弛禁派）玩弄花招，改良手法，破坏禁烟的行动。对此，我已经在绪论中表示了不同意见。在当时的政治气氛中，官员们以揣摩皇帝旨意为能事。当道光帝在谕旨中已明显表露其倾向时，没有一位大臣敢用自己的乌纱帽开玩笑，以步后来许乃济之后尘。❶仅从奏折的表面言词，还难以完全看清他们的内心世界。

我以为，如此之多的地方大吏之所以不同意黄爵滋的意见，是因为他们害怕此举可能会给他们带来危险。❷

按照清朝的法律，杀一人须经县、府、省三级审理，由省一级判结后，缮写揭贴13份，送刑部、大理寺、都察院等有关衙门，同时以题本报皇帝，由内阁票拟交刑部等核议具奏，最后由皇帝勾决。若吸烟者诛，那么，如此之多的瘾君子，必然会给地方官以及属吏幕客带来无穷无尽的工作量（看过清代刑部档案的人都知道一个死罪案件的文牍数量）；更何况这一类案件的审理，很可能牵涉到巨室富户，那就不仅仅是工作量的问题，而会卷入无穷无尽的麻烦。

按照清朝官员的责成规定，若地方官未能及时宣布本境内消灭了吸食者，无疑是工作不力的表现，应按未完事件例受罚；若地方官宣布本境内已消灭吸食者，那么，一旦此后发现瘾君子，无论该官调迁何处，都应按失察例受罚。这如同第二十二条军规，地方官无论如何也摆脱不了受罚的命运。

---

❶ 1838年10月28日，道光帝在将其收到的各将军督抚议复的奏折交大学士、军机大臣等议奏后的第5天，宣布两年前主张弛禁的许乃济"冒昧渎请，殊属纰缪"，降六品顶戴休致。此时若有大臣敢主张弛禁，那是很危险的。

❷ 以下三小节的分析，我受益于王立诚先生的论文《鸦片战争前夕的禁烟决策评析》，《兰州大学学报》1990年第4期。

因此，他们主张加强查处贩烟、售烟。**因为贩运、销售的行为可以解释为过境性、偶然性的**，捉住一个便立下一功，捉不住也无责任可究。当然，更聪明的方法，就是将禁烟的责任推向海口，内地官员自可摆脱干系；能够推到广东则更妙，禁烟就成了广东一省官员的事务，其余省份自可乐得轻松。

至1838年10月23日，道光帝已经收到28份议复的奏折，仍未下决心采取行动，而是下令大学士、军机大臣会同有关部门讨论，提出意见。❶这表明，一切都按照旧有程序按部就班地进行着。

可就在这时，发生了两件事。

一是10月25日，道光帝得到报告，庄亲王奕𪟝、镇国公溥喜在尼僧庙吸食鸦片。烟毒已侵染皇室！二是11月8日，道光帝收到琦善的奏折，称其在天津拿获鸦片13万两。这是1729年清政府禁烟以来，一次查获烟土最多的大案！而且琦善还奏明，这些鸦片是广东商人在广东购买从广东运来的。

第二天，11月9日，道光帝下了一道特别的谕旨，"林则徐着来京陛见"。❷

圆球终于脱出常规，天平终于倾向一边。但我们不妨仔细想一下，从黄爵滋严禁吸食的建议，到道光帝的决策，事情似乎在空中转了一圈，仍旧回到严禁海口的老位置上。所不同者，只是朝廷不再依赖广东的职官，而打算在他们之上另派一名钦差大臣。

如果说反对黄爵滋的主张，就是反对禁烟，那么，林则徐的使

---

❶《鸦片战争档案史料》第1册，第388页。而军机大臣等的议复，迟至1839年6月12日才进呈。这份由道光帝于6月15日批准的长达两万余字的新法律，规定在一年半后，即1841年初，对未戒吸烟的瘾君子将采用死刑。但由于战争的进行，这一法律根本没有实行，同样，也没有宣布废除。据称，决定对瘾君子采取死刑，道光帝还施加了压力。

❷《鸦片战争档案史料》第1册，第394页。

命恰恰是这帮反对禁烟的官僚促成的。这里面不无滑稽的意味。

另一有趣的事件是,就在钦差大臣林则徐去广东严禁海口的一年之后,黄爵滋也被授予"钦差侍郎"的名义,去福建查禁海口。❶到了这时,他又在奏折中大谈如何严禁海口,闭口不谈严禁吸食。❷这是他自己观点的转变,还是顺乎道光帝的意向,就不得而知了。

可是,道光帝选派钦差大臣,为什么选中了并没有在奏折中力主严禁海口的林则徐呢?

此时,在道光帝的心目中,各地大吏中最得其意的大约有4人,各有特点。一是两江总督陶澍,为政老练宽达;二是直隶总督琦善,办事果敢锐捷;三是湖广总督林则徐,理政细密周到;四是云贵总督伊里布,善于镇抚边务。其中陶澍职在海口,又年老多病,此时已几次给假调理;琦善在天津查禁鸦片事件未完;伊里布的长处是处理与少数民族的关系。林则徐自然成了首选。

这只是一个方面。

检视黄爵滋和那29份议复的奏折,不难看出,其中有一个很大的问题,就是基本上没有提到英国。而第一次提到者,仍是黄爵滋,谓:"今入中国之鸦片,来自暎咭唎等国。其国法有食鸦片者以死论,故各国只有造烟之人,无一食烟之人。"❸黄爵滋的用意,自是用英国的法律来证明自己观点的正确。尔后,广西巡抚梁章钜、南河总督麟庆也提到英国,但只是批驳黄的说法,认为"峻

---

❶ 黄爵滋自上奏后,擢升特快,而且始终有直接上奏权。黄去福建,是随同祁寯藻,起因是御史杜彦士季福建走私鸦片猖獗,水师官兵查禁不力。有意思的是,在上谕中,黄的使命在用词上与林则徐相同,即"查办事件"(见《清实录》第37册,第1181页)。

❷ 《黄爵滋奏疏·许乃济奏议合刊》,第102—106页。

❸ 《鸦片战争档案史料》第1册,第256页。

酷"的"外夷"方法，根本不足以仿效。❶除此三处外，别无英国一词的出现。

禁烟是禁英国等国贩运之烟，然而，各地官员在奏折中竟全然不提英国可能对此事作出的反应。这说明清朝上下当时还未把禁烟与中英关系联系起来看，暴露出他们对鸦片走私情况的懵懂，对国际事务的无知。

英国是鸦片走私的主凶。这在广东民间，已属常识问题，广东官员在此之前也曾在奏折中提及。但是，"天朝"不屑于过问"外夷"之事，"天朝"的官员也无需了解"英夷"之情。他们在奏折中未把英国放在话上，是因为他们在心目中把一切"外夷"都放在话下。

从这些奏折可以看出，当时清朝官员仅仅是从国内事务的角度来考虑禁烟的。就连道光帝由内阁明发的让他们"各抒己见"的谕旨，也是通过"刑部咨会"或"户部咨会"，而不是由"礼部咨会"或"兵部咨会"的方式传到他们的手中。❷他们认为，禁烟难就难在地方官的玩忽、胥吏的庇纵、兵丁的贪赃、奸民的枉法。其中许多奏折已经点明而另一些奏折虽未点明但也暗谕，禁烟最大的障碍在于充斥于鸦片交易中的贿赂，及由此引起的贪官污吏的暗中抵制。他们没有看到，**英国的阻挠才是禁烟真正的终极障碍**。

当然，即使严禁海口，仍是反走私的国内行动，与外国无涉；即使牵涉到中国境内的外国人，也与外国政府无涉。但这仅是法理上的正确，与殖民主义时代的强权相比，显得软弱无力。而且，这也仅仅是我们今天的认识，与清朝官员的意念毫无关系。

---

❶《鸦片战争档案史料》第1册，第324页。
❷ 见《鸦片战争档案史料》第1册。其中黑龙江、吉林、盛京、山东为户部咨会，其余为刑部咨会，清政府如此做，是因为将之当作财政问题（白银外流）或司法问题（吸烟者诛）。若是外交问题，当由礼部来咨会，若准备开战，当由兵部咨会。

因此，清朝官员们所认定的禁烟的困难和障碍，实际上也暗暗立下主持禁烟人选的标准。这个人必须是公正清廉、办事认真、有一定地位、能破除官场旧习而起衰振弊的民事长官，而不是一个统帅三军与"外夷"（当时也不知道何"夷"）开战的军事统帅，更不是一个与"外夷"折冲樽俎交涉谈判的外交家（因为当时根本不存在近代模式的外交）。

用这个标准来衡量，林则徐无疑是最合适不过的人选。

林则徐，福建侯官（今福州）人，1811年中进士，入翰林院。散馆后以编修在国史馆、谱书馆、清秘堂充职，当过御史。1820年，嘉庆帝在去世前两个月，发现这个人才，放为浙江杭嘉湖道。以后平步青云。尽管因父母病故而两次丁忧，但复官即补实缺，由按察使、布政使、河督、巡抚而于1837年授湖广总督。

在当时的政治体制下，作为汉人的林则徐能如此腾达，与道光帝的器重是分不开的。1822年，林则徐在召对中第一次见到道光帝，便获天语温嘉：

> 汝在浙省虽为日未久，而官声颇好，办事都没有毛病，朕早有所闻，所以叫汝再去浙江，遇有道缺都给汝补，汝补缺后，好好察吏安民罢。

林则徐又请求给予工作指示，道光帝仅称，"照从前那样做就好了"。❶此后，又多有褒奖之语。❷

---

❶ 《林则徐集·日记》，第93页。
❷ 可参见《林则徐集·日记》，第111页；《林则徐集·奏稿》上册，第11、12、24页等。特别引人注目的是，道光帝对林则徐的私事也很关照。1827年，林丁母忧结束后进京，任为陕西按察使，因离家乡远，迎养父亲不便，召对时面有难色。道光帝说，"朕知

至于为官清廉，恰是林则徐的优长。在当时官场贿赂公行的恶浊之中，他的操守，他的自律，有着出污泥而不染的清新。

至于办事认真，当时可谓无出其右者。道光帝以守成、扎实为朝政宗旨，林的认真最合他的脾胃。1832年林则徐在东河总督任上查验河防各厅准备防堵的料垛，他逐一翻检，有疑便拆，按束称斤。道光帝对此大为感叹，在其两份奏折上朱批，赞其"认真"、"勤劳"❶。1838年林则徐在湖广总督任上督修江汉堤防，当他报告亲赴江堤组织防汛时，道光帝在其奏折上朱批，又一次称赞了他。❷

至于禁烟决心，林则徐正是首行者。当他收到道光帝要求对黄爵滋奏折"各抒己见"的谕旨后，不待进一步的指示，率先动作，起获烟膏烟土1.2万余两。道光帝在上谕中称赞他："所办甚属认真，可见地方公事，果能振刷精神，实力查办，自可渐有成效。"❸

由此看来，道光帝选择林则徐主持广东禁烟，是有其理由的。而后来林则徐在广东的惊世表现，也证明道光帝的眼光不错。若要派其他人去，很可能流为轰轰烈烈走过场。

清朝官员在奏折中没有提到英国的反应，不仅是"天朝"的意象遮拦了他们的视野，还因为他们自己蒙住了自己的眼睛。

英国在此时有所动作。

1838年7月13日，就在各地将军督抚奉旨讨论黄爵滋的奏折之时，英国驻印度海军司令马他仑（Frederick Maitland）率英舰两

（接上页）汝于江浙熟悉，但此时西方有事（指平定张格尔），且先去。"果然不久，道光帝改升其为江宁布政使，以便迎养父尊（林则徐：《先父行状》），道光帝与林则徐的关系于此可见。

❶《林则徐集·奏稿》上册，第25、29页。
❷《林则徐集·奏稿》中册，第615页。
❸《鸦片战争档案史料》第1册，第364页。

艘开到了广东虎门口外。❶

马他仑率英舰的来访，是应驻华商务总监督义律的请求，并奉伦敦方面的命令，目的在于向中国展示英国的武力，以支持当时的鸦片走私活动，❷支持义律为中英平等交往而作的努力。对于前一点，英方自然不会明说，但也作了暗示，希望清政府能够体会；对于后一点，义律立即付诸行动。

先是在 1836 年 12 月，义律接任驻华商务总监督，为打破当时中英并无实际官方交往的僵局，破例用"禀帖"的形式，自称"远职"，通过行商将其任命的情况告知两广总督邓廷桢，并要求进驻广州商馆办公。❸邓廷桢见"来禀词意恭顺，尚属晓事"，❹经过一番查访，遂上奏道光帝，认为"虽核与向派大班不符，但名异实同"，

---

❶ *Chinese Repository*, vol. 7, pp. 174-175. 英舰为威厘士厘号（炮74门）和阿尔吉林号（炮10门）。而刚刚离开广东未久的英舰拉恩号（炮20门）后又驶到。

❷ 1836 年初，邓廷桢接任两广总督。他与鸦片走私的关系，人们有着截然不同的评价。当时的外商都指责他接受"规费"（鸦片贿赂），同时又抱怨由于他的到来使得鸦片走私交易更加困难。从事实方面考察也是如此。在他任职期间，鸦片入口数从 2 万箱增至 3.5 万箱，而他又确实采用过许多禁烟措施。这里面的问题是复杂的，牵涉到邓廷桢以外的许多问题。我以为，邓更多地具有文人气质（本来就是一个音韵学家和诗人），很可能对此并没有花费太多的精力。但是，1836 年底至 1837 年初，邓廷桢在广东采取的禁烟措施影响了鸦片的销路。为此，义律在 1837 年 2 月 2 日致函英国外相巴麦尊："看来这危机时刻不时派遣战舰来这里短暂逗留，会使得省政府放宽鸦片贸易，或是加速合法化。"义律还同时向英驻印度总督和英驻东印度海军司令发出了同样的请求。同年 9 月 3 日，巴麦尊将女王关于英国军舰应保护在华商人的指示转给海军大臣。由此可见，马他仑的使命虽与黄爵滋奏折无涉，但与禁烟有着直接的关系。（参阅〔美〕张馨保：《林钦差与鸦片战争》，徐梅芬等译，福建人民出版社，1989 年，第101—102 页）

❸ 自律劳卑死后，德庇时、罗宾生先后继任对华商务第一监督，他们不愿以低下的姿态与广州当局打交道，而广州当局亦装着不知道他们的存在。他们只能在澳门、甚至泊在海面上的船上执行所谓的公务。义律的禀帖见佐々木正哉编：《鸦片战争前中英交涉文书》，东京：严南堂书店，1967 年，第 86 页。

❹ 佐々木正哉编：《鸦片戦争前中英交涉文书》，第 87—88 页。

"查照从前大班来粤章程,准其至省照料。"❶1837年2月,道光帝批准了邓的请求,并指示"一切循照旧章"。❷此后,义律又通过交涉获得了公文封口上禀和遇事随时驾乘舢板往来广州的权利。❸1837年11月,义律接到英国外相巴麦尊的训令,要求他不经过行商直接与中国官员打交道,并在公文中不书"禀"字。义律立即进行交涉,在公文中精心改用"谨呈"、"呈上台前"等字样,并要求公文能由广州府、广州协的清朝文武官员直接转收。❹邓廷桢对此予以拒绝。

此时,马他仑率舰队抵达,义律以此为后盾,于1838年7月29日,未经行商,直接向广州城门投递了未写"禀"字的公文,告知马他仑的到来。邓廷桢将此公文交行商退回。

第二天,7月30日,马他仑直接致书广东水师提督关天培,以温和的语言,将其保护鸦片贸易的目的隐隐露出,并以"水师船只随时来粤"相要挟。❺然而,广东官员完全没有领悟出这段话的真实含义。

8月2日,马他仑率英舰3艘直逼虎门。8月4日,马他仑致书关天培,要求代递他致邓廷桢的公文。该公文称,由于邓廷桢拒

---

❶ 《鸦片战争档案史料》第1册,第223页。
❷ 同上书,第226页。
❸ 按照当时清政府的规定,大班的文书须敞封交给行商,由行商检查是否有悖逆字样后,再转交地方官,逐级上呈至两广总督。1837年4月,义律利用17名中国水手在海上遇难后被英人搭救的机会,直接发禀帖给两广总督,被驳回,后经辩论,允许义律将禀帖封口后转交行商,再呈广东官员。又按照当时清政府的规定,大班在贸易期间驻广州商馆,贸易结束后回澳门,往来广州须事先申请红牌。1837年5月,义律抓住广州黄埔英国水手闹事的机会,立即前往处理,并向广州当局提出随时有事可进州的要求。邓廷桢同意了他的要求,"准令随时遇事,驾坐舢板,不必用牌",事后办理手续。见佐佐木正哉编:《鸦片戰爭前中英交涉文書》,第97—105页。
❹ 佐佐木正哉编:《鸦片戰爭前中英交涉文書》,第133页。
❺ 同上书,第148页。

收义律的公文,请派人前来与他"面叙"。关天培为此致书马他仑,声明"天朝禁令,向不准兵船总领入口",解释因义律公文不用"禀"字,致使总督"不肯违例接收",并诘问英舰逼近虎门,"其意何居"?❶8月5日,马他仑复文关天培,声称其进逼虎门与义律之事毫无关系,而是虎门清军截留一英商船,盘问马他仑及家眷是否在船上,❷这是对他的污辱,要求"须必解明"。关天培在英舰的压力下,表示顺从,派副将李贤、署守备卢大钺至英舰,当众写下字据,称此"乃系土人妄言","其得罪贵提督言语,即如得罪本提督一也。"❸马他仑得此字据,于8月6日撤离虎门。❹

1838年10月4日,马他仑率舰2艘离开澳门,而另一艘军舰则于8月18日先行离去。❺义律试图不用"禀"字、不经行商的公文程序,仍为广东当局所拒。

然而,邓廷桢等人在8月15日奏报此事时,袭用当时官场惯行的粉饰手法,称马他仑来华的目的有二:一是"稽查商务",二是"改变旧章"(即不用"禀"字)。对前者仅提了几个字,对后者却大发议论,"伏思中外之防,首重体制","在臣一字之更,何关轻重,惟平行于疆吏,即居然敌体于天朝,体制攸存,岂容迁就"。

---

❶ 佐々木正哉编:《鸦片戦争前中英交渉文書》,第149—150页。
❷ 事系7月28日英船孟买号由澳门驶向广州,广东水师打红旗要求停船检查,该船不予理睬,后海岸炮台开炮,该船被迫停下,水师官兵上船查询马他仑及其家人是否在船上。该船航至虎门炮台时,又被再次检查一次。很显然,广东当局不明马他仑的情况,害怕他混入广州。而马他仑后来对海军部汇报时称,容忍此事,只会助长这类挑衅性行为的再次发生,因而决定进逼虎门。
❸ 佐々木正哉编:《鸦片戦争前中英交渉文書》,第150页。
❹ Chinese Repository, vol. 7, p. 232. 该刊还称:一、虎门一带加强了军事戒备;二、李贤、卢大钺曾面带羞愧地参观了英舰;三、关天培与马他仑交换了名片;四、也是最有意思的,当英舰离开时,清军穿鼻(沙角)炮台和英军威厘士厘号各放了三响礼炮,"整个事件在极为礼貌和非常友好的情况下结束的"。
❺ Chinese Repository, vol. 9, p. 336.

对于马他仑致关天培的公文，一字不提。对于英舰进逼虎门之事，更是一派谎言。甚至还无中生有地编造了一段马他仑在遭关天培驳诘后赔罪的话，结论是，"该夷目无所施其伎俩"。❶ 此后，邓廷桢还两次奏报情况，描绘马他仑等人"恭顺"之状，并报告其离开中国海面的情况。❷

道光帝收到如此奏折，自然不会十分看重，仅指示邓廷桢"相机筹办"，"外示镇静，内谨修防"。而后来收到马他仑离华的奏折，仅朱批"知道了"三字便了事。❸

1838年马他仑来华是一个重要的信号，它用武力的方式表明，英国对其贸易利益（主要是鸦片贸易利益）是不吝惜诉诸武力的。可惜，清王朝上下，无人识得这个信号的真切意义，致使后来陷于被动。

然而，此一事件又说明，当时的中英关系处在一种非常矛盾畸形的状态之中。从政治层面来看，清朝守住了"天朝"的体制，对外紧闭着大门，对当时西方世界普遍采用的外交程序十分警惕，不容丝毫渗透；从经济层面来看，清朝又因其军政机器锈蚀，大门关而不紧，罪恶的鸦片从门缝中滔滔涌入，已经没有力量将其堵住。这使得后来林则徐在广东禁烟时，处于一种十分尴尬的境地。

尽管30份奏折都没有提到英国的反应，尽管清朝上下都没有

---

❶ 邓奏在开头事由中提到"稽查商务"，后正文中仅称，英方告澳门同知"称系来稽查贸易事务"。他认为，"该国既有领事在粤经管贸易，何以该夷目吗哪吪复来查办，情殊叵测"，表示不相信这种说法。对于李贤、卢大铖去英舰签立字据，谎称"恐传语错误"，而派去对马他仑"严切开谕，晓以利害"。见《鸦片战争档案史料》第1册，第329—331页。
❷ 《鸦片战争档案史料》第1册，第342—343页。
❸ 同上书，第343页。

看清马他仑来华的意义,但是,京城里对此还是有一个说法的,用的是意义含混不清的名词——"边衅"。

有关"边衅"的记载,并不多。其一是我在绪论中提到的林则徐 1838 年 12 月 22 日在进京路上,路遇琦善,有一则笔记材料称,琦善嘱其"勿启边衅",该笔记作者指责琦善是"论是公而意则私"(我以为关于此等大事,建言者出于公心还是私心,已无关紧要);并称林则徐"漫应之",即没有公开辩论但心中颇不以为然。❶

对于这一则笔记所述情况的真伪,我在绪论中已表示怀疑。即便真有此事,我以为,"边衅"也似乎并非是琦善的自我判断。从琦善当时的奏折来看,从他后来在鸦片战争中的表现来看,此人似无如此高超的预见性。案此次与林相遇,是他办完天津查烟进京请训后,返回保定任所。他若有"边衅"一语,很可能是在北京听说的。

北京确实有"边衅"的议论。

1838 年 12 月 26 日到 1839 年 1 月 8 日,首尾十四天,林则徐在京请训。期间于 12 月 31 日,道光帝任命林则徐为钦差大臣前往广东,"查办海口事件,所有该省水师,兼归节制"。❷林则徐的使命由此定局。

可以肯定地说,林则徐在京期间,听到过"边衅"的议论,而且还与道光帝讨论过"边衅"的问题。

史料之一是林则徐的朋友、时任礼部主客司主事的龚自珍,在林临行前撰写了一篇《送钦差大臣侯官林公序》,其中"答难义"的第三项谈到"边衅"问题。所谓"答难",即对非难的批驳。龚自珍称发难者为"迂诞书生",未具体明指何人,但又称"送难者

---

❶ 戴莲芬:《鹏砭轩质言》,《丛刊·鸦片战争》第 1 册,第 314 页。
❷ 《鸦片战争档案史料》第 1 册,第 424 页。

皆天下黠猾游说，而貌为老成迂拙者"。由此可见，发难者是京城中一班反对禁烟的人士。龚还提醒林，这一类人物"粤省僚吏中有之，幕客中有之，游客中有之，商估中有之，恐绅士中未必无之，宜杀一儆百"。❶

龚自珍认定根本不可能发生"边衅"，他对"边衅"说的批驳也显得毫不费力，游笔自如。按照龚自珍的分析，禁烟免不了用兵，但他意念中的用兵规模，大抵相当于今天反走私的警察行动，只不过当时没有警察而已。❷

林则徐收到此文后，于1839年1月16日复札。他完全同意龚自珍对于"边衅"说的驳论，而且称之"可入决定义"，即确凿无疑的定义。❸

史料之二是1840年12月22日林则徐给他的亲家、时任河南河陕汝道的叶申芗的信，谈到"边衅"一事：

> 侍戊冬在京被命（指请训事）……惟时圣意亟除鸦毒，务令力杜来源。所谓来源者，固莫甚于英吉利也。侍思一经措手，而议论者即以边衅阻之，尝将此情重叠面陈，奉谕断不遥制。❹

---

❶ 《龚自珍全集》，上海人民出版社，1975年，第169—171页。
❷ 有论者据龚文中有请林则徐"宜以重兵自随"、"火器亦讲求"等语，推论龚劝林作好反侵略战争的准备。这是一种误解。由于龚不明林的禁烟办法，以为林将以文臣孤身入澳门，必会遭到不逞"夷"人和奸民的刁难、攻击，故有此请，绝非为反侵略战争。龚在该文"旁义"第二项中提出，限期让广州外国人全部离开去澳门，只留下"夷馆"一所，为来船交易时暂住（林也有此意，复札称，已陈请于道光帝，未获同意，不敢再请了），此即前引龚文中"此驱之"的意思。此外，龚提出的用兵行动，还包括将"不逞夷人及奸民"、"正典刑"和"守海口，防我境"（禁止外国人随意进入内港）。在当时的清朝体制下，这些行动都须使用军队。
❸ 《林则徐书简》，第45页。"决定义"是龚文所用的词。
❹ 同上书，第150页。

林则徐写此信时，已是待罪之身，心情之不快是可以想见的，言词中不无自我辩解之意。他所追述的是两年前在京请训时与道光帝讨论"边衅"的情况。对于他的这段话，有着不同的解释。我以为，此中提到的"边衅"仍是"议论者"阻挠禁烟的借口，对照先前他给龚自珍的复札，不能解释为林早已看到了"边衅"，恰恰说明他还不认为会有"边衅"。同样，"断不遥制"一语，也不能解释为道光帝不怕林在广东引起"边衅"，而是道光帝表示，不会因"边衅"的议论而妨碍林在广东的禁烟行动。至于"英吉利"等语，自然羼伴着林则徐到广东以后的认识，不尽是其在京时的想法。

从1839年1月到1840年12月，林则徐在两信中谈到当时在京时对"边衅"的想法，已有一些游移，但大体意思还是相通的。又过了一年多，林则徐在书信中对此事的说法又作了修正，那是他为了自我辩解而修正了事实（详见本章第三节）。

林则徐在京期间，道光帝八次召见，每次二至三刻，❶两人密谈的时间超过4个小时。他们究竟谈了什么，林则徐后来虽有透露，但没有细说。上引这封信证明，他们已经谈到了"边衅"。然而，从龚自珍、林则徐的书信往来和林致叶申芗的信来看，从林则徐到广东后的众多奏折来看，我们可以推定，道光帝此时给林的训令是：**鸦片务须杜绝，边衅决不可开**。

从道光帝的个人经历来看，他对边衅还是有恐惧心理的。在他登基未久，新疆南部便发生了张格尔叛乱。结果经历了七年的工夫，耗帑一千多万两银子，动用四万军队，方才捕获了张格尔，制服支持张格尔的浩罕国（地处今吉尔吉斯共和国一带）。道光帝为

---

❶ 据《林则徐集·日记》，第315—316页。刻是当时的记时单位，约合今14分24秒。

此疲惫不堪。此时，清朝的财政也已难以应付再一次战争。道光帝也已年近六旬，施政以守成安静为归。他虽然不认为清朝不能打胜下一次战争，但绝不愿意出现大的战乱和动荡了。

正因为如此，我们下面将会看到，林则徐在广东时，又是怎样一次又一次地向他保证，不会发生大的战争。

从1839年1月8日至3月10日，林则徐或舟或车或轿，历直鲁皖赣而至广东省城，一路辛苦，他弥感委任之逾恒，倍悚责任之重大，肯定想了许多许多。但是，他绝不会想到他面对的将是比"天朝"还要强盛的英国，也不会想到他将揭开中国历史新的一幕，使得一百多年来，人们不断地称颂他，批责他，谈论他，研究他。

二 林则徐的禁烟活动及其评论

自林则徐到达广州之日，上溯至1729年的第一个禁烟法令，清政府禁烟已历110年，其重点无不在广州，无不在海口。捉拿烟贩、关闭"窑口"、驱逐趸船，已经成了老生常谈，收效日低。更何况在林到达之前，两广总督邓廷桢奉道光帝的严旨，已经进行了雷厉风行的禁烟活动，虽取得了可观的成绩，但终未达到目的。因此，对林则徐来说，若要完成道光帝交付的杜绝来源的使命，就不能再施寻常办法，而得行非常之道。

林则徐在广东的禁烟活动，可分为两个方面，一是针对中国人的，一是针对外国人的。

就第一个方面来说，林则徐到任后不久，就颁布了一系列公告。❶检视这些文件，可以看出他的细密作风和坚定决心，但总体看来，并不十分新奇。实际上他对此也不是十分热心，在他到任后的最初几个月，针对中国人的禁烟活动，仍由两广总督邓廷桢、广东巡抚怡良具体负责。❷

大约自1839年5月起，即林则徐在其针对外国人的禁烟活动已经获胜，稍有空闲时，他才接手主管针对中国人的禁烟活动。根据他的6次奏折，自1839年5月13日至1840年6月28日止，共查获烟案890起，捉拿人犯1432名，截获烟土99260两、烟膏2944两，抄获烟枪2065杆、烟锅205口；另又检获或民间自行首缴烟土98400两、烟膏709两、烟枪16659支、烟锅367口。❸若仅仅从鸦片烟土烟膏的数额来看，那么，林则徐这一年多的成绩是20余万两。

成绩虽然很不小，相比其在湖北的实绩，已是十倍，但与在他之前邓廷桢的工作相比，就不显多。自1837年春至1839年5月12日，邓廷桢共查获烟土烟膏46.1万两，另民间自行首缴烟膏烟土17.4万两。❹

---

❶ 这些文件包括《禁烟章程十条》、《晓谕粤省士商军民人等速戒鸦片告示稿》、《颁查禁营兵吸食鸦片条规》、《札发编查保甲告示条款转发衿耆查照办理》、《札各学教官严查生员有无吸烟造册互保》、《批司道会详核议设局收缴鸦片章程》等，见中山大学历史系编：《林则徐集·公牍》，第51—56、62页；陈锡祺等编：《林则徐奏稿、公牍、日记补编》，中山大学出版社，1985年，第23—25页。

❷ 据邓廷桢奏，《鸦片战争档案史料》第1册，第522—524、624—625页。

❸ 见《林则徐集·奏稿》中册，第654、691、737—738、788、854页；《鸦片战争档案史料》第1册，第660页。

❹ 《林则徐集·奏稿》中册，第654页。自1837年春至1839年1月11日，邓廷桢共查获鸦片26万两（见《鸦片战争档案史料》第1册，第449页）。林则徐到广东后，邓廷桢更加强了查禁工作，仅道光十九年二月，1839年3月15日至4月12日，邓廷桢查获的鸦片达78873两（见《鸦片战争档案史料》第1册，第523页）。由此可见，林则徐的作用也是很大的。有论者将邓查获的鸦片也算作林的功绩，是不了解邓的工作所误致。

邓廷桢、林则徐在三年多的时间里，共有83.5万两的拿获，已是相当不简单了，创造了历史的纪录，也为全国之最。在当时吏怠兵玩的情势下，居然能有此等殊绩，充分反映出邓、林已尽到他们最大的心力、智力和能力。但是，若与这一时期鸦片走私流入中国8.1万箱的数字相比较，❶则连百分之一都不到。

严峻的事实说明，如果用清政府一贯强调的查拿中国人贩售活动的老方法来禁烟，在当时的情况下，是无论如何也不可能成功的。

林则徐获得了成功，因为他在针对外国人的禁烟活动中采用了新方法。

1839年3月18日，即林则徐到达广州的8天后，召来行商，颁下一道严谕，要他们责成外国商人呈缴鸦片。林则徐此时不是直接去找外国人，而寻行商算账，是当时清政府实行的贸易制度之使然。

按照清政府的规定，来广州的外国商人，只许与清政府指定的行商作交易，而不准另觅贸易伙伴，也不得与清政府官员打交道，一切经由行商转禀。这种规定的目的，一是隔绝外国人与一般中国人联系的管道，以防"里通外国"；二是保持"天朝"的颜面，清朝官员可免于低下地与"蛮夷"接触。毫无疑问，这种垄断性的贸易优惠，使行商们大发其财，成为当时中国最富有的一族；但行商们也因此承担了相应的义务，即每一个外国商人只有在行商对其关税（包括规费）和品行担保后，才可获得红牌进入广州。而一旦出现外国商人逃税或不端行为，清政府也唯行商是问。

---

❶ 据李伯祥等：《关于十九世纪三十年代鸦片进口和白银外流的数量》，《历史研究》1980年第5期。一箱等于100斤或120斤。

自1816年之后，行商们对每一艘入口的外国船，都出具了绝无夹带鸦片的担保。这分明是骗人的鬼话。❶林则徐首先拿行商开刀，正是依照清政府的惯例。他命令行商们传谕外国商人，三天之内，将趸船上所贮数万箱鸦片悉数呈缴，并签具甘结合同，声明以后再夹带鸦片，一经查出，"人即正法，货即没官"。同时颁下的，还有他给各国商人的谕令。❷

这一天，根据林则徐的部署，粤海关暂停颁给外国商人离开广州的红牌，一些士兵也在外国商人居住的商馆附近秘密巡逻，暗中防维。

三天过去了。外国商人并没有遵令。他们已经习惯了广东当局雷声大雨点小的恫吓，觉得这只不过是要求贿银的变奏，没有真当一回事。但林则徐却步步紧逼，毫不放松，并把矛头从对准行商而逐步转为对准外国商人。

3月21日，林则徐通过行商传谕，他将于第二天去行商会所，将一二名行商开刀问斩。结果外国商人同意交出鸦片1037箱。

3月22日，林则徐下令传讯大鸦片商人颠地（Lancelot Dent），未果。

3月24日，林则徐下了最大的决心，作出最后的决定：一、中止一切中外交易。二、封锁商馆，撤退仆役，断绝供应。也就是说，林则徐将位于广州城外西南角的约6.6万平方米的商馆区，变成一个大拘留所，将其中的约350名外国商人统统关了禁闭。

关禁闭的日子自然不会太好过。冒险进入商馆的英国驻华商务

---

❶ 当时的鸦片商人都先将鸦片卸到广东虎门口外的趸船上，然后取保报关入口。也有个别商人直接将鸦片带入广州者。当时的伶仃洋、香港岛、大屿山岛一带，成为趸船活动的区域。

❷ 《林则徐集·公牍》，第56—60页。

总监督义律，❶三天之后，表示屈服。他以英国政府的名义，劝告英商将鸦片交给他，然后由他交给中国政府。3月28日，义律"敬禀钦差大人"，表示"遵照钦差大人特谕"，上交鸦片20283箱！❷

林则徐获得这一消息后，于29日开始恢复对商馆区的供应。4月12日，当林则徐收到第一批鸦片时，准许仆役们回商馆区工作。5月2日，林则徐认定缴烟工作能如期完成时，便撤消了对商馆的封锁，除颠地等16名大鸦片商外，其他外国人都准许离开广州。5月22日，当缴烟工作结束时，林则徐要求被扣的16名鸦片商人具结，保证以后不来中国，在义律的提议下，颠地等人皆具结。5月24日，义律与最后一批外国商人离开广州。

1839年6月3日，根据道光帝的谕令，林则徐在虎门共销毁鸦片19176箱又2119袋，实重237万斤。这个数字占1838至1839年季风季节运往中国的鸦片总额六成左右。

对于林则徐这种针对外国人的禁烟方法，有论者谓操之过急过激，并称他应当对后来发生的战争负责。我以为此说有失公允。我们可看看那些不过激的方法效果如何。

1836年，给事中许球为反对许乃济的弛禁论，上了一份主张严禁的奏折。其中一段提到外国鸦片商人，点名颠地、查顿（William Jardine）等9人，并建议采取的对策是：将此9人"查拿拘守"，勒令他们定期将泊于虎门口外的鸦片趸船开行回国，然后

---

❶ 义律于3月23日由澳门赶往广州，途经黄埔时，曾受到清军的警告。他抵达后立即要求邓廷桢允许英国商人离开广州，被拒绝。而其禀帖内"使两国彼此平安"一语，遭到了林则徐的严厉驳斥："如两国二字，不知何解，我天朝臣服万邦，大皇帝如天之仁……想是嘆咭唎，咪唎喳合称两国，而文意殊属不明。"（佐々木正哉编：《鸦片战争前中英交涉文书》，第175—176页）

❷ 佐々木正哉编：《鸦片战争前中英交涉文书》，第179页。

再带信给英国国王。❶ 这一方法，与林则徐后来所施之道，大同小异。所不同者，只是许主张拘 9 人，林关了所有外国人，许要求驱逐趸船，林要求呈缴鸦片。

许球的奏折由道光帝下发两广总督邓廷桢参照办理。邓廷桢变通办法，并没有去捉拿，而是于 1836 年 10 月 28 日宣布驱逐此 9 人出境。❷ 但是，这些鸦片商人纷纷以商务未完为由要求推延。最后，经邓廷桢核准，此 9 人应分别于道光十六年底至次年三月（1837 年 2 月 4 日至 5 月 4 日）离开中国。邓廷桢将此结果上报道光帝，称已"取具该夷商等限状，及洋商（指行商）等敢容留逾限情甘治罪切结"，并表示自己将加意查访，"如到期盘踞不行"，"立即从严究办"。事隔两年之后，道光帝又查此事，邓廷桢只得于 1839 年 2 月 11 日再次奏报结果，除 1 人并无其人外，只有 4 人离开中国，颠地等 3 人尚在澳门，又因商务未竣，仍不时赴广州，而查顿干脆连澳门都未去，依旧住在广州！❸

1837 年，道光帝两次下旨让邓廷桢驱逐广东虎门外的鸦片趸船。❹ 由于广东水师根本不具备武力驱逐趸船的能力，且道光帝谕旨中所提办法是由行商"转谕该国坐地商人"勒令趸船"尽行回国"，

---

❶ 许球的奏折见田汝康、李华兴：《禁烟运动的思想先驱——评介新发现的朱嶟许球奏折》，《复旦大学学报》，1978 年第 1 期。许指明的 9 人，参照英方文献，分别是喳吨（W. Jardine）、哗哚吐（又称哗哚吐 J. Innes）、嘲哋（Lancelot Dent）、吡啉哈（Framjee）、吗嗜哈（吗嗜哈 Merwanjee）、叮叮嘌（Dadabhoy）、噶唔（Gordon）、吃哎（Whiteman）、嘽嚤（Turner）。其中噶唔是美国人，吡啉哈、吗嗜哈、叮叮嘌是英属印度商人，其余是英国人。

❷ 这一命令未见中文本，英文本见 "Correspondence Relating to China," *Irish University Press area studies series, British parliamentary papers: China,* vol. 30. Shannon, Ireland: Irish University press, 1971, pp. 420—421。

❸ 《鸦片战争档案史料》第 1 册，第 217—218、465—466 页。邓奏中称，吗嗜哈查无此人，实系错误，其人为英属印度商人 Merwanjee。

❹ 《鸦片战争档案史料》第 1 册，第 230、242 页。

于是，邓廷桢除让行商转谕外国商人外，另数次传谕义律，让趸船开行，最后一次还限期一个月。但外国鸦片商人对此根本不理，义律又称未入口报关之船不在他的管辖范围内，并将此事与他的建立官方直接公文往来的努力搅在一起。❶结果，此事还是不了了之。

　　林则徐禁烟之初，仍未将矛头直接对准外国鸦片商人，而是拿为他们作保的行商开刀。1839年3月22日，当他得知已被清政府明令驱逐的大鸦片商颠地在广州商馆鼓动拒交鸦片时，才下令传讯颠地。然而，执行命令的南海、番禺两县官并未派兵，而是派行商去请他。颠地拒不从命，反过来要求林则徐出具盖印的文书，保证他能在24小时之内返回。3月23日，两位行商身带锁链，去商馆声泪俱下地乞求颠地从命，否则自己将会被杀头。颠地仍不答应。最后由商馆里的外国商人讨论后，另派4名外商向广东地方官员解释颠地未到的原因。威严无比的饬令，变成声泪交加的乞求。整个行动让今人看起来如同一场拙劣的滑稽戏。

　　于此我们又可以看到当时中英关系的另一个方面。当尊严的"天朝"屡屡拒绝与"蛮夷"平等相交之时，桀骜不驯的外国商人也确实像"蛮夷"那样，无视"天朝"的法令。在这些人的眼中，"天朝"的威严只不过是挂在空中飘荡的幌子，一切法令规则的关节在于陋规和贿赂的数额，行商也罢，官员也罢，反过来倒成了barbarians（蛮夷）。远在京师的道光帝绝不会想到，堂堂"天朝"对外体制，在这些贪婪的行商、枉法的官吏的操作下，竟会变得如此荒唐和卑下，俨俨"天朝"的"防夷章程"，竟会成了挂羊头卖狗肉的铺子。

---

❶ 参见佐々木正哉编：《鸦片战争前中英交涉文书》，第113—114、116、120—125、127—129、131—132页；《鸦片战争档案史料》第1册，第239—241页。

3月24日，林则徐听到并不属实的义律帮助颠地逃跑的消息，忍无可忍，才下令断绝通商，封锁商馆。这是否过激呢？那就要看以什么标准来衡量了。

先看看断绝通商。绪论中已经谈到，在清王朝的观念中，通商是怀柔远人的手段，是给予"蛮夷"的恩惠，而对于"蛮夷"的不恭不敬，最直接的对策就是取消这种恩惠。这里还要说明的是，在清朝官员（包括林则徐）的心目中，中国的物产已经使这些外商们获利三倍，而中国的茶叶、大黄又是"蛮夷"们须臾不可缺的宝物，否则这些嗜食肉类的"蛮夷"将消化不良，统统毙命。因此，断绝通商不仅是绝了他们的利，而且还要他们的命。这种不用兵刃而是断绝贸易的制敌方式，大体与今天流行的经济制裁类似，被清朝官员视作镇慑远人的法宝。自18世纪以来，一用再用，百试不爽。在林则徐之前，最近的两次是1834年律劳卑来华和1838年因义士鸦片案。❶

林则徐在京请训期间，肯定与道光帝讨论过断绝通商一事，尽管他们的注意力没有放在英国的反应上面，而只是看到断绝通商引起的粤海关税收的减少。❷ 如此看来，按照清朝的标准，断绝通

---

❶ 1838年12月3日，清军在商馆前的船上查出两箱鸦片，搬运工说明是送给英国商人因义士（J. Innes）的。广东当局立即下令断绝通商，因义士和涉嫌此案的美国船必须在三天内离境。12月16日，因义士去澳门后，通商于1839年1月1日恢复。由此可见清朝此时对鸦片商处罚之轻和对断绝通商手段运用之轻率。而这位因义士，就是许球在奏折中提到的哗哢吐，根据邓廷桢的命令，他应在1837年2月就被驱逐，而此次去澳门后，至林则徐禁烟时，仍在澳门还未回国。另外，因义士还极为霸道，1833年4月因住所外砍木头的声音骚扰，他向行商申诉，粤海关监督为此禁止这种骚扰。但禁令在几天内未生效，他便往监督衙门再诉，被人砍伤胳膊。于是，他要求行商在日落前逮捕罪犯并治罪，否则放火焚烧粤海关。当晚八点，他见未达到目的，便以火箭和烟花点燃了粤海关。第二天，袭击因义士的凶手被拿获，戴枷示众。

❷ 1839年5月1日，林则徐在一信中称，"来教又以查办鸦片，关税不免暂绌，此一节弟先以面奏，已蒙宵旰鉴原。"（《林则徐书简》，第50页）在此之间，林与龚自珍的书信交往中也谈及此事（《龚自珍全集》第169—172页）。

商本是广东大吏权限范围之内的事,林则徐又事先请过旨,绝无过激的问题。即使按照今天的国际标准来看,对于不执行本国法令的外国实行经济制裁,也不会成为什么过激的问题。

再看看遭至非议最多的封锁商馆。按照清朝的法律,贩卖鸦片是充军、流放的罪行;按照清朝的司法实践,对嫌疑犯无需取证即可拘捕;又按照清朝的法律,"化外人"犯罪同例。因此,林则徐完全可以将商馆里的外国人统统抓起来,审讯定罪;当时未获得治外法权的英国对此绝无任何干涉的理由。但是,林则徐并没有这么做,一开始只是宣布不得离境,封锁商馆的47天内,也只断绝了4天的供应(商馆内此时绝无食品匮乏之虞)、19天的仆役服务,实际上与软禁也差不多。而当缴烟事项的进行之中,也就是说,清政府已经取得这些鸦片贩子的实际罪证之时,林则徐却把大多数罪犯释放了。当缴烟工作结束时,林则徐又仅仅将16名罪行最为严重的贩烟犯驱逐出境。而就在这16名贩烟犯离境后的第18天,清政府又颁布了新的禁烟法令39条,其中规定:"兴贩鸦片烟膏烟土发卖图利数至五百两,或虽不及五百两而兴贩多次者,首犯拟绞监候,为从(即指从犯)发极边烟瘴充军。"❶由此,从清朝的法律来看,林则徐的方法不但不过激,简直是宽大无边了。❷

要说不分青红皂白地把外国商人统统关了禁闭,正是因为当时来华外国商人大多都从事鸦片走私,而英国商人中,似无清白者。林则徐自己似乎也感到了其中的不妥,在给外国商人的谕令中称提到要"奖赏"、"保护""不卖鸦片之良夷"。❸不管后来实施情况怎

---

❶《鸦片战争档案史料》第1册,第572页。
❷ 林则徐在释放他们之前曾请旨,得到了道光帝的批准。否则,按照清朝的则例,林应当为自己释放贩烟犯的行为而受到严厉处罚。
❸《林则徐集·公牍》,第59—60页。

样,在林则徐心目中,似乎还是有一条政策界限。

当然,林则徐在此举之中也有失误之处:一、不应当把英国政府的代表也关起来;❶二、当个别美国商人和荷兰领事分别申诉本人或本国商人并未从事鸦片交易时,没有及时甄别而区别对待;❷三、对外国商人提出的两项要求的后一项"具结","人即正法"一语,此时在清朝法律之中尚无必要的根据。

对于第三项,林则徐后来也有所觉察。当外国人开始缴烟时,他便予以释放,而没有坚持要求具结。1839年5月18日,他上奏道光帝,要求"议一专条,并暂时首缴免罪"。❸道光帝接奏后立即下旨军机大臣等议复。6月23日,道光帝批准了军机大臣穆彰阿等拟定的专条,规定外国商人贩卖鸦片,按开窑口例治罪,即首犯"斩立决",从犯"绞立决"。❹林则徐奉此新例后,"人即正法"方有法律依据,立即要求外国商人照新例具结,不具结不予通商。

按照当今各国通行的法律标准来看,在案情未查清之前,嫌疑犯应不得离境。因此,林则徐于3月18日让粤海关停止下牌去澳,并非过激之举。

按照当今各国通行的法律标准来看,对犯法者应先取证后拘拿,然林则徐在未获赃物之前就采取行动,似为不妥。但是,有四点值得注意:一、林没有将他们投入牢狱;二、当时林不具有取证条件,即广东水师的武力不足于恃;三、后来的事实也证明,被关

---

❶ 林则徐将义律关入商馆,是当时清政府和林本人并没有近代外交观念,将其仍看作是"大班"。而义律从澳门去广州,事先未请红牌,途经黄埔时,遇清军阻挡,仍不予理睬;在封锁商馆期间,从未声明自己是英国官员而要求释放。
❷ 在封锁商馆期间,有一美国商人和荷兰领事申诉未卖鸦片要求准其通商,并准离开商馆;林以"一面之辞"、"致悚防范"为由而拒绝。
❸ 《林则徐集·奏稿》中册,第615页。
❹ 《鸦片战争档案史料》第1册,第602页。

的大多是贩烟犯；四、林后来并没有将他们治罪，而是当自首处理。退一步说，即使林则徐在此事上有违当今的标准，但他进行的是正义的禁毒行动，在司法程序上稍有过激也无关主旨，更何况林并没有违反大清律。

从当时的航海条件来看，从英国经好望角至印度再至中国，途中须四五个月，波涛和艰辛自不待言，沉船和丧命也经常发生。与此相比，在6万多平方米的商馆内的47天，有如今日之渡假村。为何英国商人对来华的艰辛并不抱怨，而对封锁商馆却如此抗议不休，是因为前者使他们获利而后者使他们遭至损失。

实际上，最有权力抗议的，是不卖鸦片的美国商人和荷兰商人，可以说他们是无辜被扣留的。但是，他们的政府对此并没有作出强烈的反应，一方面是他们的国力和对外政策，另一方面是他们的国民损失较小（美国仅1540箱鸦片）或没有损失！

由此看来，问题的核心并不在于林则徐的方法是否"过激"，而在于林的方法是否有效，即真能收缴鸦片。只要英国商人在鸦片贸易上遭受损失，英国政府必然会作出强烈的反应。这不仅是因为该国商人遭到损失，而且直接损害其政府的利益。

关于鸦片在中、英、印三角贸易中的地位，即鸦片→茶叶→棉织品的三角关系，以及英属印度政府的鸦片税、英国政府的茶叶税等等问题，已经有了许多论文和著作进行了很好的研究。我在这里只想引用张馨保的一段分析：

和其他历史事件一样，鸦片战争并不是某一个因素造成的，它有各种各样的原因。从理论上或概念上说，这是两种不同文化间的冲突。当两种各有其特殊体制、风格和价值观念的成熟的文化相接触时，必然会发生某种冲突。使英国人同中国人相接触的是商业，鸦片战争爆发前十年，商业最重要的一环是鸦片贸易，而中国人竭力想取消这一贸易，这是鸦片战争的直接原因。❶

由此，我们可以认为，英国的鸦片商人和政府借封锁商馆一事大做文章，挑起对中国的战争，他们使用的是殖民主义的标准和帝国主义的逻辑。

事隔150年之后，即1990年，美国总统布什以巴拿马国防军司令诺列加贩毒至美国为由，出兵巴拿马。与林则徐的禁烟方法相比较，布什的方法可谓"过激"数万倍。同样是围绕毒品案件，英国和美国的态度在相隔一个半世纪之后，却是如此的不同。不管今天的人们对这两次战争持何种看法，作何种评价，但是，贯穿在两次战争之中始终未变的原则是，国际政治中的强权。

让我们回过头来再看看摆在林则徐面前的两种选择，尽管他本人此时并未意识到：要么杜绝鸦片来源而引起战争，要么避免战争而放弃禁烟的努力。"天朝"体制不允许林则徐进行外交交涉，林本人亦抱着"天朝"观念而无意于此类交涉，且英国和国际形势也没有能为此类交涉作适当的铺垫，因此，中英两国之间不可能达成如1907年那种限期十年禁绝的协议。❷ 也就是说，在当时的条件下，"天朝"与"日不落帝国"之间似乎没有商量转圜的余地。我们由此可以得出结论：**既要杜绝鸦片来源又不许挑起衅端，道光帝的这一训令本来就是一个悖论，任何人都无法执行。**

---

❶〔美〕张馨保：《林钦差与鸦片战争》，自序。该书在许多方面对我帮助很大。
❷ 王铁崖编：《中外旧约章汇编》第2册，北京：生活·读书·新知三联书店，1959年，第444—448页。

这就是后来林则徐悲剧的症结。

三　林则徐的敌情判断

1839年3月27日晨，义律在商馆宣布，以英国政府的名义，要求本国鸦片商人将所有的鸦片交出，由他转交给中国政府。义律的这个决定，使受窘于商馆内的大小英国鸦片商人大为兴奋，认为这是英国政府将保护他们利益的表示，答应交出比他们手中更多的鸦片，以至将在路途中或福建沿海的鸦片也一并报上。就连毫无干系的美国鸦片商人也将自己的鸦片，交给义律，以能在大账户上挂号沾边。

就在这一天上午，钦差大臣林则徐接到义律的禀帖，表示愿意交出鸦片。林为此而松了一口气，自3月18日以来与外国商人的对抗，总算是有了结果。但是，他和他的同事们都没有意识到，驻华商务总监督给钦差大臣的第一份禀帖[1]，改变了林则徐使命的性质，即由针对境内外国人的反走私行动，变成中英两国官员间的交涉。

同是在这一天，林则徐还收到商馆里各国商人集体签名的禀帖，声称林则徐谕内所指各事，多涉紧要，难以理论，因此禀恳林则徐找他们的领事、总管"自行办理"。林也没有发现其中的奥秘。此后各谕令，不再绕过行商，也不再直接对着外国商人，而是发给他们的领事或总管。[2]也就是说，从这一天之后，林则徐面前的对

---

[1] 在此之前，义律的禀帖都是致两广总督邓廷桢的，见佐々木正哉编：《鸦片战争前中英交涉文书》，第174—177页。

[2]《林则徐集·公牍》，第67—71页。

手,不再是作为个人的外国商人,而是站在他们背后的各国政府,尤其是英国政府。

这就犯下了第一个错误。

义律代表鸦片商人缴出鸦片,并不意味着将遵循中国的法令,而是将鸦片商人的货物变为英国政府的财产,图谋以此为由向中国发动战争。

自1839年3月30日起,义律还被困在商馆期间,他就不停地向英国外相写报告,呼唤武力报复。其中4月3日的报告,已经十分具体地提出了侵华计划和勒索要求。❶

当时的英国外相巴麦尊是一个醉心强权霸权的人物,对外事务中历来采用炮舰政策。1839年8月29日,他收到义律被禁闭期间发出的第一批报告(3月30日至4月3日)。在此前后,他又从其他渠道得知了中国发生的事件。9月21日,他又收到义律发出的第二批报告(4月6日至5月29日)。❷此时,英国的鸦片商人集团和棉纺织业主集团,也纷纷向政府进言,鼓噪战争。❸10月1日,英国内阁会议决定,派遣一支舰队前往中国,并训令印度总督予以合作。10月18日,巴麦尊秘密训令义律,告知内阁的决定,让他做好战争准备。11月4日,他再次训令义律,告以英军将于次年4月

---

❶ 严中平:《英国鸦片贩子策划鸦片战争的幕后活动》,《近代史资料》1958年第4期,第17—18页。该件收入英国议会文件,但内容作了删节,"Correspondence Relating to China," *Irish University Press area studies series, British parliamentary papers: China*, vol. 30, p. 624。

❷ "Correspondence Relating to China," *Irish University Press area studies series, British parliamentary papers: China*, vol. 30, pp. 595—660。

❸ 见上引严中平:《英国鸦片贩子策划鸦片战争的幕后活动》、《英国资产阶级纺织利益集团与两次鸦片战争史料》(《经济研究》1955年第1、2期)。严先生的这两篇出色的资料集,提供了我无法看到的英方档案,对我帮助极大。

左右到达及作战方针;同日,又致函海军部,要求派出远征军。12月2日,巴麦尊再次收到义律发出的第三批报告(6月8日至18日)。❶ 1840年2月20日,巴麦尊发出致远征军总司令兼全权代表懿律和全权代表义律的详尽训令,并下发了《巴麦尊外相致中国宰相书》。1840年4月7日起,英国议会下院辩论对华战争军费案和广州英国鸦片商人赔偿案,经过3天的辩论,以271票对262票的微弱多数,通过了内阁的提议。

从这张时间表看,尽管英国议会迟至1840年4月才开始讨论政府的议案,但在1839年10月至11月间,英国政府已经作出了侵华的决定。而当下院的议员们唇枪舌剑切磋嘴皮子功夫时,英军的舰船和团队正在从英国本土、南非和印度源源不断地驶往中国。由于当时没有今日之电子通讯条件,从中国广东沿海至英国伦敦的书信需时约4个月,英国政府的侵华决定,是根据1839年6月中旬以前的形势而作出的。也就是说,当清朝上下正在为虎门上空鸦片销焚的气息而振奋时,战争的恶魔已经出现,虎视眈眈,悄然潜至。

然而,对于这一切,林则徐丝毫没有觉察。

1839年5月1日,当林则徐正在虎门收缴鸦片时,对形势的发展曾作出一个判断:

> 到省后察看夷情,外似桀骜,内实惟怯。**向来恐开边衅,遂致养痈之患日积日深。**岂知彼从六万里外远涉经商,主客之

---

❶ "Correspondence Relating to China," *Irish University Press area studies series, British parliamentary papers: China*, vol. 30, pp. 667–672.

形,众寡之势,固不待智者而决。即其船坚炮利,亦只能取胜于外洋,而不能施技于内港。粤省重重门户,天险可凭,且其贸易多年,实为利市三倍。即除却鸦片一项,专做正经买卖,彼亦断不肯舍此马头。(重点为引者所标)

在作了这些分析之后,林则徐得出结论:"虽其中不无波折,而大局均尚恭顺,非竟不可范围者。"❶也就是说,不必担心"边衅"。

林则徐到广州后,在给道光帝的最初几道奏折中,并没有具体谈到边衅问题。1839 年 6 月 4 日,他在奏折中谈到,对于窜犯沿海各地的走私船,与"有牌照"的商船不同,"枪击炮轰皆其自取",而且,不但水师能够剿除,就是雇募沿海水手,利用火攻之法,亦能获胜。❷道光帝对此很感兴趣,要求林则徐等"相机筹办",并指出"务使奸夷闻风慑服,亦**不至骤开边衅**,方为妥善"。❸这是道光帝谕旨中正式而明确地提出"边衅"问题。

道光帝的这道 7 月 8 日发出的谕旨,于 7 月 29 日到达广州。❹林则徐迟迟没有答复。过了一个多月,即 9 月 1 日,林则徐经过深思熟虑后上了一道长达 2000 余字的夹片,专门分析"边衅"问题。他在具体说明前引文中提到的三条原委,即路途遥远致使主客众寡之势迥殊、船坚炮利无法得逞于内河、正经买卖即可获利三倍后,得出了结论:"知彼万不敢以侵凌他国之术窥伺中华",至多不过是"私约夷埠一二兵船","未奉该国主调遣,擅自粤洋游奕,虚张声势。"最后,林则徐还提醒道光帝,义律来华多年,狡黠素着,时

---

❶《林则徐书简》,第 49 页。
❷《林则徐集·奏稿》中册,第 648—650 页。
❸《鸦片战争档案史料》第 1 册,第 626 页。
❹《林则徐集·日记》第 347 页。

常购觅邸报,"习闻有'边衅'二字,藉此暗为恫喝……且密嘱汉奸播散谣言",要道光帝不要上义律的当。❶

就在上奏后的第4天,9月5日,林则徐感到有万分把握,在给密友广东巡抚怡良的信中,对义律此时表现出来的强硬态度大感不解,谓:"然替义律设想,总无出路,不知因何尚不回头?"❷

从上引林则徐的奏折来看,他此时认为,持"边衅"论者,除京师及各地一班反对禁烟的人士们,还有义律等人。于是,他将来自外国人的英军侵华的消息,皆归之于义律的谣言恫吓一类。❸我们可以再看几个例子。

一、1840年2月,林则徐听到澳门葡萄牙人在传闻,英国将从本土及印度各调军舰12艘来华。对此,他在给澳门总督的谕令中称:"此等谎言,原不过义律等张大其词,无足深论。"❹

二、1840年3月24日,英舰"都鲁壹"号(Druid)抵达广东海面。林闻讯后,写信给密友怡良:"所云尚带二三十船之语,则皆虚张而已。"❺

三、1840年4月,美国领事禀林则徐,告以本国及英国报纸载,6月份英国将封锁广州港,要求尽早让美国船入口开舱。林则

---

❶ 《林则徐集·奏稿》中册,第676—678页。
❷ 《林则徐书简》,第63页。
❸ 1839年6月和9月,《中国丛报》编辑卑治文两次拜访林则徐。在谈话中,提到战争威胁一事。林答之"打仗不怕"(*Chinese Repository,* vol. 8, p. 444)。根据林则徐在这段时间里的奏折和书信,这一句话应当理解为不怕义律等人的恫吓。而马士根据卑治文的记载,错误地推断,林则徐此时"完全是理会到他面对战争的,然而提到战争,他仅有的回答是'我们不怕战争'"(《中华帝国对外关系史》第1卷,第288页)。另有一些论者据此认为,林则徐对英国的侵华战争,早有心理准备,就更错误了。
❹ 《林则徐集·公牍》,第188页。
❺ 《林则徐书简》,第81页。

徐对此官方的正式消息，仍不以为然，称其为"谣言"❶。

自1839年9月1日林则徐疏言分析"边衅"之后，再也没有在奏折中对此问题作进一步的讨论。他虽不时地报告英方行动的传闻，但总是认定为"恫喝"，并称之"谅亦无所施其伎俩"❷。1840年6月中旬，英军抵达广东沿海的战舰已达4艘，而林则徐在奏折上却说："伏查英夷近日来船，所配兵械较多，实仍载运鸦片"，竟将一次即将到来的战争，判断为一次大规模的鸦片武装走私。他在表明已作防范后，又用道光帝的语言来安慰道光帝，"诚如圣谕，'实无能为'"❸。而这份报平安的奏折离开广州后不到10天，6月21日，英国远征军海军司令伯麦率领第一批部队到达虎门口外；而这份报平安的奏折到达北京的那天，7月17日，英军已占领舟山12天了。

战争到来了！

前方主帅没有发出战争警报！

林则徐犯下了他一生最大的错误。

前引林则徐1839年9月1日附片中有一句话，"知彼万不敢以侵凌他国之术窥伺中华"，此话作为结论，无疑是错误的，但"侵凌他国之术"六字，却向我们隐约透露出林则徐的新知。

我在绪论中已经提到，当时清朝的上下，对外部世界懵懂迷

---

❶《林则徐集·公牍》，第189页。

❷ 1839年11月21日，林则徐奏称，义律"私邀夷埠兵船前来，以张声势"；1840年3月7日奏称，"有谓英夷会集各埠兵船同来滋扰者……本系恫喝，固不足信"；1840年3月29日奏称，"传闻该国有大号兵船将此到粤……谅亦无所施其伎俩"；1840年5月14日奏称，"该夷尚复强颜延喘，飘泊外洋，诡计诪张，虚声恫喝"（见《林则徐集·奏稿》中册，第702、762、777、809页）。

❸《林则徐集·奏稿》中册，第825页。

茫,对英吉利也只是闻其名而不知其实。"侵凌他国之术"属英国殖民史的范围,已是较深一层的知识,在当时没有相当的努力是不容易弄清楚的。

林则徐致力于新知的努力,在其奏折中没有提到,在其日记中(今存不全)难以查考,在其书信中也很少言及。他的这种不事声张的做法,正表明此事不合时尚。作为"天朝"大吏,林则徐竟然做出当时官僚士子们所不屑的事情,尤为难能可贵。

根据近人的钩沉,我们从各类分散的史料中已可大体看出林则徐当日努力的轮廓。他至少拥有四名翻译,终日为他翻译英文书报,他本人亦将这些情报采撷成册,以供参考。近人对林的这一活动研究较深,力作多见,且评价甚高,以致称其为第一位倡导向西方学习的人。

本书的内容与林则徐致力新知的活动相涉较少,故不打算就此问题展开。但是,这里面还存在着一个问题:既然林则徐已经占有那么多的英方情报,成为清王朝中最了解英国的官员,那么,为什么他仍没有看出战争不可避免这一今人感到极为简单的趋向呢?

我以为,这与林则徐分析情报时使用的**思维方法与价值观念**有关。尽管林则徐在其奏折中对英国使用了极其贬斥的言词,但在内心中,似乎并没有把英国当作完全没有"王法"的"蛮荒"之地来对待。

从现存的林则徐翻译资料❶来看,他对英国人士反对鸦片贸易的言论格外倾心,而对英国国王要求商人尊重中国法律的规定特别

---

❶ 见《澳门新闻纸》、《澳门月报》、《华事夷言》(《丛刊·鸦片战争》第 2 册);《海国图志》;《洋事杂录》(《中山大学学报》,1986 年第 3 期)等。

看重,❶甚至在奏折中都扼要谈及。❷因此,他认为,鸦片走私贸易是远离本土的英国商人,违反国令而进行的罪恶勾当;义律等人的玩法抗拒,其国王等人"未必周知情状",❸他们的行动一定得不到英国国王的支持。为此,他在一开始就与道光帝商定直接致书英国国王,要求其管束属民,"定必使之不敢再犯"。❹

林则徐从其翻译资料中,已经了解到英国的地理位置、面积、人口、军队、舰船等数目。但是,这些简单的数字反映出来的直观条件,使得英国显得不如中国这般强大。因此,林则徐认为,相对较弱的英国若派军远征,势必有路途遥远、补给困难诸后虞,因而不会出此下策。❺他在奏折和书信中对此都有分析。❻

林则徐从其翻译资料中,已经得知英国以贸易为立国之本,对华茶叶贸易获利尤大。因此,林则徐认为,即便鸦片走私之利断绝,英国为茶叶等项利益,也绝不致于与中国决裂。❼他给义律的谕令中充满自信地责问,如果长达200年的中英贸易,被义律"猝

---

❶《洋事杂录》中录有《嘆咭唎国王发给该国商人禁约八条》,其前三条谓:"往别国遵该国禁令……","往广东贸易,遵领事验牌,不得从[纵]水手酒醉,恐伤华工","往广东,遵法,违禁货物不可带去……"(见《中山大学学报》,1986年第3期,第27页),林则徐对此极为重视。

❷《林则徐集·奏稿》中册,第648—649页。林则徐认为,窜往内地走私鸦片的英国商船,已违本国禁令,该国查拿"亦必处以重刑",中国若用武力攻击,该国不会"报复",所以"并无后患"。

❸ 同上书,第712页。

❹《林则徐集·公牍》,第127页。

❺ 在今存林则徐翻译资料中,亦有多篇叙述进攻中国之困难,其中最详细者,见《澳门新闻纸》(《丛刊·鸦片战争》第2册,第386—390页)。

❻《林则徐集·奏稿》中册,第676页;《林则徐书简》,第49页。

❼ 同上书,第640、676、705页。此外,在林则徐翻译资料中亦有持此论者,"在(英国)各大官议论,因为茶叶之故,不宜造次"(《澳门新闻纸》,《丛刊·鸦片战争》第2册,第455页)。

然阻坏","国主岂肯姑容"?❶他断定义律无此胆量敢冒此风险。

林则徐从其翻译资料中,已经了解到从事鸦片贸易的英国商人的大体背景,他曾在奏折中作过分析,认为这些毫无官方背景的散商绝无左右政府之能量。❷

林则徐从其翻译资料中,得知孟加拉国等地政府皆在鸦片贸易中"抽分",官员薪俸多取自于此;广东海面最初开来的几艘军舰,又是印度总督等人应义律的请求而派出的英驻印度海军之舰。由此,林则徐得出一个推论,义律与英属印度官员互相勾结,私下出动军舰前来实行"恫喝",并非奉到英国国王的命令。❸他还认为,这些为数较少的军舰不会酿成大的战争。

林则徐从其翻译资料中,得知由于他采取的禁烟措施,致使1840年春孟加拉国、新加坡等地的鸦片价格暴跌,而新的季风季节又至,驻印海军来华军舰增多。由此,他又得出一个推论,义律与印度英人不甘心鸦片利益的损失,准备向中国进行鸦片武装走私。❹实际上,他对这个推论又是如此地深信不疑,以致到了1840年7月3日,英军舰队纷纷北上舟山时,仍对其好友怡良称之"只为护送鸦片"。❺

由此可见,林则徐的判断尽管错误,但放在"天朝"的大背景之中,仍合乎其本人的思想逻辑。

---

❶《林则徐集·公牍》,第63页。
❷《林则徐集·奏稿》中册,第641页。
❸ 同上书,第678、700、702、712页。关于鸦片与英属印度政府的关系,在今存林则徐翻译资料中比比皆是,此处不再注明。但最初开来的几艘英舰的情况,这些翻译资料中并无介绍。但是,从翻译资料来看,林则徐已知去印度、英国等地的航海天数,即便没有其他资料,也能够推算出来。
❹《林则徐集·奏稿》中册,第825页。
❺《林则徐书简》,第105页。

今天的研究者,属"事后诸葛亮",已经看清了各方手中的底牌,很难体会到当年决策者下决心之难。从现存林则徐翻译资料来看,包罗万象,对林则徐的褒贬评价皆有,对未来战争的是否估计俱存,看不出一个倾向性的意见来。要从这些资料中得出战争不可避免的结论,非得是一个熟谙国际事务的行家里手。但是,林则徐本是"天朝"氛围中人,初涉此道;情报来源仅为报刊书籍等公开资料,并无秘密渠道;更何况一般人的心理活动规律是对己有利的资料印象较深,对己不利的资料不受重视。种种情事,使得林则徐犯错误的可能性,远远超过不犯错误的可能性。

林则徐不是神。

尽管他在今天有如神话。

有论者据林则徐的书信和奏折,称其早已预见到了战争,并向道光帝和沿海各省督抚发出了作好战争准备的预告。

这些书信和奏折有:

一、1840年7月4日,林则徐奏称:英军北犯,"如其驶至浙江舟山、或江苏上海等处,该二省**已叠接粤省咨文**,自皆有备,不致疏虞"。

二、1840年8月7日,林则徐奏称:恐英军"越窜各洋,乘虚滋扰","**沿海各省,亦叠经飞咨防备**"。❶

三、1840年12月22日,林则徐致姻亲叶申芗,谓:"原知该夷必不罢休……**屡次**奉请敕下各省督抚严密防堵,并该夷之窥伺舟山,与其拟赴天津递呈,亦皆先期采明入告。"

四、1841年2月18日,林则徐致业师沈维镥,谓:英军"窜

---

❶ 《林则徐集·奏稿》中册,第860页。

往沿海各省,本在意中,则徐奏请敕下筹防,计已**五次**,并舟山之图占,天津之图控,亦皆**先期**探明入告"。

五、1842年9月,林则徐致旧友姚椿、王柏心,谓:"英夷兵船之来,本在意中,徐**在都时面陈**姑署不论,即到粤后,奏请敕下沿海严防者,亦已**五次**……定海之攻,天津之诉,皆徐所先期奏闻者。"❶(文中重点皆笔者所标)

毫无疑问,林则徐的这些言论,与前述其敌情判断,完全是两回事。细心地将林则徐上述言论对照排比,不难发现,林的这些话都是战争爆发之后说的,而且是越说越圆,至第五份资料(也最爱被人引用),已是滴水不漏。

我以为,这就需要对林则徐所提到的四项事件,逐一进行考订。

甲、林在京请训期间,有无面陈"兵船之来,本在意中"?

对于这个问题,我在本章第一节,引用林则徐与龚自珍于1839年1月的书信往来和1840年12月林则徐致叶申芗的信件,作了回答,即林当时不认为会致有"边衅"。而至1842年9月,他突然说出"在都面陈"的情节,显然是自相矛盾,似只能相信前说不能相信后说。

乙、林在广东时,五次上奏请敕下各省筹防,究竟是怎么回事?

查林则徐在广东禁烟时,确有请旨敕下筹防之事,但具体理由和目的均不同。

1839年5月18日,林则徐收缴鸦片2万余箱后,担心鸦片烟船北上贩烟,请道光帝下令沿海各省"严查"鸦片走私。然而道光帝接到此奏后,并无给各省的敕令。❷

---

❶ 《林则徐书简》,第151、165、192页。
❷ 《林则徐集·奏稿》中册,第639页。道光帝接到此奏的三天后,又收到军机大臣穆彰阿等议复江苏吴淞口查禁鸦片章程,令沿海各省体察所辖海口情形,"妥议具奏"(《鸦片战争档案史料》第1册,第588页)。可见林的奏折很可能还有其推动作用。

1840年1月8日，林则徐接奉道光帝断绝英国贸易的谕令后，再次上奏，用意还是防止鸦片走私。道光帝收到此折后，于1840年1月30日谕令盛京、直隶、山东、江苏、浙江、福建各将军督抚，"各饬所属，认真稽查，倘窜入各口，即实力驱逐净尽，以杜来源而清积弊。"❶

查《林则徐集》等文献，除此两折外，并无请敕各省筹防的奏议。❷为何林则徐自称有五次之多，我们不妨再扩大一些范围，继续寻找。

1839年6月14日，林则徐奏称，外国商船来粤贸易，须在本国请领牌照，并禁运鸦片。然英属印度商人利欲熏心，不顾禁令，由外洋"直趋东路之南澳，以达闽、浙各洋"，请求道光帝对此等走私船不必采取以往"空言驱逐"的方法，可以"严行查办"。❸道光帝接到此折，并未下令各省照办，但福建督抚却收到林则徐等人的咨会。❹此为一。

1840年6月24日，林则徐奏称，英军开来舰船10艘，"臣等现各飞咨闽、浙、江苏、山东、直隶各省，饬属严查海口，协力筹防"。❺此为二。

前引1840年7月4日林则徐奏折，称到粤英军"于五月底及六月初间（系阴历），先后驶出老万山，东风扬帆而去……"，道光

---

❶《林则徐集·奏稿》中册，第726页；《鸦片战争档案史料》第1册，第800页。
❷ 笔者所查之书为《林则徐集·奏稿》、《筹办夷务始末（道光朝）》、《鸦片战争档案史料》、《林则徐奏稿、公牍、日记补编》、《清实录》。又，笔者曾在中国第一历史档案馆查阅档案，因原编辑较杂，虽发现以上各书所未收林则徐折、片，但也未看到请旨敕令各省筹防的内容。
❸《林则徐集·奏稿》中册，第648—650页。
❹《鸦片战争档案史料》第1册，第722页。
❺《林则徐集·奏稿》中册，第838页。

帝于 8 月 3 日收到此折，已知定海失陷，江浙两省已有防范，故仅命直隶总督琦善严守天津海口。❶ 此为三。

由此可见，林则徐在其书信中所称"五次"入奏，前三次是指防范英国等国的鸦片走私船，后两次英军已经开到，战争已经发生。

丙、定海、天津之事先期入告又于何时？

查林则徐奏折，第一次谈到定海、天津之事，始于 1840 年 7 月 4 日奏折，而第二天便发生了定海之战，可见对定海守军全无警告作用。道光帝于 8 月 3 日收到此折，而直隶总督在此之前已获定海消息，于 7 月 31 日由省城保定赶赴天津筹防，❷ 可见对天津也失去预警作用。

丁、林则徐谓事先发给沿海各省的咨文，究竟是怎么回事？

1840 年 6 月 26 日，林则徐致其密友怡良的信中云："各省咨文，前本拟办，因诸冗棼集，尚未定稿，兹则不可不发；特录一纸送政，俟核定后发回，今日即缮，仍送上盖印，用排单驰发也。前日片稿录存一份送存冰案，**其稿尾亦将分咨各省云云添入，缘彼时赶发，未及再送裁定，兹以补闻。**"❸（重点为笔者所标）从这封信中可以看出，前引 6 月 24 日林则徐奏折中提到的"飞咨"各省，两天之后尚未发出。即便于当日发出，根据英军的进攻速度和清朝的公文速度，势必又是马后炮。

林则徐的咨会写了什么内容，可以看一份实样。1840 年 8 月 1 日，山东巡抚托浑布收到了这份咨会。该咨会在历叙广东禁烟以来的经历后，称：

---

❶ 《林则徐集·奏稿》中册，第 844 页；《筹办夷务始末（道光朝）》第 1 册，第 337—338 页。

❷ 琦善片，道光二十年六月三十日，《军机处录副》。

❸ 《林则徐书简》，第 99 页。

> 自去冬以迄今夏，粤省获办通夷贩烟各匪犯……彼见拒之益坚，防之益密，在粤无间可乘，而又未肯弃货于地，势必东奔西窜，诱人售私。兹复传闻有兵船多只，陆续前来内地，**虽可料其不敢滋事，而护送鸦片，随处诱买，均在意中**。若由深水外洋，顺风扬帆，无难直向北驶……自应飞咨各省，一体防查，庶可绝其弊。❶（重点为引者所标）

林则徐的咨会，如同其先前的奏折，并未预告战争，说的仍是鸦片武装走私问题。而山东巡抚收到此咨文之前，已于7月21日收到浙江巡抚关于定海失陷的咨会，又于7月25日收到道光帝加强海防的谕令。❷

综上所述，我以为，林则徐关于"咨会"的奏折和关于"请救"的书信，都是在战争爆发之后他自我辩解的说法，都是不足为据的。

在弄清林则徐的言行后，应当追究一下道光帝的责任。

我在本章第一节已经提到，道光帝是在皇室成员吸毒、大批毒品逼近京师的刺激下，才采取断然措施调林则徐进京的，事先并无缜密的思考和计划。他此时所最注重者，是烟毒能否禁绝，而没有考虑到后果一类的情事。

林则徐果如其望，到广州后，第二次奏折便报来义律答应呈缴鸦片2万箱的好消息。道光帝不仅在林的奏折上朱批"所办可嘉之至"，而且还在吏部拟呈的优叙上，朱笔将林则徐的"加一级，纪

---

❶《平夷录》，《丛刊·鸦片战争》第3册，第363—364页。
❷ 托浑布折，道光二十年六月、道光二十年七月初二日，皆见《军机处录副》。

第2章 骤然而至的战争　125

录两次"改为"赏加二级"❶。兴奋之情溢于笔端。

1839年4月22日,道光帝得到重臣陶澍病危请辞的奏折,据陶澍的提议,命林则徐改任两江总督。按照当时官场的普遍看法,两江总督班次仅在直隶总督之后,位第二,由湖广调两江,虽为同品,仍是迁右。但此事又似可反映出,在道光帝的内心中,苏、皖、赣三省,盐、漕、河三务似乎要比广东的禁烟来得重要。他认为林则徐很快就会不辱使命,旌帜北返。

虎门销烟后,他以为大局已经粗定,只留存一些具体事务待林则徐料理扫尾即可,一切尽可循归常态。奈何那些不大不小的事项一件件从广东报来,又是具结,又是交凶,又是续缴鸦片(详见后节),而那些俯首贴耳恭恭敬敬缴出鸦片的"夷"人们,竟敢用大炮与"天朝"对抗。他给予林则徐的指示,不外乎是那些"计出万全","先威后恩","断不敢轻率偾事,亦不致畏葸无能"❷等等貌似全面却无见地的话,说了如同白说。一次,他见到林则徐有些游移,竟朱批道"朕不虑卿等孟浪,但戒卿不可畏葸"❸,鼓励林与英人对抗。

1839年12月13日,道光帝收到林则徐的奏折,看到的仍是纠缠不清的"夷务",深感"殊属不成事体"!于是,他想出一个一劳永逸的解决办法,"即将噗咭唎国贸易停止",什么具结、交凶、续缴鸦片等等事项,统统不必再与之追究下去。然而,断绝通商可能会引起何种后果,他似乎仅仅看税银减少这一项。这位生性苛俭的皇帝,此次竟大方地宣布:"区区税银,何足计论!"❹

---

❶《鸦片战争档案史料》第1册,第543页。
❷ 同上书,第703页。
❸《鸦片战争档案史料》第2册,第185页。
❹《鸦片战争档案史料》第1册,第742页。

1840年1月5日，道光帝见林则徐久久不能北上，以赴新任。要缺两江总督的位子空了8个月，他干脆任林则徐为两广总督，调邓廷桢为两江总督，依例解除了林的钦差大臣的差使，使一切都回复到原来的样子。

道光帝的这两项决定，快刀斩乱麻，割断了中英当时唯一存在的通商关系。他认为，从此之后，各在东西一方的中英两国断绝往来，不会再有什么纠葛，也不会再有什么矛盾，如同井水不犯河水。此时的林则徐，也不再是"查办海口事件"的钦差大臣，而是"总督广东广西等处地方提督军务粮饷兼巡抚事"的地方职官。他的任务也不再是与英方折冲樽俎，道光帝仅让他料理两桩后事：一、宣布英"逆"罪行，永久禁绝通商；二、将停泊在粤洋的英国舰船驱逐净尽。

道光帝也犯下了重大错误，他用"天朝"的逻辑来思考对策，且对敌手的估计也去真实甚远。

1840年2月7日，道光帝得知湖北江堤被水冲坏的消息，一下子想起前年11月林则徐所上"江汉安澜"的奏折，认为"究系筹办验收未能尽善"，结果给了林"降四级留任"、"不准抵销"的处分。❶虽说清朝官员依例处分只是寻常，道光一朝未受处分的封疆大吏甚属罕见，且林则徐在湖广任上因举荐不察也两次受到处分；但是历来被道光帝认作办事细密周到的林则徐，在江堤事务上竟出如此差错，他心中不能不留下痕迹。

此后，道光帝对广东的事务日见松息，反复多变的"夷情"使其生倦。他的视野较多地关注于清王朝内部的各种传统事务，不再

---

❶《清实录》第38册，第3页；《上谕档》，道光二十年正月十四日，中国第一历史档案馆藏。

像从前那样密切注视着广东"夷情"的变化。这一方面是林则徐再也没有给他带来大快人心的喜讯,另一方面是他认定清朝"以逸待劳,主客之势自判",英国就是来几艘军舰,又"何能为之"!❶

君王好高髻,城中高一尺。道光帝的这种态度,不能不给"天朝"内大小臣工以安稳的印象。在一片静谧安宁之中,谁又会发现战争恶魔的悄临?即便有人发现,谁又敢慌乱扯响战争警报?

四 林则徐的制敌方略

1839年6月虎门销烟之后,局势并未如林则徐所希望的那样,逐渐趋于和缓,反作风雨雷霆。中英之间对抗以更加激烈的形式进行。

其中的争执,有以下三端:

一、具结。林则徐以奉到新例,要求义律敦促英商以"货即没官、人即正法"的格式具结,否则不许通商。义律不仅阻挠具结,而且下令英船不得驶入广州港。

二、交凶。1839年7月7日,英国水手在九龙尖沙咀酗酒滋事,殴伤村民林维喜,次日林死去。林则徐谕令义律交出凶手。义律予以拒绝,在英船上自立法庭,判处5名滋事行凶者监禁3至6个月,罚金15至20镑。

三、续缴鸦片。随着新的季风的来临,虎门口外新到英国商船数十艘。林则徐命令缴出续到船上的鸦片。义律仍是拒绝。

在此三事中,又以"交凶"一案对抗为最。

1839年8月15日,林则徐以义律拒不交凶,援引1808年(嘉

---

❶ 《筹办夷务始末(道光朝)》第1册,第287页。

庆十三年）英人在澳门违令案之例，禁绝澳门英人的柴米食物，撤退买办工人，次日率兵进驻香山，勒兵分布各要口，迫英人离开澳门。8月24日，澳门葡萄牙当局在此压力下，根据林则徐的谕令，宣布驱逐英人。至8月26日，英人全部离澳。义律率这批英人泊船于香港、九龙一带。

自1839年4月英舰拉恩号（Larne）被义律派出送信后，除义律自用的小船路易莎号（Louisa）外，广东海面并无英国军舰。8月30日，据义律的请求，印度总督派出的战舰窝拉疑号（Volage）驶到，使义律有了与中国对抗的武力。林则徐听此消息，除命各属加强防范外，于8月31日发布宣示，要求沿海村民聚义团练，不准英人上岸滋事、觅井汲水，并准许以武力相拒。❶

1839年9月4日，义律和窝拉疑号舰长士密（H. Smith），率3艘小船至九龙，要求中国官员供应食物，未达到目的后，士密下令开炮。

中英之间的对抗，开始诉诸武力。

由此至1840年6月下旬英国远征军开到，在9个多月的时间内，据林则徐奏折，广东沿海共发生战事7起：1. 1839年9月4日九龙之战；2. 1839年9月12日火烧英国趸船；3. 1839年11月3日穿鼻之战；4. 1839年11月4日至13日官涌之战；5. 1840年2月29日火烧贩烟及接济英船的匪船；6. 1840年5月火烧接济英船的匪艇；7. 1840年6月8日火烧磨刀洋英国鸦片烟。此外，未见于林则徐奏折的还有两起：1840年5月20日袭击英国鸦片船希腊号（Hellas）；1840年6月13日火烧金星门英船。

---

❶《林则徐奏稿、公牍、日记补编》，第78页。

以上9起战事,其中第2起火烧英国趸船,实际上是误烧西班牙商船;其中第5、6、7起和林则徐未奏的两起,清军的目标是英国鸦片船和中国不法奸民的办艇之类的民船。而第4起官涌之战,情况稍有周折。据林则徐奏,英人英船在旬日之内,连续向官涌清军进攻六次,皆被击退,其中参战的有"嘚唔喇吐"、"哆唎"等英船。❶而英方对此却全无记载,反称泊于香港一带的英船移往铜鼓时,于11月13日在九龙一带(即官涌)遭到清军的炮击。❷查此时英国在广东海面有战舰窝拉疑号和新驶到的海阿新号(Hyacinth),以及官船路易莎号,从林则徐奏折来分析,此三舰并未参战。因此,不管事件的真实究竟如何,可以肯定的是,官涌之战不是英军与清军之间的对抗。

由此可见,至1840年6月下旬之前,中英双方运用国家武力进行的战事,仅为两起,即九龙之战和穿鼻之战。林则徐在奏折中没有对此类战事作清晰的分类,是因为当时的中国人还没有近代国际政治观念。

1839年9月4日的九龙之战中,清军参战者为大鹏营参将赖恩爵所率3艘师船,并得到九龙山上炮台的炮火支持;英方参战者,双方说法不一,林则徐奏称,有"大小夷船五只",另在战斗中前来增援的英船"更倍于前",但未称具体数字;义律在其报告中称,英方以路易莎号、珍珠号(Pearl)、窝拉疑号所属小船进行战斗,后得到支持,但战舰窝拉疑号未投入战斗。英军一参战者

---

❶《林则徐集·奏稿》中册,第702—704页。"嘚唔喇吐"即为Douglas,他是"甘米力治"号(Combridge)的船长,当时习惯用船主或船长之名呼其船,如窝拉疑号和海阿新号在林则奏折中,分别用其船长名而称之"吐嘧船"、"哖哈船"。甘米力治号后被林购买,改装为载炮34门的军舰。

❷ Chinese Repository, vol. 8, p. 379. 马士:《中华帝国对外关系史》第1卷,第295页。

与义律的说法一致,并称前来增援的有威廉要塞号(Fort Williams)所属的小船,另外甘米力治号(Combridge)船长嘚唔喇吐亦率16人划船来参战。

关于此战的经过,双方的叙述大体相同。林则徐奏称,英方因索食不成而先启衅,赖恩爵立即督部予以回击,双方从午刻战至戌刻,期间英船先被击退,后得到援军再战,最后败遁尖沙咀。英方亦称其率先开炮,认为清军作战相当骁勇,战斗从下午2时半进行到6点半,其第一次后撤是为了补充弹药,最后主动撤出战斗。

双方报告中分歧最大者为战果。林则徐奏称,清军战死2人,受伤4人,所属师船稍有损伤,但很快修复;击翻英船1艘,击毙英人至少17名。英方未具体称清军的损失,但称己方仅是受伤数人而已。❶

从此战的具体经过来分析,清军以3艘各配炮10门的师船作战,以海岸炮台为依托,兵弁奋勇拼死,表现出广东水师前所未有的振作;英方以路易莎号(载炮14门)、珍珠号(载炮6门)、窝拉疑号所属小船(载炮1门)及前来增援的船只开战,全非正规战舰,火力不济,❷窝拉疑号因风停而无法迫近参加战斗。因此,从军事的角度来看,很难分出胜负来。

如果说九龙之战双方的报告还大体吻合的话,那么,关于穿鼻之战,则是各执一词,大不相同。❸

---

❶ 《林则徐集·奏稿》中册,第684页;"Correspondence Relating to China," *Irish University Press area studies series, British parliamentary papers: China*, vol. 30, pp. 686—687. 亚当·艾姆斯里致威廉·艾姆斯里,《近代史资料》1958年第4期,第68—69页。

❷ 当时的商船皆有武装,有些火炮甚多。此处称其火力不济,是就此次参战的英船而言。

❸ 林则徐奏折见《林则徐集·奏稿》中册,第700—701页;义律的报告见"Additional Correspondence Relating to China," *Irish University Press area studies series, British parliamentary papers: China*, vol. 31. Shannon, Ireland: Irish University press, 1971, pp. 8—14。

首先是战斗的起因。

林则徐奏称，1839 年 11 月 3 日，英国啫唰船（Thomas Coutts）具结进入虎门，英舰窝拉疑号和海阿新号于"午刻驶至穿鼻"，阻挠啫唰船进口，提督关天培"闻而诧异"，"正查究间"英舰率先开炮。

义律的报告，虽也提到英船具结入口之事，但称事因 10 月 27 日收到广州知府余保纯转来林则徐的谕令，"嗣后货物总须照式具结，若不如式，万万不准贸易，违抗逗留之船，即行烧毁"，❶ 遂于 28 日与士密上校率英舰两艘前往穿鼻，准备递交士密致钦差大臣的信件，要求林则徐收回成命。由于逆风，英舰于 11 月 2 日到达穿鼻沙角炮台一带，即派马儒翰（John Robert Morrison）❷ 等人向关天培递交出该信。晚上，清方派通事请马儒翰赴关天培座船，被拒绝。次日上午，清方再派出通事，退还士密信件，并再邀马儒翰赴约，仍被拒绝。此时，关天培率由 29 艘师船组成的舰队前来，英方让通事送去士密的一信，要求"各船立即回至沙角之北湾泊"。关天培回复称，只要交了打死林维喜凶手一人，"即可收兵回口，否则断不依也"。义律再复，称不知凶手是何人，"惟平安是求"。❸ 到了中午时分，士密认为不能让清军舰队夜间从他的身边穿过，以威胁英国商船，且国旗的荣誉也不容许他临阵退却。义律同意了士密的意见。于是，士密便率先发起进攻。

其次是作战经过。

林则徐奏称，英舰开炮后，关天培立即下令座船回击，并指挥

---

❶ 佐々木正哉编：《鸦片战争前中英交涉文书》，第 243—244 页。

❷ 马儒翰又译为马礼逊、马里臣、马利逊等。他是传教士马礼逊（Robert Morrison）的儿子，16 岁就为英商充当翻译，1834 年律劳卑来华后，就充当商务监督的翻译。鸦片战争爆发后，一直充当英军的首席翻译。

❸ 佐々木正哉编：《鸦片战争前中英交涉文书》，第 246—247 页。

各船协力进攻，多次击中窝拉疑号。接仗约有一时之久，窝拉疑号"帆斜旗落，且御且逃"，海阿新号亦"随同遁去"。清军本欲追击，然师船弥缝油灰多被轰开，势难远驶，更因英舰船底全用铜包，炮击不能穿透，"是以不值追剿"。

义律报告称，英舰原泊于清军舰队的右侧，开战后，利用侧风，从右到左冲过了整个清军队阵，然后又从左到右再穿其阵，"倾泄了毁灭性的炮火"。"中国人以他们的固有精神回击，但是，我方可怕效力的火力很快便显示出优势"。战斗进行了不到3刻钟，清军便撤退了。士密无意扩大敌对行动，便停止炮击，没有阻碍对方的后撤。随后，英军驶往澳门。

再次是关于战果。

林则徐奏称，清军击中窝拉疑号的船鼻、后楼、左右舱口，英人多有中炮落海者，战后"捞获夷帽二十一顶"；并称己方有三艘师船进水，一艘被击中火药舱而起火，旋被扑灭，❶ 战死士兵15名，受伤军官1名、士兵多名。

义律报告称，清军3艘师船被击沉，一艘击中火药舱而爆炸，还有几艘明显进水。窝拉疑号仅受了轻微损伤，没有人员伤亡。

总之，双方各报胜仗。

比较中英双方各自的报告，让人最有兴味的是关于关天培的描写。且看林则徐的说法：

> 该提督亲身挺立桅前，自拔腰刀，执持督阵，厉声喝称："敢退后者立斩。"适有夷炮炮子飞过桅边，剥落桅木一片，由

---

❶ 事隔8个月后，林则徐奏称，由于该次战斗，两艘师船"被炮伤损过甚，难以修复，必须另行拆造"；另两艘师船"皆有损坏，应行大修"。见《林则徐集·奏稿》中册，第857页。

第 2 章 骤然而至的战争

该提督手面擦过,皮破见红。关天培奋不顾身,仍复持刀屹立,又取银锭先置案上,有击中夷船一炮者,立即赏银两锭……

今人阅读此段奏折,恍惚置身于古典戏剧小说的战斗场景之中。道光帝读此亦感慨,朱批"可嘉之至"。若关天培的举止确如林则徐的描写,那么,在一派中世纪的豪迈之中,又让今人凄然感受到无知于近代战术原则的悲凉。在近代激烈的炮战中,关天培的这种做法是不足取的。义律亦称:

> 作为一个勇敢的人,公正的说法是,提督的举止配得上他的地位。他的座船在武器和装具上明显优于其它船只,当他起锚后,很可能是斩断或解脱锚链,以灵敏的方式驶向女王陛下的战舰,与之交战。这种毫无希望的努力,增加了他的荣誉,证明了他行动的决心,然而,不到3刻钟,他和舰队中尚存的师船便极其悲伤地撤回到原先的锚泊地。

在这一段描写中,颇具英雄未酬壮志的惨淡。

穿鼻之战的真实,今天似无必要一一考证得十分清楚。但细心阅读双方的报告,大体可以得出一个印象,清军在此战中并不占有上风,林则徐的报告似掺有水分。然这些水分是林则徐所为,抑或关天培所为,那就无法考清了。❶

---

❶ 案此时林则徐在虎门,但离交战地点尚有一段距离,非为目击者。在开战之日,林在日记中写道,"下午闻嘆夷兵船在龙穴向关提军递禀未收,开炮来攻,经提军抵御,击坏夷船前后桅,夷人被轰落水,始行遁去。"日记是写给自己看的,故不可能作伪。因此,林的奏折所据为关的报告,关的责任似更大。但从日记中也可看出,其所述开战理由与奏折所言差别甚大。

从今天通行的严格的意义上划分，九龙之战和穿鼻之战，使中英两国实际上已经进入了战争状态。

但是，林则徐根据其掌握的翻译资料，自以为只是与未获国主命令而私邀来华的英舰以及不遵国主法令的英国走私商船之间的交战，而不是与英国的战争。他的这种认识，可见于他于1840年1月18日发出的《谕英国国王檄》。而义律此时尚不知他自1839年3月27日缴烟以后的举动，是否为英国政府所批准，认为这些只是保护本国商人的武装行动，开战后也未采用当时西方交战国惯行的种种外交行动，而仍与林则徐保持某种公文往来。他一直到1840年2月，才奉到巴麦尊的对华用兵的训令。

因此，尽管战争的序幕实际上已经拉开，但双方都没有意识到戏已开演。考虑到双方的这种认识，本书仍将鸦片战争的爆发时间定于1840年6月下旬，即英国远征军大批开到之时。

很可能是穿鼻之战的结果，1840年初，林则徐奉旨永久停止中英通商关系之后，逐步形成了完整的制敌方略。对此，他有一段说明：

> 无论该夷有无兵船续至，即现在之吐嚧、哗呟两船未去，度其顽抗之意，妄夸炮利船坚，各夷舶恃为护符，谓可阻我师之驱逐。臣等若令师船整队而出，远赴外洋，并力严驱，非不足以操胜算。第洪涛巨浪，风信靡常，即使将夷船尽数击沉，亦只寻常之事。而师船既经远涉，不能顷刻收回，设有一二疏虞，转为不值，仍不如以守为战，以逸待劳之百无一失也。

林则徐在此婉转地承认，尽管英国只有两艘军舰，清军水师仍无在海上取胜的能力。于是，他采用了避免海上舰船交锋，严防海

口的"以守为战"的制敌方略。道光帝对此完全赞同,朱批"所见甚是"。❶

依据以往外国商船和军舰来华活动的情况,林则徐所部署的"以守为战",主要区域在珠江入海口,即以香港和澳门为外线,经伶仃洋至虎门及狮子洋一带。在当时的官方文书中,其称谓是"中路"。

早在鸦片战争之前,香港就是鸦片走私的大本营,趸船大多泊于附近一带海面。义律率英商英船撤离澳门后,开始也聚集于此,后移往铜鼓。林则徐为抑制此处英人的活动,在香港对岸九龙半岛的官涌,居高临下地依山建炮台两座,以控御附近海面。

澳门时为葡萄牙人所盘踞。义律和英船英舰也经常活动于此。林则徐在澳门关闸以北驻兵设炮,监视其行动,并时常向澳门葡萄牙当局施加政治或军事压力。

珠江入海口以香港、澳门为最外点,上溯伶仃洋内驶约70公里,即为虎门。此处河道收缩,历来是清朝的海防重点,广东水师提督亦驻节此地,以示昭重。早在林则徐督粤之前,关天培、卢坤、邓廷桢等人已尽了极大的努力,在此处建炮台9座,平时炮台守军590名,战时约2000名。林则徐曾于1839年观虎门清军秋操(即秋季演习),极为满意(虎门防卫的具体情况详见后章)。为此,他仅密购西方铜炮和精制铁炮装备此处,没有采取进一步的措施。

为预防英舰突破虎门继续内犯,林则徐在虎门后的狮子洋一带,集结清军师船,并雇募民船,预备火船,准备在此处内江与来犯英舰交战,并已进行了多次演习。

---

❶ 《林则徐集·奏稿》中册,第762页。文中"吐嘧"船即窝拉疑号,"哗呤"船即海阿新号。

以上林则徐的防御设想,是从 1840 年初开始萌生,逐步完善并实施的。至 1840 年 6 月底,各处实施的结果是:九龙新建炮台两座业已完成,安炮 56 门,附近山梁共有守兵 800 余名;澳门一带派驻兵勇共 1300 余名;虎门各炮台守兵约 2000 名,配炮 300 余门;狮子洋一带集结师船 20 艘、雇募民船 46 艘、预备火船 20 余艘,共有兵勇 2000 余人。❶

林则徐以上述几处为防御要点,有其通盘的思考,在奏折中称:

> 臣等查中路要口,以虎门为最,次即澳门,又次即尖沙嘴(咀)一带,其余外海内洋相通之处,虽不可胜数,然多系浅水暗礁,只足以行内地之船,该夷兵船不能飞越。❷

这里讲的虎门,自然包括其后的狮子洋,而尖沙咀即为九龙。林则徐认为,关键在于这几处,其余地方只要添兵协防即可。

至于那些停止通商后仍不遵令回国,而在虎门口外徘徊游弋的英船英舰,林则徐采用了"以奸治奸,以毒攻毒"的办法,即雇募平时接济外国人、贩卖鸦片的沿海"渔疍各户"为水勇,教以如何驾驶和点放火船,每船领以一二兵弁,预先设伏,乘夜顺风放火焚烧英船,并开出赏格以备激励。❸

尽管林则徐对其制敌方略信心十足,但是,今天我们若从近代战争的角度进行分析,不难发现,其中存有很大的弊陋。

---

❶《林则徐集·奏稿》中册,第 838、862 页。其中林则徐在奏折中曾称虎门"在船在岸兵勇""共有三千余名"。此处称虎门守兵 2000 人,是扣去在船兵勇之数,添入狮子洋一带清军数中。

❷ 同上书,第 838 页。

❸ 同上书,第 762—763 页。

从林则徐的设想来看，其最重要的作战方法是，以海岸坚强据点，即炮台，来对抗来犯的英舰英船。

利用海岸坚强据点抵御外族海上入侵的战法，可追溯至明代。当时沿海所筑的卫、所等城，在抗倭战争中曾起到了不小的作用。然而，明代的海防卫、所，与此时的清军炮台不同。它们是小规模的城防工事，大多与海尚有距离。一旦有警，附近民众皆入之凭借抵御，以待大军救援。清军炮台完全是炮兵阵地，建于濒海要厄，直接与敌方舰船以炮火竞斗。

由于虎门炮台的建设方案与林则徐无涉，我们不妨看看由他主持建设的官涌两炮台。

官涌两炮台，一在尖沙咀山麓石脚，名"惩膺"，一在官涌偏南一山，名"折冲"，各安炮20余门。其规制形式一如清代沿海各处炮台，只是比闽浙各炮台大些，比虎门的靖远炮台小些，并无样式上的改变，其缺陷也完全相同。

且不论这两座炮台能否经受得住英舰的猛烈炮火，也不论它们果否惩膺折冲，予英舰以毁灭性的打击，因为后来的各次战斗我将作具体分析；然而，它们最基本的弱点是，无力防御登陆英军从炮台侧后方向发起的地面进攻。

为什么会这样呢？

我在第一章已经谈到，清军的炮台本为防堵海盗，无须虑及这些乌合之众的地面进攻，更何况清军的炮台对传统样式的海盗，还具有一定的防御能力。我在此还须说明两点：一、鸦片战争是西方列强第一次大规模侵略中国，清军对其战术毫不知悉；二、当时的人们，包括林则徐，对英军的陆战能力作了错误的判断。

1839年9月1日，林则徐在分析"边衅"不会启的夹片中称：

夷兵除枪炮之外，击刺步伐俱非所娴，而腿足裹缠，结束严密，屈伸皆所不便，若至岸上更无能为，是其强非不可制也。❶

　　到了1840年8月7日，林则徐听到定海失陷，曾献策悬赏激励军民杀敌，较前更进了一步，竟说其"一仆不能复起"。❷从这些说法中，我们可以看到林则徐等人的心思。他们认为，英军尽管"船坚炮利"，但毫无陆战能力，因而绝不会舍舟登岸，从陆上发动进攻；即便有这种攻击，也绝非清军的对手。他们正是据此而未能对炮台的陆路防卫作有针对性的改进。

　　林则徐等人这种荒谬的判断，令今人百思不得其解。❸然而，从更宽泛的背景来看，反映出当时的中国人对浮海东来的西方各国军事技能的无知。早在1793年，英使马戛尔尼使华时，随带兵弁。英方曾邀请清军名将福康安观其操演。英方的用意当为炫耀武力，而福康安却摆出一副"天朝"大将的架子，表示不屑一顾。如果我们再往后看，鸦片战争的主要作战形式是以炮台对敌舰，清军采取这种战法，自然是受传统制敌方略的影响。而清军的炮台全无防备敌军陆路进攻的设备，结果在英军战舰和登陆部队的两重攻击下，一一失陷。此种结局与英军不善陆战的判断也不无关系。

---

❶ 《林则徐集·奏稿》中册，第676页。
❷ 同上书，第861页。
❸ 林则徐的翻译资料中，有"孟呀拉土番，即么罗黑鬼，脚长无腿肚，红毛选其身材高大者充伍，谓之叙跛兵"(《洋事杂录》，《中山大学学报》1986年第3期，第24页)，然此处说的仅是印度兵。林则徐亲眼见过外国人，在澳门又检阅过葡萄牙兵。"腿足裹缠"，疑是当时的紧身裤和绑腿；"屈伸不便"，疑是葡萄牙兵采用踢腿式行进方式，即所谓"正步"，而产生的一种误解。又当时外国人不愿行跪拜礼，民间误传其膝关节有问题，难以跪拜，不知此说与林的判断有无关系。

林则徐所倚重的炮台是靠不住的。

在林则徐的设想中，第二种战法是舰船交锋。为此，他专门拟就了《剿夷兵勇约法七章》，详细规定了具体的战术动作。按林的部署，这种交战应在内江进行。❶

早在林则徐使粤之前，关天培刚刚接任广东水师提督，便提出在虎门后路以师船10艘，另配以泅水阵式兵、中水对械兵、爬桅兵、能凫深水兵共130名，与闯过虎门主阵地的敌舰交战（详见后章）。林则徐至广东后，又在中国传统的水战战术中择出"火攻"战法，即"多驾拖船，满载车薪，备带火器，分为数队，占住上风，漏夜乘流纵放"❷。林则徐所规定的舰船交锋，是关天培的水师师船战法与传统的"火攻"战法的结合和发展。

林则徐的战术为：

一、以战船12至16只，分作4队，斜向攻击敌舰安炮较少的头、尾；利用其船小灵便的特点，占住上风近敌；若在船首，攻其船鼻，毁其帆索，若在船尾，毁其舵与后舱。

二、在接敌过程中，如炮力所及，即先开炮，至鸟枪可及，兼用鸟枪，再近可抛火罐、施喷筒。火罐应在船桅上抛出，喷筒应在船首施放。

三、当清军战船完全靠近时，兵勇须跳上敌舰，用刀砍杀"夷人"，并砍断敌舰上的舵车及各帆缆绳索，使之完全丧失行动能力。

四、雇瓜皮小艇30只，上装干草、松明、蘸油麻片，配以十分之一二的火药。小艇的首尾，用5尺长的铁链连接，其一头拴

---

❶ 按照林则徐原来的设想，此类交战似应在虎门至狮子洋一带进行。鸦片战争爆发后，林则徐宣称要自率船队出洋交战，乃是自知道光帝已不信任他，欲有所表现。

❷ 《林则徐集·奏稿》中册，第650页。

七八寸长的大铁钉。交战时,水手半身在水,划桨而行以近敌。接敌后用大铁钉将小艇钉在敌舰舰体上,然后纵火燃烧。

此种战法,被称为"攻首尾跃中舱"之法。❶

为了训练清军士兵掌握这种战术,林则徐购买了英商船甘米力治号,改为安炮34门的军舰,作为模型。让清军进行训练。❷

林则徐设计的这种战法,可谓是书生议兵的典型,他没有航海经验,没有近代舰船作战知识,全凭着感性认识的推论,在头脑或纸面上演绎,并未虑及在交战中实际操作的可能性。

在双方舰炮威力迥殊的情况下,清军战船在近敌过程中必然遭到极大的损失;航速和操作灵便性并不占优势的清军战船,很难进入专对敌舰首尾的斜向夹角;即便进入此种夹角,敌方舰船稍稍摆舵或改变帆面,方向顿变,而清军战船欲重新进入斜向夹角,须做扇面运动,动作极大;且不论清军战船在性能上能否跟上此种扇面运动,若不引起队形阵法大乱,已属幸事。

英舰因远涉重洋之需,又与西方各国交战之要,舰体十分坚固,不少舰船外包金属材料。鸦片战争中,清军的火炮对之亦难获大效,而林则徐提到的鸟枪、火罐、喷筒之类的兵器,更难得力。尤其是在船桅上用手向英舰抛扔燃烧着的火罐,在实战中似无可能办到。

由于双方的舰船大小迥异,高低立现,即便清军战船费尽全力靠上敌舰,兵勇也难以跳跃。水面相交两船靠近时间很短,不比陆地爬越高障。兵勇登上敌舰后用刀砍杀诸法,显然脱胎于前引林则徐奏折中"击刺步伐俱非所娴"的判断。

---

❶ 林则徐:《剿夷兵勇约法七条》,魏源:《魏源全集·海国图志》第7册,第1925—1927页;梁廷枏:《夷氛闻记》卷2。
❷ 魏源:《魏源全集·海国图志》第7册,第1932页。

至于用大铁钉将火船钉在敌舰上，然后放火焚烧，想象的成分很大，实战中似无可行性可言，不必再作分析。

综上所述，我以为，林则徐的这种图上作业，设计得越周密，距实战越远。这是书生议兵最容易犯的错误。

在林则徐的设想中，利用民众进行袭扰，是对上述两种战法的补充。

广东沿海的渔疍人家，多有贩运鸦片、接济英人淡水食物等情事。林则徐在断绝通商之后，为使虎门口外泊留的英船英舰早日回帆放洋，采取了断绝供应的办法，并未奏效。他的"以毒攻毒"之法，即雇募渔疍人家火烧英船，正是在此背景下萌生。这种攻击没有获得预期的效果，1840年2月至6月五次行动后，英国的舰船并未因这些行动而扯帆西去。

除雇募渔疍人家在虎门口外实施火攻外，林则徐在内江和陆地亦有募勇和团练等情事。

我在第一章中曾谈到清军的束伍成法，正是这种落后的军制使清军极为分散，临时总有兵力不敷之感。林则徐募勇，正是为了弥补清军兵力的不足，以勇配合清军作战。另在英人容易登岸滋事的地方，林则徐没有足够的兵力派驻，便组织地方团练，允许开枪动刀，各保身家。

从林则徐的奏折和公牍来看，他的困难并不是利用民众进行袭扰是否正当，是否会引起意外后果，而是由此产生的财政问题。雇勇须官府出资，这就限制了雇募的规模。团练虽不用出资，但需有赏格激励。清廷不可能为此而动拨银两，行商们的资金似暂时地帮他解决了这一问题。

有论者将林则徐利用民众的种种做法，与后来的人民战争相比拟。我以为，这是不恰当的。

无论是雇勇还是团练，都是清朝的传统方法，并非是林则徐的自创。民被雇为勇后，即是清军的临时成员、临时部队，是清军外延的放大。团练由乡绅进行组织，不离家土，活动范围有限。除林则徐外，在鸦片战争中，沿海各省大吏无不实行此策。至于准人人持刀痛杀，❶ 在缺乏一定的组织实施下，很容易流为效能有限的恐怖活动。这些与人民战争之间的区别，是极其明显的。

从另一角度来看，出资雇募社会上最不可靠的一群（渔疍人家），转为官府的倚重所在，更是广东历来的做法。嘉庆年间的民间小说《蜃楼志》，曾提到广东水师不足恃，海匪成灾，两广总督募匪为勇，以匪治匪，"虽未必能弭盗，而民之为盗者，却少了许多，庶乎正本清源之一节"。小说家的话，并不是此类方法何时行于广东的考据材料，但小说家对此方法如此知详，却说明了它并非是官场诡密之道，而在民间已深入人心。

实际上，雇勇也罢，团练也罢，"准人人持刀痛杀"也罢，最重要的是它们在实战中的效果。从鸦片战争和后来的第二次鸦片战争的史实来看，它们虽不能说毫无效果，却绝非取胜之道。

民众的游击战争需要组织上和战术上的指导，方可有效；民众的游击战争需要在地理形势上占利，方可实施；民众的游击战争需要觉悟和牺牲精神，方可支持下去。这一切都是当时所不具备的。其中的要害，是当时的官、民对立，不能想象用武力镇压而支撑的政权，能够如此密切地与民众合作。林则徐为官场中人，不论他的动机和操作有何招术，莫能置身度外。

---

❶ 在林则徐奏折中，这种方法始见于1840年8月7日的《密陈以重赏鼓励沿海民众诛灭敌军片》，见《林则徐集·奏稿》中册，第861页；而在此之前，林于6月底至7月初就在广东实行这一方法，见 Chinese Repository, vol. 9, pp. 165–166。

由此，并非由林则徐独创的利用民众诸法，也是不足恃的。

以上对林则徐制敌方略的批判，是基于后来发生的大规模的战争这一事实，认为其不能取胜；而据林则徐等人的判断，义律只会私邀少数军舰窜犯，若此那一切又当别作它论。至于林则徐的制敌方略能否应付林则徐所估计的敌情，就历史的发展而言，这种讨论失去了针对性。如果仅仅从事实出发，穿鼻之战后至1840年6月下旬之前，英舰一直处于被动状态，没有对清军采取行动。若此将之称作林则徐制敌方略的成功，似乎也非大错。

1840年3月24日，英舰都鲁壹号驶到，虎门口外的英国战舰增至3艘。6月9日，英舰鳄鱼号（Alligator）驶到。6月16日，东印度公司的武装轮船马答加斯加号（Madagascar）驶到。所有这一切，都在林则徐的意料之中。

但是，没过几天，局势急转直下，完全出乎林则徐的意料了。

1840年6月21日，出任英国远征军海军司令的英驻东印度海军司令伯麦，率由印度开来的舰队驶到。6月28日，英国远征军总司令兼全权代表懿律（George Elliot）率由南非等处开来的舰队驶到。不久后，英国侵华军全部到齐。

此时，在华英军兵力远远超出了林则徐的估计和想象。其中，有海军战舰16艘：

麦尔威厘号（Melville）（旗舰）	炮74门	威厘士厘号	炮74门
伯兰汉号（Blenheim）	炮74门	都鲁壹号	炮44门
布朗底号（Blonde）	炮44门	康威号（Conway）	炮28门
窝拉疑号	炮28门	鳄鱼号	炮28门
拉恩号	炮20门	海阿新号	炮20门

续表

摩底士底号（Modeste）	炮 20 门	宁罗得号（Nimrod）	炮 20 门
卑拉底斯号（Pylades）	炮 20 门	巡洋号（Cruizer）	炮 18 门
哥伦拜恩号（Columbine）	炮 18 门	阿尔吉林号（Algerine）	炮 10 门

东印度公司派出的武装轮船 4 艘：

| 皇后号（Queen） | 马答加斯加号 |
| 阿特兰特号（Atalanta） | 进取号（Enterprise） |

另有英国海军运兵船响尾蛇号（Rattlesnake）和雇用的运输船 27 艘。

英国陆军共有 3 个团：

爱尔兰皇家陆军第 18 团

苏格兰步兵第 26 团

步兵第 49 团

另有孟加拉国志愿兵等部。地面部队共 4000 人。合之海军，英军总兵力共约六七千人。❶

相对中国的人口和清军的兵力，英国远征军的规模并不惊人。但是，若从西方殖民史来看，这是一支颇具武力的军队。

更出乎林则徐意料之外的是，这支强大的军队，并没有立即向虎门或广东其他地区发动进攻，而只采取了相当软弱的对策。

---

❶ Chinese Repository, vol. 9, p. 112, 221; William Dallas Bernard, Narrative of the Voyages and Service of the Nemesis, vol.1, p. 420. 其三个欧籍团均未足额，其大部兵力 2200 名于 1841 年、1842 年到达。

1840年6月22日,英国远征军海军司令伯麦,在其到达的第二天,待所率军队到齐后,仅发布了一项从6月28日起封锁珠江口的告示,便于当日晚上起,领兵次第启程,北上进攻舟山。6月30日,英国远征军总司令兼全权代表懿律,在其到达后的第3天,亦和全权代表义律一起率军北上,与伯麦汇合。此后,广东沿海的英军亦有陆续北上者。虎门口外仅留下英舰4艘和武装轮船1艘,执行封锁任务。❶

英军的这一行动,自是执行外相巴麦尊的训令。1840年2月20日,巴麦尊致海军部的公函中称,在广东"不必进行任何陆上的军事行动","有效的打击应当打到接近首都的地方去"。❷同日,巴麦尊给懿律和义律的训令中,提到了他和海军大臣各颁给伯麦的训令,其中规定作战方案为"在珠江建立封锁"、"占领舟山群岛;并封锁该岛对面的海口,以及扬子江口和黄河口"。❸伯麦和懿律对此是完全照办。

林则徐并不知道英军的作战方案,他见到的仅是伯麦封锁珠江口的命令和义律于6月25日、26日的两次文告。按照清朝的官场用语,这些文件的态度算不上强硬。于是,他误认为,他的制敌方略成功了,英军之所以不敢轻举妄动,正是见其有备,无隙可乘,知难而返。他在奏折中、咨会中、谕令中、书信中,都明白表露英军不敢遽行骚扰,在于广东防备严密。❹后来,他听到定海失陷的

---

❶ 至1840年10月,虎门口外执行封港任务的英舰为都鲁壹号、拉恩号、海阿新号、哥伦拜恩号,轮船为进取号(*Chinese Repository*, vol. 9, pp. 107, 112, 419)。
❷ 转引自严中平:《英国鸦片贩子策划鸦片战争的幕后行动》,《近代史资料》1958年,第4期。
❸ 马士:《中华帝国对外关系史》第1卷,第709页。
❹ 《林则徐集·奏稿》中册,第838、856、860页;《丛刊·鸦片战争》第3册,第263页;*Chinese Repository*, vol. 9, p. 165;《林则徐书简》,第151页。

消息,更是指责浙江方面未能如广东那样,早有准备,他害怕有人以定海的失陷来攻击他,在给友人的信中写道,"又岂粤省所能代防耶?"❶

林则徐的这种说法,只是主观的臆断,后来的事实证明,英军有着制胜的武力,绝非害怕林的武备。❷但是,林则徐的说法,显然有着很大的影响力,尤其是对于那些不相信"天朝"武功居然不敌"岛夷"之技的人们,更是如此。

1841年1月,新任闽浙总督颜伯焘和新任浙江巡抚刘韵珂,不顾天怒,要求启用获罪革职的林则徐,理由之一是"该夷所畏忌"❸。1841年5月,广东民众在《尽忠报国全粤义民谕英夷檄》中,振振有词地问道:"汝已称厉害,何以不敢在林公任内攻打广东?"❹鸦片战争之后产生的三部史著《道光洋艘征抚记》、《夷氛闻记》、《中西纪事》,皆谓林则徐在广东防备严密,英军无隙可乘,遂北犯定海。他们把后来广东战事的失败,归结于林则徐的去职;他们将各地战事的受挫,归结于当地没有林则徐。尽管林则徐的制敌方略当时未经实战,但他们已在心目中认定林必胜无疑。

---

❶ 《林则徐书简》,第151页。
❷ 如果当时伯麦因广东虎门有备而不敢进攻,他就不会匆匆离去,而会留下来等待续到之英军。到了7月中旬,英军的兵力在数量、质量上会大大超过清军。尽管当时英军中有人希望能进攻虎门,但未获准。关于这一方面的情况,可参阅 Robert Jocelyn, *Six months with China Expedition,* London: John Murry, 1841, pp. 42—43。另外,印度总督于1840年4月7日的备忘录,也规定了远征军立即占领舟山的任务;义律于1840年6月24日给巴麦尊的报告中,又称当时英军北上的一个原因是避免台风(见《鸦片战争在舟山史料选编》,第479—481、488—489页)。
❸ 《筹办夷务始末(道光朝)》第2册,第752页。
❹ 广东省文史研究馆编:《三元里人民抗英斗争史料》,中华书局,1978年,第88页。

处在失败中的人们，找不到胜利的迹象，最容易产生某种希望。林则徐就是这种希望。而且，局势越危急，战争越失利，这种希望之火就越放光芒。

由此，一个神话诞生了。

一个林则徐不可战胜的神话，占据了当时许多人的心，并流传至今。

第3章

"剿""抚""剿"的回旋

今天北京紫禁城西华门内,有一处历史学家熟知的中国第一历史档案馆,保存着大量清代档案。其中有一种"上谕档",是军机章京每日抄录明发、廷寄谕旨的簿册,以备事后随时查考。轮值的军机大臣亦在此上注签其姓,表示负责。但是,有关道光帝对鸦片战争的谕旨,却不见于"上谕档"。军机章京将之誊录于另一种军机处档册——其名今天的人们或许会想不到——"剿捕档"。

"剿捕档"是用来抄录平叛镇反事件谕旨的簿册。设此档的目的,在于此系军国大事急迫紧要,恐混同于"上谕档"而查寻不便,故别置一册。可是,将与英国的战争等同于平定叛乱,在军机大臣、章京上行走的人们的这种分类法,不仅再一次提示我们当时人们的"天下"观念,而且也隐隐展露出**当时人们对此类事件的理所当然的处置原则**。

因此,尽管战争骤然而至,尽管清王朝全无准备,**但在传统的御外攘夷的武库中,已经为道光帝编制了"剿"、"抚"两套程序**。道光帝交并轮番操之上阵。在战争的最初几个月中,清王朝由"剿"而"抚",后又回到"剿"的套路上去,一波三折,回旋再现。在今人的眼光中，可谓分寸大乱。

决策者自然有权多变，但每一变都会在战场上付出相应的代价。

而从人物的出场来看，上一章的主角是林则徐，这一章是道光帝、琦善和伊里布。

一　初战

1840年7月5日，还是北京，一切显得与往常并没有两样。

这一天，丧妻未久的道光帝，按照祖制家法，例行"诣绮春园问皇太后安"，然后回銮处理了几件日常的公文。❶

这一天，刚由翰林院散馆后授检讨的曾国藩，因客来访而耽误了读书，影响其学问修行，在日记中剖心切肤地狠狠自责了一通，自励须"日日用功有常"，以能够"文章报国"。❷

正当道光帝享以清静时，正当后来以武功名扬天下的曾国藩琢磨"文章报国"之道时，远去北京数千里的浙江省定海县（今舟山市），已是一片炮声隆隆，笼罩于呛人的硝烟之中了。

1840年6月22日起，英国远征军海军司令伯麦率领威厘士厘号等舰船19艘，从澳门一带水域出发，沿中国海岸，直取舟山。

当时在广州出版的中国最早的杂志——英文月刊《中国丛报》的编辑，得知这一消息，专门在6月号上刊登了一篇文章，介绍舟山的地理位置与航线。尽管伯麦并没有看到这篇文章，但以往留下

---

❶《清实录》第38册，第84页。
❷《曾国藩全集·日记》第1册，长沙：岳麓书社，1987年，第42—43页。

的航海资料，使这位初来乍到，新驶此航线的海军准将并不感到十分费力。8 天后，英军到达舟山群岛的南端——南韭山岛。

舟山位于杭州湾东南，扼苏、浙、闽三省海面，共有大小岛礁 200 余处，本岛是中国第四大岛。有一些背景值得注意：

一、由于清初与台湾郑氏、三藩耿氏作战需要，康熙帝对此地作出军政两项决策。就军事而言，设立定海镇，辖镇标水师三营，共计兵弁 2600 余人；就政治而言，设立定海县，县城在本岛的南端。❶

二、也与康熙帝有关，1684 年，康熙帝批准开放海禁，宁波为对外开放的通商口岸。1698 年，宁波海关在定海县城以南的道头设"红毛馆"，以接待英国商船。1757 年，乾隆帝禁英船入宁波，定海的对外开放也随之中止，但英人对此毫不陌生，颇具觊觎之心。❷

1840 年 6 月 30 日，正在巡逻的定海水师兵弁瞭见南韭山岛一带的英军舰队，立即回报。定海镇总兵张朝发得讯下令各营师船、兵弁、炮械在定海县城以南的道头一带集结，命将统辖；自率船队出洋。7 月 1 日，他见英军大队乘风而行，自忖不敌，便折帆返回，并向浙江巡抚乌尔恭额、闽浙总督邓廷桢等人报告。❸

英军占领舟山的目的，是为其远途作战的部队建立起一前进基地，休整补给，据此展开其北上、南下中国海的军事行动。此外，

---

❶ 据汪洵：《定海直隶厅志》，光绪十一年（1885）刊本；马瀛《定海县志》，1924 年刊本。其定海镇标三营兵弁数为战前数字，见伊里布奏（《筹办夷务始末（道光朝）》第 1 册，第 475 页）。

又，定海县当时辖整个舟山群岛，定海镇另辖有象山水师协、石浦水师营、镇海水师营。其防区北接江苏苏淞镇，南接浙南黄岩镇，是浙江的海防重镇。

❷ 自乾隆帝封闭舟山之后，英国的商船（主要是鸦片走私船）时有窜犯。而乾隆年间马戛尔尼使华，曾将舟山作为其旅途中的一站。马戛尔尼使华的目的之一，是占据一岛并属意于舟山。

❸ 《鸦片战争在舟山史料选编》，第 111 页。

英国政府也有意割占此岛，以便在比邻当时中国最富庶地区的一方站稳脚跟，将触角伸入华东，并由长江进入内地，尽管这一点后来没有成为事实。❶

1840年7月2日，英军舰船缓慢地驶入定海道头港。当地军民似乎还记得昔日作为通商口岸的情形，并据鸦片飞剪船的活动，佥谓"夷船来售货物"。曾在台湾立有军功的总兵张朝发，却称其为风吹迷航误至。只有新任未久，正在主持生童观风试的知县姚怀祥有些着急。❷ 7月4日下午，伯麦派人送来了他们从来没有见过的最后通牒，要求他们投降，并声称只等候"半个时辰"。❸

"夷人"之所以为中土士子们看不起，其中重要的一条，就是不会使用优雅的汉语。此次伯麦的文件也不例外，不仅文句不美，而且还有错误。"半个时辰"在中文中应指1小时左右的时间，而参照英方文献，本意是指6小时。❹

定海知县姚怀祥看到此文，显然比谁都着急。他在一些官弁的陪同下，登上英军旗舰威厘士厘号，见到了伯麦。英方军事秘书吉瑟林（Jocelyn）记下了姚氏一段很有意思的话：

---

❶ 据巴麦尊训令，英国政府有意割占舟山，但义律后来在鸦片商人的鼓噪下，属意于香港岛。鸦片战争结束后，英军仍占据舟山，作为清政府偿清赔款的抵押。1846年，英国迫清朝签订《归还舟山条约》，明确规定："英军退还舟山后，大清大皇帝永不以舟山等岛给他国。"（王铁崖：《中外旧约章汇编》第1卷，第71页）这是中国历史上第一个关于势力范围的条约规定。

此后英国并未将舟山辟为通商口岸或占为殖民地，一直是历史学家感兴趣的问题。我以为，主要是上海租界的出现，使舟山不再具有重要的商业意义。

❷ 王庆庄：《定海被陷纪略》，《丛刊·鸦片战争》第3册，第240页。

❸ 该最后通牒是鸦片战争中清方接受的第一份"夷书"，浙江巡抚乌尔恭额事后随奏进呈，评论说："臣阅看夷书，词甚狂悖，镇臣张朝发何以遵准递收？"（《鸦片战争在舟山史料选编》，第23—25页）

❹ Robert Jocelyn, *Six months with China Expedition*, p. 49.

你们把战争施加于民众身上，而不是我们这些从未伤害过你们的人；我们看到了你们的强大，也知道对抗将是发疯，但我们必须恪尽职守，尽管如此做会遭至失败。❶

这番话当然不会起什么作用，但伯麦把进攻的时间推迟至7月5日。还须说一句，姚氏这些与"天朝"威仪不符的言行，不见于清方奏折。

尽管战后得知败讯的道光帝和林则徐，对定海清军的守备提出了严厉批评，❷但据后来伊里布的调查，总兵张朝发在战前几天内，还是进行了有效的备战。然而，相对于来犯的英军，定海清军实属寡不敌众。❸据英方的记载，7月5日下午2时半开始的战斗，英军舰炮仅用了9分钟，就基本击毁了排列在港口的清军战船和岸炮的还击能力。其陆军在舰炮的掩护下，乘小舟在道头登陆，抢占道头东侧的东岳山，设置瞄准县城的临时炮兵阵地，并向县城攻击前进。但天色已晚，便停止进攻。次日清晨，英军再次攻击，至城门时，发现守军已在夜间溃逃。清方的记载虽有所不同，但明确承认了无可挽回的失败。总兵张朝发在英军第一波火炮射击时，便中弹

---

❶ Robert Jocelyn, *Six months with China Expedition*, p. 52. 曾任姚怀祥幕僚的王庆庄对此亦有记载，称姚氏在英舰上谓"事关民众，从容议之"（《丛刊·鸦片战争》第3册，第241页）。

❷ 《筹办夷务始末（道光朝）》第1册，第319页；《林则徐书简》，第151、165页。道光帝和林则徐都简单地将此次败绩归于定海清军"废弛"和未作准备。

❸ 定海道头港一带，清军已集结大小战船21艘，共计船炮170位，兵丁940名。岸上有兵丁600名，炮20余位。就全国范围而言，防兵火炮仅次于虎门而多于其他各地。参见《鸦片战争在舟山史料选编》，第111页。

英军此行有战舰5艘（炮158门）、武装轮船2艘、运输船10艘，载送陆军第18团、26团、49团各一部。参见 Robert Jocelyn, *Six months with China Expedition*, pp. 55, 48。

落水，后内渡镇海而不治。知县姚怀祥见军事不利，投水自尽，表现出儒吏在"蛮夷"面前应有的气节。从未见过如此猛烈炮火的清军士兵，临阵产生恐惧心理而大量溃逃。据裕谦战后调查，参战的1540名士兵中，战死仅13人，受伤13人，战死的人数比击毁的战船还要少。而英方宣称其在战斗中毫无伤亡。❶

此后，英军又据其作战计划，对中国沿海的厦门、宁波、长江口等重要出海口，都实行了封锁。❷

按照英军的计划，定海应是其侵华战争的首战。可在定海开战前，7月2日，炮声却首先在福建厦门响起。

1840年6月30日，英国远征军总司令懿律和全权代表义律率后续到达的英军北上舟山，准备与伯麦会合。7月2日，途经厦门时，派战舰布朗底号向当地官员送交巴麦尊外相致中国宰相书的副本。该舰于当日中午驶入厦门南水道，在距厦门岛一海里处下锚。厦门同知蔡观龙派船询问来意，英方递交了一封信，称欲明日拜见

---

❶ Robert Jocelyn, *Six months with China Expedition*, pp. 54—60; John Ouchterlony, *The Chinese War: an Account of all the Operations of the British Forces from the Commencement to the Treaty of Nanking*, London: Saunders and Otley, 1844, pp. 43—48; *Chinese Repository*, vol. 9, pp. 228—232.《筹办夷务始末（道光朝）》第1册，第324—326、348、352、359页；《鸦片战争档案史料》第3册，第443页；《鸦片战争在舟山史料选编》，第110—113页。

关于此战的开战时间，上述资料中说法不一。张朝发致浙江提督祝廷彪的报告称，战斗从卯刻至午时。镇标中营游击罗建功在后来受审时亦同此说。看来败将为推卸责任，提前了开战和战斗结束的时间。Chinese Repository（《中国丛报》）引用Canton Register（《广州纪事报》）一文，也称英军上午进攻，但又称英军上午登陆。该文作者于7月8日晚才到达舟山，非亲历者，故皆不从。英军开炮时间，奥塞隆尼称下午2时，吉瑟林称2时半。奥塞隆尼为军事工程师，吉瑟林为使团军事秘书。后者的说法似更可靠。关于此战的详情，又可参见拙文《定海之战考实》，《历史研究》1990年第6期。

❷ *Chinese Repository*, vol. 9, p. 419.

地方长官,送交公文。英军此信后被清军退回。

第二天,7月3日,布朗底号起锚逼近厦门岛,派翻译罗伯聃(Robert Thom)驾小艇登岸,清军以武力阻止。布朗底号遂向岸上清军开炮,引起双方一场炮战。罗伯聃的报告称,英军狠狠地教训了清军。而事后赶往厦门的邓廷桢奏称,清军击退了英军的进攻。如同鸦片战争中所有的战斗一样,双方的战报永远不会吻合。但检视交战结果,又似可看出双方态势的优劣。清方称战死9人,受伤16人,炮台兵房被击破多处,民房又有震损,而英方宣称毫无伤亡。❶

不管此战的具体情节如何,英方送信任务没有完成。根据巴麦尊的训令,这份文件一式三份,投递地点应是:1. 广州;2. 甬江口、长江口、黄河口中的一处;3. 天津。❷义律不愿在广州投递,以免在林则徐的面前显得姿态低下,❸遂改为厦门。布朗底号投书失败后,于7月3日离开厦门,7月7日到达舟山。

1840年7月11日,懿律和义律再派一舰前往镇海,投递巴麦尊外相致中国宰相书的副本。据英方的记录,英军军官搭乘小船靠岸,获准登陆,也递交了文件。但在第二天早晨该文件又被退回,

---

❶ 罗伯聃的报告见 Chinese Repository, vol. 9, pp. 222-228。邓廷桢和祁寯藻等人的奏折见《筹办夷务始末(道光朝)》第1册,第340—341页;第2册,第562—563页。此外也可参考《福建水师提督陈阶平等为厦门抗击英船情形致兵部尚书祁寯藻函》、《厦防同知蔡观龙等为厦门抗击英船事禀》(《鸦片战争档案史料》第2册,第156—158页)、《同安营参将胡国安禀》(《鸦片战争案汇存》〔抄本〕第1册,中国社科院近代史研究所藏)。关于此战的详细经过和分析,可参阅拙文《鸦片战争时期厦门之战研究》,《近代史研究》1993年第4期。
❷ 马士:《中华帝国对外关系史》第1卷,第709—710页。
❸ 义律致巴麦尊,见《鸦片战争在舟山史料选编》第489—490页。义律对此提出了三条理由,其中第二条为,"这份副本会被无根据地认为是我们有意乞求在广州谈判的证据"。

清朝官员声称不敢将此件上呈。英方估计，该文件已被抄录并上报朝廷。他们还注意到，镇海的"满大人们"（mandarins）没有称他们为"夷人"（barbarians）而呼之"贵国"（honourable nation）。❶浙江巡抚乌尔恭额对此事说法不尽相同，谓英军在海上扣住鄞县一商船，逼令船主代递"其国伪相书"，要求转达廷臣。乌氏认为，英国居心叵测，"即将原书掷还"。❷且不论此事的经过何说为真，就巴麦尊文书尚未到达清廷的结局而言，英方此行仍未达到目的。

此后，江苏官员又奏称，9月9日，英军在长江口截住一艘从广东开来的商船，逼迫船主转交巴麦尊外相致中国宰相书的副本给江南提督陈化成。❸我没有查到相应的英方记录。但此事至此已无关紧要，巴麦尊的信件已在天津由琦善进呈中枢了。

英军将投书行动一再受挫的原因，很大程度上归结于清军不了解"休战白旗"的意义；此外，语言障碍也增加了其中的困难。但是，真正的原因并非如此。根据"天朝"对外体制，除广东外，各地官员未经许可不得收受外国文书，即所谓"人臣无外交"；对于转呈皇帝的外国文书，若有违悖字样，亦不得上送而亵渎圣明，不然将以"大不敬"论处。福建、浙江官员如此做，并非是其个人的决定，而是体制的限制。在下一节中，我们将会看到，"天朝"这种自我封闭信息的限定，对清廷了解、判断"夷"情，及时作出决

---

❶ Robert Jocelyn, *Six months with China Expedition*, pp. 72—73; John Ouchterlony, *The Chinese War: an Account of all the Operations of the British Forces from the Commencement to the Treaty of Nanking*, p51; 宾汉：《英军在华作战记》，《丛刊·鸦片战争》第5册，第71—72页。

❷ 乌尔恭额奏折，见《鸦片战争在舟山史料选编》，第42页。此后乌尔恭额革职逮问解京，在审讯中称，该文件是由商人经宁波知府邓廷彩转交给他的，"书系封固，其中措词是否得体，未便拆阅"，第二天，"交原商人送还"（《鸦片战争在舟山史料选编》，第123页）。

❸ 《筹办夷务始末（道光朝）》第1册，第473—474页。

策,带来了什么困难。

有论者据《道光洋艘征抚记》等书,称英军大举北犯时,曾派舰5艘往攻厦门,因邓廷桢事先有备而不克,遂攻定海。

此一说法并不真实。前面已经提到,英方派往厦门的英舰,属第二批北上的部队,与进攻定海的第一批部队无涉,而第二批北上的舰队,只有军舰3艘(麦尔威厘号、布朗底号、卑拉底士号)、轮船2艘和运输船4艘,不可能抽出军舰5艘攻厦门。❶《道光洋艘征抚记》等书的作者们,很可能从7月2日厦门之战、7月5日定海之战的时间顺序上,推绎出这种结论。

至于谓邓廷桢事先有备,因牵涉到我在第二章提到的清政府敌情判断的论点,须作一些说明。

1840年1月5日,道光帝将林则徐与邓廷桢对调,以邓为两江总督。未久,江苏巡抚陈銮病故,恐邓独力难胜两江之重位,于1月21日将邓与伊里布对调,改邓为云贵总督。又未久,御史杜彦士上奏福建鸦片走私猖獗,水师交战不力,于1月26日将邓与刚上任的桂良对调,改邓为闽浙总督。同一天,道光帝还派出祁寯藻、黄爵滋以"钦差"头衔前往福建,"查办事件"。

道光帝以邓廷桢督闽,是害怕林则徐在广东的有力措施会使鸦片贩子北上,变福建为鸦片集散地;是看重邓查禁鸦片的经验,希望他在福建的表现如同其广东任职的后期一样好。邓廷桢人未离穗,官椅却转了半个中国,心里完全明白道光帝的用心。因此,他到职后,一直将查禁鸦片走私作为头等大事来抓,命水师加强鸦片

---

❶ 实际上,这一事实的考订,早在1942年就由姚薇元先生的《道光洋艘征抚记考》所完成。

第3章 "剿""抚""剿"的回旋

走私最凶的泉州一带海面的巡逻。在局势的预测上,他同林则徐一样,没有意识到战争已经迫在眉睫,反而对下属"告以夷人之无能为,我师之大可用",❶以振作水师将弁的信心,敢于出洋与鸦片武装走私船交战。在他的奏折中,大谈缉拿鸦片走私,看不到针对未来战争的设防措施。❷

1840年7月2日,英舰布朗底号闯入厦门时,正值该地水师主力被邓廷桢抽调前往泉州一带巡逻。❸据英方报告,厦门炮台仅有炮5门,岸上亦仅有二三百名士兵。❹当天晚上,邻近的同安营参将胡廷寅得讯,率兵200名增援。❺第二天,清军又架起了设炮3门的临时炮兵阵地。此期清方兵力兵器的数量,低于我在第一章中所述厦门平时设防;而种种临时手段,又不若前面所述定海那般迅速有效。又怎么能得出邓廷桢事先有备的结论呢?

实际上,邓廷桢自己对此有明确的答复。

据邓廷桢奏折,1840年7月7日,即厦门开战后的第四天,他得到报告即赴泉州。他此时不知道英国远征军的到来,**认为厦门之战是"卖烟夷船"乘福建水师全力"注射"于泉州一带时,在汉奸的"区画"下,乘虚窜犯厦门,目的在于"牵制我师"。**❻7月13日,他收到诏安营游击的报告,得知澳门葡萄牙翻译透露,英国将派舰船40艘来华,方知窜犯厦门者非为"卖烟夷船"而是兵船。7月18日,他又接到定海镇总兵张朝发的报告,方意识到中英局势

---

❶ 《筹办夷务始末(道光朝)》第1册,第312页。
❷ 同上书,第284—285、288—289、295—296、308—310、312—314、341页。
❸ 《鸦片战争档案史料》第2册,第155—158、166—168页。
❹ Chinese Repository, vol. 9, p. 222.
❺ 《同安营参将胡廷寅禀》,《道光鸦片战争汇存》(抄本)第1册。
❻ 《鸦片战争档案史料》第2册,第167页。而邓廷桢在刚得到消息时连英舰的性质都一时难以辨明,上奏时称,"究竟该船系属何项船只,抑夷国战舰?"第155页。

大变,开始着手在厦门布防。❶

邓廷桢本是"天朝"中人,他的敌情判断当与同人并无二致。

战争终于无可挽回地打响了。战报一份份由浙江、福建、江苏、广东发出,随着飞奔的驿马,一站站递往北京。北京的静谧安宁,被沿海的炮声冲破。

然而,当我们今天回过头来重新检视各地送来的奏折,又会发现,当时英国采取的两大军事行动:即攻占定海和封锁沿海,在奏折中的反应是不一样的。前者不仅可见于浙江巡抚乌尔恭额所奏,且福建、江苏、山东等处官员因收到浙江咨会,在其奏折中也有反映。而对于后者,各地的奏折(包括被封锁地区)基本上没有提到(仅林则徐奏报封锁广州)。**以贸易为本、市场经济的英国,从本国的情势着眼,企图以此扼住中国经济的喉管,哪里会想到以农业为本、自然经济的中国对此基本上没有什么反应。**尽管沿海的渔民、船民会由此而影响生计,但是,如果英国不这么做,许多清朝官员还打算封海,反过来对英军封锁,切断其接济。在这些奏折中虽然也谈到了乍浦之战(1840年7月24日)、第二次厦门之战((1840年8月22日)、崇明之战(1840年8月25日),并表示击退了"英夷"的进攻,但上奏人并不知道这些小规模武装冲突的起因,乃是英军的封锁。道光帝因此不可能知道南中国的主要海口已经被英军封锁,还兴致勃勃地经常与臣下讨论是否实行封海政策。不过,英军这种以破坏对方经济为目的的战法,未收到期望的效果后,他们也放弃了(详见下节)。

---

❶ 《鸦片战争档案史料》第2册,第175—177页。

尽管北京已经知道了战争的事实,但我们还不能够用今天的思维方法去想象当时的场景。由于奏折是机密的,邸抄公布的消息有限且属内部发行,民间书信因耗资昂贵(时无邮政、只有私人机构)而数量不多,大众传媒尚未出现(只有供来华外国人读的英文报刊),因而南方的战况,似乎只是由专业或业余包打听在京城地面巨室大户之间播弄。老百姓很少知道此事,甚至一些官员也置身事外。❶本节开头提到的那位曾文正公,时官居词臣,他给自己安排了一张从早到晚的日程功课表:

> 每日早起,习寸大字一百,又作应酬字少许;
> 辰后,温经书,有所知,则载《茶余偶谈》;
> 日中,读史,亦载《茶余偶谈》;
> 酉刻至亥刻,读集,亦载《茶余偶谈》;
> 或有所作诗文,则灯后,不读书,但作文可耳。❷

在他此期的日记中,看不到战争引起的变化。可惜我们今天已看不到原本的《茶余偶谈》,不知他此期从经、史、集中有何心得。他此期居住的圆明园南面的挂甲屯,恰是后来彭德怀元帅蒙难后挂甲闲居之地,距皇上的禁园仅百步之遥,竟然成了西山脚下的小小世外桃源。

---

❶ 对此情景的了解,可见于当时潜入北京的俄国东正教教士团中的俄国外交部官员的报告:"关于对英战争的情况,一无所知。中国官员避免谈此事,而蒙古百姓中只流传一些关于战事的模糊传闻,他们甚至跟谁开战都不知道。"这位间谍通过私人关系才得知定海失陷的消息。转引自[俄]阿·伊帕托娃:《第一次鸦片战争中及战争以后的中国》,《清史研究通讯》1990年第3期。

❷ 曾国藩的读书笔记后编为《读书录》,但打乱了时间顺序,按书籍类别排列,我们已无法查出他这段时间的心得。

在这位后来表现出慨然有天下志的儒吏的生活方式中,我们今天似应思考一下,该如何估计和评论这场全国都应奋身投入的民族战争?

二 "剿""抚"之变

圆明园前提塘官的活跃身影,向我们提示着当时的通讯条件。各省的奏折、题本和咨文,通过兵部遍设全国的驿站系统,由驿卒骑驿马,一站站地接力,送往公文的目的地。从广州到北京,若以普通速度,驿递需时约30至35天;若以"四百里加急",需时约20多天;若以"五百里加急",需时约16至19天。至于"六百里加急"、"八百里加急",速度当然更快,但会跑死驿马累死驿卒,一般并不采用。

根据"礼乐征伐自天子出"的儒家原则,战争的一切决定都应出自圣裁。而今天看来如此缓慢的通讯速度,在对付地方造反、边境叛乱等传统战事时,已显露出弊陋,但大体还能应付过去。可是,在这场由近代化的敌手发动的鸦片战争中,驿马的速度相对于军情的顿变,则是过于缓慢了。清廷的决策往往比实际慢半拍,甚至慢一二拍。

以下各章节讨论整个战争中清政府决策,不能忽略这一条件限制。

正因为当时的驿递速度,更兼清王朝毫无战争准备,道光帝对战争的开局,并不如我们通常认为的那般清楚。这是因为,他最初得到的信息是很混乱的。可以说,在最初的20天内,他似乎是盲目行事。

让我们列出一张时间表，看看道光帝依次得到的信息内容以及他相应的对策。❶

1840年7月17日，定海失陷后第12天，道光帝收到两广总督林则徐于6月中旬发出的奏折，称清方火烧办艇篷寮，英方"实无能为"，非常高兴，朱批"所办可嘉之至"。

三天后，7月20日，道光帝收到浙江巡抚乌尔恭额于7月8日发出的奏折，告知"英夷"三四千人已登陆定海。❷他不免大怒。由于前一段时间内收到的广东、福建的奏折，多称如何与英国鸦片船交战获胜，更由于林则徐错误的敌情判断，使他误以为窜犯定海的"英夷"，不过是在粤、闽受挫的鸦片贩子，"藉势售私"。他在乌尔恭额奏折上的朱批说明，他此时并没有把英军这伙"区区小丑"放在眼里。因对浙江文武的"张皇失措"不满，他调曾在平定川楚白莲教、张格尔诸役中屡立战功的福建陆路提督余步云，入浙协助攻剿。两天后，即7月22日，他又根据定海的教训，命令沿海各省"加意防堵"，以防那些"售烟图利"而被断绝贸易的"英夷"，"分窜各地，肆行扰害"。

7月24日，道光帝再次收到乌尔恭额于7月11日发出的奏折，告知定海失守，英"夷"进逼镇海。此时，他似乎看出侵犯定海者非为卖烟英船，即命闽浙总督邓廷桢、两江总督伊里布各派水师数千名援浙。以三省兵力合剿一处，道光帝颇具胜利信心。两天后，7月26日，他在命令各省查拿汉奸的上谕中称："嘆咭唎逆夷

---

❶ 以下引文未注明者，均见《筹办夷务始末（道光朝）》第1册，第317—362页。
❷ 《筹办夷务始末（道光朝）》第1册，第318—319页。又据《鸦片战争档案史料》第2册，乌尔恭额在此奏之前，于7月6日发出一折，说明听到英军扰浙的消息，决计前往镇海，加强防卫。但该件未标明收到时间，估计以普通速度发送，道光帝于7月20日以后收到，故仅朱批一"览"字。

滋事，攻陷定海，现已调兵合剿，不难即时扑灭。"

8月1日，道光帝收到林则徐于6月24日发出的奏折，告知英国续来军舰9艘、轮船3艘，开始觉察到局势的严峻性。他没有做进一步的表示，仅在林奏上朱批"随时加意严防，不可稍懈"。

8月2日，道光帝收到乍浦副都统于7月23日发出的奏折，告知英舰1艘进犯乍浦。他即令杭州将军派兵增援。

8月3日，道光帝又收到林则徐于7月3日发出的奏折，告知又到英国军舰10艘、轮船2艘；并告知听闻英军可能北上舟山、上海、天津。他一面命令林则徐严密防守，"不事张皇"。一面根据林则徐的建议，命令直隶总督琦善：英舰到天津，若情词恭顺，"告以天朝制度，向在广东互市"，天津既不准通商，也不准"据情转奏"；若桀骜不驯，立即统兵剿办。道光帝在天津布置的两手准备，表现出其原先一意剿办的旨意已有摇移。

同一天，道光帝收到邓廷桢于7月16日发出的奏折，告知厦门开战获胜，大为兴奋，朱批"所办好"，并对出力员弁优赏有差。❶

8月4日，道光帝收到乌尔恭额于7月24日发出的奏折，告知英国增添军舰，并投递"伪相"（指巴麦尊）文书等情。道光帝对照厦门"获胜"的战报，下令将乌尔恭额革职，留营效力，调邓廷桢赴浙主持军务，并兼署浙江巡抚。

8月6日，道光帝收到邓廷桢于7月21日发出的奏折，称其得知定海战况欲赴浙江，但恐英军再犯福建，"转恐首尾不能相应"。道光帝令两江总督伊里布为钦差大臣，前往浙江主持军务。

---

❶ 《鸦片战争档案史料》第2册，第166—168页。《筹办夷务始末（道光朝）》第1册，第343页。又，在此奏之前，邓廷桢于7月9日还有一奏，称听闻厦门开战，将前赴泉州。因为该奏用普通速度发送，迟至8月6日才收到。道光帝仅朱批"知道了"。见《鸦片战争档案史料》第2册，第155—156页。

8月9日，道光帝收到琦善关于天津防务的奏折。直到此时（即定海失陷后一个多月），他才发现自己对"夷情"实在是一无所知，便想起几天前乌尔恭额提到"伪相"文书的情节，作出了一项破例的决定，谕令琦善："倘有投递禀帖情事，无论夷字汉字，即将原禀进呈。"在天津接受外国人的投书，本不符合"天朝"体制，更何况投书者已有"逆反"行迹。但在此时，道光帝急欲了解究竟发生了什么事，也就不顾及祖制。这对守成的道光帝来说，确实是大胆的举动。然而，因不知道英舰是否会到天津，同一天，他还谕令正赶赴浙江的钦差大臣伊里布，部署了种种了解敌情的手段。

从这张时间表看，道光帝依次得到信息的时间与英军行动的顺序，恰恰颠倒，其对策也有不得要领之感。如浙江的主帅，先后有余步云、邓廷桢、伊里布之三变，逐级加码。从7月20日至8月9日，他在这整整的20天内，总算是明白了英国已发动战争这么一个事实，但仍然没有弄清楚引起战争的原因。当然，他这20天内对此的基本态度，毫无疑问是主"剿"，这也毫无疑问是"天朝"统治者对"逆夷"的本能反应。

但是，从后来发生的情势来看，8月9日道光帝关于接受"禀帖"的谕令，却是清王朝决策的一大转机。

和道光帝一样，直隶总督琦善一开始也是主"剿"的。

当7月22日道光帝命各省"加意严防"的谕令到达后，琦善立即采取了三条对策：

一、天津以北各小口，改派立有军功的将领负责指挥，"密授防御之策"。

二、亲赴天津海口坐镇指挥，并令地方官"暗备火攻器械"，岸炮与火攻并举。

三、"由官授以器械"于村民,"示以赏罚,使之暗相保护"。❶

琦善的这些方法,与前章所叙广东的情形相比,似乎是一种袖珍版的林则徐制敌方略。

8月4日,琦善又收到道光帝命其作两手准备的谕令。对如何剿办,他又作了一些具体部署;而对如何劝谕,感到迷惑不解,上奏中称:"伏查英夷诡诈百出,如专为求通贸易,该逆夷岂不知圣人天下一家,只须在粤恳商,何必远来天津?如欲吁恳恩施,何以胆敢在浙江占据城池?"他的结论是,英国"显怀异志","不可不严兵戒备"。❷

就在琦善收到命其接受"禀帖"上谕的第二天,8月11日,英军舰队抵达。他遵旨派出游击罗应鳌与英舰威厘士厘号舰长马他仑(与1838年来华的东印度舰队司令马他仑同姓,非为一人)接洽,但收到的不是"禀帖",而是懿律致琦善的"咨会"。按照当时清官方文书的程式,"咨会"是一种平行文书。义律等人盼望已久的中英平等文书的直接往来,终于在大沽口外以炮舰的方式得以实现。而久官北方不谙对外体制的琦善,似乎没有发现其中的变故,随奏附呈时未作任何评论。

懿律的"咨会"陈述了厦门、镇海拒收投书的情节,声称此等行为"以致冤情无能得以疏闻",要求琦善在6天内派人前往英舰,接收"大英国家照会之公文"。❸

---

❶ 见琦善片,道光二十年六月三十日,《军机处录副》。不过,琦善此时不打算大力向海口增兵,可能是受到谕旨中"该夷等亦不过稍逞小技,恫疑虚喝,迫至计穷势蹙,自必返棹外洋,无所希冀"等语的影响。

❷《筹办夷务始末(道光朝)》第1册,第357—358页。琦善采取的防御措施为:一、钉塞沿海各小口,将渔船逐一编号,以防勾结英人;二、调兵2000名以及火炮至天津海口;三、命令村民中之勇壮者与兵丁民壮一体操练。

❸ 佐々木正哉编:《鸦片战争的研究:资料篇》,第8—9页。

"冤情"、"疏闻"等语,与道光帝谕令中"果无桀骜情形"的规定相吻合,但派人登舰接受"照会",谕旨中没有相应的规定。琦善感到没有把握,不敢擅专,连忙上奏请旨。道光帝于8月13日批准。❶

于是,琦善于8月15日"札复"(而不是清朝官员以往惯用的"谕令")"英吉利国统帅懿",表示派人前往接收"公文"。他此时还弄不清"照会"的性质,在"札复"中问了一句,"是否贵国王进呈大皇帝表文,抑系贵国王移咨本爵督阁部堂公文?"他约定在10天内对英方"照会"给予答复,并要求英舰不得内驶。❷

8月17日,以千总而冒牌守备的白含章❸取回了巴麦尊外相致中国宰相书。琦善立即上奏进呈。

也就在此时,琦善主"剿"的信念动摇了。接收投书一事,使他亲眼看到了英军的实力。原先脑海中朦胧浑沌的"泰西",已经物化为具体实在的"火焰船"等诸般利器。他在奏折中虽然没有松口,但今人读此犹可体会到其隐隐的心迹。❹

当时的英国还吃不透中国。正如他们依据本国国情错误地以封

---

❶《筹办夷务始末(道光朝)》第1册,第368—369页。此时琦善还代英军购买食物,自称是防英军"借词滋衅"。

❷ 佐々木正哉编:《鸦片战争の研究:资料篇》,第10—11页。有意思的是,琦善接收了"咨会",发出了"札复",可谓是公文平等。但对英国国王,琦善仍认为不能与"天朝"大皇帝平行,故称"表文",而只是与他个人相当,故称"移咨"之"公文"。

❸ 白含章本是督标左营的千总(正六品),琦善恐其官位太低而被英军看不起,擅自在其复札中将其官位改为守备(正五品),在英方文献中被称为"白上尉(Captain)"。英军南下后,经琦善的请求,道光帝批准白含章"以守备尽先升用,先换顶戴,赏戴花翎"(《筹办夷务始末(道光朝)》第1册,第482页)。

❹ 在附呈巴麦尊照会的奏折中,琦善虽提到"不敢稍弛防御",但更多地强调连日大雨给调兵行动带来的困难,并称海口一带"水深数尺",只能待雨停后方可安排兵丁栖止。在附片中,琦善又详细描绘了英军的战舰、轮船的样式,隐喻难以克敌制胜,见《鸦片战争档案史料》第2册,第289—292页。

锁海口来迫清朝就范一样，巴麦尊外相的公文，也错误地将收件人指定为中国宰相。❶

自明初朱元璋废除丞相后，明、清两代皇帝都是直接理政。而雍正帝改题为奏后，内阁的"票拟"也随之取消。皇帝不藉手他人亲理一切政务。用一个不尽恰当的比拟，即"国家元首兼政府首脑"。虽有大学士、军机大臣等官，时人亦誉呼为"相国"，但只是秉承皇帝旨意草拟圣旨，大抵相当于今日官场中的秘书班子。每日由奏事处将各处奏折原封进呈，皇帝拆封批阅后，发下军机，由军机大臣据朱批或面谕拟旨，经皇帝审核后发出。这里面有两点值得注意：

一、除军机大臣有时承询答疑外，决策全凭皇帝本人，不受任何个人或机构的制约（当然也要受到"祖制"、儒家经典等间接制约）。

二、每日收到的奏折一般都在当日发下，决策也随之作出，十分迅速。

以一个人的智慧，在短时间内，对大小政务作出决策，这不仅需要雄才大略，而且需要周密精细。此外，体力和精力的充沛也是十分重要的。根据档案，我们知道，清代皇帝每日须批阅上万字的奏章，作出一系列相应的决策，稍有疏漏，便会铸成大错。

这种空前的高度集权的方式，对皇帝的人选提出了接近于神的要求，完全失去了合理性。朝廷的决策难以在具体分析和理性探讨的基础上作出，往往跟着君王一时的感觉走，尽管这种集权方式在

---

❶ 英文本作 Minister of the Emperor，英方译为"钦命宰相"。对于致书中国宰相，懿律和义律有一段解释："至大英制度，如非礼仪大典，即国主并不与各国皇上移文，而凡国家公务有通外国之件，即降旨命宰相移文照会该国宰相或大臣。此乃历来办理之定制也。"（佐々木正哉编：《鸦片战争的研究：资料篇》，第11页）可见英方完全是按其国内制度行事。清朝的这一体制一直成为中外交涉的障碍，一直到"总理各国事务衙门"成立后方改观。

真正的英明君主操纵下,可能会更有效率。

然而,此时柄国的道光帝,却是一个资质平常的人。❶

道光帝,名旻宁,1782年生。他是嘉庆帝的嫡长子,年轻时曾亲执鸟枪迎战闯入皇宫的天理教造反者,而一显英发果勇之姿。1819年,他顺利地登上皇位,但接手的却是嘉庆帝留下的烂摊子。以他的智力和魄力,根本无法振衰起弊,开创一个新局面,但他以不灭的恒心和毅力,守住这份祖业,看好这副摊子。他的为政之道,我在前章已多次提及,即"守成"——恪守祖制,想用祖宗的方法来重建祖宗昔日盛世的风光。当然,以今日之眼光观之,在才华不如祖父乾隆帝,精明不如曾祖雍正帝,胆略不如高祖康熙帝,他所标榜所追求的守成和实政,既是其禀性之使然,也不失为一种高明的藏拙之道。

道光帝虽然天分不高,却很少承认自己的过失,更不会承认清朝此时已病入膏肓。他不是从生理上改变机制而谋新路,仅仅是从病理上追求调补疗效。他曾经形象地向一名即将上任的官员谈到为政治国之道,把之比做"一所大房子","住房人随时粘补修理,自然一律整齐。若任听破坏,必至要动大工"。❷因此,一旦出现问题,他总爱把责任推诿于臣子们对他的欺骗,以道德的责难掩盖机制的沉疴。他常常怀疑大臣们的忠诚,对最亲信的人也不例外,上谕中经常问及臣子们是否具有"天良","激发天良"便可治社会百病。对于臣下的功绩,他从未吝惜颁以赏赉,但一旦有错,那就不管他地位多高功劳多大,毫不犹豫予以严惩。在他这种不无乖戾的治理下,道光一朝大小臣工无不谨小慎微,得

---

❶ 本书关于道光帝的叙论,多受益于潘振平:《道光帝旻宁》,《清代皇帝传略》,紫禁城出版社,1991年。

❷ 张集馨:《道咸宦海见闻录》,第89页。

过且过。官场上粉饰之风大盛。

智商平常且乏胆略的道光帝，绝不缺乏自信，总是以为他的每一次决策都是最佳方案，尽管后来一变再变。前节所叙邓廷桢的任职，就是明显的一例，由两广而两江而云贵而闽浙，尽管每一次调动道光帝都有充足的理由，但毕竟缺乏通盘的考虑。他的那种头痛医头、脚痛医脚的一道道圣旨，是其目光短浅所限。他从来就没有一种远距离、宽视野的眼光。前章所叙禁烟决策，又是明显的一例。

尽管道光帝有着种种缺陷（本来世上也无完人），但若有智明识远的军机大臣相辅，仍不失为宽猛互济。可是从不认为自己尚有缺陷的道光帝，在军机的人选上，又采用了最最可怕可恨的"老实听话"的标准（是否"老实听话"又是另一回事）。他所信赖的曹振镛、穆彰阿以"多磕头，少说话"为主旨，战战兢兢，随伺如同伴虎。每逢建言，先竭力揣摩帝意，只讨欢心而不究事理。

这么一种决策机制，这么一位决策人，从此视角检讨鸦片战争中的清廷决策，我们不难发现，其犯错误的概率极高。这是因为道光帝面对的是陌生的敌人，全新的问题，根本就无祖制可守可循。

由于清朝并无宰相，更兼清朝并无负责近代模式外交事务的机构和职官，巴麦尊照会由琦善进呈后，直接由道光帝批阅。❶8月19日，道光帝收到这份将近4000字的照会，当日并未发下，而是破例地留中一天，次日才发下军机。期间他是否垂询过军机，今已无从查考，但期间又批阅过其他奏章并颁下不少于9道的谕旨（内容从旅顺设防到旌表民妇不一），又可见之于《实录》。可见道光帝

---

❶ 就清朝一般的办事程序而言，皇帝若收到有关六部九卿各衙门的奏折，一般都指示"该部（衙门）议奏"。而对巴麦尊照会，道光帝无法指令某一职能部门"议奏"了。

职守所在，公务繁冗，心不能一。尽管他自称对巴麦尊照会"详加披阅"，但从他的时间和工作来看，必不能潜心研究。然而，就在这短短的两天之中，他的旨意完全转变了，整整180度，即由主"剿"而倾心于主"抚"。

决策如此重大，变化又如此轻易。

琦善主"剿"信念动摇的主因，在于目睹英军的"船坚炮利"，自忖不敌，这是英方完全可以想见的并希望达到的效果。而道光帝主"抚"意向的萌生原因，却是英方无论如何也猜不到的，据蒋廷黻先生的发现，竟是巴麦尊照会的翻译问题。❶

尽管巴麦尊对其照会的汉译提出了详尽严格的要求，❷但该文件的第一句话的翻译就有严重错误。道光帝看到的汉译本为：

> 兹因官宪扰害本国住在中国之民人，及该官宪亵渎大英国家威仪，是以大英国主，调派水陆军师，前往中国海境，求讨皇帝昭雪伸冤。❸

对照英文，"求讨皇帝昭雪伸冤"一语，原为"demand from the Emperor satisfaction and redress"❹，若直译为现代汉语，当为"要求皇帝赔偿并匡正"。此外，该文件还多处将"匡正"译为"伸冤"，"抗议"(protest)译为"告明"，"赔偿"译为"昭雪"，"要求"译

---

❶ 见《琦善与鸦片战争》，《清华学报》第6卷第3期（1931年10月）。
❷ 巴麦尊在其训令中明确指出："信的译文，你应尽可能使它正确，不要不必要地脱离英文语法，也不要采用任何足以妨害信实简明而又切合实际地表达原文的中国语文形式。"（马士：《中华帝国对外关系史》第1卷，第709页）
❸ 《筹办夷务始末（道光朝）》第1册，第382页。
❹ 马士：《中华帝国对外关系史》，第1卷，第621—626页。

为"催讨",等等不一。

如此重要的文件如此译法,实为难解之迷。❶

前面已经提及,道光帝除此照会外,还收到琦善进呈的懿律"咨会"中有"以致冤情无能得以疏闻"和琦善奏折中称英军军官的"负屈之由,无以上达天听"的言词。所有这些,使英方的表现显得"情词恭顺"。毫无疑问,这些卑下的文句颇合"天朝"大皇帝的脾胃,使得道光帝由此居然将领兵上门要挟的敌凶,看作上门"告御状"的"负屈"外藩。

从巴麦尊照会来看,前面约占五分之三的篇幅,是对林则徐广东禁烟活动的指控,后面才提出五项要求:一、赔偿货价(指被焚鸦片);二、中英平等外交;三、割让岛屿;四、赔偿商欠;❷

---

❶ 关于巴麦尊照会为何会如此翻译,我还不能解释其全部原因。但有一点可以肯定,琦善没有搞鬼。理由是佐佐木正哉在英国档案馆所抄的中文本,与琦呈的进呈本完全相同。我推测,义律久在中国,在中英文书的平等往来,费尽了心机。他完全明白,根据清朝的体制,有违悖字样的文书必定会被拒收。很可能因此而授意马儒翰等人在翻译中尽可能地符合清朝官方用语的习惯。对此,我还可以提出一个证据。1840 年 8 月 16 日,他给琦善的"咨复"中,对翻译用语曾作一番解释:"且思两国风俗殊异,礼仪不同,或于咨文之内,偶有奇异之处,情所难免。而本公使大臣等,总求敬钦,乃英等常以老实直言论事,倘有所忤求,为见谅终者。"(佐佐木正哉编:《鸦片戦争の研究:資料篇》,第 12 页)这段话表现义律等人尽可能地不致出现"忤求"的愿望。

另外,《巴麦尊照会》还有一个中译本,曾刊于《史料旬刊》,后收入《丛刊·鸦片战争》第 3 册,原编者标题为《道光朝留中密奏》,我在中国第一历史档案馆中也见过原件。长期以来,这一译本的来源一直为人迷惑不解,而阿·伊帕托娃的文章解开了这一谜团:据当时在北京的俄国东正教教士团的报告,"据中国官员说,英国人只递交了照会的英文本,满清朝廷不得不请求俄国教士团把巴麦尊照会译成中文,教士团认真地完成了这一工作。"(《清史研究通讯》1990 年第 3 期)因此看来,这一份译本,很可能是俄国教士翻译的。

比较这两个译本,后一个译本其文字虽野,但意思颇直。如第一句译为:"我大皇后新派水陆兵丁往大清国海边要赔补,为噗咭唎民受大清国官之委曲,及英国受污蔑。"道光帝肯定看到过这一译本,但留中不发,且档案今已编乱,我也查不出何时由何人进呈,也无法考查道光帝读后的感受了。

❷ 指行商所欠英国商人的款项,而欠款的行商大多已经倒闭或歇业。

五、赔偿军费。如果我们用中国传统的"讨贼檄文"之类的文献作为参照系,巴麦尊照会显得不那么义正辞严。按照不熟悉西方外交词令的道光帝和琦善的理解,前面对林的指控,属于"伸冤",后面的各项要求,属于"乞恩"。

由于道光帝没有(也不可能)花许多时间来研究巴麦尊照会,更由于他头脑中的"天朝"观念使之不得要领,他对英方对林则徐的指控,❶印象比较深刻,打算予以"伸冤";而对英方的各项要求,觉得荒谬无理,自忖不难严词驳斥,更况大皇帝之于外藩,本有权力"施恩"或"不施恩"。

8月20日,道光帝发给琦善两道谕旨。❷

第一道谕旨指示琦善如何"驾驭""外夷":一、对于英方的"冤抑",告以将逐一访查,以折服其心;二、对于割让海岛,告以清朝准许英人通商已属"施恩",不能再"致坏成规";三、对于商欠,告以应由两国商人自行清理;四、对于"货价",告以鸦片本属"违禁之件",又已销毁,"不得索价"。而对于中英平等外交、赔偿军费两项,道光帝似乎没有能看明白或没有注意,❸未给予指示。此外,他对巴麦尊照会中的一个细节,即要求"赐令特派钦差大臣"前往英舰进行谈判,又格外注重,专门指示琦善:"至所请

---

❶ 除巴麦尊照会外,道光帝还于1840年7月20日收到乌尔恭额转来的伯麦对定海军政官员的最后通牒,其中亦指控林则徐:"夫粤东上宪林、邓等,于旧年行为无道,凌辱大英国主特命正领事义律暨英国别民人,故不得不然占据办法……"(《鸦片战争在舟山史料选编》,第25页),而这份文献,又是道光帝在鸦片战争中收到的第一份英方文献,不会不留下印象。

❷《筹办夷务始末(道光朝)》第1册,第391—392页。

❸ 这里主要的原因,仍与翻译有关。关于中英平等外交,巴麦尊照会中提出的标准是"按照成化各国之体制",这句话对清朝统治者说来,根本就不知其所云为何!关于军费,巴麦尊照会又是脱离各项要求,放在最后,称"所有缘此之使费","务要大清国家抵偿也"。这里的"使费",含义不清,难怪道光帝对此没有反应。

钦差大臣亲赴彼船面会定议，自来无此体制，断不可行。"

第二道谕旨是让琦善向英方宣布的，谓：

> 大皇帝**统驭寰瀛**，薄海内外，无不一视同仁，凡外藩之来中国贸易者，稍有**冤抑**，立即查明惩办。上年林则徐等查禁烟土，未能仰体大公至正之意，以致**受人欺朦**，措置失当。兹所求**昭雪之冤**，大皇帝早有所闻，必当逐细查明，重治其罪。现已派钦差大臣驰至广东，秉公查办，定能**代申冤抑**。该统帅懿律等，**著即返棹南还，听候办理可也**。（重点为引者所标）

在这道堂堂俨俨的谕旨中，道光帝凌凌然十足"天下共主"之古风。最妙的是"著即返棹南还，听候办理"一语，居然给英军直接下起命令来。在这道谕旨中，道光帝还表示将派琦善为南下查办的钦差大臣。

从这两道谕旨来看，林则徐倒运了。他当了替罪羊。

如果仔细地追究起来，道光帝的后一道祸及林则徐的谕旨，很可能与林则徐的建策也有关系。

1840年7月3日，林则徐奏称：

> 若其（英军）径达天津求通贸易，谅必以为该国久受大皇帝怙冒之恩，不致遽遭屏斥。此次断其互市，指为臣等私自擅行。**倘所陈尚系恭顺之词，可否仰恳天恩**，仍优以怀柔之礼，敕下直隶督臣，查照嘉庆二十一年间英国夷官啰呷啊嘆吐嚈等自北遣回成案，将其递词人由内河逐站**护送至粤**，藉可散其爪牙，较易就我范围。**倘所递之词有涉臣等之处，惟求钦派大臣**

来粤查办，俾知天朝法度一秉大公，益生其敬畏之诚，不敢再有藉口。❶（重点为引者所标）

林则徐提出这一建策，事因有二：一是行商转呈美国商人之禀帖，称英军可能往诉天津。二是看到了英方的告示，内称"粤东大宪林、邓等，因玩视圣谕'相待英人必须秉公谨度'，辄将住省（指省城广州）英国领事、商人诡谲强逼，捏词诓骗，表奏无忌"；"且大宪林、邓捏词假奏请奉皇帝停止英国贸易"。❷他由此而得出结论：一、英军的北上是为了"求通贸易"；❸二、北上的英军必定会全力攻讦自己。

于是，林则徐为了表示自己的清白，便主动要求钦派大臣来广东查办。他深知，自己的一切行动，尤其是英方公告中点明的"强逼"缴烟和"停止"贸易，都已请旨或是奉旨，皆有案可据，绝对清查不出什么问题来。而此时"边衅"已开，圣怒随时可能发作的情势下，❹自己的地位已岌岌可危，若道光帝仅仅听信英方公告中的一面之词，自己将百喙难辩。

林则徐的这份夹片于8月3日到达北京，❺距道光帝8月20日

---

❶ 《林则徐集·奏稿》中册，第844页。
❷ 该公告由林则徐随奏进呈，见《林则徐集·奏稿》中册，第844—845页。林称该公告由"大英国特命水师将帅"签发，查英文本，实为义律签发，见 *Chinese Repository*, vol. 9, p. 111。
❸ 林则徐此时尚不明白英军的全部侵华目的，仍以为是"挟制通商"、贩卖鸦片，见《林则徐集·奏稿》中册，第843、856、862、883页。
❹ 果然在不久后，道光帝8月21日在林则徐的奏折上朱批："外而断绝通商，并未断绝，内而查拿犯法，亦不能净，无非空言搪塞，不但终无实济，反生出许多波澜，思之易胜愤懑，看汝以何词对朕也！"林见到措词如此严厉的批责，知道情况急变，立即上奏请求处分（《林则徐集·奏稿》中册，第854、882—883页）。
❺ 道光帝收到此片后，在"（英方）径达天津求通贸易"一语后朱批："卿等所见不为无因，然逆夷今番之举决不为此也。"这显然是因为先前收到乌尔恭额的奏折及附呈的

发出谕旨,仅差17天。

从字面上看,林奏中的"倘所陈系恭顺之词"可"优加怀柔""钦派大臣""来粤查办",与道光帝的办法确有相通之处。当然,我们也可以同样明显地看出两人中的不同点:一、林要求将"递词人"由内河送往广东,道光帝命令英军"返棹南还";二、林要求派大臣来查明自己是否有罪,道光帝在未查清之前就宣布林"措置失当";三、也是最重要的,林此时尚不知定海已经失陷,"优以怀柔之礼"应当理解为不必立即开枪开炮,而道光帝此时已倾心于主"抚",将会出台一些给予英人的"优惠"政策。林则徐与道光帝之间,还是有原则区别的。

毫无疑问,尽管道光帝此时已经答应英人将对林则徐"逐细查明,重治其罪",但心中绝对清楚林属无辜冤枉,因而在谕旨中凭空加了一句为林开脱的话,"受人欺朦",以便为后来的减轻罚处预留地步。可是,在他内心的深处,对此是不在乎的。为了解脱朝廷的困境,别说是冤枉,就是牺牲个把大臣,那又算得上什么?❶

以上我据蒋廷黻先生的发现,叙及道光帝因英方文献翻译错误显得"情词恭顺"而倾心于主"抚",只是谈到了问题的表层。根据道光帝后来诸多谕旨和朱批,我们可以看出,他对此似乎仍有一个全面的考虑。

最能反映道光帝的这种心思的,要数他后来在钦差大臣伊里布

(接上页)伯麦文书。而作为最直接的反应,他当日谕令琦善,作两手准备。见《筹办夷务始末(道光朝)》第1册,第335—338页。

❶ 随着战争进程的变化,道光帝对林则徐的不满日益增加,处分亦日益加重,以至后来遣戍新疆。不过,那已不是道光帝此时而是后来的想法和行动了。

第3章 "剿""抚""剿"的回旋　175

奏折上的一段朱批,谓:

> 朕立意如此羁縻,想卿亦以为然也。再本因办理不善,致彼狡焉思逞有以召之也。若再误之于后,**衅端何时可弭?** 且英夷如海中鲸鳄,去来无定,在我则**七省戒严**,加以隔洋郡县,俱当有备,而终不能我武维扬,**扫穴犁庭**。试问内地之兵民,**国家之财赋,有此消耗之理乎?** 好在彼志图贸易,又称诉冤,是我办理得手之机,岂非片言片纸,远胜十万之师耶?想卿亦必以朕之识见为是也。❶(重点为引者所标)

如此之长的朱批,在道光一朝并不多见,活脱脱地表露出道光帝自以为得计而意气张扬的心情,也全盘地向我们透露道光帝主"抚"的层层原委。

一、"衅端"不能及时消弭。

道光帝根据邓廷桢和琦善的奏折,已知英军"船坚炮利",水师非其对手,因而清军的战法只能是七省戒严,郡县有备。这种坐待敌方进攻的方法,不能及时全歼来敌,擒获敌酋,战争将会无止境地拖延下去。

如果我们联系起在此之前道光帝处理的最大战事——平定张格尔之役,就不难理解他的用心。在那次战争中,张格尔初被击溃,逃往浩罕国,尔后数次犯边,至1826年,连陷喀什噶尔(今喀什)、英吉沙尔(今英吉沙)、叶尔羌(今莎车)、和阗(今和田)数城,南疆震动。道光帝由此看出一两次的胜利,不能彻底解决后患,决计不惜一切代价,一定要捉住首犯张格尔。正是在

---

❶《筹办夷务始末(道光朝)》第1册,第513页。

这种作战思想的指导下，清军在多次获胜后仍不罢手，数次深入浩罕。直到张格尔被槛送北京时，道光帝才真正放下心来。这种代价巨大擒贼擒王的战法，看起来笨拙，却一劳永逸，为南疆获得了半个多世纪的安定。道光帝一贯强调实政，要求办事完美利落，不留罅隙。

根据林则徐、裕谦关于英军不善陆战的奏折，道光帝误以为，在陆地上与英军对敌还是可以稳操胜券的。就在他命令琦善在大沽口"抚夷"时，得知英军在奉天（约今辽宁）海面游弋，于1840年8月29日谕令盛京将军耆英："该夷所长在船炮，至舍舟登岸，则一无能为，正不妨偃旗息鼓，诱之登岸，督率弁兵，奋勇痛剿，使聚尔歼旃，乃为上策。"他的这种作战设想，还向江苏、山东等地官员交代过。

然而，在道光帝的心目中，此役与平定张格尔之最大不同，在于无陆地可追。地面战斗的一两次胜利（当时地方官员已报有厦门、乍浦、崇明等处"击退"敌军），并不能算作是最后的胜利。如果在陆战中不逞的英军退至海上，南北窜犯，清朝势必要在全国几千里海岸线上部署持久的防御。这种看不到结局的战争，正是道光帝希望避免的。

二、"国家财赋"经不起"消耗"。

道光帝继位时，国库已不充盈。以后的张格尔之役、河工诸项，开支动辄以千万两计。由于"永不加赋"的祖制，更兼道光帝缺乏新的思路和胆略，他没有办法改善财政，多辟来源（此时似也非绝对没有办法）。因此，尽管道光帝心中极不愿意，但又不能不大开捐例，以应付日益增长的开支（当时也有通货膨胀之虞）；而他最主要的对策，是厉行节约，从减少开支中谋寻出路。在清代11个皇帝中，他的节俭是出了名的，花钱如同割肉。

打仗是世界上最花钱的事。至 1840 年，清朝的国库存银为1034 余万两。❶ 这笔款项根本应付不了一次大的战争，更何况是旷日持久不知结局的战争。道光帝还指望用这笔钱来应付其他急需，也舍不得将之投入战争这一无底洞。

后来鸦片战争的事实也证明，在战争前期，各地还能得到中央财政的拨款，到了战争后期，各地的军费主要靠捐纳来维持（详见第六章）。财政困难是道光帝在整个战争决策过程中遇到的一大恶魔，挥之不去，纠缠不清。

三、英方的要求在于"贸易"和"诉冤"。

尽管道光帝于 1840 年 1 月才正式宣布停止中英贸易，然因林则徐的禁烟活动，中英贸易的停顿实际始于 1839 年 3 月。由彼及此，历时已达一年半。然而，虎门口外的英国商船大多尚未离去，新的商船间有开来。由于林则徐和琦善的奏折，道光帝对英方迫切希望尽早地恢复贸易的企图，感受是很深的。

由于巴麦尊照会及其他英方公文，言辞直攻林则徐，坚决地反对禁烟运动，道光帝误以为，前来"诉冤"的英军，本是冲着林则徐的。

由此，道光帝自以为窥破了英方的底蕴。他从最最直接的反应出发，认为此次中英关系恶变，对清朝而言，在于三点：一、林则徐禁烟；二、鸦片被焚；三、停止贸易。那么，只要清朝惩办了林则徐，恢复贸易，最多再在"货价"上作一些小小的让步，就已还清了所有的欠债。也就是说，**只要清廷取消了 1839 年 3 月之后的一切对英不利的措施，中英关系就应当自然而然恢复到 1839 年 3**

---

❶ 至 1841 年，该数又减至 679 万两，减少之数很可能是用于战争，据清代钞档：历年《户部银库大进黄册》，转引自彭泽益：《论鸦片战争赔款》，《经济研究》1962 年第 12 期，第 57 页。

月之前的局面。以这些让步换取避免战争,道光帝认为是合算的。

至于巴麦尊照会中提出的各项要求,道光帝本来就不觉得是应还之债,只是"英夷"藉故而"乞"非分之"恩",似乎并没有完全放心上。从后来的谕旨和朱批中,我们还会发现,他甚至都忘记了(详见第四节)。

道光帝完全打错了算盘。只要看看巴麦尊照会中的出价,就完全可以断定,道光帝的主"抚"政策注定失败。而他自以为在陆路还能取胜、国库中还有一点银子,也就为他交易不成重新主"剿"铺通了道路。

道光帝不无豪迈地写下"片言片纸,远胜十万之师",时为1840年10月13日。此时英军已果如其命,"返棹南还"了。

8月22日,琦善收到道光帝决意主"抚"的两道谕旨后,立即派人寻找正在山海关一带游弋的英军舰队,告知大皇帝已有"恩旨","速来听宣"。此后的20多天里,他与英方的往来照会共达10通,并于8月30日在大沽海滩的帐篷里与懿律和义律直接面谈。在最初的日子,他听到一位"通事"(翻译)的"私相吐露",感到英方"似有愧恨之心",自觉尚有把握;❶然而后在长达6小时的直接谈判中,争吵的声音一直传到帐外人的耳中,又觉得事情不那么好办。❷尽管他内心清楚,以武力对抗并非善策,但在谈判一无进展之时亦决定,若英军登岸滋事也只能"开炮轰击"。❸然而,就连他自己也感到意外的是,9月13日,他同时发出两道谕旨,据"理"辩析,劝懿律等南返;两天后,英军竟然真的同意了。

---

❶ 《筹办夷务始末(道光朝)》第1册,第405页。
❷ 同上书,第424—427页。
❸ 同上书,第441—442页。

懿律和义律所以同意南下,是因为长达一个多月的交涉毫无结果,如此无基地的海上漂泊不知将结束于何时;北方的军情、地理不熟悉,贸然进攻感到没有把握;更何况季风将要过去,北方冬季海洋冰冻,将给舰船的行动带来不便。于是,他们改变手法,曾在9月1日的照会中提出清方先允诺部分要求(赔偿烟价)作为南下的条件。❶

琦善在会谈和照会中,感到烟价一事绝不会轻易了结,奏折中也数次提起。而他在9月13日的第二道照会中,对此答曰:"如贵统帅钦遵谕旨,返棹南还,听候钦差大臣驰往办理,虽明知烟价所值无多,要必能使贵统帅有以安如初。则贵统帅回国时,自必颜面增光。"❷用"天朝"语言的角度来看,琦善这一段答词,似乎没有承担赔偿烟价的义务(至少也不符合英方"奉御廷明示"的要求);但若从西方的外交词令来看,又似乎已承担了义务。"天朝"与西方的话语,本来就有相当大的差距,致使此后的谈判,屡屡出现此类问题。依据懿律和义律的理解,琦善已同意赔偿烟价,在复照中称:"是为货价之所以必行偿还","本大臣等接文,将大见安慰",❸于是立即率军南下。而琦善的真实用意,其奏折中说得明明白白:

一面恪遵谕旨,示以烟土本系违禁之物,既经烧毁,在大

---

❶ 佐々木正哉编:《鸦片战争の研究:资料篇》,第17页。
❷ 同上书,第23页。查此通照会,与琦善进呈本相较,差异甚多。按琦善进呈本,在"要必使贵统帅有以"之后,还有一短文字:"登复贵国王,而贵领事亦可伸雪前抑,缘恐空言见疑,为此再行照会贵统帅,果如所言,将有利于商贾,有益于兵民,使彼此相安如初……"(《筹办夷务始末(道光朝)》第1册,第465页),两者为何出现此种差异,尚待考证。就文字而言,琦善进呈本更通顺一些,意思也明确。但这里讨论的是英方对此的反应,故采用佐佐木正哉的抄录本。又,佐佐本正哉的断句为"要必能使贵统帅有以安如,初则贵统帅回国时",似为误点,改。
❸ 佐々木正哉编:《鸦片战争の研究:资料篇》,第24页。

皇帝断无准令偿价之理。复因该夷曾向委员有只求可以复命之说，故臣仰体密谕，作为出自臣意，以经钦差大臣秉公查办后，总必使该夷有以登复该国王。**另给公文，隐约其词……**（重点为引者所标）

按照琦善的这一说法，9月13日他给懿律的两道照会，前一道是朝廷的正式答复；后一道是据道光帝"相度机宜"的谕旨，❶以直隶总督的身份进行劝告的"说帖"。此时道光帝尚未同意赔偿烟价，琦善虽有此心，但也不敢承担义务，故"隐约其词"。❷

可是，就我们看到的这两份公文来说，格式完全一致，起首有"为照会事"，结尾作"须至照会者"等语，看不出有什么区别。虽说"照会"这一公文格式也有琦善的创意，❸也为当时中英平等文书的往来找到了一条出路；但他毕竟没有近代外交知识，分不清对外国说来，朝廷或直隶总督都代表政府，都应承担责任；个人的"说帖"不应由官方名义出现。无怪乎懿律等人将后一道名为"照会"实为"说帖"的文书，当作正式的答复。而且，退一步说，即便是

---

❶ 该谕旨称："倘该夷始终坚执，该督总当相度机宜，妥为措置。"（《筹办夷务始末（道光朝）》第1册，第428—429、461页）该谕旨给了琦善一些临机处置的权力。

❷ 从道光帝的正式谕旨来看，他从未正式允诺赔偿鸦片烟价。从琦善后来在广东的奏折来看，道光帝又已同意赔偿烟价。我推测，此事似在后来琦善进京请训期间，道光帝口头予以了承诺，而琦善又有可能提出烟价银两采用由广东行商"捐纳"的方法。否则这一笔巨款，道光帝很难首肯。

❸ 据我所见，"照会"一词成为西方正式外交公文"Note"的中文名词，始于此时，尽管意义还不很明确。1841年8月11日懿律致琦善的"咨会"（此名词显然模仿当时中国官场的平行文书的称谓）中称，要求派人接受"大英国家照会一文"，这似乎为"照会"一词的首次出现。1840年8月15日，琦善"札复"懿律，在末尾中使用了"须致照会者"。1840年8月28日，琦善给懿律的公文中，起首写道"为照会事"，末尾写道"特此照会。须至照会者。右照会，噗咭唎国统帅懿"。很可能英方觉得此种公文格式不错，亦如此写。此后双方的公文皆用此种格式。

"说帖",琦善这种"隐约其词"的方法,又哪里像是办理近代外交的模样?

然而,对道光帝说来,英军的南返,无疑证明其主"抚"决策已明验大效,就连由琦善进呈的懿律和义律的照会中,也有这样的文字:"兹据贵爵阁都部堂钦奉谕旨,令为南回粤省,本公使大臣等,即将**依照而行**。"❶(重点为引者所标)明确表示对大皇帝的"恭顺"。同时,他还因为琦善善体其意,晓谕开导而建奇功,又在琦善9月13日的第二道照会上朱批:"所晓谕者,委曲详尽,又合体统,朕心嘉悦之至。"9月17日,他一面由内阁明发上谕,命琦善为钦差大臣,"驰驿前往广东,查办事件";一面由军机字寄上谕,让琦善料理完结大沽口诸务后,"迅速来京请训"。❷

有论者将道光帝、琦善等人此期的主"抚",概括为"投降",并引申出"投降派"的种种说法。我以为,此论似缺乏历史感。

就中文的本义而言,"抚"指的是"抚慰"、"安抚",有时也作"据有"讲,如当时的一句套话,"大皇帝抚有万邦"。在中国的传统的政治术语中,"抚"的意义大抵相当于今日的"和",但其中又有重要且微妙的差别。"抚"与"羁縻"可以互通互换。它是指中央朝廷对各地的造反者和周边地区的民族或国家,采取妥协的方法来达到和平,其结果不外乎对受"抚"者作出一些让步,并加官晋级。它有着由上而下,居于主动的地位,也意味着受"抚"者对施"抚"者的臣服。施"抚"者与受"抚"者在地位上有高下之分。

在中国传统的政治历史中,"抚"就如同"剿"一样,是帝

---

❶ 佐々木正哉编:《鸦片战争の研究:资料篇》,第24页。
❷ 《筹办夷务始末(道光朝)》第1册,第465—466页。

王们交并轮番使用的两种重要手段。一般地说来,可战而胜之时用"剿";战而不能胜时则用"抚"。用"剿"时命将出兵,讨而伐之;用"抚"时往往换马,诿过于主管官员(实为替罪羊),另宣大皇帝新"恩",以能循归常态。无论在中国的历史上还是仅在清朝的历史上,"剿"与"抚"都有诸多的实例和经验,道光帝也知详用通。

按照儒家的理论,大皇帝是"天下共主",对于"负屈"的外藩理应为之"伸冤",方显得大公至正。按照清朝的实践,英国本属"化外",若非问鼎中原而一时难以"剿"灭,作一些迁就,宣示一下大皇帝的浩荡皇"恩",也不失为是一种恰当的解决方法。

由此可见,道光帝此时主"抚",全可从祖法祖制中找到根据,非为无来历,"抚"与"降"之间,有着严格的区别。❶巴麦尊要中国伏"降",道光帝却要英国就"抚",今人看来实属荒谬,然当时决定"抚"计和执行"抚"策的道光帝和琦善,却感到道顺理合。

1840年10月3日,第二位派往广东"查办事件"的钦差大臣琦善,在面聆圣训后,踏征途,出京南下。道光帝究竟对他讲了什么,今天成了难以查清的谜;但道光帝先前的一道谕旨,又似可全部概括其使命:"上不可以失国体,下不可以开边衅。"❷毫无疑问,这道貌似全面的谕令,如同先前的既要杜绝鸦片来源又不许挑起衅端一样,又是一个无法执行的悖论。在琦善一行仪仗前驱摆队列班的威风之中,我们可以隐约看见,5个月后,他披枷带锁兵弁押解

---

❶ 此处讨论的"抚",属鸦片战争初期的概念,与鸦片战争后期的"抚",有严格的区别。我将在第六章中再作讨论。至于以后的中日甲午战争、八国联军侵华战争诸役,清朝官员又用"抚"字,与此时的概念完全不同,可以说,成了"降"的同义词了。"抚"这一政治术语在中国近代的含义变化,也大体反映出清朝在世界中的地位变化。

❷ 《筹办夷务始末(道光朝)》第1册,第399页。

原道返回的身影。

英军南下了。

琦善也南下了。

北方的危局消弭之后，道光帝对自己的"驭夷"能力产生了虚假的估计。为了使英军顺利南下，他根据英方的请求，下令沿海各省不必开枪开炮，以免再战。为了节省军费，他收到山东巡抚关于英军已过山东洋面的报告后，急忙下令沿海各省酌撤防兵。❶尽管此时定海还在英军的手中，但全国紧张的局势也似乎在表面上已平静下来，他估计战事即将结束。❷在一派踌躇满志之际，他又忽然想到当时主"剿"时的忙乱，觉得是一场虚惊。如果早日收到英夷"伸冤"的投书，如果早日相机办理速定主"抚"大计，那又何来此等许多周折。❸为此，他越想越恨，不免圣怒大作。10月7日，他下令将已革浙江巡抚乌尔恭额拿问解京，交刑部审讯，罪名竟然是拒收"夷书"！❹

在专制社会中，独裁者原本可不用讲道理的。因为，所有的道

---

❶ 《筹办夷务始末（道光朝）》第1册，第487页。

❷ 1840年10月23日，道光帝收到闽浙总督邓廷桢的奏折，要求拨银15万两作为军费。结果他由内阁明发上谕进行驳斥："现在该夷仅只防守，并未敢四出滋扰，邓廷桢等所称腹背受敌，未知所受何敌？该夷因闽浙疆臣，未能代为呈诉冤抑，始赴天津投递呈词，颇觉恭顺，现在特派大臣赴粤查办，不日即可戢兵。邓廷桢等所称该夷猖獗，不知在何处猖獗？"（《筹办夷务始末（道光朝）》第1册，第525页）内阁明发上谕与军机字寄上谕不同，后者是保密的，前者是公开的。道光帝对战争前景的乐观估计，势必会影响清王朝内大小臣工。

❸ 道光帝对此事极为感慨，可见9月19日在裕谦奏折上的一道朱批："所见大差！远不如琦善之遵旨晓事，原字原书，一并封奏，使朕得洞悉夷情，辨别真伪，相机办理。若似汝之顾小节而昧大体，必至偾事，殷鉴具在，不料汝竟效前明误国庸佞之所为，视朕为何如主耶？……"（《筹办夷务始末（道光朝）》，第475页）

❹ 《筹办夷务始末（道光朝）》第1册，第506页。

理都在他一人手中。

三 伊里布与浙江停战

1840年下半年至1841年春,肯定是两江总督伊里布一生中最不寻常的时期之一。他跌落于先前闻所未闻的境地。

但是,在这一时期的最初的日子里,这位被后人称为"投降派"(或主和派,或主"抚"派)主力队员的封疆大吏,一开始也是主"剿"的,就像道光帝和琦善一样。

1840年7月9日,履新未久的伊里布,遵旨严防鸦片海上走私,刚刚查勘了吴淞等地的海口情形,检阅营伍,回到苏州时,突接浙江巡抚乌尔恭额的咨令,得知有"夷船"在浙洋游弋。次日,又奉江苏巡抚裕谦转来的浙江藩臬两司的禀报,得知定海一带有"夹板夷船"20余只。他的第一反应与前叙道光帝的态度完全一致,认为"显因粤、闽二省驱逐严密,阑入浙洋,居心叵测"。尽管他此时还不知道中英两国已经开战,甚至不知道来犯者为何国之"夷",但都不影响他立即于7月11日重返吴淞海口,并定下对策:若"该夷"竟敢闯入江苏海面,就先行封港,杜绝勾结(也无须英军实行封锁了),然后示以兵威,驱逐出境。与此同时,他还飞咨沿海各省将军督抚,通报军情。❶

7月13日,伊里布到达吴淞,与闻讯先期赶到的江南水陆提督陈化成会合。次日,又得浙江消息,称"夷船"兵分两路,一路进攻定海,一路向西驶去,不知其目的。伊里布恐向西驶去之"夷

---

❶《鸦片战争在舟山史料选编》,第25页。

船"将窜犯江苏,便立即作出一连串的决定:一、在海防的重点区域宝山(含吴淞)、上海、崇明三处,部署防兵共1万名,以备接战;二、从藩、运两库中支银4万两,暂充军费;三、令江苏布政使办理火药军资,务期足用;四、令江苏按察使整饬驿递,保证奏折、谕旨及各处文报畅通无碍,便于情报和指挥;五、自己坐镇上海宝山之间,就近实施指挥。尽管如此,他对局势仍未有充分的估计,在奏折中说明,一旦接到浙江"逆夷就歼"的消息,立即"撤防驰奏"。❶

至7月17日,伊里布又得浙抚咨会,知定海失陷,镇海危急。他看出局势的严重,便扩大了江苏的防御区域,同时依据其两江总督的职权,调安徽兵1600名、漕标兵450名、河标兵900名往援江苏各海口;调江西兵1000名,驻扎苏州、镇江一带,充预备队;命安徽拨库存火药、铅丸各5万斤,解江苏海口备用。此外,他听说"夷船"极高大,江苏水师船只过于"卑小",便饬下属"封备"闽、粤大型商船数十艘,以俟随时雇用,配合水师作战。❷

7月31日,伊里布接到道光帝派拨水师数千名援浙的命令,便从江苏仅有的外海水师2900名中,抽出2000人,作好准备,随时听命开拨。❸

8月12日,伊里布奉到道光帝派其为钦差大臣、前往浙江主持军务的谕旨,仅随带数人,当日起程。在途中,因奉到道光帝进攻定海的计策,上奏谈及其规复失地的谋略:或多设疑兵,或阴遣

---

❶ 《鸦片战争在舟山史料选编》,第29—31页。除原设兵丁和陈化成所调兵丁外,伊里布实派援兵共计4600名。

❷ 《鸦片战争在舟山史料选编》,第39—40、63页;《筹办夷务始末(道光朝)》第1册,第377—378页。除原设防的宝山、上海、崇明三处外,伊里布另调兵协防金山、南汇、奉贤、华亭、常熟、海门等处,并以江宁将军坐镇京口(今镇江),指挥长江内的防御。

❸ 《筹办夷务始末(道光朝)》第1册,第377—379页。

间谍，或先攻其分据之区，或直捣其屯聚之处。由此而见，其谋略虽未最后定计，然自信却不乏其坚定。他当时感到的唯一的困难，就是渡海作战所需要的战船，但又感觉问题不难解决。在江苏时，他就动过雇募商船的脑筋，此次听说浙江已经雇船。即便这些雇船"尚难合用"，也只需赶紧"添造数只"，便可"俾资攻击"。❶

8月23日，伊里布到达宁波。

从最初这一个多月的经历中，我们可以看出，伊里布的态度与任何一位清朝官员并无二致，只是一意主"剿"；而在实际行动中，又显露出比任何一位清朝官员更为干练的气质。一旦获得情报，立即形成对策，立即上奏报告，干净利落而不失周全。他是清朝官员中第一个未经请旨或奉旨，便调动外省军队的，第一个未经请旨或奉旨，便在军费、军火、驿递等等与作战有关的诸方面，采取果断措施的。旁的不说，仅调兵一项而言，除沿海各地原驻兵弁外，他在短时间内檄调苏皖赣三省、漕河两督标共计10900名兵弁，增援江苏各海口。❷其数量超过沿海任何一个省份。

伊里布所做的这一切，表明他无愧为道光帝所倚重的能员。

可是，一到浙江前线之后，伊里布变了。原有的信心如云雾在阳光下之消散，原有的经验因情势不同而统统派不上用处。

老谋深算的伊里布，遇到了新问题。

伊里布，隶籍满洲镶黄旗，家世可追溯到显祖塔克世（努尔哈赤的父亲），按照清代制度，为"觉罗"，又因可身系红带，又称"红带子"，在清朝可算是血统高贵之人。他的另一项不同凡响

---

❶《鸦片战争在舟山史料选编》，第52、57、60—61、62—63页。
❷ 同上书，第69页。

的优长,是科班出身,二甲进士,这在满人中是不常见的,可谓佼佼者。他最初供职于国子监。1812年,外放云南,作了通判之类的地方官,逐级晋升。1819年,因拘捕入境的缅甸造反者交缅甸当局"自行究办",以保边境安宁,而始获中枢注重。1821年,又因剿平当地少数民族造反,获道光帝的青睐,随之进入仕途飞腾时期,先后历安徽太平府知府、山西冀宁道、浙江按察使、湖北布政使、浙江布政使、陕西巡抚、山东巡抚。四年间迁官七次。虽说是台阶一级都未落下,但速度极快,常常旧椅尚未坐热,新职又在招手。

对伊里布来说,内地为官一圈,非其立功扬名之所,边疆似更适应其施展身手。1825年10月,伊里布丁父忧刚满百日,道光帝便按照旗人的规矩,命他署理云南巡抚,丁忧期满改实授。1835年,迁云贵总督。1838年,授协办大学士,为当时疆吏中获此殊荣的第二人(另一人为琦善)。1839年,又赏戴双眼花翎。

云南是少数民族聚居的地区。自雍正帝改土归流之后,由清政府直接治理,但常有事端发生。对清朝统治者说来,此处的官缺属"繁"、"要"、"冲"、"难"四全,多置有力疆臣。伊里布平时为政宽和,以求减少矛盾,但一旦出现反叛,便毫不手软重兵强压,以迅速制止蔓延。即所谓宽猛互济。在他任职期间,云南显现出少有的安定静谧,甚合道光帝的心意,多次褒奖优叙。而他所受到的最重一次处分,竟是1830年上奏请求参加平定喀什噶尔叛乱,反被道光帝狠狠训斥了一顿,结果是"革职留任"。❶

---

❶ 伊里布获此重咎,主要是道光帝训斥他的谕旨中有"妄行驰奏,徒劳驿站"一语。按照清代制度,擅用驿递是很重的罪名,于是吏部议奏的处分是"革职",道光帝加恩改为"革职留任"。次年开复。

伊里布的官宦生涯中，四分之三是在云南度过的。长久的"天高皇帝远"的边疆经历，养成其果敢的性格、干练的作风，也培植了其强烈的自信。

然而，此时非彼时，此"夷"非他"夷"（当时清政府亦常称边疆少数民族为"夷"）。挟坚船利炮浮海东来的"喋夷"，不是他当年得心应手对付的边疆少数民族了。

与北方的琦善相比，伊里布的困难又似多了一层。道光帝交给伊里布的使命，是渡海作战，收复定海。❶

虽说舟山本岛至大陆的镇海，海上距离不过30公里，而至大陆最近端，仅有10余公里，渡海作战也算不上远洋进攻。但是，这么一道窄窄的海峡，却毫不留情地阻断了伊里布的进兵路线，更何况镇海一带海面，尚有执行封锁任务的英国军舰。

伊里布到达镇海时，乌尔恭额等人因定海失陷而调集的兵弁已经齐结，共有水师3000名，陆师2000名。对清军说来，一地集结兵力5000人并不算少，但当时清军的情报称定海英军有战舰30余艘，陆军七八千人，伊里布自然不敢"冒然进攻，轻为尝试"。虽说正在增援浙江的，有伊里布所调安徽寿春镇王锡朋部1200人，以及随福建陆路提督余步云入浙的福建兵500人、雇募水勇1000人，以当时人的观念，用于陆路进攻的兵力不乏；但伊里布最急迫需要的水师战船，却没有着落。而且，伊里布入浙前曾指望在镇海造船一事，也因"浙省所产木料均属短小"而无法进行。

因此，8月28日，伊里布发出入浙后的第一份奏折，要求道光

---

❶《鸦片战争在舟山史料选编》，第57—58页。

帝调广东水师、福建水师各2000人，加上他在江苏集结备调的水师2000人，四省大军汇合，联合进攻，收复定海。❶

伊里布的四省水师联合进攻的作战计划，以今日的军事知识观之，根本上就是错误的。一则闽、粤水师仍不是英军对手，很可能在途中就被英军击溃（邓廷桢已觉察），❷再则闽、粤因英军的压力而颇感兵力不敷，绝不可调出数千水师。事实上，1840年8月4日，伊里布还在两江本任上，得知浙江巡抚乌尔恭额上奏请求调粤、闽水师北上时，曾上过一道奏折，支持乌尔恭额的建议，四省联合计划，萌生于此时。由于该奏折不是加急速度而是以普通速度发往北京的，道光帝迟至8月23日才收到，此时的伊里布已是负责攻剿、收复定海的钦差大臣了。这一论调不免使道光帝大怒，朱批驳斥。❸道光帝站在全国的立场上看问题，尽管他对英军未来行动的判断有如盲人摸象，但也很实在地指出了此类行动有拖延时间、互卸责任的弊陋。

由此，我们又可以看出，不论伊里布上奏时出于何种动机，他的四省联合进攻的计划，在实际操作中，至少需几十天兵力集结的时间，使伊里布有了缓于进攻的理由，获得了他此时最需要的准备时间；同时，本应由他一人承担的进攻定海的责任，通过调派水师的行动，分散到粤、闽、苏等省官吏身上，减轻了自己的负担。

这或许是伊里布提出此策的高明之处。

但是，就在伊里布正式上奏此计划不久，道光帝的这段朱批到

---

❶ 《鸦片战争在舟山史料选编》，第66—68页。伊里布因浙江木料短小，要求从福建调入。道光帝后来谕令："所请赶造船只之处，恐缓不济急，徒劳无功，著毋庸议。"（《筹办夷务始末（道光朝）》第1册，第409页）

❷ 《鸦片战争在舟山史料选编》，第44—45、48页。

❸ 《筹办夷务始末（道光朝）》，第1册，第400—401页。

浙，使他不得不打消这一念头。❶面对这道严旨，他后来上奏时讪讪地自我辩解：调集水师的计划只不过是"先壮声势"，以便乘机将陆军偷运至岛上，"直捣其虚，袭取城邑"。❷这番话明显是为了顺合帝意而编造，绝非真实想法。

可是，话语可以随意编造，而收复定海的任务却不是用言词而能敷衍的。它是摆在伊里布面前实实在在的难题。

从江苏吴淞到浙江镇海，由两江总督而钦差大臣，伊里布不再表现出先前的精明、果敢和自信。在英军的肆横面前，他似乎已经看出武力收复定海的任务不可能完成，但又不敢明言直陈。于是，举措从实在归于空虚，言词由明确变为含混。我们读了他这一时期的奏折，可以曲折地看到他迷茫的内心。

昔日伊里布的精神风采，已经不复存在。

正当伊里布为收复定海之事而一筹莫展之际，北方局势的变化，又给他带来另谋出路的生机。

1840年8月25日，道光帝收到伊里布赴浙途中发来的奏折，根据天津的形势，给予指示："必须访察明确，谋定后动，断不可急图收复，冒昧轻进。"❸道光帝的这道谕令，及时地解了伊里布的围。它虽然没有改变收复定海的任务规定，但却在时间上给伊

---

❶ 就在此时，浙江的福建陆路提督余步云于8月26日又奏请调派闽、粤水师各2000人援浙。道光帝于8月30日收到此折，旨意又有动摇，命伊里布"详审情形，悉心商酌，应否调拨之处，具奏请旨"(《筹办夷务始末（道光朝）》第1册，第413—414页)。伊里布收到此谕时，计划已变，也不再要求派援了。

❷ 《鸦片战争在舟山史料选编》，第70—71页。关于收复定海的水师问题，伊里布似乎显得语无伦次。他称：既然闽、粤水师不能北上，收拾定海水师的溃兵败将，再募一些水勇，亦可充一时之需。

❸ 《筹办夷务始末（道光朝）》第1册，第409页。

里布留下了充足的余地。再说,琦善办理"诉冤"禀帖、命令浙省接受"呈递字件",种种情节,表现出与先前势不两立完全不同的风格。按照清朝官场用语的内涵,显露出中枢有意于"逆夷"和缓的倾向。

伊里布老谋深算,自然看出道光帝的意思。他与此时已经到浙的福建陆路提督余步云一番商讨后,于9月8日出奏,认为琦善在天津办理"禀帖",浙江此时就不宜进攻,以免彼此相左。浙江此时的任务是:一、从严防范,"不令该夷窜入口内";二、将进攻定海之事"密为部署"。❶也就是说,伊里布乘此机会,自作主张地改变了自己的使命,即从海上进攻定海换成从陆上防守镇海等处。明眼人一看即知,"密为部署"实为"暂为搁置"的障目幌子。

英方此时正意在谈判,伊里布此时放弃进攻,浙江和局由此产生。

可伊里布的这份奏折到京时,正值英军离开天津,游弋海上。道光帝不明英军的去向及下一步的打算,于9月16日发出谕旨,"所有攻剿事宜,该大臣仍密为部署",并称舟山地广,英军无法处处设防,让伊里布探明情况,"以为进攻之计"。❷伊里布9月24日收到此谕,仅仅过了一天,又收到道光帝9月17日谕旨,宣称英军已"听受训谕",全数"起碇南下",而定海英军亦将"先撤一半",命令伊里布等对南下的英军"不必开放枪炮","勿以攻击为先"。❸朝廷正在为"抚"计之胜而庆贺时,伊里布的"和"计也获得了事实上的批准。

就在此时,浙江又发生了一件事。

---

❶ 《鸦片战争在舟山史料选编》,第71页。
❷ 《筹办夷务始末(道光朝)》第1册,第459页。
❸ 同上书,第466—467页。

1840年9月19日，英国远征军海军司令伯麦致函浙江巡抚和浙江提督，宣称天津谈判期间，英方不会交战；指责清方煽动民众，拒供给养，缉拿安突德（P. Anstruther）等人；要求清方立即放人，并声称英俘若有半点伤害，必将报复。❶

　　安突德是英军陆军上尉，在定海测绘地图时，为乡民所执。此外，清军此时还在定海、镇海等处俘获"黑夷"（指孟加拉人）8名，❷参加封锁长江口的英军运输船风鸢号（Kite）在返航中失事，其29名船员（包括3名英军军官和1名英国妇女）也被清军俘获。❸

　　伊里布9月22日收到伯麦的信件，立刻敏锐地感到：既然英方要安突德，那么清方正可就此机会提出条件。9月24日，伊里布以浙江巡抚乌尔恭额的名义，照会伯麦，告知钦差大臣的到来，宣布释俘的条件是英方"撤退兵船，将定海县城献出"。为了使他的建议更具诱惑力，另外承诺：一、除安突德等人外，风鸢号被俘船员29人亦可一同释放；二、先前英方来函中提到的"通商"一事，亦可"代为奏请"。❹

　　伊里布复照时，伯麦不在舟山，由英舰伯兰汉号舰长辛好士（Humphrey Fleming Senhouse）上校主持舟山军务。他和伊里布于9

---

❶《鸦片战争在舟山史料选编》，第492页。
❷ 同上书，第79—81页。
❸ 伊里布在其奏折中称：英"五桅夷船一只"、"杉板船两只"行至慈谿县观海卫洋面，"夷众蜂拥登岸"，清军"奋力迎击"，击毙"夷匪"7人，生擒4人，英船"逃逸"。后又行至余姚县利济塘，余姚县地方官派哨船两只引诱，英船误陷软沙，清军生擒"夷匪二十二名"(《筹办夷务始末（道光朝）》第1册，第503—504页)。这一说法与英方记载完全不同。英方仅称其航行失事。
❹《鸦片战争在舟山史料选编》第85、493页。很可能伊里布已知琦善在天津的公文处理方式，在与英方的文件交往中，使用"照会"这一格式。又，伊里布照会中所提到的"通商"一事，系指1840年7月英军在浙投递巴麦尊致中国宰相书一事。

第3章 "剿""抚""剿"的回旋　　193

月25日和28日互换了照会。❶

9月28日,即发照给辛好士的当日,伊里布上了一道长篇奏折。他先是吹嘘了一下水陆并进收复定海的设想,表明自己已"密为部署";然后笔锋一转,声称天津的情况已证明英方已"俯首贴耳","有向化之忱",浙江此时宜应"招抚",以符合道光帝"弭衅息兵"之意;最后,他才托出了以战俘换失地的计划,表示将效法琦善,等到伯麦回到舟山之后,将"备文向其开导","令其迅速撤兵,归我疆土,以免劳师费饷"。❷这道奏折于10月7日到达北京,道光帝颇为欣赏,朱批多有褒语,立即批准。

9月28日,正是伊里布上奏的当天,他所等待的伯麦未到,而英国远征军总司令兼全权代表懿律等人,由北方南下抵舟山。他看到伊里布的照会后,即于9月29日复照,言词强硬,声称若不释放被俘人员,将认为清方已开始了"敌意行动",他将可能"亲自到镇海"。❸

伊里布见懿律有交战之意,连忙复照解释。他提出了自己的理由:拿获英俘事在奉到钦差大臣琦善南下广东会谈的谕旨之前,当时"彼此正在两相拒守",不能视为交战之举。他仍将释放英俘和

---

❶ 《鸦片战争在舟山史料选编》,第86—87、493—495页。辛好士显然不知风鸢号之事,于9月25日的复函中要求提供被俘人员名单;至于归还舟山,称将等到伯麦回舟山后再"转呈阅查"。伊里布9月28日复照中,声称释俘一事"必须恳乞天恩",即得到道光帝的批准,这就反过来表示自己是愿意释俘的;他还要求伯麦回舟山后对归还定海一事"缕析详复"。

❷ 同上书,第82—84页。值得注意的是在该奏前一天,9月27日,伊里布曾上有两折,对他从9月22日以来进行的交涉活动一字不提。即便是9月28日上奏时,在此折前另有一折,大谈清军在慈谿、余姚与英船风鸢号交战获胜事。显然,伊里布此时还摸不清道光帝的底牌,对他进行的交涉活动,多方掩饰,恐怕此种被当时人认为过于软弱的举动,会引起道光帝的愤怒。

❸ 同上书,第497页。懿律在照会中还蛮横地提到,已扣留了中国30多艘民船,若清方释俘,英方放船,企图以此作为交换条件。伊里布对此没有回答。

归还定海联系在一起。❶

　　10月2日，英全权代表义律和翻译马儒翰赴镇海，伊里布、余步云等人与之直接会谈。英方要求释俘，清方要求归地。参加会谈的伊里布家仆张喜曾录下一些伊里布的话，让人可以了解其内心想法：

　　　　"大皇帝格外施恩，准尔通商，尔等将何以报答？"
　　　　"我们办事，必令你们下得去，亦必令你们回得国，复得命。你们亦须教我们下得去，教我们奏得大皇帝，教我们大皇帝下得去。"❷

　　前一句话说明了伊里布对"通商"的看法，实际上也托出其对解决中英争端的底价；后一句要求互给台阶"下得去"的话，已不见"天朝"大吏对"逆夷"应有的敌忾之气，而其中的老辣只有官场老手才能为之。这一次会谈理所当然地毫无结果。但伊里布听到义律曾脱口说出"不欲久据定海"一话，觉得此事还有希望。❸此后，10月3日，懿律又送来一份照会，10月4日，伊里布复照，内容仍是一方要求释俘，一方要求归地，与前并无二致。❹

　　用今天的知识作判断，很显然，伊里布的计划只是他个人的一厢情愿，肯定行不通。英国在其殖民史上，对战俘一事，大多是发

---

❶ 《鸦片战争在舟山史料选编》，第89—93页。
❷ 张喜：《探夷说帖》，《丛刊·鸦片战争》第5册，第336页。
❸ 《鸦片战争在舟山史料选编》，第92页。
❹ 关于10月3日懿律的照会，我未能查到原文，伊里布奏折中称"其大致与前文约略相同"（指9月29日照会）；又据懿律后来的照会，10月3日照会似为义律与伊里布会谈记要的备忘录（《鸦片战争在舟山史料选编》，第498页）。关于10月4日伊里布照会，见上书，第91—92页。

动更大规模的武装行动迫对方屈服。然而,此时中英刚刚进入对等直接谈判阶段,预定的广东会谈尚未进行,懿律和义律虽曾发出不惜动武的暗示,但毕竟不敢轻率行动,只是希望通过交涉来解决。可是,伯麦、辛好士、懿律等人一次次的文书,义律亲赴镇海谈判,反使伊里布误以为安突德是一个重要人物,更觉奇货可居。由于错误的情报,伊里布以为英军原有定海撤军一半的计划,他曾打算英军真的撤走一半后,他将"酌量释放"英俘,以便使其"即赴粤东,听候查办"。

定海英军撤退一半的消息,伊里布得自道光帝,道光帝得自琦善,琦善得自白含章,而据琦善的奏折,白含章得自与英军军官的交谈。从英方资料中,我还找不到相应的记载,看来此事难以对证。从情理来判断,英方在天津谈判期间似乎还不可能对定海驻军的数量作出决断。但是,当懿律和义律回到定海之后,确实有放弃此地的设想,前面提及伊里布听到的义律作"原不欲久据定海"一语,并非空穴来风。

9月28日,懿律和义律一踏上舟山而得到的第一个消息,便是此地英军正处在可怕的病疫之中,其中最主要的原因是水土不服。1840年7月13日至12月31日,英军住院为5329人次,死亡448人。❶就死亡数字而言,英军在舟山病死的人数是其两年多战争中战死人数的5倍;就住院人数而言,以1841年1月舟山驻军数量作标准(1762人),那么,平均每人住院3次以上。

尽管严重的病疫使英军难以久留,但他们也不愿白白放弃。9月29日,懿律和义律回到舟山的第二天,给外相巴麦尊写了一份

---

❶ John Ouchterlony, *The Chinese War: an Account of all the Operations of the British Forces from the Commencement to the Treaty of Nanking*, p. 54. 海军的病况不详。

报告，提到撤出舟山的条件是，订立一项包括赔偿鸦片、割让广东岛屿、开放通商口岸诸条件的条约。❶这与伊里布的释放俘虏、恢复通商的承诺相比较，差距实在太大。

尽管以战俘换失地的计划未能落定，但伊里布和懿律之间还是有着某种约定，这就是后来被人广泛宣扬的《浙江停战协定》。

1840年10月5日，懿律收到伊里布10月4日的照会后，复照伊里布，没有要求释俘，反而称先前的交涉中双方都有"误解"。他声称自己没有注意到安突德被俘时，浙江方面尚未奉到"不可相拒交战"的谕旨。他要求伊里布在"咨会"中明确表示已奉到这一谕旨，同时，他也将下令英军停止敌对行动。至于归还定海一事，他提议，将在与琦善的谈判中连同其他问题一起解决。❷

懿律此处提到的"不可相拒交战"的谕旨，当指英军从天津南下后，道光帝下令对南下英军"不必开放枪炮"一事。伊里布先前的照会亦提及此事，但未说明谕旨的内容。可是，懿律的这份照会，如同鸦片战争中诸多英方文件一样，汉译不甚明白，伊里布未解其意。❸于是，他在复照中仍坚持归地释俘的说法。❹

10月13日，懿律照会伊里布，再次询问是否奉旨"著令戢

---

❶《鸦片战争在舟山史料选编》，第496页。值得注意的是，懿律和义律的这一计划是违反巴麦尊训令的，巴麦尊后在1841年2月3日的指示中，对懿律和义律撤出舟山的理由予以全面的驳斥（马士：《中华帝国对外关系史》第1卷，第720—726页）。

❷ 同上书，第98—99页（此即当时英军的译本）；第498页（此即今人的译本）。两者可对照阅读。

❸ 伊里布后来在奏折中抱怨道："惟是该夷性情狡诈，变幻多端，其文理尤属不通，多有不可解释之处。"(《鸦片战争档案史料》第2册，第475页）

❹《鸦片战争在舟山史料选编》，第99—100页。此时，伊里布奉到道光帝的谕旨，令其将战俘押解广东。于是，伊里布在复照中称，如果立即归地，可立即释俘，如果将归地与其他事件一并讨论，将把战俘解往广东由琦善处理。

兵"❶。伊里布这才明白懿律的真正目的,于10月14日复照,谓:

> 八月二十九日(9月24日)钦奉上谕,以贵统帅在天津投递禀词,情极恭顺,已遣直隶爵阁督部堂琦赴粤查办,**饬令本大臣不得攻击等因**。本大臣自奉到此旨,即经饬令将佐约束弁兵,不得**越境滋事**,此正本大臣恪遵圣训,戢兵不战之明证也。**本大臣现仍严束士兵各守口岸,如果贵国不相侵扰,断不称兵相向**,……至于定海各岙居民以及往来商渔船只,贵统帅亦宜严饬所属,**不得再向滋扰**,以期相安无事。(重点为引者所标)

在此照会中,伊里布还询问懿律何时"起碇赴粤"? ❷

伊里布的这份照会,提出了浙江停战的关键性的条件,即互不进攻。它扭曲了道光帝谕旨的原意,❸搁置了经道光帝批准的以战俘换失地的计划,自作主张地承认了英方在与琦善达成协议之前可暂时占据定海。此后,他只是一味地催促懿律早日南下,与琦善谈判。其策略是送走这尊难对付的"瘟神"。

懿律收到此照会后,没有直接答复,而整整搁置了9天。10月23日,他照会伊里布,提出停战的条件:一、清方不得阻碍舟山与大陆之间的贸易;二、舟山在英军占领期间,应视为是属于英国

---

❶ 未见照会原件,其内容据伊里布奏折(《鸦片战争档案史料》第2册,第475页)。
❷ 《鸦片战争档案史料》第2册,第476页。
❸ 道光帝9月17日谕旨中称,对南下英军"不必开放枪炮,但以守御为重,勿以攻击为先"。这里不应包括定海英军。最明显的证据是,9月18日,道光帝谕令伊里布对林则徐所奏以民众制服英军的办法作出判断,可见道光帝没有改变武力收复定海的旨意。但此时的道光帝完全被伊里布牵着鼻子走,在伊里布的这份照会进呈后,道光帝朱批"所谕甚是"。

女王的;三、停止向舟山派遣军队或密探,停止煽动民众反抗。他还声称,伊里布若同意这些条件,须发布"告示"。❶

从伊里布后来的奏折来看,懿律的这份照会,汉译也颇成问题,使其不得要领。他仅仅看出英方要求他"出示","谕令定海居民,不得向该夷滋扰",以便使英方大员可以早日南下。于是,他在复照中,谎称已谕令"定海居民不得再拿贵国之人"。❷同时,他见英方既不肯退兵归地,又不肯南下,遂派其家人张喜前往定海,与英方直接谈判。

张喜本是一小吏,后投伊里布充家仆,随侍多年,深得信任。正如皇帝身边并无名分的小太监权势盛于朝廷命官一样,张喜的政治作用不能以家人二字来论定。古今中外的政治,大多为黑箱作业,张喜深谙此道,放着小官不做,宁充家人而增其权禄。此次伊里布为了增加交涉中的官方色彩,让他戴上六品顶戴,权为折冲樽俎的使臣。在鸦片战争中,我们可以看到,一些毫无官方地位的小人物,常常有着令人吃惊的表演。张喜便是其中最重要的一位。他留下了两部记录自己交涉活动的著作——《探夷说帖》和《抚夷日记》,今日读起来颇有"晏子使楚"的韵味。这却是张喜乃至当时大多数人心目中的"不辱使命"的外交模式。

根据张喜自己的记录,他于10月25日和27日两次渡海。第一次登上英轮船,见到了义律和马儒翰,第二次登上了英旗舰威厘士厘号,与懿律直接面谈。张喜根据伊里布的指示,要求懿律等速

---

❶ 该照会的原译本未见,此据今人译本,见《鸦片战争在舟山史料选编》,第498—499页。英方要求伊里布发布"告示"的主要原因是,英军占领舟山后,浙江巡抚乌尔恭额仿效广东的做法,颁示赏格,鼓励民众捉拿英军。英方再求伊里布再出"告示",取消赏格,并让定海百姓俯首听命。

❷ 《鸦片战争在舟山史料选编》,第100—104页。

赴广东，并称英俘在关押期间不会受到伤害。英方所关心的是伊里布是否肯出"告示"，懿律还当面取出地图，"指明地界，暂归夷人管辖，俟广东事定后，即行纳还"，并让张喜将此划界地图带回交给伊里布。❶10月28日，张喜返回镇海，还带回了英方要求出"告示"的照会。❷

伊里布此时急欲送走"瘟神"，同意了英军提出的将定海问题放在广东会谈中解决的方案，于10月30日照会懿律，声称其"已缮就告示十道，发往张贴"，至于释俘和归地，将在英人与琦善"会议完竣"后解决。❸11月4日，懿律照会伊里布，表示即将南下，并称将约束部属，"不得驶至大港巨河，惊动士民"。❹11月6日，懿律发布通告，宣布浙江停战。

浙江停战是伊里布的"杰作"。他以"臣子"的身份，巧妙地改变了道光帝"圣旨"规定的任务。停战使他避免了毫无胜利希望的武力进攻定海的战事，避免了难有中意结果的外交谈判，而原本由他承担的收复定海的责任，此次竟不动声色地转移到负责广东谈判的琦善身上。

到了这个时候，原本作为军事统帅的伊里布，无需进攻，也无需防守，什么坏事都没有了，剩下的只是坐等好事吧。

"天朝"中的大吏，聪明过人者莫如伊里布。

---

❶ 张喜：《探夷说帖》，《丛刊·鸦片战争》第5册，第336—342页。据张喜称，27日派张喜备鸡鸭牛羊"赏犒"英军，是出自张喜的建议，目的是为了能见到懿律，并侦察敌情。伊里布给他的任务是探明英舰船数量，并邀懿律来见。然此"赏犒"行动当时颇受非议。

❷ 照会原文未见，据伊里布奏，该照会"仍系求出告示，并无他语"（《鸦片战争在舟山史料选编》，第102页）。

❸ 《鸦片战争在舟山史料选编》，第104页。伊里布亦于10月30日上奏道光帝，将此处理结果上闻。而道光帝似乎默认了他的做法，没有评论。

❹ 未见到原文，此处内容引自伊里布奏折。

有论者谓，伊里布瞒着道光帝，私下与懿律签订了《浙江停战协定》。他们的主要论据是《筹办夷务始末》道光朝一书，称伊里布仅仅奏报了"告示"一事，未言及"协定"。

这其实是一种误解。

首先，所谓《浙江停战协定》，并不是一项双方签字画押的条约之类的文件❶，而是由伊里布和懿律多次照会等文件组成，其中最重要的，是伊里布的《晓谕定海士民告示》和懿律的《停战通告》。伊里布的《告示》称：一、清朝皇帝"敕令本大臣不得复行攻击"；二、要求定海居民"各安耕读，各保身家，如果夷人并不向尔等扰累，尔等不得复行查拿"。懿律的《通告》称：一、"任何一方都不得逾越划归对方的地界"；二、"不得阻止民众的往来"；三、英军"不得以任何方式干扰中国人"。❷所有这些内容，双方在照会中都予以确认。至于双方地界的划定，❸懿律曾让张喜带回地图，而伊里布在后来的照会中没有提出异议，可视作默认。

其次，《筹办夷务始末》所收伊里布奏折皆有删节。从档案来看，伊里布关于浙江停战之事，先后上有7道奏折，而在这些奏折之后，又附呈了懿律11通照会和他自己的10通照会。❹可以说，伊

---

❶ 被人们广泛引用的宾汉《英军在华作战记》中译本，很可能增加了这种误解。该书称懿律通告，"总司令现须通知远征军队：两国谈判期间，钦差大臣及其本人之间业已订立停战协定……"（《丛刊·鸦片战争》第5册，第129页）查英文原著，"业已订立停战协定"一语，作"a truce have been agreed"，其准确含义为"已经达成了停战"，并无"订立"与"协定"的意思。

❷ Chinese Repository, vol. 9, p. 531;《鸦片战争在舟山史料选编》，第105页。

❸ 懿律在通告中称，英军占领的岛屿为舟山本岛及其附近小岛，但其英文岛名（许多是英方自己命名的）我很难对应现在的中文岛名，但从通告看，双方的界线大约在今崎头洋、金塘港一带。

❹ 关于浙江停战问题，伊里布七次上奏的时间为：道光二十年九月初三日（附英方照会两件、清方照会两件），九月初九日（附英方照会三件，清方照会两件），九月十四日（附英方、清方照会各一件），九月十九日（附英方、清方照会各一件），十月初六日

里布时时事事均有奏报。

相对于鸦片战争中许多地方大吏匿情不报而言,伊里布可谓是大体诚实的。他的高明之处,也就在这种诚实之上。他在奏折中将懿律等人的照会全部附呈,实际上也就将所有的难题统统上交,从而证明自己的做法是唯一可行的。他不像某些大吏在奏折中一味大话,结果无所措手;他始终保持了某种低姿态、低嗓门。正因为如此,他后被革拿送京审讯时,并未受到过重的处分。

如果说伊里布对道光帝隐瞒了什么,那就是隐瞒了他的内心。他已经看出军事上的对敌绝无希望,但就是不说,使得中枢不能及时地明了前线的实情。而后来的形势变化,又使他欲说不能。

1840年11月15日,懿律率部分英军南下广东,伊里布随之遵旨裁减镇海一带的清军和雇勇,❶等待着广东谈判带来好消息。

但是,在当时"天朝"的氛围中,顺昌逆亡本是"制夷"的唯一正途,而对攻城略地的"逆夷"居然停止"攻剿",自然无法为官僚士子,尤其是江浙官吏所接受。伊里布的停战举动,极不得人心,很快成为同官们的众矢之的。

(接上页)(附英方照会两件、清方照会和告示共三件),十月十二日(附英方照会一件),十月二十二日(附英方、清方照会各一件)。以上奏折,现均全文发表,见《鸦片战争档案史料》第2册。由于档案保管的原因,附件不全,主要是九月初九日、十九日、十月初六日、十二日奏折所附英方八件照会。但伊里布所发出的照会是全的。《筹办夷务始末(道光朝)》虽收录了这些奏折的摘要,但因篇幅关系,删去了附件,同时也将折内关于随奏进呈附件的说明文字也一并删去,使人们很容易误解伊里布将收到或发出的照会隐匿不报。

❶ 此时浙江镇海、宁波、乍浦一带共有防兵1万余名,伊里布计划撤退5100名,存留5400名。但他在执行时颇有心计,恐事后武力不足,每隔数日撤退百十名,至1个月后,形势有变,仍有防兵9800名,伊里布便停止裁撤(《鸦片战争在舟山史料选编》第114、165页)。

先是新任浙江巡抚刘韵珂发难，奏称英军在舟山肆虐，并有久据之心，暗喻和平收复计划不可行。然后是途经浙江的钦差尚书祁寯藻上奏，称舟山父老乡亲纷纷要求进兵，并将民众公呈附奏御览。而最使伊里布不适的，是他的下属江苏巡抚署两江总督裕谦的言论。他本与浙江事务无涉，但出自"天朝"大吏的义愤和责任感，上奏要求武力进攻舟山，且一次次报呈进攻方案。至于京城的言官，更是纷纷扬扬，奏章不绝。

就内心而言，伊里布对这些人的攻击并不惧怕，上奏时左遮右挡，自我辩护，甚至反唇相讥；他真正担忧的是广东谈判的进展。当伊里布将收复定海的责任转嫁到琦善身上后，万万没有想到，同官的攻击使他的命运与广东会谈紧密相连。万一定海不能收复，圣怒必然发作，自己必定牵连进去。伊里布熟知道光帝的性格，更清楚官场上本无是非，一切以大皇帝的好恶为标准。

可是，广东传来的偏偏是琦善谈判不利的消息。

道光帝决计开战，武力收复舟山。

伊里布这时再也不能固守其计了，只得在奏折上大谈用兵之道，可暗中多有小动作：

1840年12月31日，伊里布奏称，他将加强镇海等处的防守，而对舟山的英军，则打算购备火船，进行骚扰。

1841年1月9日，伊里布奏称，浙江防兵万名仅够防守，不敷"攻剿"，要求从安徽、湖北、湖南调兵4000名援浙。

1月17日，伊里布奏称，已拟就进攻舟山的作战计划，但"炮尚未齐，兵尚未集"，须等到炮、兵诸项准备就绪，然后乘英军"骄惰懈弛"之机再动手。

1月29日，伊里布再次奏报其作战计划，但除了上次提出的炮、兵两要素外，又提出须"添造二十四桨快船，雇备商舟渔艇，招募熟识水性水勇"后，再"设法进剿"。附奏的夹片还建议，利用美国来钳制英国。

2月2日，伊里布奏称，广东谈判尚未有最后结果，浙江不能贸然进攻，以免英人得讯后在广东更加猖獗。❶

如此看来，伊里布的这些计谋就已不再是针对英国人的，而是针对道光帝的了。

面对道光帝一道道迅克舟山的严旨，伊里布表面上仍大谈如何进兵，但又层出不穷地预设种种条件，用意正在于延宕时日。他始终不肯进攻，甚至不肯明确答复进攻的时间，能拖多久就拖多久，期待着时局的变化。尽管他在镇海一带铸炮、造船、修筑工事，拉开了架势，显得轰轰烈烈。但场面闹得越大，就越有摆摆样子之嫌疑。他虽然曾在奏折中隐约暗示进攻没有把握，但在道光帝的严旨、同官们的批责下，始终不敢说出其避战的内心判断。他知道，说了必遭重罚。

伊里布的这些小动作骗不了同官们。1841年1月28日，浙江巡抚刘韵珂与路过杭州的新任闽浙总督颜伯焘密谋后，联名上奏，要求启用已被罢斥的林则徐、邓廷桢来浙，"会同伊里布筹办一切攻剿事宜"。

伊里布的这些小动作也触怒了道光帝。1841年2月10日，他免去伊里布钦差大臣的差使，任命主战最力的江苏巡抚裕谦前往浙江接任钦差大臣，"专办攻剿事宜"！❷

就在这关键时刻，伊里布的转机到来。

---

❶ 参见《筹办夷务始末（道光朝）》第2册，第648—759页。
❷ 《筹办夷务始末（道光朝）》第2册，第751—753、759—760页。道光帝收到伊里布2月2日的奏折，极度失望，朱批："不料汝如此游疑畏葸，何能为国宣力也？"

1841年2月7日，伊里布收到琦善由广东发来的六百里飞咨，告之英军将归还舟山（详情见后节）。他闻讯大喜，当日一面奏报道光帝，一面派家人张喜去舟山，准备履行他与懿律的前约，一面释俘，一面归地。

此后的中英交涉，因照会中的抬格、代售舟山积压英货、先释俘还是先交地等细故而颇费周折。2月20日，伊里布突然收到新任钦差大臣裕谦的咨会，知其已被免差，旨命返回两江总督本任，不免大惊失色；而更让他心慌意乱的是，这位新大臣对老上司还有一通毫不客气的咨会，"安突德等不可释放，本大臣尚须查讯！"❶

伊里布知道自己已经失宠，亟欲亲手收复定海，以作补救而挽帝意，不愿让眼看到手的功劳反为裕谦享有；他更知裕谦鲁莽激越，若将英俘交到他的手中，还不知会惹出何种乱子（关于此事，详见第五章）。于是，他一反官场常规，不是坐等新大臣到来，而是加紧收回舟山的交涉。

到了2月22日，一切尚未议定，伊里布心急如焚。当晚，他与余步云紧急商议至二更，最后决定：一、由张喜先携部分英俘去舟山释放，劝英军退出舟山；二、派葛云飞、王锡朋、郑国鸿三总兵率兵3000人，押解英方最看重的安突德，随后跟进，收复舟山。

派兵前往，是伊里布不得已而用的险着。这反映出他遭道光帝严谴后破釜沉舟的一搏。❷

可是，实际的行动，却不免有些滑稽。

---

❶ 张喜：《探夷说帖》，《丛刊·鸦片战争》第5册，第348页。伊里布后来奏称，他于2月21日才收到江苏的咨会，显系为掩盖其擅权自专而作了手脚（《鸦片战争在舟山史料选编》，第193页）。

❷ 据张喜的《探夷说帖》，2月22日晚，伊里布与余步云商议时，为是否出兵而犹豫不决，恐"获按兵不动之咎"。后伊里布称，"进兵不胜，其罪轻，按兵不动，其罪重"，乃定计出兵。

2月23日晚,张喜按预定计划出海,次日晨至舟山,释放了部分英俘。当英方问及安突德等人时,张喜依计答复:若英方归还舟山,便释放安突德;若英军不归还舟山,便杀了安突德,大军开战。可正当张喜唇枪舌剑驳斥辩难之际,只见安突德驾小舟而归。过后,押解安突德的清军两名下级军官赶到,称途中英军劫走安突德,清军尚未跟进。本以武力为后盾的张喜,顿时成了孤身求情的乞儿。24日下午,英方同意撤军,收缩部队,准备离境,而此时接收定海县城的不是派出的3000大军,而是3人(张喜和两名下级军官)。张喜连夜返回镇海向伊里布报信,这两名无奈的军官只能四处寻找熟人,代为看守城门和仓库。25日,英军登船南下广东。26日,葛云飞等部才会合齐集,收回舟山。❶

而在伊里布的奏折中,情况就不同了。

2月24日,他派出张喜和葛云飞等部后,忙不迭地上奏道光帝,声称已与英方约定24日交还舟山,裕谦尚无抵浙日期,若按常规等待新大臣的到来,须得与英方改期,迟碍收复失地;且他策划已久的进兵计划亦有可能泄露,往后难期得手。因此,他为了不失时机,自行作主,仍于2月24日收回舟山。明明是一场抢功的把戏,竟被他说成是不诿卸责任的勇为。针对道光帝历次武力攻克舟山的严旨,伊里布还在同日专上一折,胡编了所谓的进攻计划:

---

❶ 以上记述据张喜的《探夷说帖》。英方的记载可验证张喜的说法,《英军在华作战记》称,英军交还舟山时,清方只有张喜和几名下级军官(《鸦片战争》第5册,第136页)。按照伊里布后来的奏折,3000清军搭乘150艘船开往舟山。伊里布2月22日子夜方下决心,若无事先的计划,3000清军需集结,150艘船需调动,没有一二天时间是很难完成的。由此看来,葛云飞等部的迟到,可能是受客观条件的限制。但是,作为统帅的伊里布为何如此决策,交由葛云飞看管的安突德等人为何不随军行动,都是很难解释的。由此看来,无论是伊里布,还是葛云飞等人,虽已动兵,但似乎都有意避战。

派兵 3000 人为主力,另捐银 1 万两,在舟山密雇乡勇;若英军拒不归地,内外结合同时并举,进攻县城;若一时不能获胜,便在岛上据险分驻,以图后举,云云。明明是一项仓促的决策,竟被他说成是计划周全奇正交用的行动。❶

尽管伊里布在奏折上大话连篇,但心里并没有底。上奏后的当日夜晚,张喜返回,告知清军并未到达。不久,裕谦又来咨会,宣告 2 月 27 日到职视事。而葛云飞等前方将领出发后,一连 3 天居然全无消息。这可吓着了伊里布,连忙派张喜再次渡海探听确情。原来这些迟到的将军们,正在为何部率先进入这座被英军放弃的空城而争功,吵得军报无法定稿。当伊里布终于得知清军复据舟山后,总算松了一口气。2 月 27 日,他再奏道光帝,又生编了一段收回舟山的详细情节:

> 我兵丁初四日(24 日)午刻齐抵定海,该夷半在城内,半在船中,是我兵到彼,胞祖(此时舟山英军的指挥官)即缴纳城池,城内各夷立即纷纷退出。我兵整众入城,登陴看守,并将城外道头地方该夷所盖草房全行拆毁。郑国鸿等传宣恩谕,将夷俘晏士打剌打厘(即安突德)等释令领回,并饬赶紧起碇。胞祖等免冠服礼,声称伊等将城池交献后,即于初五日全数撤退……❷

这一段无一字为真的言语,把滑稽可笑的丑剧改编为堂皇气派的正剧。值得注意的还有,伊里布为掩盖事实的真相,还一改其先前的

---

❶ 《鸦片战争在舟山史料选编》,第 192—194 页。
❷ 同上书,第 196 页。

做法，2月24日和27日的奏折，都没有附呈他与英方的往来照会。

不料伊里布为顺合帝意而胡编情节的奏折到达京城时，反使道光帝以为若伊里布遵旨及时进兵，完全可以消灭这股盘踞舟山而人数不多的"逆夷"。当广东军事失利的奏章频至时，深为倚重的伊里布竟然放虎归山，让一股本可全歼的"丑类"滑脚而逃，又怎能不使道光帝大发雷霆。伊里布本来只是撤销了钦差大臣的差使，却因收回舟山而加重了处分："伊里布著革去协办大学士，拔去双眼花翎，暂留两江总督之任，仍带革职留任处分，八年无过，方准开复，以观后效。"❶

这正是聪明反被聪明误。

伊里布与浙江停战，本是游离于鸦片战争主旋律之外的一段插曲，大可几笔带过。我在这里不厌其详地逐一记述，原因有二：一是过去的人们对此研究不多，致使许多细节模糊不清，有必要一一厘订清楚。二是过去的人们往往在不清晰的记述中，使用了清晰的道德批判，使得伊里布有如乖戾小人，因而不能真正理解他的言行。

伊里布与琦善一样，是清王朝中最早由主战走向主和的大吏。这种观念的转变，起因于无渡海作战的船舰，后因张喜而更清楚英军的实力。❷在严峻的现实面前，他很早便消退了与"逆夷"不共戴天的豪壮气概，希望能与英方达成双方都能"下得去"的妥协。很显然，他的想法与前节所叙道光帝的主"抚"思路，并不吻合，而到了后来"天朝"上下一派欲逞"剿夷"之痛快的氛围中，这种

---

❶《筹办夷务始末（道光朝）》第2册，第830页。
❷ 张喜在实际交往中，对英方军事力量了解颇详，见《探夷说帖》，《丛刊·鸦片战争》第5册，第337、339、344、346—347页。

想法本身就是罪过。他很幸运未奉派主持中英谈判，还可以不公开说出其真实思想，但在其主持的浙江范围内，这种思想指导下的所作所为，不能不激起同官们、道光帝以及许多人的憎恶。

这里面有必要分清两个问题：一是对侵略者应不应抵抗；二是若这种抵抗注定要失败，是否仍应抵抗。前者是道德层面的，结论是肯定的，没有疑义。后者是政治层面的，结论不能从前者引申而来。思想家与政治家的区别正在于此（我拟在第八章中作专门讨论）。既然正义的反抗并不能取胜，那么，避免无谓的牺牲也是可以的。从这个意义上讲，伊里布的消极避战不应当视作错误。

但是，我们在行为上为伊里布辩护之后，又会发现，我们无法在动机上为他辩护。所有一切表明，伊里布的消极避战并非出于减少国家、民族、民众利益损失的考虑，而是为了保全其个人。他恐怕在战败之后，其声名官禄乃至身家性命之不保。其中最明显的证据是，他没有拼死一奏，将真相说个明白，使决定国家、民族命运的决策，能立于可信可靠的基础之上。他的这种将个人利益置于国家利益之上的价值取向，无疑是错误的。

伊里布同所有的"天朝"大吏一样，在对付侵略者方面，无论在外交上还是军事上均无足以称道的精明之处；但在对付道光帝方面，却表现出高于其他"天朝"大吏的熟练才华。作为官场老手，他深谙政治运作的窍门，惯使诿过占功的招术。从以上我对他的叙说中，可以看出他施展的种种手段。也算是他的幸运，局势的突变，竟使他能收回舟山，本来是无路可投，竟也给他一条出路。❶

在研究伊里布的这段经历时，使我最感兴趣的是，他对道光帝

---

❶ 英军撤离舟山是义律擅权的决定，详见后节。由此可见，伊里布本无出路可言。

从诚实到欺骗的过程。在其开始，伊里布还是诚实的，后来奏报与英方的交涉，虽不乏"天朝"的大话，但大体情节仍为可靠。随着道光帝一道道攻克舟山的严旨，他的奏折越来越言不由衷，而获知其已被免差后，竟满纸谎言。在当时的官场中，捏谎粉饰盛行成风。过去的人们往往从忠君观念出发，批判臣子们的"欺君"行为。但是，若冷静地想一想，那种容不得半点不同意见、强求一致的政治体制和君主作风，又何曾不是在客观上催化、助长这种风气？我这里绝无意为伊里布的谎言辩护，而是指出，对促发这种谎言的体制和君主也应当批判！

由于伊里布并没有说出真情，由于当时的人们不了解也无从了解真情，社会对他的批判，自然（甚至必然）出自道德的角度。就连20年来一直对他深信不疑的道光帝，此时也不能了解他的想法，派裕谦多方调查，最后怀疑他是否接受了英方的馈赠。1841年5月3日，道光帝收到裕谦的密片，称英方"另有送张禧（喜）礼物，因甚秘密，即同去之陈志刚亦不得详……"以为其中必有勾当，立即下令将伊里布革职，命其携张喜进京听训。❶道德的批判最是无情。而批判一旦升至道德的层面，事情的细节便失去了原有的意义，至于细节之中所包含的各种信息、教训更是成了毫无用处的废物。在当时的社会中，没有人从道德以外的角度，对伊里布的行为进行深层的思索，这是另一种不幸。

从以后的各章中，我们将会看到，清朝的前敌主帅后来无不循从伊里布这半年多的道路，包括对他批判甚严的刘韵珂和颜伯焘。这其间的差别在于，后人多在战败之后倾心妥协，而行延宕之计、欺骗之策，伊里布以其聪黠在未交战之前便悟出此道。

---

❶《筹办夷务始末（道光朝）》第2册，第989—990页。

后人的效法证明了伊里布的做法有着那个时代的"合理性"。也因为如此,这位革职拿问发遣军台的阶下囚,未等到8年,而是定罪后的8个月,便东山再起。

四 琦善与广东谈判 ❶

琦善与伊里布旨趣相投,却没有伊里布的那份幸运,他的面前,只是死路一条。英方的开价与清方的还价差之霄壤,没有调和的余地。

《巴麦尊致中国宰相书》作为英国政府的正式文件,向清政府提出下列要求:

一、赔偿被焚鸦片。

二、中英官员平等交往。

三、割让沿海岛屿。

四、赔偿商欠。

五、赔偿军费。

但是,以上五项并不是英国的全部要求。1840年2月20日,与《巴麦尊致中国宰相书》一并发给全权代表懿律和义律的,还有巴麦尊的第1号训令,其中包括了更多的要求。为了使全权代表能充

---

❶ 本节的撰写,我在多处受益于佐佐木正哉先生的论文:《论所谓〈穿鼻草约〉》(中译本见《外国学者论鸦片战争和林则徐》上,福建人民出版社,1989年);《鸦片战争研究——从英军进攻广州到义律被免职》第一部分"交涉破裂与开战准备",第四部分"琦善的革职被捕及其在香港问题上的交涉"(中译本见《国外中国近代史研究》第8辑、第15辑);第八部分"对琦善的审判"(见〔日〕《近代中国》杂志,第11卷);《鸦片战争初期的军事与外交》(见日本《军事史学》第5卷第2号)。后两种日文论文由李少军先生翻译并提供。

分理解不致有误,巴麦尊还拟就了对华条约草案,供懿律和义律在谈判中使用。该草案共有十条:

一、中国开放广州、厦门、福州、上海、宁波为通商口岸。

二、英国政府可在各通商口岸派驻官员,与中国政府官员直接接触。

三、割让沿海岛屿。

四、赔偿被焚鸦片。

五、中国废除行商制度,并赔偿商欠。

六、赔偿军费。

七、未付清的赔款以年利百分之五计息。

八、条约为中国皇帝批准后,解除对中国沿海的封锁;赔款全部付清后,英军方撤离。

九、条约用英文和中文书写,一式两份,文义解释以英文为主。

十、条约在规定期限内由双方君主批准。❶

如果我们将此两文件对照,就会发现,《条约草案》中第一、七、八、九、十条为《致中国宰相书》中所无,而第二项中增加了派驻官员,第五项中增加了废除行商制度。对清朝说来,后一份文件要苛刻得多。

那么,这两份内容有着不小差异的清单,又应以哪一份为准呢?巴麦尊规定,以后者为准,同一天他给懿律和义律的第4号训令指出,条约草案中一、二及四至九各条,是"必不可缺的条件",❷表示了毫不通融的态度。对于可以通融的第三条,即割让沿

---

❶ 转引自严中平:《英国鸦片贩子策划鸦片战争的幕后活动》,《近代史资料》1958年第4期,第72—76页。

❷ 马士:《中华帝国对外关系史》第1卷,第714页。

海岛屿,他又提出了五项交换条件:

一、允许英人在通商口岸进行极度自由的贸易和各种活动。

二、清政府公布进出口关税则例,清政府官员不得征收高于该则例的税费。

三、给予英人最惠国待遇。

四、中国不得对从事非法贸易的英人以人身虐待。

五、给予英国领事裁判权。

巴麦尊还明确指示,如清政府不同意割让岛屿,须将上述五条,列入条约的第二条以后,其余各条的编号也随之改变。❶由此看来,只有第十条,即双方君主批准条约的时限,是可以讨价还价的。

我到现在还弄不清楚,为何巴麦尊在《致中国宰相书》中没有开列英国的全部要求?他开出两张不同的清单是否出于某种策略上的考虑?不过,我可以肯定地说,如果巴麦尊在其《致中国宰相书》开列其全部要求,必会遭至道光帝的严拒,就不会有主"抚"这一层波澜,更不会有琦善的广东之行。

清方的还价不像英方的开价,有一份可以列出甲乙丙丁的清单。这是因为,道光帝对"情词恭顺"的英"夷",并不打算开多少"恩",主持操办的琦善,有时的让步只是得到事实上的批准。因此,清方的还价,出自圣裁的有:

一、惩办林则徐。

二、准许英人在广州恢复通商。

出自琦善的建策或出自琦善的实际操作而为道光帝同意的有:

---

❶ 转引自严中平:《英国鸦片贩子策划鸦片战争的幕后活动》,《近代史资料》1958年第4期,第75页。

三、部分赔偿被焚鸦片。❶

四、中英官方文件来往用"照会"。❷

此外还有一项不见于任何文字材料,但今日的研究者可歆歆闻到的是,道光帝打算对猖獗于中国沿海的英国鸦片走私眼开眼闭,不再绳之以法了。

从清方的还价来看,其第一项本非英方的要求,而清方又最为看重,此中反映出来的两种文化的差别是深层的;其第二项,只是循规旧态,与英方要求五口通商的进逼恰恰相反;其第三项不能满足其全部赔偿的要求;其第四项虽解决了平等文书的问题,但没有确立两国官员交往的其他程式。即便那项对鸦片走私的默许,也不符合盎格鲁—撒克逊人的脾胃。他们此时虽没有正式提出要求,但巴麦尊已指示英方代表劝说清政府同意鸦片贸易合法化。

总之,清方只回答了英方要求的皮毛。

谈判中讨价还价本是一种战术,但其中最重要的条件是谈判者有权做出让步。而主持广东谈判的英方代表义律和清方代表琦善,显然都不具备此等资格。

英方的全权代表本为懿律和义律两人。1840年11月,懿律因身体不适去职。❸ 义律成为唯一的全权代表。他虽有"全权"之名,

---

❶ 这方面的证据是:一、琦善一到广州,很快提出鸦片赔银500万两的方案,他虽在照会中称"其银既非大皇帝准给,系由本大臣爵阁部堂另行筹办"(佐々木正哉编:《鴉片戦争の研究:資料篇》,第30页),但在奏折中亦明确说明此事,若无道光帝的批准,琦善绝不敢如此办理。二、1840年11月御史曹履泰奏称,赔偿烟价须英军交还舟山后方可给予(《筹办夷务始末(道光朝)》第1册,第540页)。此时琦善尚未到达广州,言官即有此议,可见道光帝同意赔偿在当时京城已为许多人所知,不再是秘密了。

❷ 当时琦善和伊里布与英方的往来照会,皆随奏附呈御览,道光帝没有表示异议,可视为道光帝已经默许。

❸ 对于懿律的去职,当时和后来都有许多评论。我以为,懿律与他的堂弟义律在政策上有分歧,当为事实;而其身体有病,也是事实。他的离华,有着双重的原因。

但从巴麦尊训令中可以看出，他无权降低英方的要价。实际上，巴麦尊本人根本不相信谈判，在1840年2月20日训令中明确主张用大炮来说话，对方要么接受条件，要么动武，不必纠缠于交涉。❶

　　琦善身为钦差大臣，其职权范围比义律还小。他不仅没有提高还价的全权，而且据清朝的律规，他亦无与外国签订条约的全权，时时事事都需请旨办理。他在京请训期间，道光帝有何指示，今已无从查考。但是，从后来道光帝的上谕中可以看出，对英"夷"的"桀骜不驯"，道光帝是绝不让步，主张立即动武的。

　　因此，真正有资格发言的是巴麦尊和道光帝，义律和琦善只不过是他们手中的牵线木偶，一举一动都应受之操纵。若按照两位牵线人的本意行事，那么，双方一经交涉就应立即开战，完全用不着如此许多的啰嗦。但是，无论是伦敦还是北京，都距离广东十分遥远，牵线人手中的线一放到那么长，木偶的手脚就不可能绷得很紧。于是，义律和琦善都利用这小小的松弛，一轮又一轮地交涉，演出了双方导演没有编排的众多节目。

　　所谓广东谈判，实际上是义律越权、琦善违旨的活动，其中义律走得比琦善更远。

　　这样的谈判又能有什么结果呢？

　　以上的分析，是今天研究者冷静思索的判断，而当时的两位当事人，琦善和义律，都是十分投入的。

　　1840年11月20日，义律由舟山南至澳门，29日，他发照会给琦善。也就在这一天，琦善由北京南至广州，途中56天，比他的前任林则徐少用了5天。12月3日，他发照会给义律。

---

❶ 马士：《中华帝国对外关系史》第1卷，第713页。

中英广东谈判正式开场。

在这次谈判中,让人感到奇怪的是义律。他似乎没有把巴麦尊训令放在心上,从现存文字材料中,似从未和盘托出巴麦尊起草的《条约草案》的全部内容。他最先的出牌,仍是《致中国宰相书》的条件,以后的出牌又不停地变化。他好像是害怕一开始就吓跑了对手,采取的是逐级加码的战术。

自 1834 年以来,义律来华已达 6 年,由随员升至对华商务总监督、全权代表,期间从未回国。他对中国的国情颇为了解,善于用曲折的手段达到目的,得寸进尺。在与邓廷桢、林则徐等人多次交手不利后,突然实现能与"大臣爵阁部堂"琦善这样的"天朝"顶尖人物对等直接交涉,不免喜出望外。从他给巴麦尊的报告来看,他对此时清廷出现的和缓意向非常感兴趣,企图诱导这种意向的发展而不是挫败之。他的报告也使人产生一种模糊朦胧的印象,他似乎想做一个力压千斤的秤砣,由此操纵中国政治的趋向。当然,所有对他的行为和动机的研究,已经游离于本书的主旨之外,不必深究下去。但若要我作一个一般性的评论,那就是,他在"天朝"呆得时间太长了,手法上不免多了一些东方的阴柔之气,而对母国那种霸道手段有些生疏,用起来不那么老到了。

琦善在交涉之始,便予以同意赔偿烟价 500 万元,而对英方的其他要求均予婉拒。他本以为有此烟价之"殊恩",即可大体成交,而没有想到对手竟如此不近事理,要求无厌。因此,在步步设防之后,他又作出一些退让:一、烟价增至 600 万元;二、"代为奏恳圣恩",在广州之外另辟一口岸,但只准在船上交易,不得上岸居住。

特别有意思的是,琦善在照会中不断更换角色,有时如英方和道光帝之间的调解人,有时如义律的朋友,提出一些"善意"的劝告，而不太像清政府进行交涉的正式代表。还须指出，尽管在今人的眼光中，琦善的照会充满了滑稽可笑的"天朝"用语，但放在当时的背景中，琦善的嗓门还是属于低调的。这也是义律可以接受、巴麦尊不能容忍的原因（详见绪论）。

实际上，自1840年8月天津交涉以来，琦善对英国的了解也确实多于许多清朝官吏，但始终没有弄清楚两点：一、"天朝"对英国有多大的经济制裁的优势？茶叶大黄制敌说已不再提起，而断绝通商必令其败的观念仍未动摇，准许通商仍是他手中最重要的王牌。二、英国发动这场战争的目的究竟为何？既然英国口口声声宣称为报复林则徐而来，那么，林已革职、林的举措已不行、甚至林焚毁的鸦片都赔钱，英国还有何"冤抑"，还有什么理由非分要求不休呢？至于英国要进入中国市场，要将中国纳入其全球贸易体系等等原因，既没有人向他说明，而且即使有人说明他也不可能理解。因此，琦善虽已看出事情非常难办，但还以为手中有几分左右局势的能力，照会上仍游笔自如。

如此的笔墨官司打了一个多月，双方的来往照会共达15通。期间义律多次要求当面会谈，但在天津经历过6小时争吵的琦善，一直拒绝。1841年1月5日，义律终于搬出巴麦尊训令中的杀手锏，照会琦善，"依照兵法办行"。❶

1841年1月7日，英军攻占了虎门口的沙角、大角，清军大败（详见后节）。

战败的现实，似乎使琦善尚有幻想的头脑变得冷静了：自己原来并没有讨价还价的本钱。但他先前稳妥有序的手脚，却不免慌乱失措。1月11日，他竟不顾自己的身份和权限，擅自作主，照会义

---

❶ 佐々木正哉编：《鸦片战争の研究：资料篇》，第27—52页。

律，作出重大让步：一、"代为恳奏""予给口外外洋寄居一所"；二、"代奏恳恩"广州开港恢复贸易，条件是英军归还舟山。❶很可能在其心目中，用虎门口外的不毛之地换取舟山，外加英军从沙角、大角两处撤退，还算是有利的生意。琦善的胆量真是够大的。

而义律此时的表现，也全无盎格鲁—撒克逊人的风度。他明明知道琦善照会上所允的一切，只不过是"代奏"，算不上是正式同意，尚须得到圣旨的批准，但是却硬将生米当作熟饭吃。我在绪论中已经提到，1841年1月20日，他据琦善照会中那句含义不确的话，宣布已与琦善达成四项初步协定：一、割让香港；二、鸦片赔款600万元；三、中英平等外交；四、1841年2月2日恢复中英广州贸易。❷1月26日，英军强占香港。1月28日，英国远征军海军司令伯麦致函清军将领，声称有"文据在案"，要求撤退香港岛上清军。❸

义律此类偷偷摸摸的勾当，激起巴麦尊的极度不满，并从根本上怀疑这种协定的存在。❹

如果说从澳门到伦敦长达6个月以上的通信周期，使义律有充分时间放开手脚越权，那么，从广州到北京仅仅40天甚至更短时间的快报来回，本不应给琦善如此之多的自由活动的余地。可是，琦善抗旨不遵。

1840年12月25日，道光帝收到琦善关于广东谈判的第一批奏折（12月7日发），态度已有转变，即下旨让琦善准备剿办之

---

❶ 佐々木正哉编：《鸦片战争の研究：资料篇》，第61—62页。
❷ 马士：《中华帝国对外关系史》第1卷，第305—306页。
❸ 佐々木正哉编：《鸦片战争の研究：资料篇》，第75页。
❹ 马士：《中华帝国对外关系史》第1卷，第735页。

事。❶12月30日，道光帝收到琦善关于广东谈判的第二批奏折（12月14日发），认为谈判已进入死胡同，毫无希望，遂下旨"乘机攻剿，毋得示弱"。同日，道光帝恐广东兵力不足，命四川、湖南、贵州备兵共4000人，听候琦善调遣。❷

1841年1月6日，道光帝收到琦善关于广东谈判的第三批奏折（12月19日发），大为光火，下了一道不留任何余地的严旨：

逆夷要求过甚，情形桀骜，既非情理可谕，即当大申挞伐……**逆夷再或投递字帖，亦不准收受，并不准遣人再向该夷理谕**……朕志已定，断无游移。（重点为引者所标）

他还下令启用已被革职、在广州听候处理的林则徐、邓廷桢，让林、邓协助琦善"妥为办理"。❸

此后，道光帝在谕旨中，主"剿"的调门越来越高，对琦善的态度也越来越严厉。

由此可见，道光帝一接到广东谈判的奏报，旨意顿变，由主"抚"而转向主"剿"。而1月6日的谕旨，更是明令关闭谈判的大门。他本因英"夷"的"情词恭顺"而主"抚"，此期的变化亦在情理之中。12月19日以前的"夷情变化"，虽仍不出《巴麦尊致中国宰相书》中各项要求的范围，但此时对他又成了新鲜事情，可见他对这份重要的英方文件并无仔细的分析和研究，几个月后，忘得差不多了。

根据清方的档案，前引第一份上谕以"五百里"的速度发出，

---

❶ 《筹办夷务始末（道光朝）》第2册，第608页。
❷ 同上书，第618—619页。
❸ 同上书，第632页。

前引第二、第三份上谕皆以"六百里"的速度发出。其到达广州的时间,当在1841年1月中旬。❶据琦善奏折,他于1月20日收到1月6日的上谕。因此,若按照旨意办事,琦善最晚也应在1月20日改弦更张,转向主"剿"。❷

但是,琦善的行动,恰恰相反。他不仅继续"收受"英方的照会,"遣人"与英方交涉,而且亦改变先前拒绝会面的做法,前往虎门,与义律直接会谈。

1841年1月26日,琦善与义律相会于虎门。27日和28日,双方进行了有关条约的谈判,争执的要点是香港问题。❸谈判陷于僵局,琦善见势不妙,便以身体不适为由,要求会议延期举行。❹

琦善回到广州后,于1月31日拟定了中英条约的修正案,即《酌拟章程底稿》(后将分析),派人送给义律。但义律拒绝此案,坚持己见,并以战争相威胁。双方照会频频。后根据琦善的提议,

---

❶ 从北京到广州的"五百里"、"六百里"谕旨需时约14至19天。据1841年1月18日琦善奏折,他已经收到道光帝1840年12月30日的谕旨,但未称具体时间(《鸦片战争档案史料》第2册,第765页,《筹办夷务始末(道光朝)》铅印本误为1月20日发);而12月25日的谕旨,琦善奏折中未提及。这种不寻常的做法,反映出琦善抗旨的意向。

❷ 《鸦片战争档案史料》第3册,第39页。这一时间又可得到林则徐的验证,见《林则徐集·日记》,第379页。

❸ 关于"割让"香港一事,琦善一直存有误解,而这种误解又似肇因于义律。1840年12月29日,义律在照会中写道:"惟有予给外洋寄居一所,俾得英人竖旗自治,如西洋人在澳门竖旗自治无异。"(佐々木正哉编:《鸦片戦争の研究:资料篇》,第46页)"予给"一词作何解,姑且不论,"如西洋人在澳门"一语,就不能不使琦善发生误会。澳门是葡萄牙向中国租借的居留地,不是葡萄牙的领土,清政府亦在此保留了许多权力。而琦善1841年1月11日复照义律时,称:"给予口外外洋寄居一所。"(同上书,第61页)"寄居"一词的含义应当是清楚的。又,琦善在其奏折中,一直以澳门为例来说明香港的地位问题。

❹ 义律致巴麦尊,1841年2月13日,转引自佐佐木正哉:《论所谓〈穿鼻条约〉草案》,中译本见《外国学者论鸦片战争和林则徐》上册,福建人民出版社,1989年,第165页。

双方定于 2 月 11 日再次会谈。❶

与广东的情势正好相反，1 月 27 日，正当琦善和义律会谈于虎门莲花山之际，北京的道光帝收到沙角、大角战败的奏报（1 月 8 日发），即由内阁明发上谕宣布英逆罪状，决心全力攻剿，并由军机字寄上谕给琦善，下了一道死命令：

> 现在逆形显著，惟有痛加剿洗，以示国威，尚有何情理可喻？……著即督率将弁，奋力剿除，以图补救。❷

这道谕旨于 2 月 9 日到达广州，❸可是琦善仍旧不肯回头。2 月 10 日，即收到谕旨的第二天，他依然按计划离开广州。11 日和 12 日，他与义律在虎门蛇头湾举行第二次会谈。

关于此次会谈，义律的报告称，"两人长达 12 小时的讨论的结果，成功地拟成了全部条文"，但琦善没有签署这个条约，要求展期 10 天。❹看来，琦善在英军压力下已经不敢公开抵制，只是要了

---

❶ 1841 年 2 月 7 日，义律致琦善照会中称："据差人称，请于本月二十日（2 月 11 日）再行面谭等语。"（佐佐木正哉编：《鸦片战争的研究：资料篇》，第 79 页）可见这次会谈是琦善主动提议的，尽管他后来在奏折中否认。

❷ 《筹办夷务始末（道光朝）》第 2 册，第 711—713 页。有论者据该谕旨中有"通谕中外"一语，认为是道光帝正式宣战。这是一种误解。此处的"中外"，并非是今日之"中国与外国"之意，"中"是指"宫中"如"留中不发"等等。"外"与"中"对立，指"宫外"，即"官民人等"之意。另外，当时中国对国际法中的"宣战"程序亦毫无所知。

❸ 《林则徐集·日记》第 381—382 页。琦善在奏折中对收到此谕旨的时间，多加掩饰。1841 年 2 月 14 日，他在奏折中含混地说道："昨奉垂询……"好像是 2 月 13 日才收到此谕。这显然是为了掩盖他抗旨，继续与英方会谈的行为（《筹办夷务始末（道光朝）》第 2 册，第 814 页）。

❹ 义律致巴麦尊，1841 年 2 月 13 日，转引自佐佐木正哉：《论所谓〈穿鼻条约〉草案》，中译本见《外国学者论鸦片战争和林则徐》上册，第 168—169 页。

个滑头,到了关键时刻没有签字溜了回来。琦善对这次会谈也有报告,但已经全是谎言了。他奏称前往虎门是为了查勘该处的防务,适遇义律求见,为"缓兵之计"而与之会谈。他还奏称,会谈完全围绕香港问题,他批责了英方强占香港的行径,再次声明,只是"寄寓一所,并非全岛"。❶

此后,琦善如同前面所叙的伊里布,全靠谎言来维持日子。2月13日,琦善从虎门回到广州,收到了两份重要的文件:一是道光帝于1月30日的谕旨,授奕山为靖逆将军,隆文、杨芳为参赞大臣,并从各地调集大军前往广东"剿夷"。❷二是义律根据蛇头湾会谈拟就的条约草案——《善定事宜》,并在照会中要求早日会晤,共同签署。❸同一天内受到两方猛击,琦善已无路可走。2月14日奏折中,他称会见义律是"缓兵之计",实际上是"缓"道光帝"之计";他又称会谈围绕香港问题,很可能是风闻同僚广东巡抚怡良乘他不在广州,于2月11日出奏弹劾他"私许香港"。❹

由上可见,最晚从1月20日起,琦善一直对抗道光帝的谕令,

---

❶ 《筹办夷务始末(道光朝)》第2册,第813—814页。
❷ 同上书,第719页。
❸ 佐々木正哉编:《鸦片战争の研究:资料篇》,第80—84页。
❹ 《鸦片战争档案史料》第3册,第92—94页。怡良是在林则徐等人的策划下出奏的。怡良的奏折中称:"该大臣到粤如何办理,虽未经知会到臣……"言下之意是琦善到广东后一直对他封锁消息,这是很值得怀疑的。义律的告示2月1日发布,伯麦致赖恩爵的照会1月28日发出,按照当时的通讯速度,广州于2月3日便可得到消息。据林则徐日记,琦善2月10日离开广州前,曾于2月4日和5日有两次与林则徐、怡良会谈,即使琦不表白,怡良又为何不问?琦善后来受审时,对怡良的这种说法完全否认:"琦善与怡良系属同官,时常接见,岂能不谈公事?惟因夷务机密,有未及事事相商之处……"(同上书,第472页)由此可见,怡良若是琦善未告真情,完全有机会询问清楚,而他乘琦善刚离开广州,便上奏弹劾,目的就不是弄清真相而是扳倒琦善了。又据这一时期林则徐致怡良的信件,怡良出奏时非常注意保密。

拒不攻"剿",坚持用和谈来解决争端。而到了此时,新的将军、参赞即将到来,换马已成事实,他被黜只是时间问题,也不得不改弦更张,准备武装抵抗。为此,他还在2月14日奏折中向道光帝保证:"此后该夷再来投文,自应遵旨拒绝。"

后来的事实表明,琦善对和谈还不死心。1841年2月16日,义律照会琦善,称英军已撤离舟山,要求于2月20日前在他的《善定事宜》上签字,否则"仍复相战"❶。琦善经受不住此等恫吓,立即忘记了自己的保证,于2月18日复照义律,真的行使起"缓兵之计":"日来抱恙甚重,心神恍惚,一俟痊可,即行办理。"❷

2月19日,琦善派他的交涉专使鲍鹏去送这份"缓兵"的照会,怕义律不会善罢甘休,便另撰一文件,再次做出让步:从原先的"只许香港一隅",扩大为"许他全岛"。他嘱咐鲍鹏:"看光景恭顺则付,倘有反复,不要给他。"第二天,鲍鹏还是带回了这份文件,因为,据这位当过买办、贩过鸦片、被地方官指名捉拿、甚至民间传说是大鸦片商颠地的幸童、而被琦善加以八品顶戴的信使的观察,"光景不好"。❸

就历史的结论而言,即使琦善和义律达成了协议,也绝不会被两国政府批准。但作为历史的考察而言,分析一下两人各自提出的最后价码,也不是没有意义的,这可以使人们清楚地看到他们的思想。

琦善对英方是不停地还价,其最高还价是1841年1月31日向义律提交的《酌定章程》,该条约仅有4条,内容为:

---

❶ 佐々木正哉编:《鸦片戦争の研究:资料篇》,第83页。
❷ 同上书,第84页。
❸ 鲍鹏续供,《丛刊·鸦片战争》第3册,第253页。

一、准许英人在广东通商，准许英人在香港地方一处寄居。

二、此后英人来广东贸易，悉按旧例办理。

三、英船夹带鸦片和违禁品、或漏税走私者，货即没官，人即治罪。

四、英人今后对此处理不得有异议。❶

由于琦善打算用私下解决的方法处理被焚鸦片的赔款，条约内对此事没有涉及。从琦善所拟的条约内容来看，除给予香港地方一处寄寓外，并没有其他违旨条款，反而明确重申了以往的旧例。在当时条件下，面对凶恶的敌手，可以认定琦善已经尽其最大可能维护中国利益了。

义律最后的出价，是1841年2月13日送交琦善的《善定事宜》，该条约共有7条，内容为：

一、英人前往广州贸易，按旧例领取牌照，准许自由出入。中国政府保证其生命财产安全。查无违禁品的英船主，无须具结。

二、两国官员公文平等往来。商人业务由商人自办，并按旧例向中国官宪具文。

三、中国皇帝批准将香港一岛给予英国国主，并准许中国船只去香港通商。

四、在华英人犯罪，由英、中两国官员共同审理，在香港服刑。在香港的中国人犯罪，引渡给中国，由中、英两国官员共同审理。

---

❶ 《筹办夷务始末（道光朝）》第2册，第815页。后来琦善打算将香港一处地方扩大为全岛，但鲍鹏最终未给文件，故应不视为出价之列。从当时的情形来看，琦善拟定的《酌定章程》，是对义律1月20日宣布的四项初步协定的还价。尽管两者之间差距甚大，但琦善致义律的照会诡称："本月初九日酌定四条，寄阅大意，亦与贵公使大臣所拟，不甚相远，不过汉文语顺，是以语句字面，每有不同。今若逐条辩论，转滋意气……"（佐々木正哉编：《鸦片战争的研究：资料篇》，第79页）

五、英船按旧例驶入黄埔。英商交纳行商费用以道光二十一年正月初一日（1841年1月23日）为准，不得再增。两国通商章程、税率等项，由中国行商3人和英国商人3人共同讨论拟定，由广东官府批准实施。中国行商3年内还清欠款，3年内取消行商制度。

六、今后英商携带违禁品入境，货物没收，人犯或由中国驱逐，或交英方处理。

七、条约由英全权代表和清钦差大臣盖印，然后由英国政府批准，再由清朝钦命大学士盖印。❶

由于义律也同意私下处理鸦片赔款，条约对此没有涉及。

义律所拟的《善定事宜》与《巴麦尊致中国宰相书》的要求相比，减少了赔偿军费一项，与巴麦尊拟定《条约草案》相比，减少了增开通商口岸、英国在通商口岸派驻官员、赔偿军费、赔款付清前占据舟山、未付赔款计息诸项；相应地增加了领事裁判权、另订通商章程、取消行商制度等内容。若以义律的《善定章程》与巴麦尊的《条约草案》相比较，前者更对中国有利。义律完全违背了巴麦尊训令。

但是，若将义律的价码与琦善的价码相比较，双方的差距仍是非常之大。由此看来，即使没有道光帝停止谈判、大兵开战的谕旨，琦善是否会同意义律的要求而在《善定事宜》上签字，仍是不能肯定的。

有论者据义律于1月20日宣布的所谓《初步协定》和后来的《南京条约》相比较，认为此期琦善外交取得了大胜利。我以为，

---

❶ 《善定事宜》中文本，见佐々木正哉编：《鸦片戦争の研究：资料篇》，第81—82页。据见过该条约英文本的佐佐木正哉所述，条约的英文本与中文本还是有所区别的，并在其论文：《论所谓〈穿鼻条约〉草案》中予以说明。此处是结合两种文本叙说的。

此论似为不妥。

其一，无论是义律1月20日宣布的《初步协定》，还是2月13日送交的《善定事宜》，琦善实际上都没有同意；而琦善1月31日发出的《酌定章程》，义律也没有同意。在广东谈判期间，中英双方根本就没有达成任何协议，又何从与《南京条约》相比较，又何从称之为外交胜利？

其二，义律在广东谈判期间所作出的让步，似为其个人的行动，而非琦善所致，巴麦尊后来几次批责义律，都说明了这一点。我们检视琦善谈判中的所有照会以及有关谈判的资料，看不出他在外交上有何高明之处，似不能把他那种不断变换角色的说词，当作可嘉的战术。此时他与清王朝绝大多数官员的差别，仅仅在于，别人主"剿"，因而无"外交"可言；而他反对"剿"，因而有此"外交"的磨难。

琦善在广东谈判期间的抗旨，无论怎么说，都不能算作是细节。因此，按照儒家学说和清朝的法律，琦善罪无可逭。

可是，若不以君主的是非为是非，反过来检讨道光帝的决策，我们又可以看到，如同先前由"剿"转"抚"一样，此期的由"抚"转"剿"仍是十分轻率的。从他这一时期的朱批和谕旨来看，他似乎不是很注意英方提出条件的具体内容，而是震怒于英方提出条件的行动本身。"情词恭顺"催生主"抚"，"桀骜不驯"促成主"剿"。他的这种看问题的视角，自是"天朝"大皇帝的风格所定，而这种表现又在某些方面类似文化革命期间的"打态度"。

君主的好恶，酿成一波三折。

作为一名臣子，琦善完全知道抗旨的风险。但他坚持和谈，一方面是出自自信，以为自己既可以说服道光帝又可以说服义律，这一点是虚幻的；另一方面是出自清军不敌英军的判断，而这一点恰恰是事实。与伊里布的支支吾吾不同，琦善在奏折中是真话实说，反复上陈。这也是琦善唯一可贵的地方。

五　虎门大战

在弱肉强食的殖民主义时代，外交上声音的大小，不在于是否有理，而取决于武力。鸦片战争中的虎门之战典型地说明中英双方军事实力的差距。

虎门位于今广东东莞市。它不是一个点位的概念，而是泛指外濒伶仃洋，内联狮子洋，长约8公里的一段珠江江面以及附近两岸的地区（详见后图）。它是广州的门户。若要抗拒浮海而来的侵略者，其战略地位是不言而喻的。

正因为虎门的战略地位和地理形势，历朝统治者都注重虎门的设防，其最早的工事可追溯到明万历朝。清康熙朝后，修防不断，逐步形成要塞规模。1810年，嘉庆帝增设广东水师提督，其衙署就设在武山侧后的虎门寨（今太平镇），直接指挥此处的防御。

但是，虎门防御工程建设的关键年代，是1835至1839年，其总设计师为关天培。

先是1834年律劳卑来华，命英舰2艘闯过虎门要塞，一直进抵黄埔，威逼广州。虎门清军曾竭尽全力对之开火，但仅毙英方2人，伤7人，英舰也仅受到一些轻伤；但己方的损失却相当惨重。道光帝闻讯大怒，罢免广东水师提督李增阶，调苏淞镇总兵关天培继任之，命其一洗旧习。

关天培，江苏山阴（今属淮安）人，以武秀才补清军把总，积20余年经历累迁至参将。其一生中的转折点，在于1826年首行海运。是时，他以吴淞营参将的职分，押解粮船1254艘开出长江，扬帆北上，其间虽有300多艘因风潮漂至朝鲜，但皆觅道而归。当浩浩荡荡的船队驶入天津时，百万石漕粮解收无缺，三万名水手全部安然。道光帝闻讯大喜，升关天培为副将，未久，又升其为总兵。1833年，关天培进京陛见，道光帝仍不忘此事，温语嘉慰。

1834年底，关天培接手新职。他详细考察了虎门的地理形势，提出了三重门户的防御设想：

一、沙角、大角两炮台相距太远，难以形成交叉火力，故改为信炮台。一旦有敌舰内驶，两处即发信炮，通知上游各炮台守军准备迎敌。此即第一重门户。

二、上横档岛一线地理形势占利，为重点防御区域。在东水道，他改建武山西侧的南山炮台，更名为威远炮台，安炮40位，加固威远炮台以北安炮40位的镇远炮台，加固上横档岛东侧安炮40位的横档炮台，企图以威远、镇远、横档三炮台共120位火炮，控御横档东水道。在西水道，他新建上横档岛西侧的永安炮台，安炮40位，新建芦湾东侧的巩固炮台，安炮20位，企图以永安、巩固两炮台共60位火炮控御横档西水道。此即第二重门户。

三、加固大虎山岛东南侧的安炮32位的大虎炮台。此即第三重门户。❶

1835年，关天培在两广总督卢坤的支持下，历时约10个月，按照上述构想改造虎门防卫体系，年底工程完工。

两年之后，1838年，马他仑来华，英舰直逼虎门，关天培被迫屈服（详见第二章第一节）。事后，关天培又在两广总督邓廷桢的

---

❶ 关天培：《查勘虎门扼要筹议增改章程》、《重勘虎门炮台筹议节略》，《筹海初集》卷1。尽管关天培称三重门户是前人的创意，但在他之前不见何人提出过。

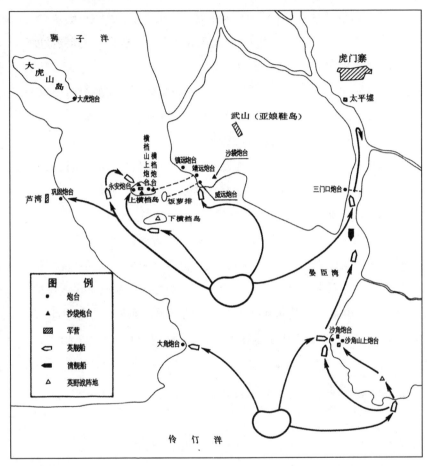

图二 虎门防御、作战示意图

支持下,根据此次事件暴露出来的虎门防卫体系的缺陷,再次加强防御能力:一、在镇远炮台和威远炮台之间,新建靖远炮台,安炮60位。这是当时清朝疆域内构筑最坚固、火力最强大的炮台。二、在饭箩排和上横档岛的西侧,架起两道至武山的排链,以迟滞敌舰的内驶速度。❶

1839年,增建工程完工,虎门成为清朝最强大的海防要塞。钦差大臣林则徐前往虎门销烟时,曾奉旨检查了工程质量,对关天培设计的虎门防卫体系表示满意。❷

关天培的三重门户设想,重点在第二重门户,即上横档岛一线,尤其以横档东水道为著,炮台火炮,泰半设于此处。

1835年起,关天培制定虎门清军春秋两操的章程,❸后又根据防御的扩大而修改。❹所谓春秋两操,即春秋两季之演习。该章程实际上就是未来作战的应战方案。根据关天培的章程:虎门各炮台平时守兵共590名,平均每3兵看护2炮,演习时再增派协济兵丁670名,大约每4兵操1炮;演习时江面另调水师战船10艘,每艘炮12位、兵丁水手64名,共计炮120位,兵640名;

---

❶ 《鸦片战争档案史料》第1册,第486—489页。其中排链工程,关天培于1835年就要求兴建,但被卢坤所拒(见《筹海初集》卷1)。此时邓廷桢据关天培的请求,同意兴建。

❷ 《林则徐集·奏稿》中册,第641—644、690—691页。有论者因林则徐对靖远炮台和排链上过奏折,误以为此两项工程为林主持。实际上林对虎门防卫并无建策或贡献,当时他的重点主要在九龙和澳门一带。

❸ 关天培的演习方案(即章程)的形成有一个过程。1835年,他的《筹议每年操演拟请奏定章程稿》、《筹议春秋二季操练炮准师船稿》、《春秋训练筹备一十五款稿》,是其最初的形式;而1836年的《创设秋操通行晓谕稿》是其完成形态。见《筹海初集》卷3、卷4。

❹ 参见《林则徐集·奏稿》中册,第690—691页;《鸦片战争档案史料》第1册,第618—624页。关天培的修改,主要是增设了排链和新建了靖远炮台而增加了兵力,其基本精神未变。

演习时另调泅水阵式兵、中水对械兵、爬桅兵、能凫深水兵等水中交战兵丁百余名。全体参加演习的清军共计 2028 名。此数即虎门战时编制。

根据关天培的章程：敌舰闯入虎门口端时，沙角、大角守军发现后施放信炮，通知后路；当敌舰驶入横档东水道时，以威远、靖远、镇远、横档四炮台轰击之，敌舰因排链阻挡，必不能蓦然闯过，势得停留多时，正利于清军火炮连番轰击，此时部署在横档后路的清军师船和水中作战兵丁，亦前来配合炮台作战；若敌舰驶入横档西水道，以永安、巩固两炮台轰击之，而清军师船及水中作战兵丁亦前来配合对敌；若敌舰闯过横档一线防御，继续深入，以师船和大虎炮台拒之。

这是一个完整的作战方案，但它是根据 1834 年律劳卑来华时虎门之战的经验而制定的，其实质是层层堵截，防止敌舰闯过虎门，直逼广州。可是，敌舰若不是急着闯过虎门，而是直接进攻炮台，那么三重门户就成了三重互不相连孤立无援的据点。关天培的 9 台 10 船 426 炮 2028 人的战时编制，❶也是根据 1834 年、1838 年两次来华的英舰数目而确定的。也就是说，关天培设计的虎门的防御能力，仅是敌舰数艘。❷1841 年，英军采取的却是直接进攻炮台的战法，而舰船数目是虎门设计能力的数倍！由于林则徐等人的敌情判断失误，虎门的防御体系至临战之际已经来不及修改，只是增加一些兵勇火炮而已。

由此可见，清王朝倚为长城的虎门防卫体系，正如明代尽心尽

---

❶ 虎门当时 9 炮台共有火炮 306 位，另加师船 10 艘火炮 520 位，共计 426 位。

❷ 1840 年 12 月，琦善函问关天培虎门防御，关天培答复："如来船尚少，犹可力争，多则实无把握。"(《筹办夷务始末（道光朝）》第 2 册，第 628 页）由此可见关天培对防御能力之估计。

力修筑的长城未能阻止其祖先的数度入犯一样,本身就是一只靠不住的跛脚鸭。

有论者将虎门之战的失败,归咎于琦善的撤防或拒不派援,对此,我在绪论中已经扼要提及,这里再作进一步的分析。

据林则徐奏折,1840年6月鸦片战争开始时,虎门的清军兵勇共为3000余人。❶这比关天培的战时编制增加了1000多人。四个月后,1840年10月,广东巡抚怡良奏称:"虎门内外各隘口,兵勇共有万人,督臣林则徐前次奉到谕旨,当即会同臣将次要口隘各兵,陆续撤减二千余名。"这里所称的"虎门内外",是指虎门外的九龙、澳门和虎门内的狮子洋以上的各处防守,当然,也包括虎门。怡良所奏的"万人"和"撤减二千余名"都是靠不太住的数字。❷即使以"万人"来计算,参照先前林则徐的奏折,澳门有设防兵勇约3000人,❸九龙有设防兵勇1000余人,❹那么,虎门兵勇至多不过6000人。这个数字虽为关天培的战时编制的三倍,却只有虎门交

---

❶《林则徐集·奏稿》中册,第838页。
❷《筹办夷务始末(道光朝)》第2册,第557页。撤兵是遵照道光帝9月29日谕旨行事,然此时林则徐已革职,故由巡抚怡良上奏。怡良在上奏前,曾将奏折底稿交由林则徐审阅,但撤军数目暂空。10月24日,林则徐致函怡良,称:"片内所空撤兵之数,拟填二千何如?仍祈酌之。"(《林则徐书简》,第145页)由此看来,尽管怡良在奏折中将撤军当作已经完成的事实,但在实际上并没有开始。而撤军之后,即"万人"减"二千",兵勇为八千人。此数又与1840年9月林则徐奏折中所称:"计沿海陆路先后调防兵勇,已及八千名"相合(《林则徐集·奏稿》中册,第876页)。又,广东的募勇,从来就是一个不确定的因素。1841年1月林则徐致函怡良,谓:"若仅虚报约数(丁勇),临时传集不到……"(《林则徐书简》,第153页)可见林对此类现象非常熟悉。
❸《林则徐集·奏稿》中册,第863、876页。
❹同上书,第800、838页。此处数字是将官涌炮台的守军,与驻在"附近山梁"的清军800余名,合并计算。

战时实际兵力的二分之一强。

现有的研究已经证明，关于琦善撤防的各种记载是统统靠不住的。❶由于当时盛传这种说法，琦善被革职逮问后，审讯时专门问

---

❶ 详见拙文《1841年虎门之战研究》(《近代史研究》1990年第4期)，并可参见佐佐木正哉：《鸦片战争研究——从英军进攻广州到义律被免职》第八部分"对琦善的审判"(〔日〕《近代中国》第11卷)。拙文对当时关于琦善撤防的记载进行分析时，有意未使用林则徐1840年1月家书这件资料。该文发表后，一些先生当面或来示垂询。为此，我在这里将自己的一些不成熟的想法记叙于下，希望得到智者的教示。

我以为，林则徐这份家书似乎不可靠。自胡思庸先生发表《林文忠公家书考伪》(《历史研究》1962年第6期)之后，史学界对引用林则徐家书十分慎重。治学严谨的杨国桢先生编《林则徐书简》，不见原件或可靠刊本的均不收录。然因佐佐木正哉先生从英国档案馆中找到这份"家书"的抄本，并收录于《鸦片戦争の研究：资料篇》，杨先生乃据之与国内的《平夷录》、《入寇志》、《犀烛留观记略》、《溃痈流毒》诸本核，收入其《书简》第154—158页，成为该书中唯一以传抄件入选的书札。杨国桢先生又从该信中有"本日早晨"、"新正初三日"之语，据林则徐日记载他于道光二十年十二月二十九日和道光二十年正月初五日曾发第七、第八号家书，故拟题为《致林汝舟第七、八号》，意为该件是两封家书的摘抄合并为之，可是，就信的内容来看，这份尚未查到来由的家书，有可能是托名林则徐的。其证据如下：

一、从文风上看，现存林则徐书札，行文儒雅讲究，而此信过于直露，文字亦不考究，放在一起显得不那么和谐。

二、该信称："现在廷寄内云：'当大伸张挞伐'，又云：'朕志已定，断无游移。'然后之果否游移，仍属难料。计算上元之内，尚有五个折批回，若一直生怒，则静老(指琦善)亦罪是覆辙。"此信直接攻击道光帝。林则徐此时已是待罪之身，作此不敬之语，林汝舟身为翰林，完全知道此中的利害，必秘藏而绝不示人，又何以公然抄出，广为流传？

三、该信称，关天培遣弁来广州请兵，琦善仅许密派200人，该弁来林寓哭诉。林则徐称："提镇能以死报国，亦是分所当然，但何以不将此情形透彻一奏……"即劝关天培上奏告发琦善。关天培久历江苏戎行，是琦善的属官，当年行海运之事，亦由琦善主持，此时又隶于琦善。按照清朝官场习惯，劝他人部属上告其上司，传出去有辱林则徐名声。我们可看看林则徐劝怡良弹劾琦善的书信，写得何等隐晦，即可了解此中的缘故。何以林汝舟会将此事和盘托出，不怕损害其父的名声？

四、该信称，如果琦善将战争的一切责任推为"前事"，即林则徐禁烟之事，那么，他将"拼死畅叙一呈，遣人赴都察院呈递，即陷于死地，亦要说个明白也"。派人到都察院告状，不合清代官场常规，林则徐久历宦海，深明利害，又何会作此等事，说这种话？

退一步说，如果该书确实是林则徐写的，那正如佐佐木正哉先生的评价，林则徐

及这一点。如果说琦善对其他问题尚有支吾,以示自己认罪态度良好,那唯有对此事却斩钉截铁毫不犹豫地否认。❶撤防并非受贿之类,可私下暗行,又何以瞒住他人?琦善若真有撤防之事,在此关系到其身家性命的审讯时,又何以敢出诳言?

与之相反,有关琦善派兵勇增援虎门之事,却是有案可据的。这不仅可见于琦善当时的奏折,❷而且从英方的记录中可以得到验证。❸沙角、大角之战后,英方同意暂时停战,条件之一是"应将现在起建之炮台各工停止,不得稍有另作武备"。❹但是,虎门第二重门户横档一线的增兵添防工作一直没有停止。伯麦于1841年1月11日和13日,两次照会广东水师提督关天培,要求对此作出解释,否则立即动武。❺关天培立即复照,表示"排链已不添安",各山所搭帐房"全行撤去",新增援的官兵不能立即退走,是因为雇船"未能速到"。❻从后来的事实来看,关天培的答复是缓兵之计,

---

(接上页)对此采取了极不负责的态度。就事实方面而言,信中所谈烟价、通商口岸、拒不派援等等,皆为不实之词;就情绪方面而言,这种竭力洗刷自己,将一切责任都归咎于琦善的方法,亦不足取。

不管这封信是否为林则徐所写,但当时确实从广东寄出过这么一封信,并广泛流传,当属不易的事实。从后来裕谦的奏折来看,他已经看到此信,并相信了此中的不实之词。

❶ 《鸦片战争档案史料》第3册,第472页。
❷ 据琦善奏:1840年12月7日派广州知府余保纯、副将庆宇、游击多隆武等前往虎门密防;12月27日派潮州镇总兵李廷钰带肇庆协兵500名前往虎门;1841年1月7日奏称,已派兵400名协助防守沙角;2月14日,又派兵1250名往虎门,并雇勇5800名;2月22日,命先期到达的贵州援兵1000名,增援武山之后的太平墟。以上共计增兵4次,兵3150名,勇8500名(见《筹办夷务始末(道光朝)》第2册,第605、654、695、814、836页)。
❸ 见伯纳德:《复仇神号航行作战记》、宾汉《英军在华作战记》有关章节。
❹ 佐々木正哉编:《鸦片戦争の研究:资料篇》,第56页。
❺ 同上书,第64—65页。伯麦的照会指出了两点,一是"未将各工作停止",指防御工事的建设,二是"各炮台已有增添官兵",指增兵行动。
❻ 同上书,第64—67页。从收发文时间来看,关天培是在收到照会后的当日立即复照的,而琦善不在虎门,因而关天培也来不及请示琦善而自行作复。从照会的文字语气

234

除排链一项外均未实办。

经过琦善等人努力,至交战时,虎门地区的清军兵勇总数达到11000名以上,❶而英方又称,在虎门地区共缴获大小火炮660位以上。❷以此兵、炮数目与前相比,我们只能得出一个结论,那就是,琦善并没有削弱虎门的防御力量,反而加强了这种力量。

也有一些论者批评琦善增援不力,即未派出更多的兵勇加强虎门防御。我以为,这也要作具体分析。

就清代的兵制和兵额而言,调兵并非是一件易事。在一狭小地区增派兵勇8000余名,琦善似也已竭尽其所能。从全国范围来看,在鸦片战争中,虎门地区的兵勇火炮超过各海防要地,是居第一位的。

就军事学术而言,虎门此时再增加兵勇已经毫无意义。如威远炮台,设炮40位,平时守兵60人,战时编制160人,而到交战时该台兵弁增至327人,另外还雇勇91人。至此,兵多已不能增加战斗力,反而成了活靶子。从炮台的规制建构来看,也已容纳不了更多的兵勇。琦善亦奏称,"炮台人已充满","亦复无可安插"。

当然,还须说明的是,尽管琦善对虎门防御作过如上的努力,但并不相信这些努力会奏效。1840年12月26日,他在第一次增兵虎门时便奏称:"藉以虚张声势,俾该夷知我有备,一面又备文向

(接上页)来看,对英方是相当顺从的,这在当时的"天朝"大吏中并不多见。排链一事,是指饭箩排至武山的第一道排链于1841年1月18日毁坏,清方称是英军"水底暗算",英方称是木筏冲破。然而,不论是何原因,民间流传的排链由琦善撤去的说法,不能成立。

❶ 此数共包括:一、沙角、大角一带清军1000余名;二、横档一线清军兵勇8500名;三、三门口一带清军师船10艘;四、太平墟援兵1000名。未计及大虎山、虎门寨、三门水道等处清军兵勇。

❷ 宾汉:《英军在华作战记》,《丛刊·鸦片战争》第5册,第318页;Keith Mackenzie, *Narrative of the Second Campaign in China,* London: Richard Bentley, 1842, pp. 195-198.

其详加开导。"❶增兵本非为战,不过"虚张"而已,目的仍是"开导"。而他后来的增兵,情况自然不同,但从其奏折中可以嗅出他应付道光帝一意主"剿"的严旨不得不为的味道。

那么,虎门战败的真正原因是什么呢?

虎门战役的第一仗是沙角、大角之战。1月7日清晨,英舰加略普号、海阿新号、拉恩号(共载炮52门),进至沙角炮台的正面,轰击炮台吸引守军;英武装轮船4艘拖带小船,运送地面部队共1461人,在炮台侧后约4公里的穿鼻湾登陆,实施迂回攻击。上午10时,英登陆部队占领第一道横向山岭,构筑安炮3门的野战炮兵阵地。登陆英军地面部队遂在其野战炮兵的掩护下,进攻清军山上临时军营。守军虽以炮火还击,但无法抵御居高临下的英野战炮兵,军营起火,延烧兵栅,该军营陷落。英轮船2艘在送完登陆部队后,再次机动,选择有利地形,炮击沙角山上小炮台,压制其火力。攻克山上清军军营的英地面部队,乘势攻占沙角山上小炮台,并续向山谷清军军营进攻。这时,英军4艘武装轮船已全部进至沙角炮台的正面,参加加略普号等3舰对沙角炮台的轰击。炮台守军此时已无法抗受英军的凶猛炮火,兵丁死伤过半。而登陆英军在攻克山谷清军军营后,再次行动,从侧后进攻沙角炮台。守军背腹受敌,副将陈连升战死,炮台沦陷。

就战术而言,沙角之战应使清军大开眼界。这些狡猾的"逆夷",竟然不作堂堂正正的正面攻击,反而偷偷摸摸地绕行到炮台的背后,击打自己无防护的柔软的腹部。然而英军这种战舰攻击正面、陆军抄袭背后的战术,体现出来的是近代的军事学术。特别是

---

❶ 以上引文分见《筹办夷务始末(道光朝)》第2册,第1101、716、654页。

其登陆部队，抢占制高点，辅以野战炮兵，次第攻击山上军营而山上小炮台而山谷军营而主炮台，连续作战，各个击破，其攻击路线流畅有序，在军事史上属上乘之作。清军则被动至极。在关天培的设计中，沙角本属信炮台，敌舰若不内驶便毫无意义。此时在横档一线的关天培，距战场仅三四公里之遥，一无所为，眼睁睁地看着手下的一支部队被英军吃掉。三重门户的设计弊陋，由此暴露无遗。

沙角之战失败了，然清军若从此认识到英军更善陆战，也可谓失中有得。但是，在清军的情报系统中，这支明明分隶于英军第26团、第49团、马德拉斯土著步兵第37团以及海军各舰水兵的正牌"夷"军，却被莫名其妙地误认为是汉奸。甚至还有人推论，这些供"夷"人驱策的亡命，原本是琦善遣散的水勇！❶

就在沙角开战的同时，英舰萨马兰号、都鲁壹号、哥伦拜恩号、摩底士底号（载炮共106门），进至大角炮台的正面，以其舰炮猛烈轰击守军。就数量而言，英军舰炮已是清军的4倍有余，就质量而言，差别有如霄壤。成片成片的炮台工事在炮击中倒塌，守军虽作还击，然未奏效，反在敌炮火下无以驻足，无处藏身。当

---

❶ 此中的错误，最初起于关天培，称攻打沙角炮台侧后的英军是"黑夷一千余名、汉奸数百名"，琦善接到关天培的咨函后，奏报道光帝（《筹办夷务始末（道光朝）》第2册，第709页）。很可能是托名林则徐的那封信（见233页注❶），称："今自议和之后，兵勇撤去……琦相到后，纵汉奸之所为，新遣杉板小船，招集贩烟蜈蚣、快蟹等船数百只，竹梯千余架，此外火箭喷筒之类，照内地制造者，更不可以数计。此次爬沙角后山之人，大半皆汉奸，或冒官吏号衣，或穿夷服，用梯牵引而上……"（《林则徐书简》，第156页）此信流传极广。此外一些民间记载更多，不再一一录之。问题的关键是使清朝仍旧处于"英军不善陆战"的幻觉中。颜伯焘、裕谦都为此而大吃亏（详见第五章）。裕谦对此更是有激愤之言："乃闻琦善到粤后，散遣壮勇，不啻为渊驱鱼，以致转为该夷攻去，遂有沙角、大角炮台之陷。其奏中所云，山后汉奸，即系遣散无业之壮勇，不问可知。"（《筹办夷务始末（道光朝）》第2册，第870页）

英军基本打垮大角炮台的抵抗后，各舰水兵搭乘小船从炮台两侧登陆，从被轰开的缺口处攻入炮台。守军无心再战，纷纷向后山溃退，炮台失守。

此外，在沙角战斗即将结束时，英武装轮船率各舰所配属的小船，向泊于晏臣湾的清军师船和雇船发起进攻。在水面战斗中，清军更不是对手。尽管英军未使用正规战舰，仍将清军打得落花流水。英军共击溃清军战船11艘，从船上缴获大小火炮82位。❶

不同于先前的定海之战，沙角、大角之战前清军已作了充分的战斗准备，而且在战斗中也表现出高昂的士气和非凡的牺牲精神。清军共战死277人，另伤重而死5人，受伤462人，共计744人。在鸦片战争中，除镇江之战外，我们还找不到何地清军能有如此的拼死抵抗。但是，将士用命仍不免于毁灭性的失败。如此巨大的伤亡换来的是，英军受伤38人，无死亡！❷

战争的现实就是这么冷酷，丝毫也不照顾正义的一方。

沙角、大角之战后，英舰队溯江而上，进逼虎门第二重门户横档一线，并围困上横档岛。局势十分危急。1月8日，英国远征军

---

❶ 以上作战经过，系综合下列资料相互参核而记：琦善奏折，《筹办夷务始末（道光朝）》第2册，第694—696、708—710、816页；梁廷枏：《夷氛闻记》卷2；《道光洋艘征抚记》卷上；宾汉：《英军在华作战记》，《丛刊·鸦片战争》第5册，第162—167页；William Dallas Bernard, *Narrative of the Voyages and Service of the Nemesis*, London: Henry Colburn, 1844, pp. 256–273; John Ouchterlony, *The Chinese War: an Account of all the Operations of the British Forces from the Commencement to the Treaty of Nanking*, pp. 95–99; Mackenzie, *Narrative of the Second Campaign in China*, pp. 15–23; *Chinese Repository*, vol. 9, p. 648; vol. 10, pp. 37–43.

❷ 《筹办夷务始末（道光朝）》，第817—821页；Bernard, *Narrative of the Voyages and Service of the Nemesis*, vol.1, p. 267; John Ouchterlony, *The Chinese War: an Account of all the Operations of the British Forces from the Commencement to the Treaty of Nanking*, p. 97.

海军司令伯麦,释放战俘,并让战俘带交一照会给关天培,声称清方若有"顺理讲和之议",英方亦同意停战。

关天培值此危局,态度软化,当即复照,称伯麦的照会已转交琦善,请英方等待回复,"可否再为商议",即重开谈判,并称"缓商办理,未有不成之事"。❶ 很明显,关天培此时已无战意,更倾向于谈判,甚至用"未有不成之事"这一含混的许诺,要求英方退兵,并以退兵为和谈的前提。

英方收到此照会,立即停止了军事行动,并向关天培提出了停战五条件。❷ 不久后,琦善和义律重开谈判,英军退出虎门。

尽管关天培此时有意于以谈判解决中英争端,但他作为一名军事长官,对和谈毫无职权可言,只能寄希望于琦善;❸ 而在义律等人频频发出战争威胁之下,他的职责又要求他加强虎门的防守,准备再战。然而,他此时面前又有着两件急迫棘手之事:

一、沙角之战暴露出清军炮台侧后的空虚。据此教训,关天培

---

❶ 佐佐木正哉编:《鸦片战争の研究:资料篇》,第54—55页。

❷ 这五项条件为:一、英军占领沙角,为贸易寄寓之所;二、广州开港贸易;三、英商的各种税费在沙角交纳;四、"应将现在起建之炮台各工停止,不得稍有另作武备(以上四条限三日允准);五、琦善须就偿银、开口等项作出答复,方可恢复谈判(同上书,第56页)。关天培没有正面答复这些条件,仅在1月10日照会义律、伯麦,告以事归琦善,需与其"往还酌商",三日期限,"万来不及",要求英方等待(同上书,第58页)。从后来伯麦1月11日照会来看,英方认为关天培已允诺"彼此不应再作武备"这一停战条件(同上书,第64页)。

❸ 此中的情况,可以得到两方面的印证:一、1841年1月11日,关天培复照伯麦,谓:"先嘱鲍公(指鲍鹏)到船(指伯麦座舰)面复,以明本提督安心和好,并无歹心,况琦爵相现已派人前来,与贵统帅议商永远相安公事,本提督更当遵照相和……"1月13日,关天培又复照伯麦,谓:"本提督现在差官,赶紧赴省,呈催琦爵相迅速奉复……两国和好二百年,公事一经说明,则彼此和好如旧矣……"(同上书,第65—66页)可见关天培迫切希望和谈成功。其二,琦善与义律当面会谈,两次经过虎门,但在其奏折中对虎门防卫体系的评价甚低,这一方面是出自主帅琦善的自我判断,另一方面似与前线指挥官关天培的汇报也是分不开的。

第3章 "剿""抚""剿"的回旋 **239**

不顾停战条件中"不得稍有另作武备"的限定，在琦善的支持下，❶ 在武山侧后的三门水道开始修建一座安炮80位的隐蔽式炮台，以防英军故伎重演；在威远炮台的南侧、上横档岛等处，紧急修建沙袋炮台；又在各处炮台的侧后，添派雇勇，准备与抄袭后路的英登陆部队作战。伯麦见情曾两次照会关天培，提出责难，而关天培仅在复照中表示顺服，实际工作并未停止。

二、沙角、大角之战后，清军士气大受挫伤。一部分兵弁闹赏讹钱，否则将纷纷四散。关天培为安抚士兵留防，只得典质衣物，每兵给银2元。❷琦善亦为此而拨银1.1万元，发给关天培等人，以作激励兵弁士气之用。❸

然而，关天培抱有希望的琦善—义律的广东谈判，此时已是燃油耗尽的灯，光线摇曳而终将熄灭；关天培的种种筹防措施，也为英军所疑忌，终使其采取军事行动。

---

❶ 英方对此有一记载。1841年2月22日，英舰在虎门截扣一艘中国小船，"一名信使被华生（Watson）少校认出，他是中国当局的一名活跃人士，很自然怀疑他带有某种命令或其他东西给当地官员，结果在一个盒子中发现一些信件。在这些发给关将军的信件中，要求立即阻断亚娘鞋背后使之成为小岛的水道，方法是用石头、木桩、沉船，而此类物件被大量积放在名为三门口的地方。"英军前往三门水道去"检查"（指2月23日、24日三门水道战斗），"这种疑心是由琦善致关将军的被截获的信件的内容引起的"（Bernard, Narrative of the Voyages and Service of the Nemesis, vol.1, pp. 318, 327）。由此可见，关天培此时加强防御的行动，是奉到琦善的命令的，至少是得到了琦善的支持。

❷ 《筹办夷务始末（道光朝）》第2册，第777页。英方对此类事件亦颇知详，见Bernard, Narrative of the Voyages and Service of the Nemesis, vol.1, p. 323。

❸ 1841年2月13日，琦善咨会关天培：拨银5000元给关天培，以备威远、靖远、镇远三炮台"克敌充赏之用"，另横档、永安、巩固三炮台，每台拨银2000元，以备"克敌充赏之用"。在该咨会中，琦善要求虎门"水陆官兵，总需合力同心，万弗任分畛域为要，……以期克敌施行"（佐々木正哉编：《鸦片戰争の研究：资料篇》，第265页）。2月24日，即开战前的两天，统领上横档岛的横档、永固炮台的清军军官刘庆达出示宣布，给岛上官兵"每名银三钱五分"，要求下属"留心奋勇，冀加奖励，毋得稍为畏怯，致干军法"（出处同上）。可见上横档岛清军亦有闹赏讹银事件。

1841年2月23日，英武装轮船复仇神号和一些所附属的小船，由晏臣湾闯入三门水道，驱走正在该处设防的清军船只和兵勇，破坏尚未完工的炮台。次日，复仇神号和小船再入三门水道，拆毁阻塞河道的各种设施。❶

战斗重新打响。空前规模的大战在关天培设防的重点横档一线展开。该处有威远、靖远、镇远、横档、永安、巩固六座炮台及两道排链。至此时，尽管第一道排链已经毁坏，但该处清军的武力已经得到了极大的加强：

一、武山一带的镇远、靖远、威远三座炮台，火炮增至147位；在威远炮台南，建有2座沙袋炮台，安设小型火炮30位；在炮台后山，建有军营，驻以兵勇，以防英军抄袭后路。

二、在上横档岛，除原设横档、永安两炮台外，修复横档山上炮台；❷并在该岛的南北，修建沙袋炮台；在岛中部，建有军营，驻以兵勇，准备与登陆英军交战。全岛的火炮数目增至160位。

三、在芦湾一带，除原设巩固炮台外，又在其山后建一军营，驻守兵勇。炮位和军营共有火炮40位。

总之，在横档一线，清军在当面共有兵勇8500人，火炮377位，❸增加的数量不为不多，但防御的核心仍是原设6炮台。

---

❶ 该战的情况，见《筹办夷务始末（道光朝）》第2册，第843页；宾汉《英军在华作战记》，《丛刊·鸦片战争》第5册，第178页；Bernard, *Narrative of the Voyages and Service of the Nemesis,* vol.1, pp. 327-329.

❷ 1717年最初建立的横档炮台，位于山上，有炮10位。1815年改建，移至山脚，炮40位。1835年，关天培改造虎门防御体系时，该山上炮台尚有基础。此次很可能就此基础复建。

❸ 横档一线的清军军营、沙袋炮台的设置及位置，清方未有准确资料，这里据英方资料综合而成。清军各处的火炮数目，据Bernard, *Narrative of the Voyages and Service of the Nemesis,* vol.1, pp. 342-343。另，麦肯兹称，威远、靖远两炮台共有火炮103位，镇远炮台40位，上横档岛163位，巩固炮台40位，总数为379位（Mackenzie, *Narrative*

2月24日，英远征军海军司令伯麦向关天培发出最后通牒，要求将横档一线清军阵地全部交由英军"据守"，❶未收到答复。2月25日，英军开始行动。首先占领下横档岛，在该岛的制高点设立了共有3门重炮的野战炮兵阵地。

2月26日清晨，下横档岛英军野战炮兵向上横档岛射击，多次击中该岛清军炮台、军营。由于清军火炮多置于该岛东西两端，又兼英野战炮兵居高临下，难以还击，被动挨打，岛上逐渐陷于混乱。一些清军将领见势不妙，驾小舟离岛北逃，愤怒的士兵们不是向英军，而是向逃将们开了第一炮。

上午10时左右，风起，英舰开动。各载炮74门的伯兰汉号、麦尔威厘号和武装轮船皇后号为一路，攻打武山。为了躲避横档、威远等炮台的射击，该路英舰船沿晏臣湾航行。设于威远炮台东南的清军沙袋炮台和威远炮台向该路英舰船开炮，然沙袋炮台火炮太小而威远炮台射击夹角过大，无法对英舰船构成威胁。伯兰汉号和麦尔威厘号分别在威远炮台西南360米、540米处下锚，以猛烈炮火轰击武山三炮台。清军靖远、镇远两炮台因射击夹角限制而不能发挥作用，横档炮台又被下横档岛英野战炮兵所压制，只有威远炮台独自还击。英舰在长时间的炮击后，基本摧毁了威远、靖远和沙袋炮台的作战能力，水兵300名乘势搭乘小船登陆，进攻各炮台。

（接上页）of the Second Campaign in China, pp. 196-198）。宾汉称：镇远炮台22位，上横档岛163位，巩固炮台22位，总数仍是379位（《英军在华作战记》，《丛刊·鸦片战争》第5册，第157—158、318页）。《中国丛报》一文称：武山一带清军共有火炮205位，巩固炮台30位（*Chinese Repository*, vol. 10, pp. 176-179）。清军的兵勇数字据《琦善亲供》（《鸦片战争档案史料》第3册，第473页）。又，此处兵勇、火炮仅为正面战线数字，若连带三门水道、太平墟、虎门寨等处，清军兵勇将超过1万名，火炮数超过450位。

❶ 佐々木正哉编：《鸦片战争の研究：资料篇》，第85页。

至下午2时，武山一带各炮台失陷，关天培及20余名兵弁战死（可对照沙角、大角之战），绝大多数在战斗中溃逃。驻守炮台后山的清军兵勇未主动出击，反被英军驱散。

在伯兰汉号等舰开动的同时，载炮74门的威厘士厘号、载炮44门的都鲁壹号和4艘轻型战舰为另一路，攻击横档西水道。威厘士厘号、都鲁壹号在西水道的正中下锚，用两侧弦炮同时向两岸的永安和巩固炮台开火，而轻型舰加略普号、萨马兰号、先锋号、硫磺号则穿过西水道，在上横档岛防卫薄弱的西北部下锚，轰击该岛的炮台和军营。上横档岛清军已经遭受了下横档岛英野战炮兵的连续几小时的轰击，此时在英军6舰200余门火炮的攻击下，已难以支持。至下午1时，永安、巩固两炮台均被打垮，停止射击。早已机动至下横档岛南侧避炮的英轮船复仇神号等船，乘机运送陆军在上横档岛西端登陆。英军在占领永安炮台后向东发展进攻，次第占领该岛中部的清军军营、该岛西端的横档山上炮台和横档炮台。由于岛上清军无处逃生，共有250人战死，100余人受伤，另有1000余人成了英军的俘虏。

下午4时，威厘士厘号的水兵，搭乘轮船和小船在巩固炮台处登陆。该炮台已被英军击毁，守军早已逃逸。英军占领巩固炮台后，继续向后山清军军营进攻，驱散了守军，焚烧了军营。

至下午5时，战斗全部结束。❶

---

❶ 此次战斗经过的记叙，综合下列资料：琦善奏折，《筹办夷务始末（道光朝）》第2册，第842—843、854、1101页；梁廷枏：《夷氛闻记》卷2；《道光洋艘征抚记》卷上；宾汉：《英军在华作战记》，《丛刊·鸦片战争》第5册，第175—185页；Bernard, *Narrative of the Voyages and Service of the Nemesis*, vol.1, pp. 333-344；John Ouchterlony, *The Chinese War: an Account of all the Operations of the British Forces from the Commencement to the Treaty of Nanking*, pp. 112-120; Mackenzie, *Narrative of the Second Campaign in China*, pp. 55-66; *Chinese Repository*, vol. 10, p. 176-179.

英军在横档一线战斗中采用了避实击虚的战法，主力没有放在清军防卫较强的东水道，而是在防御相对薄弱的西水道实施突破；而在西水道作战的大多数英舰，又转攻防卫力更弱的上横档岛西北部；该岛东部强大的横档山上炮台和横档炮台，如同沙角炮台一样，被英军从背后攻破；即便是攻击东水道的英军战舰，也未深入，仅把攻击点放在威远炮台，从而避开了横档、镇远、靖远炮台的强大火力。正因为如此，英军在此次大战中，几乎没有受到什么损失，仅有5人受了点轻伤！

关天培战前设计的战法，本是层层阻截敌舰的闯入，特别是从东水道强冲硬过。遇到这股无意越过而竟然直攻的敌人，实际上他已无战术可言。尽管他在战前构筑沙袋炮台、添防兵勇，但这些临时设施在实战中几乎无用。

这里，还需要说明一下英军都感到奇怪的下横档岛未设防的问题。

下横档岛位于上横档岛之南，从近代战术原则来看，它是攻击上横档岛的一把钥匙。可是，关天培最初的目的在于层层堵截，从地理形势来看，它不如上横档岛，可以和武山、芦湾更紧密地联成一气，因而他在上横档岛大兴土木时，没有注意到下横档岛。而到了开战前，仍未在下横档岛布防，是因为他还不明白西方此时惯用的抢占制高点、运用野战炮兵诸战术，尽管英军在沙角之战时已经运用过这些战术。从下横档岛这一细部之中，我们可以看出当时中西战术思想的差距。

关天培英勇地战死了。人们由此称颂他精忠报国。当他的遗骸由家仆领走时，英舰亦鸣放礼炮，表示对殉国者的尊敬。他已经没有机会来总结自己的经验教训了，而后人只是一味赞美，以激励人们效法他，义无反顾地以身殉国。对于一个英勇战死的战士，任何批判都已不属于是非的范畴,而上升到道德的层面,指责他即与不道德同义。但是,当我们离开这一价值取向,在以后几章中又会发现,关天培的错误,当时的人们还在重复。

不知道关天培的在天之灵,更希望人们称颂他的英勇,还是希望人们批责他的错误而以免一错再错?

从以上这些不无枯燥的军事学术上的检讨中,不难得出结论:虎门战败与琦善当家无涉,换清王朝中的任何一个人来主持,也改变不了战败的命运。这因为,战败的原因几乎全是军事的,是由双方军事力量的强弱、技战术水准的高下决定的。

可是,道光帝却不这么看。他没有亲眼目睹英军的武力,总认为在军事上有几分把握。他担心的不是清军武力的弱小,而是主帅琦善的懦怯,因而将琦善种种清军不敌英军的直言,当作其懦怯的表症,没有听进去。1月30日,他以奕山主持广东军务,正说明他还未看清实际,将此当作主帅个人的胆略和能力问题。2月20日,他收到怡良关于琦善私许香港的密折,立即下令将琦善革职锁拿送京审判,问题的性质,又似乎转化到主帅的道德品质层面去了。❶虎门之战的军事教训总结,由此被耽搁下来。

在义律和道光帝夹缝中求生存的琦善,同时受到义律和道光帝的猛击。他心里明白,他只不过是道光帝的一名奴才,荣辱性命全捏在道光帝的手中,到此只能毫不含糊地转向,以适应道光

---

❶ 1841年1月9日,道光帝收到御史高人鉴的奏折,称琦善"懦怯";1月12日,又收到太常寺卿唐鉴的奏折,称琦善"苟安","难为主将"(《筹办夷务始末(道光朝)》第2册,第645、660—661页)。这些议论对道光帝影响很大,以至决定换马。以后道光帝的朱批,多作"与逆夷翻如莫逆"、"因何丧心病狂"、"遇此不忠督臣"、"一片吃语"。在上谕中更有"不知是何肺腑,如此辜恩误国,实属丧尽天良"之语。这些言语根本不切实际,而是指责其道德了。

帝的脾胃。1841年2月14日,他在奏报沙角、大角之战清军伤亡情况时,启用了他先前极度诋毁的粉饰手法,宣称清军官兵奋不顾身,"接仗四时之久","共计剿杀夷逆汉奸六百余名"云云。正如前节提到伊里布,这种不无迎奉帝意的言辞,更触发道光帝的勃然大怒,朱批:

前此据称广东兵全不可用,欺罔之心,妙在由己证之。

又朱批:

慰忠魂无他法,全在汝身。❶

---

❶ 《筹办夷务始末(道光朝)》第2册,第816页。我不知道,道光帝的这一"要命"的朱批,与后来琦善判为"斩监候"有无关联。

第4章

广州的"战局"*

虎门战败了。英军开始猖獗于广州内河。琦善罢免了。新的主帅正从江西和北京赶来。战争将在广州一带展开。

虎门之战的事实已经说明,清军拒战必败。但是,道光帝由内阁明发的革拿槛押琦善的上谕中,有这么一段措辞严正的话:

> (琦善)被人(指英军)恐吓,奏报粤省情形,**妄称**地利无要可扼,军械无利可恃,兵力不固,民情不坚。摘举数端,**危言要挟**,更不知是何肺腑?如此辜恩误国,实属丧失天良。❶
> (重点为引者所标)

---

* 本章的撰写,我在许多地方受益于佐佐木正哉的论文:《鸦片战争研究——从英军进攻广州到义律被免职》第二部分"英军进攻内河",第三部分"英军停止进攻与杨芳的对策",第五部分"杨芳的屈服与通商的恢复"(以上中译本见《国外中国近代史研究》第12辑、第15辑),第六部分"奕山的反击与败退",第七部分"三元里事件"(以上为李少军先生提供的未发表的中译稿)。此外,魏斐德的《大门口的陌生人:1839—1861年间华南的社会动乱》(王小荷译,中国社会科学出版社,1988年)对本章第三节的分析亦极有帮助。

❶ 《筹办夷务始末(道光朝)》第2册,第805页。

247

在此，道光帝将琦善对军情的如实陈词，统统当作"妄称"的虚情，"要挟"道光帝的"危言"，并予以道德的斥责。这实际上也下了一道钳口令，封住了杨芳和奕山的嘴巴：不仅不许败，而且不许言败。

这就把杨芳和奕山推上绝路，他们面前只有一条出路——捏谎。广州到北京的河川山岭，成为谎话的天然屏障。整个广州战局，完全成为一个骗局。

一　杨芳的"果勇"

1841年3月5日，参赞大臣杨芳匆匆赶到了广州。当地的官绅士民就像盼到了救星一样。

自2月26日虎门横档一线战斗之后，英军于2月27日攻克清军重兵把守的乌涌炮台，3月2日，又克琶洲炮台，3月3日再克琶洲炮台，兵锋距广州仅有数公里。（详见图三）

已于2月28日与怡良共同出示，表明"自当亲统兵前往，实力扫除"❶的琦善，此时竟不顾圣怒，作出一个惊人的举动，3月3日，派广州知府余保纯前往英舰，面见义律，要求停战，理由十分奇妙：琦爵即将罢黜。❷这好像是一位输光了的赌徒，告诉讨债的打手，"别打啦，我已经没钱了"一样。义律让余保纯带回一纸

---

❶ 佐々木正哉编：《鸦片战争の研究：资料篇》，第266页。
❷ 琦善于3月1日得知受到革去大学士的处分。他派余保纯前往谈判时，很可能与怡良、林则徐商量过（见《林则徐集·日记》第383页，又见《广东事略》，《丛刊·鸦片战争》第3册，第314页）。余保纯对义律的言论，见义律致巴麦尊，1841年3月10日，转引自佐佐木正哉：《英军进攻内河》，《国外中国近代史研究》第12辑。

《约议戢兵条约》,价码比先前的《善定事宜》高出许多:赔款增至1200万两,割地增加尖沙咀(即九龙),以及片面最惠国条款等等。由于知道琦善将倒台,义律指明要广州将军阿精阿、广东巡抚怡良、前两广总督林则徐、邓廷桢,在3天之内,"共同当面盖付公印"。❶这样的条件,自然谁也不敢答应。

3天的期限,于3月6日到期,杨芳恰于3月5日赶到,怎能不让民众"欢呼不绝",怎能不让官吏"倚为长城"呢?❷

在当时人们的心目中,杨芳的地位绝非一般。杨芳,贵州松桃人。15岁从军,至此已经戎马55载,身经百战。以参加平定川楚白莲教而官列总兵、署固原提督。以平定河南天理教而获云骑尉世职。因统部不严,曾多次罢免。但谁都知道他是个打仗的好手,一遇战端,即请他出山,果然战功卓著。他一生最显赫的业绩,在道光初年平定张格尔之役,是时他以参赞大臣的身份,率兵穷追,擒获张格尔,槛送北京。道光帝亲自受俘,给了杨芳一大堆奖励:封三等果勇侯;授御前侍卫;加太子太保;绘像紫光阁;赏用紫缰、双眼花翎、在紫禁城骑马;赐其子为举人。至于衣料袍褂扳指珊瑚等等赏赐,就难以罗列了。

1835年,杨芳已65岁,以病求退获准。可第二年湖南镇筸镇兵变,道光帝又启用他。❸他来广东前,官位湖南提督,正准备进京请训,行至江西丰城,于2月12日奉到参赞大臣的任命,立即折道南下。❹

---

❶ 佐々木正哉编:《鸦片战争の研究:资料篇》,第86—87页。
❷ 梁廷枏:《夷氛闻记》,第58—59页。
❸ 以上杨芳经历见《宫傅果勇侯自编年谱》,道光二十年(1840)刻本;《清史列传》第10册,第3049—3057页。
❹ 《鸦片战争档案史料》第3册,第130页。

道光帝此时的用意是很明显的,以亲信皇侄奕山为主帅,文有隆文(时任军机大臣、户部尚书),武有杨芳。在这三人之中,道光帝对杨芳的希望最大,冀求在南国的海疆,再展昔日西北的荣光。

与琦善相比,杨芳的优势是明显的:且不论他几上几下,征战遍及大半个中国,就同为侯爵,也不像琦善靠的是祖宗,而是硬碰硬凭着手中的刀矛弓箭打出来的。

然而,杨芳的战马从未涉足广东。他同所有的"天朝"大吏一样,遇到了陌生的敌人。

就在杨芳到职后的第二天,义律以约定的期限已到,于3月6日发兵进攻,陷猎德、二沙尾炮台,守军大溃。

猎德、二沙尾今已属广州市区,距当时的广州城东南角仅有3公里,英军已经看见了广州的城墙。可就在当日,义律发布告示,表示愿意停战。❶据英方的记载,清方又派出余保纯前往谈判,表示:尽管广东当局也希望停战,但皇帝绝不会批准。余保纯的这一行动,无疑得到了杨芳的批准。这很可能是这位参赞大臣上任后的第一项决定。❷

义律的要求虽未得到满足,但双方的交战却又停顿了几天。

在这段时间内,杨芳又做了什么呢?一私家记载称:杨芳到广州后,"终日唯购钟表洋货为事,夜则买俏童取乐,甚而姚巡捕等将女子薙发,装跟班送进……"该记录又称:

---

❶ *Chinese Repository*, vol. 10, p. 180. 第2天,3月7日,义律还向琦善发出照会,声称谈判因道光帝的阻挠而中断,英军"必向沿海各省及京师御城,就行攻敌"(佐々木正哉编:《鸦片战争的研究:资料篇》,第88—89页)。由此可见,义律打算在广东停战,北上进攻。

❷ 义律致巴麦尊,1841年3月10日,转引自佐佐木正哉:《英军进攻内河》,《国外中国近代史研究》第12辑。

> 杨侯初来，实无经济，惟知购买马桶御炮，纸扎草人，建道场，祷鬼神，然尚添造炮位、军器、木排等事。❶

关于此中"购买马桶御炮"的情节，另一私家记载说杨芳认为英军取胜，"必有邪教善术者伏其内"，❷以当时人视为最不洁的妇女溺器，迎敌"邪教善术"的"蛮夷"，即所谓以邪制邪的法术。这种方法是否采用，还不能得到证实，因为该记载提到"出征乌涌"，即在乌涌作战采用，而早在杨芳到达前，乌涌已为英军所据。但是，从"马桶"、"草人"、"道场"、"鬼神"背后表现出来的杨芳对西方利器的不解，我想应当是属实的。

据林则徐日记，杨芳的到来似乎使他情绪大变。从3月5日至18日，或杨芳来拜，或林拜杨芳，短短的14天内，见面就有11次之多。3月19日，因局势紧急，很可能杨芳认为如此来来往往，仍有不便商及之处，干脆搬到林则徐的寓所，同住了8天。3月26日，杨芳另迁寓所，但与林的交往仍十分密切。❸由于林则徐在日记中记得过于简略，我们不知道林、杨商议的内容，但杨芳的各种行动，林则徐应当是知情者。

据杨芳的奏折，他到任后立即部署兵勇防守省城，并往省城之东的东盛寺和省城西南的凤凰岗各派兵1000名驻守。他还在省河上构筑塞河木排，排上安放木桶（不知是否即为民间传说的马桶），内储毒药桐油，准备火攻。❹英方的记载称清方大作战备，也证实

---

❶ 《粤东纪事》，《近代史资料》1956年第2期。
❷ 梁廷枏：《夷氛闻记》，第58—59页。
❸ 《林则徐集·日记》，第386页。
❹ 《筹办夷务始末（道光朝）》第2册，第859—860页。

了杨芳的说法。❶除此之外，广东当局还于3月10日发给美国商船准许入港贸易的红牌，以离间英、美，坐收"以夷制夷"之效。而义律闻讯，于当日宣布封锁广州，既然不让英国人做生意，那么谁也做不成！

英军此时也没有闲着，自3月6日攻克二沙尾之后，开始闯入河南水道，另辟通往省城的路线。3月13日，正当被押的琦善解离广州之时，战火又起，英军攻克了正在加紧设防的大黄滘炮台。❷

义律的情报似乎慢了一些。他显然不知道琦善已经北行，于3月16日，再给琦善发出一份要求停战谈判的照会，❸派一艘打着白旗的小船由大黄滘北上，准备送往省城。但是，途经凤凰岗炮台时，由杨芳派往该处的江西兵很可能还不知道白旗规则，发炮轰击，英船只得退回（此次战斗被描绘成一个大胜仗，后将详述）。

义律对此决计报复，发兵大肆进攻。自3月18日上午起，英舰由大黄滘北上，连克凤凰岗、永靖炮台、西炮台、海珠炮台和河南的一座沙袋炮台。至下午四时，英军占领了广州西南角的商馆，在时隔两年之后，重新升起了英国国旗。❹

至此，广州城的东、西两路已全无屏障，完全暴露在英舰的炮火之下。据林则徐日记，英舰向省城"开放飞炮、火箭各数十"，❺广州已经成为一座危城。

---

❶ 宾汉：《英军在华作战记》，《丛刊·鸦片战争》第5册，第193页。
❷ 出处同上。
❸ 佐々木正哉编：《鸦片战争の研究：资料篇》，第91页。
❹ 英军的攻击路线及炮台点位的确认，参见 Bernard, *Narrative of the Voyages and Service of the Nemesis,* vol.1, p. 413, 及卷末附图。其中炮台的名称，又参考史澄等纂《番禺县志》，同治十年（1871）刻本；梁绍献等纂：《南海县志》，同治十一年（1872）刻本。海珠炮台位于广州城正南的珠江上的一座小礁石上，该礁石因阻碍航道后被炸去。其位置大约在今海珠桥一带。
❺ 《林则徐集·日记》，第385页。

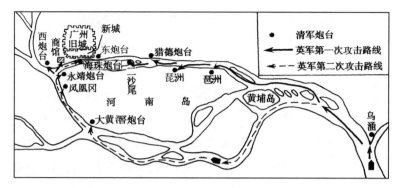

图三　广州内河战斗示意图

让我们回过头来,检讨一下自 2 月 27 日乌涌之战至 3 月 18 日英军重占商馆这 20 天的广州内河战斗。

自鸦片战争一开始,广州的各位主帅,林则徐、琦善、怡良、杨芳,都已注意到虎门一旦被突破后的广州内河防御,先后拨兵拨炮,并在河道狭窄处沉船或以木桩阻塞,以防英舰直逼广州。❶ 其中,乌涌炮台琦善派湖南兵 900 名,合之本地守军 700 名,共计 1600 名,邻近又有林则徐购买的安炮 34 位的战舰甘米力治号 (Combridge) 和 40 艘战船,兵力不为不厚,结果大败,阵亡总兵祥福以下 446 名(大多在溃逃时被英炮击毙);二沙尾、猎德一带,不仅有炮台,而且河道已阻塞,琦善先是派怡良前往坐镇,后改由江西南赣镇总兵长春驻守,然英军在拆除河道障碍时,守军竟坐视不顾,一经交战即大溃;凤凰岗一带,杨芳派兵 1000 名,然在 3 月 18 日战斗中一无所为。大黄滘炮台守军将领在临战前一天,竟派人与英军商议:

---

❶ 《林则徐集·奏稿》中册,第 862 页;《筹办夷务始末(道光朝)》第 2 册,第 654—655、695—696、778—779、814、844、860、883、892、900 页。

第 4 章　广州的"战局"　253

你也不要放炮,我也不要放炮,谁都不要放炮。我可以放六次没有炮弹的炮,给皇帝留面子,然后走掉。❶

对于这样的军人,我们能作何评论呢?

据英方的记载,这20天的广州内河战斗,英军共摧毁清军大小炮台、军营十余座,击毁各种战船数十艘,缴获大小火炮共计约400位。❷而英军的这些军事行动,每次仅出动几艘轻型战舰。如最

---

❶ 宾汉:《英军在华作战记》,《丛刊·鸦片战争》第5册,第193页。
❷ 宾汉称,共缴获大炮401位(《英军在华作战记》,《丛刊·鸦片战争》第5册,第319页);麦肯兹称,共缴获大炮346位(Mackenzie, *Narrative of the Second Campaign in China*, p.199)。现列表于下,由此可见广州清军的设防情况:

时间	战斗区域	宾汉书	麦肯兹书
1841年2月27日	乌涌炮台 甘米力治号 清军师船	54 34 10	44
1841年3月2日	琶洲炮台	25	34
1841年3月3日	琶洲炮台	30	30
1841年3月6日	二沙尾炮台	35	35
1841年3月	河南水道	14	
1841年3月13日	大黄滘炮台	38	38
1841年3月18日	凤凰岗 永靖炮台 西炮台 河南沙袋炮台 海珠炮台 红炮台 两艘师船	31 9 10 13 25 20 15	总计为123

其中表格中的红炮台,据伯纳德书中提供的地图,位于河南的西北角,可能是永靖炮台的一部分。

又,伯纳德称,3月18日的战斗,英军共缴获大炮119位(Bernard, *Narrative of the Voyages and Service of the Nemesis*, vol.1, p. 413)。

为激烈的乌涌之战，为英舰5艘、轮船2艘。❶又如最戏剧化的大黄滘炮台之战，为英舰2艘、轮船1艘。❷就是3月18日横行省河令杨芳震惊的那次行动，英军也仅动用了5艘战舰、2艘轮船、1艘运输船和一些小船。❸历来谓英军大舰不得入内河、小船无能作为的清朝官吏，此次饱尝了英军轻型战舰的威力。如同先前的虎门历次战斗一样，英军在内河战斗中伤亡极轻，3月18日的战斗仅受伤8人，其余各次战斗，我还没有找到相应的记录。

这里，还有必要提一下西江水道战斗。1841年3月13日，正当大黄滘炮台清军以空炮迎战英舰时，英武装轮船复仇神号拖带两只小船，驶入澳门西侧的西江水道。在3天的航行中，这支小小的船队，沿途竟打垮了6座炮台，击毁了清军9艘战船，毁坏了清军100多门大炮，并拆除了多道拦江障碍。于15日，顺利到达虎门之后的莲花山。❹按照英军军官的记录，整个行动尤如假日郊外野餐。❺

从3月5日至3月18日，战功赫赫的果勇侯杨芳，在这两周中终于弄清了一个事实，他手中并无制服这些"夷"人的招术。他已经从来粤途中的满腹韬略的迷梦中清醒过来了。❻

---

❶ 英舰为加略普号、先锋号、鳄鱼号、硫磺号、摩底士底号；轮船为复仇神号、马答加斯加号。
❷ 英舰为摩底士底号、司塔林号，轮船为马答加斯加号。
❸ 英舰为先锋号、海阿新号、摩底士底号、阿尔吉林号、司塔林号；轮船为复仇神号、马答加斯加号；另有官船路易莎号和青春女神号。
❹ 英军的攻击路线，可参看 Bernard, *Narrative of the Voyages and Service of the Nemesis*, vol.1 之卷末附图。
❺ Bernard, *Narrative of the Voyages and Service of the Nemesis*, vol.1, pp. 377—379.
❻ 杨芳初奉到参赞大臣的谕旨时，信心十足，曾在路途中上奏，准备恩威并举，使英人畏威怀德，然后在广东"逐处筑堡"，"厚集粮食"，使英军"攻无可图，野无可掠"……这些不切实际的空想，就连道光帝都看出问题，朱批"似是而非"（《筹办夷务始末〔道光朝〕》第2册，第801—802页）。

就当时英军的兵力兵器而言，自1841年2月27日攻陷乌涌炮台后，完全有能力一鼓作气攻下广州。

这里就产生了一个问题：为什么义律不这么做？为什么他相反行事，于3月3日、3月6日、3月16日一而再、再而三地要求停战，呼吁谈判？

义律的想法很简单，他不希望广州的战事吓跑了居住在广州的富商。

自1839年3月林则徐封锁商馆起算，中英贸易整整停顿了两年。对伦敦、孟买和广东的英国商人来说，这两年中仅茶叶、丝绸贸易的损失就极为惨重，更兼英国政府财政部每年高达百万英镑的茶叶税。作为对华商务总监督的义律，不是不明白此中的利害。而虎门口外始终徘徊未去的数十艘英国商船，❶又似乎时时刻刻在敲打他的神经，赶紧通商，赶紧通商！正因为如此，自与琦善的广东谈判一开始，义律便谋求早日恢复贸易，以能让伦敦的绅士们继续保持午茶的优雅风尚。

可是，生意须在两国商人之间进行，若广州的商人被英军的大炮吓坏了，纷纷逃难，又跟谁去做生意呢？

军事上的胜利若不能带来经济上的利益，那么，再显赫的武功也就丧失其意义。盎格鲁—撒克逊人此行非为"宣威海徼"。他们把商业利润看得高于其他。

因此，义律在得知琦善被黜后，预料到中英两国条约一事不可能在广州达成，改而谋求先恢复广州通商，再领兵北上进攻，另寻缔约的出路。

---

❶ 1841年1月，在华外国商船共计为78艘；其中英国商船为59艘（*Chinese Repository*, vol. 10, pp. 61–62）。

于是，1841年3月18日英军重新占领商馆后，义律向广州"钦差大臣"（他尚不知此时的广州由杨芳当家）发出照会，要求当天立即与广州的"贵爵大臣"面谈，并限"半辰"（可能是指半个时辰，即1小时）答复。❶至于该照会的由头"现在据有报知"，是指美国副领事多利那（Edward Delano）与广州知府余保纯的会谈。❷余保纯并没有托美国副领事转告义律，希望与英方和谈，义律如此写来，显然是找个借口罢了。

在广州城岌岌可危的局势下，杨芳很快便作了答复。他本是军事统帅，无权与英方谈判，因此对于英方的面谈要求，只能予以拒绝。照会中有"公有战，我有守"一语，也有一些玉碎的气派。但是，杨芳并没有关闭谈判的大门，而是提出了书面交涉的方法。❸

据林则徐日记，3月18日晨，林则徐"往晤"杨芳。而英军于当日下午4时占领商馆，因而义律与杨芳上引照会的交往，只能在4时以后进行。看来，杨芳的这一份照会，很可能并未经过林则徐。但是，据林3月19日日记，杨芳和怡良当日一起来到林则徐的寓所，"竟日议事"，共同商量对策。❹

就在杨、怡、林共讨大计之时，3月19日，广州知府余保纯正在商馆中与义律进行谈判。针对杨芳的照会，义律亦发出了一份措辞强硬的照会，指出"若大清国未能施以公道善定事宜，足崇大英

---

❶ 佐々木正哉编：《鸦片战争的研究：资料篇》，第92页。
❷ 3月16日凤凰岗清军击退英方打着白旗致送照会的小船后，美国副领事多利那与广州知府余保纯会谈。义律曾托多利那带去3月16日致琦善的照会和一封致中国官员的信。据义律称，广州官员曾有回复，但没有使他满意，遂于3月18日发动进攻（义律致巴麦尊，1841年3月25日，转见于佐佐木正哉：《杨芳的屈服和通商的恢复》，《国外中国近代史研究》第15辑）。
❸ 佐々木正哉编：《鸦片战争的研究：资料篇》，第92—93页。
❹ 《林则徐集·日记》，第385页。

国威,则我必仍行率兵,与各省力战"云云;❶此外,义律还交给余保纯一项备忘录,提出只要发告示优待外国人和恢复通商,英军将撤退,并停止军事行动。❷余保纯要求给予考虑的时间,但义律没有同意。

余保纯带回的照会和备忘录,当时就在杨芳、怡良、林则徐这广州三巨头之间讨论。讨论的具体内容,林则徐在日记中没有详说,但从日记中可看到两项结果:

一、3月19日讨论后,"参赞移至余寓同住",若双方旨趣不投,"同住"似为不可能。由此,我们可以推测三巨头得出了相同的意见。

二、3月20日日记称:"参赞委余守(保纯)赴夷船给回文"。这说明杨芳的行动林则徐是知情的,这又反过来说明杨芳在移往林寓"同住"时,并没有隐瞒自己的立场。

3月20日,杨芳派余保纯送去照会,同意义律备忘录中的两个条件。❸同日,杨芳和怡良还联衔出具告示:"……现准各国商人一体进埔贸易,尔等商民与之交易往来,一如旧例,不得窒碍生事……"❹

这就是杨芳—义律3月20日的停战协定。但是,义律并没有退兵。他决定用英军的武力,来保证这项对英国极富利益的商业活

---

❶ 佐々木正哉编:《鸦片战争の研究:资料篇》,第93页。
❷ 未见到中文本,此据佐佐木正哉的论文:《杨芳的屈服与通商的恢复》,《国外中国近代史研究》第15辑。由于当时中英文的翻译问题,我们还不知道其中文本又作何论。据林则徐日记称,"英逆致书参赞乞通商",又据后来杨芳照会中称"不讨别情"等语,林、杨对此备忘录的理解,还是很有问题的,他们似乎认为,准许通商后战争就大体结束了。这究竟是翻译问题,还是理解问题,就不得而知了。
❸ 佐々木正哉编:《鸦片战争の研究:资料篇》,第94页。
❹ 未见中文本,此据 Chinese Repository, vol. 10, p. 182。

动的进行。

从今天的知识来检讨，杨芳、怡良、林则徐之所以屈服，同意恢复通商，主要是他们没有识破义律的真实意图。义律的强硬态度和言辞使之认为英军真的欲攻破广州。就另一方面来讲，他们也实无退兵之计。尽管3月18日战事正酣时，林则徐在广州点验壮勇，分布各路，但他心中似乎明白，这几百名壮勇未必真能起作用；不然，他就不会早在3月1日得悉乌涌失陷后，就送眷属"登舟赴上游寄寓"，以避战难了。❶

由此，我们可以得出结论，根据当时的情报判断，不论是杨芳、怡良、林则徐，还是清王朝中的其他人，此时若要保全广州，唯有同意恢复通商，别无选择。这与他本人内心是否主战或主和都没有关系。

战争的权威性，就在于强迫对方顺从。

与琦善相比，杨芳的违旨行为不知严重多少倍。琦善奉旨主"抚"，始终不肯与英人签订条约。杨芳奉旨主"剿"，却擅与英人达成停战协定。可杨芳的结局又不知好过琦善多少倍。这里面的关键，在于如何上奏。

1841年3月6日，杨芳到达广州的第二天，上奏道光帝，隐匿了琶洲、猎德、二沙尾等东路炮台的失陷，仅虚笔略提英军"前哨探至省城相距十余里游弈"，然后笔锋一转，大谈自己如何布防，宣称"可以仰慰圣廑"。道光帝于3月21日收到此折（正是广州恢复贸易的第二天），吃下了这枚空心汤团，上谕中称"览奏稍纾忧念"。❷

---

❶《林则徐集·日记》第383—385页。
❷《筹办夷务始末（道光朝）》第2册，第859—860页。

3月12日，杨芳再次上奏，谎报乌涌之战中清军"砍毙逆夷，多于官兵"，即杀敌446人以上，并称其筹防措施已使"民心大定"，"军民鼓勇，可期无虞"。至于道光帝迫切希望的"进剿"，他寻出了一个延宕的理由：怕英军逃窜而不能全歼。他建议"暂为羁縻"，等奕山、隆文赶到后，"再为设法水陆兜剿"。❶

　　杨芳的这一番本意拖延时日的托词，歪打正着，恰中道光帝的心思。我在第三章中提到，先前道光帝决议主"抚"，其中一条重要理由，便是担心在陆路上占有"优势"的清军一旦进攻得手，英军退往海上，便无法追剿，战争将拖延下去，不能获得如同西北擒获"夷酋"张格尔那样的彻底胜利。他一开始下令奕山、杨芳出征时，便提出了"剿捦逆夷"。❷后又多次下令，不要放跑了英军，"务将（英国）首从各犯及通夷汉奸，槛送京师，尽法惩治"。❸因此，当他得知英军由虎门深入内河，不以为忧，下旨"可期一鼓作气，聚而歼旃"。❹当3月28日收到杨芳的这份奏折，对杨的"不趋小利而误大局"的做法非常满意，在该段上朱批："如能设法羁縻，不令遁去，方合机宜。"又在该折尾兴奋地一连写下了两段朱批：

　　……朕日夜引领东南，企盼捷音之至。
　　客兵不满三千，危城立保无虞，若非朕之参赞大臣果勇侯杨芳，其孰能之？可嘉之处，笔难宣述！功成之日，伫膺懋赏，此卿之第一功也。厥后尤当奋勉。

---

❶ 《筹办夷务始末（道光朝）》第2册，第882—885页。
❷ 同上书，第719页。
❸ 同上书，第779页。
❹ 同上书，第860页。

他还由内阁明发上谕,称赞杨芳"晓畅军务","著先行交部从优议叙"。❶

道光帝所企盼的捷音果然不久而至。4月2日,他收到杨芳于3月17日发出的奏折。在这份奏折中,杨芳竟将3月16日凤凰岗击退英方打着白旗致送照会的小船,夸张成一大胜仗,称英军"大兵船两只、火轮船一只、三板船十数只,冲过大黄窖(滘)废营(用'冲过''废营'的字样,掩饰了大黄滘炮台的失守),直欲闯过省河",驻守凤凰岗的清军"奋不顾身,叠开大炮百余出",击沉英三板船两只,击断英大兵船主桅一根,击毙英军多名,英船"畏惧退走,不敢遽行省河"。该折还提到了西江水道战斗,称清军的极力"抵御",使英船当晚便"退出"。道光帝读及于此,如何能不喜悦,在上谕中称杨芳"调度有方,出奇制胜",并再次将杨芳"交部从优议叙"。❷

一直到了第五天,4月6日,道光帝仍未从前一天的兴奋中缓过劲来,谕令正在途中的靖逆将军奕山:

> 广东凤凰岗有二月二十四日(3月16日)之捷,**省城自可无虞**。该将军等星速前进……务即会同杨芳熟筹妥办,一俟大兵齐集,**即设法断其归路,痛加剿洗**,以彰挞伐而振国威。(重点为引者所标)❸

可是,杨芳的牛皮也吹得太大了。就在他出奏的第二天,3月18日,英军便肆虐于省河,省城深为可虞。尽管杨芳在3月20日

---

❶ 《筹办夷务始末(道光朝)》第2册,第886页。
❷ 同上书,第902页。
❸ 同上书,第907页。

的照会及告示中,都向英方保证"据实陈奏",但3月22日他的奏折,仍是一篇粉饰的杰作。

在这份由杨芳、阿精阿(广州将军)、怡良合词恭具的奏折中,先称美国副领事多利那请求允许英国恢复通商,被正词驳回;再称英军于3月18日乘风冒死闯入省河,由于清军防守严密,不得不于18日至19日退出;最后称行商伍怡和呈递义律字据:"不讨别情,惟求即准照常贸易,如带违禁之货,即将船货入官",请道光帝对是否准许恢复通商一事"指示机宜"。❶

杨芳恐这份虚掩过分的正折说不清楚,随奏另附两份夹片,要求"留中不发"。第一份夹片婉转承认清军力量不足,防守广州有八难,于是,杨芳称经其深思熟虑:

> 莫若先设一计,以退其船。查从前该逆夷求偿烟价、求给地方,皆无可许之理。今俱不敢妄图,而惟希冀照常贸易……彼若以诈来,奴才亦即以诈应之,将计就计,冀其坠入术中,于剿办或稍有把握……

第二份夹片称,英军退出后,立即在大黄滘、猎德垒石阻断河道,另派兵前往堵塞虎门内河,待奕山、隆文赶到后,"熟筹剿办"。❷

杨芳的正折和夹片,隐匿了两项最重要的事实:一是完全不提广州内河各军事要点的失守和英军重占商馆,反而谎称英军因清军

---

❶ 《鸦片战争档案史料》第3册,第264页。

❷ 第一份夹片可见于《鸦片战争档案史料》第3册,第266—267页;第二份夹片见《道光朝留中密奏》,《丛刊·鸦片战争》第3册,第483—484页。其中第2份夹片的内容与林则徐上奕山书的内容很接近(详见本章第二节),看来,林则徐对如何上奏是出了主意的,至少是知情的。

防守严密而退出;二是完全没有提到余保纯与义律的谈判及杨芳的照会和告示,将既成的事实作为尚待请旨的议案。为了使道光帝同意广州恢复通商,杨芳竟诡称如此将有利于将来的"剿办"。

若不知广州的真情,仅凭杨芳的折片,人们很难揣度当时的形势。智商平平的道光帝,对此更是不得要领,下了一道让今人莫名其妙的谕旨:

> 本日据杨芳驰奏,逆船驶进省河,旋即退出……(杨芳)**所办尚好**。……洋商呈出义律笔据,代恳通商等情,此系该逆奸谋,懈我军心,惟现在大兵未集,不敷调遣,著杨芳**设法羁縻**,俾不得远遁外洋,致将来攻剿费手。其现在**如何从权制驭之术,朕亦不为遥制**。奕山、隆文计已抵粤……著仍遵前旨,**断其后路,四面兜捦**,克复香港,以副委任。❶(重点为引者所标)

且不论其中的"设法羁縻"、"不为遥制"究竟该作何解释,就看看当时不和谐场景就使人哭笑两难:一边是兵败无策后屈服"夷酋",一边是企盼大兵兜剿擒获"夷酋",广州与北京,犹如现实与梦境。

3月31日,广州恢复通商已经10天,杨芳仍在奏折中欺骗道光帝,声称美国商船驶入黄埔引起英国商人的好一阵歆羡,由于得知杨芳已上奏请旨,义律等人抱有一线希望,所以"旬日间无一动静"。杨芳此折的目的,是以英方"无一动静"的驯服姿态,诱引道光帝尽早批准恢复中英贸易。可道光帝却发现了其中的漏洞,若美商代英商销售岂不是放纵英人得逞,于是,他一面下令杨芳严查

---

❶《筹办夷务始末(道光朝)》第2册,第918页。

有无蒙混影射等弊,一面明确宣布"断不准"英国通商。

广州到北京的驿递速度,让杨芳、怡良等得心焦。4月3日,他们再次上奏,试探道光帝的态度,声称3月31日因美、法两国的请求,已批准港脚(即英属印度)商人恢复通商,并请求道光帝批准英国通商,"暂作羁縻,以便从容布置,可期计出万全"。

15天后,这份奏折到达道光帝的案上。他观此勃然大怒,在该折上朱批达5条之多,其中有:

> 朕看汝二人欲蹈琦善之故辙。
> 若贸易了事,又何必将帅兵卒如此征调?又何必逮问琦善?

并由内阁明发上谕,斥责杨芳、怡良,将其"交部严加议处"。❶4月23日,吏部议奏,杨芳、怡良照溺职例革职。道光帝因"现当剿办吃紧之时",改为革职留任,"以观后效"。❷

比起前任林则徐、琦善,杨芳的处分真是轻得不能再轻了。况且杨芳一生立的功大,闯的祸也大,褫花翎、摘顶戴已是多次,最重为革职遣戍,对他说来,"革职留任"不过是湿衣裳的毛毛雨。但是,杨芳未受重罚,并非是道光帝待人不公,而是他在奏折中施展了一整套粉饰夸大加躲闪腾挪的功夫。❸他始终没有让道光帝知道广州内河战败的真情,始终没有让道光帝知道英国已恢复通商。

威风凛凛战功赫赫的果勇侯杨芳,在与英军的作战中,未露丝

---

❶《筹办夷务始末(道光朝)》第2册,第953—957页。
❷ 同上书,第965页。
❸ 佐佐木正哉在其论文《英军进攻内河》、《杨芳的屈服与通商的恢复》中暗示,杨芳的捏谎很可能是由林则徐指点的,我以为此论证据不足。

毫的"果勇"精神，而在对道光帝的捏谎上，却大显惊人的"果勇"气派。

但是，若将杨芳的谎言与后来的奕山相比，又只是小巫见大怪了。

二　奕山的"靖逆"

奕山是康熙帝第十四子允禵的四世孙。在康熙朝的立储纷争中，身为抚远大将军的允禵，本是最有力的皇位竞争者。雍正帝在迷雾中继位后，长期监禁允禵。允禵之子，奕山的曾祖父弘春，亦为此而受迫害。

经雍、乾、嘉三朝之后，百年前祖上的恩恩怨怨已经消褪色彩。自道光帝继位后，奕山颇得宠信，1821年以四品宗室充三等侍卫，历二等侍卫、头等侍卫、御前侍卫、伊犁领队大臣、塔尔巴哈台领队大臣、伊犁参赞大臣，迁至伊犁将军。期间曾参加过平定张格尔一役。1840年4月，道光帝召其回京，任领侍卫内大臣、御前大臣等职。❶按照清朝的官位品秩，武职的领侍卫内大臣相当于文职的内阁大学士，为最高一级。然而，更重要的是，奕山久任内廷职位，平时见到皇帝的机会比较多，又是一般官员不可企及的。

1841年1月30日，道光帝授奕山为靖逆将军，从湘、赣、鄂、桂、滇、黔、蜀七省调集大军，命其统率南下征战。这对奕山说来，正是一个机会，祖上的种种不平事，可由他这位子孙的戈马武功来洗雪。

---

❶ 参阅《清史列传》第14册，第4385—4396页；赵尔巽等撰：《清史稿》第38册，中华书局，1976年，第11537页。

奕山受命后，面聆圣训，于2月2日领受了御赏的"大缎袍褂料各二件"，❶随后组成了由御前侍卫、京营武弁、部院司员共35人的参谋班子。在嘈嘈嚷嚷中操持了两周后，奕山一行于2月16日，浩浩荡荡，离京南下。❷

前方的军情如此急迫，而主帅的准备似过于悠闲。当时任北京俄国东正教教士团监护官的俄国外交官柳比莫夫（此人后任俄国外交部亚洲司副司长、司长），目睹这一出征场面，给国内的报告中写道：

> 我有幸看到这个美妙的场面。将军被抬着，他的陪同人员有的乘马车，有的骑马。不算各种官员，他的随从侍者就有50人。就拿与我们教士团联系的官员❸来说，他与将军一起出发，也带了约10人。有的人拿弓，有的拿箭，有的拿床垫、枕头，等等。我国如有人接到命令要出发，骑上马就走，而这里不是这样，你等着听童话吧，事情得慢慢做。譬如说，将军打算到前线去20天，而抬他就得抬30天，这还是因为按照最高命令，一昼夜必须走两站路程。❹

不过，在这位俄国间谍眼中极其荒唐的现象，在"天朝"恰是无人

---

❶《靖逆将军会办广东军务折档》，《丛刊·鸦片战争》第4册，第237页。领赏日期原作为2月5日，此据《清实录》改，见该书第38册，第244页。
❷《曾国藩全集·日记》第1册，第62页。这也是曾国藩日记中罕见的有关鸦片战争的记载之一。
❸ 疑是理藩院员外郎西拉本。一位从五品的官员，随从就达10人，可见队伍之庞大混杂。
❹ 转引自阿·伊帕托娃：《第一次鸦片战争中及战争后的中国》，《清史研究通讯》1990年第3期。

訾议的正常情景。

奕山出征了。他是继林则徐、琦善之后，第3位由京赴粤的大员。而从今天的知识来看，道光帝赋予他的使命，"剿捦逆夷"，如同他的两位前任，仍是无法完成的。

他是否也走上了与前任相同的道路？

从清代档案来看，奕山未出京前，道光帝就发给他3道谕旨；从奕山的奏折来看，他在途中至少收到了6道谕旨。检视这些谕旨，除通报广东、浙江的军情外，无非是催其加速前进，其中使用频率最高的字样为，"一意进剿"，"星夜兼程"。❶

尽管道光帝催得很紧，但奕山赶路的速度并不快。据《广东军务折档》，他于2月26日到山东东平，3月17日到安徽宿松，28日到江西泰和，4月3日方进入广东境内。又据其自称，行程不快是沿途大雨，路上泥泞。而他一入广东，反在韶州（今韶关）停了下来，理由为：一、得知英军已逼近广州，放言等他到达后"即求定局"，而此时各路援兵未到，火炮未齐，速到广州，反会被英军所困。二、等候新任两广总督祁𡎴，一并前进。❷

奕山的理由是否站得住脚，没有必要分析，因为从广州的局势来看，他早几天或晚几天到达，似为无关紧要。需要介绍的，是奕山所举理由的背景。

自1841年1月6日至3月15日，道光帝共调大军1.7万人援粤。❸这是奕山倚以为战的军力。可至4月初，进入广东境内援军仅

---

❶ 参见《鸦片战争档案史料》第3册有关内容。
❷ 《筹办夷务始末（道光朝）》第2册，第959—960页。
❸ 具体数字为：1841年1月6日，湖南1000名，四川2000名，贵州1000名；1月27日，江西2000名；1月30日，湖北1000名，四川1000名，贵州1000名；1月31日，四川1000名，湖北500名，湖南500名，云南500名，贵州500名；3月15日，广西2000名，湖北1800名，湖南1000名。另有四川提督带往广东的亲兵数百名。

第4章 广州的"战局"

8000余人。❶按照我在第一章第二节中谈到的清军调兵速度,援军的全部到达,须至5月份。也就是说,道光帝所期待的大兵进剿,最早要到5月份才能进行。

虎门之战、广州内河之战、西江水道之战,使清军在这一地区损失的火炮约1000位。❷奕山若要发动反攻,需从广西、湖南等省调入火炮,这也需花费时间。

道光帝为了保证广东作战的后勤供应,于1841年2月10日派曾任广东巡抚的刑部尚书祁𡎴办理粮台,辅以江西、广东两布政使。❸琦善革拿后,又任命祁𡎴为署理两广总督(后真除)。此外,为加强军事指挥,又于3月15日增派曾参加平定川楚白莲教、张格尔诸役,并获绘像紫光阁殊荣的四川提督齐慎为参赞大臣。❹这样,广东的前敌班子由奕山(领侍卫内大臣、御前大臣)、隆文(军机大臣兼户部尚书)、杨芳(湖南提督)、齐慎(四川提督)、祁𡎴(原刑部尚书、两广总督)五人组成,这在清朝历史上也是一个罕见的强大阵容。道光帝还慷慨地一次性拨给军费银300万两。而道光帝所赋予的任务,除大兵兜剿、擒获"夷"酋外,又增加了一项:收回香港。❺

4月14日,奕山等人由佛山进入广州,途中共57天,比他的前任琦善多用了1天。但在这57天内,广州的局势已经大变。

---

❶ 《筹办夷务始末(道光朝)》第2册,第959—960页。
❷ 此为英方统计数字,并为奕山奏折所确认(见《筹办夷务始末(道光朝)》第2册,第994页)。又,林则徐称,"虎门口外各炮台"及"各师船","损失大炮不下五百尊"(《海国图志》卷八〇),此数似不确。
❸ 《筹办夷务始末(道光朝)》第2册,第757页。
❹ 同上书,第847页。
❺ 同上书,第834页。

奉旨"剿夷"的奕山，似乎很看重对英强硬的林则徐。在未进入广州之前，便写信给林则徐，约他面谈问计。4月13日，奕、林会晤于佛山。此后，他们在4月15日和18日，在广州有两次时间甚长的会晤。❶

关于这些会谈的内容，史籍上有一些透露，谓林则徐向奕山提出了6条建策。❷而在这6条建策中，我以为最重要的有两条：

其一，林则徐提议，密饬余保纯❸和行商，用"好言诱令"英军退出省河，然后在广州以东的猎德、二沙尾一带和广州以南的大黄滘一带阻塞河道，构筑沙袋炮台，派重兵驻守。此两处办成后，再致力于黄埔❹，最后筹防虎门。林的这一建策，就作战思想而言，仍是其战前的据守海岸坚强防御据点的战法。

实际上，林的这一战法已不新奇，3月22日杨芳奏折所附密片中，已陈此说❺（很可能杨芳正是听从了林的建策）。但是，若从当时的实际出发，林的这一建策有两项操作上的困难。

据林则徐称，当时猎德一带的珠江河道，宽约660米，深6米以上，大黄滘一带河道，宽约350米，深约10米。如果只是简单的阻塞，将无济于事，因为前次广州内河战斗时，猎德、大黄滘都已阻塞，但水中障碍皆被英军清除。如按林则徐所要求的"巨石"堵塞，那两处的石方量不难推算，似在短期内难以完成。退一步说，即便阻塞了珠江河道（且不论此举会引起何种生态恶果），那

---

❶ 《林则徐集·日记》，第387—388页。
❷ 见魏源：《魏源全集·海国图志》第7册，第1928—1931页；《清史列传》卷56《奕山传》中亦谈及此事。
❸ 林文中称"近日往来说事之员"。案此时鲍鹏已拿，林则徐、琦善、杨芳一直以余保纯与英方联络，当为余保纯无疑。
❹ 林文中称"内洋之长洲冈及蚝墩"，长洲即为黄埔，而蚝墩疑为黄埔附近的大蚝沙。
❺ 《丛刊·鸦片战争》第3册，第483—484页。

也只是阻止英军舰船由水路直逼广州城下,又何以阻挡英军的陆路进攻?林要求堵塞的猎德,距当时的广州城约5公里,英军若从此处发起攻击,比后来的攻击路线只长3公里。

另外,林则徐堵塞河道的前提,是英军退出省河。可如何使英军退出省河,又是一件难事。林在此用了"好言诱令"四字,即虚假地应允英方的某些条件。且不论道光帝的"断不准提及通商二字"的严旨,❶使奕山不敢同意英国通商;即便作此承诺,对英方也无吸引力,因为先前杨芳、怡良已经出具照会和告示。至于在其他方面作出承诺,更是违旨举动。

如果我们再看看道光帝的谕旨,便能知晓奕山绝不敢听从林则徐的这一建策。道光帝给奕山规定的战法是大兵兜剿、擒获"夷酋",其基本战略是进攻,而林则徐的战法(即便成功)只是保守的保全广州的方案。尽管我们有理由指责京师的旨意更加不切实际,但对统兵大员来说,不执行这一旨意,又是另一回事了。琦善、伊里布前鉴俱在,奕山不能不小心行事。

林则徐的这一建策,奕山没有采用。

其二,林则徐建议,对驶入内河的英舰船实施火攻,火船在佛山一带装配,于深夜乘风顺流放下,另以战船、水勇配合作战。

林的这一建策,仍脱胎于战前的"攻首尾跃中舱"之法,火攻是中国水战的传统战法,火烧赤壁等战例更是深入人心。奕山在路途中便存有此心。❷林的建策,颇合其意。后来奕山采用的正是这一战法。

除此两项外,林则徐还提议准备战船、调集火炮、查拿汉奸

---

❶ 《筹办夷务始末(道光朝)》第2册,第956—957页。
❷ 同上书,第993页。

三项，这些已属技术性的问题，在当时无特别之处，奕山也采取了一些措施，在此可不再分析。至于林提议建立外洋水师一项，因与奕山当时的条件差距太远，根本无法实施，我准备放在第六章中再作分析。

由此可见，林则徐的军事思想，仍停留在其战前的水平上，并没有从广东的一系列战事中，总结出真正的经验教训。他的6项建策，仍无回天之力。

需要说明的是，林则徐作为"天朝"中的一文臣，如此建言，并不足奇，也不必究其责任；然而一些论者对此未加分析，先作赞词，称作救时之方，指责奕山未能一一如计行事，反显足以为奇。这也是我写下这段文字的原因。

义律此时似乎也在等待奕山的到来。

自1841年3月20日广州开港后，义律策划了一个计划：在广州至香港一带保留7艘军舰和全部陆军，以威慑广州当局，保证广州通商顺利进行；主力战舰北上，进攻厦门，然后再南下广东；当主力战舰南下时，广州的通商可以大体结束，英军于5月北犯江、浙，迫清政府屈服。❶

1841年3月27日，义律同远征军海军司令伯麦和陆军司令郭富（Sir Hugh Gough）❷讨论这一计划，遭到反对。郭富提议将进攻厦门的行动，放到第二次北上总攻击时一并进行，并要求增援；伯麦也提出了增援的要求。于是，会议决定：推迟北攻厦门，英军以

---

❶ 义律致印度总督奥克兰，1841年3月24日，转见于佐佐木正哉：《鸦片战争研究——从英军进攻广州到义律被免职》第六部分"奕山的反击与败退"。

❷ 据《中国丛报》称，郭富于1841年3月2日到达广东（Chinese Repository, vol. 10, pp. 184）。

全力控制广州的局势，伯麦往印度求援（3月31日出发），义律进驻商馆（4月5日到达），探明情况是否会变化。❶

义律很早便得到奕山即将到来的情报，也急欲知晓他对广州停战通商的态度。4月14日，奕山一入广州，义律立即照会杨芳，询问广州停战通商协议是否仍旧有效？奕山是否准备开战？❷4月16日，广州知府余保纯带来杨芳的复照，词语含混：

> 前许代恳圣恩，已为陈奏。昨日大将军、参赞大人到来，亦候恩旨定局，断不失信，令问好。❸

我在前节已经谈到，杨芳的奏折，只谈到准许"港脚"贸易，并未报告实情；而道光帝的驳斥，此时尚未到达广州。从这份照会来看，奕山似乎同意通商停战协定，答应等待圣旨。"令问好"一语，也颇有亲善之意。

让人吃惊的是，余保纯在送交上引照会时曾与义律交谈，他提到这一件事：余曾问广州的大员们，若道光帝不同意通商，决意开战，将会怎么样？广州的大员们答复，圣意不可违，但开战可在广州以外的地区进行，通商也不必因此中断而可继续进行。❹

看来广州的大员们准备与英方联手，导演一场专门做给道光帝

---

❶ 义律致巴麦尊，1841年3月28日，转见于佐佐木正哉：《鸦片战争研究——从英军进攻广州到义律被免职》第六部分"奕山的反击与败退"。
❷ 佐々木正哉编：《鴉片戰爭の研究：資料篇》，第99—100页。
❸ 同上书，第100页。
❹ 义律致巴麦尊，1841年5月1日，转见于佐佐木正哉：《鸦片战争研究——从英军进攻广州到义律被免职》第六部分，"奕山的反击与败退"，又，义律的报告中余保纯所称广州大员，英文中用了"Commissioners"，即"钦差大臣们"，这里是否包括奕山，尚难推定。

看的戏！

义律对杨芳的答复似乎很满意。他于4月17日发布告示，宣称英军不会进攻广州，通商可继续进行。❶

通过在广州商馆里20多天的观察，义律得出结论，广州局势不会因奕山的到来而恶化。于是，他回到澳门后，于4月25日决定，除留下一部分兵力保持对广州的警戒外，主力于5月12日之前北上，进攻厦门及长江流域。❷

可是，就在此时，广州方面又传来各省援军开到、炮台加强武备的情报，而杨芳又以"私信"形式劝诫义律罢手。❸义律为此再入广州商馆，就近刺探军情。

5月11日，义律与余保纯会谈，一次付给三份照会，提出要求：一、撤退各省援军；二、撤回西炮台新设大炮；三、广州当局出示安民；四、奕山、隆文、杨芳联衔复照。❹次日，义律离开广州去澳门。

义律的这一次广州之行，使之得出了完全不同于前的结论：他认定奕山必定开战，而英军须先下手为强。5月13日，他密令英军

---

❶ 佐々木正哉编：《鸦片战争の研究：资料篇》，第101—102页。
❷ 义律致巴麦尊，1841年5月1日，转见于佐佐木正哉：《鸦片战争研究——从英军进攻广州到义律被免职》第六部分"奕山的反击与败退"。
❸ 该信全文见佐々木正哉编：《鸦片战争の研究：资料篇》，第102—103页。从该信的内容来看，杨芳似乎误解了广州停战协定的实质。按照义律的前引备忘录，停战仅限于广东，不包括其他省份。而杨芳认定，义律不要烟价，不要香港，由此可以"速定局面"。杨芳的发信日期为1841年4月30日，此时奕山正在为进攻作准备，杨芳虽不知道义律的北攻计划，但又不愿再次开战，似乎在为"和平"作最后一次努力。由此信可见，杨芳和奕山在和、战问题上有所分歧。又，义律收到此信后，以两国相交不用私信为由而退回，尽管他抄录了此信的全文。他还要求此后的公文须由奕山、隆文会衔方可接受。同时，义律还认为，杨芳的私信，是一个骗局，表明清军准备动手。
❹ 佐々木正哉编：《鸦片战争の研究：资料篇》，第104—108页。

做好一切战斗准备。5月17日,他未收到奕山等人的答复,令英军开始行动。5月18日起,英军除留1艘军舰保持对香港的警戒外,海陆军全数向广州开进。

广州之战即将爆发。

从现有的史料中,我们似乎可以推断,奕山进驻广州后,心情一直处于矛盾之中。

一方面,他没有揭穿杨芳的谎言,也没有阻碍通商的进行,默许了杨芳、怡良先前所做的一切,甚至还派人招回逃逸避难的殷实商户,致使这种生意能更为兴隆。4月26日,他还为通商一事专上一折,明显流露出希望通商的倾向。❶在作战指导上,他也似乎接受了杨芳的建策,"待机而动,不可浪战取败"。❷此中的"待机",实质上就是将进攻时间无定期地推延。

另一方面,他出征前面聆圣训,出征后又叠奉圣旨,都要求他一意"进剿";他身为**靖逆**将军,非为祖上的**抚远**大将军,总不能顺着"逆夷"而无所作为。于是,他从广西和粤北调集木排,在佛山监制火炮,往福建雇募水勇,并在其下榻的贡院内日夜赶制大小火箭、火毯、毒火炸炮等火攻用具,准备在黑夜中,对停泊在省河上的英舰实施火攻。

就在奕山左右动摇之际,5月2日,道光帝批驳杨芳、怡良准许"港脚"贸易的谕旨到达广州,❸该旨命令:

奕山等接奉此旨,著迅速督饬兵弁分路兜剿,务使该夷片

---

❶ 《鸦片战争档案史料》第3册,第387—388页。
❷ 梁廷枏:《夷氛闻记》,第69页。
❸ 收到时间据《林则徐集·日记》,第389页。

帆不返，俾知儆畏。倘该夷船闻风远遁，空劳兵力，惟该将军是问！❶

两天之后，5月4日，奕山又收到道光帝4月20日发出的谕旨，命令他"抄袭该夷前后路径，并力攻剿，不使逃遁"。❷到了此时，奕山的面前也只有一条路了，"进剿"！

大约到了4月底、5月初，道光帝所调派的各省援军1.7万人全部到达。虽然其中有数千人已在乌涌、凤凰岗等战中被击溃，但战后又纷纷回营；合之广州原驻清军，❸总兵力当在2.5万人以上。奕山亦细心地部署广州城防：

新城东水关至西水关，城垣上派兵4300名；四方炮台一带，派兵2500名；观音山（即越秀山）派兵1000名；小北门，派兵500名；贡院，留兵1000名；燕塘一带，派兵4500名；石门一带，派兵1300名；佛山一带，派兵2000名❹（具体地点参阅后图）。

尽管奕山手中的兵力已数倍于英军，但全是陆师，无法施展于

---

❶《鸦片战争档案史料》第3册，第368页。

❷ 同上书，第372页。

❸ 据《清朝文献通考》、《清朝通典》等官书，广州八旗驻防兵为3400人，广州城守协共有两营，再合之抚标、水师提标等部，总兵力当在8000以上。但由于调派虎门及广州内河战斗中溃散，兵丁可能会不足此数。

❹ 见《道光朝留中密奏》，《丛刊·鸦片战争》第3册，第543页。该史料标题为道光二十一年四月二十日（即1841年6月9日）探报，估计有误。因为此时清军在广州战役中失败，撤离省城，四方炮台、观音山皆被英军占据过。此兵力分派情况，应是战前的格局。又，该史料中同三月二十一日（5月11日）的探报称：贵州兵2671名驻小北校场；江西兵1500名、四川兵1400名驻东西得胜炮台；湖南兵1040兵、湖北兵1840名驻燕塘；江西兵500名、四川兵600名、湖南兵400名、广西兵300名，驻守各城门；四川兵1000名驻校场；四川兵1000名，驻保厘炮台；湖北兵1509名驻四方炮台；广西兵2000名驻佛山；云南兵500名驻北校场（同上书，第532—533页）。将此两单对照比较，可看出兵力部署的变化。

对英军舰船的进攻；因而从他的兵力部署来看，仍是由陆上防守广州，并不符合道光帝"分路兜剿"的要求。

可远在京师的道光帝，根本不顾及奕山在战术上的困难，催命般地接连下旨"进剿"，他根本不能想象，如此强劲的"天朝"大军，为何尚未全歼这群"丑类"。奕山承受的压力越来越大。

据奕山的奏折，他定于5月10日发动进攻，但由于连日大雨滂沱，毁坏了用于火攻的木排、战船，进攻不得不延期。❶但从其他史料来看，广州方面用于进攻的准备根本就没有完成，奕山的这番话，很可能是应付道光帝的一种托词。

但是，时局的发展，又由不得奕山从容准备了。至晚在5月20日，奕山已经得知了义律下令进攻广州的情报；于是，他不顾所雇福建水勇1000名，香山（今中山）、东莞水勇3000名尚未到达，其他备战工作亦未完成，便于5月21日，下令进攻。❷

从军事学的角度来看，奕山组织的进攻实谓可笑。广州清军兵力达2万以上，但对进攻一无用处。据奕山奏，用于进攻的是所雇水勇1700人❸（道光帝所调大军真是白费劲）；又据《番禺县志》，用于进攻的兵力为四川余丁400名，水勇300名，数量更少。其方法是前面介绍过的火攻。目标是泊于珠江上的英军舰船。

道光帝期待数月翘首盼捷的"兜剿"，只不过是这种骚扰性质的战斗。

与新任两广总督甚有交情的梁廷枏，在其著作中透露：奕山的命令下得十分仓猝，甚至事先未与参赞大臣杨芳商量。此时仍幻想以通商换和平的果勇侯，得讯后大惊失色，拔剑奋呼："事且败而

---

❶《鸦片战争档案史料》第3册，第411—412页。
❷ 奕山等人致裕谦，《丛刊·鸦片战争》第3册，第321页。
❸《鸦片战争档案史料》第3册，第444—445页。

局难收！"❶

老将杨芳，已经看到了结局。

义律于5月17日下令进攻后，于18日赶至广州商馆，秘密部署快速结束通商、及时撤退侨民的工作。至5月21日晨，他判明局势已经相当险恶，便通告英商于当天日落前离开商馆。下午5时，他本人也从商馆登上省河上的英舰。这时离奕山发动进攻的预定时间，仅有6个小时。我们虽不知道义律是否获得了准确的情报，但是，不难看出，奕山部署的秘密进攻，已经失去了奇袭的功效。英方对此已有准备。

对于5月21日深夜至5月22日的战事，中英双方文献的记载，差别非常之大。

英方记载：5月21日晚，在广州商馆一带（包括白鹅潭）水域，泊有英舰摩底士底号、卑拉底斯号、阿尔吉林号、轮船复仇神号、义律的官船路易莎号以及颠地的商船曙光号（Aurora）。大约在夜间11时，英方发现约有百余只火船从上游放下，每二三只用铁链相连；火船之后，又有载运清军兵勇的船只，准备登舰与英军厮杀（由此看来，与林则徐的建策大体相同）。第一批火船已经点火燃烧，直逼摩底士底号；而驻守西炮台（位于商馆以西，大约今日之沙面）的清军，亦开炮轰击英方舰船。但是，英军舰船避开了这些火船，并开炮还击西炮台。第二批火船的攻击亦未得手，反被冲往河岸，船上的发火物引起岸上的大火。随后跟进的清军兵勇见势逃散。英舰船为安全计，向凤凰岗一带水域转移。在当晚的交战中，清方的火攻完全无效，但西炮台清军的火炮曾击中摩底士底

---

❶ 梁廷枬：《夷氛闻记》，第70页。

号、路易莎号、曙光号,使之受到一些损伤。与此同时,清方还在广州以东的猎德一带水域,向英舰鳄鱼号发动火攻,亦未能奏效。5月22日,英舰摩底士底号、卑拉底斯号、阿尔吉林号和轮船复仇神号,进攻西炮台,驱散了该台的守军,彻底破坏了该台的火炮,然后撤回。轮船复仇神号随后拖带英舰所属的小船,溯江而上,又打哑了清军保障炮台,击毁清方为再次火攻准备的战船43只、火筏32只。❶

清方记载:奕山奏称,5月21日晚,清军分路同时进攻,"弁勇伏身水上,直扑其船底,以长钩钩住船只,抛掷火弹火毯火箭喷筒",英舰船被烧得火焰冲天,"逆夷号呼之声远闻数里"。当晚清军的战绩是:在商馆一带水域,烧毁英"大兵船二只、大三板船四只、小艇杉板数十余只;在猎德一带水域,烧毁英"小三板船数只"。此外,"逆夷被击及溺水死者不计其数"。5月22日,英军舰船进攻西炮台,清军固守,"未被攻坏";英轮船上溯窥伺,清军击沉其三板船一只,迫其退回。除未经配兵的零星炮船被焚烧数只外,其余俱未受损。❷

比较双方的文献,除交战区域、交战时间及何方主动进攻相同外,其余格格不入。我们今天似没有必要具体分清当时交战中的招招式式,但从英军后来的行动来看,奕山所称烧毁英军"大兵船"之事,实属子虚乌有,而西炮台在后来的作战中,也没有发挥作用。就此而论,奕山至少夸大了战绩,隐匿了西炮台被破

---

❶ Bernard, *Narrative of the Voyages and Service of the Nemesis,* vol.2, pp. 2-9; *Chinese Repository,* vol. 10, pp. 340-344, 545, 547; Mackenzie, *Narrative of the Second Campaign in China,* pp. 88-89. 宾汉:《英军在华作战记》,《丛刊·鸦片战争》第5册,第207—210页。

❷《鸦片战争档案史料》第3册,第444—445页。

坏的实情。

奕山关于5月21日至22日战况的奏折，发于5月23日，以"六百里加急"的速度，向道光帝报捷。他如果知道5月23日之后的战局急转直下，在奏折中大概会留有更多的余地，不会显得那么信心十足、胜券在握的气概。

远在京师的道光帝，数月以来日夜盼望来自南方的捷报。得此佳音，虽未满足其全歼来敌、擒获"夷酋"的心愿，但亦可稍纾积郁在胸的愤懑，朱批"甚属可嘉"。他除了将奕山、隆文、杨芳、祁𡎴交部优叙外，还颁下白玉翎管、四善扳指、带钩、黄辫珊瑚豆荷包等一大堆御赏物件。❶

尽管义律于5月17日下令英军进攻广州，英军于18日起便开始行动，但因兵力集结、风向潮水等情事，香港一带的英军，于5月23日方开抵广州附近。

此时，英军的主力为避开省河的清军炮火和浅滩，由河南水道（见前节广州内河作战示意图中第二次攻击路线）驶入，集结于广州西南的凤凰岗一带，共有战舰11艘，轮船2艘，陆军2300人，以及参加陆战的海军官兵1000余人。此外，英军在广州以东的黄埔，有战舰4艘。由此形成东西对攻的态势。❷

---

❶ 《鸦片战争档案史料》第3册，第467—468页。
❷ Chinese Repository, vol. 10, pp. 545-546. 其中在凤凰岗一带的英舰船为：伯兰汉号、布朗底号、琉磺号、海阿新号、宁罗得号、摩底士底号、卑拉底斯号、巡洋号、哥伦拜恩号、阿尔吉林号、司塔林号；轮船为阿打兰打号、复仇神号。在黄埔的英舰为加略普号、康威号、先锋号、鳄鱼号。此外，英舰威厘士厘号，此时泊于横档。英陆军组成为第18团535人，第26团317人，第49团311人，马德拉斯土著步兵第37团240人，孟加拉志愿兵79人，皇家炮兵38人，马德拉斯炮兵232人，马德拉等工兵等部171人，总计2223人。

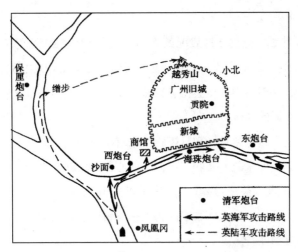

图四 广州之战示意图❶

就在英军完全抵达之时,英舰硫磺号(Sulphur)及一些小船,再次深入广州西侧水道侦察,进至缯步,击毁清方的各种船艇28只。此次侦察行动,确定了英军的作战计划。

5月24日下午2时起,英军开始进攻。

在凤凰岗一带的英舰宁罗得号等7艘轻型战舰及所附属的小船,分别炮击广州城以西的沙面、西炮台、商馆等扼守之处,并攻击广州城南省河中的海珠炮台,由西向东攻击;在黄埔的加略普号(Calliope)等4艘轻型战舰及所属小船,越过猎德、二沙尾,由东向西攻击。广州城南炮声隆隆,一直持续到第二天。英军舰炮在炮战中占据了绝对优势。

然而,英海军的进攻,只是一种牵制性的佯动。此次英军的主要作战手段,是"天朝"大吏们不太放在心上的陆战。

---

❶ 本图的绘制,参阅 Mackenzie, *Narrative of the Second Campaign in China* 一书所附作战地图。

下午 3 时，在英海军舰船基本击垮广州以西的清军抵抗能力后，轮船阿打兰打号拖带小船启动，载送陆军右翼纵队360人（由第 26 团组成），于 5 时占领商馆。英军的这一行动，在广州城的西南角构成了军事压力。

然而，这还是一种佯动。

下午 4 时，轮船复仇神号拖带 30 余艘小船，载运陆军左翼纵队，驶入广州西侧水道，进至缯步，与先期到达的英舰硫磺号等会合。这支部队由第 18 团、第 49 团、马德拉斯土著步兵第 37 团、海军陆战人员等部组成，共约 2400 人，其中包括一支约有 400 人的野战炮兵部队，携带各类火炮 15 门。

这才是真正的主攻方向。

24 日晚 9 时起，英军在缯步登陆。至 25 日晨，全部登陆完毕。上午 9 时起，英左翼纵队向城北高地攻击前进，次第扫除沿途的障碍。当日占领广州城北越秀山上由 4 座炮台组成的四方炮台。❶

当时的广州城，依江背山而筑。城北的一段城墙蜿蜒于越秀山上。步入今天的越秀公园，能依稀辨出昔日城墙的遗迹，著名的五层楼（镇海楼）便是紧靠着城墙。四方炮台位于越秀山的制高点，英军攻占此地，已逼近广州城墙，可俯视广州城内。可以说，英军已经将整个广州城置于其野战炮兵的炮火之下了。

如果我们联系起城南省河上的英海军舰船，那么，城北越秀山上的英陆军团队，恰好对广州城形成了背腹夹击的态势。清军此时

---

❶ 以上英方的军事行动，综合下列资料：*Chinese Repository*, vol. 10, pp. 340–348, 391–401, 535–550; Bernard, *Narrative of the Voyages and Service of the Nemesis*, vol.2, pp. 25–47; Mackenzie, *Narrative of the Second Campaign in China*, pp. 93–111, 及该书附录；宾汉：《英军在华作战记》，《丛刊·鸦片战争》第 5 册，第 211—222 页。其中凤凰岗英军参加进攻的英舰为宁罗得号、卑拉底斯号、海阿新号、摩底士底号、巡洋号、哥伦拜恩号、阿尔吉林号。黄埔一带英舰全数参战，舰名见 279 页❷。

已丧失了一切抵抗能力，战败已成定局。

就战术评价而言，英军的海军攻击正面、陆军抄袭侧后的战法，仍是其4个多月前的沙角之战的放大；而从奕山的布防来看，他根本没有想到英军会如此作战；他在21日下令进攻时，更没有料到4天后的这一结局。

我们不能过多地责怪广州清军的腐败。尽管许多部队在交战中一触即溃，但从英方的记录来看，也有一些士兵和军官进行了有效的抵抗。从5月21日至25日，英方宣称其死亡9人，受伤68人。❶相对战役的规模，这一伤亡数目可谓微不足道，但毕竟创造了1840年7月中英开战以来的最高纪录。这个纪录一直到1842年7月的镇江之战才被打破。

我们也不能过多地责怪奕山统兵无方、指挥无策。尽管他下令反攻十分仓猝，但即使清方不进攻，英方也早已决定进攻广州，至于其抄袭广州城北的战法，更是在1841年3月便已作出，❷当时奕山尚未到达广州。从另一方面来看，除奕山外，广州的其他大员，如杨芳、怡良等人亦无高策，奕山的统兵、指挥诸水准，并不在清王朝中的其他人之下。

由此可见，问题仍是清军没有取胜的能力。离开了这么一个大背景，就难以得出真实的结论。

在这种态势下，奕山只能求和了。5月26日上午，广州城升起

---

❶ 郭富致奥克兰，1841年6月3日，广东省文史研究馆编：《三元里人民抗英斗争史料》，第346页。此数与辛好士的报告完全一致，见 *Chinese Repository,* vol. 10, pp. 550。又，宾汉一书的数字大于上述报告，但他列举了非战斗员一项，见《丛刊·鸦片战争》第5册，第232—233页。以上数字都扣除了三元里之战中英军的伤亡人数，可见于下一节。

❷ 参阅佐佐木正哉：《鸦片战争研究——从英军进攻广州至义律被免职》第六部分"奕山的反击与败退"。

了白旗,清方派出使者前往城北越秀山英军司令部求和,得到的答复是,英军司令官只同清军司令官谈判,也就是点奕山登场。这是奕山死活也不肯的。5月27日早晨,英军利用前一天的休战,调运了火炮和弹药,准备从城北进攻广州时,陆军总司令郭富和海军代理指挥官辛好士,❶收到了义律的公文,称他已同清方达成了停战协议。

广州之战结束了。奕山的"靖逆"使命也自我终止了。

5月24日英军重新占领商馆,义律又回到这3天前离开的老地方。时隔三日,义律感到自己已经成为广州的主人。

5月26日傍晚,很可能奕山在城北求和受挫后,改派广州知府余保纯前往商馆,与义律谈判。义律开出了停战条件:❷

一、奕山、隆文、杨芳在6天内率兵出城,至广州以外200里驻扎。

二、赔偿"使费"600万元,限7天交清。

三、赔偿商馆被劫焚和先前林则徐误烧西班牙船的损失。❸

四、清方如期付款后,英军可退出虎门口外。

五、以上须由奕山、隆文、杨芳、阿精阿、祁𡎴、怡良联衔公文授权广州知府办理,方为有效。

第二天一大早,余保纯带来了奕山等人的公文:

钦命靖逆将军奕、参赞大臣隆、参赞大臣杨、镇粤将军

---

❶ 伯麦去印度求援期间,由威厘士厘号舰长辛好士代理其指挥职务。
❷ 佐々木正哉编:《鸦片战争の研究:资料篇》,第107页。
❸ 5月21日清军反攻后,次日进占商馆。商馆内的财物被兵弁和当地无赖劫夺一空。误烧西班牙商船事,见第二章第四节。

阿、两广总督祁、广东巡抚怡札广州府知悉，现在英国公使情愿罢兵议和，所有一切安善章程，该府妥为办理，毋得推诿。❶

奕山的这份文件，完全合乎义律的要求。奕山—义律的停战协定即由此而成立。但是，若从文字来看，这份文件将来会对余保纯很不利，对此，我放在下一节中讨论。

缴纳款项的事宜，进行得非常之快。5月27日的当天，便支付了100万元。至31日，全部付清，整整提前了两天。可见奕山等人退敌心切。

撤军事宜似乎要晚一些。据英方记载，撤军开始于5月31日，但从中文文献来看，似从6月1日开始，而且也没有退出200里外，仅至城北约60里的金山寺。

因此，从6月1日起，英陆军从广州城北越秀山四方炮台一带撤退。一周内，英海陆军全部退出广州地区，交还了虎门横档以上的各炮台，集结于香港。和平恢复了。

剩下的问题，就是如何向道光帝交账。

与杨芳相比，奕山的违旨又不知严重多少倍。杨芳仅同意通商，奕山竟交出高达600万元"使费"，实为赎城费。堂堂"天朝"之"靖逆将军"，如此"靖逆"，圣怒下来将压为齑粉！

奕山对此的方法，与杨芳同，捏谎；但其胆量和水准超过杨芳。

5月26日，即广州城已被围困，清军已升起白旗时，奕山上了一道奏折，历数清军在5月23日至25日的频频胜仗，宣称击沉英军轮船1艘，焚毁英"三桅兵船"1艘。道光帝阅此极为兴奋，连批"甚好"、"好极"、"可喜"等字样。而在这份报捷奏折的最

---

❶ 佐々木正哉编：《鸦片战争の研究：资料篇》，第108页。

后,奕山又留了一条阴暗的尾巴,叱骂汉奸助虐,预留地步。❶

6月4日,即停战协定达成9天、英军退离广州之后,奕山等人又上一折,称英舰全数驶入攻城,而"汉奸凫水登岸,自陆路抄赴我兵之后"致使英军占据城北炮台,"城内居民纷纷递禀,吁恳保全阖省民命"。写到这里,奕山编造了一个美丽动人的故事:

> 据守垛兵丁探报,城外夷人向城内招手,似有所言,当即差参将熊瑞升垛看视,见有夷目数人以手指天指心。熊瑞不解何语,即唤通事(翻译)询之。据云,要禀请大将军,有苦情上诉。总兵段永福喝以我天朝大将军岂肯见尔,奉命而来,惟知有战。该夷目即免冠作礼,屏其左右,尽将兵仗投地,向城作礼。段永福向奴才等禀请询问,即差通事下城,问以抗拒中华,屡肆猖獗,有何冤抑。据称,嘆夷不准贸易,货物不能流通,资本折耗,负欠无偿。因新城之外(广州新城,此指省河),两边炮火轰击,不能传话,是以来此求大将军转恳大皇帝开恩,追完商欠,俯准通商,立即退出虎门,缴还各炮台,不敢滋事等语。旋据众洋商(行商)禀称,该夷央该商等转圜,只求照前通商,并将历年商欠清还,伊即将兵船全数撤出虎门以外等情。

如此丰富的想象力,真正愧煞戏剧家、小说家。且不论"以手指天指心"、"兵仗投地"等动作描写,可直接搬上舞台,仅是捏称英军从西侧抄袭城北越秀山,只是因为省河一带"两边炮火轰击,不能传话",也足以堪称想象之绝唱。在这里,奕山完全颠倒了历史舞

---

❶ 《鸦片战争档案史料》第3册,第446—448页。

台上的正反角色,将自己扮演的乞和一角,转套于英方身上。而借段永福之口说出的一段自我表白的话,大将军"奉命而来,惟知有战",一何壮哉!

于是,奕山又称,考虑到虎门藩篱已失,内洋无所凭依,不若俯其所请,先让英军退出虎门口外,再加强从虎门到广州的防守,以使将来办理有所措手。

在这份奏折中,奕山还公开挑明了准许通商一事,杨芳先前为隐匿真相而设置的种种遮挡手法,此次已全然不用。至于600万元赎城费,奕山换了个说法,改称"商欠",广东当局只是为行商们暂行垫付了其中一部分款项。❶

6月18日,道光帝收到了这份奏折。他虽然没有识破奕山的谎言,但毕竟从先前的"大兵兜剿"、"捡获夷酋"的梦幻中清醒过来。我在前面已经提到,英方的"桀骜不驯"使之由主"抚"转向主"剿":一直到了杨芳奏称只要准许通商,便可达到和平时,❷仍不依不饶;此次,他似乎打算就此罢手,在上谕中称:"该夷性等犬羊,不值与之计较,况既经惩创,已示兵威",现又"免冠作礼,吁求转奏乞恩","朕谅汝等不得已之苦衷"。他批准了通商、垫付商欠两件事。❸

奕山的欺骗成功了!

在道光帝的内心中,以准许通商而结束战争,原是他处理中英争端的底价;虽奕山又垫付了商欠银280万两之巨,但此数将来由行商分年归还,不用他出钱,且比琦善原允赔偿被焚鸦片600万元(当然也由行商支付)并不为多。尽管对肆虐的"逆夷"未能重

---

❶ 《鸦片战争档案史料》第3册,第461—464页。
❷ 杨芳对前次停战协定的内容。一直有误解,见注531、注577。
❸ 《鸦片战争档案史料》第3册,第500页。

创严惩,就"天朝"的颜面而言,也颇有一些"苟安"的意味,但道光帝在先前杨芳奏折中"不讨别情,惟求照常贸易"一语的影响下,在此奕山奏折中"不敢滋事"一语的蒙混下,将一省的停战误为全国的和平,以为事情将要解决,便意欲罢手,不再追求"尽歼丑类"的那一份威风和惬意了。

6月30日,奕山收到了道光帝的这一谕旨。7月14日,再次出奏,声称向英商宣布了准许通商的圣恩后,"夷目等额庆欢忭,免冠感伏,声言永不敢在广东滋事"。同时,因外省(主要是湖南)溃兵扰民,兵、勇械斗猛于战争,广州城厢内外不得安宁,奕山又奏称"粤省夷务大定",要求撤退外省援军,以能节省粮饷。❶

奕山这个谎说得太狡猾了。

本来奕山与义律达成的停战协议,范围仅局限于广东,义律在停战之后的6月5日,照会两广总督祁𡎴,谓:

> 两国交争诸事,既未善定,仍须向皇上讨要伸冤,秉公定事。且未秉公善定以先,仍须强自冤屈,与朝廷交攻。而在粤省,既为约议戢兵,如非钦差将军等自行失信,则斯省定无扰害之情……❷

而义律收到祁𡎴关于道光帝批准英国恢复通商的照会后,于7月15日的复照中再次声明:

> ……所有议定戢兵之事,止关粤东一省。至于他省,仍须

---

❶ 《鸦片战争档案史料》第3册,第546—551页。
❷ 佐々木正哉编:《鴉片戰爭の研究:資料篇》,第111页。

旧交战不息。迫至安待皇帝允准,将两国衅端尽解……❶

由此可见,奕山与杨芳不同,完全知道英军将会北上进攻,可这么重要的情报却纹丝不向朝廷透露。"粤省夷务大定"一语,从字面上细看确也有广东一省的限制词,但在道光帝心目中,根本就不存在诸如"闽省夷务未定"、"浙省夷务未定"之类的问题。就如通商仅限广州一口一样,在"天朝"的概念中,"夷务"也仅限广东一省。

道光帝收到奕山上述奏折后,果未细究,以为战争已经结束,7月28日,下令各省撤退调防兵勇。❷这位生性苛俭的皇帝,平生最不爱听用银子的事,而盛京、直隶、山东、江苏、浙江、福建沿海数万兵勇,一天得花多少钱!

奕山与他的前任相比,无疑要幸运得多,林则徐是大体诚实的,此时被罪而遣戍伊犁(后改河工效力);琦善也是大体诚实的,此时被罪在京城受审(后判斩监候)。广州的三位钦派大员,以当时的是非标准来看,奕山的罪孽最重,但却获得交部优叙、白玉翎管等赏赉。不仅仅如此,就是此次广州之败,奕山还保举了"出力"文武员弁兵勇共计554人优叙、升官、补缺、换顶戴!❸战败后的广州,并没有像通常那样死气沉沉,而是上上下下都喜气洋洋地互贺升迁。这些得利的554名有关人员(几乎囊括当时在广州的全部官员),又如何能不结成死党,竭力维护奕山的谎言呢?

谎言使是非颠倒,赏罚颠倒。就此功利的角度来看,清王朝若

---

❶ 佐々木正哉编:《鸦片战争の研究:资料篇》,第126页。
❷ 《鸦片战争档案史料》第3册,第579—581页。
❸ 《会办广东军务折档》,《丛刊·鸦片战争》第4册,第242—258页;《鸦片战争档案史料》第3册,第539—541、582页;第4册,第9—12页。

不变成一个谎言世界,那才真是咄咄怪事呢。

其实,就当时的情况来看,奕山的谎言并非天衣无缝,不难拆穿。

广州战败的消息,是时以多种方式传至各地官员。闽浙总督颜伯焘据广东按察使王庭兰致福建布政使曾望颜的信函,出奏弹劾奕山谎报广州战况。❶道光帝此时并没有像上次锁拿琦善那样冲动,而是表现出异常的冷静,仅命由广西巡抚调任江苏巡抚的梁章钜,私下调查密奏。❷官场老手梁章钜不愿开罪广东各大员,上奏时含混其辞,但却将其派往广州的密探收集的情报附奏上呈。❸就这些情报的内容来看,虽不能完全反映真实,但也不难看出广州战败的事实。可是,道光帝没有继续究诘下去,仅在梁折上朱批"各报单留览",便不了了之。他似乎已经倾意于奕山谎报的"和平",不愿意继续打下去。❹独自吞下了这枚涩果。

对奕山的谎言说来,另一幸运之事便是英军推迟了北上进攻。

英军自广州撤回香港后,痢疾和疟疾在军中流行,病员超过1100人,海军指挥官辛好士病死。如马德拉斯土著步兵第37团,

---

❶ 《鸦片战争档案史料》第3册,第552—556页。

❷ 同上书,第587—588页。

❸ 《鸦片战争档案史料》第4册,第3—4页。梁章钜附奏的报单,因道光帝留中不发,该资料集未收。但原原故宫博物院所编《道光朝留中密奏》,有道光二十一年闰三月十七日至四月二十五日(1841年5月7日至6月14日)有关广州之战的探报共13份,由于折、单分离,原编者无法拟题,但与梁奏相对照,当为梁章钜进呈(见《丛刊·鸦片战争》第3册,第531—545页)。

❹ 这方面最有力的证据,就是前已提及的道光帝下令各省撤防的谕旨。其次是对于收复香港,在同日发出的谕旨中称:"该夷所修裙带路寮房石路,内商既不肯开,各夷又不从此入口,是该夷销货不便,未必日久占据。裙带路与香港毗连,著奕山等仍遵前旨,遇有可乘之机,设法收复。"(《鸦片战争档案史料》第3册,第582页)既然认为英军不会"久据",所谓"可乘之机"也可理解为英军撤离香港之时。又其次,道光帝在谕旨中还使用了"善后章程"、"凯撤"等词汇,表明他认为战争已经结束。

600名士兵中，仅约百人可以继续参战，18名军官中，病死2人，生病15人，只有1人能值勤。这场瘟疫使英军几乎丧失了战斗力，北攻厦门的计划只能推迟。❶

当英军从病疫中缓过劲儿来时，正值南中国海的台风季节。1841年7月21日和26日，凶猛的台风两次袭击香港，共有6艘船沉没、5艘船被毁或吹至岸上，22艘遭到程度不同的损伤。其中，义律座船路易莎号沉没，英舰硫磺号折损桅杆，英军雇佣的运输船亦有被毁或受损。❷两次台风再次推迟了英军北上的行动。

而台风过后不久，义律又收到国内的训令，知道自己将被免职，新任全权代表璞鼎查正在途中。义律的使命结束了，他精心策划的北攻计划只能留待新使来执行了。

若不是这些阴差阳错天灾人祸，英军舰队将于6月出现于厦门海面，至此，奕山的谎言也用不着颜伯焘来举报，将被英舰的大炮直接戳破。然而，时隔2个多月，英国又派新使，使得奕山滑过了最最难过的关键时刻。

这里，还应提一件有趣的事件。

1841年7月20日，由印度返回不久，继懿律而荣任全权代表的海军司令伯麦，❸在澳门与义律一同登上了路易莎号，准备前往香港与英军会合，途遇台风，路易莎号沉没，义律、伯麦等20人爬上一个小岛。岛上的居民夺走了他们的衣物，义律提出付款1000元请他们用小船送之回澳门。双方的讨价还价持续了很久，从

---

❶ Bernard, *Narrative of the Voyages and Service of the Nemesis*, vol.1, pp. 63-65; Duncan McPherson, *Two years in China, Narrative of Chinese expedition, from its formation in April, 1840, to the treaty of peace in August, 1842*, London: Saunders and Otley, 1842, pp. 169-170.

❷ *Chinese Repository*, vol. 10, pp. 421-423.

❸ 伯麦于1841年6月17日从印度返回，而8月10日新任全权代表璞鼎查抵达澳门，伯麦与义律一并去职。因此，伯麦在新任上仅54天，没有做成什么事。

1000元升至3400元。7月23日，义律等人终于返回澳门。❶看来这些村民并不知道"番鬼"们的真实身份，也不知道他们的身价。在广州，奕山开出的赏格为：❷

　　义律　10万元　奏赏四品翎顶

　　伯麦　5万元　奏赏五品翎顶

　　两桅船（路易莎号）2万元

　　白"夷"　每名200元

　　黑"夷"　每名50元

这些村民若将落水"夷酋"等共20名送至广州，赏金总额将超过17.3万元，可他们只拿到了一点零头。

若是村民真的将义律等人执送广州，真难想象奕山又敢吹多大的牛呢？

三　三元里抗英的史实与传说

随着近十年广州城市的飞速发展，今日的三元里，已经成为市区。可是，在150多年前鸦片战争时，三元里只是广州城北约2公里的寂静的小村庄。它今天之所以有这么大的名气，是因为1841年5月29日至31日，即英军占领城北越秀山时期，爆发了一场以三元里为中心的民众抗英事件。

150多年来，三元里民众抗英事件的史实，已经经历了多次人为的放大。且不论别的，就是知名度甚高、时常被人提起的"平英团"，即非当时的真实，而是后人的称谓。作为今天的研究者，有

---

❶ Chinese Repository, vol. 10, pp. 407—415.
❷《会办广东军务折档》，《丛刊·鸦片战争》第4册，第240—241页。

必要对此进行一番清厘,区别其中的史实与传说,方可得出实在、牢靠、中肯的结论来。

据各种中文文献,三元里等地民众奋起抗英,直接原因有三:一、英军"开棺暴骨",二、英军劫掠财物,三、英军强奸、调戏妇女。❶

对照英方文献,其第一项"开棺暴骨"的指控当为事实。1841年5月29日,奕山与义律达成停战协定以后,一部分英军官兵进入了城北的双山寺。在该寺庙中,存放着许多外籍人权厝的棺椁,准备将来护送归葬故土,以偿亡人叶落归根之愿。英军打开了一些棺盖,观看里面的尸体。❷尽管英方文献将此举的动机归结于好奇,但据中国的传统和宗教,此类将会降祸于死者子孙的不敬行为,只有禽兽才干得出来。当时还流传着"开棺戮尸"、"发掘坟墓"等说法,很可能由此而引申而传讹,并有着极大的鼓动效果。

英方文献中虽没有正面提及"劫掠",但其中的许多痕迹又可使我们大致推测出其场面。1841年5月24日,英军开始进攻广州,陆军司令郭富下令,"各部须携带两天的干粮"❸。由此推算,英军将于5月26日粮尽。对此给养的补充,英方文献中不乏"征发"的记载,并称他们"满载各种家畜而归"❹。这种"征发"很难摆脱

---

❶ 有关资料皆可阅广东文史馆编:《三元里人民抗英斗争史料》。这是一部有关此事件的最为全面的史料集,但在编排上又似有观点先入的缺陷。当然,也有一些论者引用此资料集时的偏向性,引起更大的倾斜,似不应由编者负责。

❷ McPherson, *Two years in China, Narrative of Chinese expedition, from its formation in April, 1840, to the treaty of peace in August, 1842*, pp. 147-149. Elliot Bingham, *Narrative of the expedition to China : from the commencement of the war to the present period*, vol.2, London : H. Colburn, 1842, pp. 149-150. 中文译本此处删去。

❸ *Chinese Repository*, vol. 10, pp. 391, 540-542.

❹ McPherson, *Two years in China, Narrative of Chinese expedition, from its formation in April, 1840, to the treaty of peace in August, 1842*, pp. 144—149.

"劫掠"的干系。

最后一项,即对妇女的犯罪,较难考证清楚。这一方面是英方当时的记载中全无此类情节,另一方面是中方文献极其含混,只谓"轮奸老妇"云云。❶案此类事件有损当事人的名誉,不宜张扬,中方文献作者隐去具体的时间、地点、姓名、情节,也属情理之中。但毕竟给人模糊不清的感觉。

事隔近8年之后,时任英国驻华公使兼对华商务总监督的德庇时,在1848年2月给巴麦尊的报告中,承认了印度士兵曾强奸过三元里附近的妇女。❷再隔100多年之后,广东文史馆于1951年至1963年重新调查,发掘出新的说法,谓1841年5月28日或29日,英军10余人在三元里东华里,"恣意调戏"村民韦绍光之妻李喜。❸

由此看来,英军在占领广州城北高地期间确有对妇女犯罪的事实,尽管"调戏"李喜一事在情节上还有使人生疑之处。❹

以上事实,使当时和现在的人们得出了相同的结论:英军的暴行激起了三元里等地民众的反抗。关于这个结论的意义,后面

---

❶ 除去泛泛地指责英军奸淫妇女的记载外,最具体的是王庭兰致曾望颜信中称"轮奸一老妇人"(《中西纪事》第95页),梁廷枏后也持此说法(《夷氛闻记》,第75页)。此外还有《夷匪犯境见闻录》中称,英军"闯入各乡奸淫妇女,辱污而死及被逆劫去者,共计一百数十口"(《三元里人民抗英斗争史料》,第67页)。

❷ 转引自〔美〕魏斐德:《大门口的陌生人:1839—1861年间华南的社会动乱》,王小荷译,中国社会科学出版社,1988年,第8页。

❸ 《三元里人民抗英斗争史料》,第161—168页。

❹ 一般地说来,经过100多年的口口相传,很容易失真,就该说法本身而言,尚有两点妨碍定论之处:一、由于当时中外风俗迥异,大户人家女人被生人撞见者即有自认为受辱而自杀者,李喜虽为农妇,但"恣意调戏"仍很难明确事情的性质;二、该调查称,这群"调戏"李喜的英军,为乡人所愤杀(从八九人增至十一人),对照英方文献,似非事实,由此反推前情节,也有不真实之感。英军调戏李喜的说法是当地的一位老人提供的资料。就资料本身而言,有许多错误,后在调查人员的帮助下,逐一得以克服。而李喜的孙子韦祖在调查中对其祖母受辱事始终未置一词,但却非常强调其祖父在抗英中的领导地位。

还将分析。

翻检中文历史文献,对整个事件的描绘,眉目不清,且各有说法,很难理出一个头绪来。其中比较典型的说法有:

一、广东按察使王庭兰在战后不久写给福建布政使曾望颜的信中称:1841年5月30日,英军从城北越秀山一带撤军,取道泥城回英舰,三元里等处一百零三乡民众数千人,中途设伏,歼敌百余名,斩兵目二人,围困英军。义律请广州知府余保纯弹压。余保纯私自出城解和,民众逐渐离散。❶类似此种说法的还有《中西纪事》、《道光洋艘征抚记》等,但战果却有扩大,称斩英军将领伯麦、霞毕,歼英军200人至300人不等。

二、靖逆将军奕山对此曾上过三道奏折,说法完全不同。第一次奏称(6月13日):他曾命城西北、东北各乡团勇首领,分路搜捕,结果"杀死汉奸及黑白夷匪二百余名,内夷目二名",并称南岸义勇斩英军头目一名,可能是伯麦。第二次奏称(6月22日):5月30日,英军在城北唐夏乡(三元里西北)焚掠,义勇与之相战,斩英军先锋霞毕及兵弁10余人。第三次奏称(8月6日):5月28日,大雨冲没在城北抢掠的汉奸和英军官兵100余人;三元里等村义勇砍毙英军先锋霞毕及兵弁10余人(该奏未称具体时间,联系前奏,当为5月30日)。❷奕山的奏折,将三元里抗英事件说成是团练、义勇所为,而战果也缩至10余人。

三、当时担任水勇头目的林福祥,于1843年写道:1841年5月30日,英军经由三元里往牛栏冈方向抢劫,由于林福祥事

---

❶ 夏燮:《中西纪事》,第95—96页。
❷ 《鸦片战争档案史料》第3册,第486—487、505、604—606页。

先与各乡约定联防,三元里等80余乡数万民众将英军包围,歼敌200余人,后由余保纯解围,英军方得出围回归。❶林福祥将作战目的说成是反抗劫掠,同意这种反劫掠说的,还有《广东军务记》等资料。

四、时在两广总督祁𡒄幕府的梁廷枏于道光末年出版的《夷氛闻记》中称:由于英军的暴行,当地举人何玉成柬传各地,三元里等90余乡聚众数万人"率先齐出拒堵"。英军出战,民众佯退,诱至牛栏冈围歼,斩伯麦、毕霞。英军被围困而不得出,义律派人求救于余保纯,余保纯奉祁𡒄命而进行劝解,民众始退去。❷

五、刊于1872年的《南海县志》称:1841年5月28日和29日,英军分扰三元里等处,民众愤甚,"歼而瘗之。"5月30日,英军大至,前来报复,民众十余万与之相战,斩其头领,歼敌数百人。5月31日,民众继续战斗,余保纯前往劝谕,民众离散。❸

此外,还有一些零星记载,或内容不够系统,或资料的形成时间太晚,不再详录。

从以上五种文献对照来看,有关此次抗英事件的时间、地点、原因、经过、战果均有区别,这是因为:一、文献的作者除林福祥外,均未亲历,王庭兰、奕山、梁廷枏均在被英军围困的广州,而《南海县志》的作者又据30年后的采访;二、此次抗英斗争的组织者们没有留下有关的文献。因此,仅凭这些记载,我们无法判断孰是孰非,区别其中的史实与传说。

让我们对照一下英方的记载。

---

❶ 《三元里人民抗英斗争史料》,第24—29页。
❷ 梁廷枏:《夷氛闻记》,第75—76页。
❸ 梁绍献等纂:《南海县志》卷3、卷26。

英方的记载可谓是众口一词,❶又以其陆军司令郭富的报告最为典型。

1841年6月3日,郭富从广州撤往香港的途中写下了给印度总督的报告,称:5月30日中午12点左右,他在城北越秀山四方炮台发现,许多非正规部队在其阵地之后三四英里处的山脚下(似为白云山一带)集结列阵。他遂率军进攻。对方且战且退,随即又聚合反攻。由于大雨,英军的燧发枪无法射击,对方与之肉搏。郭富下令撤退,对方因作战不利亦后退。回到四方炮台后,他又发现有一个连的马德拉斯土著步兵未归,即派海军两个连携带不怕雨淋的雷击枪前往救援。救援英军发现该连被数千民众包围,开枪驱散民众,救回该连。5月31日清晨,郭富派人通知余保纯,若不停止此类行动,将中止先前达成的停战协定。至当日中午,民众聚集了1.2万至1.5万人,包围英方阵地。余保纯前往劝解,民众撤离。❷

若将中英文献参照互核,还是有相同之处的,其中又以梁廷枏的说法与英方记载最为接近。由此,我们似可以认定:一、三元里等处民众于5月30日首先集结,准备一战;二、三元里等处民众且战且退,诱敌深入,有既定的战术;三、英军在与民众的交战中遭受了损失;四、5月31日获胜的民众包围四方炮台;五、由于余保纯的劝解,民众方退。从此五点中,我们可以大体辨明三元里民众抗英事件的基本史实。

这里,还须说清两点:

---

❶ 麦华生:《在华两年记》;宾汉:《英军在华作战记》;奥塞隆尼:《对华战记》及《中国丛报》有关文章,以上汉译可见《三元里人民抗英斗争史料》,第319—419页。Mackenzie, *Narrative of the Second Campaign in China*, pp. 120-125.

❷ *Chinese Repository*, vol. 10, pp. 391, 540-542.

其一，按照英方的记载，是民众方面的率先集结引起英军的进攻；而中方文献多称是英军的"撤退"、"抢劫"、"报复"而开战，未称民众方面的率先行动。这是为什么呢？

我以为，这一疑点不难解释。

1841年5月28日，即奕山与义律达成停战协定的次日，奕山发布告示：

> 现在兵息民安，恐尔官兵、乡勇、水勇人等未能周知，合再明白晓谕：……尔等各在营卡安静住守，勿得妄生事端，捉拿汉奸。如遇各国夷商上岸……亦不得妄行拘拿。倘敢故违军令，妄拿邀功……查出即按军法治罪。❶

根据这一告示，任何有组织的主动的军事行动，非但无功，而且有罪。三元里抗英斗争有许多乡勇和水勇参战，组织者自然不敢明言系其主动。就是叙事最详的《夷氛闻记》，对此也是含混其词"率先齐出拒堵"，用"拒堵"一词来表明没有主动进攻的意图。

其二，关于此战的战果。这里面又包括两项，首先是斩获英军的军官，其次是歼灭敌军的数目。❷

有关三元里抗英斗争的中方文献，大多宣称斩伯麦、霞毕等英军主将。此非事实。

查英国远征军海军司令伯麦，于1841年3月31日去印度请兵，6月17日返回，此时他不在广州，自然不会有被击毙之事。中方文献最早提到斩伯麦，为奕山6月13日之奏折。该奏折称，系

---

❶《道光朝留中密奏》，《丛刊·鸦片战争》第3册，第539页。
❷ 以下数段的叙说，我参考了赵立人先生的论文《鸦片战争考释二则》，《近代史研究》，1993年第2期。

附城左近的南岸（似在城西）由义勇所为，非为三元里交战之时；又称义勇们将伯麦首级藏于密室，"夷人愿出洋银万元购求其尸"，很有一点待价而沽的味道。据奕山战前开出的赏格，伯麦的身价为洋银5万元另奏赏五品翎顶，这么高的赏格就使人怀疑此系冒领之事。实际上，奕山等人完全明白，被斩者绝非伯麦，但为了掩饰其败迹，取悦于道光帝，故意在此事上反复做文章，以至后来传讹。❶

霞毕，在奕山奏折上的头衔是"先锋"，又在奕山赏格上的身价与伯麦相等。他很可能是指英前锋舰队指挥官、加略普号舰长荷伯特（Thomas Herbert）。自英军攻破虎门之后，轻型舰船驶入内河，组成前锋舰队，归其指挥。此职与奕山所称的"先锋"相似；而粤语中"霞毕"的发音，也与Herbert相近。当地民众根本不认识霞毕，却报称刀斩霞毕，也有冒领赏金之嫌。至于荷伯特本人，当时在省河的英舰上，未参加三元里之战，当无被击毙之事。战后又"功"封爵士。

三元里抗英之战中确有英军军官之死亡，其为英陆军少校、军需副监Beecher。据郭富的报告，他因中暑兼疲劳过度而倒在郭富的身边死去。Beecher一般译为比彻，齐思和先生译为毕秋，与霞

---

❶ 1841年6月19日，伯麦由印度返回后，与义律联名照会两广总督祁𡎴，通知他担任全权公使的新职（佐々木正哉编：《鸦片战争的研究：资料篇》，第119页）；7月5日，伯麦又再次与义律名照会祁𡎴（同上书，第121页）。由此可见，奕山完全明白伯麦的行踪，并知其新升职务。但是，奕山于6月22日的奏折中却称："现在内外乡民，众口一词，远近传播，声称所杀系属伯麦，共为心快。奴才等恐含混影射，必须另委曾识二逆（另一位为霞毕）之官弁验看真确，再行按格奏赏。"（《鸦片战争档案史料》第3册，第505页）道光帝听说伯麦被斩，要求立即查明，"按格奏赏"（同上书，第517、541页）。而奕山却在.8月6日奏称："嗣据通事验看，首级发变，认识不出，闻系英夷掌兵渠魁。"（同上书，第605页）虽说奕山并非明确宣称已斩伯麦，但他有意作水搅浑的做法，却将此事作为一个谜而掩盖下去，致使传讹流播。也幸亏璞鼎查的到来，致使伯麦去职，不然这一谎言将被拆穿。

毕毫无关系。但是，梁廷枏的《夷氛闻记》将霞毕写作毕霞（不知何故，恐手民误植），姚薇元先生又将Beecher作毕霞，此后各论著多从姚说。

根据郭富的报告，5月30日的三元里之战，英军共有5人死亡，23人受伤。又据麦华生的回忆录，在该战中，第26团有3名死亡，11人受伤，第37团有3名死亡，31人受伤，此数再加上毕秋（Beecher），共计7人死亡、42人受伤。宾汉的回忆录称，第37团有1人死亡，15人受伤。《中国丛报》1841年7月号上的一篇文章的说法，与宾汉相同。❶看来，数字的分歧主要在第37团的伤亡。但是，若不计较这些分歧，我们可以认定，英军的死亡为5至7人，受伤为23人至42人。相对于我在前面已经介绍过的定海之战、虎门之战，以及我在后面将要介绍的诸次战斗，英军在此战中的伤亡是相当大的。

但是，中方文献却有歼敌10余人、100余人、200余人、300余人乃至748人诸种说法，其中又以200余人占为多数，且为时下的许多论著所引用。可是，这些说法全无可靠依据。❷

---

❶ 郭富的报告、麦华生的回忆录、宾汉的回忆录、《中国丛报》的文章皆有中译本，见《三元里人民抗英斗争史料》，第346、330、333、368、405页。

❷ 歼敌10余人的说法，可见于奕山的奏折，其根据是义勇首领邓彰贤的报告，并称均有首级尸体可验。尽管奕山敢于谎称自3月16日（即杨芳到职）至6月1日，清军共毙伤"黑白夷匪九百余名，汉奸一千五百余名，带兵大小头目约有十余名"，击毁焚烧英军"大兵船九只，大三板十一只，小三板十八只，火轮船一只"（《鸦片战争档案史料》第3册，第605—606页）；但对邓彰贤歼敌十余人的报告在奏折上仍不敢确认，声明要验看真确。这与奕山对义勇的评价也有关系。他此时致钦差大臣两江总督祁𡎊的信中称："水勇又皆乌合，与汉奸息息相通，胜者纠合求赏，败则反戈相向……"（《丛刊·鸦片战争》第3册，第322页），由此看来，尽管奕山向道光帝申报战果，但在内心中仍将此当作"纠合求赏"的举动。

歼敌100余人的说法最早见之于王庭兰致曾望颜函，但未说明消息来源，大约是道听途说而已。

而在当时颇有消息来源的梁廷枏,可能对上述这些数字都有怀疑,干脆在其著作《夷氛闻记》中,不写具体歼敌人数。

从以上我们对三元里抗英斗争的史实的探讨中,已经可以看清,在许多时下盛行的宣传中,传说的成分究竟有多大。

即便按照英军的记录,毙伤敌28人至49人,仍是不小的战果,一支毫无训练的民军,已经取得了鸦片战争诸次战斗歼敌人数名列第4位的战绩。❶以手执冷兵器的民众,与近代化的敌军相抗,不但没有像清军那般逃跑,反予敌以杀伤,并乘势包围了敌军营地——越秀山四方炮台,已经是非常足以称道的了。若对此提出更高的要求,则是无视时代局限。

即便按照中方文献的记录,歼敌10余名至748名,也算不上是一项大的胜利。因为战争的轨迹并未因此而改向,英军此后仍肆虐于中华大地,清王朝最终仍归于失败。

因此,从军事学术的角度来观察,三元里抗英之战虽有意义,但其作用十分有限,其战果大小的分歧并无决定性的意义。

然而,在当时和后来的人们最为津津乐道的,不是战斗的结果,而是战斗的可能发展趋势。这些论者们宣称,若不是余保纯的劝解,拥有获胜能力的民众就有可能消灭广州城北的英军。这在当

(接上页) 歼敌200余人的说法最早见之于林福祥的《平海心筹》,但观其著作,甚多夸张,自我标榜,此说亦不可靠。

歼敌748人的说法,见于钟琦的诗注:"辛丑(即1841年)……英夷在乡村淫掳,粤人愤懑,聚集团勇在三元里要隘设伏,殪其渠帅伯麦、副帅霞毕,斩首七百四十八级……"(《三元里人民抗英斗争史料》,第304页),由该诗注可见,此诗写于1841年之后,作者情况不详,难以判明消息来源,估计是听到事后的传说而已。

❶ 其中第一位是1842年的镇江之战,第二位是此前的广州之战,第三位是1842年的乍浦之战。

时的文献中有着明确的表露。例如，三元里抗英之战结束不久的长红，❶长红不久后的《尽忠报国全粤义民谕英夷檄》，❷以及战后士子何大庚于1842年11月的《全粤义士义民公檄》❸等。这三篇文献为当时流传甚广的民众方面的宣言，多为后人援引。然而，就此排比下来，我们会发现这些宣言的调门是越来越高。第一篇仅称若非余保纯劝解，英军首领不得下船。第二篇提升至民众方面完全有能力全歼英军。第三篇又再提升至英军因恐民军之威力，方肯以600万元退兵，否则将"破城焚劫"；若非余保纯的釜底抽薪，就不会再有"数省祸延"的灾难！

5月30日的三元里抗英之战所以获此战绩，主要原因在于天时地利。那天的大雨，打湿了英军的燧发枪和火药，使之不能发射，这就使民众在兵器上提升至与英军同等的水准，皆为冷兵器。又由于英军不谙地理，纵深追击，结果一个连迷路而被民众团团包围。如果离开了这些条件，像5月31日那样，以万余民众去攻打英军据守的四方炮台，局势完全会两样。

世界各国民众反对侵略的历史已经表明，他们最为有利有效的战法是游击战，即凭借地理环境的熟悉，抗敌斗志的高昂，设计消灭单独活动的敌军小部队，切忌使用正规的阵地战。以装备落后、缺乏训练、组织指挥不严密的三元里等北郊各乡的民众，强攻拥有先进武器的英军阵地，其结果将会与民众在宣言中的说法完全相反。

我们今天所能见到的三元里等处民众的各种长红、檄文，都是写于英军退出广州之后的。这种事后的张大其词，很有可能就是鼓

---

❶ 《三元里人民抗英斗争史料》，第78—79页。
❷ 《鸦片战争档案史料》第4册，第6—7页。
❸ 《三元里人民抗英斗争史料》，第94页。

动民众的宣传，原本不必一一引用而作检讨。但是，这么一种宣传，不仅使广州地区以外的官绅民众所深信不疑，写入其他官私文献，为这场极有可能获胜的抗争被扼制而叹息；而且随着时间的推延，宣传次数的增加，宣传者本身似乎也相信了这种说法，这可见证于1843至1849年广州民众反入城斗争时的各种官私言论；到了1858年底第二次鸦片战争中广州陷落，相信这种宣传的咸丰帝，竟然命令在籍官绅组织民众收复广州并攻占香港！

时为两广总督祁𡎴幕客的梁廷枏，头脑稍为冷静，其著作《夷氛闻记》中并没有采用民众方面的这些宣传，而是提到另一种说法，即三元里等处民众的抗英，使"夷自是始知粤人之不可犯，克日全帮退虎门外"。❶时下流行的各种论著，大多采用了梁氏的这一说法。

英军为何退出广州，我在前节中已经说明，是奕山—义律停战协定之规定。据英方的文献，至6月1日，广州当局已经付清了600万元赎城费，城内清军也已撤退，英陆军司令郭富认为，协定已执行，遂下令撤退，撤退时还雇佣了由广州当局提供的800名民伕。按照郭富的这一说法，英军的撤退与三元里抗英事件毫无关系。

但是，就细节来看，广州当局对停战协定的执行并非没有折扣。纳银600万元，其中100多万非为现银，而是行商的期票；撤军200里之外，据英方观察自5月31日开始，且未至200里，仅至距城60里的金山寺。无论是中方文献或英军记录都表明，6月1日英军撤退时，清军并非按照协定全数撤离广州城。

在停战协定并非完全执行的情况下，英军又为何迫不及待地撤

---

❶ 梁廷枏：《夷氛闻记》，第75—76页。

离广州地区呢？

我以为，有下列几点原因。

一、英军占领城北越秀山一带后，炎热多雨的气候条件和简陋不适的宿营条件，对英军的身体非常不利。毕秋的死亡即是一个例证。

二、补给线路的增长，使英军有粮草不继之虞。当时英军临时性的"征发"，就军事常识而言，对人数超过2000的部队似不能解决全部问题，且有英、印独特的饮食习惯。

三、三元里等地民众的抗英活动，使自1841年5月19日便由香港开拔的英军，在连日作战之后，得不到及时充分的休整。

以上三点理由，可以用英军撤回香港后病疫大行来作为证明。

由此看来，英军撤离广州，主要是奕山—义律停战协定大体得以实现，其次是英军此时亟需休整，其中也包括了三元里民众抗英的作用。但是，我们似还不能夸大此作用，如梁氏所言，英军惧怕民众；而应当将其摆到恰当的位置上去。

实际上，真正值得分析的是，为什么规模和战果都有限、对战争进程并无重大影响的三元里抗英事件，竟能如此被当时的人们所看重，留下了如此之多的传说？

我在绪论和第三章中都提到，按照儒家的"天下"学说和"天朝"的既定国策，对于桀骜不驯的"逆夷"，"剿"是唯一正确之途。然而，道光帝派出的主"剿"将帅，杨芳和奕山，都屈辱地附和英"夷"，上奏通商；道光帝从湘赣鄂桂滇黔川七省调派的"征讨"大军，仍不免一触即溃，遇敌辄奔。由此，将帅无能更兼兵弁无力，清王朝又将以何种力量去战胜英"逆"，这是许多主"剿"且悉广州战况的官绅，无论如何也绕不过去的难题。

在这种背景下的三元里民众抗英斗争，犹如黑夜中升起的一盏明灯，许多人由此而将他们心中的希望，转系于民众的自发力量之上。由此因情报的不确切、不真实而误导出来的种种传说，自然有其产生的土壤和滋长的营养。若非如此，人们就得回到承认失败的绝望境地。

1841年8月18日，由四川按察使调任江苏按察使的李星沅，在途中接到粤信，在日记中写道：

> 知逆夷于四月初七、八日（5月27、28日）在省城北门外三元里等乡村抢掠、强奸，该乡举人何玉成等纠集万余人，斩获该逆、汉奸多名，并将兵头首级一颗送辕门领赏，义律大惧，即退出各炮台逃匿下船，并乞制府出示安民。恨当时不一鼓作气，聚歼恶党大快人心，然亦见同仇共愤。大府果能奖激，未必如青侯云云也。一言偾事，自坏藩篱，可恨，可恨！❶

此种人云亦云的传说，激起了这位留心"夷"务官员的愤怒。感慨之意，溢于笔端。

1841年6月10日，以知识渊博、分析冷静而颇具影响力的江南名士包世臣，收到茶商探子送来的"三元里义民示谕"两件，"愤发如云，义形于色"，为"当事"（指余保纯）苦为"逆酋"乞命而扼腕。次日，他致书此时尚在广州的杨芳，谓：

> ……逆夷之掘塚淫掠，义民立歼其贵人颠地、伯貊（伯麦），交恶已成，鼓其气而用之，犹当有济……窃谓夷好不可

---

❶ 袁英光、童浩整理：《李星沅日记》，中华书局，1987年，第251页。

> 恃,海防不可废,粤人素羡水师丰厚,且三元里奇功碍难声叙,似宜选义民使充水师,以其渠率为其汛弁,义民必皆乐从。逆夷惊魂未定,岂敢出头与较?仇深隙巨,旬月内断难撮合。相持数月,便可乘势兴工,将大角、沙角、三远、横档虎门各炮台并力修复。吾围既固,或可以直收香港……❶

包世臣也完全相信了这种宣传性的"示谕",认为义民是一支可以替代已经废弛的清军水师而足与英军抗衡的力量,若将义民部勒成伍,编为水师,即可收固"吾围",复香港之神效。包世臣的这一建策,虽若构筑神话,却反映出他的真实心态。

由于余保纯的劝解,包围四方炮台的三元里等处的民众未遭英军的攻击而失败;由此不仅维持了这一神话的不灭,且推论出这种神话未获神效,只是由于余保纯的破坏。联系到余保纯先前与英"夷"的种种交涉,尤其是奕山—义律停战协定中所起的作用,余氏被推至百喙难辩的"汉奸"地位。战后3个月,广州开文童试,余保纯坐轿而来,文童哗然,宣称:"我辈读圣贤书,皆知节义廉耻,不考余汉奸试!"❷在众怒难犯的情势下,广东巡抚怡良只得勒余去职。

这里似应为余保纯作几句辩解,以还历史的公正。余保纯,江苏武进人,1802年中进士,未入翰林,放广东高明、番禺知县,后迁南雄知州。他是一位资格极老的地方官吏,但官运不佳,总不得升迁。1838年奉旨以知府补用,但未遇缺出。林则徐赴粤禁烟,携其赴广州,与外人折冲。1840年初,林保举"办理夷务"出力员

---

❶ 包世臣:《安吴四种》,《丛刊·鸦片战争》第4册,第467页。
❷ 梁松年:《英夷入粤记略》,《三元里人民抗英斗争史料》,第64页。

弁，余为第一人，林的评语是"巨细兼施"，"最为出力"。[1]从此之后，与"夷人"打交道成为余的专业。这一方面是其署理广州知府（后真除），身为首府，职司所在；另一方面是后任者多借用这位精明老臣的经验，琦善、杨芳、奕山无不倚为臂膀。[2]就余的表现而言，不过是奉命办事，一切责任都不应当由他而应当由他的上级来负。

  1841年5月31日，余保纯劝解包围四方炮台的民众，但真相非如一些记叙所言，系其私自的行动。据梁廷枏透露，余保纯收到英方的书函后，立即向两广总督祁𡎴建议：调派新至广州的福建水勇，协助民众捉拿义律，"监而勿杀"，持为人质，挟令英军退兵，交出汉奸。余并称此痛惩之机失不可得。可是，在广州的各将帅无敢当此任者，祁𡎴命令其出城劝散民众。[3]余保纯此计虽未必可行果效，但据此记录，他绝非汉奸当属确定无疑。

  从余保纯汉奸案中，我们又似乎可以理解，为什么当时的文献会有这么多的对"汉奸"的指责。在鸦片战争中，"汉奸"是一个最不确定的称谓，一切不便解释或难以解释的事由、责任、后果，大多都被嫁移到"汉奸"的身上。

  本世纪五六十年代，广东省文史馆组织力量对三元里民众抗英事件进行实地调查。作为这一调查的结论，又提出一个新的说法：三元里民众抗英事件的主要领导人是妻子受到调戏的农民韦绍光，参加斗争的主体是当地农民和打石、丝织工人，部分爱国士绅也发

---

[1] 《林则徐奏稿、公牍、日记补编》，第10页。
[2] 其中琦善虽用余保纯，但更信赖鲍鹏，主要传话皆用鲍鹏，而杨芳、奕山只用余保纯出面交涉。
[3] 梁廷枏：《夷氛闻记》，第75—76页。

动社学参加了斗争。这一论点为后来的许多论著所引用。

广东省文史馆提出的以农、工为主体,以农民为领袖的三元里抗英的新说,明显地带有着当时的政治时尚和时代背景。此说依据的资料,是该馆组织的调查访问记。这种经历100多年的口碑,往往为历史学家所疑惧,恐其失真,更何况这些调查访问记的本身,又有着政治倾向性的痕迹。

严格地说起来,任何一种史料无不具有政治和时代的烙印,三元里人民抗英斗争的史料尤其如此,倾向性特别强。

按照奕山的奏折,三元里民众抗英的领袖是"义勇头人职员邓彰贤、薛必高",参战的主体是曾获清军火药资助的"义勇"。❶奕山如是说,表明他竭力将此事件纳入官方抗英的轨道,从中攫取名利。

按照梁廷枏的著作,三元里民众抗英的领袖为当地举人何玉成,事件是由他"柬传"各乡而起。❷梁氏曾任广州越华书院的监院,对在籍士子的举动,自然会有更多的关注。又据何玉成的族弟何壮能的诗注,参战的主体为乡绅领导的"社学"。❸

按照林福祥的记录,三元里民众抗英的领袖是他本人,这里就不无自我标榜之嫌;而参战的中坚力量又是具有强烈家族色彩的林家水勇。❹

此外,还有一些说法。

韦绍光、邓彰贤、何玉成、林福祥……谁是这次事件的领导者呢?

---

❶ 《鸦片战争档案史料》第3册,第505页。
❷ 梁廷枏:《夷氛闻记》,第75—76页。
❸ 《三元里人民抗英斗争史料》,第206页。
❹ 同上书,第24—29页。

当每一种史料都流露出史料作者的倾向性时，历史学家似不应跟着史料走，去争论韦绍光或何玉成或其他人的领导作用，而应当进行分析或综合。

三元里民众抗英的主要领导人是谁，在当时或许是一个重要问题，在今天已全失意义；重要的在于，通过领导人的辨认，弄清参加这次事件的主体。

在短时间内组织起数千乃至数万的民众参加斗争，以社会学的角度来观察此现象，可以认定，此时广州北郊的乡村中必然存在着某种社会组织，否则不可能有此效率。

就此分析，邓彰贤的背后有官方色彩的"义勇"，何玉成的背后有乡绅色彩的"社学"；林福祥的背后有家族色彩的"水勇"；而唯独韦绍光的背后，似乎一无所有，只是一些自发的农民，尽管广东省文史馆的调查报告中提到参战的打石工人、丝织工人时，都指明了他们的"行会"组织。

但是，从广东省文史馆的调查中，我们又可看见一些迹象：当时参战的一些农民，后来成为天地会的重要领袖。广州附近农村的会党势力甚强，关于这一点，我们从19世纪50年代的红兵反叛中可以领略到他们的力量。由此，我们又可以推测，当地农民中的会党组织在此事件也起到了某种作用。到了这里，韦绍光是否为会党中的龙头老大似无关紧要，我们的注意力应置于农民的组织形式之上。

由此，我们可以简略地分类：官府的"义勇"，乡绅的"社学"，农民（或下层民众）的"会党"。

所谓"义勇"，即团练，是官府不出资不征调的由乡绅控制的保卫乡里的武装。当官府将组织"义勇"的责任和权力交付乡绅时，乡绅原先组织的"社学"（或其他组织）立即便获得了"义勇"

的称谓。

"义勇"也罢,"社学"也罢,其主要成员为农民(或下层群众)。当"义勇"、"社学"、"会党"三方都在发展时,一个农民就有可能同时兼有三种身份。

"会党"虽属下层民众的秘密组织,为官府极力压制,但其首领中亦有中上层人士,某些人就是乡绅。因此,"会党"与"社学"之间也摆脱不了干系。有些表面上由乡绅组织的武装,实际上是公开化的变相的"会党",这在后来的红兵起义中表现得十分明显。

由此可见,硬性地将上述三类组织析解为界线分明的阵垒是很困难的。实际上,当这些组织(尤其是官府压制的"会党")进行抢劫、与官兵械斗、为外国人提供劳务或食物、从事鸦片走私、甚至仅仅不愿与官府合作时,立即又成为官府所指责的"汉奸"。

就三元里民众抗英的具体情况来看,组织能力当属士绅最强,各种长红、示谕、檄文都出自他们的手笔。他们的公开活动,也不会引起官府的疑惧,反而得到了事后的承认和赞许。作为秘密组织的会党,此时尚无挑大梁唱大戏之可能。但是,当何玉成的"柬传"能在一天之内于"南海、番禺、增城连路诸村"生效时,人们也不免怀疑,何氏的"怀清社学"能有这么大的号召力?有无"会党"的暗中操作?要知道,当时的天地会(三合会)是一支遍及南中国的地下军!

综上所述,我以为,参加三元里抗英的组织形式似为多样的,但"义勇"似无根基;其领袖也包含了各色人等,其中最活跃的是有功名的乡绅。这似乎是一个含混的结论,但对此的辨认越明确、越具体,就有可能越失真。

由此而推及,广东省文史馆提出的那一结论,似有片面性,伴随着当时人们的政治信念的一份牵强。

昔日寂静的三元里，因抗英事件而名扬天下。事隔百年之后，人们的注意力也不再纠缠于当时活动中的细微末节，而更注重此中反映出来的一种精神。

三元里体现了一种什么样的精神？最近几十年的宣传，将之提升为人民群众（或中华民族）的民族主义、爱国主义的精神展示。

不同的时代，有着不同的民族主义。在鸦片战争时期的中国的民族主义，就是传统的"天下"观念、"夷夏"观念。三元里民众无法置身事外。尽管他们在外来侵略面前持武装抵抗的姿态，但此中体现出来的当属由屈原、岳飞、史可法等英杰代代相传的传统样式的民族主义；而他们在长红、谕示、檄文中毫无躲闪地公开宣布对一切外国人的鄙视，又与"天朝"的态度并无二致。当人们认知中国包含着"天下"，即中国是一个世界而不是世界的一部分时，当人们还不能平等地看待中国以外地区的文明时，他们身上的那种传统的民族主义虽可以产生一些"尊王攘夷"的壮举，但毕竟不合时代节拍。

我以为，近代的民族主义的最基本的特征，便是国际观念，承认各民族的对等，反对异民族的压迫。而在中国，具有国际观念的近代民族主义，大体萌生于中日甲午战争之后，经梁启超、孙中山等人的阐发宣教，成熟于五四新文化运动时期。

具有国际观念的近代民族主义，在西方是伴随着民族国家和民族文化而产生的。在此期间的《圣经》翻译成被视为"土语"的民族语言，教会势力在日益壮大的世俗力量面前的退缩，各级封建领主势力被国家政府权力削弱诸环节，使得英国、法国、德国、意大利等地的人民，意识到自己的民族，认同了自己的民族。而这种民族主义又反过来催生、助长民族国家和民族文化。

中国的情况就不同了。中国人（主要是汉族人）很早便认识到自己是一个单独的民族，就传统的民族主义而言，中华民族并不存在着民族意识觉醒的问题。问题的真正要害在于，具有国际观念的近代民族主义，又如何从具有"夷夏"观念的传统民族主义的母体中胎生。

就这一层面进行讨论，三元里民众抗英斗争就不是毫无贡献的了。

若视西方近代民族主义的产生为正常现象，那么，中国近代民族主义则是在非常状态中产生的。它主要不是由内部条件，而是由外部事件的刺激而萌生的。列强的侵略，直接导致了三元里、反入城等等在"夷夏"旗帜下的反抗，后来又发展到反洋教、义和团一类的排外主义的举动。可以说，正是由于列强的百般蹂躏，使得"夷夏"观念（传统民族主义）经由排外思想（也是一种民族主义的形态）而进至近代民族主义。当然，我们并不否认排外主义本身的落后性，但它又确实是传统民族主义至近代民族主义异变过程中的不可缺少的阶梯。这是历史的合理性。同样，我们也不否认，排外主义作为中国近代民族主义产生过程中的阶梯，使之一开始就带有容易走极端道路的血缘遗传性的毛病。三元里民众抗英是中国近代民族主义一系列异变过程中的最初的链环。

如果说三元里民众抗英斗争在客观上是一种爱国行动，那是绝无疑义的；但若推及三元里民众在主观上漾溢着爱国主义精神，似缺乏推理演绎的大小前提。

我在本节的起首就专门讨论并判明了三元里民众抗英的起因——英军的暴行。这一起因的真正意义在于：**三元里等处民众进行的是一次保卫家园的战斗，而不是投身于一场保卫祖国的战争，**

尽管其中的某些士绅,有着传统民族主义色彩的号召,但他们着力的重点且最具影响力的,仍是对保卫家园的宣传。

保家战斗与卫国战争,在观念上的区别是显而易见的,无需过多的分析。就行动而言,前者只可能发生于英军肆虐的地区,如广州郊区,但在广东其他地区或广东的邻省,就不会产生民众的自觉,更何况后者是一场全国民众奋然投身的热浪冲天的壮剧。

以当时的客观条件,因无近代通讯手段和大众媒体,许多民众并不知情;民族主义(无论属何种)仅存在于士绅阶层而未深入下层民众之心,许多人还意识不到民族利益、国家利益之存在;以少数民族入主中原的满清统治者,对汉民族的民族情绪(若严格按儒家学说,满清亦属"夷"),进行了长达两世纪的压制,等等。而就人们的主观来分析,即便是在当时最有知识、深悉"夷夏"大义的儒生官吏之中,虽不乏左宗棠之类的忧国之士,❶但绝大多数却如圆明园南挂甲屯中那位词臣曾国藩,孤灯研习圣贤,正心诚意修身,不问世事。而占中国人口之绝大多数的农民,整日为生计所困,眼界狭隘于几亩地、几间房、娶妻生子,此外的一切对他们显得如同天际般的遥远。他们终生未出所居住的乡村周围数十里的范围,甚至从未进入县城,对广州、厦门、定海的战事,又何来心思所动?

英方的文献又为我们提供了另一种场景。在整个鸦片战争期间,英军虽有一时的供应不足之虞,但在总体上不觉困难。一些民众向他们出售粮食、畜禽、淡水,以图获利,另一些民众为他们充当苦力,从事运输,以求工值。这些被清方文献斥为"汉奸"的民众,在交战地区几乎无处不有。至于英军在行进甚至开战之时,成

---

❶ 罗正均:《左宗棠年谱》,长沙:岳麓书社,1982年,第19—21页。又,郦永庆的论文《鸦片战争时期士民具折上奏问题述论》(《近代史研究》1993年第1期)对此也有很好的分析。

群的民众躲在远处观看这难得一见的"西洋景",更是在英方文献中屡见不鲜。

中国的历史长达几千年,中国的老百姓在历史的变迁中对诸如改朝换代之类的重大变动都习以为常。只要不触动他们的眼前利益,逆来顺受又成为另一种传统。谁当皇上就给谁纳粮。满清的皇帝也未必比浮海东来的"红毛"统治者,更为可亲可爱。在三元里抗英事件之前,英军曾统治舟山长达半年,虽有俘获安突德的义民,而绝大多数还是作了顺民甚至"良民"。

但是,民众的利益一旦受到侵犯,如三元里一带的棺椁被开,财物被掠,妻女被淫,情势就立即发生变化。他们的愤怒转瞬间化作以牙还牙的武力相抗,如同千百年来因讨生无计而被迫"造反"一样。如果我们抽去侵略这一特定的内容,可以看出,三元里民众抗英在许多形式上类似于"官逼民反"。

以镇压而维持统治的清王朝,民众并不是他们的依靠力量。为了激劝民众奋起抗英,保卫与他们的利益相对立的社稷,林则徐、乌尔恭额、怡良、奕山以及下一章将要登场的裕谦,都开列了巨额的赏格,以金钱作为导向。参加三元里抗英的民众中,亦有为赏格而心动者。❶宣称刀斩伯麦、霞毕,就是明显的事例。

因此,我们不能将保卫家园的战斗,与保卫祖国的战争混同起来,尽管家与国之间有着很深沉的联系。况且,保卫家园亦有其他形式,在鸦片战争后期,江南的官绅们主动付给英军"赎城费",乞求他们不要骚扰本境,如同对待乱世中横行作恶的土匪一样。他们的做法与三元里截然对立,也有是非之别,但旨趣却有相通之

---

❶ 佐佐木正哉先生对此问题有详细的分析,见《鸦片战争研究——从英军进攻广州到义律被免职》第七部分"三元里事件"。当然,我并不完全同意他的基本观点,即当时民众抗英主要是巨额赏格的作用。

处,即保卫家园。

在鸦片战争以及后来的诸次列强侵华战争中,绝大多数民众的基本态度,是置身事外。中国近代具有真正意义的民族战争、卫国战争,实始于本世纪 30 年代发生的抗日战争。近代民族主义和爱国主义此时已经熟透,并经过近代化的传播媒体和教育手段而深入人心,中国人民由此创造了史无前例宏伟壮观的历史。但是,谁也不能否认,当时仍有数以万计大大小小的汉奸和数以亿计背景各异的顺民。

综上所述,我以为,三元里民众抗英斗争,无疑是一件值得百年称颂的事件,但将之提升至民族主义或爱国主义的精神展示,则脱离了当时的时代。那是一个让今人感到羞愧、厌恶和耻辱的黑暗时代,即便如三元里这样的昙花一现的光明境界,仍可以看到我们这个国家和民族本身的诸多缺陷。

中华民族无疑是世界上最伟大的民族之一,但历史学家不能忽视或视而不见几千年历史沉淀积累下来的民族缺陷,而正视缺陷又是消除缺陷的必要前提。

第5章

东南壁垒的倾塌

150多年来,在鸦片战争史的述说和研究中,杨芳和奕山,大多是以丑角的面目出现的。虽说他们在捏谎方面,也确实与小丑无异;但将他们的失败,归结于好色、贪货、抗敌意志不坚定等道德上的非难,或称之为愚笨、失措、临机处置能力差等智商上的缺陷,就使得人们长久地未究诘事理,幻想着制"夷"的英雄。战争失败的必然性,并没有因为杨芳—义律停战协定、奕山—义律停战协定而明朗。

但是,同在东南的福建和浙江,情况就不同了。

在陶澍故去,林则徐、琦善、伊里布、邓廷桢先后斥革之后,道光帝大胆使用新人。邓廷桢的闽浙总督的职位,由颜伯焘继任;伊里布的两江总督、钦差大臣的官差,由裕谦接手。道光帝恐颜伯焘难以顾及闽、浙两省的千里海防线,便命裕谦常驻浙江、兼顾江苏,为颜伯焘分担责任。

作为新进的颜、裕二氏,于1841年初走马上任,一位坐镇厦门,一位长驻镇海,皆为军事要地。他们的抗战言论最坚决,在一班力主"剿夷"的官吏士子中,深孚清望。他们的筹防措施最彻底,分别在其防区,建起了坚固无比的壁垒。他们是道光帝以及朝野官绅心目中的长城。

但是，当英国的军舰鼓浪而来时，东南的壁垒倾塌了。

一　璞鼎查的东来

知道历史结论的后人，有幸看到这么一个有趣的现象：1841年初，当琦善在交涉中的懦怯激起身居京师的道光帝的不满，圣旨中叠受训斥时，远在伦敦的英国外相巴麦尊，也正在为义律的低姿态外交而光火，训令中狠狠批责。琦善因英军强占香港而革职抄家锁京，而英军此举的所谓依据——并不能成立的《初步协定》，也使得义律丢官卸职。如果不计较广州至北京、澳门至伦敦的地理因素而造成的通信时间的差异，那么，可以说，琦善和义律是因同一原因、在同一时间分别被各自背后的主子罢免的。若非伦敦比北京更远，杨芳和奕山面前的对手，就不再是这位义律，而是新任全权代表璞鼎查（Henry Pottinger）。

璞鼎查，爱尔兰人，生于1789年。14岁去国，赴印度。15岁参加东印度公司的陆军，两年后获少尉军衔。他一生最具新闻价值的事件是，1810年，他志愿调查印度与波斯的边境地区（即今巴基斯坦、伊朗、阿富汗的交界地区），乔装为当地土著的马贩子，行程2500余公里。此后，他名声大振，升迁机会频频招手。1840年，他结束长达37年的海外生涯，回到童年时所生活的英国，受封爵士、位居东印度公司的陆军少将。❶

---

❶ George Beer Endacott, *A Biographical Sketch-book of Early Hong Kong*, Singapore: Eastern Universities Press, 1962, pp. 13-14.

至迟在 1841 年 4 月初，巴麦尊就决计换马了。复活节的到来给义律多留了几天的机会。4 月 30 日，英国内阁开会，决定召回义律，而从印度回国不久的璞鼎查，再次被派往远东，接替全权代表一职。巴麦尊显然颇看重璞鼎查在东方的经验、手腕和勇气，相信为英国权益找到了一位"能手"。❶

1841 年 5 月 31 日，璞鼎查收到巴麦尊的最后一份训令。6 月 5 日，他离开伦敦，搭船入地中海，由陆路过苏伊士（当时运河尚未开凿），于 7 月 7 日到达孟买。他在孟买待了 10 天，与印度当局协调侵华事宜，再于 7 月 17 日出发，8 月 10 日到达澳门。❷ 与他同船到达的，还有新任远征军海军司令、东印度舰队总司令海军少将巴加（William Parker）。

从伦敦到澳门，璞鼎查在途中仅用了 67 天。这一破纪录的速度，使当时在华的商船主们大为吃惊。很可能义律也在吃惊的人群之中，因为，5 月 3 日发出的召其回国的指令，8 月 8 日才到达他的手中，而两天后继任者便站在他的面前了。

璞鼎查的快速到达，表明了英国此时在轮船技术、地理知识和殖民体系诸方面的进展。这比起林则徐由北京到广州花费 61 天，琦善的 56 天，奕山的 57 天，多不了几天。若除去璞鼎查在孟买停留的 10 天，反是英方更快。科学缩短了空间的距离。东、西两个大国越来越近。清朝今后将会越来越快、越来越强地承受到西方的压迫。

然而，璞鼎查此后展开的军事行动，速度更快，显示出与义律迥然不同的风格。

---

❶ 马士：《中华帝国对外关系史》第 1 卷，第 751 页。
❷ *Chinese Repository*, vol. 10, p. 476.

义律的罢斥,是英国政府认为他没有照章办事,璞鼎查接任此职,亦接手了英国政府先前的各项训令。除此之外,巴麦尊还特别指示:

一、英军重新占领舟山。

二、不在广东进行交涉,谈判地点应在舟山或天津。

三、交涉对象应是中国皇帝界以全权的代表。

四、赔款总额(鸦片、商欠、军费)不低于300万英镑(约合银元1200万)。

五、劝说清政府允许鸦片贸易合法化。❶

根据上述训令的原则,璞鼎查不应在广州多作停留,而应迅速移师北上,将战火燃及北方。

1841年8月12日,璞鼎查在其到达的两天后,召开军事会议,决定了北上的军事行动计划。8月21日,英军除留一部占领香港外,主力向北开进。8月22日,璞鼎查本人亦搭上了北攻的战舰。❷

英军此番的第一个目标,仍是义律策划已久,终未如愿的厦门。

英军开始了新的军事行动,清廷仍是蒙在鼓里。因为,奕山再次行骗。

1841年8月10日,璞鼎查在其到达的当天,向两广总督祁𡻕发出了两道照会。❸8月13日,璞鼎查的秘书麻恭少校(G. A. Malcolm)将之送往广州。8月14日,麻恭与余保纯会谈。❹

---

❶ 马士:《中华帝国对外关系史》第1卷,第745—751页。

❷ *Chinese Repository*, vol. 10, p. 524.

❸ 佐佐木正哉编:《鸦片战争的研究:资料篇》,第129—130页。

❹ 璞鼎查致巴麦尊,1841年8月14日;麻恭致璞鼎查,1841年8月14日。转见于佐佐木正哉:《鸦片战争研究——从璞鼎查就职到南京条约的缔结》(〔日〕《近代中国》第14卷,中译本由李少军先生提供)麻恭在与余保纯的会谈中,曾特别指出:要将璞鼎

尽管当时英人在照会中的汉语水平仍未有很大的提高，由此而可推论双方在会谈中亦有词不达意之处，但是，所有的史料都证明，奕山等人至少在下列五点上是明白无误的：

一、璞鼎查是奉有英国君主"敕书"的新任"全权""公使大臣"，并兼任驻中国"领事"，义律即将回国。

二、璞鼎查只与清方的"全权""大宪"谈判，并以"结约"来结束中英战争。

三、双方谈判的基础仍是《巴麦尊致中国宰相书》中的各项要求。

四、谈判在未获英方满意的结果之前，英军将由粤"北上"，不停止其进攻。

五、要求广东官员将以上情况报告朝廷。

毫无疑问，奕山等人若是真的将这些情况上奏道光帝，那将戳穿自己编造的骗局。

我在第四章中已经提到，由于奕山的种种谎言，使得道光帝误以为战争已经大体结束（虽然不那么体面），而璞鼎查的重开谈判、订立条约、钦派"全权"大臣等要求，再也遮盖不住奕山先前的不实之词。为及时补救，奕山再次派出余保纯，携带祁𡎴的照会前往澳门，❶与璞鼎查交涉。

在"天朝"以往辉煌的对外交往史上，从来就是"天朝"官员不屑于接见"夷目"。义律谋求已久的两国官员直接面谈，终于在禁烟运动中林则徐派出余保纯后而成为平常。从此之后，义律从未拒绝过"天朝"官员的求见，不管局势如何有利于英方而不利于清方。

（接上页）查的使命尽快报告中国宰相，璞鼎查不与任何未获中国皇帝授予全权的代表会谈，并就英军的北征意图作了说明。

❶ 佐々木正哉编：《鸦片战争の研究：资料篇》，第131页。

此次，身为"夷目"的璞鼎查，却反过来摆出一副如同"天朝"般的架子，拒见任何清方没有"全权"头衔的"天朝"官员。8月18日，余保纯抵达澳门，没见到璞鼎查，接待他的还是秘书麻恭。

可是，这一切，到了奕山等人的奏折中，味道就全变了。

1841年8月23日，即璞鼎查北上的第二天，奕山、齐慎、祁𡌴、怡良❶四人联衔上奏，施展了种种障目手法：

首先，他们隐匿了璞鼎查的主要职务——全权公使大臣，即全权代表，仅谓英国更换"领事"。按照当时的术语，"领事"是指管理来华商贾船梢事宜的"对华商务总监督"，又据邓廷桢先前的解释，它与"大班"名异实同。全权代表一职的隐匿，实为要害，因为可隐匿璞鼎查来华的真正使命。

其次，他们隐匿了璞鼎查拒见余保纯的事实，谎称新领事于8月15日便乘船出洋（整整提前了7天），由此不仅瞒住了受辱的真相，而且从时间顺序上来看，8月14日麻恭至广州，8月15日璞鼎查放洋，奕山等人无论如何也无机会见到这位新领事，弹指间便推卸了未能及时劝阻"夷目"北行猖獗的责任。

再次，按照他们的分析，义律的撤职是因其"连年构兵"而获罪（天晓得这一罪名是怎么想出来的），他对此极为不满，于是不告诉璞鼎查已获准通商的恩旨。璞鼎查不明实情，也不等待祁𡌴的复照，"出洋北驶"是上了义律的当。璞鼎查若北上"恳求马头"，极可能开炮启衅，而一旦如此，通商再断，兵衅不息，他就犯了与义律同样的错误，义律正好"为己卸职"（这真是一个让人叹服的想象力极丰富的大胆"分析"）。

---

❶ 此时参赞大臣杨芳因病获准回湖南本任调理，参赞大臣隆文因病亡故，广东方面仅剩此四位大吏。

至于此事的处理，奕山等人奏称，余保纯向"副领事"麻恭（莫名其妙由秘书升职）传谕，大皇帝已恩准照旧通商，"何能别有干求，再行北往"，而麻恭听到这番劝谕，频频"点头称善"，但又称璞鼎查出洋之后恰遇连日南风，恐已行远，如能"中途赶上，定当遵谕传知"。接着，余保纯又传谕前领事义律，义律亦称将"遵谕寄信劝阻"。❶

在整篇奏折中，奕山一字未提璞鼎查的真正使命，一字未提英军北上后将展开军事行动，尽管奕山还是向福建、浙江官员吹了风。❷ 与真实完全相反的是，奕山笔下的麻恭、义律，一副"情词恭顺"的态度。还须注意的是，奕山在此预设了铺垫，即便英军在北方出现，那也不是他的责任，因为连日南风使麻恭追赶不及，璞鼎查没有能够听到他的劝告！至于广州战败后的奕山—义律停战协定等情事，依旧被捂得严严实实。

奕山再次展示出其捏谎的胆量和才华。

就在奕山等人在广州苦心构思奏折的当日，北京的道光帝收到了浙江巡抚刘韵珂的奏折，谓：听闻英军有北上浙江报复之讯（仍是先前义律的计划，与璞鼎查无涉），要求浙江不遵 7 月 28 日的撤兵谕旨，不撤退防兵。完全为奕山摆布的道光帝，对此说法根本不信，谕旨中严词驳诘："试思该夷果欲报，岂肯透漏传播？既属风

---

❶ 《鸦片战争档案史料》第 4 册，第 16 页。
❷ 从另一方面来看，奕山对福建、浙江官员还是透露一些实情的。1841 年 8 月 30 日福建巡抚刘鸿翱收到奕山的咨会：英国新到领事璞鼎查送来"夷"书两件：一为义律革职回国，璞鼎查接任领事；一为"要善定章程，照去年七月在天津呈诉各条办理。如广东不能承当，即分船北上，再求宰相商议等语，并有七月初一、二日（8 月 17 日、18 日）即行启碇之信"。刘鸿翱收到此咨会时，厦门已经失守，结果由他上奏请旨沿海各地严防。9 月 3 日，裕谦也收到了奕山于 8 月 16 日发出的咨会，内容相同（《鸦片战争档案史料》第 4 册，第 33—34、44 页）。

第 5 章　东南壁垒的倾塌　　*321*

闻，从何究其来历？至所称确探夷情，如果驯顺，并无来浙之意，再撤防兵，所见尤为迂谬！着裕谦仍遵前旨酌量裁撤防兵，以节糜费。"❶在这段圣旨中，我们不仅可看到专制君主的强词夺理，而且可测出道光帝对奕山谎言的中毒程度。

1841年9月5日，道光帝收到前叙奕山等人的奏折，自然无法看清局势之严峻，谕旨"加意防卫"，❷但仅仅局限于广东，同日并无给闽、浙、苏、鲁、直、盛京各沿海将军督抚同样的指示。大概道光帝仍认为，璞鼎查的"北驶"，仍不会出广东沿海的范围吧。

道光帝的这道谕旨下发之日，正是英军攻陷厦门后主力再次北进之时。8天后，飞奔的驿马带来厦门失守的消息，道光帝大惊失色。

奕山的谎言，虽使他自己再一次免受厄运，却使这个国家陷于一场新的灾难之中。

二 厦门的石壁

尽管奕山的谎言骗住了道光帝，但却没有骗过他的邻居、督闽的颜伯焘。当英军的舰队乘风而至时，颜伯焘在厦门正严阵以待。

颜伯焘，广东连平人，世代官宦，祖父和父亲，都是清朝一二品大员。他1814年中进士，入翰林院，散馆后充编修等职。1822年，放外任，授陕西延榆绥道，后历陕西督粮道、陕西按察使、甘肃布政使、直隶布政使等职。曾在平定张格尔之役中办理军需、报

---

❶ 《鸦片战争档案史料》第4册，第17页。
❷ 同上书，第49页。

销等事务，获得道光帝的好评。❶

1837年，颜伯焘迁云南巡抚，隶于云南总督伊里布。1839年伊里布改两江，他曾一度兼署云贵总督。1840年9月，道光帝罢免邓廷桢，手中已无大将，便调出颜伯焘来执掌闽浙。

颜伯焘奉旨后，立即进京请训，三日之内，五蒙召见，"荷诲之周详，实铭心刻骨"。道光帝对他也颇抱希望，在其谢恩折上朱批："一切俱应认真整顿，勉力而行，以副委任。"❷

从颜氏的一生来看，他似乎算不上什么杰出人物，为政不过平常。但在王朝政治中，圣上的隆恩，也确实会激起臣下报答的狂热。他尚未到任时，就做出了一件令人刮目相看的事。

1841年初，颜伯焘在赴任途中经过常州、杭州，分别会见了江苏巡抚裕谦和浙江巡抚刘韵珂。英军久据定海，伊里布按兵不动，激起他的愤怒。于是，他与刘韵珂联名上奏，要求启用林则徐，"会同伊里布筹办一应攻剿事宜"。❸伊里布是颜伯焘在云南多年的上司，颜氏这种翻脸不认老长官的做法，不太合乎当时官场的规矩，但表露出其心中的王朝利益与个人恩怨的轻重。

1841年2月17日，颜伯焘来到福州任所，稍作布置后，便根据道光帝的旨意，前往泉州，部署防务。❹然而，他此时敏锐地感觉到厦门的特殊地位，竟将全省事务破例地交由已委新职的福建巡抚代拆代行，❺他本人全身心地投入到厦门的防卫建设中去了。

---

❶《清史列传》第12册，第3767页。
❷ 颜伯焘折，道光二十一年正月二十九日，《军机处录副》。《清史列传》称道光帝命其毋庸进京请训，误。
❸《鸦片战争档案史料》第3册，第18页。
❹ 同上书，第213页。
❺ 同上书，第137页。此时福建巡抚吴文镕已调任湖北巡抚，由云南布政使迁福建巡抚的刘鸿翱尚未到任。

厦门位于福建的南部,是一个罕见的天然良港,北距历史上有名的国际大港泉州仅80公里。清取代明后,泉州衰败了,厦门异军突起,一度成为清朝对外开放的通商口岸之一。即使清政府对外封闭厦门后,其航运业、造船业,因与台湾的商贸关系而得以维持和发展。至于民间航运业主和商人,与东南亚、日本等地的经贸往来,从未间断。他们的商业勇气和航海经验,在当时的中国出类拔萃,使得这个几乎只出石头的地方,形成了繁华的市面。可以说,在鸦片战争前,厦门是仅次于上海(国内贸易为主)和广州(国际贸易为主)的中国第三大航运业中心,成为英方所谋求的通商口岸。

就军事而言,由于清朝对台湾郑氏、三藩耿氏的战争,以及连绵不断地平定海盗的战事,厦门的地位十分彰显。清朝第一支大型海上武装力量的指挥部——福建水师提督衙署,便设在此地。厦门及其附近驻有水师提标共计五营4300人。❶

正如长得太快的婴儿,衣服往往跟不上趟,厦门虽只是一个面积仅有109平方公里的岛屿,非府非州非县,行政区划上隶属于同安县(今天正好相反,同安正为厦门市的属县);但清政府却派兴泉永道(管理兴化府、泉州府、永春州)驻此,并以泉州府的同知在此开署,直接治理此地,称厦门海防同知。同安知县为正七品,厦防同知为正五品,厦门地属同安而地方官品秩高于同安,这正是太大的身躯需要相应的衣裳。事实上,同安知县一直管不了这一区域。从这个意义上讲,厦门很早便是"特区"。

1841年3月2日,颜伯焘抵达厦门。他虽不会有近代国际经

---

❶ 详见第一章第二节。

贸的眼光，从航运业、商业的繁荣，看到英方觊觎厦门的深层因素；但是，1840年7月和8月的两次厦门之战，❶以及从广东传来的英方欲辟厦门为通商口岸的流言，使他直观地感到此地将来必有一战。于是，他决计亲驻此地，部署防务。在他和兴泉永道刘耀椿、新任水师提督窦振彪三位大员的操办下，厦门从此开始了史无前例的规制宏大的防御工程的建设。

在鸦片战争前，厦门的防御工事微不足道，近乎于零。在厦门岛的南岸，有一座炮台，俗称"大炮台"，但仅"大"到平时守兵25名，该岛西北部的高崎炮台，平时守兵30名，该岛东南部的黄厝炮台，平时守兵只有1名。❷第一次厦门之战后，邓廷桢加强厦门岛的防御，在厦门岛南岸、鼓浪屿、海澄县（今属龙海县）屿仔尾，紧急修建炮墩（即沙袋炮台），❸共安设火炮268位，在厦门岛南岸一带部署防兵1600余名，另雇勇1300余名协防。❹邓廷桢的这些措施，无疑强化了厦门的防御。

可是，颜伯焘对此并不满意，他喜欢的是大手笔。

---

❶ 1840年7月的厦门之战，见第三章第一节。1840年8月的第二次厦门之战，是封锁厦门的英舰鳄鱼号和一运输船与厦门守军发生的武装冲突，可参见拙文《鸦片战争时期厦门之战研究》，《近代史研究》1993年第4期。

❷ 周凯：《厦门志》卷3"兵制"、卷4"防海"，道光十二年（1832）刻本。关于这些炮台的火炮数量，我尚未查到有关资料，但据祁寯藻等人的奏折：闽省"旧设炮台，大者不过周围十余丈，安炮不过四位六位，重不过千斤"（《筹办夷务始末（道光朝）》第1册，第291页）。由此可大致推测其规模。又据英军翻译罗伯聃的报告，1840年7月第一次厦门之战时，厦门岛南岸炮台，即"大炮台"，"可安炮5门，但此时1门炮也未安设"（Chinese Repository, vol. 9, p. 223）。这也验证了祁寯藻的说法。

❸ 炮墩是用麻袋装填沙土堆积而成的临时性的炮兵阵地。福建的炮墩规制为，高由沙袋五层至十余层不等，厚则最少为沙袋五层，周长10余丈至100余丈不等（见祁寯藻奏，《筹办夷务始末（道光朝）》第1册，第295页；邓廷桢函，《丛刊·鸦片战争》第2册，第578页）。

❹《筹办夷务始末（道光朝）》第1册，第448—449页。

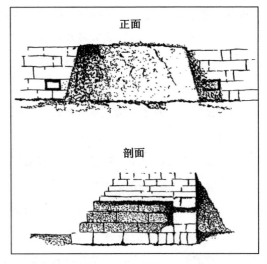

图五 厦门的石壁

邓廷桢等人督建的炮墩,濒海竖立已达半年,这种临时性的工事,经风雨海潮冲刷,"沙囊久则腐散"。颜伯焘干脆将之拆除,另开新张。

花岗岩是当时世界上最结实的建筑材料,福建南部又是其著名的产地。颜伯焘以花岗岩代替沙袋,在厦门岛南岸(今厦门大学一带),用世界上最结实的材料构筑当时中国最坚固的线式永久性炮兵工事——石壁。

据颜伯焘的奏折,石壁长约1.6公里,高3.3米,厚2.6米,每隔16米留一炮洞,共安设大炮100位。为了防止英舰炮火击中石壁炸起飞石伤及守军,在石壁的外侧,护以泥土,取"以柔克刚"之意。石壁之后,建有兵房,供守军栖居;而在石壁、兵房的侧后,又建有围墙,作为防护。❶

---

❶ 《筹办夷务始末(道光朝)》第2册,第879—880页。

英军的一名军事工程师，战后考察石壁的结构，对它的防炮能力和坚固程度作了很高的评价。他还在其著作中对石壁作了绘图，使我们今天可以很清楚地看到这种工事的内部构造。❶另一名英军军官，对石壁防炮能力的评论，颇具文学色彩："就凭所以使炮台坚固的方法，即使大船放炮放到世界末日，对守卫炮台的人也极可能没有实际的伤害。"❷尽管石壁仍有其缺陷，但就其坚固程度和防炮能力而言，确实在当时的中国无与伦比。

除石壁主阵地外，颜伯焘又在石壁以东以西、鼓浪屿岛、屿仔尾，兴建了多座炮台，使厦门岛南岸、鼓浪屿、屿仔尾三处各炮兵阵地共279位火炮，形成了三点交叉火力网，迎击由厦门南水道入犯的敌寇。根据沙角之战的教训（情报不确切，后将分析），颜伯焘在厦门岛的北岸和东岸，部署防兵1410名，配置火炮100位，准备与敌登陆部队交战，掩护厦门岛南岸主阵地的安全。

为了防止英军以小船从厦门北水道，绕行攻击厦门西水道（即筼筜内港），颜伯焘又在厦门岛西北角的高崎一带，派驻哨船10艘，兵丁300名，护卫西水道❸。（以上地理形势及军事部署可参见图六）

大约到了1841年4月底，颜伯焘大体完成了以上部署，仍觉

---

❶ 这名军事工程师评论道："虽有两艘载炮各74门的战舰对该炮台发射了足足两小时的炮弹，但毫无结果，并未使对方1门火炮失去效用。我们的士兵进了炮台之后，发现在炮台内打死的士兵很少。"（John Ouchterlony, *The Chinese War: an Account of all the Operations of the British Forces from the Commencement to the Treaty of Nanking*, pp. 174—175）

❷ 宾汉：《英军在华作战记》，《丛刊·鸦片战争》第5册，第258页。

❸ 《筹办夷务始末（道光朝）》第2册，第880页。又据英方记载，鼓浪屿共设火炮76位，屿仔尾共设火炮41位，那么，厦门岛南岸共有火炮162位，除去石壁的火炮100位，在石壁以东以西各炮台共有火炮62位。又据颜伯焘奏，厦门岛南岸、鼓浪屿、屿仔尾共有守军2799人。但从后来的总兵力来看，在交战时，此数仍有增加。

得不满足。于是，他决定扩大防御范围，在厦门南水道的外围岛链设防，御敌于国门之外。

厦门岛的外侧是大、小金门岛，清军亦设有金门镇，在此防御。金门岛以南，有大担、二担、青屿、浯屿诸小岛，如同一条链条，扼守厦门南水道。颜伯焘在上述四岛上建造起"石堡"，即圆型石筑炮台，移清军一营分驻。又由于上述各岛相距较远，当时的火炮射程有限，难以形成可配合作战的交叉火力，颜伯寿又兴建大型战船，协同各岛共同御敌。对此，他的作战预案是：英军舰船若从外海闯入厦门南水道，外围岛链"各岛开炮，则大船亦开炮迎击，小船分驶焚攻"，从外围就击退来犯之敌。❶

到了1841年8月厦门之战前，颜伯焘已完成在外围岛链各岛上的"石堡"工事，并建造大型战船、置办商船共50艘。但"石堡"及战船所需的1300位火炮尚未铸就，结果是"空台空船"，颜伯焘的外围决战方案只得放弃。❷

通过以上措施，颜伯焘在厦门一带共安设了400位以上的岸炮，部署了5680名守军；在清军无力设防的地区，另雇勇9274名，各保地方。可以说，厦门已经成为清王朝疆域内最强大的海防要塞之一。❸

如此不厌其详地叙说颜伯焘的种种筹防措施，目的在于洗白后来某些论著中对颜氏的不利评论。我们从颜伯焘的上述表现中可以判定，他已竭尽其智力、能力、权力、财力，确实不遗余力。就当

---

❶ 《筹办夷务始末（道光朝）》第2册，第980—981页。
❷ 同上书，第1153页。
❸ 若从全国的范围来评估，那么，厦门地区的火炮数仅次于虎门，为全国第二，兵弁数（不包括雇勇）仅次于后来的吴淞、宝山地区，为全国第二，至于其炮台工事之坚固，无疑为全国第一。

时的条件而言,他已无可指责。

当然,世界上的一切事情均取决于两大因素:一是时间,一是金钱。

就前者而言,从颜伯焘到任至开战,将近有半年的时间,他比琦善、伊里布、杨芳、奕山等人要从容得多。

就后者而言,与苛俭的道光帝相反,颜伯焘是个花钱能手,用起银子来如同流水一般。

1840年初邓廷桢出任闽浙总督时,为加强沿海巡缉,捉拿鸦片走私犯,动用泉州、漳州库银1.5万两。鸦片战争开始后,调派防兵、修筑工事,在在需要经费。邓廷桢于1840年7月小心翼翼地上奏道光帝,请求在福建藩库中借银10万两以充军费,将来从福建官员的养廉银中分年扣还。道光帝批准了此项军费,并大方地允准"作正开销",将来不必扣还。❶

可过了没多久,这10万两银子耗尽,邓廷桢不得不于1840年9月再次出奏,请款15万两。当这份奏折送至北京时,正遇英军从天津南下,局势缓和,道光帝命令各省撤防,又碰上道光帝此时对邓廷桢一肚子气,上谕中大骂了一顿,没有批准。❷

到了1841年1月,福建巡抚署理闽浙总督吴文镕实在支撑不下去了,他虽已动用了漳州、泉州库银6万两,但杯水难救车薪。于是,他硬着头皮上奏,请求动用福建藩库银20万两,动拨邻近

---

❶《筹办夷务始末(道光朝)》第1册,第349—350页。此次道光帝谕旨中"作正开销",是他第一次批准鸦片战争的军费可由清朝财政中支出。

❷《筹办夷务始末(道光朝)》第1册,第525—526页。尽管道光帝在谕旨中称:(着吴文镕)"所需支发钱粮,著斟酌筹划,裁汰浮糜,其应用款项,随时奏闻……"但吴文镕一见旨意如此,又何敢再提请款之事,只能一拖再拖。

省份银20万两。此时正值道光帝一意主"剿",吴文镕的请求得到了批准。❶

至此,福建军费银达50万两。❷

颜伯焘绝不如此小家子气。

他上任未久,便奏请户部拨银,狮子开大口,一要就是100万。连同先前的数字,福建的军费银达到150万两。更为出格的是,他不顾清朝以往的成规,要求增加防兵的盐菜口粮银。抠门的道光帝恐福建创例,广东、浙江会援引,便让其"核减节省"❸。可颜伯焘居然不买账,仍坚持己见,结果由军机大臣、户部尚书在他的要求上打了个折扣,才算了事。❹颜伯焘由此而动肝火,干脆一不做,二不休,不顾原先的户部、兵部、工部《钦定军需则例》,自己制定了一部《军需章程》,共计有40条之多,对粮饷、工价、料费、运费等项另订标准。❺遵旨议复的军机大臣们对颜氏此举甚为不满,复奏时捎带讥议。❻道光帝见此,在上谕中对颜伯焘发出警告,要他"力加撙节"。❼可过了没有多久,150万两银子将罄,新任福建巡抚刘鸿翱根据颜伯焘的指示,在厦门失守后的第7天,上奏请求再拨军费银300万两!❽

这么多的银子堆上去,厦门的防御工程理应有较大的起色。有时间、能花钱,颜伯焘的实绩出众,实属他的机遇较他人为优。不

---

❶ 《筹办夷务始末(道光朝)》第2册,第761—762页。
❷ 按照清代的会计方法,动用各府银两须归还。因此,邓廷桢先前动用漳、泉府银1.5万,吴文镕所动用的6万两,均应从已请到款项中扣除归还,实际军费仍是50万两。
❸ 《鸦片战争档案史料》第3册,第350页。
❹ 同上书,第451—452页。
❺ 同上书,第481—486页。
❻ 《鸦片战争档案史料》第4册,第20—28页。
❼ 同上书,第501页。
❽ 同上书,第39页。道光帝后仍予以批准。

过,话又得说回来,这些银子是否真花于实际,却是大有疑问。历来的军务、河工、赈灾,都是经手官员中饱私囊的渊薮。而颜伯焘于此嫌疑最大。

1842年初,颜伯焘免职还乡。时任汀漳龙道的张集馨,详细记录了他路过漳州的情况:

> 前帅回粤,道经漳城。二月杪,县中接上站差信,预备夫马供张。至初一日,即有扛夫过境,每日总有**六七百名**。至初十日,余与英镇迎至十里东郊,大雨如注。随帅兵役、抬夫、家属、舆马仆从**几三千名**……❶(重点为引者所标)

颜伯焘于1841年2月到任,次年1月免职。在这仅仅的一年中,辎重就有如此许多(其中亦包括包揽客商货物,动用驿站车马人伕而赚钱等情事),真可谓搜刮有道无度。其中果无取之海防银两者耶?

不过,还应说明,在当时的政治操作中,"贪官"与"忠臣"并不矛盾。颜伯焘的这种贪婪,并不妨碍他对清王朝的忠诚。

尽管颜伯焘全力倾注于厦门的防务,但目光又时时扫瞄广东,留心于那里的"夷情"变化。

1841年6月奕山讳败言胜的捏谎奏折,激起了这位意气凛然的疆臣的义愤。他于7月14日上奏披露真相,随奏不仅附呈了王庭兰致曾望颜信函、广东人民誓词2件、英方文示5件(可谓铁

---

❶ 张集馨:《道咸宦海见闻录》第65页。张集馨还称,颜伯焘在漳州一连四日不走,地方官送其属员程敬五十两,才离开。此次颜伯焘过境,地方官用去1万多两银子,结果诡名在雇勇项目中报销。鸦片战争的军费竟有派作如此用处者。

证如山）；而且还密片保荐裕谦、林则徐"可当广东之任"。❶可是，他的忠烈之举不仅没有获得半年前怡良弹劾琦善的效果，反于8月13日收到道光帝因广东军务大定而命福建酌撤防兵的谕令。❷

颜伯焘手中握有真情，面对撤兵圣旨，仍不惜于另作手脚。他压了10多天后，于8月25日复奏称：他已下令福建各地官员"履勘"（一），等各处禀报到齐后（二），再据"广东情形略有定局"（三），由他"酌议"（四），再"请旨"（五）。❸如此繁杂的五步程序，到头来还是一兵未撒，只是上报了他准备撤减的兵额让道光帝确认。很显然，他的目的是拖延时间，让时间来证明他的正确。

就在颜伯焘发折的当日晚上，璞鼎查率领的英军舰队果然开到厦门口外。

英军再犯厦门，本在颜伯焘的意料之中。他并不为此而惧，反觉有机会立功疆场。对于厦门的防务，他极度自信，虽说外围岛链防御尚未部署完毕，但厦门岛一带却已固若金汤。他曾经在一奏折中得意洋洋地宣称："若该夷自投死地，惟有痛加攻击，使其片板不留，一人不活，以申天讨而快人心。"❹局势已经是火烧屁股，颜伯焘仍浑然不觉。他的这种自信，是因为他坐在无知于近代军事技

---

❶《鸦片战争档案史料》第3册，第555页。又，随奏附呈的8个附件未收。但王庭兰致曾望颜函，可见于《中西纪事》，"广东人民誓词"，后奉旨调查的梁章钜亦有上闻，见《鸦片战争档案史料》第4册，第4—7页，估计内容相同。

❷《鸦片战争档案史料》第3册，第579、588页。道光帝两次谕令颜伯焘的撤防兵：第一次是收到奕山"广东夷务大定"的假报告；第二次是据颜伯焘的沿海守军换防的奏折，要其"仍遵前旨"。颜伯焘的收到日期据其奏折，见《鸦片战争档案史料》第4册，第29页。

❸《鸦片战争档案史料》第4册，第18页。但是，颜伯焘此时亦裁撤了一些对作战效用不大的雇勇，水师提督窦振彪也以为暂时无事，率师船出洋巡缉海盗（同上书，第30页）。

❹《筹办夷务始末（道光朝）》第2册，第881页。

术和战术的愚昧的厚垫上。

知识给人以力量，愚昧也给人以力量，有时甚至是更大的力量。然而，愚昧的力量再强大，仍只是妄动，妄动能产生一种强大的破坏力，使国家和民族蒙难，但却不能战胜近代化的敌人。厦门口外的英军，正是一支颇具规模的近代化的部队，共有战舰10艘，载炮约310门，武装轮船4艘，运输船22艘，载送陆军第18团、第26团、第49团、第55团等部，共计有2500人。❶

8月25日晚英军到达后，当即由已有入港经验的布郎底号舰长胞祖引导，穿过外围岛链，驶入厦门南水道。浯屿等外围各岛的清军虽开了几炮，但因防御工程未完工，火力不足，未起任何作用。英军也未理睬。

8月26日清晨，英全权代表璞鼎查、海军司令巴加、陆军司令郭富乘轮船侦察了厦门设防情况，制定了作战计划。颜伯焘派出一位曾在外洋做过生意的陈姓商人，前往英军锚泊水域，诘问来意。英方交付一份由璞鼎查、巴加、郭富联合签署的致福建水师提督的最后通牒，要求让出"厦门城邑炮台"。❷颜伯焘对此不予理睬，未作答复。

8月26日下午1时45分，港内风起。英军各舰船纷纷起锚扯帆开动，发起进攻。颜伯焘坐镇厦门岛，亲自指挥厦门岛南岸、鼓浪屿、屿仔尾守军开炮，"三面兜击"来犯英军。

就英军的战术而言，其在厦门之战如同广东诸役，仍是以优势舰炮对清军各炮台，陆军从炮台翼侧登陆攻击。英军的这种战术，再获成功。

---

❶ Chinese Repository, vol. 10, p. 524.
❷ 佐々木正哉编：《鸦片战争的研究：资料篇》，第132页。

第5章 东南壁垒的倾塌 333

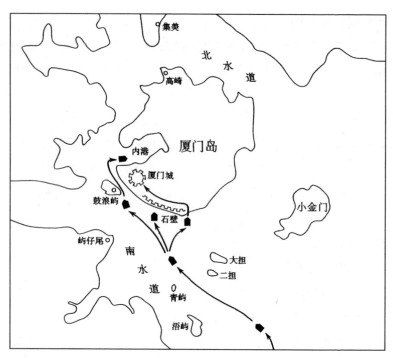

图六　厦门防御、作战示意图

在鼓浪屿：英舰与该岛清军炮台展开了激烈的炮战。此时，双方火炮的数量比为106∶76，英方在数量与质量上均远胜清军。英舰经过1小时零20分钟的炮战，基本打哑鼓浪屿岛上的3座清军炮台，其陆军从该岛最东端炮台的右翼沙滩登陆，攀越山岩和其他障碍，从清军的侧后发起冲击。守台清军全无凭障，以鸟枪、弓箭乃至石块还击，终不支而退。英军占据各炮台。

在厦门岛南岸：英军轮船及军舰在石壁正面和东西两端分别轰击清军炮台。英军火力的绝对优势，使厦门岛南岸的清军阵地完全沉没于炮火的硝烟之中。至下午3时45分，英陆军在石壁以东的沙滩登陆，随即由东向西进扑。15分钟后，坚固的石壁阵地虽未被英舰的猛烈炮火击垮，却因侧后来袭的英陆军而陷落。未久，厦门岛南岸清军各阵地均告失守。

坐镇督战的颜伯焘，目睹锐不可挡的"逆夷"凶焰，忍看这半年的种种努力转瞬间化为灰烬，与兴泉永道刘耀椿"同声一哭"。到了此时，他由战前的极度自信转为极度恐惧，率领文武官员夜渡，逃往同安。岛上清军失去指挥，陷于混乱，纷纷溃散。而英军因天色已黑，占领厦门城❶东北的高地后，便停止进攻。

8月27日清晨，英军攻击厦门城，但进至城墙，发现守军全逃，不战而据该城，并派兵搜索全岛。❷

此战，清军战死总兵1员，副将以下军官7员，士兵的伤亡数字虽无准确统计，❸但从战前派驻和战后回营的数目来看，共计减员324名。而英方的报告称：英军仅战死1人，受伤16人。

这一仗真正输到了家。

让我们冷静地思考一下，厦门之战的惨败，能完全归结于颜伯焘吗？在当时的条件下，还能指望颜伯焘再做什么？在颜伯焘督闽

---

❶ 当时的厦门城与今天的概念不同，它是一个直径两华里的圆型小城，内驻水师提督衙门，位于厦门岛的西南部。当时厦门的繁华市面，在岛的西南角，俗称"十三道头"。

❷ 此上厦门之战经过的记叙，参核以下资料：颜伯焘奏、怡良奏、端华奏，见《筹办夷务始末（道光朝）》第2册，第1151—1154页；第3册，第1183—1184、1485—1486、1568—1572页；林树梅文，徐继畬函，见福建师大历史系、福建地方史研究室编：《鸦片战争在闽台资料选编》，福建人民出版社，1982年，第144—148页；《英军攻占厦门的军事报告》，郭富致印度总督阿克兰、巴加致印度总督阿克兰、胞祖致巴加、爱利斯致胞祖》，见 Chinese Repository, vol. 11, pp. 148-157；宾汉：《英军在华作战记》、伯纳德：《复仇神号航行作战记》、奥塞隆尼：《对华战争记》、穆瑞：《在华战役记》、麦华生：《在华两年记》，汉译可见《鸦片战争在闽台资料选编》。

❸ 据清方官员事后调查，厦门岛南岸各阵地清军战死40余人，鼓浪屿清军战死33人，受伤37人（《筹办夷务始末（道光朝）》，第1569—1570页），看来清军的减员主要是逃亡不归。同时又可反证厦门岛的工事坚固，英军炮火未能给予重大杀伤。

的半年中,厦门的防务和清军的士气不是已有很大的改观吗?厦门之战的事实提示着人们,**不是消除了某些陋习、振作纲纪就能解决问题,不是撤换了某些不力人士、起用一批能人就能解决问题。问题的症结,在于近代化。**

世界军事史表明,在正规作战中,对近代化的敌人只能用近代化的手段来取胜。❶

当然,今天我们若严格地从军事学术上进行检讨,颜伯焘也绝非无可指责。

厦门之战的第一阶段,是英军的舰炮与清军的岸炮之间的对抗。火炮的质量占有绝对重要的位置。虽说厦门清军的火炮弹药的弊陋,牵涉到近代工业技术,是颜伯焘力所不能及的;但就清方此期已经掌握的技术上,颜伯焘仍有未造炮车(炮架)、炮洞开口两项错误。

战后接任汀漳龙道的张集馨透露:"炮身极重,非数十人不能拉挽,制军(指颜伯焘)惜费,不造炮车。同人进言,以炮在墙外,非用炮车拉回,则兵丁不敢出墙装药。制军言骄气傲,以为一炮即可以灭贼,何须再装药也?"❷尽管张集馨的这段话,有不少细处失真,❸但火炮不置炮车,真属匪夷所思。虽然炮车(炮

---

❶ 此处讨论的是正规战。至于装备落后的国家对装备先进的国家,亦有在战争中取胜的先例。但在战术上,多采取游击战,战略上是持久消耗。对于这个问题,我拟放在第五节中予以讨论。

❷ 张集馨:《道咸宦海见闻录》,第60页。

❸ 虽然当时的火炮均为弹药前装,但开炮之后,火炮的后坐力必会使其退回,未必如张集馨所言,须到石壁之外去装药。但是,若无炮车,就很难使火炮复回原位再次发射。张集馨所描绘的战斗场面,是指载炮72门的两艘战舰与石壁的交战,据英方记载,该两舰均已抛锚定位,未有来回轮番轰击之事。而"沿海炮墙齐塌"似为夸大之词,据战后清朝官员的检查,石壁仅是"多有击坏情形"而已(《筹办夷务始末(道光朝)》第3册,第1568页)。

架)也是一个复杂的专门技术问题,清方传统样式的炮车,也存在着种种弊陋,但颜伯焘认为"一炮可以灭贼"而"不造炮车",实谓可笑之至。

从前面的英军工程师所绘制的石壁图样中,我们可以看出,石壁的炮洞只是一个方型孔,并无成扇面状的夹角。梁廷枏对此亦有记载,可为验证:"台墙开门置炮,墙厚门深,又不能左右活转,但可直击。"❶火炮不能左右转动,就大大限制了射击范围。而火炮既不能左右转动,同时也大大限制了炮车的作用。这也可能是颜伯焘不造炮车的另一原因吧。

尽管厦门岛南岸的炮兵阵地极其坚固,但毕竟只能起防炮作用,其本身火炮缺乏威力,那充其量不过是一个结实的靶子。❷颜伯焘战后谎称击沉英轮船1艘、兵船5艘,❸实际上全是子虚乌有之事。当然,若颜伯焘不在炮车、炮洞上犯错误,那也是局部的改善,从交战经过来看,仍无补于大局。

厦门之战的第二阶段,是登陆英军与清军的陆战。由于当时清朝上下均鄙视英军的陆战能力,颜伯焘也不例外。他只考虑如何与坚船利炮相抗,未计及如何防御登陆英军,缺乏相应的工事和部队。虽然他也在厦门岛的东、北两个方向布兵设炮,但所防者非为英军,而是汉奸。他因错误的情报,认为沙角之战中抄袭后路者,是英军雇募的汉奸。❹

---

❶ 梁廷枏:《夷氛闻记》,第83页。
❷ 1844年,新任驻华公使兼香港总督德庇时访问厦门,观看了当时的战场,说了一句颇具代表性的话:"中国人只知道如何防御,如果他们弄清楚了另一半,其结果会完全不同。"(John Francis Davis, *China, During the War and Since the Peace*, vol. 1, London: Longman, Brown, Green, and Longmans, 1852, p. 157.)
❸ 《筹办夷务始末(道光朝)》第2册,第1151页。
❹ 颜伯焘奏称:"自广东大角、沙角炮台猝被逆夷攻夺,**皆有汉奸登岸**,万一心生厦岛,

颜伯焘的这种无知，致使清军在第二阶段的交战中方寸大乱。据守石壁、炮台等工事的清军，本是以岸炮与英舰对敌的，突遭登陆英军的侧后来袭，仅有少数兵弁以鸟枪、弓箭、刀矛、石块相拒，甚至肉搏，大部分因战前毫无心理准备而见敌辄奔。从交战经过来看，本应具有较大危险性的登陆英军，似乎比其舰船还要幸运，并未遇到强劲的抵抗。

最最令人哭笑不得的是道光帝。他接到颜伯焘厦门失陷的奏折，见有"伪陆路提督郭"的字样，❶竟然发现了新大陆，即英军也会陆战！于是，他立即通令沿海各将军督抚，并下令各地注重陆路防守："倘逆夷竟敢率众登岸，所有火炮及一切设伏机宜，务当先事预备，操必胜之权，褫奸夷之胆。"战争已经进行了一年多，道光帝在前敌主帅们的欺蒙下，直至此时方得出这种认识，虽为时已晚，仍不失为亡羊补牢之计。但是，道光帝对此还是将信将疑，似乎还不认为英军果真有能在陆地上打仗而不会摔跟斗的士兵，上谕中仍居然昏言：

  夷人此次到闽，已有陆路提督伪官名目，**恐其招集闽、广汉奸**，为登陆交战之计。❷（重点为引者所标）

君臣无知至此等田地，战事又焉得不败？

  （接上页）诚恐故智复萌，情形既今昔不同，防剿宜水陆兼备。"（《筹办夷务始末（道光朝）》第2册，第880页，重点为引者所标）因为只是防备汉奸，颜伯焘也没有十分重视。

❶《筹办夷务始末（道光朝）》第2册，第1151页。"陆路提督郭"，是英远征军陆军司令郭富等人致福建水师提督的最后通牒中使用的汉文译名。

❷《筹办夷务始末（道光朝）》第2册，第1160—1161页。

三 定海的土城

璞鼎查干净利落地吃下了厦门,却又不得不吐出来。

英军进攻厦门,本意在于用军事手段打击清政府,而要长期占领,就须占用为数不多的总兵力的相当一部分,且巴麦尊训令中明明白白地写道,他要的是舟山,而不是厦门。

可是,要完全吐出这块已经咽到喉咙的肉,璞鼎查又心所不甘,于是,他选择了地域较小易于防守位于厦门岛西南的鼓浪屿,留下军舰3艘、士兵550人驻守❶,主力于1841年9月5日撤离厦门,北上浙江。

此时,站在他面前的对手,是主持浙江军务的钦差大臣、两江总督裕谦。

自林则徐去职后,裕谦成为一班力主"剿夷"的官绅士子们最寄厚望的人,可谓是"林则徐第二"。

裕谦,原名裕泰,博罗忒氏,蒙古镶黄旗人,贵胄出身。他的曾祖父班弟,为雍、乾两朝的名臣,频频出将入相。1754年,任定北将军出征准噶尔,因功由子爵晋为一等诚勇公,后因阿睦尔撒纳复叛,孤军五百困守伊犁,兵败自杀。其祖父、父亲,亦官至清朝一二品大员。

与其他优裕的八旗子弟的欢游闲放不同,裕谦在家庭中受到几

---

❶ *Chinese Repository*, vol. 10, p. 524.

乎完全汉化的性理名教的教育。1817年，他24岁时中进士，❶入翰林院，很为蒙族人争光。1819年散馆后，以主事签分礼部补用，但到1823年才补上实缺。1827年外放湖北荆州知府，后调任武昌知府。1834年迁荆宜施道，未久迁江苏按察使。后因丁忧、患病告假两年。1838年复出，再任江苏按察使，次年4月迁江苏布政使。1840年1月，以老成著名的江苏巡抚陈銮病故，又署理江苏巡抚，后真除。

与其他督抚同城的省份不同，江苏巡抚驻节苏州，与驻江宁（今南京）的两江总督尚有一段距离，有着较多的自由和自主。❷1840年8月，两江总督伊里布授钦差大臣，前往浙江，裕谦署理总督，成为江苏的最高军政长官。

于是，他放手大干一场。

于是，他接任钦差大臣、继任两江总督。

从正三品的按察使，到从一品的总督，❸裕谦的三级跳，仅仅用了两年零一个月的时间。这颗新升起的政治明星，在当时的官场上引人注目，为人看重。

从裕谦的履历来看，我们还找不到什么今天可特别注意之处。他虽说还算是一位勤政的官员，但主要经历为知府一级，按察使、布政使在清朝又已降为属员，因此在史籍上看不到其优异的政绩。❹

---

❶ 裕谦的生年，史籍多不载。1832年，吴其濬在裕谦的《益勉斋偶存稿》序中说，"鲁珊官太守几十载，今年才四十"（"几十载"应读为"几"近"十载"）。按当时的虚岁推算，裕谦生于1793年。

❷ 除直隶、四川仅有总督外，广东、湖北、福建、云南巡抚均与总督同城，几同陪臣，无职权可言，相对此四省，江苏巡抚权力要大得多。又，甘肃当时不设巡抚。

❸ 总督的本职为正二品，应例兼兵部尚书，故为从一品。

❹ 1832年，裕谦将其文牍编为《勉益斋偶存稿》八卷，1834年又编《勉益斋续存稿》五卷。从这些文牍来看，他留心政务，也常常会想出一些办法。其最后一卷，名《州县当务二十四条》，记载他作地方官的一些心得。就一般层面而言，裕谦还算得上是一名好官，但若以优异来衡量，也确无突出的政绩。

他的仕途坦畅,除了机遇特好外(牛鉴迁职、❶陈銮故去、伊里布斥革),还与道光帝的用人方针有关。

我在第三章中已经提到,道光帝是一位信奉"保守疗法"的社会病理学家,追求调补疗效。他坚信祖宗留下的制度已经尽善尽美,认定当时社会的病因在于官员们的玩忽职守。因此,他特别看重官员们的"德",在用人方面,特别是危难关头,偏爱皇亲国戚、贵族子弟。他以为,这批人世受国恩,遗传的血液中具有多量的"天良"和"忠诚",绝不会放任国运衰落。在鸦片战争中,他先后重用的琦善、伊里布、奕山、颜伯焘、裕谦,以及后面将会出场的奕经、耆英,均有家世的背景。裕谦的频频升迁,似有其曾祖父班第的冥冥保佑。

然而,裕谦之所以深孚众望,非为其职重位高,更非其血统高贵,而是他在这一时期表现出刚正不阿、嫉恶如仇的迷人风度。

伊里布至浙江后,对武力进攻定海迟疑不决。身为江苏巡抚、署理两江总督的裕谦,不便对其上司采取行动,便向路过江苏的颜伯焘倾泄不满,促成颜伯焘、刘韵珂启用林则徐的奏折。而他更为强劲的迂回动作,就是4次专折具奏:阐明武力进攻定海之必须,说明攻略定海之战法,表明其决战必胜之把握。❷在这些奏折中虽无一言直接攻击伊里布,但其中表现出来的忠勇胆略却使道光帝耳热心动。1841年2月10日,道光帝授其钦差大臣,替代伊里布主持浙江攻剿,朱批中温旨激励:"正可相时而动,克成大功,用膺懋赏。朕惟伫望捷音耳。"❸而他到了浙江后,一纸密片,劾伊里布

---

❶ 1839年4月,江苏布政使牛鉴迁河南巡抚,正好为复官不久的裕谦腾空了升级的位置。
❷ 《鸦片战争档案史料》第2册,第695—696、700—702、735—738页。
❸ 《鸦片战争档案史料》第3册,第100页。

家人不规,致使这位老长官上刑部大堂受审。

琦善在广东的主"抚"举止,也使裕谦义愤填膺。本来他的江苏巡抚、钦差大臣、两江总督与广东无牵无挂,换一个其他人即便心有不满,若非圣上垂询也不会表示意见;可他却不如此行事,一道弹劾琦善的章奏不知使当时多少人击节称快。已获罪斥革的林则徐见之大喜,亲笔誊录一遍,又在上密密麻麻作圈圈点点,点了总篇幅的一半以上。❶ 在裕谦的笔下,琦善是"天朝"的头号奸臣,犯有"张皇欺饰"、"弛备损威"、"违例擅权"之三大罪。虎门的战败,全因琦善的"撤防"❷。

裕谦的这些慷慨振奋、不留丝毫情面的言论,不仅使主"剿"的人士激动,也使一些对"夷"妥协的官员忌惧。伊里布、琦善吃过苦头,自不待言。靖逆将军奕山在与义律达成停战协议后,也连忙给这位倔直忠耿的钦差大臣写信,诉说种种不得已之苦衷。他生怕裕谦会放出不利于他的议论,信中的文句语气不无讨好叫饶的意味。❸

但是,裕谦的上述言论,与他后来的行动相比,又明显差了一个档次。他在浙江任上,事事以极端手段处置之:

曾在英军占据定海期间"通夷"的4名汉奸被捕获,他下令处斩,并将首级遍传沿海各厅县悬挂示众,以示警尤,震慑人心。❹

---

❶ 林则徐抄录的原件由林纪熹先生藏。转引自杨国桢:《林则徐传》,第332—333页。折片见《道光朝留中密奏》,《丛刊·鸦片战争》第3册,第514—517页。

❷ 《筹办夷务始末(道光朝)》第2册,第888页。

❸ 见《入寇志》,《丛刊·鸦片战争》第3册,第321—323页。后来裕谦果然对奕山网开一面,并无过激的不利言论。

❹ 《鸦片战争档案史料》第3册,第339—341页。这4名汉奸是杨阿三、虞帼珍、郁秀钦、布定邦。其中布定邦为广东香山人,原为买办,随英军来浙。英军撤离舟山时,曾向清方索要(见张喜:《探夷说帖》,《丛刊·鸦片战争》第5册,第350页)。又,按清朝法律,在战争期间,前方主帅有权实行死刑,不似平时须层层审判,最后由皇帝勾决。

为了报复英军在定海掘坟的暴行,他下令掘开英军的坟墓,将数百具尸体刨出"剉戮",然后弃之大海。❶

他仇恨定海曾作为通商口岸的历史,忌恨外国船只不时对定海的觊觎,下令将当时还遗存的"红毛道头"(码头设施)及"夷馆基地"完全拆毁,消除一切痕迹。❷

1841年3月定海军民捕获一名英国俘虏,他一反先前伊里布"酒肉养赡"的做法,下令绑出营门,"凌迟"处死,枭首示众。❸

而到了后来局势危急时,裕谦的手段更至于登峰造极。1841年9月,镇海军民捕获两名英方俘虏,他竟将"壮士饥餐胡虏肉"的诗化语言变为实际,下令对一名白人俘虏"先将两手大指连两臂及肩背之皮筋,剥取一条",制作为自己坐骑的马缰,然后"凌迟枭示";对另一名黑人俘虏亦"戮取首级,剥皮枭示"。❹

裕谦放出的这些手段,用今天的标准来衡量,似为残忍毒辣,与他曾中过进士、入过翰林院的儒吏形象亦不吻合,好像变了个人。但在当时,势不两立的敌忾致使人们的情绪趋向于暴烈,而且

---

❶ 《鸦片战争档案史料》第3册,第219页。后来,一名英军军官对此亦有公正的评论:"我几乎没有理由责备中国人如此报复我们的坟墓,因为我们去年在修建工事时,也破坏了许多他们的坟墓。"(Alexander Murray, *Doings in China: Being the Personal Narrative of an Officer Engaged in the Late Chinese Expedition, From the Recapture of Chusan in 1841, to the Peace of Nankin in 1842,* London: Bentley, 1843, p. 36.)又,英军占领舟山期间,病疫大作,病死448人以上,皆埋于该岛。

❷ 《鸦片战争档案史料》第3册,第293页。

❸ 同上书,第290页。"凌迟"是清代刑法中对"大逆"等罪而施行的极刑,俗称"剐刑"。这位英国俘虏是英军运输船佩斯汤基·伯曼基号(Pestonjee Bomanjee)的船长史蒂德(Stead),见 *Chinese Repository*, vol. 10, p. 291. 其捕获的情况,又见《鸦片战争档案史料》第3册,第382页。

❹ 《鸦片战争档案史料》第4册,第85页。据裕谦随奏附呈的英俘供词,被俘白人为一商人,名温哩,曾在广东见到璞鼎查。璞鼎查嘱其前往浙江销货,并刺探军情。又据英方记载,该船为运输鸦片的民船赖拉号(Lyra),被俘白人为大副,被俘黑人为船员。

手段越狠越备受喝彩,道光帝亦明确表露出欣赏鼓励的态度。❶

然而,细心的观察又会隐隐感到,裕谦之所以如此走极端,似还有一层原委,他正是自我设置一个"背水阵"。照其奏折上的话,是为了"俾众咸知奴才有剿无他",有进无退,断绝手下将弁的"首鼠两端之念"!❷这里面还牵涉到他的同官,由福建陆路提督改为浙江提督的余步云,我将放在下一节分析。

由于伊里布的抢先行动,和平收复定海,裕谦武力攻剿的满腹谋略未有机会得以施展,颇以为憾事。于是,他到浙后,便精心部署定海防务,以能在将来的防御作战中挫败"逆夷"凶焰,一显身手。

在裕谦的规划下,定海如同厦门,也进行了史无前例的大规模的防卫工程建设。

定海县城三面环山,南面临海,距城三里。裕谦认为,前次定海战败原因在于清军船、炮不如敌,而陆战无所依托。于是,他决定在县城以南的濒海地带修筑工事。由于定海不若福建南部有易于开采的石头,定海防御工程的主体是土城。❸

土城是用泥土掺石灰夯实的线式防御工事,也就是一道土城墙。前节提到的绘制厦门石壁样式的军事工程师,在其回忆录中亦

---

❶ 道光帝对裕谦的这些手段多有赞语。在其掘尸的奏折上朱批"亦可稍称一快";在其拆毁"红毛道头及夷馆基础"的奏折上朱批"可嘉之至";在其"凌迟"处死英俘的奏折上朱批"所办是";在其对英俘剥皮抽筋的奏折上朱批"甚有定见"(《鸦片战争档案史料》第3册,第219、293、290页;第4册,第85页)。

❷ 《鸦片战争档案史料》第4册,第85页。

❸ 裕谦在江苏巡抚任上时,曾在吴淞修建土塘,与土城类似,详情见第六章。他至浙江后,与浙江巡抚刘韵珂的意见一致,决计在定海修建土城。又,英军撤退后,定海难民纷纷返回,裕、刘用以工代赈的方法,修建土城,对安民、守御均有好处,也使土城能迅速完工(《鸦片战争档案史料》第3册,第192页)。

图七 舟山土城

有一幅插图，可大体看出土城的规制。❶据裕谦的奏折，土城的底宽为 12 至 18 米，顶宽为 5 至 15 米，高约 3 至 4 米，长约 4.8 公里。它东起青垒山，西至竹山，将县城以南的空旷地带一并包容在内。土城设"长治"、"久安"两城门，供民人平时出入。土城上有火炮掩体"土牛"，❷共安设火炮 80 位。

---

❶ John Ouchterlony, *The Chinese War: an Account of all the Operations of the British Forces from the Commencement to the Treaty of Nanking*, pp. 180-181. 该插图的标题为"舟山的高地"，似为了表示背景中的山，而非准确的描绘土城样式的示意图，因而在比例上可能有不太精确之处。土城高为 3 至 4 米，因而其垛口不会如此之大，又土城长为 4.8 公里，因而其火炮排列也不会如此密集。

❷ 我没有找到"土牛"的资料。但吴淞土塘亦有"土牛"，其样式据牛鉴奏，"有似雉堞，其缺口俱安设火炮"（《筹办夷务始末（道光朝）》第 3 册，第 1623 页）。牛鉴的这一说法，与奥塞隆尼一书的插图相吻合。又，吴淞和定海的防御工程皆由裕谦主持，估计样式相同。

在土城的中部，有临海小山，名东岳山。裕谦充分利用这一地形，在山上构筑周长约440米的砖石结构的震远炮城。在该炮城的南端，接筑面宽70米的半月型石砌炮台。炮台面海，为轰击来犯敌舰之阵地，炮城靠其后，是屯兵护卫之工事。东岳山上的震远炮城及炮台，为清军防御阵地之中坚，共设火炮15位。

土城的西端为竹山，竹山之后为晓峰岭。裕谦在晓峰岭上筑围城一座，驻守兵员。土城的东端为青垒山，裕谦亦在此构筑瞭台兵房。

土城之后的定海县城，其城墙亦得到修复。上设火炮41位。❶（定海地理及防御可参见图八）

在修筑防御工事的同时，裕谦又添兵雇募。伊里布原派接收定海的清军共计3000人，裕谦再加派2600名，使该地守兵达到

---

❶ 定海设防的记述，据裕谦、刘韵珂的奏折，《筹办夷务始末（道光朝）》第2册，第849—850、887、943—945、1066页；又参考《定海直隶厅志》卷22，第8、16—17页。定海的地理形势又参阅《定海县志》。

定海清军的火炮数量，清方资料不全。1841年3月11日裕谦奏称，调拨"一二千斤及数百斤炮五十位"；4月11日又奏称，定海有炮70位；7月1日刘韵珂奏称，土城和震远炮城、炮台设铜铁火炮22位，县城设大小火炮41位（《筹办夷务始末（道光朝）》第2册，第863、963、1066页）。但战前清军火器的实际数量，我还没有查到有关记载。英方的记载较详，但各有差别。宾汉称，定海火炮总数为170位，其中土城和震远炮城、炮台为95位，县城城墙上设炮41位（《英军在华作战记》，《丛刊·鸦片战争》第5册，第262、320页）。伯纳德称：土城上设炮80位，震远炮城设火炮12至15位（《复仇神号航行作战记》第2卷，第191页）。穆瑞称：战后共缴获铁炮100位，铜炮42位（Murray, *Doings in China: Being the Personal Narrative of an Officer Engaged in the Late Chinese Expedition, From the Recapture of Chusan in 1841, to the Peace of Nankin in 1842*, p.38）。奥塞隆尼称，土城一带有炮150至200位（John Ouchterlony, *The Chinese War: an Account of all the Operations of the British Forces from the Commencement to the Treaty of Nanking*, p. 179）。这里，宾汉关于土城一带的火炮数与伯纳德相符，关于县城一带火炮数与刘韵珂的说法相同。因此，我这里采用宾汉的说法。

5600 名，❶为鸦片战争中浙江守军最多的地方。

由于前次作战时，定海水师战船损失极大、战船来不及补充、修理，以致海上巡逻、侦察力量都不足，❷按裕谦计划，要雇水勇 1000 名，派委官员，分头出洋，"或假扮网渔贸贩，出洋巡哨，或密带火器枪械，相机焚剿"。后刘韵珂奏称，实际雇募水勇为 580 名。❸

除此之外，裕谦还有一个庞大的计划：《定海善后事宜十六条》。由于英军的到来，这一计划基本没有实现。❹

如果我们将定海的土城与厦门的石壁作一番比较，那么，裕谦的定海防御工程在坚固、火力诸方面均远不如颜伯焘。但是，裕谦的豪言壮语却一点也不逊色于颜伯焘：（定海）"从此扼险控制，屹若金汤，形胜已握，人心愈固。……该逆倘敢驶近口岸，或冒险登陆，不难大加剿洗，使贼片帆不返。"❺

难道裕谦的这种自信是毫无依据，毫无理由，毫无认真的分析？也非如此。他的思想很大程度上可以代表当时的主"剿"官员。

---

❶《筹办夷务始末（道光朝）》第 2 册，第 870、963 页。

❷ 据裕谦奏，定海额设水师 77 艘，上次战斗损失 24 艘，遭风击坏等情 30 艘，实际在航者仅 23 艘（《鸦片战争档案史料》第 3 册，第 430—431 页）。

❸《筹办夷务始末（道光朝）》第 2 册，第 945、1067 页。据裕谦奏，这里水勇使用的船只为"新造十六桨快船及买、雇渔船百余只"。

❹《定海善后事宜》共计 16 条，其中最主要的有 4 条：一、将定海县升格为直隶厅，直隶于宁绍台道。二、组建定海城守营。三、改造战船。四、浙江提督每年巡阅定海一次，并于每年夏秋两季驻扎镇海，以重海防。裕谦的这些建议是 1841 年 5 月 17 日上奏的。5 月 27 日道光帝下发军机大臣核议。8 月 12 日，军机大臣等核议批准。结果，除了定海县升格外，其余各项并未实行（《鸦片战争档案史料》第 3 册，第 429—436、616—628 页）。从裕谦的奏折内容来看，并未切当时的要害，即便完全落实，对后来的战斗也不会起什么作用。

❺《鸦片战争档案史料》第 3 册，第 420 页。

裕谦虽未亲眼见过英军,却是英军不善陆战论的有力鼓吹者。❶ 定海的设防,显露出他的这一信念。他将主要兵力集中于县城及其以南10平方公里的区域,而并不兼顾面积523平方公里的舟山本岛的其他地域。他认为,英军不善陆战必然会从距县城最近的海岸发起进攻。若舍近就远,山岭重重,正是"我步卒最易见长之地",❷不难剿灭。定海县城的东、北、西三个方向皆为山地,他在此(晓峰岭、青垒山)只设置了一些瞭台、兵房、围城。道光帝下令各省防备陆路谕令9月19日才到达杭州的刘韵珂,9月25日到达镇海的裕谦,但肯定不会到达定海,因为此时定、镇之间的海面已被英军控制。

战前清朝上下咸谓英军"船坚炮利",但"船坚"到何种程度,"炮利"至何等威力,却缺乏准确的估计。开战之后,关天培、杨芳、奕山、林则徐等人经历实战而知之,但他们或未直言,或语焉不详。相比之下,琦善倒讲了点真话,但在当时一片"剿夷"声中,又有何人相信?裕谦个人极度蔑视"逆夷"的偏误,决定了他对"船坚炮利"估计不足。凭借一道并不坚固的土城,他就能大胆地得出结论:"我炮皆能及彼,彼炮不能及我!"❸

由此观之,裕谦的自信就不是全无来历的了。既然规制宏大的土城已能阻挡英军的"利炮",那么,英军还有何优势可言?难道他们的"坚船"能够冲上海岸,驶入县城?既然英军"腰硬腿直"不善陆战,那么,他们一旦登陆之后,不正成了娴熟"击刺步伐"

---

❶《筹办夷务始末(道光朝)》第1册,第440页。
❷《筹办夷务始末(道光朝)》第2册,第943页。尽管后来的事实证明了裕谦的判断,但裕谦立论的基础是完全错误的。英军之所以从道头一带发起进攻,并非害怕舟山的崇山峻岭,而是自恃实力,有把握从清军设防最坚处突破。
❸《筹办夷务始末(道光朝)》第2册,第944页。

的清军将士的刀下鬼、案上肉？难道他们能飞越天险，天降县城？

裕谦的思想表明，尽管战争已经开始了足够长的时间，尽管清军在虎门等处一败再败，但是，在一班主"剿"官绅的心目中，对英军的实力估计仍是**战前**的模糊不清的概念，没有将英军的种种优长一一辨明清楚。也正因为如此，裕谦在定海防御上并无任何创新，仍是战前由林则徐所倡导的防守沿海坚强据点对抗英军舰船攻击的战法。

有意思的是，此一战法的倡导者林则徐，此时正以四品卿衔在镇海帮办军务，他对定海的防御，似不具有信心，屡次向裕谦进言："请移三镇（指定海镇、处州镇、寿春镇三位总兵）于内地，用固门户。"❶裕谦虽极度景仰敬佩林则徐，但作为有守土之责的疆臣，又怎么能、怎么敢听从这种放弃定海的建策呢？

就此再深入一步，就触及到当时主"剿"思想的渊源了。

尽管主"剿"只不过是一个政策上的决定，尽管主"剿"人士的言论也主要是分析具体问题，但是，这种思想却深深扎根在传统思想文化的土壤之中。我以为，这里面主要是当时盛行的两种思想观念在起作用：一是"天朝"观念，一是理学思想。当然，这两者之间又有着难解难分的交叉关系。

就"天朝"观念而言，当时的人们并不把英国放在眼里，不相信堂堂"天朝"居然不敌区区"岛夷"，不相信七万里之外的蛮荒地面会出产何种制服"天朝"的手段。因而，他们听不进英军强劲的言辞，更不屑于具体分析英军在诸次战斗中表现出来的优长，陷于可卑可怜的盲目性。关于这一点，我在前面诸章节中都有过交

---

❶《定海直隶厅志》卷28，"大事记"。

代,此处不再赘言。

就理学思想而言,情况似稍微复杂一些。自宋代理学兴起后,儒家学说再一次得到改造,成为盛行于宋、明、清三朝的主要哲学思想。清代"汉学"勃起,予理学也有批判,但理学的主导地位一直没有动摇。

尽管在理学大师的笔下,我们常常可以领悟到这种理论的精妙,也为其深邃的思索、优美的文笔所折服,但在实际政治运作中,理学成为可怕的教条。结果,在性理名教走向崇高之后,事实真情,反显得不那么重要,往往处于从属的地位。**一切决策的依据,似乎不再是事实本身,而是先哲们的教诲。**在这种情势下,掌握事实真情的人们,远没有掌握理学真谛的人们有力量,若正面交锋,必不堪一击。在当时主"剿"官员的奏议中,我们可处处看到此种"理"性的张扬。

到了1841年,清朝在鸦片战争中必败已经成为显而易见的事实,但据"理"的人们却视而不见。这也很难归罪于他们本人。因为在当时的氛围中,他们的思想只会如此。要冲破这种思想的绊篱,绝非易事。关于此种情势,我们可联系到20多年后,清王朝经历了鸦片战争、第二次鸦片战争的失败,据事实而主张改革的奕䜣与以"名教"而反对改革的倭仁之间的辩论,就可看到这一思想的根深蒂固。

从理学的角度出发,战争最主要的制胜因素不在于"器物",而在于"人心",即所谓"正心"、"诚意"可以"平天下"这种观点在相当长的军事历史中证明具有合理性。

在古代,乃至中世纪,由于军事技术的不发展,战争主要表现为人身搏斗,虽有"十八般兵器"的种种技艺,但只是人的手脚的延长和锐化。在此类战斗的场景中,士兵们的勇敢,将弁们的执着，这种可以升化为"人心"的品格，往往是获胜的决定因素。因而长久地在人们的观念中，拼死是胜利的代名词。同时，又因为军事技术的不发展，长久地使交战双方处于大体平等的地位上，"两强相遇勇者胜"，成为一般政治家和军事家的信条。

因此，在清王朝的众多主"剿"人士的心目中，英军的"船坚炮利"只不过能逞威于海上，而清军在虎门等处海岸、江岸的接连败仗，关键在于主帅和将士们的胆怯。身心处在中世纪的人们，自然不会从近代军事技术、战术、军队编制、作战指导等一系列的变化中看清真正的原因。就本节的主角裕谦而言，他虽大力于修防铸炮等诸般"器物"，但主要功夫用于振作这支废弛松垮的清军的"人心"。

正因为如此，裕谦认为，这次战争获胜的首要因素，不是别的，而是民心固结，将士拼命。他痛恨前一次定海之战中，清军仅伤亡26人而大量逃散，怨愤伊里布不敢进兵，致使师老气竭；他用极端手段设置了一个"背水阵"，目的是驱策将士勇往直前，前仆后继；而一旦将士果真义无反顾，视死如归，战争又何以不胜？

由此而论，鸦片战争中的主"剿"人士的思想，并非得自知己知彼对双方力量的真实评估，并非出自已经找到真正可以"制夷"的手段的胜利把握，而来源于"天朝"观念和理学思想以及由此引申出来的"人心"制胜论。从军事学术的角度来看，此种主"剿"，不过是一种浪战。我们不应当因为它与今日反侵略宗旨相符，而不加区别地无条件地赞美之。

在我读过的鸦片战争史的论著中，1841年的第二次定海之战，大多被描绘为一个激动人心威勇悲壮的故事：定海三总兵（定海镇总兵葛云飞、浙江处州镇总兵郑国鸿、安徽寿春镇总兵王锡朋），率孤军五千，奋力抗击英军万余名（或二万，或三万）的围攻，血战六天六夜，终因寡不敌众弹尽援绝而牺牲。

不可否认，我曾被这个故事所感动。在当时的条件下，能以劣势兵力兵器坚持抵抗达六昼夜之久，确实是一件了不起的业绩。然而，深入的研究使我发现，这不是一个真实的故事。

称英军"万余人"的说法，始见于裕谦的奏折，他的依据是战后逃往镇海的定海典史的报告。材料已经转过一手。而败吏为推卸战败之责，多有夸大敌军的陋习。且裕谦奏折又称："至登岸逆匪，身穿黑衣黑袴，皆系闽、广亡命。"❶查英方记载，英军在作战中并未使用中国人参战，由此可见此说的不确。

至于称英军"二万"、"三万"的说法，史料依据更不充分，不足为据。❷

英军的实际数量要少得多。1841年8月，英军在离开香港北上时，共有军舰10艘、轮船4艘、运输船22艘、陆军2500人。厦门之战后留于鼓浪屿军舰3艘、运输船3艘、陆军550人，由此推算，前往浙江的英军只有军舰7艘、轮船4艘、运输船19艘，陆军约2000人，❸若将各舰船兵弁水手合之陆军一并计算，约四五千人。此时定海守军5600人，两者相较，双方兵力数字差不多，清军略强一些。

---

❶ 《筹办夷务始末（道光朝）》第3册，第1244页。在鸦片战争史的研究中，使我最为困惑的就是"汉奸"说，几乎没有一位前方主帅不是大谈汉奸问题，并称汉奸参战。而英方文献对此极少记录，至多不过是雇中国人充当苦力，从事运输。这个问题的真解决，仍有待于智者高手。但我以为，清方文献中"汉奸"说流传甚广，很可能是以为英军不善陆战，而将登陆英军合理想象为汉奸。

❷ 英军"二万"的说法，见于夏燮《中西纪事》，第102页；英军"三万"的说法，可见于梅曾亮所撰《王刚节公（锡朋）家传》，第196页，《柏枧山房文集》卷9。此两人的材料来源不明，疑为听讹。

❸ Chinese Repository, vol. 10, pp. 526–527.

即便如此，以同等兵力相拒达六昼夜，也是足以称道的事。可是，这"六昼夜"，又是靠不住的数字。

英军自1841年9月5日离厦门北上之后，因风向不顺，动力不一，无法全队一致行动。9月16日，英轮船弗莱吉森号袭扰镇海旗头一带的盛岙、双岙。❶9月17日，英轮船复仇神号闯入象山石浦港。❷9月18日起，英军舰船陆续抵达第一集结地，定海西南的穿鼻山岛（Buffalo's Nose），后移泊镇海与定海之间的黄牛礁。9月21日，英海军司令巴加到达，25日，英陆军司令郭富到达。

英军原先的计划，是先攻镇海、宁波，然后再取定海。可是，狂暴的天气"阻碍舰队从集结地驶往镇海来执行此任务"，遂于25日决定，立即侦察定海的防御情况。❸

所谓"六昼夜"，就是从第二天，即9月26日起算的。

对照中英双方文献，对这一时期的军事行动，记录差距甚大。现扼要叙述于下，请读者一起参与辨别：

9月26日，清方奏报，英军两轮船拖带两艘大船，由竹山门（道头港西水道，竹山与盘屿岛之间）驶入内港，葛云飞督兵在土城开炮，击断英船头桅一支，英舰船遂从吉祥门（道头港南水道，盘屿岛与大渠岛之间）逃窜，后又从大渠门（道头港东水道，青垒山与大渠岛之间）绕入，土城东段的东港浦守军开炮，英舰退出，

---

❶ 《鸦片战争档案史料》第4册，第95页；宾汉：《英军在华作战记》，《丛刊·鸦片战争》第5册，第261页。据裕谦奏，英军受打击后逃窜回船，清军阵亡2人，受伤1人。据宾汉称，英军的行动是为英船赖拉号的两名船员被捉（详见343页注❹）而采取的报复行动。英军烧毁了此处清军的营地和火药库，己方毫无损伤，主动撤回。

❷ 《鸦片战争档案史料》第4册，第95—96、98页。Bernard, *Narrative of the Voyages and Service of the Nemesis,* vol.2, pp. 176-181. 裕谦奏称，石浦清军击退了英军的进犯；而伯纳德称，英军进攻石浦，是为了砍取木材，作为轮船的燃料，英方还占据了石浦清军的炮台。

❸ Bernard, *Narrative of the Voyages and Service of the Nemesis,* vol.2, p. 186.

不敢再进。英方记载,英轮船弗莱吉森号、复仇神号载送海、陆军司令前往侦察,详细观察了清军在晓峰岭、竹山至青垒山一带的防御设施,并查看了大、小五奎山岛的地理形势。当英轮船刚刚驶过盘屿时,即遭到清军的炮击,但英船航行于清军火炮的射程之外,避开了清军炮火,亦未受损伤。❶

当日,定海清军一面向镇海求援,一面调整部署。定海镇总兵葛云飞部仍防守土城,原驻县城内的寿春镇总兵王锡朋部出防晓峰岭,处州镇总兵郑国鸿部进至竹山。裕谦收到定海守将的求救书后,认为定海防兵本多于镇海,镇海也已面临英军的威胁,无兵可调,未予增援。

9月27日,清方奏报,中午时分,英轮船3艘、三桅船1艘,驶入竹山门,葛云飞督部开炮,轰断英船大桅,英船当即窜逃。我没有查到相应的英方记录。当日原准备行动的只有复仇神号轮船,奉命前往镇海一带侦察防御情况,因天气恶劣,该命令未能执行。

9月28日,清方的奏报内容不同。裕谦据派往定海的探弁回报上奏,称英舰"连樯驶入",攻打晓峰岭,并用小舟运兵在竹山登陆,郑国鸿率兵施放抬炮,"击杀夷匪无数",当晚英军绕至五奎山岛,登高瞭望。杭州将军奇明保战后据定海逃回官员的报告上奏,英军登陆,进攻晓峰岭,王锡朋率兵800名与之反复厮杀,相持4天之久,直至10月1日。英方的记载也不相同。宾汉称,该日摩底士底号舰长爱尔斯(H. Eyres)奉命统率摩底士底号、哥伦拜恩号、复仇神号前往定海,摧毁了晓峰岭上尚未完工的炮台,因

---

❶ 裕谦奏,《筹办夷务始末(道光朝)》第3册,第1243页; Bernard, *Narrative of the Voyages and Service of the Nemesis*, vol.2, p. 186-187; 宾汉:《英军在华作战记》,《丛刊·鸦片战争》第5册,第261页。又,英军将盘峙岛称为茶岛(Tea Island),可能是盘峙西面有大、小茶盉所误。定海亦有茶岛,位于外长屿岛以南。

为该处将是英军的主攻方向。英舰船到达后，曾与清军交战，大约由 50 名水兵组成的分队登岸，在确认了该处尚未安设火炮，❶并侦察土城方向的防御后，匆匆撤回。伯纳德称，该日继续有暴风雨，舰队无法航行。巴加发布了派上述 3 舰船去晓峰岭摧毁未完工的炮台的命令，但该命令是在第二天，即 29 日执行的。至于具体过程，该书记录更详。

9 月 29 日，清方奏报，英军在大五奎山岛上支搭帐房，土城一带清军开炮遥击，打坏帐房 5 顶，击毙英军 10 余人。英方记载，该日一些战舰和运输船驶入内港，其中布朗底号、摩底士底号、皇后号、弗莱吉森号等舰船驶往大小五奎山岛，在大五奎山岛上设置野战炮兵阵地，其中有发射 68 磅重炮弹的重型火炮 1 门，发射 24 磅重炮弹的火炮 2 门，至次日，该阵地完工。英方并称，清军火炮的射程太近，对英军的行动毫无威胁。

9 月 30 日，清方奏报，英军先是从吉祥门驶入，攻打土城东段的东港浦，被清军击退，旋攻打土城西端的晓峰岭、竹山，至傍晚，英军在土城西端登陆，遭清军枪炮轰击，死者不计其数。英方记载，该日英军的战舰、运输船陆续驶入内港，威厘士厘号由轮船西索斯梯斯号（Sesostris）拖曳入港时，曾向东岳山震远炮城开炮。日落时分，英军在土城西端竹山一带枪炮大作，已经靠近该处停泊准备掩护部队登陆的英舰哥伦拜恩号、巡洋号亦开炮，英军舰船官员并无损伤。❷

---

❶ 裕谦在晓峰岭建有围城，驻有兵员，并没有准备安设火炮，但英军误将此围城当作炮台，故派兵前往破坏。

❷ 裕谦奏、奇明保奏，《筹办夷务始末（道光朝）》第 3 册，第 1243、1250 页；Bernard, *Narrative of the Voyages and Service of the Nemesis*, vol.2, pp. 192-195；宾汉：《英军在华作战记》，《丛刊·鸦片战争》第 5 册，第 262 页；Murray, *Doings in China: Being the Personal Narrative of an Officer Engaged in the Late Chinese Expedition, From the Recapture of Chusan in 1841, to the Peace of Nankin in 1842*, pp. 24-26.

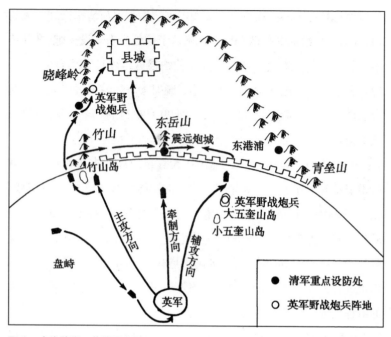

图八　定海防御、作战示意图

以上清方裕谦、奇明保的奏报，分别依据定海守军的报告（9月26日）、派遣探弁的报告和定海逃回官员的报告，已经转过一手，且清方官员在报告中伪讳粉饰已成风气，其中自然会有虚假成分。英方记载者为其亲历，材料当属第一手，但也不能确准其中绝无虚言回避部分。

因此，今天的人们要将9月26日至30日这5天中的情况逐一细细考订清楚，既十分困难，也显得不必要。因为，从上述记载中，我们已经可以判明：英军在这5天内的行动，乃是侦察清军的防御以确定主攻方向、机动兵力至进攻出发水域、建立野战炮兵阵地以支援作战等等战前准备工作，尚不是正式的进攻。守军不明近代战争样式和作战特点，因而无法识破英军的意图，将英军的每一动作都无意或有意地当作正式进攻，结果是高度紧张，徒费铅药。由于这几天连日大雨，守军在雨水中连续"应敌"5天，在真正的战斗尚未打响之前，已经疲劳不堪。

真正的战斗仅仅进行了一天，时间是1841年10月1日。

这一天的早晨，大五奎山岛上英军野战炮兵，开炮轰击震远炮城（其手法与虎门之战中下横档岛战术完全相同），英军轮船和军舰则炮击土城。清军守军在葛云飞的督率下，以岸炮还击。但是清军火炮数量、质量均处于劣势，其火力最强的东岳山震远炮城，又遭到大五奎山岛英军野战炮兵的压制，阵地已经动摇，兵丁开始溃逃。

在双方炮战的同时，英军登陆部队之左纵队约1500人，避开土城防御工事，在晓峰岭以西海岸登陆。第一批登陆的英军第55团即向晓峰岭方向进攻，王锡朋督部迎战而不支，英军攻占晓峰岭，王锡朋战死。第二批登陆的英军第18团，随即向竹山方向发起进攻。该处守军已经受英舰船的长时间的炮击，但在郑国鸿的统率下，仍坚持抵抗，最后不支，郑国鸿战死。第18团占领竹山后，沿土城向东攻击前进。土城构造只能正面御敌，侧面全无防护，葛云飞力战身亡。第18团占领土城西段后，又向东岳山震远炮城进攻。可该处守军已经受不住英舰布朗底号、大五奎山岛英野战炮兵的长时间的炮击，纷纷逃散，震远炮城不战易手。

在左纵队行动的同时，英登陆部队之右纵队辅攻东港浦。但因复仇神号中途一度搁浅，进攻未能按时。后右纵队登上海岸后，在左纵队之第18团的支援下，驱散了土城东段的守军。

左纵队攻占晓峰岭后，后继登陆的马德拉斯炮兵在晓峰岭之制高点上，架设轻型火炮，向县城轰击。第55团沿山岭推进，直扑

县城西门。县城守军溃逃。第55团攀上城墙,占领县城。同时,第18团亦从道头向县城推进,配合行动,攻至南门。❶

从早晨发起进攻,至下午2时许结束战斗,英军并未遇着坚强的、有效的抵抗,在战斗中也只付出了战死2人、受伤27人的微小代价。❷而他们所采用的战术,依旧是战舰轰击正面、陆军侧翼抄袭,并再获极大成功。

三总兵英勇地牺牲了,死在自己的战位上,并没有因贪生而后退一步。在他们的督率下,也有一些清军兵弁在战斗中保持了高昂的士气。若对照清军平时的懦怯,可以说,裕谦战前激励将士的努力,已获成效。但是,此次战斗揭示出来的是,仅仅靠勇敢是不够的。

三总兵英勇地牺牲了,已无法站起来说话。我们不知道仅仅一水之隔的裕谦,是否知道了事情的真相:英军(而不是汉奸)正是在他认为天然屏障的山岭和他认为清军更为擅长的陆战中,次第杀死了王锡朋、郑国鸿、葛云飞。

---

❶ 以上作战经过,综合以下资料:裕谦奏、奇明保奏,《筹办夷务始末(道光朝)》第3册,第1243—1245、1249—1251、1263、1265页;《英夷入粤纪略》,《犀烛留观记事》,《鸦片战争新史料》,见《丛刊·鸦片战争》第3册,第17、262、439页;Bernard, *Narrative of the Voyages and Service of the Nemesis,* vol.2, pp. 195-200; Murray, *Doings in China: Being the Personal Narrative of an Officer Engaged in the Late Chinese Expedition, From the Recapture of Chusan in 1841, to the Peace of Nankin in 1842,* pp. 26-36; John Ouchterlony, *The Chinese War: an Account of all the Operations of the British Forces from the Commencement to the Treaty of Nanking,* pp. 180-185;宾汉《英军在华作战记》,《丛刊·鸦片战争》第5册,第263—264页。

❷ 此战英军的伤亡,英方记载小有不同。宾汉称:第55团战死2人,受伤24人,其他部队受伤3人,但又在总计中称受伤28人(《丛刊·鸦片战争》第5册,第264页)。伯纳德称:第55团战死2人,受伤19人,其他部队受伤8人(Bernard, *Narrative of the Voyages and Service of the Nemesis,* vol.2, pp. 200-201)。穆瑞称:第55团战死1人,受伤19人(Murray, *Doings in China: Being the Personal Narrative of an Officer Engaged in the Late Chinese Expedition, From the Recapture of Chusan in 1841, to the Peace of Nankin in 1842,* pp. 28-29)。

四　镇海的天险

　　一直到1841年10月8日，即定海失守后的第8天，道光帝收到的浙江军报，仍是好消息（镇海崎头的盛岙、双岙和象山的石浦击退来敌、定海清军初战获胜、裕谦率文武官员大誓死战等情事）；他虽然因厦门战败而对颜伯焘大为失望，但坚信裕谦一定会给他带来"宣威海徼"的喜讯。为此，他当日再次下旨叮嘱这位主"剿"最坚决的疆臣（前一次为10月4日），"一有捷音，即由六百里加紧驰奏。"❶

　　可是，两天之后，10月10日，裕谦用"六百里加急"给他送来定海失陷的战报；❷又过了8天，10月18日，他又收到杭州将军奇明保等用"六百里加急"发来的镇海失陷、裕谦殉难的奏折。道光帝不由得在此折上朱批："愤恨之至！"❸

　　道光帝"愤恨之至"者为何？为英军乎？为裕谦乎？抑或为失陷的镇海乎？

　　镇海位于杭州湾之南，大峡江（今称甬江）的出海口，它是宁波的门户，历来为海防重地。伊里布任钦差大臣，驻节此地。裕谦接任钦差大臣，亦驻节此地。由此可见它在当时人们心中的地位。

　　与厦门、定海不同，驻节镇海的两位钦差大臣，似乎都不太注重此地的防卫工程的建设。就伊里布而言，其任务是进攻定海，防

---

❶《鸦片战争档案史料》第4册，第150页。
❷《筹办夷务始末（道光朝）》第3册，第1243—1246页。
❸ 同上书，第1269—1272页。

守本是做给道光帝看的(详见第三章第二节)。就裕谦而言,他以为镇海已具备英军难以克服的天险。

大峡江由宁波流至镇海县城时,大体是由西向东,快到出海口时,折为由南向北。江口的两端,各有一座山(大峡江之"峡"由此而来),西面是招宝山(康熙年间宁波对"番舶"开放,由候涛山改名,意在招外洋之宝),山上有威远炮城(明代为防倭始建),东面是金鸡山。江面宽约1000余米。由于当时的河道,未如今日已得到疏浚,水浅滩多,岸边亦积有淤泥,宽以里计。

镇海县城紧靠海口。其东北面为招宝山,东南和南面为大峡江,北面原濒大海,此时亦有宽达二三里的淤泥地带。(详见图九)

1841年2月,裕谦从江苏到镇海,见此地形,顿时信心大增。这位尚未见过英军舰队的钦差大臣认为,英军的巨舰大艘,"不畏风涛而畏礁险",镇海一带的淤泥浅滩,正是抵御英军的天然屏障;若以小船驶入,"无篷帆、无炮位、无锅灶",又何足惧;若舍舟登陆,"不难全数歼捡"。他还将此心得专折上闻,请求道光帝下令沿海各将军督抚,"遍历本属洋面,测量水势之深浅,滩岸之远近,沙线之险易","分别最要次要","不必到处张皇"。很显然,在他的心目中,镇海不属"最要",仅为"次要"。他更关心的是定海。❶昧于"夷情"的道光帝,言听计从,将此折转发各地,下令参照执行。❷

然而,此时的浙江巡抚刘韵珂,是一位颇有心计的官员。虽说在他之上先后有两位钦差大臣,镇海防务可不用其插手,但他却两次前往镇海,鼓动伊里布、裕谦在此修筑工事。1841年6月,裕谦

---

❶ 《鸦片战争档案史料》第3册,第214—216页。
❷ 同上书,第260—261页。

回江苏接受两江总督篆印期间,刘与以四品卿衔来浙江军营的林则徐等人,在此处大力设防。由此至开战前,镇海的防御工程虽不若厦门、定海那般形制宏大,但也颇具规模:❶

一、招宝山。在该山上原设威远城上驻兵设炮,又恐该城地势过高,炮力难及敌舰,又在该山的西脚、南脚,另设置沙袋炮台。在该山背后紧靠县城北墙的勾金塘,亦建有炮台一座。由浙江提督的余步云率兵镇守。

二、金鸡山。在该山北脚建石筑炮台,在该山东北方向建造内设大炮的土堡,另在山顶建有军营,驻兵策应。由江苏狼山镇总兵谢朝恩指挥。

三、大峡江。在江口层层扞钉,填塞块石,使河道变窄,以防英舰蓦然闯入;在港内设火攻船30只、16桨快船及车轮船(即人力明轮船)20只、大小渔船60只,为作战时追截、瞭探、策应之用;在县城东南的拦江埠,两岸各设炮台一座,以对付窜入港内的敌舰。由衢州镇总兵李廷扬督兵驻守。

四、镇海县城。在临海的北城墙上厚集沙袋,以御敌炮。钦差大臣裕谦直接坐镇此地,指挥全局。

整个镇海县城一带,共有清军兵勇4000余人,❷配置火炮157位,其中67位是铜炮。❸(详见图九)

---

❶ 以下设防情况综合伊里布、刘韵珂、裕谦等人的奏折,见《鸦片战争档案史料》第2册,第670页;第3册,第440—441、520—521、571页;第4册,第110页。

❷ 镇海防兵共计约5000人,但其中一部分驻在旗头的盛岙、双岙和澥浦等处。据战后余步云称,县城一带防兵仅3000余人(《鸦片战争档案史料》第3册,第441页;第6册,第717页)。此处合并该处雇勇700名一起计算。

❸ 我未查到清方有关火炮的数目的资料,此处据宾汉:《英军在华作战记》,《丛刊·鸦片战争》第5册,第320页。Bernard, *Narrative of the Voyages and Service of the Nemesis*, vol.2, p. 222.

就镇海布防态势来看,有如虎门,主要还是防英军舰船由大峡江直闯内犯,尚未接受虎门之战的教训。就清军的工事而言,其简陋难以抵御英军的凶猛炮火。而最致命的缺陷,仍是难以防御敌登陆部队。1841年9月25日,裕谦收到道光帝于厦门之战后发出的加强陆路防御的谕旨,便在招宝山、金鸡山等处挖暗沟、布蒺藜,以为如此便可"杜其冲突"。❶

当然,以上分析只不过是我们今天的认识,而在裕谦的内心中,问题的关键不在于设防的本身,而在于军队的士气。他认为,在镇海防军中,仅徐州镇兵1000人可以言战,其余皆不足恃。❷为此,他特在战前"躬率文武官员,誓于神前":

> 今日之事,有死靡贰。幕府四世上公(指班弟),勋烈不沫,受命专讨,义在必克。文武将佐,敢有受夷一纸书去镇海一带者,明正典刑,幽遭神殛!❸

对于这一仪式,他还向道光帝作解释:

> 此非奴才敢效匹夫之勇,甘为孤注之投,盖因镇海地方稍有疏虞,则逆敌愈张,兵心愈怯,沿海一带必将全行震动。非此不能固结兵心,灭此朝食,更非此不能挽回一年来瞻顾徘徊之积习。❹

---

❶ 《鸦片战争档案史料》第4册,第111页。
❷ 同上书,第164页。
❸ 鲁一同:《书裕靖节公死节事略》,《丛刊·鸦片战争》第6册,第302页。
❹ 《鸦片战争档案史料》第4册,第112页。

裕谦准备以"固结"的"兵心",来对敌英军凶猛的炮火。

英军自1841年10月1日攻陷定海后,稍事休整,着手准备再攻镇海。10月8日,英军留下400名士兵和3艘运输船驻守定海,主力在黄牛礁一带集结,次日,英舰队驶往镇海。

就战术而言,英军此次行动与其在沙角、大角的表演有相通之处。

10月9日,英海军司令巴加和陆军司令郭富侦察了镇海的防御,也互相作了分工:大峡江东岸,即金鸡山一带,由陆军负责,海军配合;大峡江西岸,即招宝山和镇海县城一带,由海军负责,陆军配合。

次日早晨,英轻型舰队驶往金鸡山一带轰击守军。与此同时,英登陆部队左纵队共约1060人在金鸡山防御阵地以东至少三公里的沙滩上登陆,越过小峡江,向金鸡山之后的蟹沙岭攻击前进。英登陆部队中央纵队共约460人在笠山一带登陆,清除清军的零星防御后,直扑金鸡山阵地。与此同时,其主力舰队在招宝山至镇海县城以北摆开战阵,以优势炮火轰击该处的清军各阵地。

坐镇于镇海县城的裕谦,得到开战的消息后,立即登上东城墙,指挥各处迎战。清军原先准备与闯入大峡江的英轻型舰船作战,火炮的方向也主要对准内江。可是这些狡猾的敌人竟不肯深入,凭借其火炮射程之远,在口外轰击,只有一艘机动性能甚强的轮船皇后号,稍稍深入,不停地向两岸清军各炮台开炮。且英军的火炮威力直至此时方为裕谦所领悟,在招宝山之北的英舰,竟能使炮弹飞越山岭,落于东岳宫、拦江埠一带。战斗的实情与裕谦的战前估计完全相反,出现了彼能击我、我不能及彼的态势。清军根本无法作出有力有效的抵抗。

第5章 东南壁垒的倾塌

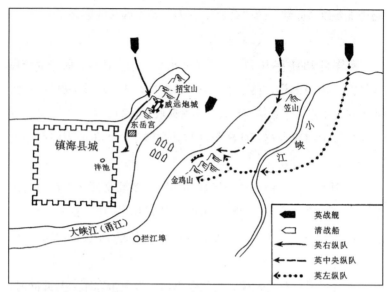

图九 镇海之战示意图❶

最先失陷的是金鸡山，英登陆部队左、中央两纵队，从清军设防地带的侧后发起攻击。守军猝不及防，临急抵抗，却未奏效，总兵谢朝恩战死，而大多数兵弁被驱出阵地，挤压于大峡江边，损失惨重。

正当金鸡山一带陆战正鏖时，英主力舰队经过数小时的炮击，基本摧毁了招宝山一带清军各炮台及工事，其登陆部队右纵队共计770人由招宝山外侧登陆。这些被认为"腰硬腿直"的"夷"人，

---

❶ 由于镇海的地形地貌，经历百余年的自然变迁和经济建设，已经有了很大的改变，此图的地形地貌绘制，参阅俞樾等纂《镇海县志》，光绪五年（1879）刻本；王荣商等纂《镇海县志》，1932年所附各代地图。其中拦江埠两炮台位置，据王荣商等纂《镇海县志》卷9中的遗迹资料核准；东岳宫、县学泮池位置，据该志所附"镇海县城区图"。

竟然矫健地攀上峻峭的岩石,向招宝山顶的威远城冲击。清军此时已无心恋战,稍事抵抗后便纷纷溃散。英军右纵队占据招宝山后,继向镇海县城攻击前进。

从裕谦家丁余升后来的叙述中,裕谦此时似乎已陷于迷惘,懵懵懂懂地从东城墙上退了下来,可行至县学时(距东城墙不足150米),突然清醒,意识到自己已是无路可退!于是,他望阙磕头,跳入泮池。在他身旁的家丁亲兵,立即将其救起,抢护出城,在宁波易衣灌救后,发现尚有微息,立即奔走省城,行至余姚(距镇海县城70多公里)气绝身亡。

从儒家的学说来看,裕谦向泮池中的一跃,是其忠贞不二的殉节的表现,无疑应当彰扬。道光帝获此讯后,亦称其"临危致命,不忝前人(指班弟)",赠其太子太保,开复生前一切处分,按尚书例赐恤,准附祀昭忠祠,并允诺在战争结束后,于镇海建立专祠,以彰荩节。❶圣上的种种恩悯,当使裕谦的亡灵得以慰安。但是,若从军事学术的角度出发,主帅在败局中放弃统率权而去自杀,必使其部队置于无指挥混乱状态之中;而其家丁亲兵"抢护出城"的举动(尽管处于昏迷中的裕谦本人可不负责任),在实际效果上,与临阵脱逃并无二致。镇海县城内的守军随之亦奔。由此,已经占领金鸡山的英军,远远地望见这种奇特的场景,英军右纵队从东门攻入城内,清军从西门逃出城外。英军在攻克县城时,未遇抵抗。

大约至下午2时,战斗全部结束。如同先前的各次战斗,英军在此战中的伤亡亦少,尽管统计数字有所不同:一种记载称共战死

---

❶《鸦片战争档案史料》第4册,第240页。

16人，伤数人；另一种记载称战死3人，受伤16人。❶清方对自己的伤亡人数始终未有准确统计，英方对此记载也说法不一，但最保守的说法亦称清军的损失数以百计。

人类的自杀行为，依据心理分析，是一种绝望的表现。

作为当时头号主战大吏的裕谦，他的自杀，本应当是一个明白无误的信号：战争已经陷于绝望。他的家丁余升一开始也说过，伊主如此，是"知事不可为"。❷

可是，这一信号当时就被扭曲了。

裕谦死后不久，其家丁余升至杭州，向浙江巡抚刘韵珂递上禀帖，声称：镇海开战之初，裕谦在东城墙督战时，浙江提督余步云两次登城面见裕谦，"欲暂事羁縻"，并言"可怜"其一家三十多口，又有女儿当日出阁等语，被裕谦正词驳回。又声称：

---

❶ 以上战斗经过，综合以下资料：一、清方奏折（余步云、刘韵珂、奇明保、穆彰阿等奏）：见《鸦片战争档案史料》第4册，第173—174、180、184—188、198、201—202、289—291、294—295、329页；第6册，第549—552、716—719页。二、英方记载：Bernard, *Narrative of the Voyages and Service of the Nemesis*, vol.2, pp. 213-223；宾汉：《英军在华作战记》，《丛刊·鸦片战争》第5册，第266—274页；John Ouchterlony, *The Chinese War: an Account of all the Operations of the British Forces from the Commencement to the Treaty of Nanking*, pp. 188-191; Murray, *Doings in China: Being the Personal Narrative of an Officer Engaged in the Late Chinese Expedition, From the Recapture of Chusan in 1841, to the Peace of Nankin in 1842*, p. 42-57，其中作者将镇海误为"定海"（Tinghai），而将定海只写作"舟山"（Chusan）；*Chinese Repository*, vol. 10, pp. 588, 626-629。三、清方私家记载：夏燮：《中西纪事》，第103、308—309页；鲁一同：《书裕靖节公死节事略》，《丛刊·鸦片战争》第6册，第302—304页；梁廷枏：《夷氛闻记》，第96—99页。此战中，英军的伤亡人数宾汉称战死16人，伯纳德称战死3人；《中国丛报》一文称，定海、镇海两次战斗，英军共战死17人，受伤36人，若按定海之战的英军伤亡人数（见358页注❷）计算，更接近于宾汉的说法。

❷ 《鸦片战争档案史料》第4册，第198页。

镇海之败,是因余步云驻守的招宝山先陷,余步云逃往宁波,致使金鸡山、县城失守。刘韵珂收到此禀后,不敢怠慢,询问随护裕谦左右的江苏江宁城守协副将丰伸泰。丰伸泰称:当时他看见余步云上城与裕谦"附耳密语",正值炮声震地,不知言何,但闻裕谦高声喝道:"汝如退守宁波,极救百姓,即自行具奏。倘镇海被占,我即殉节。"刘韵珂获此密闻,立即上奏,并附呈了余升、丰伸泰的禀词。❶

按照余升、丰伸泰的说法,镇海之陷当归咎于余步云,非为英军之不可敌,而是守将之不敢敌。裕谦的自杀,应当由余步云来负责。问题由此而变得复杂起来。

道光帝收到此奏,念及忠臣,朱批"览之不觉泪落",并下令扬威将军奕经、浙江巡抚刘韵珂密查。❷

事实果真如此?余步云又何许人也?

余步云,四川广安人。1798年以乡勇随军镇压川、楚白莲教,积功迁把总、千总。此后,转战川、滇、陕等地,平定叛乱,由都司、游击、参将、副将升至四川重庆镇总兵,并获"锐勇巴鲁图"名号。经历正如其名,"平步青云"。他一生最得意之时,为道光初年平定张格尔之役,率部随杨芳等人进击,连克喀什噶尔、和阗等城,擒敌酋玉努斯。战后论功行赏,他获乾清门侍卫,迁贵州提督,并绘像紫光阁,道光帝亲撰赞词。以后,历湖南、广东、四川、云南等省提督,在镇压各处反叛,尤其是少数民族造反中,战功卓著,加太子少保,再加太子太保,多次获得道光帝所颁大缎、

---

❶ 《鸦片战争档案史料》第4册,第201—202页。该奏附呈的余升、丰伸泰的禀词未见,其中余步云嫁女情节见于道光帝的谕旨(同上书,第408页),可能余升的禀帖谈到此事。

❷ 同上书,第202页。

荷包、翎管、玉牒等赏件。可以说，在各省武职中，余步云的名气仅次于杨芳。❶

1838年，余步云调福建陆路提督。1840年英军占领定海。道光帝第一个想到的便是余步云，调其入浙剿办。钦差大臣伊里布主持浙江军务期间，与余步云过从甚密，共讨对策。浙江停战之后，余步云专上一折，主动要求留在浙江继续效力。道光帝同意了他的请求。❷未久，又将浙江提督祝廷彪休致，改余步云为浙江提督。

裕谦接替伊里布主持浙江军务后，与余步云一直有隙。余氏自恃军功，倚老卖老，似乎看不太起这位比他年轻十多岁、靠笔头功夫连跳三级的后起之秀；而裕氏更是意高气盛，认为"武员大抵不学无术，全在驾驭者之严毅方正"，"若稍事优容，必将志满意得"，"事事与人为难"，❸不把这位战功赫赫的老将放在眼里。钦差大臣毕竟位尊，余步云即便浑身都是本事，也只能听命。

1841年5月，裕谦升两江总督，在回苏接印前，曾上有一折：

> 提臣余步云虽久历戎行，而系陆路出身，于海疆夷情未能谙熟，似无把握。上年到浙后，即误信定海镇总兵葛云飞张皇摇惑之辞，不能化解。虽经奴才委曲开导，终不免中怀疑惧。❹

裕谦的这番言论，使道光帝很不放心，命令裕谦部署江苏防务后，立即返回镇海，对浙江提、镇大员是否相宜于战守，是否需要调

---

❶《清史列传》第10册，第3098—3104页。
❷《鸦片战争档案史料》第2册，第588页。
❸《鸦片战争档案史料》第3册，第573页。
❹ 同上书，第422页。

动,"据实具奏"。❶裕谦回到镇海后,复奏:"余步云于水务虽未能谙习,而一年以来亦已渐知大概,且究竟久历戎行,薄有声望,亦足振慑匪徒,其措施自比陈化成事半功倍。"❷看来,裕谦虽然对余步云不满意,但因无合适人选而未逐之。正因为如此,余步云得以保留。

余步云与裕谦的间隙,除了个人的意气外,也有政见的不同。裕谦对英"夷"极为蔑视,言辞激越,种种举措不留余地。余步云老于军伍,知武事之艰,对"夷"策略上更倾心于伊里布。两人后为处理英俘而正面冲突。

1841年9月,镇海军民俘获英鸦片船赖拉号(Lyra)上的两名船员。审讯结束后,余步云提议:将英俘"好为养活,随时讯问敌情,并作别用"。裕谦一下子就看穿了余步云的用意。他的反应是,就"好生养活"而言,英俘此时已经受伤,能否养活尚有疑问;就"讯明敌情"而言,恐真假难辨;余氏的真正用意在于"并作别用",企图效法伊里布,以英俘为人质,将来与英军讨价还价。裕谦认为,"广东之失事,由于各怀两端,可为前车之鉴",如果留下这两名俘虏,存留余步云等人的和谈幻想,"适足摇晃军心",于是,便用剥皮抽筋的方法处死俘虏,"杜其首鼠两端之念"。❸

此后,裕谦率余步云等人大誓神前,决一死战,并非无的放矢。其誓词中"不肯以保全民命为辞,接受逆夷片纸",❹很可能也是针对余步云的。

1841年9月27日,道光帝收到裕谦关于处理英俘的奏折。尽

---

❶ 《鸦片战争档案史料》第3册,第446页。
❷ 同上书,第573页。
❸ 《鸦片战争档案史料》第4册,第85页。
❹ 同上书,第112页。

管裕谦仅仅是影射了几句余步云斗志不坚,但他仍觉得问题严重,下旨让裕谦另行选择替代人选,"据实奏明请旨"。❶看来道光帝已决计换马,但这份谕旨到达镇海时,定海已经失陷,镇海决战在即,裕谦即便有心,也已经来不及了。

如此看来,余升、丰伸泰举报余步云在开战之初建议裕谦"羁縻"一事,似非无风之浪,当合乎余步云的思想。

但是,问题的麻烦在于,余升、丰伸泰后来都变了卦。1842年底至1843年初,军机大臣会同三法司(刑部、大理院、都察院)奉旨审讯余步云。余步云对登城见裕谦的这一情节的回答是:

> 二十六日(10月10日),裕谦曾将该革员约至镇海城上,虑及守兵单弱,该革员答以早应奏添。裕谦云:"你是提督,你也可奏。"并嘱以总须敌住方好。该革员随即回营,实无劝令羁縻及自称家眷可怜等语。

由此情况大变,从原先的余步云请见裕谦,变为裕谦约见余步云。军机大臣等提讯证人余升,答曰:

> 伊是日系在公寓看守印信(不在现场),得之兵、民传说,实未亲闻。并云丰伸泰向伊告称,裕谦与余步云说话时,有"若要退守,你亦可奏"之言,是以于呈内叙及。

---

❶ 《鸦片战争档案史料》第4册,第118页。

军机大臣等又提讯证人丰伸泰，答曰：

> 当时实止听闻裕谦有"你是提督，你也可奏"一语。后丰伸泰因见余步云退守宁波，意想当时必系与裕谦商议退守，故向余升牵连述及，此外实无欲行羁縻并提及家眷等语。

清代的对簿公堂，往往是越审越乱，原因在于公堂之后的种种交易。道光帝于1842年5月下令锁拿余步云，8月槛送至京师，次年2月16日才由军机大臣等定谳上奏。在此期间，这位"太子太保"的家人、下属、同官、好友，又有何种幕后关节，今日自然无从查考。我们不知道余升、丰伸泰出尔及反尔的种种细节和真实原因，但仅凭直觉，就觉得余步云所叙理由似不太可靠：在开战之初，裕谦将前敌主将找来谈一些不着边际的话，不是没事找事吗？

由于余升、丰伸泰的改口，军机大臣等对此的结论是原控"不尽得实"；而余升等人之控，被认为是"痛主情切所致"。❶

尽管我们有理由怀疑余升、丰伸泰是在幕后交易下改变证词的；但是，镇海之败又确非由余步云所致。

我在前面叙及镇海之战的经过时，提到金鸡山先于招宝山失守，这是依据英方的记载及刘韵珂等人的战后调查，❷余步云于此无涉。他当时负责防守招宝山，指挥位置在招宝山与镇海县城之间的东岳宫（详见图九），招宝山最主要的防御工事威远城，由护处州镇总兵张化龙驻守。而余氏之所以居此角落，当系原先设想的英军战法是舰船突入大峡江，在此可前（招宝山）后（拦江埠炮

---

❶ 《鸦片战争档案史料》第6册，第717页。
❷ 英方的记载可见366页注❸；刘韵珂的调查，见《鸦片战争档案史料》第4册，第289—290、294页；刑部尚书阿勒清阿的调查，见上书，第6册，第551—552页。

台）照顾，居中策应。据余步云自称，当英军由招宝山侧背登陆攻击威远城之时，他曾督兵前进击退英军，救出张化龙，然后又返至江边，开炮击损英舰船数只。❶对照英方记载，此说全系粉饰之词。但是，从侧后袭来的英军占据威远城，转攻东岳宫时，余步云也确实无招架之功，因为这又是清军柔软的腹部。

招宝山之陷，导致英军直逼镇海县城，而余步云从东岳宫退至县城时，昏迷中的裕谦已由余升、丰伸泰等护往宁波。也就是说，在余步云回撤之前，裕谦已经由东城墙上退下自杀；余升、丰伸泰护其出奔宁波，也在余步云回城之前。县城失陷的职责，不应由余步云一人负责。

看来，裕谦在密折中的种种不利于余步云的言论，已为余步云所悉。因而在战后次日，10月11日，这位长期在文官遮盖下的武将，终于有机会单衔上奏，对裕谦反唇相讥：

奴才因见县北城被贼用炮攻击，飞炮触燃城中药局，其势甚凶，奴才忍痛赶至西城（掩盖其撤退，谎称前往救援），见兵民全行退出，城中一空，裕谦不得已退回宁波。

再，因裕谦退回宁郡后，随即起程前走，是以未经会衔。❷

10月12日，他再次上奏，言辞锋利：

自裕谦于二十六日（10月10日）由镇海退入宁波，是日戌时（下午7时至9时）即率江南将备丰伸泰等兵丁数百名，星夜退走余姚、绍兴，所有衢、处二镇官兵借以护送为名，概

---

❶ 《鸦片战争档案史料》第4册，第173页。
❷ 同上书，第174页。

372

不入郡守城，以致全郡百姓惊皇逃避，拥挤道途，自相践路，哭声遍野，而无聊匪徒又乘机纠伙劫夺。❶

余步云在奏折中一字不提裕谦因自杀而陷于昏迷状况（此事可见于当时宁波知府邓廷彩之禀❷），中伤及诿过之意十分明显，但余升、丰伸泰等人护送奄奄一息的裕谦，跑得比余步云还快，又被后来的调查证明为事实。❸

如果说裕谦将"剿夷"看得太简单了，吃尽苦头，不得不自杀的话；那么，余步云也把"羁縻"看得太简单，同样也吃到苦头，差点丢了性命。

1841年10月12日，即裕谦离开宁波的第三日，实际上已经成为主帅的余步云，目睹无兵可战，无险可守，便效法伊里布，派出曾作为伊里布信使之一的陈志刚，送一份照会给璞鼎查，要求"善议"，❹他身为一省军事将领，未奉君命，擅与英方联络，可谓胆大包天。尽管我们不知道陈志刚在"口议"中谈到了什么，也不知道余步云心中的底价，但先前模糊不清扑朔迷离的裕、余两氏的战、和分歧，由此事而得到完全确认。

照会送出后，余步云急迫地等待着英方的消息，哪知道英方没有送来照会，而是派来了军队。

10月13日，英军舰船离镇海，沿大峡江上溯，直逼宁波。余步云获悉慌忙逃往上虞。尽管他在10月20日的奏折（整整耽搁

---

❶《鸦片战争档案史料》第4册，第180页。
❷ 同上书，第184页。
❸《鸦片战争档案史料》第5册，第341页。
❹ 佐々木正哉编：《鸦片战争の研究：资料篇》，第136—141页。

了7天)中大谈其如何奋勇杀敌,以致坐骑被敌弹击中而压伤其右腿;❶但从英方的记载来看,英军是兵不血刃地占领空城宁波,第18团的军乐队还在城墙上轻松地奏起了国歌。余步云所受之伤,只能是逃跑中的慌张所致。

一直到了10月16日,英全权代表璞鼎查才傲慢地复照浙江巡抚刘韵珂和余步云,宣称接到余步云照会时,英军已经开行,他本人只与钦派的"全权"大臣会谈。与这份照会一同发出的还有:璞鼎查致"大清钦命专理外务宰相"的照会、巴麦尊致"大清专理外务宰相"的照会(1841年5月3日发出)以及英远征军海军司令巴加、陆军司令郭富致刘韵珂、余步云的照会。最后一份照会如同土匪绑票的通知,宣布若要"救杭州并一带城邑,免致攻破之难",必须"即限期内,缴给银两"!❷

英方的上述照会是派一名中国人送往杭州的,但5天之后,该人未达到目的而返回。也幸亏这位不知姓名的信使未能完成任务,否则余步云擅给照会的行为当时就会被揭露,当时就会遭到灭顶之灾。❸

时隔7个多月后,1842年5月31日,浙江战局一败如水,不

---

❶ 《鸦片战争档案史料》第4册,第224—225页。
❷ 佐々木正哉编:《鸦片戦争の研究:资料篇》,第141页。
❸ 璞鼎查致巴麦尊,1841年10月31日,转引自佐佐木正哉:《南京条约的签订和其后的一些问题》,〔日〕《近代中国》第21卷,中译本由李少军先生提供。又,据刘韵珂奏称:1841年11月2日,镇海县童生陈在镐至其衙门,投递"夷书"两封:璞鼎查致刘韵珂、余步云照会,巴加、郭富致刘韵珂、余步云照会,但缺璞鼎查、巴麦尊致"钦命专理外务宰相"照会两件(案:璞鼎查前次派送照会之人,5日内返回,若从10月16日出发,应于10月21日返回,又璞鼎查10月31日报告已说明其返回,可见第一次投书人并非陈在镐)。刘韵珂因奉谕旨,"不准接受夷书",又恐将原书退回,会引起英军进攻杭州,遂授意他人,将"夷书"仍交给陈在镐,告以英方照会系交刘韵珂与余步云共同开拆,余步云不在杭州,刘韵珂不愿"独行拆阅",令其"毋庸呈投"。又告以陈在镐,浙江已蒙钦放将军,即将到来,不如等将军到来,陈在镐再投。

可收拾，道光帝为力挽危局，振作士气，下令逮问余步云；7月6日，又命军机大臣会同三法司严讯。❶1843年1月16日，军机大臣等讯明结案，否认了余升、丰伸泰的控词，但仍以"拟斩监候，请旨即行正法"上闻。❷道光帝此时又稍动恻隐之心，下令"著未经与议之大学士、九卿科道再行详议具奏"。❸1月24日，参加审议的大员们再次上奏，"请旨即行正法，以肃法纪而昭炯戒"。道光帝当日明发圣旨，宣谕中外，将余步云"即行处斩"！❹

这是鸦片战争中唯一被执行死刑的高级官员。裕谦在战前率余

（接上页）此外，刘韵珂还让陈在镐"自写书信一件，遣人寄交逆夷，以缓其进兵攻扰之谋"，又将陈在镐交钱塘县严行看守，"俟扬威将军等抵浙后"，"再行酌量办理"（《鸦片战争档案史料》第4册，第298—301页）。佐佐木正哉先生在英国档案馆查寻的档案中，有一件"王定胜信"，谓："蒙委递公文，十八日到省（11月1日），探问余宫保，未知驻扎何处，刘抚院现有小病，且探得有新放钦差，十月初（指阴历）可以抵杭，刘大人不便作主，我亦不便轻递，只得借居心腹朋友家，待钦差到来，再行呈递，方为妥当。应恐误了约期，有烦挂念，为此觅乖觉人寄书先达……"从此信的内容来看，寄信人王定胜应是刘韵珂奏折中的陈在镐，该信的收信人为"马老爷、甲老爷"，似为当时英军的翻译马儒翰（马礼逊）、甲士立（郭士立）。又该信的附言中称："路上官兵土兵，自绍至杭，陆续不绝，但未知防守何方，归宿何处，看其器械膂力，较从前定海、镇海几处，似为精壮完密……"（《鸦片战争的研究：资料篇》，第142页）。此时绍兴到杭州根本无兵防守，此处作此言，当为刘韵珂为推迟英军的攻势，嘱陈在镐如此，以迷惑英方。道光帝下令奕经办理此事，奕经又将陈在镐押往苏州审讯，查明陈在镐在英方化名为王定胜，1840年英军据定海时，即前往医眼病，与郭士立等人有交往，诘问"夷书"中所言何事，陈在镐称书写时他曾"亲见"、"其中无非要讨几处通商"、"并索要银数百万两"，因此，奕经又将陈在镐"解至黄河以北汉奸较少地方"，"听候提质，将来事定后，再行严讯"。而最为关键的"至所递夷书，据该童生所供皆挟制要求，并非恭顺乞怜之语，应听其随身携带，无庸拆阅"（《鸦片战争档案史料》第4册，第446—447页）。这样，陈在镐送来的照会，刘韵珂、奕经都没有拆阅。后陈在镐作何处理，及所携照会如何处理，我未查到有关资料，不详。又，佐佐木正哉论文中对王定胜的身份说明，当误。

❶ 《鸦片战争档案史料》第5册，第568页。
❷ 《鸦片战争档案史料》第6册，第717—719页。
❸ 同上书，第734页。
❹ 同上书，第756—757页。

步云大誓中的"明正典刑"一语,果然应验。

余步云与镇海之战,是鸦片战争中的一桩公案,历来为史家津津乐道。我在此处连篇累牍不胜烦扰读者,一方面是为了说明事情的真相(以往的叙述多有偏误),另一方面是要继续回答我在绪论中提到的"奸臣"问题。

尽管军机大臣会同三法司的最后判决,完全否定了最初的控词,尽管刘韵珂等人的调查,认定余步云逃离镇海的时间在裕谦之后,但是,150多年来的史学家们言及镇海之战时,仍大多归咎于余步云。这不仅是因为他们不若今日可读到更多的资料(许多档案材料刚刚发表),更重要的是,他们坚信,顽强抵抗就能获胜。

按照这一思路,杨芳、奕山未坚持抵抗,自取败道;颜伯焘是个口头主战派,临阵脱逃,不足效法;陈连升、关天培死战却失利,咎因"奸臣"琦善;定海三总兵之败,本属寡不敌众,且血战六天六夜;而在镇海,头号主战大员裕谦兵败绝望自杀,这就出现了一个漏洞。余步云恰恰能补上这一漏洞。

于是,余步云如同琦善一样,成为大清朝的另一名"奸臣"。本来由个人意气、政策分歧而引起的裕谦、余步云之间的矛盾,变成了"忠""奸"矛盾。而且,若不是"奸臣"的破坏,"忠臣"的抵抗(镇海之战)是很有可能成功的。

因此,余步云被时人及后人如此定性,并非出自于史料,而是出自于排列史料的思想。❶也正是由于这种思想,在虎门之战的

---

❶ 当时的论者(如《中西纪事》的作者夏燮、《夷氛闻记》的作者梁廷枏)在言及镇海之战与余步云时,已经涉及许多奏折,因而可推测他们也有可能找到刘韵珂调查此事的奏折或军机大臣等最后定谳的奏折;我在这里引用的史料大多未发表,今日的论者很难去档案馆——查询,但英方的资料完全可以找到。

"奸臣"琦善、镇海之战的"奸臣"余步云之后，我们还会看到吴淞之战的"奸臣"牛鉴。与之相对立的是，关天培、裕谦、陈化成的精忠报国。

余步云的真相由此而被遮盖了。

我在这里还须强调的是，余步云不属冤狱。按照清代的军律，守将失城寨者，处斩。这一条严格的军律，在当时的军事将领的心目中，如同"杀人抵命"一般详熟。陈连升、关天培、祥福、葛云飞、王锡朋、郑国鸿、谢朝恩，以及后一章将要出场的乍浦副都统长喜、江南提督陈化成、京口（镇江）副都统海龄，皆死于战位，并未因战败而逃生；金门镇总兵江继芸在厦门之战中驻守石壁，兵败后爬出工事投海而死。这里除了他们与"逆夷"不共戴天的抵抗精神外，严格的军律又使之自知将领的职责。在余步云之前，虽有定海镇总兵张朝发在第一次定海之战中兵败负伤逃往镇海，但按当时的规定，定海镇为水师镇，总兵无守城之责！

军机大臣等人之所以拟余步云处斩，非据余升、丰伸泰等人的控词，而是究其在镇海失守中应负的责任。由此可见，余步云罪当此刑。顺带说一句，余步云擅给璞鼎查的"善议"照会，当时并未揭露，若不是佐佐木正哉先生从英国档案馆中找出此件，恐今天也无人知晓。按当时的律法，这一行为可按"通敌罪"论处，至时的判决就可能不仅仅杀他一人，而且会祸及家人。

道光帝正式批准余步云"处斩"，时为中国历法道光二十二年十二月二十八日。按照习惯，这一命令将在第二天执行，也就是中国人的小年夜。在这喜庆的日子里，余步云在刽子手刀斧即下之时又作何感想？可以确认，余步云若战死，凭着他太子太保的头衔、绘像紫光阁的殊荣、征战40余年的功绩，道光帝对他的恤例，一定会高于关天培和陈化成。

五　浙东的反攻

1841年10月18日,道光帝满怀希望期盼浙江的捷音时,收到了杭州将军奇明保的奏折,告知镇海失守、裕谦殉难,并要求:"迅赐简派带兵大臣,多发京营及各省劲兵,兼程来浙剿办,以期克复。"道光帝随即授奕经为扬威将军,❶并从苏皖赣豫鄂川陕甘八省调兵1.2万人,❷再次组织大军,征讨"逆夷"。

自雍正朝之后,清廷派出的领兵出征的军事统帅,其将军名号,不再新创,而是沿用前朝旧名。其印信亦为当年统帅交回之物。如奕山的靖逆将军,创名于1717年,为富宁安征剿策妄阿喇布坦时始用。此次授奕经的扬威将军,历史更为悠久,创名于清刚刚入关时的1646年,为德豫亲王多铎征讨蒙古等部时始用。而且,扬威将军的名号在历史上使用次数最频,高达七次之多,其中最近的两次,是道光帝于1826年征讨张格尔和1830年征讨新疆玉素甫父子的叛乱。很显然,此次道光帝再次启用扬威将军的印信,是冀求这一屡战屡胜的吉利名号,能保佑清军如同昔日在西北那样,"扬威"于东南。

此次受命出征的奕经,同奕山一样,也是皇室成员,其血缘更

---

❶《筹办夷务始末(道光朝)》第3册,第1272页。

❷ 具体数字为:1841年9月25日,江宁驻防800名,安徽1000名;10月2日,江苏兵300名,江西兵2000名(以上为裕谦调,道光帝于10月4日认可,而江西兵2000名原调福建,由裕谦截留);10月12日,湖北1000名,江西1000名;10月19日,河南1000名;10月21日,湖北1000名;10月26日,四川2000名;11月13日,山西500名,陕甘500名;11月16日,陕西1000名,甘肃1000名(见《筹办夷务始末(道光朝)》,第3册)。

近,为抚远大将军允禵的政敌雍正帝的四世孙。奕经的祖父永瑆,封和硕成哲亲王,毫无戈马征战的经历,是有名的书画家。父亲绵懿,封多罗贝勒。

奕经的经历,与大多近支皇室成员相似,主要在京官上迁转。1816年以四品宗室出为头等侍卫,后历奉宸苑卿、内阁学士、副都统、侍郎、护军统领等职。1830年,曾一度随前一任扬威将军长龄出征,后又短期外放黑龙江将军、盛京将军。此次出征时,他的官差各职共有:协办大学士、吏部尚书、步军统领、正黄旗满洲都统、崇文门监督、正红旗宗室总族长。❶本兼各职如此之多,又拥有尊缺(大学士)、要缺(吏部尚书、步军统领)、肥缺(崇文门监督),是因为清朝实行满汉双缺制度,满人,尤其是宗室,仕途更为宽坦;更重要的是,他是道光帝所信赖的股肱大臣,在"奕"字辈的宗室中升迁最速。

奕经在京请训后,于10月30日离京南下。11月8日到山东泰安,11月22日到江苏扬州。❷然而,他到了江苏之后,突然止步不前,在苏州一带停留了整整两个月。

与靖逆将军奕山相比,扬威将军奕经似另有气象。

据奕经的幕客、自称"于内外机密十能言其七八"的贝青乔称:

> 初将军出都时,或战或抚,游移两可,纤青极言历年招抚,毫无成效,且恐有损国威,将军之志乃决。❸

---

❶ 《清史列传》第11册,第3222—3227页。
❷ 《鸦片战争档案史料》第4册,第327—328页。
❸ 贝青乔:《咄咄吟》,《丛刊·鸦片战争》第3册,第181页。

纡青,为江苏宿迁县举人臧纡青,是奕经的"故友",此次入奕经幕府,为主要幕僚之一。但奕经身为军事统帅,居然在"抚""战"两策中游移,很是让人疑惑。然而,道光帝那儿也有一些不同寻常的迹象。

1841年10月19日,道光帝由内阁明发谕旨:"琦善著加恩释放,发往浙江军营,效力赎罪。"❶琦善在此之前,经军机大臣等审判,定为斩监候,秋后勾决。道光帝此次让琦善随奕经去浙江,是否意味着道光帝在"抚""战"两策中也有游移呢?

然而,琦善后来并未赴浙,而是改发张家口军台,充当苦差。对此,人们常常引用梁廷枏的说法,谓奕经在臧纡青的建议下,上奏制止琦善来浙。此说似误。道光帝改发琦善去军台的谕旨,下发于10月24日。❷此时奕经尚未出都,而他见到臧氏又在出都之后。贝青乔对此另有说法:

> 及将军奉命出征,大学士穆彰阿奏请带琦善赴浙,将军谓琦善可与议抚,不可与议战,特严却之,而挺身南下云。❸

接照这一说法,奕经在请训时便严拒琦善同行,这两位已经有隙的大员也很难和衷共济;❹但其中表现出来的"挺身南下"的英姿,又与前称出都时战、抚"游移两可"的记录自相矛盾,使人不知孰是孰非。

---

❶ 《筹办夷务始末(道光朝)》第3册,第1276页。
❷ 同上书,第1301页。
❸ 贝青乔:《咄咄吟》,《丛刊·鸦片战争》第3册,第177页。
❹ 作为吏部尚书,奕经拟具了对琦善的各种处分;作为步军统领,奕经率兵两次抄了琦善的家;作为大学士,奕经又参加了对琦善的审判,虽说奕经全是按旨行事,但在当时人(尤其当事人)的心中,不会不生隙。

尽管奕经、道光帝此时的心态让人捉摸不定，但我们可明显地感到奕经出征时的景象，要比奕山出征时沉闷得多。道光帝不再有"大兵兜剿，擒获夷酋"的心旷神怡的幻想，奕经也全无"剋日进剿，便奏捷音"的踌躇满志的迷梦。经过一年来的战争，他们对困难的估计似更为实际了。

奕经的个人经历使之未谙军伍，心中亦无制"夷"高策，于是，他在博采众议、聘贤纳士上效法古风。据称，在他的营门外设有一木柜，凡愿投效者皆可书名入其中，三日后传见，稔知"夷"务者可当面陈述得失。在江苏的两个月中，献策者达400人，投效者共144人，❶形成了一个庞大的"智囊团"。这些人究竟有何高策，史籍上未有记载，但前面提到的奕经"故友"臧纡青，却留下了惊世之言：

一、在用人大政方面，招林则徐来浙襄办，力鼓决死抗敌之气；斩余步云等逃将，力挽临阵溃逃之风。

二、在作战指导方面，调川、陕、豫兵6000名为生力军，招鲁、汴、江、淮之北勇1万名，募沿海土匪、盐枭、渔蜑之南勇2万名；使南勇为耳目，以北勇壮胆气，分伏宁波、镇海、定海三城，"不区水陆，不合大队，不剋期日，水乘风潮，陆匿丛莽。或伺伏道路，见夷就杀，遇船即烧。重悬赏格，随报随给。人自为战，战不择地"，等到三城英军"步步疑忌惊惶"，然后再以大军进击，内应配合，"内外交逼而尽歼之"。❷

在我见到的鸦片战争中的各种军事建策，以近代军事学术的眼光观之，大多不着边际；相比之下，臧纡青的上述提议可谓颇有见

---

❶ 贝青乔：《咄咄吟》，《丛刊·鸦片战争》第3册，第177页。

❷ 梁廷枏：《夷氛闻记》，第101页。

地，但执行中又似困难丛生。林则徐不久前由浙遣戍新疆，此时正在祥符河工效力，若上奏请林返浙，岂不逼道光帝出尔反尔？余步云此时为浙江前敌指挥官，若斩之，又以何人代之？从后来长达半年的审讯情况来看，这位"太子太保"也不是随随便便可以问斩的。臧氏的建议最有价值的部分，是"不区水陆，不合大队"，"人自为战，战不择地"的"伏勇散战法"，实有近代游击战争的韵味。可是，此种战法需有良好的组织指导，兵勇亦须训练以熟悉战术，否则激励兵勇的"重悬赏格"，很可能流为谎报战果的渊薮；再则，此种战法旷日持久，据中外历史经验，若要达到英军"步步疑忌惊惶"的地步，不能以月为计，而需长达数年，尽管臧氏也提到了"不剋期日"，但他似未预计到如此之久，若此，奕经能否坚持下去，道光帝能否容忍下去，都成了疑问；又再则，此种战法须有与之相适应的经济动员措施，按臧氏的6000名新军、3万名雇勇，一年的军费银高达200万两以上，清朝财政也支持不住。看来，臧纡青已经找到了渡河之船，而尚未掌握操船技术。奕经后来也未用此计。

很可能奕经在京时与道光帝达成了某种默契，因而他在江苏呆了两个月，訾议四起，道光帝始终未催他早日赶赴战区，表现出难得的"不为遥制"的豁达态度。据奕经自陈的理由，是所调豫陕甘川等省"曾经出征"过的6000劲旅尚未到达（川、陕、甘调兵至浙，需时约4个月），已经抵浙的苏皖赣鄂四省援军皆为弱师，不足为恃，他恐怕早早赶到浙江，非但不能制敌，反会制于敌。这种充分准备、不急速战的作法，也合乎当时奉为圭臬的"谋定而战"的兵法原则。

与奕经的处境相似，璞鼎查此时也进退两难。一方面，他在占据定、镇、宁三城后，数次遣书刘韵珂、余步云等人，表明愿意与清方"全权大臣"谈判，但没有回音；❶另一方面，手中有限的兵力分据香港、鼓浪屿、定海、镇海、宁波五处，❷无法再集结一支足够强大的部队，发起义律卸任前曾策划的扬子江战役（后将详述），更兼北风司令、严冬气候也不利于英军作战。因此，英军在占领宁波后，曾于1841年10月20日一度骚扰余姚，后又于1841年12月27日至次年1月12日，次第兵不血刃地陷余姚、慈谿、奉化三城，皆未久据，即时退出。可以说，战争在此时出现了长达5个月的间歇。而璞鼎查本人亦在1842年1月返回香港，将对华商务总监督的办事机构由澳门迁至香港，并宣布香港和舟山将成为自由港。一直到是年6月才北上。❸

英军对余姚等地的军事行动虽不具规模，但浙江巡抚刘韵珂却不如奕经那么沉着，隔三差五便派员前往江苏，催奕经早日到浙悬

---

❶ 1841年10月英军占领宁波后两次派人送致照会，可见于374页注❸。据清方档案，1842年1月20日，英军在余姚交给清方水勇陈美金"夷字"两份，无相应的中文件，余姚代理知县赴英船讯问"夷字"的意义，因无翻译，双方不得要领。奕经遵旨询问由广东派来的通事，答曰：只能懂"夷"话，但不识"夷"字。奕经只得派陈志刚前往宁波，面见郭士立，郭士立给"汉字"一纸："大英大宪启陈志刚知悉。照得已经二次照会钦差大臣奕，如何议和等情在案，如欲讲和，惟望大清皇帝特派钦差大臣，赐给全权讲和……"而奕经收到此文件时，认为"是其畏惧之心，已可概见"（《鸦片战争档案史料》第4册，第575—576页；第5册，第33—35页）。郭士立给陈志刚"汉字"中提到英方给奕经的两次照会，不见于清方文献；佐佐木正哉从英国档案馆所录《鴉片戰爭の研究：資料篇》，第144页有1841年12月19日璞鼎查致奕经的照会。又据璞鼎查致阿伯丁（Lord Aberdeen）的报告（1842年2月1日）中称，1841年12月22日，英方曾派定海附近的一位地主送此份照会，到了次年1月4日，该信使在杭州被捕的消息传到宁波（佐佐木正哉：《〈南京条约〉的签订和其后的一些问题》，见〔日〕《近代中国》第21卷）。但此事不见于清方文献。

❷ 1842年2月在华陆军兵力总计4942人，但分驻地方不明确。同一时期，在华英国海军兵力共计战船17艘，武装轮船6艘，其他船2艘，但未见运输船名单。英海军司令部设在舟山，陆军司令部设在宁波（Chinese Repository, vol. 11, pp. 114–119）。又，英海军舰船上的火炮已比开战中数目减少。

❸ Chinese Repository, vol. 11, pp. 64, 119–120, 341.

帜，似乎唯恐将由他一人承担丢城失地的责任。而奕经却不为所动，其举止如同仍在京城任吏部尚书，只是指名参奏严惩守城官弁，❶冷静如壁上观。

奕经此时驻扎的苏州，当时号为人间天堂，为金粉繁华之地。歌亭舞榭，最足动人豪情。奕经随员6人，本为郎中、员外郎、御史、主事、笔帖式、中书之类的五品、六品乃至七品京官，此时均以"小钦差"自居，提镇以下官员，进见必长跪，相称必曰"大人"，而奕经网罗的投效人士又纷纷仿效比附，呼为"小星使"。❷在这些"小钦差"、"小星使"之下，又有随行的数百名京营兵弁。这群人淫娼酗酒，索财贪贿，闹得乌烟瘴气。每日吴县（苏州府首县）供应80余席，用费数百元，稍不如意，便掷击杯盘，辱骂县令。❸正如后来的一句流行语，前方吃紧，后方紧吃，苏州展示出与300里之外同为天堂之城杭州迥然有别的气象。奕经最初不加意裁抑，后谤议骤起，只得移营百余里，于1842年1月21日进至浙江嘉兴。

没过几天，奕经所等待的川陕劲旅终于有了消息，至2月13日，除陕甘兵250人、四川兵300人外，其余皆至浙江。这批从4000里之外风尘仆仆星夜兼程赶来的生力军，军纪无存，以至在近百年后仍在民间留下了"沿途掳丁壮，掠板扉，以四民抬一兵，卧而入城"的口碑。❹而至此时，奕经已没有理由观望不前，于2月

---

❶ 《鸦片战争档案史料》第4册，第521—522页。
❷ 贝青乔：《咄咄吟》，《丛刊·鸦片战争》第3册，第180页。
❸ 刘长华：《鸦片战争史料》，《丛刊·鸦片战争》第3册，第155页。该资料称，吴县县令"竟被逼勒呕血而死"，我未查到相应史料，不从。
❹ 范公：《质言》卷上。案此书完稿于1935年，有关鸦片战争的记述，颇多讹误，估计属听闻而撰。这段被人广为引用的史料虽未必可靠，但可见清军在民间代代流传的口碑之坏。

10日（夏历大年初一）赶至杭州，稍作布置后，于2月27日赶往前线曹娥江一带。此时距其出京之日，共计131天。

从理论上说，浙江清军原设额兵3万余名，外省援兵1万余名，又有外省、本省雇勇9万余名，❶兵力不为不厚。但我在第一章中已经说明，本省额兵难以抽调；而可以抽调的数千兵丁又在定海、镇海两战中溃败；此时，浙江原设清军只能各保地方，无兵可调。本省雇勇大多不离家乡，能应征调者极少。因此，就实际而言，浙江此时可机动作战的清军，只是在镇海之战后开抵的外省援军1.2万人，以及由奕经等人雇佣的河南、山东、江苏及本省壮勇，据称有2万人。❷

可是，这3万多名兵勇，并不能全数用于进攻。

让我们看看具体情况：湖北援军2000名，其中1000名驻守杭州，1000名驻守海宁；江西援军2000名，其中1000名在余姚兵败，此时被派往曹娥江以北的沥海等处，另1000名奕经认为不够精壮，命其护卫粮台；安徽援军1000名，其中600名驻守杭州；陕甘援军2000名，其中800名驻守乍浦；山西、陕西、甘肃抬枪抬炮兵1000名，其中200名驻守杭州。如此七扣八扣，外省援军只剩下6000名，而壮勇中亦有防守各处者。❸

然而，剩下的兵勇，仍不能全数用于进攻。

扬威将军奕经自杭州前往曹娥江一带后，在曹娥江以西的上虞县东关镇扎下大营，自将河南援军1000名、山西等处抬枪抬炮兵200名。此处距英军占领的宁波约70余公里，奕经自称在此前路

---

❶《鸦片战争档案史料》第4册，第534页。
❷ 同上书，第589页。
❸ 同上书，第371页。

（宁波、镇海）后路（杭州）都可照应。参赞大臣文蔚在慈谿县西北的长溪岭扎下大营，率领江宁旗兵 800 名、四川援军 400 名、山西等处抬枪抬炮兵 400 名，安徽援军 400 名，共计 2000 名，此处距镇海约 40 公里，据称是进攻镇海、宁波兵勇的后路策应。❶

这样，尽管道光帝从各省调集 1.2 万人的大军，实际上真正用于进攻的只有四川兵 1600 名（后用于攻击宁波）、陕甘兵 1200 名（后用于攻击镇海），此外只有那些数量、素质都靠不住的雇勇和余丁。而奕经为了震慑英军，对外"号称精兵十二三万"！❷

如此怪诞的布兵方式，奕经又是出于何种设计？

就分兵把守乍浦、海宁、杭州等处而言，比较容易理解。假如奕经对宁波、镇海、定海等处攻击得手，英军溃退海上，若乘虚攻击乍浦等地，清军岂非顾此失彼？更何况当时盛传英军将侵入杭州湾，由海宁直取省城，使浙江巡抚刘韵珂惶惶不可终日。

可是，奕经又为何将剩下的 6000 清军的一半以上，在长溪岭、东关镇扎以大营呢？后来的结果，使我终于明白，奕经为的是保命。东关镇大营 1200 人仅仅用于自卫，长溪岭大营 2000 人则成了一块盾牌。一旦清军浙东反攻失利，英军发起攻势，正可利用长溪岭清军的抵抗，为他赢得逃跑的时间！

与布阵相比，奕经在进攻时间的选择上，就不仅仅是荒谬了。

先是 1842 年 1 月 25 日，奕经与参赞大臣文蔚在浙江嘉兴同时梦见英军悉弃陆登舟，联帆出海，宁波等三城"已绝夷迹"，后派人察明果有运械归船之事，以为"佳兆昭著"。❸ 又 2 月 10 日，奕经

---

❶ 《筹办夷务始末（道光朝）》第 4 册，第 1658 页。
❷ 《鸦片战争档案史料》第 5 册，第 85—86 页。
❸ 梁廷枏：《夷氛闻记》，第 102 页。案此时正值璞鼎查南下香港，"运械归船"很可能由此而来。

至杭州，往据称最为灵验的西湖关帝庙占签，中有"不遇虎头人一唤，全家谁保汝平安"一句，三天后，四川援军大金川土兵开到，兵弁皆带虎皮帽，更以为"收功当在此"。❶ 于是，他选定"四寅佳期"（道光二十二年正月二十九日四更，即壬寅年壬寅月戊寅日甲寅时，1842 年 3 月 10 日凌晨 3 至 5 时）为进攻时间，又以寅年（虎年）出生的贵州安义镇总兵段永福为进攻宁波的主将，❷ 来他个"五虎制敌"！❸

在迷信指导下的战事，其结果可想而知，但反射出来的是前科学时代人们的心态，吉利数码、神签灵验、托梦言事，至今仍有其相当的魅力，而在当时实有主宰人们意志的威力。

很可能是在这种迷信的力量的支持下，1842 年 3 月 6 日，奕经上了一道长达 4000 余字的奏折，详述其反攻浙江三城的计划，并随奏附呈了明攻暗袭兵勇的清单和作战地图。在这份奏折中，我们已全然不见他先前的那份心虚，而漾溢着胸有成竹的强劲自信。❹ 又据贝青乔的透露，奕经在战前还为幕僚们举行撰写"露布"的大赛，共得 30 多篇，他亲自分别名次，"首推举人缪吉毂，详叙战功，有声有色，次同知何士祁，洋洋钜篇，典丽裔皇……"❺ 看来，他为此战的报捷而专门进行了一场文字的"演习"。

道光帝看到奕经的计划后，深为其感染，朱批：

嘉卿等布置妥密，仰仗天祖默佑，必能成此大功。朕引领

---

❶ 贝青乔：《咄咄吟》，《丛刊·鸦片战争》第 3 册，第 186 页。
❷ 段永福原率兵赴广东，此时由奕经奏调来浙江。
❸ 杨泰亨等纂：《慈豁县志》卷 55 "前事志"，光绪二十五年（1899）刻本。
❹ 《鸦片战争档案史料》第 5 册，第 55—61 页。
❺ 贝青乔：《咄咄吟》，《丛刊·鸦片战争》第 3 册，第 186 页。

东南,敬待捷音,立颁懋赏。❶

诸如此类的朱批,又见于先前杨芳、奕山、颜伯焘、裕谦等人的奏折,道光帝为"捷音"等得太久了。

1842年3月10日凌晨,清军积四个多月的努力,终于在浙东发动了鸦片战争中唯一的收复失地的反攻。

按照奕经的计划,清军同时向宁波、镇海、定海进攻:对宁波,由总兵段永福率四川兵900名、余丁300名、河北壮勇400名,共计1600名,担任主攻,另有四川兵600兵、余丁200名担任辅攻,以余姚东南的大隐山为前进基地,与先期潜入宁波城内的雇勇17队,内外配合,占领该城;对镇海,由三等侍卫容照、副将朱贵等率陕甘兵800名、余丁100名、河南壮勇500名,共计1400名,担任主攻,另有陕甘兵500余名担任辅攻,以慈豁西北的长溪岭为前进基地,与先期潜入镇海城内的雇勇11队,内外配合,克复该城;在镇海与宁波之间的梅墟,派勇3900名,对企图在两城之间逃跑接应的英军"中途截杀";对定海,派战死镇海的原处州镇总兵郑国鸿之子郑鼎臣,率崇明、川沙、定海等处水勇5000名,由乍浦进据岱山,准备对定海所泊英舰船发动火攻。从这个计划可以看出,为弥补兵力之不足,奕经大量使用雇勇。❷

然而,这一历经四个多月准备的反攻,不到四小时便全部瓦解。3月10日凌晨零时30分,停泊在宁波城外的英舰哥伦拜恩

---

❶ 《鸦片战争档案史料》第5册,第49页。

❷ 同上书,第2、57—60页。贝青乔:《咄咄吟》,《丛刊·鸦片战争》第3册,第187—189页。又,贝青乔称:潜入宁波的雇勇17队,潜入镇海的雇勇11队,皆"半属子虚";又称进攻各城的兵勇数目,与奕经所奏不符,不从。

号，突遭两下炮击，而此后又毫无动静。❶ 至 3 时，清方施放四只燃烧着的火船，冲向英轮船西索斯梯斯号，被英方小艇导至岸边。与此同时，清军兵勇一面以手持小型火器向宁波城外的英舰船开火，但未奏效；一面进攻宁波城的南门和西门。负责进攻该城的四川兵（其中一部分为藏族土兵）极其勇猛，在内应的配合下一度攻入城内。英军急忙调集火炮对之轰击，而城内狭窄的街道使清军无处疏散，无处避藏，惨遭屠杀。至天亮，清军见大势已去，便仓猝退出城外。

同在凌晨 3 时，清方在镇海施放了十只火船，企图焚烧港内英军舰船，但被英军小艇拖至河岸。与此同时，清军兵勇施放小型手持火器，进扑镇海西门。驻守该处的英军 1 个连，打开城门，主动出城迎战，城内英军数连亦出城增援。由于担任主攻的清军朱贵部因黑夜迷途而未至，结果相战不支而败退。

值得注意的是，清军在进攻宁、镇两城时皆未使用火炮，❷ 交战时火力迥殊，未能予敌以杀伤。据英方记载，宁波之战时，英军仅阵亡一人，受伤数人，而镇海之战没有伤亡。❸

天亮之后，英军轮船皇后号、西索斯梯斯号及战船附属的小

---

❶ 此时宁波城停泊的英舰为哥伦拜恩号、摩底士底号、轮船皇后号、西索斯梯斯号。英军分析两次炮响后无动静，"很可能仅是一个信号"（Bernard, *Narrative of the Voyages and Service of the Nemesis*, vol.2, p. 420）。又，据贝青称，宁波贡生献策，"用大炮不如用缎炮"，即束缎成筒，内си铜胆，而牛筋生漆裹之，当时以银 1.6 万两，制造了 800 门，据称这些缎炮皆部署在梅墟（《丛刊·鸦片战争》第 3 册，第 195 页）。

❷ 据贝青乔称，由于浙东属水网地带，火炮在运输途中往往陷于泥淖，兵丁与役夫，深以为苦事，而浙江巡抚刘韵珂又飞咨奕经，谓宁波、镇海两城居民密集，若使用大炮，恐玉石不分。奕经下令军中不必轻易用炮，苦于运炮的兵丁役夫，闻令后便抛弃火炮，轻身前进（《丛刊·鸦片战争》第 3 册，第 190 页）。清入关后和清初期各次攻城作战，皆非常重视运用火炮。此战清军弃火炮专门手持轻型火器，绝无攻坚能力。

❸ Bernard, *Narrative of the Voyages and Service of the Nemesis*, vol.2, p. 284.

船,沿宁波西南、西北方向的河流搜索前进,共击毁了37只火船。

至于驻在岱山准备进攻定海的清方水勇,早在3月8日便被英轮船复仇神号和一些小船驱散,未能发动进攻。尽管郑鼎臣后于4月14日率该水勇在定海有着毫无战果的一搏,且被奕经粉饰为一大胜仗。❶

此时正在舟山的英海、陆军司令,闻讯赶至宁波,英军由防御转入进攻。

3月13日,英陆军司令郭富听闻驻在余姚的清军余步云部将进攻宁波,便率兵600名,在轮船西索斯梯斯号的支援下,向奉化进军。但英军仅前进了约10公里,便发现余步云部在前一天晚上便已溃逃。

3月15日,英海军司令巴加、陆军司令郭富得悉慈谿是清军发动进攻的前进基地,便率领海、陆军士兵1203人,搭乘轮船皇后号、复仇神号、弗莱吉森号及一些小船,于上午8时向慈谿进军。❷当日中午,英军抵达,随即占领县城,并向城外大宝山清军营地进攻。由镇海退回的清军朱贵等部与之交战失利,朱贵战死。

---

❶ 奕经据郑鼎臣的报告奏称:4月14日,清方水勇在定海"焚烧大夷船四只,三板船数十只","击毙夷人数十名"(《鸦片战争档案史料》第5册,第217—220页)。道光帝闻讯大喜,赏奕经双眼花翎,并赏文蔚头品顶戴(同上书,第233—234页)。然对照英方文献,郑鼎臣此次火攻全被粉碎,并未烧到英舰船(Bernard, *Narrative of the Voyages and Service of the Nemesis*, vol.2, pp. 304-309;宾汉;《英军在华作战记》,《丛刊·鸦片战争》第5册,第288—289页)。刘韵珂根据护理定海镇总兵、游击周士法的报告,得知此次进攻未能得手,他没有将此情况直接上奏,而是将周士法的禀件转给奕经,从旁侧击。奕经连忙再上奏,称烧毁英船"有各委员亲供及亲见烧毁夷船之兵民供词可据。若再另行查探,迭寻佐证,历时既久,事转游移,将使奋勇有为之士不得即时论功获赏,恐不免骤士气而寒兵心",认为"无须复查"(《鸦片战争档案史料》第5册,第249—250页)。道光帝不查实情,认为英军退出宁波,是郑鼎臣定海获胜的证据,反将周士法交部严加议处(同上书,第289页)。

❷ 当时的慈谿县城与今日不同,即今日宁波所属的慈城镇。

相对清军的伤亡，英军仅付出弱小代价。❶

此时在慈谿西北约20华里的长溪岭驻守的参赞大臣文蔚，闻知慈谿县城及大宝山的战事，并不率部前往增援，反于当日率部逃跑。3月16日，英军进至长溪岭，焚烧了文蔚留下的空荡的军营。3月17日，英军退回宁波。❷

远在曹娥江以西东关镇扎营的奕经，闻前方军报，惊魂动魄，亟思逃跑。幕僚臧纡青竭力劝阻，方坚持一夜。3月16日晚，文蔚逃至东关镇，他得知战况，命文蔚退守绍兴，而其本人率部连夜西奔，渡过钱塘江，一直退至杭州。❸而他后来向道光帝陈述的理由是，他此行的目的，是为了检查钱塘江北岸的海宁尖山一带的防务！❹

对于如此败仗，对于如此败将，我真不知应该作何评论！

在我研究鸦片战争史的时候，使我最最感到困难的是清方史

---

❶ 据奕经奏，从3月10日至15日的浙东之战，清军共战死340余名、雇勇战死200余名，兵勇受伤200余名，被俘40余名（《鸦片战争档案史料》第5册，第163页）。英方的伤亡统计数略有差别，郭富称，3月15日进攻慈谿作战中阵亡3人，受伤22人（*Chinese Repository*, vol. 11, p. 501）。宾汉的说法与郭富相同（《丛刊·鸦片战争》第5册，第287—288页）。伯纳德称，3月10日宁波之战阵亡1人，受伤数人；3月15日慈谿之战阵亡3人，受伤15人（Bernard, *Narrative of the Voyages and Service of the Nemesis*, vol.2, pp. 284, 294）。

❷ 从3月10日至3月17日的作战经过，我综合下列资料：《鸦片战争档案史料》第5册，第73—76、81、83—85、89、98—99、160—163、225页；《咄咄吟》，《丛刊·鸦片战争》第3册，第189—199页；Bernard, *Narrative of the Voyages and Service of the Nemesis*, vol.2, pp. 280-300；John Ouchterlony, *The Chinese War: an Account of all the Operations of the British Forces from the Commencement to the Treaty of Nanking*, pp. 231—263；宾汉：《英军在华作战记》，《丛刊·鸦片战争》第5册，第278—288页；Murray, *Doings in China: Being the Personal Narrative of an Officer Engaged in the Late Chinese Expedition, From the Recapture of Chusan in 1841, to the Peace of Nankin in 1842*, pp. 98-122；*Chinese Repository*, vol. 11, pp. 233-237, 496-504。

❸ 贝青乔：《咄咄吟》，《丛刊·鸦片战争》第3册，第200页。

❹ 《鸦片战争在舟山史料选编》，第339—340页。

料，这不是因为清方史料不够充分（现有史料已汗牛充栋，且又有大量档案），也不是清方史料中充满不实之处（可用各种史料互相参核，更可用英方资料验证），而是几乎所有的史料都将注意力集中于上层活动（尽管许多史料作者并不知情），而对他们身边发生的下层活动记述过略过简。

正因为如此，我经常自问，仅仅凭着上层的活动就能写出真实的历史？

可有一天，我在中国第一历史档案馆中查阅资料时，御史吕贤基、浙江巡抚刘韵珂的两件奏折使我兴奋。我花了整整一天的时间，抄录这两份共达4000余字的文件。它向我们讲述了一位名叫鄂云的官员的故事。❶

鄂云，原名联璧。他的出身和经历，我们知之不多，仅知其曾为刑部司官，1837年由南京移寓杭州，鸦片战争时为候选直隶州知州。

1841年初，鄂云前往镇海，要求投效。钦差大臣裕谦知其不谨，恐其逗留而招摇生事，便薄给所予，饬令他往。时在镇海的浙江巡抚刘韵珂，念其昔日曾为刑部同事，且景况穷苦，也给了盘费银30两。鄂云离开镇海后，不知其踪。

1841年底，扬威将军奕经南下，驻扎苏州。鄂云又前往投效。奕经的随员、步军统领署七品笔帖式联芳，为其堂弟。靠着联芳的引见，鄂云又自称能勾引汉奸，作为内应，奕经派其办事，多次往来江、浙之间，曾往杭州面见刘韵珂，大谈他与联芳的关系，并称其与奕经也有亲戚关系。刘韵珂见其不规，多加提防。

鄂云自由奕经派差后，便移眷属于绍兴。御史吕贤基称其"诓

---

❶ 这两份材料现已发表，见《鸦片战争档案史料》第6册，第262—263、583—587页。

骗欺朦，无弊不作"；浙江巡抚刘韵珂称浙江官员知其本性，只因其为奕经所派官员，"不得不照例应付"。前者当为道听途说，证据不足；后者又明显有保全浙江地方官员之意。但是，鄂云在浙东反击战中的劣迹，终于揭露出来。

据鄂云自称：他因奉奕经的命令，在慈谿县后山泊地方招雇乡勇500名，头目5名，从1842年1月9日至4月19日，共支给口粮、器械、船价等共计16956千文，又雇梁勇53名，从2月12日至4月19日，支给口粮1098.8千文；后奕经下令裁勇，他经过奕经的批准，雇募福建同安船17艘，水勇等348名，从4月19日至10月3日，船价口粮共计银12000余两。以上共计银12000余两，钱18054.8千文。

据各粮台查账：鄂云以后山泊雇勇500名为名，在曹江粮台支钱2860千文、银4585两；以续雇其中出力各勇113名为名，在绍兴粮台支银4374两。以上共计银9124两，钱2860千文。

以收入和支出的两账相对照，鄂云除收到银钱外，另支出银2876两，钱15194.8千文。这一笔银钱，鄂云自称除劝捐外，自捐钱12000千文，"禀请奖励"！

以生活穷苦的候选官员，一下子捐钱如此之多，又从何而来，显然是大有疑问的。

据刘韵珂的调查：自宁波失守后，慈谿县后山泊地方乡绅招雇乡勇，保卫村庄。鄂云前往，宣称调赴曹江，随营听用，并付给各勇定钱、盘费、器械等费用每名1500文，各勇应允。1842年2月8日，鄂云率该勇由后山泊起程，2月11日到达曹娥。出发时仅给该勇每名500文，2月12日始给口粮钱300文。3月7日，鄂云拨勇50名，埋伏在镇海城外；拨勇150名，交四川府经历濮诒孙管带，驻宁波西乡之邵家渡；拨勇50名，为泗州知州张应云的护卫，驻慈谿骆驼桥；自留勇50名，为其护卫，驻慈谿东门外的清道观；剩下200名，命头目黄得胜管带，参加3月10日攻打宁波西门的战斗。浙东反攻失败后，各勇纷纷逃散，至4月1日，奉命全部撤散。

由此看来，鄂云的手段十分清楚了。我们假定这500名后山泊勇全数足额，假定鄂云能够毫不克扣地如期如数发给口粮钱，假定该勇在浙东反攻失利后无一逃亡（这些在当时都会是奇迹）；那么，鄂云实际支出的定钱、口粮钱总计为7450千文。以此数对照他在曹江、绍兴两粮台支领的银钱数，以当时的平价1600文兑银1两为率，鄂云通过多报日期，谎报留勇，中饱军费银共计5631两！

由于资料的缺乏，我们还不知道鄂云在同安船、勇上施展了什么手段，但是可以肯定，他只会向里扒银子而不会向外掏银子。

然而，事情还并未结束。鄂云通过雇勇宣称捐钱12000千文。按照1841年11月由户、吏两部奏定的《海疆捐输议叙章程》：❶平民捐银1.2万两，给予道员职衔；候补、候选官员可将本身职衔按捐例减半，再核其捐数议叙；捐额溢出部分按500两加一级纪录；候选直隶州知州捐银8000两，议于本班尽先补用……等等规定，又按照捐纳时钱1千文按银1两计算的惯例，鄂云凭其12000千文的捐献，若要官衔，可获"道员衔加四级纪录"，若要官职，完全符合"本班尽先选用"。由此可见，鄂云非但发了财，而且可以升官或得到实缺！

鸦片战争对清王朝说来是一场空前的灾难，但对鄂云说来却是一个难得的机会，而且，值得注意的是，越是如同鄂云这类人，调子唱得比谁都高，话说得比谁都好听。

---

❶ 署户部尚书恩桂等折，道光二十一年十月初六日，《军机处录副》。

  鄂云是一个小人物,他靠着一名七品笔帖式的堂弟,便可如此贪赃枉法。我们虽不能由鄂云一事例来推断清王朝官员中人人如此,但在当时,利用雇勇做手脚发国难财又似乎不是秘密。许多私家记载对此留下了记载。❶又按照清朝当时办事规则,制造军器、修筑工事、调防兵弁等等,凡是涉及到银钱之项,无不可从中侵蚀。

  而鄂云被揭露,又纯属偶然。御史吕贤基只是据听闻举报,道光帝命江苏、浙江官员清查。恰浙江巡抚刘韵珂与扬威将军奕经有隙,❷于是,便乘此机会,穷追究诘,如实上奏。若刘、奕和洽,以当时官官相护的陋习,很可能出现"查无实据"的结局。道光帝收到刘韵珂的奏折后,命两江总督再查,我因没有找到相应的材料,不知鄂云后来究竟如何发落。

  奕经在浙东反攻时主要使用的力量是雇勇。从鄂云所雇后山泊勇500名这一实例中,我们已经看到:这些雇勇既未进行严格的训

---

❶ 据贝青乔透露:有人献策于前管宁、镇两城反攻的泗州知州张应云:"北勇由他省咨来,实额实饷,无从影射,不如兼募浙人为南勇,可浮报一二。"张应云立即派绅士李维镛、林锆、范上祖、彭瑜等,领募造册,呈报奕经,雇勇达9000人。"人数既多,不及训练,并不点验。"后来,奕经发现其弊,命全数撤销,而花费银已达十余万两(《咄咄吟》,《丛刊·鸦片战争》第3册,第186—187页)。相比之下,鄂云只不过是小打小闹而已。又据张集馨透露,1842年他任汀漳龙道时,龙溪县有勇1200名,"其实并无其事"。而他奉命撤散这些只存在于名册上的雇勇时,漳州知府、龙溪知县皆前往求情,要求再保留几天,因为前闽浙总督颜伯焘免职还乡,路过漳州,地方为此开支达银1万两,"非藉此勇粮不能弥补"(《道咸宦海见闻录》,第67页)。

❷ 刘、奕矛盾的最初产生,是因为英军于1841年底、1842年初连陷余姚、慈谿、奉化三城,刘韵珂又听到英军欲攻杭州,连连催促驻在苏州的奕经带兵救援,奕经不予理睬;而奕经到浙后,见浙江所造军器质量太差,不仅咨会刘韵珂,让监造官兵"赔修",而且奏请将监造、验收官员"交部议处"(《鸦片战争档案史料》第5册,第21—22页),刘韵珂等地方官员不仅在经济上吃赔账,名誉上也大受损害;奕经又自恃为将军,有关军事活动向刘保岱,而刘在浙东反攻失败后,对奕不事战守、谎报战果的行径大为不满。到战争结束时,两人虽未公开决裂,但摩擦事件已有多起。刘韵珂此次揭露鄂云,还专门提到鄂云曾至其衙署宣称与奕经有亲戚关系,暗示鄂云是仗势作恶。

练,也无合乎近代战争原则的编制;充勇者本人又似仅仅为定钱、口粮钱而来,到军营后仅 20 余天便送上战场。这样的雇勇又怎么会有战斗力?又怎么会不临阵脱逃?反过来又可设想,他们若不逃跑,又岂不白白送死?如此作牺牲对国家、民族一无所益,而对他们本人及家人却是无法挽回无以承受的厄难。就此而论,鄂云等人驱策毫无训练的雇勇上前线又何异于杀人?

当我抄完吕贤基、刘韵珂两份奏折后,坐在档案馆宽敞的阅档室里,怔怔地望着这两份文件。我揣度着鄂云和那些不知姓名的雇勇的心思,思索着吏治与国运的关系,种种联想不可遏制,连绵而至。天黑了,灯亮了,人们纷纷离去。我才发现已坐了很久,很久,也想了许多,许多……

第6章

"抚"议再起

从1840年秋开始的战争,至1842年春浙东反攻失败,全部事实都已表明,清王朝在军事上绝无出路。东南各战场上的前敌主帅们,心里也已明白了这一点,却又不约而同地瞒着一个人,即在生死荣辱之门拨动他们命运的道光帝。殷鉴不远。不久前在京城进行的对琦善、伊里布的审判,两位"相国"皆被定罪。这如同遮天的黑云,蒙住了他们的心灵。还有什么比保住官位和性命更为重要的呢?

可是,还是有一个人,在这沉默的氛围中站起来说话,公然倡导"抚"议。他就是前面多次提到的浙江巡抚刘韵珂。

讲真话,需要点勇气,也需要点正气。

一 "十可虑"

在各省的督抚大员中,刘韵珂可视作特例。他不是翰林,不是进士,甚至连举人都不是,只是国子监中的拔贡生,勉勉强强也算是正途出身。他不是亲贵,不是满人,史籍上未留下其祖先的记载,想来不过是平常人家。在讲究学历、讲究门第的道光朝,刘韵珂以七品小京官分发刑部见习,至1826年正式补缺,居然由主事、员外郎、郎中、知府、道员、按察使、布政使拾级而上,1840年8月,替代倒霉的乌尔恭额,出为浙江巡抚。在这短短的14年中,还包括丁父忧在家守制3年。❶

刘韵珂在仕途上一路搭快车,靠的不是机遇,而是其特有的办事处世的方式:一、办事结实;二、为人乖巧。前者与道光帝的为政宗旨榫合,后者又使他在官场上极有人缘。

比如,钦差大臣伊里布、裕谦先后驻扎镇海,但对该地防御似乎并不经意。刘韵珂身为浙抚,自觉有责,并不因为其上有钦差大臣专防而放弃责任,便数度前往劝说,并操劳其事。事竣之后,他并不张扬,而是将劳绩归于伊、裕,上奏时只是淡淡地说一句"其应添工程由伊里布另行奏报"、"嗣经钦差大臣裕谦饬令"。❷他的这种做法,自然讨长官们欢喜,但在奏折中淡淡的话语,又约约露出背后的潜台词,似乎在含蓄地提示道光帝:他是出力者。

在鸦片战争中,刘韵珂顶多是个二流角色。他虽为战事最为纷繁的浙江省最高军政长官,但在他之上,先后有三位钦差(伊里布、裕谦、耆英)和一位将军(奕经)。他并没有真正当家。他之所以能引人注目,在于他的主"抚"言论。可是,在战争之初,他又是一个地道的不打折扣的主"剿"官员。

1840年底,刘韵珂从四川赶赴浙江新任时,打定主意要与"逆夷"血战一场。而看到此时主持浙江军务的伊里布的举措,从本能上反感。当接到伊里布关于浙江停战的信函后,他全然不信,

---

❶ 《清史列传》第12册,第3797—3798页。邵懿辰:《记汶上刘公抚浙事》,钱仪吉、缪荃孙等纂:《清朝碑传全集》第3册,台北:大化书局,1984年,第2237—2238页。
❷ 《鸦片战争档案史料》第2册,第750页;第3册,第520页。

自行另派密探潜往英军占据的定海，搜集情报，并得出结论：英军将久据定海，伊里布、琦善的"抚夷"举措必然失败。于是，他将情报上奏道光帝，另对伊、琦稍露微词，绵里藏针。❶他自知凭其地位，不可能劝说伊、琦，便借助道光帝的神威，抑制伊、琦。道光帝果然下旨。伊里布对此不满，两次上奏反讥刘"探闻所未尽"、"尚有不实不尽之处"，自称其驻扎镇海，较之"见闻更切，探访更真"。❷刘韵珂也并不就此撒手，反与颜伯焘联名上奏，称伊里布"纵能振发有方，而襄赞商筹，究形寡助"，要求派林则徐、邓廷桢来浙，"会同伊里布筹办一应攻剿事宜"，并授之专折上奏权，以不受伊里布的控制。❸

在琦善、伊里布主持"抚夷"事务时期，在林则徐、邓廷桢下台后不久，刘韵珂的这番言论举止自有耀眼的景色。英方对此也十分注意。1841年2月出版的《中国丛报》对此评论道："在新任巡抚刘韵珂的管辖下，舟山的局势已经恶化"；刘韵珂促发的圣旨，"实质上已取消了11月17日谕旨中宣布的停战令"。❹

裕谦主浙后，两人旨趣相投，配合默契。刘韵珂热心参与定海、镇海的防御工程建设。裕谦称刘"爱民如子，驭兵有术"。❺林则徐以四品卿衔奉旨到浙后，刘韵珂更是与之朝夕相处。据林则徐日记，其在浙35天，仅5天两人未谋面，其中有两天是因为刘前往定海无法见面。林则徐后来发配新疆，刘亦往寓所送行。❻

---

❶ 《筹办夷务始末（道光朝）》第2册，第582—583页。
❷ 同上书，第592—593、650页。
❸ 《鸦片战争档案史料》第3册，第18—19页。
❹ Chinese Repository, vol. 10, pp. 18-19.
❺ 《筹办夷务始末（道光朝）》第2册，第1088页。
❻ 《林则徐集·日记》，第400—404页。关于此期的刘、林交谊，还有一些记录："林少穆制府以四品卿衔来镇，与玉坡中丞相度形势，安置炮位。"（陆模：《朝议公年谱》）

正当一切如愿，刘韵珂踌躇满志之际，1841年10月，英军连陷定海、镇海、宁波，三总兵战死，裕谦自杀。刘韵珂闻之如遇晴天霹雳，惊骇失色。定海、镇海防御工程是他所能设想和营造的最坚固的工事，裕谦等人又是他所遇到的最出色的官员，如果连这些都不足以抵挡"逆夷"的凶焰，那么还能指望什么？不愿接受现实却不能因之不承认现实。惊骇之后是深思。主"剿"的热情因前线的败绩而消退。于是，他在奏折上写了一段意思明确但用语含混的话：

> 伏查自古制驭外夷之法，惟战、守、抚三端，今战、守不利，抚又不可，臣椿昧庸材，实属束手无策。❶

未久，他奉到发琦善至浙江效力的谕旨，以为道光帝的态度发生变化，连忙于1841年10月30日出奏，要求将伊里布发往浙江"效力赎罪"。❷

（接上页）"中丞……与林少穆制府共相筹画"，制成新式炮车"磨盘四轮车"（龚振麟：《铸炮铁模图说自序》，魏源：《魏源全集·海国图志》第7册，第2022—2023页）。

❶ 《筹办夷务始末（道光朝）》第3册，第1301页。

❷ 刘韵珂此时曾向难民查询前方情况，得知英军宣称：蒙伊里布以礼相待，又以俘虏易舟山，本不敢再来扰浙；因裕谦于浙后宣称必剿灭英军，对英俘剥皮抽筋，是以前来报复。刘韵珂将此情况入奏，试探道光帝的态度。后得旨知琦善南下，更是明言奏称："伏查前任钦差大臣已革两江总督伊里布，老成谨慎，镇静深沈，服官数十年，清操著于中外……现在逆夷又在定、镇等处，称中国好官惟伊钦差一人，并称张喜为张老爷，察其现在何处，言此人实系好人，如伊钦差、张老爷在浙，伊等断不前往等语……今值浙省需人之际，琦善拟罪较重，尚蒙恩宥，该革员情罪尚轻，且已到城数月，可否亦赐矜释，饬令带同张喜来浙效力赎罪。"（《筹办夷务始末（道光朝）》第3册，第1355—1357页）由此看来，刘韵珂的情报是错误的，而分析更是大谬。他将璞鼎查奉英国政府之命，扩大战争，当作报复裕谦而来。而他企图用伊里布的"德惠"，去阻滞英军的攻势，更是异想天开。

启用伊里布的建议,被道光帝严词驳回;而道光帝派来的扬威将军,只闻在苏州欢娱。宁波城内英军,屡屡放风欲攻杭州。刘韵珂无兵无将更无退敌良方,只觉得面前的一切无比凶险。他虽在杭州苦心经营,但其防御措施连自己都不相信:在城内各巷口设立木栅栏,用民人一名守栅,营兵一名副之,昼以帜,夜以灯,鸣锣击梆……种种举措,与其说是御敌,不如说是靖民。可在人心浮动的杭州,却也制止了慌乱中乘机抢夺之风,因而民众拥戴,官声飞扬。他似乎已想到了死。奏折中称言:若战守不利,"臣只能捐一身以报君父生成之德,不能以一手而挽万众涣散之心"。❶在情绪败坏到极点之时,邻省江苏巡抚梁章钜因病去职,又使之暗生羡意。于是,他又于1842年1月29日具折,声称自己在四川任内便患有风痹,到浙后因军务繁重,致使"舌麻日甚,右腰塌陷一穴,且右耳闭塞,诸事健忘"。他祈望道光帝也能将其开缺,至少给假调理,在大厦将倾之际获一退身保全之机。可是,局势败坏到如此田地,道光帝无意也无法换人,仅是朱批嘉语相慰。❷

如同盼星星盼月亮一般盼来的扬威将军奕经,终于在1842年2月下旬领兵前往曹娥江前线,刘韵珂惊魂稍定。可20天后,这位颟顸的统帅兵败浙东仓惶夜奔杭州。刘韵珂再次跌落谷底,伤透了心,也拉下了脸,下令仅放奕经一人入城,而坚拒其部众于城外。他后来说明的理由是,一怕溃兵扰城,二怕英军尾至。

到了此时,一切努力都失败了,一切希望都破碎了。刘韵珂思想深处间或尚存的那一点点战意,也被扫荡得干干净净。他一反平日乖巧的习气,不顾可能会忤逆圣意,于1842年3月21日上了一

---

❶《筹办夷务始末(道光朝)》第3册,第1349页。
❷ 同上书,第1604页。

道有名的"十可虑"奏折。在该折的夹片中，再次请求启用伊里布。这位曾被他伤害过的老长官，此时在他笔下又被描述为："公忠体国，并无急功近名之心，臣生平所见者，止此一人。"❶ 从奏用林则徐，到奏用伊里布，刘韵珂的思想整整转了180度。

在今天许多人的眼光中，由主"剿"转向主"抚"，无疑是一种倒退。但从刘韵珂这一实例上，我们却可清楚地看出其思想深化的进展。先前极力主"剿"，乃是失之于盲目，此时倾心"抚"议，却是着眼于现实。

在琦善、伊里布被斥革后，"抚"议已寝息一年，"剿"意沸腾。在这种情势下再倡"抚"议，颇有风险，且不论圣意如何，即是言路上的谤论也让人受不了。刘韵珂不愧为是一位官场中的高手，他没有正面提出"抚"，反而在"剿"字上作文章，称战争若继续进行，有十项"深属可危"的因素。本来，只要证明了"剿"之不可行，"抚"也就理所当然了。

让我们分析一下刘韵珂的"十可虑"。❷

其一曰：浙江清军两遭挫衄，锐气全消，势难复振。

我从本书的第一章起，就不断地说明清军的腐朽。一次次战败的事实，也证明了这一点。浙江清军在1841年10月和1842年3月的两次大败仗，使浙江境内的清军斗志全消。道光帝对此也有相同的看法，曾斥责奕经："既不能冲锋击贼，复不能婴城固守。"❸ 此时正在东河效力的林则徐，闻"浙事溃败"，亦断言"数千里外征

---

❶《鸦片战争档案史料》第5册，第94页。

❷ "十可虑"奏折见《鸦片战争档案史料》第5册，第88—92页。以下引用该折处，不再注明。

❸《筹办夷务始末（道光朝）》第3册，第1553页。

调而来之兵，恐已魂不附体"。❶

其二曰：续调西北劲卒，距浙窎远，缓不济急。

扬威将军奕经此时向道光帝请求续派各省"劲兵"7000名"迅速来浙"。❷而前次浙东反攻因待陕甘川援军，足足花了4个多月。此次若按奕经的要求，从西南和西北如此调兵，时间又不会少于4个月。如此看来，奕经非为谋进攻之道，而是行延宕之计了。道光帝对此大为光火，责备之余，只同意派援陕甘兵2000名，河南、广西兵各1000名。❸这些远程征调的援军，后来也没有赶上浙江的战斗，被奕经派往江苏战场。

其三曰：英军火器猛烈异常，无可抵御。

关于这一点，前面各章已予充分说明。我只想补充一点，由于战争是由南向北逐次展开的，而各省统兵大员缺乏英军装备的知识（稍具认识者，如林则徐、邓廷桢、琦善、伊里布又先后被革职），因而在防炮措施和设施上并没有采取相应的对策。这就使得没有英军火炮知识且初历如此迅猛炮火的清军官兵，缺乏心理准备而在战场上陷于恐惧，大量逃亡。恐惧心理是近代战争中常见的问题，对士气的影响不能低估。在鸦片战争的各次战斗中，真正被英军火炮毙伤的清军官兵数量并不多，大多在敌炮火下迅速瓦解。

其四曰：英军并非不善陆战。

我在前面已经提到，主"剿"官员的最根本的立论根据为英军不善陆战。当这一看法被事实证明为错误时，主"剿"思想也就失去基础，主"剿"官员亦随之动摇。

---

❶《林则徐书简》，第183页。
❷《鸦片战争档案史料》第5册，第99页。
❸ 同上书，第102页。

其五曰：清军即便在陆上幸胜，英军登舟遁去，清军只能"望洋兴叹"。

此为道光帝第一次由"剿"转"抚"的主要依据之一（详见第三章第二节）。刘韵珂此时此地提出此一话题，自然会勾起道光帝的一番回忆，因为他才是此论的真正倡导者。

其六曰：英军以小惠结民心，彼此相安，民众"转以大兵进剿为虑，是民间鲜有同仇敌忾之心"。

刘韵珂的这番话，与他先前的说法截然相反。1840年底至1841年中，刘韵珂在安置定海难民和组织定海防御工程建设时，看到了"民心固结，响义可嘉"，并在奏折中称赞"各忝乡民，共募敌忾同仇之义，极形踊跃"。[1]可是，为什么在一年之后又会有如此之变化？

在鸦片战争中，官、民皆与"夷"敌对，但各自的出发点不同。官出于利害关系。民则出于侵略者的暴行引起的仇恨，而对英国的侵略要求会给他们的利益产生何种危害是不甚明了的。国家和民族的观念并没有成为民众奋起的旗帜（详见第四章第三节）。在此种情势下，民众的情绪有如弹簧，英军的压迫重一些，反弹力就会大一些，反之亦然。1841年10月，英军占领定海、镇海、宁波后，手法上有些变化。他们先后在各处发布"安民告示"，要求当地民众"仍旧安居乐业"，宣布对"盗贼"将进行惩治，甚至英国人"扰累"民众，亦可"就禀衙门，以紧查办"。在余姚、慈谿和奉化，英军还打开官府的粮仓，散发给民众，很有点"劫富济贫"的味道。在另一方面，他们还宣布，若民众"藏匿清官探子"，一经捉拿即将房主治罪，并要烧掉他们

---

[1]《筹办夷务始末（道光朝）》第2册，第1067页。

的屋舍。❶为了强调这一点,他们还残忍地将捉住史蒂德船长的镇海县霩䃎(今郭巨)村全村房屋焚毁。英军的这些手法,也取得了一些效果。尽管民众和清军暗下捉拿单个英兵的行动一直没有停止,但大体上出现了民夷"彼此相安"的局面。

就官、民关系而言,清王朝的统治实质上是一种压迫,是一种对立的关系。就连统治者本身对此亦有深度的认识。耆英后任两江总督时曾上有密折,称官吏兵弁的催科浮收、包揽词讼、巡缉索钱、勒逼商旅、窝留娼赌……"种种凌虐,无恶不作",致使"官与民,民与兵役,已同仇敌"。❷在此种情势下,民众不可能在这场反侵略性质的战争中团聚在官府的周围,成为自觉的同盟军。清朝在民众心目中缺乏这种号召力。

更有甚者,清军此期的军纪败坏,致使他们原本为解救民众的"救星"身份坠化为祸害民众的"灾星"。各省援军到处勒索,敲诈地方。在绍兴,清军的"抢食",使当地"罢市绝粮";在上虞,兵勇竟公然抢劫自己的粮台。❸林则徐称:清军"沿途骚扰之状,更不忍闻,大抵民无不畏兵"。❹江苏布政使李星沅得知奕经在浙东兵败后再请各省援军,气得在日记中大骂:"征调纷纭,彼糜饷糈,沿途扰累不可胜言,庸臣误国乃至此耶!"❺江苏是过兵省份,具有良知怜悯百姓的官员作如是说,而真正的受害者,战区的老百姓又该

---

❶ 佐佐木正哉编:《鸦片战争の研究:资料篇》,第135—137、142—144页。案,英军第一次占领定海时,亦发布"安民告示",但该告示发布较晚,为1840年10月9日,即懿律从天津南下之后,而定海民众亦已擒获安突德(同上书,第26—27页)。此外,定海民众亦不了解英军的情况,以为遇上了诸如历史上的倭寇之类的匪徒,纷纷逃难。在英军第一次占领定海的后期,不少难民亦返回家园。
❷《道光朝留中密奏》,《丛刊·鸦片战争》第3册,第468—469页。
❸《李星沅日记》上册,第363—365页。
❹《林则徐书简》,第183页。
❺《李星沅日记》上册,第371页。

作何感受?

在官、民、"夷"三者之中,力量最大的是民,力量最弱者亦为民。有组织的充分觉悟了的民众,几乎是不可战胜的。而涣散的民众,则对最微小的暴力也无法抵抗。不能说清王朝中无人认识到民众的力量,相反,他们中的许多人都有利用民众的言论,也作了一些实际的事情。但是,他们在本质上对民众的恐惧,使得他们同时又在极力瓦解、破坏民众的组织。❶正是这种矛盾的心理活动和行为方式,使刘韵珂对民众的看法,前后迥别。

因此,刘韵珂此论在立论基础上虽有谬误,却也道出了当时的真情。

其七曰:"大兵屡败,敌骄我馁,不唯攻剿綦难,防守亦极为不易。"

这里说的"攻剿",是指收复宁、镇、定三城;这里说的"防守",是指从乍浦、海宁至杭州的钱塘江防卫。前者已被浙东反攻失败所证明;后者将会被下一节将要提到的乍浦等战役所证明。刘韵珂此时向道光帝明白直陈:"倘有逆船数只,突然内窜,必致(杭州)全城鼎沸,不战自溃。"

其八曰:浙江漕粮,多未完竣,"且有收不及半之处","皆由逆氛未竣"。

---

❶ 在清朝利用民众力量的具体方式上,有三点似值得注意:一、依靠他们在乡村统治的基础——乡绅来组织团练、义勇一类的武装,力图将民众收缩到他们所能控制的范围之内,而不使之蔓延壮大;二、官府招募的"勇",主要是无业游民或平日认为斗殴凶猛、极不可靠的人群,以防被英军勾去,转为敌用,且对这批人的使用主要靠赏格、雇值所激励,并无思想的发动。三、他们对那些组织起来的民众,并不是放手进行骚扰、破坏英军统治区域的战法,而是尽力组织他们参加官方组织的战斗,作为清军力量的补充,这就用其短而避其长。就上述问题而言,原因很多,但最根本的要害,是对任何有组织的民众力量的恐惧。我曾在第二章第四节、第四章第二节、第五章第五节中对其原因进行过分析,此处不再赘述。

漕粮时为大政。清朝北方缺粮,京师每年需漕米400万石。就某种意义上说来,漕运是京师的生命线。浙江漕粮约占京漕总数的三分之一,关系不为不大。可刘韵珂的焦虑并不以此为止,他还奏称:"且乍浦有警,则江省苏、松二府亦难免震惊,不特收粮多有掣肘,并恐船行不无阻滞。"江苏漕粮约占京漕总数的一半。若漕运一断,京城必然动摇。后英军占领漕运咽喉镇江,朝廷即刻屈服。

不能说漕运中断清朝即刻就会崩溃,十多年后的太平天国战争,清政府的河运亦中断,仅靠上海等处的海运,漕粮数量大为减少。太平天国之后的商业性的南粮北运,使漕运名存实亡。在这里,实际上是一种选择:以守成为归的道光帝尽管平生不爱冒险,但此时敢不敢以漕粮不济、京城动荡为代价继续进行战争?因此,就漕粮影响面的结论而言,刘韵珂的言论有些夸张,尽管就漕粮将短缺的事实而言,刘氏是毫不夸张的。

其九曰:浙江去年雪灾,杭、湖、绍等府"匪徒聚众抢掠,势甚鸱张"。虽由"猝被雪灾而起,实则因该逆滋事,各匪明知地方官不能兼顾,故遂藐法逞凶""当此人心震扰之时,难保不潜相煽惑,散而复聚。况上年雪灾之后,春花多未布种,现在米麦蔬菜,价日增昂,小民度日维艰,即使前此各奸民未能复集,安保此外不另有不逞之徒乘机而起?"

这番话说到了道光帝内心的病处。官民对立,形同水火,清王朝内部潜伏着深刻的危机。自然灾害,物价上涨……任何小小的火星,都有可能燃成燎原大火。十多年后以太平天国为主的全国内战,证明了这一点。而此时湖北钟人杰为首的民众造反,又提示了这一点。刘韵珂于此格外留心。先是在镇海、宁波失陷后,他一面请派援军,一面要求将裕谦生前在河南、安徽等处招募的乡勇

5000名退回。他奏曰：

> 招募邻省乡勇，必须本省有精兵劲旅，控制铃束，庶可收该乡勇协助之力，而不致为非现在本省已有土匪抢掠滋事，民心摇动，弹压颇为不易，倘再招集邻省凶徒，则引盗入室，必将勾结贻患，为益甚微，为害甚大。

道光帝十分赞赏他的敏锐性，朱批曰："所见大有深意，朕未见到。"❶ 浙东反攻失败后，刘韵珂又饬令地方官将溃散雇勇的兵器收缴，以防持械滋事。❷ 又恐浙江未能收齐，移咨苏、皖、豫、鲁等省巡抚"一体巡查"，"以免事端"。❸

刘韵珂对雇勇滋事的恐惧甚于正肆虐于浙东的英军，正是出于对王朝命运深层次考虑。以割地、赔款、通商为目的的英军，并无灭清之意；而一旦民众造反，将是皇冠落地。清朝统治者们尽管在诸多事务上糊涂昏聩，但在这一根本大计上十分清醒。刘韵珂是将此两件事联系到一起考虑的第一人。"不逞之徒乘机而起"一语，是对道光帝乃至整个统治集团的提醒，也是对他们施加的最有效的压力。

从国家、民族利益的角度来考虑，刘韵珂此论完全错误；但若从王朝利益的角度来判别，又当别作他论。

其十曰：七省防费甚钜，"糜饷劳师，伊于胡底？"

战争须以金钱为其后盾。再锋利的刺刀，若抽去作为中坚的军费，即刻软如灯芯草。战争期间，最使道光帝心烦意乱的，恐怕还是军费问题。

---

❶ 《筹办夷务始末（道光朝）》第3册，第1310页。
❷ 《入寇志》，《丛刊·鸦片战争》第3册，第325页。
❸ 《筹办夷务始末（道光朝）》第4册，第1684页。

清王朝在鸦片战争中究竟花了多少钱，至今尚无准确的统计❶。就我所见的档案，只查到下列八省的报销数字：

浙江　7480521 两 ❷　　江西　224016 两 ❸

广东　6244760 两 ❹　　四川　167370 两 ❺

江苏　1302400 两 ❻　　陕西　115851 两 ❼

湖北　333567 两 ❽　　广西　90720 两 ❾

---

❶ 关于鸦片战争中清政府所花战费，主要有以下三种说法：一、魏源在《道光洋艘征抚记》中称为 7000 万两；二、《清史稿·食货志》中称 1600 余万两；三、陈庆镛在道光二十三年四月初四日上奏称："此次各海疆动拨银两报部者，已不下二千万两，现在截销，尚有陆续补报等项。"（《籀经堂集》卷 1）。陈庆镛曾任户部主事、员外郎，上奏时任江南道御史，其说自有材料来源。但他所说的只是"动拨银两"，即由户部大库支出及经过户部指令由各省藩库中支出的银两，而非实际开支数字。就报销情况来看，大多数省份应晚于道光二十三年四月，陈庆镛也无从了解实际报销情况。

❷《鸦片战争档案史料》第 7 册，第 475—477 页。浙江巡抚梁宝常奏称：一、浙江共收拨银 7682821 两，支出 7480521 两，其数字与拨银大体吻合；二、"尚有官绅士民捐办乡勇粮米，雇船出洋助战，并各口沉船钉桩，及定海火攻船只，制办兵勇衣帽枪刀，收缴器械价值，并奏准赏兵棉衣，封禁卤船口粮，一切例销不经请项之款，均划出另外分别办理"，即捐纳银两未入报销之数。

❸《鸦片战争档案史料》第 7 册，第 385 页。其中"应付兵差"用款 19.9 万两，"防堵"用银 2.4 万两，另钱 1.1 万串，全部由捐输经费项下支出。

❹《鸦片战争档案史料》第 7 册，第 587—591 页。其中军费来源为：一、部库及各省拨款，共计 225 万两；二、本省藩库、关库、盐库及没收银两，共计约 172 万两；三、官绅商人捐款，共计 202 万两，可见其捐纳银两已占其军费开支的三分之一。

❺ 四川总督宝兴折，道光二十六年五月十七日，《军机处录副》。其中出师广东官兵例支俸赏行装及各州县的夫马口粮 9.3 万两，撤回兵弁支付夫马口粮 1.1 万两；出师浙江用银 3.7 万两，撤回用银 5893 两；出师江宁用银 1.8 万两。

❻《鸦片战争档案史料》第 7 册，第 414—418 页。耆英奏称："未便概行列入正开销，现于动用捐输案内另行奏报。"也就是说，捐纳银两的开支情况不在此 1302400 两的数字之内。

❼ 陕西巡抚杨以增奏，道光二十七年十二月二十八日，《宫中档朱批奏折》。其中例入正开销者 83191 两，不入开销 31600 两。不入开销者由本省分摊分 4 年归补。

❽ 湖广总督裕泰折，道光二十四年八月二十四日，《军机处录副》。其中借支行装银约 5 万两，其余 27 万余两，将从"各官养廉公捐兵差津贴"中分 16 年扣还。

❾ 署理广西巡抚孔继尹折，道光二十七年正月二十四日，《军机处录副》。其中例入正开销者为 32490 两。

第 6 章 "抚"议再起

以上八省，共计1637万两。当然，实际开支要比报销数字更大，因为江苏、浙江两省的报销数字中并未包括该省捐输银钱（可不列入报销），而据我见到的远非完整的材料，浙江、江苏两省捐输银达476万两，钱达85万串。❶

上述八省中，缺少了花费大量银子防堵英军的福建、山东、直隶、盛京四省区的数字。这里提供并不完备的拨款数字，以资参考：

福建 450万两 ❷　　直隶 约230万两 ❸

---

❶ 我目前已经查到的材料有：一、浙江省：道光二十一年十月初七日上谕称："刘韵珂奏，商人情殷报效一折。浙江四所商人金裕新等以该省调兵防剿逆夷，军饷要需，呈请捐输银一百二十万两，着赏收……"（《道光鸦片战争案汇存》[抄本] 第3册。此事又见该抄本第4册刘韵珂奏；道光二十二年二月刘韵珂奏，《筹办夷务始末》第4册，第1675页）。道光二十二年正月十一日，扬威将军奕经奏：浙江试用黄立诚等共捐银7.96万两，钱1万串（《军机处录副》）。道光二十二年十月二十三日，奕经等奏：冯镜等捐银1.93万两，钱8.7万串（《军机处录副》）。道光二十年三月十四日户部尚书恩桂等奏：慈谿县革员叶仁捐钱3万串（《军机处录副》）。道光二十二年八月二十日，刘韵珂奏：省城一带练勇、助赈共得捐钱11.4万串（《宫中档朱批奏折》）。另奕经等奏，叶仁等续捐钱98860串，银19500两（《军机处录副》，原件无日期）。道光二十四年十二月初二日，浙江巡抚梁宝常奏：官绅管贴塞等捐钱21.3万串（《军机处录副》），以上浙江省共捐银131.84万两，钱55.2万串。二、江苏省：道光二十年十月初六日，署两江总督裕谦等奏，淮南商人包振新等捐银50万两（《宫中档朱批奏折》）。裕谦又奏：淮票贩王益太等捐银30万两（《道光鸦片战争案汇存》(抄本)第2册）。道光二十二年八月十六日两江总督牛鉴奏：扬州商人捐银100万两，其中50万两留备扬州防堵，50万两解赴省城（《宫中档朱批奏折》）。道光二十二年十二月十六日，两江总督耆英称：元和县程桢义等捐银46300两，钱283674串（《宫中档朱批奏折》）。道光二十三年正月十二日，耆英奏称："尚复劝谕该商（淮南盐商）等筹捐现银一百万两报效军需，上年十二月内完银六十余万两，本年正、二月间即当全数交库。"（《军机处录副》）道光二十三年二月十二日，耆英奏称，蔡世松等捐银60万两（《宫中档朱批奏折》）。道光二十三年三月初一日，耆英奏称，颜怀景等捐银1.1万两，钱1万串（《军机处录副》）。道光二十三年九月初十日，两江总督璧昌等奏，莫载捐炮50尊，用钱13100串（《宫中档朱批奏折》）。以上江苏省共捐银344.73万两，钱30.67万串。值得注意的是：盐商捐银为获得盐票；大多数捐纳银两，用于支付赔款而不是战争。

❷ 详见第五章第二节。

❸ 直隶总督讷尔经额于道光二十一年十月奏："一切应支银两，自卜年七月起截至本年十月止，共用银九十八万七千余两。除本年二月间奏蒙拨银五十万两外，俱于司库

山东 约 48 万两 ❶　　盛京 约 10 万两 ❷

毫无疑问，除了拨款外，这些省区亦有数量可观的捐输银两。❸

河南、山西、安徽、甘肃、湖南、云南、贵州、黑龙江、吉林、察哈尔等省区也有出征兵丁，其中一些省份亦有过境兵丁，而这些省份既无报销数字亦无拨款数字，我们似可从前引湖北、江西、四川、陕西、广西的报销数字中，推测其用度。

据此，我们可以得出近似的结论，鸦片战争中清政府支出的军费约2500万两，若包括来自民间的捐输银钱，当超过3000万两。

（接上页）内"动拨或垫用，请求拨银 50 万两（《道光鸦片战争案汇存》（抄本）第 4 册）。道光帝于二十一年十一月十九日批准（同上）。道光二十二年八月，讷尔经额奏："臣于五月间，因直隶军需紧要，奏请拨银三十万两，仰蒙圣恩添拨银二十万两，共拨银五十万两来直。"并再次请求拨银 30 万两（《鸦片战争档案史料》第 6 册，第 238—239 页）。道光帝于九月初六日批准（同上书，第 283 页）。

❶ 山东巡抚托浑布奏称：道光二十一年"正月、五月间，两次奏蒙圣恩，于司库正项内，先后提借十八万两，核实支发"，"今防兵重调，未撤之兵酌留"，"请予库现贮正项内，再行借动银十五万两……"（《道光鸦片战争案汇存》〔抄本〕第 3 册）。道光帝于二十一年八月二十八日批准（同上）。道光二十二年四月初五日，道光帝批准托浑布在司库现贮正项内再提借 15 万，以备支放（《清实录》第 38 册，第 658 页）。此后山东拨款数额未见材料。

❷ 道光二十一年八月，盛京将军耆英奏："奴才等伏查奉天军需，自上年七月以来……陆续支用银两，将及十万两之多……"（《筹办夷务始末（道光朝）》第 3 册，第 1196 页）。此后未见有关军费数字。

❸ 北方各省因不如广州有行商、扬州有盐商，捐输数量较少。我所见档案材料有，一、山东省：道光二十二年九月初三日，山东巡抚麟魁奏，杨持衡等捐银 40200 两，捐钱 125400 串（《宫中档朱批奏折》）。道光二十三年八月初五日，山东巡抚梁宝常奏，黄县官绅自道光二十一年以后先后捐银 32478 两（《宫中档朱批奏折》）。二、直隶：道光二十年十二月二十三日，长芦盐政德顺奏称，为天津海口改筑炮台，"盐政倡捐银四千两，运司三千两，天津道三千两，盐商五万两，海船户五万两，典商六千两，绅士四千两，共捐十二万两"（《宫中档朱批奏折》）。道光二十一年十一月十五日，内阁奉上谕："德顺奏……长芦通纲阳外商人查庆余等，于天津海口防兵驻集，呈请捐输银四十万两，以备要需，著即赏收。"（《剿捕档》）以上共计银 592678 两，钱 125400 串。

这是一个庞大的数字。远远超过英国远征军的侵华费用！❶ 从来不做亏本生意的盎格鲁—撒克逊人，在战后赔款上狮子开大口，索要赔款 2100 万元，其中战费 1200 万元，仅合银 900 万两。

本土作战的清军，为何支出如此之巨？我们不妨做一番细究。

一、我在第一章中已经说明，清军平时的粮饷不敷用度，战时征调作战需支付三笔钱：甲、俸赏银，军官为俸银两年，士兵为 6 至 10 两。❷ 乙、行装银，此为借支，战争结束后分年扣还，其数额从 6 两至 500 两不等。❸ 丙、盐菜口粮银，此系出征兵弁的伙食费，官兵每日给米 8 合 3 勺或麦 1 斤，盐菜按品秩每月从 0.9 两至 12 两不等。❹ 也就是说，清朝每年以银上千万两养兵 80 万，仅仅是平时的费用，一至战时，又得支出不亚于平时费用的另一笔战时费用。

---

❶ 对英国在鸦片战争中支付的军费，我尚未进行研究。但据《英国议会文件》，英国政府 1843 年 5 月 16 日对下院质询开出了一份关于对华战争支出的账单：（见下页表）

根据该材料所提供的兑率，1 元等于 4 先令 4 便士，鸦片战争清方的总赔款为 2100 万元，等于 5787504 镑（《英国议会文件》中国，第 27 卷，第 23 页）。然而，在鸦片战争赔款中战费名下仅 1200 万元，即 3307144 镑，与支出相比，相差 908269 镑。但是，从该表可以看出，在东印度公司名下，尚有高达 109 万镑的 1842 年至 1843 年估计军费，而到 1842 年 9 月，战争已经结束。不管怎么说，清政府战后支出的总赔款是 2100 万元。尽管其中 600 万元是鸦片赔款，300 万元是行商欠款，但到 1843 年 5 月 16 日，英国政府的文件中并无支付给商人的记录，反而在他们的收支表中列上了 157.2 万英镑的"盈余"（surplus）。

❷ 此中的俸银与收入总数概念不同，据《中枢政考》，绿营官员的年俸为：提督 81 两，总兵 67 两，副将 53 两，参将 39 两，游击 39 两，都司 27 两，守备 18 两，千总 14 两，把总 12 两。也就是说，俸赏银自 24 至 162 两不等，绿营马兵俸赏银为 10 两，战兵守兵为 6 两。另，八旗出征官员的俸赏银又远远高于绿营，然因鸦片战争中，八旗兵调动较少，不再详录其标准。

❸ 据《钦定户部军需则例》，借支行装银的具体标准为：提督 500 两，总兵 400 两，副将 300 两，参将 250 两，游击 200 两，都司 150 两，守备 100 两，千把总 50 两，马兵 10 两，战兵守兵 6 两。在当时高利贷盛行的社会，这笔无息贷款对官兵颇有诱惑力。

❹ 盐菜银标准为：提督每月 12 两，总兵 9 两，副将 7.2 两，参将、游击 4.2 两，都司 2 两，守备 2.4 两，千总 2 两，把总 1.5 两，兵丁 0.9 两。另外，军官的跟役每日给口粮八合菜，但不支盐菜银。绿营军官的跟役名额为提督 24 名，逐级降至把总为 2 名。兵丁每十名给跟役三名，兵丁跟役口粮亦为八合三勺，但每月支盐菜银 0.5 两。

单位：镑

东印度公司		
由宗主国政府支付的实际远征军费用		
至 1841 年 4 月 30 日	682,507	
至 1842 年 4 月 30 日	753,184 ⎫	1,071,909
由东印度公司于 1842 年 4 月 5 日前支付而	318,725 ⎭	
尚未收到付款的 1842 年至 1843 年远征费用估计		
东印度公司支付的国内远征军费用	1,096,416	
	28,541	
总计	2,879,373	
香港		
香港工事，据义律上校的帐单	3,000	
新南威尔士		
军需部门提供的补给品	16,000	
女王陛下政府支付的国内远征		
海军部 ⎧ 装配舰船	180,959	
｜ 工资	441,440	
｜ 雇佣船只及运算	224,700	
｜ 海军物资和煤	90,853	
｜ 给养	338,382	
⎩ 医药	9,706	
	……1,286,040	
营房修理	3,518	
物资	19,368	
付给官兵的工资	7,614	
补贴伙食	500	
	……31,000	
总计	4,215,413 镑	

二、由于承平日久，清军的兵器及防御工事至战时需要大规模的改造。如浙江镇海铸炮 117 位，共用银 10.8 万两。❶ 各地的数字

---

❶ 浙江巡抚梁宝常折，道光二十四年十二月初二日，《宫中档朱批奏折》。

集合一起就相当可观。

三、清军长途调动增援，又有人夫车马行船路粮等开支。《钦定户部军需则例》对此有着十分繁细的规定，而从这些规定中很难得出具体印象，让我们看看广西省的实例：

云南兵 500 名赴广东　　　3735 两

贵州兵 2500 名赴广东　　18271 两

云贵兵由广东撤回　　　　6801 两 ❶

鸦片战争中，共计 5 万余名官兵跨越全国的大调动，其费用之巨不难想见。

四、雇勇。由于清军兵力不敷，须大量雇勇。仅浙江省就有"随征水陆壮勇"2 万余名，"沿海各厅州县巡防壮勇"3.7 万余名，❷开支就相当惊人。

此外，还有大量的浪费和贪污，❸无疑是在伤口上抹盐，使清王朝本已千疮百孔的财政，不堪承受。

鸦片战争初期，道光帝还颇为大度，向各省拨放军费。1841 年

---

❶ 署理广西巡抚布政使孔继庚折，道光二十七年正月二十四日，《军机处录副》。值得注意的是，这里提到的过境费用，是超标准而不能例入报销的部分。广西共支出军费 9 万余两，其中例入报销者 3.2 万余两。孔继庚解释பூ由为"应付官兵口粮夫船脚价内有因例价不敷，实用不能实销"。因此，实际支出应大于此数。为此，我们还可再举一例。盛京将军庆祺等于咸丰六年十一月二十六日奏称：盛京过境吉林、黑龙江官兵、余丁"共一千八百三十员名，所需车价银二万三千二百三十七两五钱，骑马草粮银三百两，尖宿饭食银三千三百七十六两三钱一分九厘"（《宫中档朱批奏折》）。总计需银达 2.69 万两。当然，八旗官兵的费用一般比绿营为高。

❷ 《鸦片战争档案史料》第 7 册，第 476 页。此数为官府付资的雇勇，而官府不出资的团练，当时号称有 9 万人。

❸ 例如，张集馨称：漳州"文武员弁制造大小炮数十尊，安放城上，余看城外居民铺户，聚居鳞次，即有警前炮难施，排列多尊，饰观而已。又造炸弹、铁蒺藜等物，尤属无用……文武各员多事张皇，以为报销地耳"。又称："漳浦海口距县城九十余里，设乡勇九十人，殊觉无谓。"（《道咸宦海见闻录》，第 61 页、第 65 页）至于贪污事项，我在第五章第二节和第五节，分别谈到了颜伯焘和鄂云，这里不再举例。

秋厦门失守后，福建请款300万两，户部已经是东拼西凑。❶是年11月，为寻找军费来源，户部和吏部根据道光帝的谕令下发"海疆捐例"，将清朝平日卖官售爵的捐例，"酌减十分之五"，以示鼓励。❷是年底，户部又向道光帝亮出红灯，警告存银不多，无法维持庞大的军费开支。❸就在刘韵珂的"十可虑"上奏不久，1842年4月20日，道光帝据军机大臣穆彰阿的提议，下令各将军督抚熟筹军费良法，"条议具奏"。❹但是，在中古式的财政体系网络中，财源枯干，各将军督抚不可能有新的思路，也无有见地的对策，其具

❶ 当时户部指拨各款的名目为：浙江秋拨应报盐课银8万两，春拨留协漕项白粮等银7万两，封贮银5万两；江西秋拨应报地丁银15万两，封贮银5万两；安徽秋拨应报地丁银15万两，封贮银10万两；苏州秋拨应报地丁银15万两；两淮秋拨应报盐课银50万两，收还无本帑本银20万两；山东秋拨应报地丁银20万两，封贮银20万两；山西秋拨应报地丁银40万两，封贮银15万两；山西盐课秋拨应报河工经费银6万两；北新关约征税银5万两；九江关约征税银15万两；芜湖关约征税银8万两；浒墅关约征税银10万两；淮安关约征税银5万两；扬州关征存税银6万两。从以指拨款项来看，没有从户部存银中拨出者，从各省封贮银中拨出者只有51万两，绝大多数是当年应征、约征的款项，可见清政府财政是捉襟见肘。（户部折，《军机处录副》，该件无日期，后北新关监督奏称二十一年八月十三日收到部文）

❷ 署户部尚书恩桂等折，道光二十一年十月初六日《军机处录副》）。其标准为：民人捐银200两以上，给予九品顶戴；300两以上，给予八品顶戴；400两以上，给予盐知事职衔；800两以上，给予县丞职衔；1200两以上，给予州判职衔；1600两以上，给予按经职衔；2000两以上，给予布经职衔；2400两以上，给予通判职衔；3200两以上，给予盐提举职衔；4000两以上，给予同知职衔；6000两以上，给予运同职衔；8000两以上，给予知府职衔；12000两以上，给予道员职衔，20000两以上，给予盐提使职衔。此外还有京衔捐例、候选人员尽先补用等规定，因该文件太长，而不细录。

❸ 道光二十一年十二月，户部片："再查上年八月起至本年十一月止，据海疆各省请军需银一千二百三十六万五千余两，东、南两河请工需银七百一十万七千余两，江苏、安徽、湖北请灾赈银一百五十九万八千余两，共银二千一百七万余两……应请敕下该督抚妥为筹划，力求撙节，并饬承办各员，毋许丝毫浮滥，总不得向朝廷不惜帑金，动辄援案声请，漫无限制……"（《军机处录副》）

❹ 《鸦片战争档案史料》第5册，第183页。

体作法不过是勒捐而已。可以说,在战争后期,清朝的军费在相当大程度上是靠捐输维持的。❶

由此可见,且不论别项,仅军费一项已将清王朝逼入死胡同。我们虽不能说清王朝已至山穷水尽的地步,后来的太平天国战争时清廷财政更加困难,但以社会生产力的极大破坏和民众生活的极度贫困为代价而维持,道光帝付得起此等代价吗?

刘韵珂的"十可虑",是整个战争期间少有的能面对现实条分缕析的文件。**他所提出的"深可焦虑"的十项,都是已经发生的事实或现实存在的隐患。对此,不仅他本人为之莫解,清王朝也无人可为之解。**今天的历史学家在研究鸦片战争时,应当正视这些问题。

今天的论者,大都爱用"主战派"(或"抵抗派")和"主和派"(或"投降派")的概念,来划分清王朝的官员。就当时的情景而言,确实有主战、主和两种不同的声音,但若将某一官员具体地归置于某一阵营中去,我以为,又违背了历史的真实。

问题在于不存在纯粹意义上的"主和派"。琦善、伊里布在倾意主"抚"之前,曾经有过短暂的坚决的主"剿"姿态。杨芳、奕山与英军妥协前,也是力主"剿"议且身体力行者。刘韵珂的个人经历更为典型。他们之间的区别仅仅在于:琦、伊在未开战前便看出"剿"计之不可行,而杨、奕、刘是吃了败仗后才转向;杨、奕在实行妥协后施放谎言迷雾,刘氏未行动前便直言"剿"之必败。

---

❶ 道光二十二年十二月二十七日,湖南巡抚吴其濬奏称:"嗣准户部送片稿内称,海疆经费,现计各省先后奏报捐输,共银九百八十余万两,制钱九十余万串。"(《宫中档朱批奏折》)可见捐输银钱之巨。当然,这些银钱(尤其是内地省份)并没有完全用于战争,在江苏,相当大部分用于支付赔款。

其他人呢？

闽浙总督颜伯焘曾是铁杆主"剿"者，厦门失败后，便与其曾弹劾过的奕山之辈同流合污，在谎言中消磨日子。私下场合，他又"畅论英夷船坚炮利，纪律禁严，断非我师所能抵御"，闻者暗暗偷笑"其中情已馁，何前后如出两人"？❶

接颜伯焘继任闽浙总督的怡良，曾是林则徐的密友，一纸弹劾琦善的奏章扬名天下。但未离广东之前，就在英军的攻势下与杨芳等人向英军妥协。就职闽浙后，又敷衍道光帝为减浙江军事压力而令其进攻鼓浪屿的谕旨，向手下明确布置：

> 宜饬坚守，勿令挑衅，脱有贪功名心，则夷必撤浙省之兵船来与我抗，是我为浙受祸也。❷

他已全无战意，决计与英军和平共处，不惜以邻为壑。而在他的私函中，更是明言："夷务不可为，闽事更不可为，兵不可撤又不可留，真无如何。"❸

两江总督裕谦兵败自杀，其信号是明确的，即对战争前途失望。

扬威将军奕经在浙东反攻失败后，曾主张"暂事羁縻"，后自觉与其"将军"的身份不符，便改调"剿"论，谎报战果，与刘韵珂的"抚"议相对立。❹可没过多久，乍浦失陷，他"心悸股栗，

---

❶ 张集馨：《道咸宦海见闻录》，第60页。

❷ 同上注。又，璞鼎查、巴加、郭富在驻兵鼓浪屿，率主力北上时，曾发布"晓谕"，称："照得本水陆军士北上，而派兵据守鼓浪屿。但此去后，内地奸徒，如胆敢生事，害我防兵，则本公使大臣、水路提督、陆路提督回来时，最必报仇。"（佐々木正哉编：《鸦片战争の研究：资料篇》，第134—135页）是以怡良有"为浙受祸"一语。

❸ 《李星沅日记》上册，第423页。

❹ 《鸦片战争档案史料》第5册，第139页。

第6章 "抚"议再起

迄无良策",也转向释俘"缓兵苟安"了。❶

主"剿"官员中还有两位大将。一是耆英,此时在盛京将军任上,依然一派主"剿"姿态。❷一是牛鉴,新任两江总督,对战争的前景抱着必胜的信念。❸在后面的叙述中,我们又会看到,当耆英至浙江、牛鉴兵败吴淞后,两人又成为主"抚"派的顶尖人物。

原来,所有的主"抚"官员无不从主"剿"转变而来。在"天朝"的对外体制下,在"夷夏"观念的熏浸中,清王朝官员对"逆夷"主张"进剿",几乎是出于本能,不加思索。因此,清朝官员原来都是"主战派",无一例外。正因为如此,如果说清王朝统治集团内部存在着"主战"与"主和"的斗争的话,那么,这种斗争的场地,主要在于那些由主"剿"转向主"抚"的官员的头脑,是一种自我的思想斗争。在那个时代,居然向"逆夷"屈服,思想上必然经历一番痛苦的挣扎。❹

在对"主和派"的排队中,又使我发现,在粤、闽、浙、苏战区四省中,负有实际责任的官员都变成了主"抚"者,再也找不到

---

❶《筹办夷务始末(道光朝)》第4册,第1834页。

❷ 耆英自1840年8月英舰出现于奉天洋面后,一直部署防务,准备交战(见《鸦片战争档案史料》第2册,第325—328、339—341页;第3册,第13—14页)。英军攻占厦门后,道光帝下令各省严防海口,他挑选甲兵1000名备调,上奏曰:"查英夷逆匪胆敢肆其鸱张,蔓延滋扰,实为天地不容,凡属臣民,莫不眦裂发指,今若不谋定后行,刻奏肤功,恐逆焰愈炽,尤难擒制。奴才愚昧之见,惟有整顿天兵,筹拨军饷,先剿后和,是为切要。"并声称"人人思奋,志切同仇,忠义相助,争先奋勉,是奉天海陆各防泃堪仰慰圣怀"(同上书,第4册,第104—105页)。

❸ 牛鉴于1841年10月新任两江总督,查阅吴淞、长江各处防务,认为"断不致于有他虑",长江"水陆复巡,实已星罗棋布,声势联络,气象雄壮,悉臻严密","该逆船断不敢飞越数百里重兵防守之地,冒险入江,阻我漕运"(《筹办夷务始末(道光朝)》第3册,第1575、1623页)。一直到吴淞开战的前夕,他在奏折中仍慷慨地表示"戮力同心,激励将士,有进无退!"(同上书,第4册,第1913页)

❹ 就具体官员而论,琦善、伊里布、耆英等满族亲贵受儒家文化影响较小,因而转向时动作较快,其他官员受"夷夏之辨"影响较深,转变时格外困难。

主"剿"者了,就像我在非交战省区也同样找不到主"抚"者一样。因此,这一时期的主"抚"者与主"剿"者的区别,仅在于他是否在战区,是否负有抵御英军的实际责任。对一名战区中的地方官说来,此非儿戏,由不得他们像非战区的官员那样可以不负责任地歌唱"义理"的高调了。

现实的力量,毕竟大于"义理"的力量。

有论者谓林则徐此时关于建立"水军"的思想,为正确的救国之方。我以为,此论似为不妥。

早在1841年4月林则徐尚在广州时,向靖逆将军奕山提出6条建策,其中第5条为"外海战船宜分别筹办"。❶1841年秋,林则徐效力于河南祥符河工,得知厦门、浙江的败局,开始深层次地检讨以往的作战指导方针,在致其门生戴绚孙的信中,提出"水军"的设想:

> 逆船倏南倏北,来去自如,我则枝枝节节而防之,濒海大小门口不啻累万,防之可胜防乎?果能亟筹船炮,速募水军,得敢死士而用之,彼北亦北,彼南亦南,其费虽若甚繁,实比陆战分屯、远途征调,所省为多。若誓不与之水上交锋,是彼进可战,而退并不必守,诚有得无失矣。譬如两人对弈,让人行两步,而我只行一步,其胜负尚待问乎?❷

是年冬,他又向两江总督牛鉴正式提出"船炮水军"的建议。❸此

---

❶《林则徐奏稿、公牍、日记补编》,第100页。
❷《林则徐书简》,第177页。
❸ 同上书,第185—186页。

外,他在致翰林院编修吴嘉宾、江苏布政使李星沅等人的信函中,又有具体的论述。❶

林则徐的这一新设想,是对其先前的作战指导方针(以守为战)的否定。林则徐在事实面前断然放弃先前的主张,显示其探求新知的努力,可以说,是他思想的一大进展。❷

以近代战争的知识来判断,组建"水军"直接到海上与敌抗衡,避免被动挨打,无疑是更为高明的一着。但是海战比陆战更为复杂,海军建设要比陆军建设更为困难。

林则徐设想的"水军"是什么样的呢?他称:"大船百只,中小船半之,大小炮千位,水军五千,舵工水手一千。"❸就此规模而言,不算太小,颇为鼓舞人心。但是,我们若作进一步的具体分析,又会发现问题。

"水军"的关键在船炮。林则徐最初对奕山谈到其战船中称:"另制坚厚战船,以资取胜。上年(1840年)曾经商定式样,旋因局面更改,未及制办,其船样尚存虎门寨。如即取来斟酌,赶紧制造,分路购料,多集匠人,大约四个月之内可成二十船。以后陆续造成,总须有船一百只,始可敷用。"❹林则徐没有详谈战船的具体式样,但称在英军逼迫下的广州每月可造5艘,又似非为近代化的海军舰船。且待100艘战船如期制成,"水军"成立,时在1843年1月。

---

❶ 《林则徐书简》,第183—184页。
❷ 林则徐后来谈道:"侧闻议军务者,皆曰不可攻其所长,故不与水战,而专于陆守。此说在前一二年犹可,今岸兵之溃,更甚于水,又安所得其短而攻之?"林并对英军的火炮性能和射击技术作了十分深刻的分析,详论陆战之不可胜,我们可清晰地看出他认识的深化(《林则徐书简》,第193页)。
❸ 《林则徐书简》,第186页。
❹ 《林则徐奏稿、公牍、日记补编》,第100页。

1842年4月，林则徐称："虽一时造船缓不济事，而泉、漳、潮三处，尚未尝无可雇之船，其枪炮手亦皆不乏……火炮须由官造，必一一如法乃可得用。弟有抄本《炮书》，上年带至江浙……"❶是年9月，又称："为今之计，战船制造不及，惟漳、泉、潮民商之船，尚可雇用。其水军亦须于彼募敢死之士……次则老虎颈之盐船与人，亦尚可以酌用……"❷可见林则徐"商定"式样的战船，是可以用福建南部一带的民船替代的。其欲制造的火炮，当与其在浙江效力时制造的火炮并无二致，只有工艺上的讲究，并无技术上的提高。❸

　　让我们回过头来，从林则徐设想的"水军"的规模，反推其战船的型制。1000位火炮，5000名士兵，1000名舵工水手，若平均地分配到100艘大型战船和50艘中小型战船中去，平均每船仅有炮6.6门，士兵33人，舵工水手6.7人。这与英军的舰船不在一个级别上，无法相比。

　　由此，林则徐所设想的"水军"，只是传统水师的强化，并非近代海军。一支近代化的海军须由近代化的科技和工业为基础。缺乏这一基础，林则徐或其他人，空手是建不成近代海军的。

　　与此同理，近代化的海战，又需要近代化的海军。用雇募的民船、雇募的枪炮手、旧法制造的火炮，与英国远征军海上交锋，似无胜利希望。

---

❶《林则徐书简》，第186页。
❷ 同上书，第193页。
❸ 林则徐所提到的《炮书》，即明代焦勖据传教士汤若望（Joannes Adam Sehall Nonbell）口述而撰的《火攻挈要》，已有200年的历史，并非先进。林称其"大要"为"腹厚口宽，火门正而紧，铁液纯而洁，铸成之后，膛内打磨如镜，则放出快而不炸"（《林则徐书简》，第191页）。这对当时工匠不讲究工艺而粗制滥造，还是有意义的。

第6章 "抚"议再起　　**421**

林则徐关于"水军"的设想,只有思想史上的意义,并无军事史上的价值。

1842年3月28日,北京,圆明园。刘韵珂七天前发出的"十可虑"密折及其三份附片,递到了道光帝的案前。我们不知道道光帝阅读此件的神态,但隐隐感到重大决策作出前时空气的凝重。三天前收到的扬威将军奕经兵败浙东的奏折,使其失望、恼怒和忧郁,朱批曰:"愤恨何堪,笔难宣述。"❶他恐怕英军此次得手后会攻击北方,将他最为信赖的首席军机大臣穆彰阿派往天津,查勘防务。此时刘韵珂这份绝无"抚"、"羁縻"一类文字却又意在其中的奏折,指出了另一条道路,悄悄地慑取了他的心。他拿起朱笔,在最后一份启用伊里布的附片的末尾写下:"所奏不为无见。另有旨。钦此。"❷

说来也巧。就在这一天,由盛京将军调任广州将军的耆英进京请训,也到了圆明园。道光帝召见。两人密谈。晚上,由内阁发下两道上谕:❸

> 耆英著驰驿前往浙江,署理杭州将军。
> 伊里布著改发浙江军营效力。

这两项人事调动,预示着朝政的重大变动。

同在这一天发出的谕旨中,还有两件值得注意。一件是给扬威将军奕经、浙江巡抚刘韵珂等人的廷寄,其中指出:

---

❶ 《鸦片战争档案史料》第5册,第86页。
❷ 同上书,第94页。
❸ 张喜:《抚夷日记》,《丛刊·鸦片战争》第5册,第354页。

> 该逆（英军）凶焰甚炽，必四路纷窜掳掠。尤当设法**羁縻**，毋令蹂躏地方。（重点为引者所标）

道光帝在谕旨中替刘韵珂说出其想说而不敢说的"羁縻"二字。另一件发往天津的穆彰阿：

> 本日据刘韵珂驰奏剿办逆夷情形，现已有旨谕令伊里布前赴浙江军营效力，并令耆英带同前往矣。刘韵珂原折片著钞给阅看。此事与讷尔经额（时任直隶总督）无涉，断不可向其告知，致天津海防稍有弛备也。❶

这一方面说明道光帝对他的这一决定仍无把握，想听听这位亲信大臣的意见，另一方面又恐怕这一决定，会影响前方将士的军心。

耆英在北京一共住了 19 天。在此期间，道光帝恐其"署理杭州将军"一职事权不重，于 4 月 7 日颁给"钦差大臣"关防。我们不知道道光帝共召见他几次，只知道最后一次为 4 月 12 日。❷两人密谈的内容自然不会有正式的记录，但江苏布政使李星沅在日记中写道，京中来信告知，耆英曾向道光帝说明，对英军"与银与地均非办法"，道光帝明确指示，"先剿后抚"！❸

"先剿后抚"，即在军事上取得胜利，哪怕是极小的胜利，再与英军讲和。这反映出道光帝已经承认在军事上不可能取得完全的胜

---

❶ 以上四道上谕，见《鸦片战争档案史料》第 5 册，第 120—122 页。
❷ 《鸦片战争档案史料》第 5 册 246 页收录钦差大臣耆英奏报抵杭日期折称："于二月初二日跪聆圣训，后于初五日同伊里布、咸龄及随带之佐领等由京起行……"此处的"二月"，当为三月之误。二月初二日为公历 3 月 13 日，耆英此时尚未到京。此据张喜《抚夷日记》改。
❸ 《李星沅日记》上册，第 385 页。

利,想以妥协了结。从策略上讲,这种方法可使己方在谈判桌上有讨价还价的资本,以制止英方漫天要价。但是,问题又在于"剿"得了还是"剿"不了。看来道光帝在前方将领的欺瞒下,对前方军情的了解,不那么透彻。

又据伊里布的亲信张喜透露,伊里布由张家口军台释回,4月3日到圆明园。张喜闻讯赶去伺候,叮嘱其主子:"如蒙召见,务将夷情彻底陈明,方能有济,若如前隔膜,仍恐掣肘。"伊里布深以为是。然至军机处报到时,只奉到上谕:"伊里布著赏给七品衔……交耆英带往浙江差遣。"看来道光帝还不愿与这位不久前定罪的老臣直接对话,不予召见。次日,伊里布由本旗都统带领前去谢恩,只在二宫门磕头,仍未能将英军的实际情况上达天听。张喜见前景不妙,尽管耆英、伊里布一再让他随行去浙,仍未敢应允。❶

1842年4月15日,钦差大臣耆英、七品衔伊里布离开北京,南下杭州。京城南的正阳门和彰仪门,照例再次向钦差大臣开放,冷漠地注视着此行神色惨淡的人们。它已经送走了两位钦差、两位将军,这一次,又会有何转机?

无情无语的城门,此时已矗立了四百多年,饱经沧桑。它又能问谁?谁也没有答案。

至圣至明的大皇帝,此时心里正充满着不安。

耆英和伊里布南下后,道光帝开始了冷静的思索。他突然发现,自己对于面前的敌手,实在是一无所知。5月1日,他收到奕经的奏折,得知可以审讯俘虏,立即发下一道谕旨:

著奕经等详细询以嘆咕唎距内地水程,据称有七万里,其

---

❶ 张喜:《抚夷日记》,《丛刊·鸦片战争》第5册,第354—355页。

至内地,所经过者几国?

克食米尔距该国若干路程?是否有水路可通?该国向与嘆咕唎有无往来?此次何以相从至浙?

其余来浙之嘆咖唎、大小吕宋、双英(鹰)国夷众,系带兵头目私相号召,抑由该国王招之使来?是否被其裹胁,抑或许以重利?

该女主年甫二十二岁,何以推为一国之主?有无匹配?其夫何名何处人?在该国现居何职?

又所称钦差、提督各名号是否系女主所授,抑系该头目人等私立名色?至逆夷在浙鸱张,所有一切调动伪兵及占据郡县,搜刮民财,系何人主持其事?

义律现已回国,果否确实?回国后作何营谋?有无信息到浙?

该国制造鸦片烟卖与中国,其意但欲图财,抑或另有诡谋? ❶

他需要了解的太多了,一下子开出这么多问题。可见他的焦躁,又可见他的浅薄。"天朝"大皇帝本不屑于过问"夷"事,此时俯查"夷"情,姿势自然可笑,多少又有那么点进步的意味。可是,他似乎并不知道,他最为困惑的地理问题, ❷ 正是他最有资格回答的。

---

❶ 《鸦片战争档案史料》第5册,第222页。其中"克食米尔",当为克什米尔;"嘆咖唎",当为孟加拉;大吕宋为西班牙,小吕宋为西班牙的殖民地菲律宾,双鹰国为旗上画有双鹰的奥地利。

❷ 此后,道光帝又令台湾道达洪阿向英俘讯问:"究竟该国(英国)地方周围几许?所属国共有若干?其最为强大不受国统辖者共有若干?嘆咕唎至回疆各部有无旱路可通?平素有无往来?俄罗斯是否接壤?有无贸易相通?"(《鸦片战争档案史料》第5册,第264页)可见道光帝对地理问题的关注。

我们今天尚能看到的由传教士南怀仁为他高祖父康熙帝绘制的当时中国最精美的世界地图——《坤舆全图》，此时正在紫禁城的库房里睡觉。

二　屡战屡败：从杭州湾到扬子江

道光帝此时决定的"抚"，与他在战争初期主张的"抚"，含义并不相同。一年半之前，他并没有打算接受英方的条件，一切举止与古已有之的"抚夷"方式并无二致。一年半的战争使之明白，不作点让步不行了。

用今天的政治概念来衡量，以对方条件的全部或部分来停止战争，无疑是"投降"。可在当时人的心中似乎还不这么看，认为仍是"抚"。这不仅是为了"天朝"的面子，还因为在中国传统的政治术语中，"降"意味着向敌方的臣服。

然而，被"逆夷"打痛而屈行"抚"计，到底是一件痛苦的事情。作为"天朝"官员的刘韵珂由"剿"转"抚"都经历了一番思想的挣扎，身为"天子"的道光帝更是心有不甘。

1842年5月9日，耆英到达杭州。

按照道光帝"先剿后抚"的如意算盘，由扬威将军奕经主持"剿"，获胜后由钦差大臣耆英主持"抚"。❶然而，耆英的到来，似乎

---

❶ 耆英到浙后，曾向奕经传达面谕："务当复振军容，激励将士，凡应行防堵处，亟应设法严守，遇有可乘之机，尤宜痛加攻剿……"奕经即请旨让耆英会同办理军务，道光帝朱批："断断不可"，称"耆英原因另有委用之处，果否施行，俟朕随时裁夺，无非备一端而已。如能勿用，朕所深愿，止须卿成功后，不待辨而俱明晰矣"（《鸦片战争档案史料》第5册，第251—252页）。由此可见道光帝的分工安排。而其欲行之"抚"计，此时仍瞒着奕经，就像让天津的穆彰阿瞒着讷尔

给奕经一大刺激",于是他接连向道光帝奏报定海烧英船获胜、英军为其逼迫而放弃宁波、清军即将进攻镇海……这一连串的"好消息",使道光帝振奋,暗生怀疑不必行"抚"计。与奕经相反,耆英一到浙江便陷于失败主义泥淖,上奏时情绪悲观失望,很为道光帝不喜。当英军稍有动作,耆英决计立刻实行"羁縻",而不遵照"先剿后抚"之旨意时,道光帝的不满又超出了容忍的极限,于5月25日下旨:

> 耆英著仍带钦差大臣关防,驰驿前赴广州将军之任。
> (伊里布)即交奕经留营差遣,如无可委用之处,即一面奏闻,一面饬令回京。❶

道光帝停止了耆英、伊里布的使命,浙江的一切大权仍归之于奕经。这又让人想起伊里布的那位颇有政治经验的家人张喜,他不愿随主子南下,恰是预见了这一局面。

可是,就在道光帝幡然改计之时,英军又发动了新的规模空前的攻势。

早在1841年冬,英军就决定于次年春季发动扬子江战役。这一行动计划最初是由前任全权代表义律提出来的,❷后得到英国政府的批准,为此训令印度政府于1842年4月集中其一切可能

(接上页)经额一样。而奕经得知的信息是,道光帝决计"剿",很可能也是他慌报军情以显示其振作的原因。

❶《鸦片战争档案史料》第5册,第306—307页。道光帝还在谕旨中批评耆英的"羁縻"行动,"办理殊未得宜"。

❷ 马士:《中华帝国对外关系史》第1卷,第331页。

第6章 "抚"议再起 **427**

调动的军队于新加坡,然后"割断中华帝国主要内陆交通线的一个据点",即扬子江与大运河的交汇点镇江。❶可以看出,这种战法相较于战争初期的占领海岛、封锁海岸的决策,更能击中清王朝的痛处。

然而,到了1842年5月,天气转暖,南风司令,印度方面的援军仍未抵达,全权代表璞鼎查尚在香港。驻在浙江的英国远征军海军司令巴加、陆军司令郭富决定不失时机地展开攻势。为了弥补兵力的不足,他们放弃了宁波和镇海,仅在镇海城外的招宝山驻以最低限度的部队。这一撤兵行动又产生了我们先前提到的奕经对军情的谎言。

尽管奕经在奏折中将英军撤离宁波称为"计穷智竭",但内心并不因此平静,反而更加紧张地注视着英军下一步的行动。当乍浦开战的消息传来,他不免惊骇失色。

乍浦是浙江省平湖县下属的一座小城,位于杭州湾口的北端。因其地理形势的重要,清军入关南下后,派防八旗兵,领以副都统。在行政体制上,乍浦城内的正二品大员之于平湖县,如同厦门城内的提督、同知之于同安县一样,又是一则特例。

鸦片战争开始后不久,1840年7月24日,中英在乍浦发生了一次小规模的军事冲突。❷此后,乍浦一直是清军的海防重点。定、镇、宁三城失陷之后,为浙江驻兵最多的地区,有八旗驻防兵、本省派援兵、陕甘援兵、山东雇勇、本地雇勇,共计约7000人。❸

---

❶ 马士:《中华帝国对外关系史》第1卷,第331页。
❷ 《鸦片战争档案史料》第2册,第199—200、215—227页。
❸ 其中乍浦八旗驻防1841名,乍浦绿营及本省调防兵1800余名,陕甘援兵1000名,本地雇勇700名,山东雇勇1500名(《筹办夷务始末〔道光朝〕》第3册,第1249—1253页;第4册,第1655、1818、1821页)。

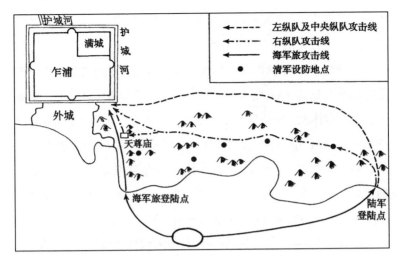

图十 乍浦之战示意图

英军自 1842 年 5 月 7 日撤离宁波后，于 13 日集结于黄牛礁。这支部队共有战舰 7 艘、轮船 4 艘、陆军 2000 余人。❶可以说，已经集结了浙江地区英军的绝大多数兵力。❷由于风潮的影响，英军于 17 日到达乍浦一带海面。在进行了一番侦察后，18 日，英军发动了进攻。

从英军军官的回忆录中，我们可以看到一份作战地图。❸该图清

---

❶ 其中英舰为皋华丽号（Cornwallis，炮 72）、布朗底号（炮 42）、摩底士底号（炮 16）、哥伦拜恩号（炮 16）、阿勒琴号（炮 10）、司塔林号（炮 6）、伯劳弗号（炮 6）；轮船为皇后号、复仇神号、西索斯梯斯号、弗莱吉森号。

❷ 据 1842 年 2 月出版的《中国丛报》，称是年 1 月英军在浙江共有军舰 9 艘，除克里欧号（Clio，炮 16 门）、海阿新号（炮 18）、培里康号（Pelican，炮 18 门）外，全部集结，此外，还有从厦门开来的司塔林号。该刊另称，是年在华英陆军共约 5000 名，如除去香港、鼓浪屿的驻军，应认为浙江的英陆军大部已集结。（Chinese Repository, vol. 11, pp. 114–119）

❸ John Ouchterlony, The Chinese War: an Account of all the Operations of the British Forces from the Commencement to the Treaty of Nanking, pp. 272–273.

晰地显示了英军在乍浦依旧采用海军炮击正面、陆军侧翼包抄的老战法。

尽管自1840年秋以来，乍浦一直是浙江清军的布防重点，开战前兵勇集结达7000余人。但是，它缺乏诸如厦门、定海、镇海那样的防御体系，唯一值得一提的工事是城墙，据英陆军司令郭富的报告，"城墙并不像预计的那样高、那样完好"；战斗中最为重要的火炮数量也很少，仅有60位（其中11位是铜炮），相当于厦门的十分之一，不到定海、镇海的百分之四十。加上守将并未想到英军会从东南高地发动进攻，防御作战时指挥十分混乱。

尽管如此，英军在攻占乍浦时付出的代价却远远超出了厦门、定海和镇海，共有9人毙命，55人受伤，为鸦片战争历次战斗的第3位。如在天尊庙，一些清军仅仅凭借房墙以轻兵器作顽强抵抗，击毙英陆军中校汤林森（Tomlinson）等人，直至该庙被英军的火炮夷为平地。大多数清军在战斗中逃跑；而乍浦驻防八旗官兵的拼死作战又使英军震惊，这里有他们的家，有他们的家人，他们不能逃，也无处逃。一出出全家自杀的悲壮行动，显示了他们的不屈性格。❶

---

❶ 有关乍浦之战的经过，可参见下列资料：耆英、奕经等人的奏折，见《鸦片战争档案史料》第5册，第272—279、281—283、312—314、322—323、387—389页；《犀烛留观记事》"乍川难略"，《丛刊·鸦片战争》第3册，第267—268页；夏燮：《中西纪事》，第106—107、322—326页；*Chinese Repository*, vol. 12, pp. 248-252; Bernard, *Narrative of the Voyages and Service of the Nemesis*, vol.2, pp. 313-335; John Ouchterlony, *The Chinese War: an Account of all the Operations of the British Forces from the Commencement to the Treaty of Nanking*, pp. 268-281; Murray, *Doings in China: Being the Personal Narrative of an Officer Engaged in the Late Chinese Expedition, From the Recapture of Chusan in 1841, to the Peace of Nankin in 1842*, pp. 136-151; 宾汉：《英军在华作战记》，《丛刊·鸦片战争》第5册，第290—295页。又据战后清方奏报，乍浦之战时，该城旗营共阵亡官兵273名，殉难7名，因伤身故6名，失踪1名；另有男妇子女殉难55名（《鸦片战争档案史料》第6册，第236—237页）。

战火由钱塘江南岸燃至北岸。英军将进攻嘉兴、杭州的流言，使浙江的军政大员们胆战心惊。当英军的舰船出现于海宁州的尖山时，杭州城内人心惶惶，逃难的民众阻塞了河港。然而，5月28日，即英军攻占乍浦的第10天，全体撤离，继续北上，其下一个目标是江苏省宝山县的吴淞（今属上海市）。

吴淞位于黄浦江入长江处，是上海的门户，也是长江防御的第一道屏障。宝山县城距吴淞口西岸仅2里，面临长江。

自1840年7月伊里布闻警带兵设防后，吴淞一直是江苏的海防重点。江苏的最高军政长官亲自坐镇于此，直接指挥。❶江南水陆提督陈化成更是坚持住在炮台旁的帐篷里，枕戈待旦。如是者近两年。在他们的领导下，吴淞的防御工事和武器装备发生了面目全新的变化。❷

吴淞的防御体系完全可以与厦门、定海相媲美，其具体部署为：

一、西岸土塘一带共设火炮134位，❸新月堰炮台设炮10位，驻兵1000余名，由江南提督陈化成督率指挥。土塘之后，设有营帐，驻有陆路接应的第二线部队。

二、东岸土塘及炮台，设有火炮20位，驻以防兵1000余名，由川沙营参将指挥。

---

❶ 具体时间为：伊里布，1840年7至8月，1841年2至5月；裕谦1840年8月至1841年2月，1841年5至8月；梁章钜，1841年8至10月；牛鉴1841年11月至1842年6月。也就是说，两江总督去浙江后，江苏巡抚接管其事。当然，各军政长官也有短暂的离开，其主要时间仍是驻在宝山或上海一带。

❷ 详见拙文《1842年吴淞之战新探》，《历史档案》1990年第3期。

❸ 当时吴淞地区共有火炮250余位（不含小型火炮），其中铜炮43位。在上海铸成的铜炮，也有安设于宝山至上海黄浦江各处炮台，并未完全用于吴淞。而当时牛鉴等采用明代戚继光遗法制成的虎蹲炮之类，不在统计数字之内。

三、宝山县城安设大、小火炮50位，驻以防兵2000名，两江总督牛鉴亲自坐镇此地。

四、宝山县城西北约3里许长江岸边的小沙背，驻以防兵700名，由徐州镇总兵王志元督率，以防英军从侧翼绕袭。

五、师船、民船、仿制轮船皆部署于土塘之内的黄浦江，以防英军直入内河。（以上部署可参见图十一）

就已经发生的鸦片战争诸次战斗而言，这样的防务抵挡不住英军的攻势，可此时的战场总指挥新任两江总督牛鉴却毫无觉察。他充满自信地制定了具体细微却又实属闭门造车的应敌方案。❶这种不切实际的计划本是那个时代一切未历战场的官僚们的通病，无须细加评论，但其张大其志的言辞又熨贴地舒展了道光帝那颗紧揪的心、赞其"水陆交严，深得以静制动之法"。❷

牛鉴的自信不使人奇怪。这位甘肃武威人士，出身科甲翰林，做过言官，放过外任，从不知"嘆咭唎"为何物，做事的气度自

---

❶ 按照牛鉴的奏折，清军的作战预案是：一、若英军舰船闯入吴淞口内，吴淞东西两岸土塘清军"贴伏于土牛之后，接应之兵遥伏数里之外。彼若用炮乱轰，我只寂然不动。彼之炮子断不能及我所伏之兵，俟其炮火将竭，大船临近，度我炮力可及，审准照星准头，众炮环发，贼必不及"。二、英军若以舰船掩护其步兵登陆，"此时守塘之兵与接应之兵，尽可以放心齐出。盖匪徒既已上岸，彼必不敢乱用炮轰。然后忽邀其前，或尾其后，先用虎蹲炮迎击，破其洋枪火器，次用抬炮、鸟枪连环夹击，自无不胜之理。且逆夷用杉板船渡其黑鬼登岸，不过数十百人为止，我军以数千精锐彼仗，亦何难聚而歼之"。三、若英军由长江绕攻小沙背一带，抄袭西岸土塘后路，"我兵已层层设炮，节节埋伏"。因为该处滩浅，大船难以靠近，"彼不能携带大炮犯我内地，虽有火枪火箭，亦断不能敌我之大炮抬炮与夫百余尊虎蹲炮位。此理不辩自明"。四、若英军舰船闯过吴淞口，"直入内河"，吴淞口内黄浦江上部署的师船、雇船、轮船出击迎战，"各该船只堪与之接仗，不致稍有疏虞"[《筹办夷务始末（道光朝）》第3册，第1623页；第4册，第1862、1912页]。由此可见，牛鉴的设计尽管周密，但只是与想象中的英军打仗。他对英军的船坚炮利和陆战能力尚无切合实际的判断。

❷《鸦片战争档案史料》第5册，第442页。道光帝发出此谕旨为1842年6月21日，即吴淞失陷的五天之后。

然像前面提到的颜伯焘、裕谦等人，与当时的绝大多数官员融为一体。他一生中的关键，在于1841年黄河决堤，大水包围河南省城开封，惊慌失措的河道总督倡言迁省城于善地，时任河南巡抚的牛鉴镇定自若，力主"省城可守不可迁"，上奏曰："若一闻迁徙，众心涣散，孤城谁与保守？"❶黄水退去之后，他的这种处变不惊的非凡气质并没有从道光帝的心目中退隐。当裕谦出缺之后，便毫无犹豫地晋其为两江总督。江苏毗邻浙江，此时一片慌乱，不正需要一位每遇大事有静气的长官吗？

1842年6月8日，英军抵达长江口外的鸡骨礁。这支舰队共有战舰8艘、武装轮船6艘、运输船14艘，运送陆军约2000人。6月16日凌晨，英军进攻吴淞。舰队分为主力舰队和轻型舰队，主要攻击方向是吴淞口西岸清军各阵地。中午12点后，英运输船载运陆军部队在吴淞西岸登陆，兵分两路进攻宝山县城，由于清军已撤退，英军不费一弹占领宝山。此战，英军被击毙2人，受伤25人；清军阵亡陈化成以下88人。❷

许多记述鸦片战争的论著，将吴淞之战的失败，归罪于两江总督牛鉴、徐州镇总兵王志元的逃跑。这种说法，细细究之，是受了《道光洋艘征抚记》、《中西纪事》、《夷氛闻记》的影响。这些著作皆称陈化成初战获胜，击沉敌舰，毙伤英军，若不是牛鉴、王志元

---

❶《清史列传》第12册，第3779页。
❷ 作战经过可参见以下材料：一、清方奏折，《筹办夷务始末（道光朝）》第4册，第1916—1917、1925—1926、1938页；二、巴加致海军大臣的报告，1842年6月17日；郭富致殖民部首席国务大臣的报告，1842年6月18日，见 Chinese Repository, vol. 12, pp. 287-294, 341-343；三、英军军官回忆录，宾汉：《英军在华作战记》（中译本见《丛刊·鸦片战争》第5册）、伯纳德：《复仇神号航行作战记》、利洛：《英军在华作战末期记事》、奥塞隆尼：《对华作战记》、穆瑞：《在华战役记》（中译本见中国科学院上海历史研究所筹备委员会编：《鸦片战争末期英军在长江下游的侵略罪行》，上海人民出版社，1959年）。

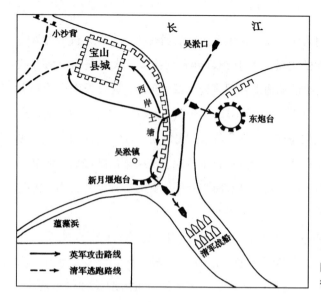

图十一 吴淞防御、作战示意图

的逃跑,战斗极有希望获取胜利。这一说法很可能源自牛鉴本人战后"先胜后败"的谎报。而从战斗的实际经过来考察,清军自始至终处于不利的态势,并不存在获胜之机。

其次,以上著作皆称英军正面攻击不利,绕袭由王志元防守的小沙背。查英军战前确有从小沙背突破的计划,但因该处泥滩绵长碍于登陆,便放弃了这一方案。至于《中西纪事》称英军由东炮台登陆向西攻击,更是混淆了地理位置。位于黄浦江东岸的东炮台,与西岸土塘没有陆地连接。

那么,牛鉴、王志元的逃跑究竟对战斗起到什么作用?

牛鉴驻守于宝山县城,战斗打响后,率兵出南门增援陈化成。当行至校场时(距陈化成的指挥位置已经很近了),突遭英舰炮击,"随兵被击毙者十余人",他立即逃往宝山县城,❶随后又逃往嘉定。

---

❶《筹办夷务始末(道光朝)》第4册,第1916—1917页。

从作战经过来分析，牛鉴临阵脱逃，虽不可能改变土塘前线的战况，但也放弃了督部对敌登陆水兵进行反击的机会。当然，牛鉴坚持战斗，战斗的时间会延长，英军的伤亡会增加，但战斗的结局似不会改变。❶

王志元驻守宝山县城西北的小沙背。据战后调查，王志元曾率亲兵30名前往应援，于中午返回，对部下说，西岸土塘已失守，宝山县城亦陷，小沙背地僻兵单，于是指挥西撤。❷王志元的说法自是为其逃跑寻找理由，但他对吴淞战败应无责任当为事实。

鸦片战争之后的著作家们，之所以将吴淞战败的责任加之于牛鉴、王志元，是因为他们不了解吴淞的地理形势和清军的布防，不了解英军的攻击方向和兵器性能；更重要的，是因为他们对陈化成英勇殉国的景仰和对牛鉴、王志元苟且偷生的鄙视。这种爱忠憎奸截然分明的价值观念，使他们在未能弄清全部事实之前（在当时的条件下弄清全部事实也是难以办到的），就不正确地夸张了某些具有一定真实成分的传说，使历史的真实变得模糊不清。

然而，他们的这种爱憎强烈的忠奸矛盾的叙说，更符合当时和后来人们的心理状态和思维习惯，更富有戏剧性，因而得到了广泛的传播和普遍的接受。

就在英军攻陷吴淞、宝山的当天晚上，其海军司令巴加和陆军司令郭富期待已久的援军开到吴淞口外。

---

❶ 当时吴淞西岸土塘之后，清方并未设置二线阵地，牛鉴无以依托，只能野战；另外，此时英军登陆者只是各舰的水兵，若在陆战上遇到有力抵抗，必会投入陆军参战。由此可见，靠牛鉴等部的兵力兵器必不能取胜。
❷《筹办夷务始末（道光朝）》第5册，第2367页。此时王志元已亡故，是王的部属向前来调查的江宁布政使黄恩彤的答话。

1840年6月英国远征军抵达广东海面时，其兵力为战舰16艘、轮船4艘、运输船27艘，陆军及可用于陆战的海军人员约4000人。此后，其兵力一直处于变化之中，但变化的幅度不大。❶至1842年1月，英国远征军有战舰17艘、轮船6艘、陆军4942人。

　　尽管英国政府要求援军于1842年4月到达，但实际到达时间却晚了一些。为了不失时机地发动攻势，英军放弃了宁波和刚刚攻陷的乍浦，而其在香港、厦门鼓浪屿、定海、镇海招宝山弱小的驻防军，也使两位总司令有后顾之忧。1842年5月，情况急剧变化。

　　据刚刚成立不久的香港政府的统计，1842年5月15日马德拉斯土著步兵第37团（军官20人、士兵400人）搭船由香港回印度。而于5月14日至6月22日从印度等处开来36艘运输船，载送马德拉斯土著步兵第2、6、14、39、41团，还有孟加拉志愿兵团、工兵、印度炮兵等部，❷共计6749名。❸6月5日，英国皇家海军运兵船贝雷色号（Bellesile）开到香港，运来了皇家陆军第98团800余人，先前到达的皇家第18、26、49、55团的缺额部分700余人也同日到达。❹英国陆军在得到这次增援后，步兵团共有11个，加上炮兵、工兵等部，总兵力在12000名以上。

---

❶ 其主要变化为：至1840年10月，英海军从南美开来了加略普号和萨马兰号，载炮均为28门，陆军调来了马德拉斯土著步兵第37团（*Chinese Repository*, vol. 9, p. 418）；至年底，海军又增加了测量船司塔林号和硫磺号，载炮均为8门，以及轮船复仇神号等其他辅助船（*Chinese Repository*, vol. 10, p. 57）；1841年1月，孟加拉志愿兵团大部撤回，8月中旬又开到皇家第55团，亦有一些舰船的变化。

❷ *Chinese Repository*, vol. 12, pp. 46–55.

❸ "Correspondence relative to military operations to China." *Irish University Press area studies series, British parliamentary papers: China*, vol. 27, Shannon, Ireland: Irish University press, 1971, p. 65.

❹ *Chinese Repository*, vol. 11, p. 676; "Correspondence relative to military operations to China." *Irish University Press area studies series, British parliamentary papers: China*, vol. 27, Shannon, Ireland: Irish University press, 1971, p. 66.

海军舰船增援的具体到达日期尚不清楚，但可以肯定，大批舰船与陆军同期到达。据一英军军官的回忆录，到1842年8月，英军在华海军舰船为，战舰25艘：

皋华丽号（旗舰）	炮72门	伯兰汉号	炮74门
复仇号（Vindictive）	炮50门	塞利亚号（Thalia）	炮44门
布朗底号	炮42门	安度明号（Endymion）	炮44门
坎布雷号（Cambrian）	炮36门	加略普号	炮28门
北极星号	炮26门	先锋号	炮26门
戴窦号（Dido）	炮20门	培里康号	炮18门
摩底士底号	炮18门	哈利昆号（Harlequin）	炮18门
哥伦拜恩号	炮16门	基尔德斯号（Childers）	炮16门
克里欧号	炮16门	冒险者号（Hazard）	炮16门
流浪者号（Wanderer）	炮16门	黑獾号（Wolverene）	炮16门
巡洋号	炮16门	巨蛇号（Serpent）	炮16门
女神号	炮4门	阿尔吉林号	炮10门
保皇党人号	炮10门		

轮船14艘：

伯劳西伯号（Proserpine）（铁质）	复仇神号（铁质）
弗莱吉森号（铁质）	伯鲁多号（铁质）
麦都萨号（Medusa）（铁质）	驾驶者号（Driver）（木质）
威克森号（Vixen）（木质）	阿克巴号（Ackbar）（木质）
西索斯梯斯号（木质）	奥克兰号（Auckland）（木质）
皇后号（木质）	谭那萨林号（木质）
梅姆隆号（Memnon）（木质）	洪哥厘号（木质）

此外还有运兵船6艘、医院船1艘、测量船2艘。❶雇用船约

---

❶ Bernard, *Narrative of the Voyages and Service of the Nemesis*, vol.2, pp. 511—512.

60艘。❶

由此可见，英国远征军的海陆总兵力达到2万名。❷这在西方的殖民扩张史上是一支罕见的强大军团。

英军在得到增援后，除加强香港（调派1团）、厦门鼓浪屿、定海（调派1团）、镇海招宝山的守军外，主力源源北上，直入长江。

1842年6月19日，吴淞、宝山的英军得到第一批增援后，沿黄浦江水陆并进，占领被清方放弃的上海。随后派轮船溯江上驶，直逼松江地面。6月27日，南方开来的援军大部抵达吴淞，英军又从上海撤离，留军舰2艘封锁吴淞口，主力编成1个先行舰队和5个纵队（共计战舰12艘、轮船10艘、运兵船和运输船51艘、陆军4个旅近7000人）❸，7月5日，浩浩荡荡航行扬子江，直取镇江。

镇江，古称京口，北濒长江、西临大运河，是交通的枢纽，航运业的中心，也是长江下游一大繁华城市。

就民治而言，镇江本是府城，而常镇道亦驻于此地，可见其非同一般；就军治而言，清军入关南下后，一直在此驻扎重兵，并于1658年设京口将军，以对付郑成功等反清势力。1757年，撤京口将军，改为副都统。至鸦片战争时驻防八旗兵为1185人。❹

尽管鸦片战争刚爆发时，两江总督伊里布就在镇江布防，但这种防御措施仅仅为调江宁旗兵400名进驻镇江。伊里布的后任们，

---

❶ 马士：《中华帝国对外关系史》第1卷，第331页。

❷ "Correspondence relative to military operations to China." *Irish University Press area studies series, British parliamentary papers: China,* vol. 27, Shannon, Ireland: Irish University press, 1971, p. 68.

❸ Bernard, *Narrative of the Voyages and Service of the Nemesis,* 中译本见《鸦片战争后期英军在长江下游的侵略罪行》；马士：《中华帝国对外关系史》第1卷，第331页。

❹ 《筹办夷务始末（道光朝）》第2册，第857页。

始终把目光注视于吴淞，而对长江防御未予重视。牛鉴上台后，不认为英军会深入长江，仅在江阴的鹅鼻嘴派兵580名、丹徒的圌山关派兵及练勇430名便了事。❶1842年初，驻守镇江的江宁旗兵被撤回，改派青州旗兵400名。❷

1841年初上任的京口副都统海龄对该处防御颇为上心。他严格训练部众，并率领军民修复了已显倾圮的城墙。但他无权调兵无钱铸炮，能办的事情不过如此而已。他曾要求招募水勇巡查江面，❸为牛鉴所拒。❹他又想给手下兵弁弄点钱改善生活，以激励士气，反遭牛鉴的弹劾，结果受到降两级留任的处分。❺他得知吴淞失陷后，为防止英军内驶长江，上奏要求阻塞长江航道。

海龄的建议实属异想天开。本世纪30年代，蒋介石在上海失陷后，下令中国海军舰船自沉江阴，以阻止日本舰队溯江而上，结果效果甚微。至于阻塞长江的巨大工程量所需要的时间、金钱，以及由此引起的对国计民生、生态环境诸方面的影响，海龄恐怕想都没想过。道光帝接到此折后，朱批："费力无益。"❻

英军撤离上海再度集结于吴淞口时，清朝上下对英军下一个攻击目标判断失误，以为将北攻天津。牛鉴还认为江苏战事即将结束，奏请不必由浙江派大臣、军队援苏。❼当英军的舰队连樯内驶长江时，牛鉴等人才发现自己的失算，连忙火速调兵增援镇江。

---

❶ 《鸦片战争档案史料》第6册，第185页。其中距镇江城仅60里的圌山，原设防兵仅80名，牛鉴调援50名，常镇道但明伦又组织团练300名（同上书，第5册，第14页）。
❷ 《鸦片战争档案史料》第5册，第14、44、88页。
❸ 同上书，第14页。
❹ 同上书，第80页。
❺ 《上谕档》，道光二十二年三月初一日。
❻ 《鸦片战争档案史料》第5册，第576页。
❼ 同上书，第493—495页。

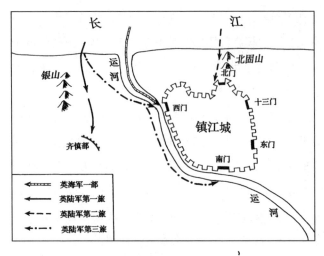

图十二 镇江之战示意图

1842年7月12日，英军舰队驶至江阴鹅鼻嘴。14日，攻占丹徒圌山炮台。15日，英轮船2艘率先到达镇江江面，至20日，英全军抵达。

与此同时，清军也在行动。7月13日，参赞大臣四川提督齐慎率兵700名到达镇江。16日，署江南提督刘允孝率湖北兵1000名开到。19日，由浙江派来的江西援兵1000名赶至。海龄率镇江旗兵、青州旗兵约1600名防守城内，齐慎率援军2700名驻守城外。

两江总督牛鉴也于7月13日赶到镇江。他与海龄、齐慎的关系显然不那么协调，第二天晚上便离开镇江，前往南京，但据其奏折，就在一天多的时间内备办火攻船、木排约150只。❶而牛鉴离后不久，7月15日，英两艘轮船开至，清方立即实施火攻，毫

---

❶《鸦片战争档案史料》第5册，第618页。

440

无效果。❶

1842年7月21日,英军攻城。此次行动主要由英陆军承担,共4个旅6905人,此外还有数百名海军人员。就兵力而言,英军处于绝对优势。

与驻守城外的齐慎的怯懦相反,海龄率领的镇江城内1600名八旗兵的顽强抵抗,就连敌手也无不称道。英军第二旅于城东北登陆后,便遭到守军的炮击,用云梯攻城时,清兵与之激战,直至城北的城墙被轰塌一大段,手持劣势兵器的清方勇士们仍利用各种有利地形节节抵抗。进攻西门的英军第一旅最初受阻,只得转攻南门。而配合陆军驶入运河的英海军小船在西门一带遭城墙上的清军火炮、抬炮的轰击,损失惨重,狼狈退出,于是便再次组织由300名水手组成的船队强行突入,用炸药轰开西门。尽管英军最后从城北、城西、城南三个方向突入城内,但守城的八旗兵仍未溃逃,而是坚持巷战,许多人流至最后一滴血。入夜了,而镇江城内仍火光不息,枪声不断……❷

镇江是鸦片战争中英军攻击诸要点设防最为薄弱的,而镇江之战却是鸦片战争诸战斗中抵抗最为激烈的。英军投入的兵力最

---

❶ 《鸦片战争档案史料》第5册,第666页。
❷ 镇江之战的作战经过,我参阅下列资料:一、清方奏折,《鸦片战争档案史料》第5册,第648—649、676—679、689—690、699—700、709、722、731页;第6册,第225—227页。二、英方记录,郭富致殖民部国务大臣1842年7月25日,*Chinese Repository*, vol. 12, pp. 346-352;伯纳德:《复仇神号航行作战记》、利洛:《英军在华作战末期记事》、奥塞隆尼:《对华作战记》、穆瑞:《在华战役记》、康宁加木《鸦片战争——在华作战回忆录》,中译本见《鸦片战争末期英军在长江下游的侵略罪行》;宾汉:《英军在华作战记》、《丛刊·鸦片战争》第5册,第301—309页。三、民间记载:《出围城记》、《京口偾城录》、《草间日记》、《壬寅闻见纪略》,见《丛刊·鸦片战争》第3册;《道光英舰破镇江记》,见《鸦片战争末期英军在长江下游的侵略罪行》。

多,但没想到,遭到的损失也最大,共有39人毙命,130人受伤,还有3人失踪。❶这一数字以今天的标准来看并不惊人,但相当于清军设防最坚强的虎门、厦门、定海、镇海、吴淞诸战役英军伤亡的总和!

  英军在镇江遭到重大损失的主要原因在于轻敌。战前的侦察使他们误以为可以兵不血刃地入据该城,一如先前进占宁波、宝山和上海。这种自信使他们自负地决定将获胜的荣誉完全交予陆军,就像海军在吴淞独享战功一样。镇江濒临长江,英军的舰炮完全可以将炮弹射入城内,但他们没有这么做,仅有个别战舰在掩护登陆时开过几炮。鸦片战争中先前各次战斗清军主要是被英军舰炮轰走的或吓跑的,而此次城外清军齐慎部也因遭英陆军火炮轰击而溃,但城内清军因未受重炮轰击,仅与敌手持火器或小型火炮交战,故能坚持长时间的抵抗。

  英军在镇江遭到重大损失的另一重要原因是八旗兵的坚强抗击。如同乍浦一样,除青州兵400名外,1185名京口驻防八旗,已于此驻扎了近200年,家产在此,眷属在此,祖坟在此,他们保卫的已不是抽象意义上的国,而是实实在在的家,故能顽强、奋勇和拼死。由此我们又可理所当然地得出另一结论,只有士兵们、民众们意识到家与国的利益的一致性时,才会在民族战争中视死如归。据耆英战后的调查,清军此次战斗的伤亡为:

部别	战死	受伤	失踪
京口八旗	170人	161人	24人
青州八旗	55人	65人	24人

❶ *Chinese Repository*, vol. 12, p. 352;《鸦片战争末期英军在长江下游的侵略罪行》,第102—104、237—238、251页;《丛刊·鸦片战争》第5册,第308—309页。

续表

部别	战死	受伤	失踪
镇江绿营	3人	6人	17人
湖北绿营	7人	8人	3人
四川绿营	3人		
河南绿营	1人	1人	
江西绿营		23人	

其中京口、青州八旗的伤亡为30%，而湖北、四川、河南、江西绿营即由齐慎等统率的援军，相比八旗兵，其伤亡微不足道，仅为1.6%。道光帝见此大为感叹，朱批曰：

不愧朕之满洲官兵，深堪悯恻！❶

这里还有必要提一下海龄。这位曾经做到正二品总兵的老将，七年前因琦善的弹劾降至正四品的二等侍卫，发往新疆，充古城领队大臣。此次复任正二品的京口副都统，道光帝曾予朱谕劝激。❷作为一名军人，他已竭尽全力，战败之际又举家自尽，按传统道德可谓尽忠成仁。可作为镇江城内的最高军事长官，举止又不无暴戾之处。特别是7月15日英轮2艘初至时，他竟下令紧闭城门。逃难的民众因不得出城而抗议，他以"汉奸"罪名拘之，杀13人于小校场。城门的关闭导致市集的中止，民众无处买食。而早晚在街巷中行走的民人，纵兵用鸟枪打死，又在城内大肆搜捕"汉奸"。

---

❶《鸦片战争档案史料》第6册，第266—267页。其中按耆英的具体人数统计为战死239人，受伤264人，失踪68人，而耆英奏折中称总数为战死246人，受伤263人，失踪88人，为何有此误？原因不详。

❷《清史列传》第10册，第3036页。

如是者六天,民怨沸腾,满汉矛盾激化。这位副都统似乎并不知道,除了军事上的意义外,保卫一座城市的终极目的正是保卫该城民众生命财产的安全,战前疏散平民是守将的责任。而当民众感到威胁不是来自敌方而是自己的保卫者时,势必诱导以敌待之的举动。正因为如此,这位副都统虽慷慨殉国,但民间盛传其被愤民暗杀,以至在京的御史将此流言上达天听。❶一百多年来,与其他殉国将领相反,海龄的名声不好,恰是因其口碑恶劣。

1842年8月2日,英军留下其第二旅及炮兵一部继续占领城东北的北固山,主力撤离镇江,登舰继续溯江上驶,准备进攻当时长江流域乃至南中国最大最重要最著名的城市——南京。

两江总督牛鉴经历了吴淞、镇江两败后,自知再行抵抗将无济于事,其工作重心从部署防御转移到与英方讨价还价赎城金的数额上来,同时不停地向道光帝发出奏折,要求议和。

镇江之战是鸦片战争的最后一战,就军事角度而言,战争实际已经结束了。

三 求和的历程 ❷

钦差大臣耆英、七品职衔伊里布南下杭州后,为浙江局势之糜烂而震惊,立即从在京时"与银与地均非办法"的立场上后退,不顾道光帝"先剿后抚"的谆谆教谕,决计"羁縻"。

可是,这样一来,耆英、伊里布反而处于"两面作战"的窘

---

❶ 《鸦片战争档案史料》第6册,第72—73、99、225—226、250—251页。
❷ 本节的撰写,我参考了佐佐木正哉先生的论文《南京条约的签订和其后的一些问题》,〔日〕《近代中国》第21卷,译文是由李少军先生提供的。

境：桀骜不驯的"逆夷"不肯就"抚"，九重之上的道光帝不愿俯首，前者以兵势迫之，后者以权势压之。本非睿智的耆英者流只得对"鬼子"扮笑脸，对主子作鬼脸了。

由此，耆英主持的求和活动也跌宕起伏，一波三折，经历了奇特的历程。

1842年5月17日，刚刚放弃宁波等地的英军重兵逼迫乍浦，耆英闻讯后惊骇失色，未经请旨，于次日派伊里布前往，"体察情形，设法羁縻，宣布天威，示以大义"。❶待伊里布至嘉兴时，乍浦已失，即派先前充其对英交通员的外委陈志刚向英方送去了一份照会，伊里布开出的停战条件还是一年前的老一套，即以通商换和平。❷他似乎并不知道，在杨芳、奕山的允诺下，广州的通商已恢复一年。

英国全权代表璞鼎查此时尚在香港，陆军司令郭富于5月21日复照，称赞伊里布昔日善待英俘的行为，欢迎其前往乍浦并保证其安全，但又声称谈判非其"职分"，须转告璞鼎查"查办"。照会最后称："倘若贵国按照叠次所致文书内条款，一切允准，即结平和无难。"❸伊里布接此照会，一方面喜出望外，英方愿意和平；另一方面又如坠云雾之中，他实在不知道"叠次所致文书条款"为何。他不敢贸然去乍浦，于是在复照中称，既然须由璞鼎查"查办"，那就等到璞氏的照会到来后，"再行酌商办理"。❹

---

❶《鸦片战争档案史料》第5册，第273页。
❷ 佐々木正哉编：《鴉片戰争の研究：资料篇》，第147—148页。随同该照文一同送给英方的，还有耆英等人给伊里布的札文，授权伊里布与英方交涉。
❸ 同上书，第149页。
❹ 同上书，第150页。

英方立即看出伊里布未解其意，5月26日由海军司令巴加、陆军司令郭富联名发出的照会中明确宣布停战谈判条件：

一、须由清朝皇帝表明，情愿按照先前巴麦尊致中国宰相书及璞鼎查在浙江发出的照会中各条件办理。

二、清方的谈判代表须是"钦派操全权之大员"。

此外，英方还提出了释放英俘的要求。❶

钦差大臣耆英因乍浦失陷而于5月23日赶至嘉兴，与伊里布会合。此时盛行的英军为夺战俘而攻杭州的流言，又使奕经慌忙将英俘于27日解到嘉兴，以送乍浦归还英方而保全省城。耆英看到这份态度强硬的照会，对英方的两项条件无权也不敢作出答复，更不敢如实上奏，于29日的折片中专门挑好话说给道光帝听：伊里布派出的陈志刚在乍浦见到了"郭姓夷人"（郭士立），"传述晓谕之言，该酋深知感激，只求通商，言词尚为恭顺"。耆英为了道光帝能批准他们擅行的"羁縻"之策，将已经陷入的绝境描绘得一片光明。他还说明其对策为："当此逆焰方张、战守两难之际，固不敢轻言攻剿，亦不敢专恃羁縻，惟有恃以镇静，殚心竭力，相机办理。"❷ 这里的"镇静"二字又该作何解释，只有天晓得！

局势说变就变。5月28日，即耆英上奏的前一天，英军撤离乍浦，北上进攻吴淞；5月30日，即耆英上奏的后一天，又收到命其携带钦差大臣关防南下广州的谕令（详见上节）。由耆英主持的第一回合的求和活动只得匆匆收场。

可是，送往乍浦的英俘却找不到接收者，伊里布后将之送往英

---

❶ 佐々木正哉编：《鸦片战争の研究：资料篇》，第151页。
❷ 同上书，第321页。

军占领的镇海招宝山。尽管道光帝已明令停止"羁縻"活动，但伊里布仍不死心，让英俘带去了一份照会："所议之事，不难商定，须俟大局议有成规，自当会同扬威将军与刘抚台奏明大皇帝，再定章程。"这是针对英方先批准条件再谈判的反建议，而对谈判人选资格并无回答。他还要求英方给予"回文"，以便早开谈判。❶毫不奇怪，正忙于进攻吴淞的英方对伊里布的照会并不感兴趣，畏惧圣怒的浙江官员也不敢及时上报真情。❷只有被释放的英俘在此中占了点便宜。由于英方释放清军战俘时每名给银3元，清方释放英军战俘时显得颇有"天朝"的大度，"黑夷"（印度兵）每名15元，"白夷"每名30元。

1842年5月25日道光帝旨令耆英南下广州，时在乍浦失陷的7天之后，可他尚未知前线的战况；第二天，5月26日，耆英报告乍浦失守的奏折递至其案前，面对英军的凶焰，旨意开始动摇。

6月4日，道光帝收到耆英谎报"羁縻"情况的奏折，下令耆"暂缓起程"，留在杭州协助防守。❸

6月5日，他根据奕经的提议，责成耆英专办"羁縻"事宜。❹

6月9日，他收到奕经进呈的伊里布、郭富第一次照会（奕经也不敢上报英方第二次照会），授伊里布四品顶戴，署理乍浦副都统，在杭州或嘉兴"驻扎弹压"。❺

---

❶ 佐佐木正哉编：《鸦片战争の研究：资料篇》，第152页。
❷ 伊里布送还英俘的照会，于6月7日发出，而奕经直至6月19日才上奏报告此事（《鸦片战争档案史料》第5册，第433页），显系其收到道光帝6月5日和9日的谕旨，才敢羞羞答答地上报。但是，仍未敢将伊里布的照会附上。
❸ 《鸦片战争档案史料》第5册，第361页。
❹ 同上书，第365页。
❺ 同上书，第367—368、356—358页。奕经上报的伊里布照会抄本，与佐佐木正哉先生从英国档案馆中所录原件文字差别很大。看来，奕经与伊里布对道光帝做了手脚。

耆英在南下广州途中，于6月14日收到6月4日的上谕，连夜往回赶，4天后回到杭州。他与奕经商议后，于6月19日分别上奏。耆英使用了曲笔，称若英方提议与他（或伊里布）面谈，"自应准其所请"。❶这句话的真实含义是请求批准直接谈判。奕经说得更明白些，伊里布"查明何处紧要，即在何处就近办理一切"。❷也就是说，放手伊里布自我选择与英方的交涉地点，而不必顾及其新任的地方职务。

耆、奕的奏折表明，他们打算比道光帝批准的范围走得更远，这因为他们已经隐隐听到吴淞的炮声；而这两份奏折到京之日（6月25日），恰逢道光帝为吴淞、宝山的战败而生怒，在耆英的奏折上朱批"不可"，对奕经更是下令进攻，乘英军主力在江苏之机，"多方牵制，当可得手"。❸

我在第三章中已经提到，清朝当时最快的通信速度是"六百里加急"，由此而从杭州到北京打个来回，最少也需要12天。前方军情之紧急已不容耆、伊坐待谕旨，而耆、伊也利用这段时间抢先行动，由杭州而嘉兴而王江径而江苏昆山，一路尾追英军讲和。

6月20日，英海、陆军司令在上海收到伊里布请求"戢兵"的照会（具体发照时间不详，当在耆、奕19日上奏之前），当即复照，再次重复先前提出的停战谈判两项条件。值得注意的是，英方虽祝贺伊里布新任职务，但又强调了"钦派大臣"的条件，也就是否认了伊里布的谈判资格。❹

耆英看到英方的复照，自以为自己"钦差大臣"的身份符合英

---

❶ 《鸦片战争档案史料》第5册，第428页。
❷ 同上书，第433页。
❸ 同上书，第481页。
❹ 佐々木正哉编：《鸦片战争の研究：资料篇》，第154页。

方的条件，亲自出马，与伊里布联衔复照，主动提议在浙江镇海或江苏松江，与英方会谈。❶耆英的这一做法与其在奏折中的说法恰好相反。

耆英的照会于6月27日送至英方，英国全权代表璞鼎查也恰于此日由香港赶至吴淞。此时，英援军大批开到，准备上驶扬子江，根本无意于谈判。璞鼎查当日复照，表示不能停战，因为耆英未有"钦赐全权"。❷

在"天朝"的历史上，对外交涉本是大皇帝的专权，任何臣子都不得擅专，即所谓"人臣无外交"。因而当时根本不可能有"全权"的职差，恐怕当时人连"全权"的概念都没有。耆英头一回出阵便遭当头棒喝，而伊里布仍不罢休，于7月4日再次照会璞鼎查，宣称自己和耆英是"大皇帝特派来善议大臣"，准备在苏州"候讲善定事宜"。❸可这份照会送往吴淞时，英军已连樯溯流开赴镇江了。

更大的打击，来自于北京。

就在耆英、伊里布为璞鼎查所拒时，前引耆英的奏折也已批回，"不可"二字抽去了他前进的桥板。7月3日，道光帝看到耆英报告准备与英方约定地点面谈时，下旨："不可与之会晤"，"只可令陈志刚等持书前去"，"如复书有分外要求万难应许事件，即与牛鉴一意防守"。❹7月9日，他又收到耆英报告璞鼎查不肯谈判的奏折，又下旨：

---

❶ 佐々木正哉编：《鸦片战争の研究：资料篇》，第155页。
❷ 同上书，第156页。
❸ 同上书，第163页。
❹ 《鸦片战争档案史料》第5册，第537页。

若再事羁縻，不特与事无益，且恐有伤国体。著（耆英、伊里布）与牛鉴、程矞采（江苏巡抚）**专意剿办，无稍游移**。❶（重点为引者所标）

两江总督牛鉴见道光帝此时仍欲相战，直言上奏，要求道光帝效法乾隆帝征缅不克降诏罢兵并允朝贡之先例，对英"羁縻"办理。道光帝看到这份教训他的奏折，怒火中烧，认定老奸巨滑的伊里布是这批求和官员的主谋，于7月14日下旨让伊回乍浦赴任，耆英留在江苏会同牛鉴防剿。❷

上一次道光帝命耆英离浙，几天后便收回成命；这一次命伊里布离苏，可一天后便圣心游移了。

1842年7月15日，道光帝收到耆英一折，随奏附呈的文件引起其兴趣，全文为：

大英国大元帅吴夏密谕尔吴淞口居民知悉。因本国商船误伤广东商人三名，故清国**不许通商**，致经五载。为此我国命我**求和**，只因诈我**不肯保奏朝廷**，因我主发员叩阙杀尽奸徒，非干尔百姓，毋得惊慌乱窜，仍可安居耕种勿惧。倘我**黑鬼**私行横掠，尔众民便可杀之，无以为罪。十日内本帅整顿三军，再叩北阙，直抵京师，自行讲话，尔百姓其勿扰。特示。❸（重点为引者所标）

据耆英的奏折，这份文件于宝山县城外粘贴，但我们今天可以肯定

---

❶ 《鸦片战争档案史料》第5册，第593页。
❷ 同上书，第617页。
❸ 同上书，第599页。

它是伪造的，尽管还不知道伪造者是谁。❶璞鼎查在吴淞两次发布文告，但内容和文字与此完全不同。❷就这份文件本身而言，"大元帅"一词为英方所不用，"吴夏密"实不知为何人，更明显的证据是，英方绝对不会将自己麾下的印度籍士兵称为"黑鬼"。

按照耆英的分析，这份文件表明英方"情词尚属恭顺，无非意在通商"；而道光帝读到"求和"字样，也颇能熨贴他那颗敏感脆弱的自尊心，"直抵京师，自行讲话"一语恐怕不能不引起道光帝的恐惧。于是，他给耆英下了一道密谕，布置策略：

——耆英派陈志刚前往英方，告诉对方如果能将舰船撤回广东罢兵，耆英将向大皇帝保奏。

——香港赏给英方堆放货物；福建、浙江海口允许每年在约定时间内通商贸易，但英人不得长期羁留。

——英方不必进京，上述条件由耆英出奏，"降旨允行，以为凭据"。

同日，除这道密谕外，道光帝另有谕旨给耆英、牛鉴等人，重弹老调："激励将士，同心戮力"，"应守则守，应剿则剿，断不可稍存畏葸，致懈军心，是为至要！"❸

道光帝在此作了两手布置。

毫无疑问，道光帝作出的让步，与英方的要价相距甚远，但让

---

❶ 佐佐木正哉先生对此大胆推测称这一份文件可能是由耆英、伊里布伪造的（《南京条约的签订和其后的一些问题》，〔日〕《近代中国》第21卷）。而《鸦片战争末期英军在长江下游的侵略罪行》收入此文件时，称录自不著撰人《夷匪犯境闻见录》抄本，并称是"太仓州禀"7月7日在宝山县城外张贴。这与耆英奏折中的说法相一致，由此可排斥耆英伪造的可能性。但该书收录此件与耆英进呈文字稍有参差。

❷ 佐々木正哉编：《鸦片战争の研究：资料篇》，第158—160页。

❸《鸦片战争档案史料》第5册，第624、622页。又《筹办夷务始末（道光朝）》收入此密谕时，列为7月16日（六月初八日），不知为何晚一天。

人感到有意思的是，这与一年多前琦善在广东准备作出的让步完全一致。

7月14日，耆英、伊里布在苏州收到道光帝"专意剿办，无稍游移"的谕旨。有了上一次的经验，这次决计抗旨不遵。军事败局已定，他们断定除求和外别无选择。于是，他们公然给道光帝出了道难题，让他把"战守两难"的状况"敕下廷臣速议良策"。❶北京又能有什么办法？他们心里清清楚楚。与此同时，他们又加紧了求和的活动，由苏州赶向镇江一带。

7月18日，璞鼎查在镇江江面的军舰上收到了晚到的伊里布7月4日的照会；7月21日，即镇江开战的当天，又收耆英个人名义的私函。这两份仅要求和谈而未作出实际允诺的文件，自然挡不住英军对镇江的进攻。璞鼎查分别复照，附上了其在吴淞发布的告示，而给耆英的照会中还宣布英军即将进攻南京，让他准备好用来"赎城"的金钱。❷

璞鼎查在吴淞发布的告示，并无新鲜的内容，但对耆英、伊里布说来却是一份重要的文件。因为璞氏将英方的主要要求概括为三条：一、赔偿烟价和军费；二、两国平等外交；三、割让海岛；并称"得此三者，其余事端，不难善定也"。❸从未看过巴麦尊致中国宰相书，从未收到璞鼎查在广东、浙江发出的一系列议和条件照会的耆英、伊里布，必然会发现其中并没有提到通商，而"通商"又是他们手中对付嗜利的"夷人"的唯一法宝。

璞鼎查正式送来的告示，与耆英先前进呈的所谓"大元帅吴夏密"的告示差距太大了。耆英不敢上奏，而是隐匿下来。这一方面

---

❶ 《鸦片战争档案史料》第5册，第612—613页。
❷ 佐々木正哉编：《鸦片戦争の研究：资料篇》，第165—166页。
❸ 同上书，第158—160页。

是害怕激起圣怒，另一方面他们尚未收到道光帝的密谕，他们这种违背"剿办"谕旨、私下求和活动的本身即是大罪。

由于英军封锁了瓜洲至镇江的文报线路，道光帝的密谕迟至7月24日才传到耆英手中。他连忙派陈志刚前往英方，并在照会中提议首先进行下级官员的会谈。璞鼎查显然不满足清方的还价，复照中仅同意派员谈判南京赎城事宜。❶

尽管耆英瞒下了璞鼎查的告示，但英方的三项要求却又很偶然地从另一管道送至北京。

7月17日，英军在瓜洲一带扣留了300余艘民船，仪征士绅捐纳同知颜崇礼（据说是一位富有的盐商）主动前往英舰进行交涉，英军翻译普鲁士籍传教士郭士立也给了他一份璞鼎查的告示。颜崇礼将此告示交给常镇道周顼，周顼又将内容具禀两江总督牛鉴，牛鉴将此禀帖转给江宁将军德珠布阅看，德珠布将此禀帖抄录随奏进呈。❷

德珠布进呈的周顼禀帖，主要是谈英军的猖獗和镇江防务薄弱，德珠布进呈此禀的用意，仅仅为了说明镇江、南京的危急。已经将巴麦尊致中国宰相书内容忘得差不多的道光帝，却意外地发现英方的三项要求。7月26日，他再次密谕耆英、伊里布（两天前他下令伊留在江苏）：

> 广东给过银两，烟价碍难再议，战费彼此均有，不能议

---

❶ 佐々木正哉编：《鸦片战争の研究：资料篇》，第167—168页。又佐佐木正哉先生称，7月21日耆英给璞鼎查的私函，是其执行7月15日密谕的行动，此为误。耆英对此另有奏折，见《鸦片战争档案史料》第5册，第786页。另，璞鼎查的照会中文意思很不明确，耆英颇有误解。
❷ 《鸦片战争档案史料》第5册，第676—678页。

给；其平行礼可以通融；贸易之所，前已谕知耆英将香港地方暂行赏借，并许以闽、浙暂准通市。

他还认为，"该逆既来**诉冤**，经此推诚晓谕，当可就我范围"。❶（重点为引者所标）

就在道光帝发出此谕的当日，又收到了牛鉴关于英军围攻镇江的"六百里加急"飞奏，于是又下一旨：

著耆英、伊里布遵照前奉谕旨，开诚晓喻，设法羁縻，**有应便宜从事之处**，即著从权办理。此事但期有成，朕亦不为遥制。❷（重点为引者所标）

第二天，7月27日，道光帝先后收到耆英、牛鉴、齐慎等人的奏折，报告镇江沦陷。牛鉴为道光帝早日批准"羁縻"，竟在奏折中不顾忌讳口出"狂言"：

危迫实不可言，伏求皇上速决大计，以拯民命！❸

这一句后来在江南官场广为流传的话，显然刺激了道光帝。他谕令：

著耆英、伊里布仍遵昨旨，便宜行事，务须妥速办理，**不可稍涉游移**。❹（重点为引者所标）

---

❶《鸦片战争档案史料》第5册，第739页。
❷ 同上书，第742页。
❸ 同上书，第701页。
❹ 同上书，第743页。

"不可稍涉游移"是道光帝在谕旨中最爱使用的一句话,尽管他本人经常"游移"。我们在前面已经看到,18天前,7月9日,他给耆英的谕旨是:"专意剿办,无稍游移"!

不过,在此之后,道光帝再也没有"游移"过,再也没有动过"剿办"的念头。他终于明白,"剿"是不行了。但他弄不明白后来又让耆英、伊里布打听的是:"逆夷接仗之际,所带夷兵何以能使有进无退,慭不畏死若此?"❶

携带圣旨黄匣的飞骑,以一日六百里的速度疾奔南下,寻找此时正在无锡的耆英。而耆英在与璞鼎查交涉受挫之际,于8月1日收到了命其"便宜从事"的谕令,他立即将此谕令密寄已返回苏州的伊里布,让他赶来一同商量办理。至于"羁縻"的前景,耆英在奏折中称:

> 究竟能否济事,惟有竭尽犬马愚诚以冀报称。❷

这句官式套话若翻译成今天的口语,也就是"试试看吧"!

1842年7月10日,天津,前节提到不肯随主子南下留在家中养病的张喜,迎来了南方的客人。他是伊里布的专差,手捧伊里布的亲谕,让张喜迅速南下:

> 如今终要你来,方能达我意于夷人,以期大局速结。
> 将此事我与你到底办完,才了两人心愿,且好剖白前冤,真是难遇之机,何可失之?❸

---

❶《鸦片战争档案史料》第5册,第784页。
❷ 同上书,第787页。
❸ 张喜:《抚夷日记》,《丛刊·鸦片战争》第5册,第356页。

伊里布的手谕情重意切，而更能打动张喜的是，听到伊已署任乍浦副都统，并有望替代生病的刘韵珂，署理浙江巡抚。❶主子的再度荣华，奴才又可重展风光。于是，他于13日起程，至8月5日赶到无锡。伊里布见到这位得力家仆异样高兴，成七律一首，其中一句为：

且喜帷筹来管乐，非为掉舌有苏张。❷

这位显得聪明绝顶的老臣，居然将张喜比拟为管仲、乐毅、苏秦和张仪，又可见其分量。

张喜来的正是时候。

耆英、伊里布与璞鼎查的交涉，仍在"全权"一词上卡壳。尽管耆、伊解释道："本朝向无全权大臣官名，凡有钦差大臣字样，即与贵国全权二字相同"，但璞鼎查对此不以为然。❸

两江总督牛鉴因英军攻克镇江，兵临南京城下，未请旨批准便擅发照会给璞鼎查。但此类阐述义理并无实际允诺的照会并不为英方看重，反被逼迫交纳赎城金300万元。具有守城职责的牛鉴于8月4日、5日一口气向英方发了6道照会，允先交30万，续交30万，并请英军后撤。不愿讨价还价的璞鼎查于5日布告，称清方不愿赎城，将立即进攻南京！❹

---

❶ 此为伊里布的幕僚苏霖在给张喜的私函中透露，称奕经见刘韵珂患病，向伊里布许诺，让伊就任署理乍浦副都统后，立即回杭州署理浙江抚篆。这反映出奕、伊关系，也反映出奕与刘不和，企图趁此机会去刘之意（《丛刊·鸦片战争》第5册，第357页）。尽管此事后来未成事实。
❷ 张喜：《抚夷日记》，《丛刊·鸦片战争》第5册，第364页。
❸ 佐々木正哉编：《鸦片战争の研究：资料篇》，第176页。
❹ 同上书，第183页。

此时的牛鉴五中如焚，派弁疾奔无锡，请耆英、伊里布速来南京以解倒悬；6日又再次照会璞鼎查，其中有一段妙文：

> 此次和好通商之事，不但江南带兵大员，不敢具奏，就是扬威将军，亦不敢奏请……本部堂将仪征所贴告示内四条，**三次冒死据寔陈奏**，幸邀皇上允准，特命耆将军、伊中堂专办和好通商之事……乃正在讲和之际，贵国大帮兵船忽然来到，是使**本部堂一番好意，反启兵端**，试问贵国信在何处？义在何处？❶（重点为引者所标）

按照牛鉴的逻辑，和谈的局面是他"三次冒死据寔陈奏"促成的（尽管在档案中找不到"三次"的证据），英方不念及此情反发兵攻其驻守的南京，这种大水直冲龙王庙的行径，真是太不讲信义了。

就在张喜到达的当夜三更，牛鉴的差弁闯至耆英的座船。耆、伊商量后，决定派刚刚到达的张喜先行。临行前，耆英送来了五品顶戴，并对张喜保证："我必奏明，断不至如前次白戴虚顶。"❷而一年前，伊里布给的是六品顶戴。

8月7日中午，张喜赶到牛鉴的衙署，只见他为英军放风当日攻城而急得团团转。颇有一些西洋知识的张喜一掐算，当日是星期天，该是基督徒作礼拜的日子，连忙安慰牛鉴。将信将疑的牛鉴问清伊里布的行程，急忙再给英方发去一照会，告诉伊里布明日到达，想用伊里布善待战俘的名声，来阻止英军攻城的炮声。❸

伊里布于8月8日到达南京，即派张喜前往英舰。

---

❶ 佐々木正哉编：《鸦片战争的研究：资料篇》，第185页。
❷ 张喜：《抚夷日记》，《丛刊·鸦片战争》第5册，第365页。
❸ 同上书，第365页；佐々木正哉编：《鸦片战争的研究：资料篇》，第189页。

自 1842 年 5 月伊里布派陈志刚前往乍浦开始，中英交涉已近 3 个月。从现存的双方照会内容来看，似乎一直未能沟通。这一方面是英方翻译官的汉语水准问题，使英方文件往往辞不达意；另一方面是清方官员害怕留下把柄不愿在照会上写清其意，许多重要信息由送信的兵弁口头转述，而这些少有文化的武职，显得难胜此责。头脑及口齿皆极伶俐的张喜，一登场便是风光不同。他撰写的《抚夷日记》，又是关于南京条约谈判最详尽、最生动的中文记述，以致在美国的著名中国近代史专家邓嗣禹先生专门将之翻译成英文发表。❶

　　张喜带去的伊里布照会，并无新鲜内容。马儒翰阅后劈头责问："俱系空话，于事何益？"但英方深知张喜为伊里布亲信，于是双方的谈话也就"由辰至酉"（即早晨 7—9 时至下午 5—7 时），璞鼎查、马儒翰、罗伯聃皆在场。会谈的细节可见于张喜的《抚夷日记》，其于辩论进行于嬉笑怒骂之中而大放异彩。戏剧性的场面频频出现，张喜的言辞机锋不逊于苏秦、张仪。但是，越是完美的记录，越是让历史学家怀疑其掺入了多少自吹自擂的水分。❷

　　据张喜称，他临别时曾向英方索要"回文"，英方称当日来不及拟就，让次日派人来取。当天晚上，张喜回到南京城时，车马俱

---

❶ 邓嗣禹的译本于 1944 年由芝加哥大学出版社（University of Chicago Press）出版，名为《张喜与 1842 年南京条约》（*Chang Hsi and the Treaty of Nanking*, 1842），这个有详注的译本，前面还有邓嗣禹的一篇论文进行评价。

❷ 张喜：《抚夷日记》，《丛刊·鸦片战争》第 5 册，第 366—369 页。按照张喜自己的记载，他本人是主战的，并在会谈期间毫不掩饰这一见解，后对伊里布进火攻之策，对耆英亦献计火攻，但都没有被接受。这就使人怀疑其真实性。尽管张喜对签订《南京条约》是有功的，但是这种功劳从另一角度来看却是罪恶。在当时的环境中，他似乎还须为自己辩白。

绝，伊、牛"皆无定议"。第二天，8月9日，伊里布派弁去取回文，而牛鉴又将许诺赎城的金额从60万升至100万。❶

伊、牛派出的差弁当日未归，8月10日深更返回时带来一个惊人的消息：英军将于明日攻城。❷南京城内顿时乱成一片。伊、牛急命张喜再去交涉，而张喜"惟恐往返空谈，不能济事"，便不肯从命，坚请另派干员。或许张喜的这一举动使伊、牛完全顺服。伊里布交给张喜两份照会。第一份具衔为：

钦差大臣头品顶戴花翎前阁部堂署乍浦都统红带子伊。

第二份明确承诺：

所有烟价、马头及平行各条，均可酌商定议，写立合同。

与此两道照会同时发出的，还有道光帝允其"便宜行事"的上谕。❸

从伊里布的头衔来看，钦差大臣、头品顶戴并无其事，尽管耆英后于8月15日出奏而道光帝20日批准"暂戴头品顶戴"；他的实职仍是四品顶戴署理乍浦副都统，他却省去了"副"字。可这还算是小事。他发给璞鼎查的那道上谕，是从道光帝两道谕令的文字拼凑的，其中一些意思是上谕中没有的！❹

---

❶ 张喜：《抚夷日记》，《丛刊·鸦片战争》第5册，第370、372页；佐々木正哉编：《鸦片戦争の研究：资料篇》，第191—192页。

❷ 张喜：《抚夷日记》，《丛刊·鸦片战争》第5册，第372页；佐々木正哉编：《鸦片戦争の研究：资料篇》，第190、193页。

❸ 佐々木正哉编：《鸦片战争の研究：资料篇》，第194—195页。

❹ 伊里布在署理乍浦副都统后，给英人的照会就写作乍浦都统，省去"副"字；而伊里布从无锡赶往南京后，照会中具称"钦赐头品顶戴花翎"，而耆英尚未出奏，但从张

牛鉴也派人送去一份照会，内称："一切不尽之言，均由该委员面叙。"又据张喜称，他让人"面叙"的，是"许给赎城金三百万"！❶

（接上页）喜的例子来看，伊里布这么做是经过耆英同意的；伊里布到南京前，牛鉴给英人的照会中便称伊为"钦差大臣"（以上见佐々木正哉编：《鸦片戦争の研究：资料篇》）。然而，朝廷的谕旨中也有误差，如道光二十二年六月十九日（1842年7月26日）的两道谕旨皆作："军机大臣密寄钦差大臣耆、伊"，"军机大臣字寄钦差大臣耆、伊"，从行文来看，伊里布又同为钦差大臣，但是，第二天的谕旨又改作"军机大臣字寄钦差大臣耆、参赞大臣齐、副都统伊"，伊里布的头衔又变成了副都统，尽管没有"署理"二字（《鸦片战争档案史料》第5册，第739、742—743页）。而到了七月初五日，谕旨又改为"军机大臣字寄钦差大臣耆、署副都统伊"，由此至签订南京条约，谕旨一直为此头衔（同上书，第6册，第25、53、114、164、184页）。由此可见，尽管伊里布等人向英方开具了新的头衔，英人也信以为真，但他的实际职务仍是四品卿衔，"暂带"头品顶戴、署理乍浦副都统。当然，伊里布在上奏时，还是老老实实地自称"署理乍浦副都统"。

又，伊里布发给英方的谕旨全文为"军机大臣密寄钦差大臣耆英、伊里布，道光二十二年六月十九日奉上谕：前因该夷恳求三事，已有密谕耆英、伊里布，会同筹商妥办。惟前据该夷照复，似以耆英、伊里布不能做主为疑，著耆英、伊里布剀切开导。如果真心戢兵，定逐允准，不必过生疑虑。该大臣等，经朕特简，务须慎恃国体，俯顺夷情，有应行便宜行事之处，即著从权办理，朕亦不为遥制。勉之。钦此，遵旨寄信前来"。查这道谕旨摘录了六月十九日给耆、伊第一道谕旨中"军机大臣密寄钦差大臣耆、伊，道光二十二年六月十九日奉上谕：……前因该夷恳求之事……已有旨密谕耆英……惟前据该逆照复，似以耆英、伊里布不能作主为疑……著耆英、伊里布剀切开导，如果真心悔祸、共愿戢兵，我等奏恳大皇帝定邀允准，不必过生疑虑。该大臣等经朕特简，务须慎恃国体，俯顺夷情……"；又摘录了该日第二道谕旨中"有应行便宜从事之处，即著从权办理……朕亦不为遥制。勉之。"如果与谕旨原文对照，伊里布删去了对英方不利的言词，如"真心悔祸、共愿戢兵"删为"真心戢兵"等等。但是，值得注意的是：一、伊里布将谕旨中"伊里布现往镇江，著即会同耆英妥筹商办"一句，移至"前因该夷恳求三事，已有密谕耆英"之后，就变成了英方要求的"三事"，可以由耆英、伊里布"筹商妥办"了，而当日谕旨中对"三事"明确规定了不得付战费，烟价已在广州给过，不得再付等内容；二、原旨中称"如果真心悔祸、共愿戢兵，我等奏恳大皇帝定邀允准"一语，即明确规定，一切须请旨后方可实行，伊里布改为"如果真心戢兵，定邀允准"，变成了不必经过大皇帝，而可由他们来"允准"了。这些实际上改变了谕旨的原义，变成了他自己的新内容了（道光帝谕旨原文见《鸦片战争档案史料》第5册，第739、742页）。

❶ 佐々木正哉编：《鸦片戦争の研究：资料篇》，第196页；张喜：《抚夷日记》，《丛刊·鸦片战争》第5册，第372页。

这一夜，南京城内的官员恐怕都不能入眠。张喜一行于8月11日丑时（1—3时）出城，寅时（3—5时）到达江面，匆匆赶至璞鼎查的座舰。看来伊里布的照会终于符合了英方的要求，同意进行谈判；而璞鼎查给牛鉴的照会有如一颗定心丸："赎城之说，自可置之不议。"❶

张喜回到南京时，耆英已经到达。根据与英方的约定，8月12日，耆英、伊里布派张喜、塔芬布（耆从盛京带来的佐领）前往英舰谈判。耆、伊的照会称：

> 兹公同派遣委员张士淳（即张喜）、塔芬布前来，面为熟商一切，不难早定，所有本大臣等讲话通商之意，张士淳等必能代达也。❷

由此，一名并非朝廷命官"暂戴"五品顶戴的家仆，充当了一个大国在重大事件中的进行外交谈判的正式代表！

璞鼎查见此，即命其秘书麻恭少校和中文翻译马儒翰为英方谈判代表。❸根据马儒翰的提议，因天气太热（8月中旬火城南京之炎热可以想见），谈判地点于当日中午移至南京城外下关一带的静海寺。

张喜身为谈判代表，而在下令打扫寺院、布置场所、派定迎候人员、及时向城内大宪通报情况、甚至召集地保通知居民不必见这些隆鼻凹眼的夷人而惊慌逃难诸事务上，大有麻利、干脆之优长，真显其家仆本色，但待到麻恭、马儒翰等人到静海寺投帖、迎见、

---

❶ 佐々木正哉编：《鸦片战争の研究：资料篇》，第197页。
❷ 同上书，第198页。
❸ 同上。

坐定,结束一整套礼仪程式后,他似乎只成了一名听客。马儒翰将议和条件逐条讲解完毕,恐张喜记忆不清,便展开纸笔,详细开载,并十分具体地叮嘱张喜:一、清方将英方条件再抄录一遍,若有异议将意见写在清方的抄件上;二、第二天中午继续谈判,届时张喜须带来钦差大臣对议和条件的意见和道光帝"便宜行事"谕旨的原件。

马儒翰开列的英方条件共有八项,内容包括赔款、割地、五口通商、废除行商、平行外交等。❶这些都是张喜闻所未闻或知之不详的政府公务。而在张喜的日记中,英方的条件似乎仅仅是赔款3000万元(他大约也只能看懂这一条),于是,又拿出家仆的本事,大为杀价,使之降为2100万元。❷可我们在英方记载中找不到相应的减价900万元的情节。

谈判结束后,张喜回去复命。耆英请其在后庭设座这一优礼使之受宠若惊。他详细回明谈判情况后,将英方要求"三大纸"交给耆、伊、牛。哪知三大宪看都不看,转给幕宾,而幕宾略观数行,便称"窒碍难行",便束之高阁。

8月13日,耆英等再派张喜去谈判,但对英方的要求并无正式的答复。张喜索要英方要求"三大纸",以便退还英方,哪知幕宾出门拜客未归。空着两手的张喜,忐忑不安地前往静海寺。与之同行的,不仅有塔芬布,还有牛鉴、伊里布派出的五人。这些末微小吏平时只是在官厅中传话端茶,此次派往折冲樽俎,为的是将来上奏时可以保举。

这一天的谈判情况可想而知。尽管张喜诡称英方条件由钦差大

---

❶ 佐々木正哉编:《鸦片战争の研究:资料篇》,第199页。
❷ 张喜:《抚夷日记》,《丛刊·鸦片战争》第5册,第374页。

臣们正在"逐条斟酌"、圣旨原件送往扬威将军处,但英方大怒,指责清方无心讲和,欲调寿春镇兵前来开战。在英方的紧逼下,张喜露出了原形:

> 我们往来传话,有话只管说明,我们亦好回禀钦差大臣……❶

这位清朝的正式代表,内心中仍自我认同为"往来传话"的差弁。又据张喜的日记,马儒翰与麻恭商议后,在谈判结束时宣布:

> 候至天明为度,天明若无回信,即便开炮。❷

这无疑是最后通牒。

张喜将此决裂情况回禀耆、伊、牛,三大宪惊骇失色,立即找来幕宾,检出英方的条件,决定"一概允准",仅对付款期限及款项付清前英军占领舟山、招宝山、鼓浪屿三处表示异议,要求再议。❸

事情就这么简单。原本很复杂的事情,一晚上就全结束了。

当天晚上,两江总督衙署内幕宾们很是忙碌了一番。子时(11—1时),张喜匆匆出城,丑时(1—3时)赶至江口,寅时(3—5)来到英舰。所有这一切都是为了赶在"天明"之前。英方收到了耆、伊、牛出具的同意英方要求的照会,收到了道光帝授权耆、伊"便宜行事"的圣旨(天晓得是如何伪造的),收到了牛鉴

---

❶ 张喜:《抚夷日记》,《丛刊·鸦片战争》第5册,第377页。
❷ 同上书,第378页。
❸ 佐々木正哉编:《鸦片战争の研究:资料篇》,第201—202页。

说明寿春镇兵调动是在议和之前的照会，收到了牛鉴撤回寿春镇兵的命令（标明800里加急），收到了道光帝命牛鉴与英为"妥办"的圣旨。❶此外，张喜还带来一个口信，钦差大臣另委大员在静海寺等候"议事"。❷

此后进行的谈判，风平浪静。

8月14日上午，原吉林副都统、四等侍卫咸龄和署江宁布政使、江苏按察黄恩彤，与英方代表麻恭、马儒翰重开谈判。先前的那位主角张喜此时只是在一旁伫立，未敢发言。❸8月15日，谈判继续进行。耆英等人的照会又让一步，不再提付款期限，只要求英方在五口开放后退还舟山、招宝山和鼓浪屿。❹这一要求并未被接受。盎格鲁撒克逊人不这么看问题。既然清方同意赔款，未付部分就是债务，是债务就得有抵押！不过，他们也象征性地让了一步，将驻军三处改为两处，去掉了不宜防守的镇海城外的招宝山。

可是，与谈判桌上的平静相反，谈判场外小有风波。8月15日，英方代表送来璞鼎查致牛鉴的照会，开头便称：

至云开仗等语，恐系口传不明，以致听有错误。❺

这等于说，所谓最后通牒只是张喜的虚张而已。

我们不知道璞鼎查究竟是不明实情还是故意说谎，但可以肯定，张喜是清白的。这一方面是张喜不懂英语，同行的还有塔芬

---

❶ 佐佐木正哉编：《鸦片战争の研究：资料篇》，第204页。
❷ 张喜：《抚夷日记》，《丛刊·鸦片战争》第5册，第378页。
❸ 黄恩彤：《抚远纪略》；利洛：《缔约日记》；张喜：《抚夷日记》。以上见《丛刊·鸦片战争》第5册，第416—417、506—508、380页。
❹ 佐佐木正哉编：《鸦片战争の研究：资料篇》，第206—208页。
❺ 同上书，第205页。

布等6人，根本做不了手脚。另一方面参加谈判的英海军军官利洛（Grannille G. Loch）在回忆录中亦称：

> 麻恭少校对本日（13日）的会见极为不满……遂愤而退，临行时说，假如全权大臣不能于明日黎明前将全权委任状交予总司令，英方明早开炮轰击……❶

可是，耆英等人看到璞鼎查的照会如同吞了苍蝇。作为直接结果，伊里布通知张喜退出谈判，而未说明原因。直到英军退出长江，伊里布解释道，耆英让其避让，是因其"面色甚厉，惟恐偾事"，张喜当即反驳，称耆英出于妒嫉：

> 怕喜成功，即是怕中堂（伊里布）成功；中堂成功，岂不盖了耆将军的面子？❷

张喜的反应是直接的。他习惯于将一切与功过名利相联系，将奴才与主子相联系。小人之心，小人之言，由此可见其可畏之处。

张喜由核心退至圈外，谈判本身也进入尾声，我们可列一时间表：

8月16日，英方据前两天会谈情况，拟就条约草案。

17日，英方将条约草案交予清方。❸

19日，双方再次会谈。咸龄、黄恩彤听取英方对条约的说明，表示接受。

20日，耆英、伊里布、牛鉴登上英旗舰皋华丽号，作礼节性拜访。

---

❶ 利洛：《缔约日记》，《丛刊·鸦片战争》第5册，第505—506页。
❷ 张喜：《抚夷日记》，《丛刊·鸦片战争》第5册，第398页。
❸ 佐々木正哉编：《鸦片戦争の研究：资料篇》，第208页。

24日，璞鼎查一行至静海寺，作礼节性回拜。

26日，也是最关键一日，璞鼎查等人进入南京城，至上江县考棚，正式交付条约文本，即双方作最后决定。耆英等人虽有抱怨言辞，但表示接受条约。在场一英军军官写道：

在欧洲，外交家们极为重视的条约中的字句和语法，中国的代表们并不细加审查，一览即了。很容易看出来，他们焦虑的只是一个问题，就是我们赶紧离开。❶

为了使英军赶紧离开，耆英还提议立即签字，但英方拒绝了。他们不想如此匆忙，而要举行一个盛大的仪式来庆贺他们的胜利。

这样，南京方面的一切都已经摆平，问题仅剩下另一端——北京。

耆英到达南京后，于8月13日、14日、17日、26日四次向道光帝报告谈判情况。❷而展读这些奏折，与其说是请旨，不若说是婉言传达英方的胁令。8月22日，道光帝收到耆英17日的奏折，朱批曰：

何至受此逼迫，忿恨难言！❸

8月31日，道光帝收到耆英26日的奏折，下旨曰：

---

❶ 利洛：《缔约日记》，《丛刊·鸦片战争》第5册，第514页。
❷ 《鸦片战争档案史料》第6册，第50—53、56—57、74—76、114—115页。
❸ 同上书，第136—138页。

> 览奏忿懑之至！朕惟自恨自愧，何至事机一至如此？于万无可奈之处，一切不能不允所请者，诚以数百万民命所关，其利害且不止江、浙等省，故强为遏制，各条均照议办理。❶

这一条谕旨于9月7日才到达南京。但在此之前，8月29日，南京江面的英舰皋华丽号上，耆英、伊里布已在条约上盖用关防并亲笔画押了。

条约签订了。
南京保全了。
英军退出了。
战争结束了。
这一切使英方大为满意。一英军军官在其回忆录的结尾，用大写字母写了一句得意的话：

CHINA HAS BEEN CONQUERED BY A WOMAN. ❷
中国被一女子（指女王）征服了。

---

❶ 《鸦片战争档案史料》第6册，第165页。
❷ Bingham, *Narrative of the expedition to China: from the commencement of the war to the present period*, vol.2, p. 372.

第7章

平等与不平等

历史学家蒋廷黻曾经写道：

> 中西关系是特别的。在鸦片战争以前，我们不肯给外国平等待遇；在以后，他们不肯给我们平等待遇。❶

这段话相当凝练且传意。

但是，我们若从细部去观察就会发现：尽管鸦片战争前清朝在国家关系上矮化西方列强，但对经济贸易的种种限制，恐怕不能以"不平等"一语而完全概括之，至于猖獗的鸦片走私贸易，又当别作它论；鸦片战争后西方列强逼勒的一系列条约，包含众多不平等条款，而在国家关系上又毫无例外地追求与清朝"平等外交"。

进一步地研究又使我吃惊地发现：今天人们所谈论的平等或不平等，都是以18世纪在欧美产生至20世纪在世界确立的国际关系准则为尺度；而生活在"天朝"中的人们，自有一套迥然相别的价

---

❶ 蒋廷黻：《中国近代史》，湖南人民出版社，1987年，第17页。

值标准，另有一种平等观念。他们对今天看来为"平等"的条款往往愤愤不平，而对今天看来为"不平等"的待遇却浑然不觉，因而在外交上举措大谬。

在19世纪急剧缩小的世界中，"天朝"本是一个特殊的"世界"。

一　中英南京条约及其引起的忧虑

作为鸦片战争结束标志的1842年8月29日在南京江面上签字的中英和约，被后人名之为"南京条约"。它共有十三款，❶无疑是一项苛刻的不平等条约。

若从具体条款来看，南京条约之所以为不平等，主要是三项内容：一、割地（第三款）；二、赔款（第四、六、七、十二款及第五款后半部分）；三、赦免"汉奸"（第九款）。而第一款宣布和平，第十三款规定批准程式，并不涉及平等或不平等；第八款释放英囚也合乎当时和现在通行的国际法惯例；至于条约第十一款平等国交，反是这项不平等条约中的平等条款。

除去以上今天比较容易判别的条款外，该条约还有三项规定：一、五口通商（第二款）；二、废除行商（第五款前半部分）；三、新定税则（第十款）。这些关于经济贸易的条款，很难简单地以平等或不平等来界定。

从今天通行的国际关系准则而言，一个国家选择何种方式进行对外贸易，本是主权范围之内的事。就此而言，英方强加中国的这些规定，无疑是强权的表现。

---

❶ 条约原文中文本见王铁崖编：《中外旧约章汇编》第1卷，第30—33页。

从社会经济发展史的角度来看,一口通商、行商制度束缚了中国对外贸易的发展,不利于中国从自给自足的小农经济转向市场交换的工商经济;广州的关税由吏员和行商操纵,使每一次关税交纳都成为讨价还价的灰色交易,外商受害,国家无利。这些难道还应当继续保留?

因此,从理论上讲,最佳方案是清政府自身改革,作好内部准备后主动开放,并在具体做法上与国际接轨。但在历史现实中,这种可能性等于零。

后来的历史说明,西方的大潮冲击了中国的旧有模式,民众的生产和生活(主要在沿海地区)为之大受损害,在此哀曲中又萌生出中国前所未有的种种社会经济现象。五口通商、废除行商、新定税则,作为英国此战的主要目的,反映出其欲将中国纳入世界贸易体系的企图,使伦敦、曼彻斯特和孟买的老板们大发利市,致使中国在毫无准备和防备的情况下仓促开放。这对中国有不利的一面,但在客观上为中国提供了摆脱循环的新途径。从短期上讲,负面作用大于正面效应,而从长期来看,负面作用在不断退隐,正面效应在逐渐生长。至本世纪,正面效应超过了负面作用。

我们不妨设想一下,中国的开放若不是在上世纪中叶而是更晚,中国的现状又会怎样?

历史学家应当具备远距离的思辨力。

然而,以上认识只是今人的一种分析,与当时人的思想是不搭界的。

前一章提到的张喜,在其对条约谈判的详尽记录《抚夷日记》中,除对赔款的杀价外,另外只记了一条清方的抗辩:"黄(恩彤）、咸（龄）两大人出城，与夷人会议，不许夷人携带家眷。"❶ 这可能是张喜知识有限，不能理解条约内容的意义。而时任江苏布政使李星沅看到条约的反应，不得不让人深思：

>阅江南钞寄合同（指条约），令人气短，我朝金瓯无缺，忽有此磋跌，**至夷妇与大皇帝并书**，且约中如赎城、给烟价、官员平行、汉奸免罪，**公然大书特书**，千秋万世何以善后……❷（重点为引者所标）

李星沅当时是主和的官员。他没有对条约内容直接评价，只是"大书特书"使之耻辱，大约这些事是可以私下做而不能公开说的吧。他最看不惯的，是"夷妇与大皇帝并书"，作为一名饱学经史的儒吏，本能地感到无法向历史交账。在战争紧要关头以病求退，归田后又著述甚丰的前江苏巡抚梁章钜，此时尚在归途，得到消息后，致信福建巡抚刘鸿翱，对福建须开放两处口岸愤愤不平：

>江南（指江苏）、浙江、广东，每省只准设一马头，而福建一省独必添一马头以媚之，此又何说以处之。且江南之上海、浙江之宁波、福建之厦门、广东之澳门，本为番舶交易之区，而福州则开国以来并无此举。❸

梁氏为福建长乐人，恰恰位于福州出海的闽江口端，福州的开放使之恐惧。

---

❶ 《丛刊·鸦片战争》第5册，第382页。
❷ 《李星沅日记》上册，第428页。
❸ 梁廷枏：《夷氛闻记》，第119—120页。

相比之下，浙江巡抚刘韵珂对条约的感受显然"深刻"得多，他给南京的耆英、伊里布、牛鉴写了一封长信，一口气提出十个问题：

一、对英条约签订后，其他国家望而效尤，清朝又不知底细，该怎么办？

二、英国已在广东"就抚"过，并给过银两（指义律—奕山停战协定），此次若其国王认为郭士立（清方一直将此人视为主谋之一）、璞鼎查办理不善，别生枝节，该怎么办？

三、英国屡言北上天津，此次未将天津列为口岸，如何"能杜其北上之心，方可免事后之愧"？

四、各通商口岸皆有章程输税纳课，今后若英国阻勒商船，清政府管不管？若清政府采取措施，岂不又引起衅端？

五、今后若有民、"夷"争讼事件，英方拒不交凶，如前林维喜案，又该如何"戢夷暴而平民心"？

六、各省战后重修海防工事，英方若对此猜疑而阻挠，该怎么办？

七、赦免"汉奸"之后，若有匪徒投靠英方而扰害民众，英方又予以庇护，该怎么办？

八、若英人潜入非通商口岸地区而引起民众抗拒，英方必归罪于清方，"起兵问罪"，该怎么办？

九、英人在舟山"建造夷楼"，"大有据邑之意"，若各通商口岸均如此，致使"转盼之间，即非我有"，该怎么办？

十、中国之凋敝在于漏银，新开口岸后漏银更易，清方若禁银出口又会挑起衅端，该怎么办？

这是一篇新的"十可虑"，是对战后中外关系的深层次的思考。本无国际知识的刘韵珂，所提出的问题以今日之眼光观之十分可笑，不若前一篇"十可虑"分析清朝内部问题那般实在，但却真实地道出一名负责任的官员对未来中外格局,尤其是通商口岸地方官员如何处理"夷务"、解决民"夷"纠纷的忧虑。

刘韵珂的这封信,没有直接评价南京条约(这也是他一贯的办事风格),但用提问题的方法曲折地表达了他对条约的看法:这份条约太简略了,在许多具体的问题上缺乏具有长远眼光的明确规定,因而在操作上有其任意性,稍微处置不当就有可能引起衅端。这次战争已使他打怕了,最惧再起兵刃。他在信中说:

抚局既定,后患颇多。伏念计出万全,定必预防流弊。

逆夷反复与否,姑不具论,即善后事宜而论,已有儳然不可终日之势。❶

至于如何防止这些"流弊",他没有具体说明。我不知他是没有对策,还是有办法不说,只是将问题原原本本地交还给耆英、伊里布和牛鉴。

由此,我们不仅要问,刘韵珂写这封信的真实意图是什么?他仅仅是对耆、伊、牛订立的条约表示不满?抑或让三大宪作补救?三宪均为主持谈判的官员,刘氏是暗示他们继续与英方交涉?从而对他提出的十个问题作更具体的规定?

这可是一个危险的信号。

在中国的历史上,南京条约毕竟是亘古未有之事,各色人等议论纷纷当在情理之中,况且在专制社会中,臣子们的意见往往无足

---

❶《刘玉坡中丞韵珂致伊、耆、牛大人书稿》,《丛刊·鸦片战争》第 3 册,第 359—362 页。在此信中,刘韵珂还就将来局势提出 10 项危险因素。

轻重，真正有效用的是圣旨。

道光帝因一份伪造的告示而最后决计主和，江宁将军转呈的常镇道禀帖，使之知晓英方的条件，遂下旨：一、烟价在广州已付，军费和商欠不准赔；二、平行礼可以通融；三、香港"暂行赏借"（不是割让），闽、浙沿海暂准通商，但不许长久居住。这是他对未来和约的最初设想。

1842年8月18日，道光帝收到耆英的奏折，更清晰地了解到英方的要求，❶作了一些让步：一、厦门、宁波、上海准其贸易，但再次强调"不准久住据为巢穴"；二、福州不准开放，不得已可改为泉州；三、香港仍坚持"赏借"；四、对于赔款不再反对，只是询问款项如何筹措。❷该谕旨8月24日送至耆英处。

8月22日，道光帝收到耆英报来的"酌办各条"清单，❸下旨曰：一、行商制度"毋庸更改"；二、商欠由官府"查明追还"（而不是赔偿）；三、英船关税由副领事赴海关交纳而不经手行商一事，再行妥议具奏；四、香港问题在谕旨中没有提及，大约已同意由"赏借"改为"让与"，五口通商问题仍坚持原议。值得注意的是，谕旨又提到另外三项内容：一、"沿海之广东、福建、台湾、浙江、

---

❶ 耆英在奏折中称：英方的要求为"一、系讨洋钱二千一百万元，本年先交六百万元，其余分年交。一、系索讨香港作为码头，并求准往广州、福州、厦门、宁波、上海等处贸易。一、系与中国官员用平行礼。其余虽尚有请求，大抵不出三款之外"（《鸦片战争档案史料》第6册，第56页）。耆英大大缩小了英方的要求。他在该折中称："该夷将请求各款开列清单，交委员塔芬布带回"，此即8月12日中英第一次静海寺会谈中马儒翰交张喜带回的"三大纸"（具体内容可见佐々木正哉编：《鸦片戦争の研究：资料篇》，第199—200页），但他没有报告诸如废除行商等项内容。

❷ 《鸦片战争档案史料》第6册，第85页。

❸ 耆英在8月17日奏折中称："谨将酌办各条另缮清单，恭呈御览"（《鸦片战争档案史料》第6册，第75页），但该书未收录清单。又，耆英于8月15日致璞鼎查照会，附有关于和约十项条件的清单（佐々木正哉编：《鸦片戦争の研究：资料篇》，第206—208页），估计内容相同。这可能是道光帝第一次全面了解英方的要求。

474

江南、山东、直隶、奉天各省地面"（当指非口岸地区）"不准夷船驶入"；二、战后各省修复海防工事，"系为缉洋盗起见，并非为防御该夷而设，不必妄生疑虑"；三、其他各省因不明订立和约而对英舰实施攻击，"不得借为（开战）口实"。❶ 此谕旨8月27日到达耆英处。

9月1日，道光帝收到耆英的奏折，全面让步，"各条均照所议办理"，但又下旨曰：

> 此外一切紧要事件必应筹及者，均著责成该大臣等一一分晰妥议，不厌反复详明，务须永绝后患。该大臣既知善后难于措手，他国之不免生心，即应思前顾后，预为筹画，于勉从下策之中力求弭患未然之计。倘稍留罅隙，日后有所借口，以致别生枝节，办理掣肘。❷

道光帝这段话的意思不很明确，似乎是命令耆英等人在条约完成后，继续与英方商议"一切紧要事件"。他没有说明"一切紧要事件"的具体内容，但似乎认为条约还不能"永绝后患"。从这个意义上讲，他与刘韵珂在思想上有着惊人的一致。该谕旨9月7日到达耆英处。

9月6日，道光帝收到耆英呈递的条约，注意力已从条约本身转向条约之外，下旨：一、关于"商欠"，今后英商与华民交易，一切欠款自行清理，清朝对此不再负责；二、关于赦免汉奸，"倘该民等别经犯罪，我国应当照例办理，与该国无涉"；三、关于关

---

❶《鸦片战争档案史料》第6册，第114—115页。
❷ 同上书，第165页。

税,"各海关本有一定则例",即使中国商人运送英国货物往内地,"经过关口自有纳税定例"(道光帝似未看懂条约第十款的规定,谕旨的文字和语气似乎否定这条款存在的必要性);四、"所称银两未清以前,定海之舟山海岛,厦门之古(鼓)浪屿小岛,均准暂住数船,俟各口开关后即著退出(道光帝似乎要求英方退还舟山、鼓浪屿的期限,由五口开放、赔款交清两项条件改为五口开放一项条件)。这一次的谕旨,道光帝讲得明明白白:

> 以上各节,著耆英等向该夷反复开导,不厌详细,**应添注约内者**,必须明白简当,力杜后患,万不可将就目前,草率了事。❶(重点为引者所标)

也就是说,在条约签订之后,道光帝依旧命令耆英就有关事项继续向英方交涉。该谕旨于9月13日到达耆英处。

从以上一系列的谕旨中,我们可以看清道光帝对南京条约的态度。这份条约的内容与他原先的设想差之霄壤,可六朝故都的南京已成了风前之烛,不得不予以批准。但是,他心有不甘,于是命令耆英等人继续交涉,挽回一些"天朝"的利益。灾祸由此萌生。毫无国际知识的道光帝并不知道国家利益之所在!他所要求交涉的内容或为不得要领,或为不着边际。

尽管条约已经签订,已获御笔批准,但道光帝却别出心裁地想出一个新办法——在条约上"添注"。

位于今日南京市中心长江路上的两江总督衙署,是一处很大的

---

❶《鸦片战争档案史料》第6册,第185页。

院落。它后来成为太平天国的天王府、南京临时政府的大总统府和国民党政权的国民政府，地位显赫异常。直至今日，仍是江苏省的政治决策中心。多少年来，不知有多少决策由此产生，多少政令由此发出。

而在1842年夏秋之际，两江总督衙署亦充当了历史的见证人。下榻于此的钦差大臣、广州将军耆英，四品卿衔乍浦副都统伊里布和这里的主人两江总督牛鉴，正在恐惧和忧虑之中商议对英和约事宜。

尽管伊里布的家人张喜认为"伊中堂"是决策的主谋，牛鉴的助手江宁布政使黄恩彤感到"牛制军"是和议的中坚，但真正的权柄仅操之耆英的手中。他是唯一的钦差大臣。

耆英为宗室，即努尔哈赤之后裔。其父禄康做过东阁大学士、户部尚书、步军统领等职。显赫的家世背景，使之仕途坦荡。自1806年以荫生授宗人府额外主事后，一直在京官上迁转，先后担任过50多种职务。其中最让人感兴趣的是，他做过兵部侍郎、署理藩院尚书、礼部尚书、工部尚书、户部尚书、吏部尚书，仅仅在刑部没有任职的经历。

1838年，耆英由热河都统调盛京将军。不久，鸦片战争爆发，他在加强海防方面也颇卖力气，没有丝毫主和的气味。1842年2月24日，道光帝调其为广州将军。当他交代一切，依例于3月28日进京请训时，正恰道光帝收到刘韵珂的"十可虑"奏折。我们不知道道光帝派他去广州的真实用意，但可以看出，他的到京日期，改变了他后半生的命运。

作为满人，作为皇亲，耆英比起那些中过进士，入过翰林的正途官员，少一些儒教的气味。这在当时的中国社会中，无可争辩地是一大缺陷。或许也就是这种缺陷，使之在思考问题时也少一些性

第7章 平等与不平等

理名教的色彩，更具直接性和功利性。至浙江几天后，他便看穿战败的必然，不计"夷夏"之大义，一心欲与"逆夷"讲和。这与同为皇亲贵族的伊里布、琦善相一致。

在前一章中，我们可以看出，耆英对道光帝主"剿"的一系列谕旨不太放在心上，暗中保持与英方的联络，举止一如广东谈判期间的琦善。但他不像琦善那样直接，那么直率。大约他身边精明的伊里布也给他出了不少主意。而到了最后，与琦、伊不同，他的一切行动都得到批准，这主要是形势使然，同时也让人领略到他在政治操作上的技巧。

就南京条约内容而言，耆英是违旨的。这从前引道光帝对条约的一系列谕旨中可以认定。1842年8月29日当耆英签约时，收到的仅是8月22日的谕旨。尽管他也派黄恩彤等人对英方交涉，要求不开放福州，但遭拒绝后便不再动作。至于谕旨中规定的各通商口岸不准"久住"、行商制度"毋庸更改"等项，他干脆就没有向英方提出。然而，若作为享有"便宜行事"权限的钦差大臣，耆英签约的行为似又并不违旨，因为从经典、律条、祖制中，都找不到对"便宜行事"四字的界定。

就历史的现实而言，南京条约虽是一项苛刻的不平等条件，但作为签订人的耆英并无罪责可言。城下之盟，别无选择。作为战败国，再苛刻的条件也不能不接受。

没有胜利希望的战争，越早结束越为有利！

但是，条约签订之后，两江总督衙署内的气氛并没有因此而缓和。耆英面临两大难题：一是如何向道光帝交账（他还没有收到道光帝批准签约的谕旨），二是条约签订后的中外格局当如何办理。没有理由认为他对条约内容是满意的，他也像刘韵珂、道光帝一样，正在思索下一步的种种问题。道光帝的谕旨中还有一段劝激的话：

> 是耆英、伊里布自诒伊戚，不惟无以对朕，更何颜以对天下。❶

其实，即便道光帝不说，他也完全明白自己的身份，其荣辱福祸系于"天朝"。很可能经历了再三的思量，他决计继续与英方交涉，对条约已经规定的内容和尚未明确的事项进行补救。

1842年9月1日，即南京条约签订后的第三天，当耆英焚香拜折向道光帝奏明签约情况的同时，另一道致璞鼎查的照会也送出了两江总督衙署的大门。也就是，在他未收到道光帝命其继续交涉的谕令、未收到刘韵珂对条约内容充分忧虑的信函之时，便主动行动了。

杭州、北京和南京完全想到一起去了。

我在前面详细摘录了刘韵珂的信函，具体排列了道光帝的谕旨，在此还将更加详细具体地引用耆英给璞鼎查的照会。因为，在这些文件中，潜藏着不亚于清朝在战争中军事失败的外交失败。耆英的照会尤为严重。它是我所见到的中国近代史上最要命的外交文件。

耆英的照会分正文和附单。正文提出了交涉的理言：

> 兹蒙大皇帝解嫌释惑，恩准照旧通商，于广州一处之外，又给福州、厦门、宁波、上海四处，俾得广为贸易，实属体恤

---

❶ 《鸦片战争档案史料》第6册，第165页。

第7章 平等与不平等　479

有加。贵公使所议和约各条，又经本大臣等再三奏恳，仰荷允行……惟贵国所定条款，期于永久遵行；而中国亦有盟言，必须预为要约。盖事定其初，后来可免反复。言归于好，无话不可商量。

这段话的意思是，英方提出的条件，清方已答应了，为使条约能"永久遵行"，清方也有"盟言"，须与英方预先约定。言词中不无希望英方"知恩图报"的意味。看来，耆英对国际条约的意义似乎不太清楚，刚刚签字又提交涉。而"盟言"一语，又让人回想到古代"戢兵会盟"之形式。

照会所附清单中，提出了十二项交涉内容：

一、通商五口中，除广州已给英人香港居住外，福州、厦门、宁波、上海应在港口建"会馆"，英船来港贸易时供英人居住，贸易结束后，英人应"回船归国"，"不必常年在会馆居住"。

[释评] 此项交涉可见于道光帝8月18日和22日的谕旨。耆英想按照先前的广州模式来处理其他口岸英人居住权问题。文中的"会馆"即为商馆。按广州以往的做法，来华外国人只能在商馆区活动，贸易结束或冬季停止贸易时应回船归国或前往澳门居住。但是，耆英提出的方法，直接违反了南京条约第二款：

自今以后，大皇帝恩准英国人民带同所属家眷，寄居大清沿海之广州、福州、厦门、宁波、上海等五处港口，通商贸易无碍。

我不知道耆英是没有弄清楚英方拟定的这一条款的含义，还是据道光帝谕旨要求修改了条约的内容。

二、今后如有中国商人欠英商款项情事,"止可官为着追,不能官为偿还"。

[**释评**] 此项交涉肇因于南京条约规定赔偿"商欠"300万元。道光帝8月22日和9月6日的谕旨皆要求下不为例。据耆英奏折,条约签订前,他曾派咸龄等人向英方交涉,获口头允诺。耆英怕不保险,此次想用文字的形式予以确认。

三、通商五口只准货船往来,"未便兵船游奕",五口以外地区,英方货船、军舰皆不得驶入。

四、清朝战后在沿海驻军及修复海防工事,"实为防缉洋盗起见,英国既相和好,不应有所疑虑,或行拦阻"。

五、广东、福建等地因不知已订和约而攻击英舰,不应成为"口实","以乖和好"。

[**释评**] 此三项交涉依据道光帝8月22日的谕旨,而第三、四项又见于刘韵珂信函第八问和第六问。但是,按照国际惯例,第三、四项属国家主权,既然南京条约没有给英方这些权利,那么清方根本不必与英方商量。

六、和约订立并付清本年度赔款,英国应从南京、镇江撤军,退还闽、粤、浙等地。英方暂据的舟山、鼓浪屿亦"不便多泊兵船",英军"仍宜在船驻扎,不必上岸别居"。

[**释评**] 英方的撤军问题,南京条约第十二款已有明细的规定。耆英就此再度交涉,反映出他对英方能否履行条约的担心,这与刘韵珂的心情是一样的(见其信第二、九问)。南京江面的英舰,是耆英头上的悬剑,因而在条约已作规定的情况下,要求英方再次保证。或许,这都不对,他根本没有仔细研究墨迹未干的条约?

七、舟山、鼓浪屿的英军"不得侵夺于民",也不得对中国商船"再行拦阻抽税"。

[释评] 此项交涉的前半部分，即丧失治权的清政府要求英方不扰害舟山、鼓浪屿的民众，当属正当要求；而后半部分已在南京条约第十二款作了规定，"不再行拦阻中国各省贸易"。大约耆英认为这些嗜利的"逆夷"不会见利不取，而刘韵珂对此更是大发议论（见其信第四问）。

八、"英国商民既在各处通商，难保无与内地民人交涉狱讼之事。从前英国货船在粤，每以远人为词，不能照中国律例科断，并闻欲设立审判衙门，如英国之呵压打米拏一样。但查乾隆十九年仏（佛）兰西人咈嚧哦一犯，钦奉谕旨，令其带回本国，自行处置。即道光元年英吉利兵船水手打死黄埔民人黄姓之案，亦经阮督部堂奏请，令英国自行惩办各在案。**此后英国商民，如有与内地民人交涉案件，应即明定章程，英商归英国自理，内人由内地惩办，俾免衅端。他国夷商仍不得援以为例。**"（重点为引者所标）

[释评] 此项交涉的利害关系实在太重大了，我不得不照引全文。耆英和刘韵珂一样，如何处理通商口岸的民、"夷"纠纷而不引发衅端，成为其心头大患。为了简单明了且一劳永逸地解决此难题，他干脆将对英人的审判权主动拱手予英方。在他看来，如此中英各司其民，就不会再出现诸如林维喜案那样令人头痛的麻烦了。耆英由此铸成大错！

九、中国"奸民犯法"而"投入英国货船、兵船"，英方"必须送出交官，不可庇匿"。

[释评] 此项交涉的触发点是南京条约赦免"汉奸"的规定。道光帝9月6日的谕旨对此有明确指示，刘韵珂信函第七问题对此亦极为忧虑。耆英虽未收到谕旨和信函，但心灵脉通，明确要求将投入英船的"奸民"交与清朝处置。但他没有想到，这么一来，实际上也放弃了清朝到英船上搜查、逮捕中国罪犯之权力。

船桅上的英国国旗成为不法之徒的保护伞。14年后的"亚罗号事件"即为一例。

十、英国除广州外,"多得福州、澳(厦)门、宁波、上海四处,系大皇帝逾格天恩",今后若他国要求去福州等4处口岸通商,"应由英国与之讲解,俾仍在粤通商,无致生事"。

[释评] 就当时形势而言,鸦片战争期间,美国与法国的军舰均在中国海岸活动,法国尤甚(后将详述)。刘韵珂信函的第一问就是他国"效尤",道光帝9月1日谕旨亦称"他国之不免生心",可知此事已引起普遍的警惕。而耆英的对策确实别出心裁,由英国出面"讲解"。也就是说,以后他国若向清朝要求往福州等4处口岸通商,让他们找英国去!

十一、福州等口岸关税税率不一,"自应照粤海关输税章程,由户部核议遵行"。

[释评] 此项交涉违反了南京条约第十款的规定,反映出耆英仍想沿用广州模式处理其他口岸的事务。由于关税问题后来成为中国近代史上的巨案,我拟放在下一节一并分析。

十二、清朝皇帝已同意在南京条约上加盖国玺,英方应同样办理。

[释评] 南京条约第十三款仅称条约由双方君主"各用朱、亲笔批准",并未提国玺一事。但在先前的谈判中,英方提出加盖国玺,耆英奏准,为对等起见,故有此项交涉。❶

由上可见,尽管耆英对南京条约的内容并不满意,尽管他也主动找英方交涉以作补救,但从十二项交涉中,我们找不到能挽回中

---

❶ 耆英照会全文见佐々木正哉编:《鴉片戦争の研究:資料篇》,第217—219页,所引条约见王铁崖编:《中外旧约章汇编》第1卷,第30—33页。

国利益之处，即使是违反南京条约的第一、第十一项，若以今日标准度之，也毫无益处，而整份照会反潜藏着对中国利益的极大损害，其中第八项又是近代中国治外法权之滥觞。

一个半世纪后的今人，完全有理由指责耆英，埋怨他不应有如此拙劣的外交，但问题仅仅出在耆英一人身上？与此同时，北京的道光帝不是正式谕令、杭州的刘韵珂又在暗谕他去交涉？耆英的十二项交涉的后果是非常严重的，但将之与刘韵珂信函中十个问题、道光帝前后谕旨中九项指令比较，能分出高下吗？

因此，我在前面不厌详细地摘录刘韵珂的信函和道光帝的谕令，不是想减轻耆英的罪责，而是为了指出，整个统治集团同病。

如果我们离开耆英的十二项交涉、刘韵珂的十个问题、道光帝的九项指令之具象，抽象地思考问题，就会发现：真正使耆英、刘韵珂、道光帝陷入困境的是南京条约有关通商关系的规定，也就是我在前面说明难以用平等或不平等界定的五口通商、废除行商、新定税则等内容。

联系后来的历史，自然会很清楚，南京条约是一座界标，使中外关系由"天朝"时代转入了条约时代。按照南京条约的文字和精神，由清初建立起来的（有些做法可追溯至更远）至道光初年已密织如网的"天朝"对外贸易的种种规定，全然被废除，具体详尽严格的"防夷章程"也不再有效。**各通商口岸需要实行一种新制度。尽管南京条约在文字上，对这种制度未作详密过多的具体规定，但从精神上理解，应是当时西方社会愿接受的那种商业制度。**

因此，若从当时西方人的眼光观之，南京条约已是相当具体的，若在当时任何一个西方国家中，都不会有执行中的困难。

然而，鸦片战争虽然击碎了"天朝"的威严，但"天朝"的观念却不能随之更换。即便是对战败体会最深,已从"天朝"梦幻中探出头来的耆英者流,手捧南京条约,迷迷然,感到面对着一大堆全新的难题。原先"夷人"的去处仅为一地——广州;其居住活动范围是有限的——商馆;交易的商人是指定的——行商;接触的民众是少量的——仆役(包括买办);管理的手段是间接的——经过行商……现在,这些限制统统没有了,那又怎么管理这些桀骜不驯嗜利如命的"夷人"呢?

我们若从这种思路一直追到最深处,就遇到了中西社会背景和文化观念的差别。在西方,商业活动已不再受官方的具体管制,商人只需遵从法律即可;而从保甲编氓层层至宝塔尖大皇帝的中国传统社会,每一个人都在官府治理的网络之中,很难想象脱离这种治理之民。国家设官治民。既然中国官府无法治理这些英人,把他们交由英国官府来治理也不失为一种办法。耆英放弃对英人的审判权,在这种思路上几乎是顺理成章的,尽管这种思路本身应别作评价。

因此,由英方按西方标准制定的南京条约,在没有近代国际知识,不了解西方商业制度的清政府手中,必然是难以执行的。举一个例子,南京条约第二款允诺英人可以"带同所属家眷"居住于通商口岸,这在当时的西方和今日的世界是很平常的事,但与清朝以往不许"夷妇"入境的规定相抵触。耆英在条约签订前曾派员交涉,被拒后又在奏折中以相当的篇幅说明允"夷妇"入住口岸的理由,其中最为雄辩的是:

况英夷重女轻男,夫制于妇,是俯顺其情,即以暗柔其性。❶

---

❶《鸦片战争档案史料》第 6 册,第 159 页。

第 7 章 平等与不平等

既要维护"天朝"的利益（以"天朝"的观念而不是以近代国家观念确认），又要避免再起衅端，住在英舰炮口之下南京城内两江总督衙署忧心忡忡的耆英，不懂得用近代国际法则去维护本国真正的利益，似乎只有一条路可走，即用"天朝"观念与英方交涉。而更加不幸的是，他的对手又是极富殖民经验的璞鼎查。

中国注定要经受一次新的灾难。

二 迈入陷阱：中英虎门条约

极尽炫耀的南京条约签字仪式在英舰皋华丽号上结束后，英军鸣放了礼炮。全权代表璞鼎查心中的喜悦随着礼炮的轰鸣而阵阵涌来，他已经完成了他的使命。

南京条约的中、英文本都是由英方拟定的，包括了巴麦尊训令中全部要求。我在第三章曾提到巴麦尊颁下的对华条约草案，不妨将之与南京条约相对照：

一、中国开放广州、厦门、福州、上海、宁波为通商口岸（条约第二款中实现）。

二、英国可在通商口岸派驻官员，并与中国官员直接接触（条约第二、十一款中实现）。

三、割让岛屿（条约第三款中实现）。

四、赔偿被焚鸦片（条约第四款中实现）。

五、废除行商制度，并赔偿商欠（条约第五款中实现）。

六、赔偿军费（条约第六款中实现）。

七、赔款分年交付，未付部分以年利百分之五计息（条约第七款中实现）。

八、中国皇帝批准条约后解除对华海上封锁，赔款付清后英军方撤离（条约第十二款中实现）。

九、条约用中、英文书写；文义解释以英方为主（前一项在执行中照办，后一项因清方官员不懂英文且条约中文本由英方拟定，已无以英文解释为主之必要，故在条约中未载明❶）。

十、条约由两国君主批准（条约第十三款中实现）。

由此可见，璞鼎查严格遵守了训令，且条约排列顺序也大体遵照巴麦尊草案的规定。

在巴麦尊条约草案之外，璞鼎查还另加4款：

一、释放战时被囚英人，即条约第八款。

二、赦免战时与英方交往的"汉奸"，即条约第九款。

三、清朝制定并颁布一部新的海关税则，即条约第十款（此款为巴麦尊条约草案中，作为放弃割占海岛的五项交换条件之第二项）。

四、两国官员平等交往，即条约第十一款（巴麦尊条约草案无此内容，但训令中有此精神❷）。

可以说，璞鼎查超额完成了英国政府交予的任务。

南京条约签字时，巴麦尊因政府更迭而去职，他看到条约后在私函中称为"满意的结果"。❸新任外交大臣阿伯丁伯爵（Lord

---

❶ 此后，在广州入城问题上因条约中英文本歧意而发生争端，详见第8章。

❷ 巴麦尊给懿律和义律的训令中已有此一精神，而给璞鼎查的训令更是明确指出，英国政府"希望英国全权公使要受到中国皇帝钦命全权大臣在一种完全平等地位上的待遇"（马士：《中华帝国对外关系史》第1卷，第751页）。

❸ 巴麦尊致史密斯，严中平：《英国鸦片贩子策划鸦片战争的幕后活动》，《近代史资料》1958年第4期，第88页。但严先生将发信日期由1842年11月28日误为4月28日，据严先生所据原书（Maurice Collis, *Foreign Mud: being an account of the opium imbroglio at Canton in the 1830's and the Anglo-Chinese war that follawed*, London: Faber and Faber Ltd., 1946）订正。

第7章 平等与不平等 487

Aberdeen）一直强调巴麦尊先前的训令仍旧有效，收到条约后，在训令中表示对璞鼎查的工作"深为赞许"，并"完全认可"。❶

此时在璞鼎查的面前，已不再有丛山峻岭，仅剩下两宗遗案需要处理：

一、鸦片贸易合法化。巴麦尊训令中提出了这一问题，但又规定，英国政府"并不作任何要求"，指示璞鼎查利用一切机会和证据，劝说清朝放弃禁烟法令。❷南京条约签字前后，璞鼎查进行了一系列的游说活动。❸据璞氏后来的报告，耆英曾做出保证，清朝今后将禁烟范围"局限于本国兵民"，也就是说，不再对英国鸦片贩子采取行动。❹

二、子口税。巴麦尊训令对此有明确指示❺，但由于谈判时间短促，更兼英方对内地关税情况不明，因而南京条约第十款对此无明确规定：

英国货物自在某港按例纳税后，即准由中国商人遍运天下，而路所经过税关不得加重税例，只可估价则例若干，每两加税不过　分。

---

❶ 阿伯丁致璞鼎查，马士：《中华帝国对外关系史》第1卷，第758页。
❷ 巴麦尊致璞鼎查，马士：《中华帝国对外关系史》第1卷，第750—751页。
❸ 1841年8月16日，璞鼎查给耆英的照会中提出，要求与耆英等人"详论和约开载饷税等款如何善定（指子口税，参见下页注❶）"，并论鸦片一项如何可期善办（指鸦片贸易合法化）"，后又发出"论鸦片大略"（佐佐木正哉编：《鸦片戦争の研究：资料篇》，第210、212—214页），而他与耆英会谈中，也曾大谈鸦片贸易合法化问题。
❹ 阿伯丁致璞鼎查，马士：《中华帝国对外关系史》第1卷，第762页。
❺ 巴麦尊致懿律、义律，1840年4月25日。巴麦尊在训令中称："你们要知道陛下政府无意把这一点当作先决条件来坚持，但我训令你们尽各种恰当的努力从中国政府获取这个问题的某种有利的规定。"（严中平：《英国鸦片贩子策划鸦片战争的幕后活动》，《近代史资料》1958年第4期，第84—85页）。

在具体数额前空了一格。❶此即后来作为南京条约附件的"过境税声明"的由来。❷

但是,当璞鼎查收到耆英9月1日发出的十二项交涉的照会后,锐利的眼光一下子发现了新的机会。看来他进行了认真的研究,于9月5日复照耆英:对其照会中本属中国主权或符合国际惯例且无关紧要者,如第二、四、五、六、七、十二项予以同意;对于拱手相让的第八项(治外法权)表示欢迎;对于不符南京条约的第一项予以拒绝;而对于第三、九、十、十一项(内容大多为中国主权或内政)或进行辩解,或设置障碍。无知的耆英丝毫没有意识到他将本属清朝可自行决定的事项,拿去与英方交涉,就潜藏着需由对方点头的意思,就已经损害了自身的权益。

在璞鼎查的复照中,有两点须特别注意。

一、关税问题。璞鼎查明明知道耆英照会第十一项交涉违反了南京条约,但他没有正面拒绝,反伪言哄骗:

---

❶ 王铁崖先生所编《中外旧约章汇编》第1册收录南京条约时,对子口税的条文规定为"……路所经过税关不得加重税例,只可按估价则例若干,每两加税不过分",后一句话似为有误。据耆英进呈的条约文本,"每两加税,不过某分"(《鸦片战争档案史料》第6册,第161页);又据条约英文本,"which shall not exeed per cent"(Inspectorate General of Customs, *Treaties, conventions, etc., between China and foreign states*, vol.1, Shanghai: Statistical Department of the Inspectorate General of Customs, 1908, p. 163),即在具体数额前空格;而1840年8月12日中英第一次静海寺会谈时,马儒翰交给张喜的清单上,该段文字为:"英国货物即在广州、福州、厦门、宁波、上海等处一次纳税者,可遍运天下。所过之税关,不可甚加税。例所加者,应以估价为例,每两不过　分。"(佐々木正哉编:《鸦片戦争の研究:资料篇》,第200页)由此可认定,南京条约关于子口税未有具体数字规定,正式文本当为"每两加税不过　分",即在"分"前空格,以准备将来填入。

❷ 见王铁崖编:《中外旧约章汇编》第1卷,第33页。"过境税声明"仍未对子口税的数额作出具体规定,仅称英国货物在内地子口,其税"一切照旧轻纳"。又,该声明作为南京条约之附件,在南京条约互换时(1843年6月26日)正式生效。

> 今本公使以已当两国**中人**之委,详论出口入口内地之饷税,**毫无偏性**,乃**拊心**言明其所念矣:税之太重者,则走漏之弊,税之太轻者,则以为不足算,均所不悦。乃除所须以资用之外,有盈溢归帑之数,系所心愿。**本公使只俟贵大臣等,由内阁奉谕,以便宜行办,则图一晤为面叙各情。本公使又在粤东或他处,若更为便与贵大臣商议,以致此要之案有着也。**
> (重点为引者所标)

璞鼎查在此巧作"毫无偏性"的"中人"状,引诱耆英商谈清朝可以自行决定的关税问题。因为南京条约规定,该条约批准且付清第一笔赔款,英军须退出长江,璞鼎查深知此类谈判不会速战速决,提议谈判地点在广东。又为使此谈判具有法律效用,提醒耆英,谈判代表应是"由内阁奉谕"有"便宜行事"之权的钦差大臣。

二、另订条约。璞鼎查在照会结尾提出:

> 其(耆英照会)内有数件,甚属重要,**应另缮一单,附粘本约**。以便大清大皇帝、大英君主均准施行。此乃本公使之意见,而贵大臣等如无异意,本公使即**另写一单**,以便为**附粘**也。❶(重点由引者所标)

也就是说,璞鼎查要求在南京条约签订后,另与清朝订约,且新条约由他来起草。

璞鼎查在照会中设置了两个陷阱。他的两项提议即"五口通商章程:海关税则"和"五口通商附粘善后条约"(虎门条约)之由来!

---

❶ 佐佐々木正哉编:《鸦片战争の研究:资料篇》,第223页。

中英南京条约的性质是和约。按照当时的西方和现时的世界所通行的战争法惯例，和约一旦签订，两国关系即由战争状态转入和平状态，此后战胜国不得再向战败国提出有关战争赔偿的要求，提出的其他要求也必须符合和约的文字和精神。换言之，此后清朝完全可以依据南京条约的文字和精神，拒绝英方没有和约依据的要求。可是，这些道理，在"天朝"里面，又有谁晓得呢？

耆英收到璞鼎查复照的同时，也收到了道光帝命其对"一切紧要事件"进行"妥议"的谕旨。交涉本是他的主动行为，按他的观念（即"天朝"的观念），根本不可能识破璞鼎查的诡计，反感到英方已接受了他的许多要求，并为今后的谈判敞开了大门。比起先前动辄以炮轰南京要挟的姿势，璞鼎查此时的面孔似显得可亲可爱。道光帝谕旨中的恳切言辞，又使他感到臣子的责任感。他决计努力挽回清朝的"权益"，在折冲中施展身手，使中英关系在战后建立在一个结实可靠的基础上，不留后患。

由于资料的缺乏，我们不太清楚这一阶段中英谈判的细节，但从李星沅日记中看到：

（9月17日）至院见石琴（黄恩彤，字石琴）书云：夷约十三条（指南京条约），又有十一条。

（9月30日）至局见石琴致箦翁（孙善宝，浙江布政使，字箦谷）书，盛称逆夷好礼，而以慎重办理妄启猜疑，殊属荒谬，所续议八条，亦多将就。❶

---

❶《李星沅日记》上册，第429、431页。

黄恩彤是此时中英交涉的干员,他在信中透露,清方先与英方达成协议十一条,后又改为八条。

而耆英9月20日的奏折又大体载明八条协议的内容,其中包括道光帝特别看重的今后商欠不由官还等项。在该折的最后,耆英又称:

> 除新设五处马头尤非善后事宜可比,必应妥为筹定,以期永久安堵,容臣等同未尽各事宜悉心详议,务期周妥,另行具奏外。❶

看来耆英除"善后事宜"(即八条协议)外,又照着璞鼎查给他指明的方向前进,准备与英方谈判"五处马头"(即通商五口)有关事宜了。

道光帝收到该折,对八项协议予以批准,"俱著照所议办理",另下旨:

---

❶《鸦片战争档案史料》第6册,第212—213页。耆英在奏折中称,"……酌定善后章程,汇分八条(由咸龄、黄恩彤等人),享经臣等备文明晰照会,该夷酋璞鼎查亦即照复,均无异说,谨将各条另缮清单,恭呈御览。"由此可见,八项协议的内容由双方互换照会而加以确认,然耆英的清单,档案中没有找到。耆英该折正文对道光帝历次谕旨提到的事项作出答复:一、关于今后商欠,"善后条款内载明……只可官可着急,不可官为偿还";二、关于被赦汉奸今后犯法,"至通商后,华民归中国管束,英商归英国自理,华民有罪逃至英馆者,英夷不准庇匿,英商有罪逃入内地者,中国即行交还……是该民等别经犯罪,自当仍由该管官照例惩办";三、关于关税,英方情愿按例交纳,"惟称粤海关丁书税役向多陋规,求为查明禁革",英方亦不得对中国商人交税事"越俎";四、关于舟山、鼓浪屿撤军时间,英方坚持原议,但称"酌留兵船,不过数只,既不侵夺百姓,亦不拦阻商船,均于善后事宜内切实议定"。五、分年筹给赔款问题。以上仍可视为善后章程八项协议的主要内容。

492

> 此外尚有应行筹议事宜，著耆英等通盘酌核，悉心妥商，切勿稍留罅隙，致兹后患。❶

尽管道光帝还不知道耆英将如何就"五处马头"事宜与英方交涉，却已批准了他下一步的行动。

至1842年9月底，清方已付清第一笔赔款，按照南京条约，英国应当撤军了。璞鼎查于是照会耆英等人，提醒他不要忘记广东谈判：

> 俟贵大臣、都统、部堂抵粤后，再行详晰会议，善定章程，将来附立和约，以申永好，而定通商。❷

9月29日，璞鼎查来到南京城内正觉寺辞行，耆英又向他当面保证："所有税饷一切事宜，俟十月内（即公历11月）到粤，再行妥议。"❸

从10月2日起，英军由南京逐步退出长江，入海南下广东。为此而松了一口气的耆英，于10月13日一下子上了五道奏折和两份夹片。明明是他未经请旨擅允英方广东谈判的提议，他却援引5个月前道光帝命其由杭州南下广州的谕旨，要求批准他携带钦差大臣关防，前往广州将军本任，继续与英方"申明要约"，妥办"五处马头通商事宜"。在这一大堆折片中，有一道奏折颇有意思，透露出耆英对未来条约程式的设想：

---

❶《鸦片战争档案史料》第6册，第223页。其中道光帝对善后章程八项协议中对今后商欠"官为着追"一词提出异议，要求改为"自行清理"。
❷ 张喜：《抚夷日记》，《丛刊·鸦片战争》第5册，第395页。
❸《鸦片战争档案史料》第6册，第303页。

臣等因所议各条均关紧要，一经颁给御宝，转难更易，是以允俟请用后赍赴广东交给。查现在夷船业经全数退出长江，应即前赴广东分帮回国。臣等谨**按照尺寸，备有黄纸**，敬求赏用，仰恳随折发下，以便原弁赍回，探明臣耆英、臣伊里布行抵何处，即交臣等捧赴粤东。**令该夷等将和约内应行添注之处，遵旨详细写明**，再将原奉谕旨，俱著照所议办理七字，敬谨节录黄纸之上，御宝之前，**冠列首页**，用昭信守。（重点为引者所标）

　　我在档案馆最初看到此折时，如坠云雾之中。"御宝"指加盖国玺之事，"按照尺寸，备有黄纸"当为按照条约签字文本的尺寸准备加盖国玺的黄纸，"冠列首页"指加盖国玺的黄纸列入条约签字文本首页。有迹象表明，南京条约的签字文本并未进呈朝廷，耆英只送了抄件，因而这一切似不难理解。❶但是，耆英让英方"详细写明"的"应行添注之处"（即条约签订后双方的协议）又该写在何处？而"应行添注"的内容与"黄纸""御宝"又有何关系呢？

　　当我读到耆英为此事专给军机大臣的咨文时，方可明白，除了"黄纸一副"外，耆英还同时送去了"贴说一纸"。❷原来，他打算让"添注"的内容写在"贴说一纸"上，再与南京条约签字文书粘为一体。

　　道光帝谕令"添注"，璞鼎查提议"附粘"，耆英准备了"贴说一纸"。尽管耆英仍使用"添注"的说法，但在做法上与"附粘"

---

❶ 不仅南京条约的签字文本，耆英没有呈送北京，就是该条约的互换文本，耆英亦未送至北京，而是留在广州两广总督衙署。第二次鸦片战争中英法联军攻占广州，吃惊地发现了该条约的正本。后归还给清政府。

❷ 耆英的这些折片咨文现均已发表，见《鸦片战争档案史料》第6册，第297—304页。

更为接近。

由此看来,耆英奏折中"所议各条均关紧要,一经颁给御宝,转难更易"一语,应当理解为,一旦英方获得南京条约盖玺的批准文本,就可能使对条约内容有所"更易"的"所议各条"(即已商定的八条协议和即将开始的广东谈判)"转难"。老奸巨猾的璞鼎查又不知施展了何种手段,使得本应英方谋取的新约,成为耆英亟欲猎取之物:只有英方"详细写明""添注之处"后,方可获得"冠列首页"的"黄纸"。

在"天朝"中,耆英绝不是愚笨拙劣的人士,但在中英交涉中表现出来的颠顶,使人感到,他已迈入陷阱却自以为走向光明。

熟悉道光帝脾气的人都知道,他在战争期间积郁的怒气,战后必有一次大的宣泄。果然,他收到耆英奏折,得知英军已退出长江,便首先向两江总督牛鉴开刀,下令革职拿京,罪名是对长江防御未尽早部署。

尽管从军事史的角度来看,牛鉴无罪,但从当时官场的游戏规则来说,牛鉴必有此惩。开战以来,广东已办了两人(林则徐、琦善),福建亦两人(邓廷桢、颜伯焘),浙江三人(乌尔恭额、伊里布、余步云),江苏还不应当奉献出一只羔羊?

道光帝没有同意耆英去广东,而是命其留在南京,继牛鉴出任两江总督。这非为对耆的不信任。自1798年宜兴在江苏巡抚任上被革后,宗室不放外任已成惯例。守成的道光帝此次破例,是出于对两江一职的格外看重,说明他的思想由战时转为平时。这与他先前在广东禁烟紧要关头调林则徐至两江的情形,十分相似。

按照耆英的奏折,广东谈判由他和伊里布共同负责。道光帝似乎不太看重这次谈判,让伊里布一人赴粤,也将耆英的官、差转给了伊,只是让耆"通盘筹画"后向伊交待清楚即可。从谕旨的文字来看,他也不太清楚这次谈判的意义,仅称"办理饷税(即关税)及一切通商事宜"。❶这与耆英奏折中的措辞完全一致,也与璞鼎查的心愿暗合。

道光帝已为耆英所左右,而耆英又被璞鼎查牵着鼻子走。

伊里布此时由四品卿乍浦副都统一跃为钦差大臣、广州将军。10月21日奉旨后,由浙、赣南下,于1843年1月19日到达广州。他是鸦片战争中获罪官员开复重用的第一人。

可是,在此期间,接连发生了三件事:

一是璞鼎查得知耆英改放两江,恐广东谈判不能如其心愿,便提出异议,经一番解释后,方认可了伊里布的谈判资格。

二是台湾奉旨杀英俘事件,❷闹得几至决裂,结果清方派大员调查,将台湾军政官员逮问解京,才算平息。❸

---

❶《鸦片战争档案史料》第6册,第318页。

❷ 1841年9月,英运输船纳尔不达号(Nerbudda)在台湾基隆遇风沉船,船上274人中被俘133人。1842年3月,英运输船安妮号(Ann)在台湾台中一带海面遇险,船上57人中被俘49人。台湾镇总兵达洪阿、台湾道姚莹均奏报胜仗(详见 Chinese Repository, vol. 11, pp. 682–685; Bernard, Narrative of the Voyages and Service of the Nemesis, vol.2, p. 156; John Ouchterlony, The Chinese War: an Account of all the Operations of the British Forces from the Commencement to the Treaty of Nanking, p. 203; 姚莹:《东溟奏稿》卷2、卷3;《鸦片战争档案史料》第6册,第656—657页;第7册,第104—105页)。1842年5月14日,道光帝因浙江战败,下旨:对安妮号上的英俘"取供之后,除逆夷头目暂行禁锢候旨办理外,其余各逆夷与上年所获一百三十余名,均著即行正法,以纾积忿而快人心"(《鸦片战争档案史料》第5册,第262页)。由此,当战后英军索要战俘时,仅剩下了11人(同上书,第6册,第376页)。

❸ 后台湾镇总兵达洪阿、台湾道姚莹在京审讯后,均于1843年10月18日释放。道光帝在谕旨中称:"达洪阿等原奏,仅据所属文武土民禀报,并未亲加访查核实,率行入奏,本有应得之罪。姑念其在台有年,于该处南北匪徒屡次滋扰,均能迅速蒇事,不烦内地兵力,尚有微劳足录。"(《鸦片战争档案史料》第7册,第292—293页)此时,道光帝明显是在为其下旨杀俘事找借口了。

三是 1842 年 12 月 7 日广州民"夷"纠纷，民众火烧英国商馆，最后以赔银子了事。❶

在这些交涉中，璞鼎查步步紧逼，言辞激烈，为了安抚这些桀骜不驯的"逆夷"，不致再启衅端，沿海各省疆吏乃至道光帝左遮右挡，防不胜防。在这些事件的阴影下，清朝上下似乎已经忘记了广东谈判本是为了挽回某些"权益"（尽管尚不知真正的权益之所在），而是不明不白地转向追求民"夷"相安的局面。❷

民"夷"相安，即中外在各通商口岸相安共处，这确实是一种良好的愿望。但如何让宗教信仰、价值观念、行为准则截然不同的人们相安共处，又是清朝官员难以琢磨之事。由于不懂国际惯例，在许多事务上他们似乎听任英方的摆布。尽管谈判涉及的范围极其宽泛，但从清方主要谈判代表黄恩彤的回忆录来看，只有两件事引起其重视而留下记载：一是废除行商，这在南京条约中已有规定，然行商的取消，意味着作为广东官员大宗收入陋规的顿减，由此引起的震荡不亚于今日机关发不出工资。二是关税税率，清方自以为

---

❶ 《鸦片战争档案史料》第 6 册，第 636—638 页；第 7 册，第 162—166 页；佐々木正哉编：《鴉片戦争の研究：資料篇》，第 225—232、239—241 页。

❷ 这从道光帝谕旨中看得非常清楚。他在刚刚收到南京条约时，极欲挽回利益，至派伊里布为钦差大臣时，调子有所变更，强调的是"要约切实，免致日后借口启衅"。而 11 月 20 日给耆英谕旨是"总期夷民相安，尽善无弊"。后经历了杀英俘、烧商馆的交涉后，道光帝的调子大变。1843 年 3 月 6 日谕旨称："其通商输税事宜粗定规模……该将军（伊里布）务当通盘筹划，持以公平，以顺夷情而裕课额。"4 月 6 日谕旨称："办理通商饷税章程，一切务臻妥善，以顺夷情，免致别生枝节。"7 月 9 日谕旨称："此事（指条约谈判）尤宜斟酌尽善，不致日久弊生，庶使华夷均可相安无事……总期于民隐夷情两无窒碍。"（《鸦片战争档案史料》第 6 册，第 317、331 页；第 7 册，第 48、103、191 页）这一方面是因为英方已经同意了清方最为关切的五口以外不得游历、今后商欠不由官还等条件，更重要的是，清方为了长久的和平，已经考虑英方未来的利益。在这种情形下，"挽回"之事自然无从谈起。

计的对策是大宗货物加增,冷僻货物议减,以保证国家充裕。❶看不出他们对英方暗中拟定的"值百抽五"原则(已是当时世界上最低税率)有何感受。至于英方提出的花样百出的条文,病入膏肓心力憔悴的首席代表伊里布既不明白,也不想弄明白,曾向黄恩彤密授机宜:

洋务只可粗枝大叶去画,不必细针密缕去缝。❷

至1843年3月5日,伊里布终于在广州病故。

英国全权代表璞鼎查不愿眼看煮熟的鸭子再飞走,扬言驾舰北上,与两江总督耆英继续谈判。英方这种指定谈判对手的做法,也是他们对清朝官僚集团的一种分析。道光帝闻此,于4月6日授耆英为钦差大臣,前往广东,"办理通商饷税章程";并对伊里布赐恤,"追赠太子太保衔","任内一切处分悉予开复",为这位老臣作彻底平反。❸

耆英于4月17日由南京起程,但到达广州尚需时日,为了稳住璞鼎查不致北上,黄恩彤向英方提议,可就当时最棘手的关税税率重开谈判。❹璞鼎查闻此不免喜出望外。于是,谈判地点由广州转至香港,而站在黄氏对面的是曾在大鸦片商查顿手下做事,深悉

---

❶ 这一对策最初产生于伊里布、耆英在南京时的商议。后御史雷以诚也上奏此策,道光帝旨命耆英参考。广东谈判正是按照这一对策行事(《鸦片战争档案史料》第6册,第335、354—355、523页;黄恩彤:《抚远纪略》,《丛刊·鸦片战争》第5册,第419页)。

❷ 黄恩彤:《抚远纪略》,《丛刊·鸦片战争》第5册,第419页。

❸《鸦片战争档案史料》第7册,第78页。

❹ 尽管黄恩彤自称完全是自己的提议,但从档案资料来看,祁𡎴、耆英、道光帝均有此意图(见《鸦片战争档案史料》第7册,第47、78、81页)。

498

中英贸易环节,时任璞鼎查中文秘书的罗伯聃。

黄恩彤,山东宁阳人,1826年进士,在刑部做过主事等官。1839年授江苏盐道。1842年7月,即江苏战场最危急时,迁江苏按察使,未久署江宁布政使。他的出场,非常偶然。先是耆英、牛鉴嫌张喜等微末员弁,拟派大吏出面,而本应充任的江宁知府犯有口吃,便让黄出为谈判代表。这位年轻官员的表现,也引起了英方的注意:

> 黄恩彤年约三十七八(实际为41岁),是中国最重要的将要起来的政治家之一。他的举动言谈是一个十足的绅士。即在英国,我还不记得曾经遇到这样举止优雅,恭而有礼,文质彬彬的君子。他同外人接触,不卑不亢,恰如其分,和其他中国人,颇不相同。❶

这里讲的是他的风度,非为评价其智慧,况且英方对谈判对手的欣赏,亦有其利益角度,有时也可以反过来理解。

南京谈判结束后,由耆英提议,黄恩彤奉旨前往广东,作为伊里布对外交涉的助手,后来又成为耆英的助手和谋士。可以说,中英虎门条约及以后的中美、中法条约的具体谈判工作,主要是由他负责的。

黄恩彤是个聪明人,悟性很强,但他的个人经历和知识结构,决定其对国际法则的无知,因而不可能是罗伯聃、马儒翰的对手。怎能指望他保住中国的权益?

耆英于6月4日赶至广州,6月23日,他由黄恩彤等人陪同,

---

❶ 利洛:《缔约日记》,《丛刊·鸦片战争》第5册,第507页。

前往香港。次日起,与璞鼎查会谈。6月26日,中英南京条约批准文本在香港互换。6月28日,耆英一行由香港回到广州。至此,中英有关事宜已经基本谈妥。

此后的事情发展,以今人的眼光观之,就不免有些怪诞。

7月12日,耆英上了一折两片,向道光帝报告香港谈判的大体情况,声称已与英方达成海关税则,并据伊里布先前作出的承诺,同意英方于7月27日(夏历七月初一日)按新定章程"贸易输税"。可是,耆英并没有随奏附呈新达成的海关税则,反而称:

> 若必待会奏条例,奉部议复后,再准开市,总在七月之后,倘此一月内货船驶集日多……恐夷情或有变更,所关匪细。查现定税则……将来部议似亦不致驳诘。与其迟行一月虑生反侧,何如早行一月俾知感戴。

曾为户部堂官深知其中吏员刁难利害的耆英,为使海关则例能在部议中顺利通过,不惜先造成事实再送条约文本,这在实际上剥夺了部议驳诘之权。道光帝朱批:"所办可嘉","深得大臣之体。"❶

7月22日,璞鼎查在香港率先公布了中英"五口通商章程:海关则例"❷。两天后,24日,耆英上了四折一片,附以条约全文。❸道光帝8月11日收到后,下令军机大臣会同户部核议。8月16日,据穆彰阿等人的核议予以批准。9月7日,耆英收到批件。❹可该章程已实行了42天!

---

❶ 《鸦片战争档案史料》第7册,第192—197页。
❷ *Chinese Repository,* vol. 12, pp. 391–400.
❸ 《鸦片战争档案史料》第7册,第209—213页。
❹ 同上书,第246—251页。

耆英7月24日奏折中,附有一片,谓:

> 伏查条约为信守之凭,诚如训谕,所关匪细。前此伊里布到粤后,将最紧要之该夷船只止准在五口贸易,不准驶往他处,及此后商欠不求代为官还二事,与该酋璞鼎查再三要约明白。迨奴才来粤,连同黄恩彤、咸龄亲赴香港,面与璞鼎查重申前约。因上年在江南所定议约十三条(南京条约),业已盖用钦差大臣关防暨该酋戳记,**装订成册,已无余页可以添注。**且尚有未尽事宜,必须一并要约明白,**立定条约**,以免将来借口。现与该酋议明,**汇齐将应行添注各条,另列一册**,仍照前盖用关防戳记,**与前议条约一并存贮**,以昭信守。(重点为引者所标)

由此可见,耆英完全同意了璞鼎查另订新约的要求,并以"无余页可添注"为由,否定了道光帝"添注"的指示,也放弃其先前的"贴说"设想。在此片中,耆英还称:

> 现在所议条约一册,统俟璞鼎查将戳记钤用前来,再行缮录清单,恭呈御览。❶

这就是说,耆英准备先签订条约,再进呈条约文本,而且是仅供"御览"。

从伊里布离开南京,至耆英签订新约,共有将近一年的时间。但我在档案中找不到伊、耆就新约的具体内容向道光帝请旨的奏

---

❶ 《鸦片战争档案史料》第7册,第218页。

折。我不知伊、耆为何如此独行专断,也不知他们如此行事是否合乎清朝的规矩。但是,可以肯定地说,伊、耆此时不再享有"便宜行事"的权力。

10月8日,耆英与璞鼎查在虎门签订了"五口通商附粘善后条约",又称虎门条约。先前公布的"五口通商章程:海关税则",也作为该约的附件正式成立。❶12天后,10月20日,耆英才将条约文本附奏进呈。11月7日,道光帝收到条约令军机大臣议复。11月15日,道光帝据穆彰阿等人的核议,同意"照所议办理",但又指出香港通市一节"不免有逾越之弊",责令耆英"再行悉心妥议具奏"。❷此时,耆英已完成广东谈判,正返回其南京两江总督任所,行至广东曲江,收到该谕旨,急忙上奏辩解。道光帝只能不了了之。❸

"天朝"稀里糊涂地接受了一项新的条约,自己在脖子上套上一道绳索。

中英虎门条约,即"五口通商附粘善后条约"共有16款,另附"小船定例"3款;其附件"五口通商章程:海关税则"共有15款,另对26类货物税率作出规定。❹从条款数目和文字篇幅来看,已是南京条约的数倍,其内容主要针对五口通商、废除行商、新定税则诸事务。其中很多条款确也符合当时西方和今日世界通行的惯

---

❶ 中英虎门条约第一款规定:"所有钦差大臣、公使大臣画押钤印进出口货物税则例附粘之册,嗣后广州、福州、厦门、宁波、上海五港口均奉以为式";第二款规定:"所有钦差大臣、公使大臣画押钤印新定贸易章程附粘之件,嗣后五港口均奉以为式",这就确定了"五口通商章程:海关税则"作为中英虎门条约的附件地位和法律效用。
❷《鸦片战争档案史料》第7册,第345—346页。
❸ 同上书,第350—353页。
❹ 以下引用条约原文,均据王铁崖编:《中外旧约章汇编》第1卷,第34—50页。

例。就此意义上讲,璞鼎查、马儒翰、罗伯聃作了伊里布、耆英、黄恩彤的老师。但这些老师同时也是骗子,他们在传授国际知识的同时,夹杂着一整套的诈骗术。这里,举一个例子,最能反映该条约特点的是第六款,载明:

> 广州等五港口英商或常川居住,或不时来往,均不可妄到乡间任意游行,更不可远入内地贸易,中华地方官应与英国管事官各就地方民情地势,**议定界址**,不准逾越,以期永久彼此相安。凡系水手及船上人等,俟管事官与地方官先行立定禁约之后,方准上岸。倘有英人违背此条禁约,擅到内地远游者,不论系何品级,即听该地方民人捉拿,**交英国管事官依情处罪,但该民人等不得擅自殴打伤害,致伤和好**。❶(重点为引者所标)

这是根据清方的要求而写入条约的。按照国际惯例,清朝不开放的五口以外地区本属内政,可以国内法自行定之。深悉此理的英方,因此同意将此项载入条约,却又作了手脚:一是五口的开放范围要由双方"议定",清朝无权作主;二是违禁英人的处治由英方决定。特别是"不得擅自殴打伤害"一段文字,**使得这项原本由英方画押的不准英人至内地游历的禁令,一下子成了清方出具的保证违禁英人不受伤害的承诺**。清方的要求经谈判后,性质发生逆转。

综合中英虎门条约及其附件,我们可以认定,清朝至少丧失了四项重大权益:

一、**关税自主权** 南京条约中文本第十款规定:

---

❶ 条约英文本无"但该民人等不得擅自殴打伤害,致伤和好"一句。

（各通商口岸）应纳进口、出口货税、饷费，均宜秉公议定则例，由部颁发晓示。

这段话的意思不太清楚，主要是"秉公议定"一语，后人亦有将此误解为协定关税的依据。其实不然。查该约英文本，此款文句为：

His Majesty the Emperor of China agrees to establish at all the ports... a fair and regular Tariff of Export and Import Customs and other dues, which Tariff shall be publicly noticed and promulgated for general information.❶

直译为现代汉语，当为：

中国皇帝陛下同意在所有通商口岸制定一部公平的、正式的进出口关税和其它费用的则例，该则例将公开颁布。

由此可见，"秉公议定"一语是指清政府在制定新的关税则例时应秉以"公平"的原则。南京条约的这一条款完全符合巴麦尊的训令。❷据此，清政府只需制定一部"公平"的关税则例即可。其制定权和公布权完全属于清政府。

前引耆英十二项交涉的照会指出，新开各通商口岸的税率，

---

❶ Inspectorate General of Customs, *Treaties, conventions, etc., between China and foreign states*, vol. 1, p. 163.
❷ 巴麦尊提出，若清方同意割让海岛，可不提这一条件。巴麦尊策划这一条款的用意是，用一部明确的关税则例来改变以往行商吏员百般盘剥英商的状况。按照巴麦尊的训令，新定关税则例的制订权和公布权仍属于清政府，英方仅要求若关税有所变更应于12个月之前通知英方（严中平：《英国鸦片贩子策划鸦片战争的幕后活动》，《近代史资料》1958年第4期，第75页）。

"照粤海关输税章程,由户部核议遵行"。"由户部核议",并不违反南京条约,因为户部本是清朝主管经济的职能部门,更何况条约中文本还规定,新定关税则例应由户部"颁发晓示";但"照粤海关输税章程"则违反了条约,因为该约中、英文本都明确规定须制定新例。这反映出,耆英在与英方交涉时,竟连刚刚签订的南京条约都没有认真进行研究,或者干脆看不懂。

璞鼎查对耆英的提议不是依据条约加以拒绝,或说明条约让清政府照办,而是诱之谈判。不消说,**谈判关税的做法,本身就违反了南京条约**。耆英等人由此步入陷阱。在广东谈判中,伊里布、耆英、黄恩彤认为耗时最多、最费心思的关税交涉,若比起今日之乌拉圭回合又可谓无比神速和顺利。结果,谈来谈去,谈出个棉花进口每担征银4钱,茶叶出口每担征银2.5两(均比以前增加),便自以为得计,连忙向道光帝报功。他们丝毫没有意识到,他们与英方议定的"五口通商章程:海关税则",将26类160余种货物税率用两国协定的方式规定下来,清政府也就从此承担了相应的条约义务,从而在实际上丧失了单独改变税率的权力。

亲手拟就南京条约完全明悉条约内容的英方,为其利益,在践踏条约时也毫无顾忌。这不仅表现在制定权上,而且表现在公布权上,尽管他们又用南京条约处处卡钳清方。

二、对英人的司法审判权　　早在鸦片战争前,对华商务总监督义律即以中英法理不同为由,拒绝将被控杀人罪的英人,交予中国司法当局审判。巴麦尊训令提出,条约内应有英国自行设立法庭独立审判英人的规定,但又指示,若清政府同意割让海岛,条约内可不提此要求。❶

---

❶ 严中平:《英国鸦片贩子策划鸦片战争的幕后活动》,《近代史资料》1958年第4期,第76页。

第7章　平等与不平等

由此，南京条约对此并无任何规定。

前引耆英照会第8项，白白将对英人的司法审判权拱手相送。究其原因，自然是中英司法纠纷一直是双方长期争执的难点，是可能引起衅端的祸患。耆英打算让英官管束英民来避免纠纷，殊不知后来事与愿违，领事裁判权恰是19世纪西方列强制造衅端的主要借口之一。

从某种意义上讲，耆英的提议也并非全是独创。1689年中俄尼布楚条约（拉丁文本第2条，满文本第4条，俄文本第6条）、1727年恰克图界约（第10条）、1768年修改恰克图界约第10条、1792年恰克图市约（第5条）都有两国民人由其本国官员定罪惩处的规定。但中俄之间的情况与中英大不相同，当时中俄间司法实践主要针对两国的逃人、逃犯和越境作案的罪犯，从某些方面来看，有些类似今日世界通行的罪犯引渡条约。❶而耆英的做法完全破坏了中俄条约中的合理因素。他没有要求对在英及其殖民地（如香港）被控华人的司法审判权，仅要求将逃往香港及英船的中国罪犯，交还清方审理，这就完全不对等了。

璞鼎查对耆英的提议不免喜出望外，复照中大为赞扬，"足表贵大臣求免争端之实心矣"。并具体提议：

> 嗣后应如所议。除两国商民相讼小衅，即由地方官与管事官（英国领事）会同查办外，所有犯法讨罪重端者，英人交本

---

❶ 由于当时的俄国还属于农奴制时期，而清朝在北方的旗地中，尚有不少束缚于土地的农民，因而双方都有逃民问题。其次，条约规定，本国境内犯罪的他国人，或他国指控在他国境内犯罪逃回的本国人，都由本国官员逮捕（逮捕权属本国政府），会同他国官员一同审理（审理权共享），审明案情后，案犯由所属本国官员依照本国法令量刑惩处（判决权分离）。再次，为了防止量刑的不公，两国就当时大量发生的越境抢劫等罪，在条约中明确规定了双方的量刑标准，俾能有所依照。而中俄条约中最为关键的是，这种权力是双向的、对等的，因而也可以认为是平等的。

国总管审判，华民交内地大官究惩。❶

由此，中英虎门条约的附件"五口通商章程：海关税则"第13款规定：

> 倘遇有交涉词讼，管事官不能劝息，又不能将就，即请华官会同查明其事……其英人如何科罪，由英国议定章程、法律，发给管事官照办。

这就将在华英人完全置于中国法律体系之外，置于中国司法审判权之外了。

三、**片面最惠国待遇** 巴麦尊训令中曾提到片面最惠国待遇，但又指示，若清朝同意割让海岛，条约内可不提此要求。❷1840年义律与琦善谈判时，也提出过类似的要求。❸南京条约的签订，使英国获得了远胜于他国的权益，因而该约对此并无规定。

前引耆英交涉照会第10项，表示只准英国在福州等新辟4口通商贸易，而对他国前往4口的要求，由英方出面"讲解"以劝阻。璞鼎查拒绝了这一提议，复照中称：

> 大皇帝恩准他国，均赴粤东外之四港口一例贸易，系英国所愿，毫无靳惜。❹

---

❶ 佐々木正哉编：《鸦片战争の研究：资料篇》，第221页。
❷ 严中平：《英国鸦片贩子策划鸦片战争的幕后活动》，《近代史资料》1958年第4期，第76页。
❸ 义律在照会中提出："惟从此以后，倘有再允外国之人，在此外别港开市贸易，亦当准英民商船同然赴往。"（佐々木正哉编：《鸦片战争の研究：资料篇》，第33页）
❹ 同上书，第222页。

璞鼎查如此作复,是遵照本国政府的训令。❶

南京条约签订后美国与法国的活动,使耆英看出无法阻止美、法前往福州等4口贸易,准备予以美、法同等权利。此时他的心情,与当初恰好相反,惟恐英方会阻止4口向他国开放,便要求将璞鼎查复照中"毫无靳惜"一语明载条约。由此,中英虎门条约第8款称:

> 向来各外国商人止准在广州一港口贸易,上年在江南曾经议明,如蒙大皇帝恩准西洋各外国商人一体赴福州、厦门、宁波、上海四港口贸易,英国毫无靳惜。

这实际上是通过条约形式宣布,英国将不反对他国前往新辟通商口岸贸易。这么做虽不合国际惯例,尚与中国无害。

可是,就在中英条约签字前,英方送来的条约文本中,在此条款后加了段"但书":

> 但各国既与英人无异,设将来大皇帝有新恩施及各国,亦准英人一体均沾,用示平允。

这实际上提出了片面最惠国待遇的要求。为使这一要求能从清方顺利通过,英方不惜在条约中文本措辞上表示卑顺,装扮成一副领受"圣恩"的模样。

耆英自然看不透英方的诡计。他从"天朝"大皇帝的视角出发,

---

❶ 巴麦尊训令,1840年2月20日,阿伯丁训令,1841年11月4日,见马士:《中华帝国对外关系史》第1卷,第713页,第757页。

"怀柔远人"当应"一视同仁","用示平允";他又从"天朝"臣子的视角观察,设或英"夷"或他"夷"频频向大皇帝请求"恩施",又成何体统。于是,在英方的"但书"之后,他又加了一段"但书":

> 但英人及各国均不得借有此条,任意妄有请求,以昭信守。

由国际法的角度来看此条款的 3 项内容,可以认定:第一项毫无必要,清朝与他国打交道,可以也不应与英国商量;其第三项无约束力,"任意妄有"这类情绪性的语词没有准确统一的解释;只有第二项才是真实的。英国的计谋成功了。耆英又上了一当。❶

四、**英舰进泊通商口岸权** 前引耆英交涉照会第三项,要求英舰不得进入各通商口岸,这是完全正当的。但从国际惯例来看,此事不必进行交涉,完全可用国内法决定之。

狡诘异常的璞鼎查,却从交涉本身看出此中的机会,复照中称:

> 君主水师之船,以为管束本民,必常有小等数只,随时来往各口管押。❷

用本国军舰来"管束"在他国的侨民,理由实属荒谬,但一心希望

---

❶ 耆英在奏折中称:"前此会议善后条约,本系臣耆英主稿,会衔照发该酋,令其复核。该酋于各国一体准赴五口贸易条内,添出大皇帝有新恩施及各国,准英人一体均沾等句。臣等疑其于现定税则马头内别有要挟,饬令黄恩彤、咸龄向省夷目屡加诘询。据称税则马头业已议定,断不另有要求……"(《鸦片战争档案史料》第 7 册,第 325—326 页)。由此可见,英方是在最后关头提出片面最惠国待遇要求的,而耆英根本没有识破英方的计谋。至于"主稿"云云,只是在草约交换中的一个稿本,并非为耆英自行撰就之意。耆英在道光帝前夸大了自己的作用。

❷ 佐々木正哉编:《鸦片战争の研究:资料篇》,第 221 页。

英官"管束"英民的耆英看来,这一说法又成为合情合理的方法。于是,中英虎门条约第 10 款规定:

> 凡通商五港口,必有英国官船一只在彼湾泊,以便将各货船水手严行约束,该管事官亦即藉以约束英商及属国商人。

由此,在"约束"侨民的幌子下,各通商口岸成为英舰自由往来的码头。后来的事实说明,英舰并未被其外交官用以"约束"本国侨民和水手,反成为手中随时向清朝施加压力的工具。又由于这一规定,在此后的中外战争中,各通商口岸成为清朝无法设防的城市。❶

以上四项,乃是中英虎门条约及其附件损害中国权益荦荦大端者,此外还有细碎多项,如引水权的丧失、海关验货权的分割等等,这里就不一一详论了。

中英虎门条约及其附件是一项不平等条约。它给中国带来的损害,不亚于南京条约,从长久来看,还甚于南京条约。南京条约规定五口开放,既有损害,又是机会,但在关税不自主、领事裁判权、片面最惠国待遇、军舰自由出入诸规定下,开放必伴生太多的灾难。可此项不平等条约却是在战后两国"平等"相商缔结的。

依据古今中外的法学原理,诈骗的定义应是,利用对方对某些知识或己方权益的无知而侵占其利益,英方的行径与诈骗无异。道光帝"添注"旨令,耆英交涉照会,展现了他们的无知,成为璞鼎查施展骗术的大好时机。

然而,我们今天所作的批判与检讨,已经离开了"天朝"氛

---

❶ 在此后的广州入城危机、第二次鸦片战争、中法战争、八国联军侵华战争中,广州、福州、上海、大沽(天津)等口岸都成为外国军舰炮口下的危城,在军事上根本无法组织防御。

围，与当时人、当事人有历史的隔膜。谈判、签订条约的耆英、伊里布、黄恩彤，审核、复议条约的军机大臣、户部等部堂官们，及最后批准条约的道光帝，对亲手出让的权益都没有丝毫的觉察。传统的"天朝"观念，遮挡了他们的视野，近代国际知识的缺乏，又使之看不见认不清真正的国家利益和民族利益之所在。

正因为如此，就在中英虎门条约签订后不久，耆英、黄恩彤召见美国领事福士（Paul S. Forbes）、法国领事拉地蒙冬（Benoît Ulysse Ratti-Menton），"宣布皇恩"，准许美、法商人前往新辟口岸贸易，"一切章程悉照英吉利办理"！❶

可是，事情并未到此而终止。

三 "等价交换"？中美望厦条约 ❷

作为大洋彼岸新兴的工商国，美国对世界市场变化的敏锐可谓异乎寻常。当大英帝国的战舰出现在中国海时，合众国的商人和政治家立即意识到，东方出现了不应放弃的赢利机会。

即使在战争期间，美国便派加尼（Lawrence Kearny）司令率东印度舰队来华，其任务有二：一是战时护侨，二是制止美船走私鸦片。1842年4月加尼到达广州后，对此两项任务均未执行，❸反得

---

❶ 《鸦片战争档案史料》第7册，第324—325页。
❷ 本节的撰写，我参考了熊志勇：《从"望厦条约"的签订看中美外交史上的一次交锋》（《近代史研究》1989年第5期）和李定一：《中美早期外交史》（台北：三民书局，1985年），在此表示感谢。
❸ 由于当时的美国商船都有优于清朝师船的武器装备，护侨根本没有必要；美国在鸦片战争期间大肆贩卖鸦片，颇有取代英国之势，加尼对此仅发布告示，宣称鸦片船若被清政府缉拿，他将"不加援手"。加尼在广州做成的唯一的事是，1841年5月广

知战争结束、南京条约签订便展期回国,径自致函两广总督祁𡎺,要求最惠国待遇。祁𡎺一面上奏,一面答复加尼,待钦差大臣伊里布到粤后"再行办理"。❶

道光帝得知此讯后,对美方的要求全然拒绝,12月12日谕令伊里布:

  总当循照旧章,不可有所增改。
  倘敢觊觎设立马头等事,务即剀切谕止,断不准稍为迁就。
  总期于怀柔远人之中,示以天朝定制,俾无滋生事端为要。❷

很显然,尽管英国已扯破"天朝"的帷幕,道光帝仍欲对其他国家坚持"天朝定制",但又提出了不准"滋生事端"的先决条件。

就在此时,一些性急的美商等不及新口岸开放,驾船北上宁波等处(比英商还早)新辟生财途径。此一突然行为,在新败未久惊魂未定的地方官及朝廷,引起一阵紧张情绪。❸

针对这一新情况,正在途中的伊里布在广东南雄出奏,对道光帝的旨令表示异议。他声称,美英早有勾通,且服饰船型不辨,若美商打着英国旗号前往新辟口岸,岂不"德在英国,怨在中国"?这位油滑的老臣没有提出对策,仅称待其到粤后与广东督抚商议,

---

(接上页)州之战时,英商奉义律命令于21日撤退,部分美商未走,5月22日美商一侍童胥利(Sherry)被杀;加尼要求赔偿7800美元。祁𡎺勒行商出钱,并加价2200美元,共赔偿1万美元。
❶ 《鸦片战争档案史料》第6册,第483页。
❷ 同上书,第568页。
❸ 此事宁绍台道鹿泽长立即禀告刘韵珂、耆英。刘、耆对此均有奏折,道光帝亦有谕旨(《鸦片战争档案史料》第6册,第539—540、577页;《筹夷办务始末(道光朝)》第5册,第2497—2499页)。从后来伊里布奏折来看,他也同时得到了消息。

然后"会奏请旨遵办"。❶实际上，伊里布已有腹案。

两江总督耆英因美船北上事，收到了道光帝内容相同的谕旨。❷他也上奏反对，理由与伊里布完全相同。所不同者，他没有吞吞吐吐，而是明确表态：

> 法穷则变。与其谨守旧章致多棘手，莫若因势利导，一视同仁。

这篇1843年1月3日付驿的奏折，透露出耆英与伊里布在南京时就讨论过对策。❸他们已经感到，南京条约后清朝已守不住"天朝"旧制，"一视同仁"是他们处理战后中外关系的原则。

道光帝收到耆英、伊里布奏折后，态度180度转弯，称伊里布所言"不为无见"，命耆、伊函商对策，即授权耆、伊处置。❹而耆、伊的担心又转化为英国允不允他国沾利，璞鼎查的"毫无靳惜"之承诺会否变卦。此又演化为中英虎门条约最惠国条款之由来。

伊里布亡故。耆英继任。中英虎门条约签订。而加尼早在1843年4月回国。耆英召见新任美国领事福士，庄严宣布"皇恩"。但这位与旗昌洋行、鸦片走私颇有瓜葛的外交官，反宣布了一项让耆英震惊的消息：美国全权委员顾盛（Caleb Cushing）携带国书已在来华途中，准备进京觐见皇帝并谈判签订条约。❺

无论今天的人们对福士的信息持何种看法，但对于"天朝"无

---

❶《鸦片战争档案史料》第6册，第740页。
❷ 同上书，第577页。道光帝此次谕旨措辞更严厉，亦无不准"滋生事端"的条件。
❸ 同上书，第684—686页。
❹ 同上书，第735、747页。
❺ 同上书，第735页。

第7章 平等与不平等

疑扔下了一枚炸弹。问题的关键在于进京觐见。马戛尔尼、阿美士德在乾隆、嘉庆两朝引起的震荡,至道光朝仍余波未消。南京条约谈判中,英方曾就进京一事试探,清方断然拒绝。❶耆英一下子联想到新订立的虎门条约给予英人的片面最惠国待遇,怀疑英美勾结,让美方"巧为尝试"❷。由此角度发现片面最惠国条款的危害,又是"天朝"观念的特殊表现。

就国际惯例而言,一国元首派代表觐见他国元首,自是一件不能再平常的事情。但在"天朝"则不然。大皇帝本是"君临万国"的天下共主,不应当去接待一个非为朝贡的使臣。耆英在内心中认定,若让道光帝面对一个不跪不拜的"夷"人,那四裔群"夷"自然不免滋生轻慢之心,就是内地熟读经史、详知礼仪的士子们,也会对清朝的合法性发生怀疑。跪拜是一种礼仪,今天的人们往往忽视此类形式而注重实际,但在以"礼"治天下的儒教国家中,其中的意义之重大又是耆英所深知,绝不敢掉以轻心的。由此,耆英告诉福士:

(美国)素来恭顺,久邀大皇帝圣鉴,必蒙曲加体恤。该国到粤已历重洋七万里,再由粤赴京,往返路程又在一万里以外,必不忍令该国使臣纡道进京,彼滋劳费。即使为贸易之事进京,亦必奉大皇帝谕令,发回复议,徒劳跋涉。

耆英告诉福士,进京势必徒劳无益,让他去函阻止美使来华。由于中英谈判已经结束,耆英即将离粤,临行前交待因参与中英谈判有

---

❶ 佐々木正哉编:《鸦片战争の研究:资料篇》,第216页。
❷ 《鸦片战争档案史料》第7册,第326页。

"功"而迁广东布政使的黄恩彤,若美使到粤,"婉为开导"、"饬令回国"。❶

据耆英的奏折,福士表示同意去函劝阻顾盛去华,但实际上福士并没有这么做,反给美国政府的报告中写道,清朝为消除外国使节进京的理由,会在广州给予更好的条件。❷

看来,福士倒是窥破底蕴,找到了最易击打的柔软的腹部。

南京条约签订的消息传到华盛顿,美国总统泰勒(John Tyler)立即于1842年12月30日咨会国会,要求派遣委员(Commissioner)前往中国,与清朝交涉。1843年3月,国会批准拨款4万美元作为此项使命的费用。此后,44岁的众议员顾盛被任命为使华委员。为了提高他的身价,还特准其穿着少将礼服。

1843年5月8日,美国国务卿韦伯斯特(Daniel Webster)颁给顾盛详细的训令,主要内容可概括为两点:一、在通商事务上,要求与英国同等的权利,即最惠国待遇;二、如有可能,应进京觐见清朝皇帝,面递国书。❸不难看出,前者是硬任务,后者是软指标。

7月31日,顾盛搭舰离美,携带了两份国书:一是授权缔约的证书,一是进京觐见皇帝时面递的国书。而其他物品中,最费心思的当数送给清朝皇帝的礼品。为了不致于被误作贡品,泰勒总统亲自审定了礼单:航海地图,地球仪;六轮手枪、步枪;蒸汽战舰模型、蒸汽挖掘机模型;关于构筑要塞、造船、海陆军战术、地质、化学的书籍以及《美国百科全书》;电话机、望远镜、气压计、

---

❶《鸦片战争档案史料》第7册,第770页。
❷ 熊志勇:《从"望厦条约"的签订看中美外交上的一次交锋》,《近代史研究》1989年第5期,第4页。
❸ 同上文,《近代史研究》1989年第5期,第2页。

温度计……这自然是为了显示美国在军事和科技上的优势，但就客观而言，正是战败的中国急需之物。可清朝官员却将之视为"奇技淫巧"，耆英后来谢绝了。❶

顾盛由大西洋而印度洋，于1844年2月24日乘美舰没兰得湾号（Brandywine）至澳门。27日，向护理两广总督广东巡抚程矞采发出照会，通知此行的目的在于缔约，并"不日进京"。最让程矞采震惊的，可能是照会中下面一段话：

> 约一月之内，候该兵船（没兰得湾号）满载粮食，并预备各船事体，然后驶赴天津北河（海河）口而去。

程矞采当即派黄恩彤前往交涉，但顾盛"词极恭顺"，"意殊胶执"。眼看一个月过去，程矞采毫无进展，只得于3月22日出奏，报告情况。❷

就在程矞采与顾盛交涉同时，道光帝因澳门葡萄牙通商案未决等因，于3月19日调两江总督耆英为两广总督。❸4月9日，收到

---

❶ 〔美〕泰勒·丹涅特：《美国人在东亚——十九世纪美国对中国、日本和朝鲜政策的批判的研究》，姚曾廙译，北京：商务印书馆，1959年，第121—126页。又，李定一称，美国政府的两份国书为，一是准备觐见时面递中国皇帝的，一是由地方官转呈皇帝的，似为有误。

❷ 《鸦片战争档案史料》第7册，第400—404页。

❸ 先是中英虎门条约签订后，澳门葡萄牙当局要求照此例进行五口通商，耆英召澳门葡萄牙官员至广州，准许照例办理。道光帝接到耆英奏折后，令军机大臣会同户部议复。1844年1月22日，穆彰阿等人上奏，对"赴澳货物不必限定担数"表示异议，要求"令该大臣等详细分晰查明声复"。耆英遂于2月25日复奏，说明"不必限以担数"之原委，道光帝再次命令军机大臣会同部再行酌核。然穆彰阿等人此次提出了更多的疑问。3月14日，道光帝谕令耆英，要其"深虑远谋"，与广东督抚函商后，"会同妥议具奏"。5天后，道光帝即调耆英为两广总督（《鸦片战争档案史料》第7册，第272、335—338、380—381、390—391、396—399页）。此外，还有一项重要原因，两广总督祁𡋓此时患重病，前已给假调理，但病况仍无好转。道光帝遂将其免职。不久后，祁𡋓病故。

程矞采的奏折，命耆英速赴广东。4月22日，再得程矞采奏折，得知美方"止与钦差大臣商酌"，又下旨：

> 耆英现已调两广总督，各省通商善后事宜均交该督办理。著仍颁给钦差大臣关防，遇有办理各省海口通商文移事件，均著其钤用，以昭慎重。

这道谕旨是"天朝"对外体制的重大变更，由此确立长达15年的由两广总督例兼管理各国通商事务钦差大臣的惯例。从操作层面来看，清朝可避免西方使节直接与朝廷打交道，西方列强亦可免除与礼部或理藩院交往而引起的不快，不失为一种折中的解决方法。

道光帝同时颁给耆英的另一谕旨中，强调了阻止美使进京，未提缔约一事，只是含混地称：

> 务当筹画尽善，始终无弊，不至别生枝节。❶

耆英于4月16日由南京起程，星夜遄行，5月30日赶至广州。在此期间，程矞采与顾盛展开了一场照会战，来往照会达十余通。❷ 程矞采要求顾盛放弃北上，就地解决，并援璞鼎查为例证，这自然不尽合理；而顾盛提出，若按璞鼎查之例，"则必先令中国人民再罹兵燹之灾，尤须在中国海岸占一岛屿，以为官兵屯寄之所"，言辞中充满恫吓。❸ 4月13日，美舰没兰得湾号强行闯

---

❶《鸦片战争档案史料》第7册，第425页。
❷ 朱士嘉编：《十九世纪美国侵华档案史料选辑》上册，中华书局，1959年，第7—22页；*Chinese Repository*, vol. 14, pp. 354-377.
❸ 同上书，第13页。

过虎门驶入黄埔并鸣炮。这艘载炮64门、官兵500余人庞然大物的炮声,无疑对广东官员心理上施加重大压力,提示着前不久结束的战争,尽管后来顾盛在照会中宣布,鸣炮只是"照西洋诸国成规",并无战意。❶

因此,耆英认为,摆在他面前的任务有两项:一是阻止美使进京,这在谕旨中有明确指示,必须不折不扣地执行;二是防止由此而引起战争,这在顾盛照会中屡屡闪示。他并不知道,美国政府此时无开战之意,且按美国法律,宣战权属于国会而不掌于政府。至于最关紧要的是否应该与美国缔结一项条约,他似乎没有仔细想过。既然一年前他已向美国领事宣布"皇恩",美人已享有与英人同等的通商权利,此时再多一份具体文件又有什么关系呢?

于是,耆英放下了"天朝"大吏的架子,于6月10日带同黄恩彤等人,主动前往澳门,找顾盛谈判。17日,抵达邻近澳门的望厦村。18日和19日,耆英和顾盛互作礼节性拜访。21日起,黄恩彤与美使团秘书威伯士德(Fletcher Webster)会谈。美方拿出了条约草案47款。

据黄恩彤称,美方的条约草案"内多必不可行"❷,但耆英并不计较这些细节,一眼"识破"美方的计谋是,先立约后进京。6月22日,耆英照会顾盛:

> 现在我两人业经会晤,彼此同心,且条款业已粗立,指日即可定议换约,是贵公使进京一节,应即遵大皇帝谕旨,勿庸前往。❸

---

❶ 朱士嘉编:《十九世纪美国侵华档案史料选辑》上册,第17页。
❷ 黄恩彤:《抚远纪略》,《丛刊·鸦片战争》第5册,第428—429页。
❸ 朱士嘉编:《十九世纪美国侵华档案史料选辑》上册,第26页。

耆英的对策是，以美使放弃进京作为签订条约交换条件。

6月24日，耆英、顾盛再次会谈，议题很快转到是否进京的问题上去了。耆英毫无通融地宣布，若顾盛执意进京，他将中止条约谈判！

在此情况下，顾盛作出"让步"，于6月25日照会耆英，表示"允肯停止北上"，并声明，今后他国使节进京，美国亦可照办。在该照会结尾，顾盛宣布：

> 又本大臣与贵大臣现议各款条约章程等情，必须尽心秉公，妥为议定；不然，则本大臣进京之事，亦未能已。❶

顾盛反过来将签订条约作为放弃进京交换条件。

双方由此而想到一起去了，作了一笔"等价交换"。

黄恩彤与威伯士德的条约谈判，此时正陷于僵局。主要原因是充当美方翻译的传教士裨治文（Elijah Coleman Bridgman）和伯驾（Peter Parker）虽来华多年，亦有中文功力，但所通者仅是粤语。这种难懂的方言，使黄恩彤感到"十不达一二"。他向耆英建议，以交换书面文件的方式进行磋商。

6月27日，耆英致函顾盛（由黄恩彤起草），对双方条约提出了原则性的意见：外国人到中国，要按"中国制度"办理，条约"不能违背中国之制度"。从理论上讲，耆、黄的意见完全正确，但问题出在耆、黄心目中的"中国制度"上。该函对此解释道：

> 中国之待各国商人，不能有所偏，偏则各国人心不服，是

---

❶ 朱士嘉编：《十九世纪美国侵华档案史料选辑》上册，第27页。

以上年本大臣议定贸易章程（中英虎门条约及附件），如裁撤行商、革除规费、减船钞、定税则、开五口及其余一切有益远商之事，大皇帝不待各国请求，即通行一体照办（指耆英对美、法宣布"皇恩"事），此即一无所偏之明证，非专为英国贸易通商所定也。至各国商人之于中国，**则应遵奉新章**，贸易输税，方能彼此相安，有合乎客从主人之义。❶（重点为引者所标）

耆、黄端出了底牌，他们将以中英虎门条约及附件为蓝本，对美方的条约草案予以准驳。他们心目上的"中国制度"，就是包括领事裁判权等项在内的刚刚在各通商口岸实行的新制度。

顾盛收到此函后，非常高兴，这大体符合其意图，当日复函耆英，表示同意，并再次保证，"进京一节""甘为中止"。❷

此后的谈判，应当说是相当顺利。按黄恩彤的说法，"顾使得书（指耆英函）颇悟，伯驾来云：耆大臣心明如镜，无所不照，盖亦心折此书也。"❸仅仅5天之后，7月2日，条约"已定十分之九"，仅在两项细故上存有疑难。经耆英再次致书说服后，也得到圆满解决。❹

此时耆英的目光，又盯在顾盛手中的一纸国书上。尽管顾盛多次保证不再北上，但耆英唯恐其中有诈。他认定："条约可以

---

❶ 朱士嘉编：《十九世纪美国侵华档案史料选辑》上册，第30页。

❷ 同上书，第31页。

❸ 黄恩彤：《抚远纪略》，《丛刊·鸦片战争》第5册，第428—429页。

❹ 1844年6月28日，顾盛致函耆英提出，美使应当驻京，或另辟管道与中枢建立联系，被耆英拒绝。7月2日，耆英复函顾盛："查现在所议各条（指条约）……已定十分之九；所未能定者，则在贵国大臣与中国京中大臣文书往来一款，又师船进口到第一炮台彼此放炮贺喜一款。"此两款对耆英或对清王朝说来都是大事，但对美国或按国际惯例说来却不具有决定性的意义，故谓之为"细故"（朱士嘉编：《十九世纪美国侵华档案史料选辑》上册，第33页；《鸦片战争档案史料》第7册，第462—463页）。

在外商定，而国书必须亲赍赴京，故其国书一日未缴，则夷情一日未定。"❶7月3日，当顾盛终于交出国书后，耆英总算松了一口气，当即与顾盛签订了中美"五口通商章程：海关税则"，又称中美望厦条约。

顾盛胜利了！他以一纸国书换来了一项对美极有利益的条约。耆英也胜利了！他阻止了美使进京，消弭了衅端，只是用文字的形式确立了一年前他对美国领事的口头承诺。双方都心满意足地离开了居住17天的望厦村，各向其主子报功去了。

只有中华民族须长久地蒙受在这小小村庄中达成的协定而带来的灾难。

1844年7月3日缔结的中美望厦条约，共有34款，它是以美方提出的条约草案47款为基础，增删准驳，"四易其稿，始克定义"。❷

今天的人们，自然会最看重该条约中片面最惠国待遇、协定关税、领事裁判权、军舰自由出入通商口岸等不平等权益，且与中英虎门条约及附件相较，该条约危害中国更甚：

——关税 中英条约仅规定了各种货物的进出口关税，对税率的变更，并无明文。中美望厦条约第2款称：

倘中国日后欲将税例变更，须与合众国领事等官议允。❸

---

❶《鸦片战争档案史料》第7册，第467页。
❷ 同上书，第467—469页。
❸ 王铁崖编：《中外旧约章汇编》第1卷，第51—57页。以下援引望厦条约条款，皆据该书，不再注明。

此即中国近代史上"协定关税"之由来。根据片面最惠国条款，英方也获得了这一权利。又因清朝此后胡乱将"协定关税"权利给予其他缔约国，清朝欲改变税率，就得获得所有缔约国的一致同意。这对转型中的中国经济窒碍极大。

——**领事裁判权** 中英条约规定了中英民人纠纷应由两国官员共同审理，若确立英人有罪，由英国领事据本国法令治罪；对英人的逮捕权并未涉及。中美望厦第21款谓：

> 嗣后中国民人与合众国民人有争斗、词讼、交涉事件……合众国民人由领事等官捉拿审讯，照本国例治罪。

第25款又谓：

> 合众国民人在中国各港口，自因财产涉讼，由本国领事等官讯明办理；若合众国民人在中国与别国贸易之人因事争讼者，应听两造查照各本国所立条约办理。中国官员均不得过问。

据此，清朝对美国民人的逮捕、审讯、定罪、惩治的司法权力全部丧失殆尽。英国又可据片面最惠国条款，"一体均沾"。各通商口岸的西方人，从此成为中国政府不可触动的特殊人士。

——**修约** 中英条约对条约内容的修订并无规定，而中美望厦条约第34款载：

> 和约一经议定，两国各宜遵守，不得轻有更改；至各口情形不一，所有贸易及海面各款恐不无稍有变通之处，应俟十二年后，两国派员公平酌办。

从字面来看，不易发现问题，但后果异常严重。此款种下咸丰年间英、法、美联合要求"修约"之祸根，成为英、法发动第二次鸦片战争的主要"理由"之一。

若从细微处更具体地分析，还可以举出许多。条约的制定者顾盛心中对此最为清楚。7月5日，即签约后第三天，他向国内报告，按纳不住心中的喜悦，一口气指出望厦条约较之中英条约的16项"优点"！❶ 也正因为如此，中美望厦条件成为后来者的摹本。

可是，"天朝"中的人们并不这么看，他们自有一套评估标准。

7月7日，耆英、黄恩彤一行回到广州。9日，耆英上奏报告条约签订情况，并附有1600余字的夹片，详细评价中美条约。他声称，美方提出条约草案47款中，共有10款是"断难准行"的，予以了坚决的驳斥。❷ 若以今日之国际眼光评价，被驳斥的10款中

---

❶ 顾盛提出的16项优点为：一、新定税则对美有利，如人参等进口税降低，且变更关税须两国同意；二、中英条约规定了英国领事应当对英商纳税负责，而美国领事无此责任；三、进口货可另转通商口岸而不必再纳税；四、领事遇有不平，可直接向督抚大员申诉，足以提高其地位；五、货物未卸时，商船可在两日内转换港口而不必交税；六、美人可在通商口岸租房、建楼，并可设立医院、教堂及坟地（后三项为伯驾要求添入者）；七、美人可以延聘中国人教授语言、购买书籍。八、美人享有治外法权的详密规定；九、中国承认美国商船在中国与他国战争期间的中立地位；十、中国政府有保护在华美侨生命、财产的责任；十一、中国得救助在华沿海遭难美船之责任；十二、中美官员及民人在平等相交的规定，较中英条约为佳；十三、不送中国官吏礼物；十四、军舰可入通商口岸；十五、美使可以向中国东南督抚呈递致清廷文书；十六、美国政府不保护美商走私鸦片及违禁品〔美〕赖德烈：《早期中美关系史，1784—1844》，陈郁译，北京：商务印书馆，1963年，第134—136页）。

❷ 此十款为：一、美方有权向都察院申诉；二、洋楼被烧，欲援引1842年12月火烧商馆事件，由清方赔修；三、货物三年不销，请发回税款；四、请清朝官设栈房，代为贮货；五、清朝的敌国、与国，均准美船往来；六、美船在中国港口归中国统辖护理，倘遇到国凌害，请中国代为报复；七、美船若被敌兵追袭，请中国护助攻击；八、美船入港，应与清朝炮台互鸣礼炮；九、美方要求北京的内阁或某部院衙门，接受其国中文书；十、若中、美交战，允许撤退其商人，免遭殃害（《鸦片战争档案史料》第7册，第468页）。

确有应当拒绝者,而有些又应坚持。如美方提出,美船进口停泊,"应请中国统辖护理,倘遇别国凌害,仍请中国代为报复"。就"代为报复"一语,涉及国际法、战争法多项,这里不需详论,但此中体现出来的清朝对其港口、领水的主权,必须坚持。耆英恐由此卷入国际争端,要求修改,结果条约第 26 款明确规定:

> 合众国贸易船只进中国五港口湾泊,仍归各领事等官督同船主人等经管,中国无从统辖。倘遇有外洋别国凌害合众国贸易民人,中国不能代为报复。

这就是耆英等人在交涉中争取得来的"权益"!

与此种自鸣得意相反,最使耆英忐忑不安的是中美望厦条约第 18 款:

> 准合众国官民延请中国各方士民人等教习各方语音,并帮办文墨事件,不论所延请者系何等样人,中国地方官民均不得稍有阻挠、陷害等情;并准其采买中国各项书籍。

此款与先前不准外国人聘师学习中文、不准购买中国书籍的禁令相悖。耆英在奏折中解释道,他曾"驳斥不准",但美方坚持不让,考虑到海通已近二百年,为美商充当"通事"(翻译)者也"粗通文义",教授中文、采买书刊之情事"恒有","久已无从稽察,自不妨如其所请"。❶

耆英此奏于 7 月 18 日送到北京。道光帝在上面朱批"所办甚

---

❶ 《鸦片战争档案史料》第 7 册,第 469 页。

好",并将条约抄本送交"军机大臣会同该部速议具奏"。当日发给耆英的谕旨,又称赞他"办理均合机宜"。❶

8月15日,穆彰阿率军机大臣、户部、刑部堂官详奏会议情况,对条约各款均表示同意,特别称赞领事裁判权的内容可"杜民夷争端";只对延聘教师、采买书籍表示了同样的忧虑,并提出了两项"治内"的稽察办法:一、各国延聘的教师,应将其姓名、年龄、眷属、住址呈明地方官另册存案,方准其入外国人寓馆;二、外国人采买书籍,应令各书肆另立簿册,将书名、部数、价值随时登载,年终汇交地方官,呈督抚查核。穆彰阿认为,如此"按籍而稽,可为诘奸察远之一助"。

穆彰阿的这份审核报告,道光帝可能看都没看。该折上没有朱批,当日亦无谕旨下发。只是《筹办夷务始末》收录该折在后添了四字:"奉旨:依议。"❷可能是道光帝召对时听了穆彰阿口头汇报后的面谕。如此重大之事,柄国者却如此掉以轻心。

四 "奉献":中法黄埔条约 ❸

继美国而来的,是法国。

作为欧洲强国,法国的利益主要在欧陆、北非、北美等地,其在东方的商业利益较小,来华商船不及英国十分之一,贸易额仅为

---

❶ 《鸦片战争档案史料》第7册,第474页。
❷ 同上书,第489—492页;《筹办夷务始末(道光朝)》第6册,第2850页。
❸ 本节的撰写,我多处参考了〔法〕卫青心:《法国对华传教政策》,黄庆华译,中国社会科学出版社,1991年。这对于不懂法文的我,受益极大,在此表示感谢。

美国的零头。❶其向东方的扩张，仍属开拓性的，且有注重商业以外领域的特点。

当鸦片战争刚刚开始，法驻马尼拉总领事（兼管对华事务）即向国内报告，要求派舰来华，此时正在中国沿海的法舰达内德（Danaide）号舰长亦报告了战况。法国政府为确保其在中国"应有"的地位，派舰两艘来华搜集情报，并指定真盛意（Adolphe Dubois de Jancigny）为国王特使。1841年4月28日，真盛意搭乘法舰埃里戈纳（Erigone）号启程，12月8日，抵达澳门。

此时正值鸦片战争紧要关头，这艘载炮46门、官兵400余名的战舰引起广东官员的注重，而英法长久不和、法舰前来"助顺"的流言，❷更合他们"以夷制夷"的心思。尽管法国政府给予真盛意的使命有如观察使，但他不愿袖手旁观。

比真盛意更活跃的是埃里戈纳号舰长士思利（Joseph de la Serviere）。就其本国地位而言，士思利与真盛意同为上校，从日后的发展来看，士思利又要高出许多。❸他没有把真盛意放在眼中，私下通过传教士与中国官员接上了联系。1842年1月27日，士思利驾船来到广州，据其自称，得到了邀请。

2月4日，广州城外约10里一个名叫"半塘"小村中，靖逆将军奕山、两广总督祁𡎴与士思利举行了秘密会谈。奕山等人非常

---

❶ 1830年至1844年，英国每年来华商船自70艘至100余艘，美国来华商船每年自18艘至43艘不等，法国每年仅为1至7艘（姚贤镐：《中国近代对外贸易史资料》第1册，中华书局，1962年，第288、303页）。至1840年，法国对华商品输出尚未超出60万法郎，而美国高达6000至7000万法郎（[法]卫青心：《法国对华传教政策》上册，第237、239页）。耆英亦称："佛兰西每年来船数目虽属无多。"（《鸦片战争档案史料》第7册，第271页）

❷ 黄恩彤：《抚远纪略》，《丛刊·鸦片战争》第5册，第430页。

❸ 士思利于1844年晋海军准将，1849年出任驻英大使，1853年任上院议员；真盛意于1846年回国后，仅做为驻巴格达副领事。

希望法方能干预中英战争，并询问法王能否在中英之间调停。士思利的答复使他们大失所望：建议清朝立即向英国求和，并派一个使团前往巴黎。

作为中法关系史上第一次高级会晤的半塘会谈毫无结果，士思利亦于2月5日前往马尼拉，临行前转告奕山，有事可找尚留在澳门的真盛意。士思利的举止，颇像真盛意的上司。

真盛意于3月16日前往广州，20日与奕山等人会谈。奕山仍在打听法国人会不会干预，而真盛意却开出了清朝与英国媾和的条件。奕山全然失望了。他原本希望法舰的到来会帮帮清朝的忙，不惜放下架子两次屈尊接见"夷"人。此时反过来担心，法国会否乘机"另生事端"。❶

士思利在马尼拉补充给养后，尾随英军，旁观了吴淞之战。英军进入长江后，其风帆动力的军舰难以航行，他曾要求英方提供轮船帮助，被拒后转向求助于苏淞太道，诡称前往"劝令英夷戢兵"，要求代雇民船，又遭到礼貌的婉拒。8月13日，士思利率20余名水手，强雇民船，溯江上驶，参加了8月29日的南京条约签字仪式。英方对这批不速之客，也未予优礼。❷

真盛意又晚到一步。当他乘坐法舰法沃里特号（Favorite）到达吴淞口时，恰遇士思利由南京返回。士思利不愿为之带路，真盛意只得自行上驶，泊于南京附近的草鞋峡。不久，英军撤退，真盛意

---

❶ 《鸦片战争档案史料》第5册，第119—120页；〔法〕卫青心：《法国对华传教政策》上册，第165—172页。又据黄恩彤记载，当时中法会谈没有成功，是因为法方"所索兵费颇多，而师期甚缓，奕公察其不诚，厚赠遣之去"（《丛刊·鸦片战争》第5册，第430页）。

❷ 《鸦片战争档案史料》第6册，第86—89、128、159页；〔法〕卫青心：《法国对华传教政策》上册，第202—205页。

也回到了澳门。❶

士思利由南京返回后,即向海军部报告,建议占领台湾岛和海南岛,并要求使用武力:

> 今日中国人所敬畏的是大炮,外交照会奏效太慢。

至于他与真盛意之间的激烈矛盾,则建议派一名有威望且富经验的人,来华负责。

正当士思利与真盛意闹得不可开交之时,法国政府派出拉地蒙冬为广州领事。士思利得讯后,于1843年3月1日将此通报两广总督祁𡎴。不久后,他奉命前往交趾支那,临行前再次照会祁𡎴,声称拉地蒙冬是"唯一"由法王授权的使节。"唯一"一语,自然是针对真盛意。

拉地蒙冬于1843年7月1日到达澳门。在此之前,真盛意却派沙厘(Charles-Alexandre Challaye)等人前往广州交涉。据真盛意的报告,法方与清朝达成了共有14款的"通商通航条例",有效期为10年。该条约另有一秘密条款,即法方向清朝提供武器,而运输武器的法舰船可以不受限制地驶入中国任何港口。❷

然而,真盛意的说法,颇值得怀疑。当沙厘等人在广州与清朝官员谈判时,应真盛意的请求,清方派广州知府易长华于7月19日前往澳门。拉地蒙冬派人告诉易长华,真盛意是冒充的领事;而真盛意的部下又宣称,拉地蒙冬是真盛意的下级。易长华感到一时难辨真假,便以两广总督召其返回为由,离开澳门。钦差大臣耆英

---

❶ 《鸦片战争档案史料》第6册,第179、214、253页;〔法〕卫青心:《法国对华传教政策》上册,第205—208页。

❷ 〔法〕卫青心:《法国对华传教政策》上册,第207页。

于9月5日上奏此事：

> 先有夷目真盛意自称领事，寓成澳门，遣其副目沙厘来省投递单禀，议及往来仪礼并输税章程（即所谓"条约"），又称此单未足为据。臣等当即委员前赴澳门，向真盛意切实查询。又有夷目拉地蒙冬以真盛意冒充领事，沙厘在省无礼，已将沙厘斥革，两次赴臣祁壩衙门具禀，求与臣见面。臣等因真假难辨，现在密加访查，一俟得实，即与见面定议，大约数日内亦可完结。❶

按照耆英的说法，并未就"往来礼仪并输税章程"与真盛意达成协议。而真盛意报回国内的所谓"条约"，亦被法国政府所否决。

耆英奏折提及拉地蒙冬两次前往两广总督衙门"具禀"，是指拉地蒙冬此时已来到广州与清方交涉一事。据拉地蒙冬的报告，并未等"数日"，而是耆英上奏的第二天，9月6日，在行商潘仕成的乡间别墅受到了这位钦差大臣的接见。拉地蒙冬递交了法国总理兼外交大臣基佐（François Guizot）的信件，并要求法国享有与英国同等的通商权利，得到了满意的答复。9月12日，耆英、祁壩颁给了致基佐的照会，宣称大皇帝已恩准外国人到新辟通商口岸一体贸易，并颁给了中英条约的副本。❷拉地蒙冬此时方被清方验明正身，靠的是新任美国领事福士的帮忙。

拉地蒙冬的说法也有可疑之处，因为中英虎门条约于10月8日才签订，9月12日又何来条约副本？耆英10月28日的奏折确认

---

❶《鸦片战争档案史料》第7册，第271页。
❷〔法〕卫青心：《法国对华传教政策》上册，第231—236页。

了召见拉地蒙冬之事,但未称具体召见时间。但就结果而言,法方获得了与英国同等的通商权利是没有疑问的。据耆英奏折,拉地蒙冬得了满意的答复后"欢欣鼓舞而去"。❶

耆英完成此事后返回两江总督本任,士思利却于1844年2月驾舰再至广州。他似乎对拉地蒙冬所获并不太满意,照会祁𡎴,提议:一、中法缔结盟约;二、中国派出外交使团(甚至以旅行家身份也行)前往法国,并可用法舰送去;三、中国派青年赴法学习造船铸炮攻守之法,以将来能抗击英国。士思利的真实意图隐蔽且险恶(欲谋求中国一军港),但派人赴法学习较之美国赠书,对中国的未来更为有利。两广总督祁𡎴十分警惕,不愿生事,便委托外交"能手"黄恩彤作复。黄起草的照会果有妙文:

> 通商各国以礼相交,以信相保,中国自当怀柔远人,必不挑衅生隙……
> 中国士大夫不惯风涛,若泛海行七万里,恐不能达……
> 彼此交好之真心雅意,不在虚文,而在永久,正无关乎使臣往来与否也……❷

以此婉言全盘拒绝士思利的提议。此后祁𡎴以年高多病即将去职为由,要求士思利不再与他通达书信。

士思利只是一名舰长,未得任何授权,他与中国官员的交涉早就超过其职权。真盛意只是一名观察使,据法国外交部长基佐称,"没有同中国政府进行谈判或缔约的资格"。拉地蒙冬只是一名领

---

❶ 《鸦片战争档案史料》第7册,第324页。
❷ 黄恩彤:《知止堂外集》卷6,光绪六年(1880)刻本第1—2页。

事，基佐亦称其"绝无与中国政府谈判的任务"。❶但是，他们来到中国之后，毫无例外地表现出高度的"自觉性"和"责任感"，且互相争功。这与那个时代西方殖民者的品格完全一致。许许多多未经授权便抢占利益的冒险家，最终总是得到母国的承认和赞扬。不知底细的"天朝"大员们，看到法舰进进出出（数倍频繁于该国商船），看到这批人士妄张势横（照会随便即发，又有传教士帮腔），已经产生了畏惧心理，认定法国与英、美同列西洋三强，"向来不肯因人成事"，"其意必有所为"。❷

这真是歪打正着。士思利、真盛意、拉地蒙冬在华的私自活动，虽不为法国政府所接受，亦先后被召回，却为法国第一位全权代表拉萼尼（Théodore de Lagrené）的使华铺平了道路。

同美国一样，法国政府得知南京条约签订的消息，亦想从中沾光。1843年4月23日，法国总理兼外交部长基佐向国王呈文，要求派遣使团前往中国。当日，国王的参政院通过国王批准基佐呈文的敕令。此后，又指派法国驻希腊公使拉萼尼为全权代表。11月16日，拉萼尼离开巴黎，由大西洋而印度洋至南中国海。1844年8月13日，他到达澳门。美国全权委员顾盛此时正心满意足地准备回国。

与顾盛使团的穷酸相形成鲜明的对照，拉萼尼麾下共有8艘军舰，其中一半是载炮50门的大舰，❸这也大大超过了林则徐禁烟危机时期来华英舰的数量。法国人向清朝展示着孔雀的尾巴：英国并

---

❶〔法〕卫青心：《法国对华传教政策》上册，第238页。
❷《鸦片战争档案史料》第7册，第271页。
❸ 同上书，第501页。卫青心的说法不同，称法国军舰仅有6艘（〔法〕卫青心《法国对华传教政策》上册，第305页）。

不是唯一拥有强大海军的国家。拉萼尼使团亦阵容强大,有参赞、随员、主事、税务官、医生、翻译等,亦有各商会指派的丝织、棉纺、毛纺、百货业的代表,甚至还有一名随行记者。法国人具有把一切事情办得堂皇气派的天才。

按照基佐1843年11月9日的训令,拉萼尼的使命可以简单地概括为一句话:与清朝缔结一项与英国权利相等的通商条约。因此,拉萼尼的中国之行,本应当是暗淡无光的,耆英早已做好了签约的一切准备,只要拉萼尼不非分要求(即不超过中英虎门条约、中美望厦条约),他第二天即可打道回府。甚至可以说,拉萼尼的东来,本身就是多余,一年前耆英召见法国领事时,不就已经宣布了"皇恩"吗?当然,基佐对此的看法不同:

> 我们所取得的利益没有条约或章程的保障,只是中国政府颁布一条政令或皇帝一道谕旨而取得的,而皇帝又随时可以收回成命……

他要求缔结能使中法贸易"步入新规道"的条约。❶

我在前节已经说明,尽管今人们已认定虎门条约、望厦条约是不平等条约,但"天朝"中的人们尚未意识到。尤其是耆英和黄恩彤,此时正为新条约在各通商口岸确立的新制度而庆幸,自以为找到了维护民"夷"相安避免险境的途径。拉萼尼使团的强大势头使耆、黄一下子摸不到头脑。若仅为一项通商条约而来,每年仅数艘法国商船来华,利润有限,犯不着如此兴师动众。他们猜不透拉萼尼的真实意图,于是在各个方面都拉开了漫长的防线,唯有订立条

---

❶〔法〕卫青心:《法国对华传教政策》上册,第246页。

约是不设防地带。

早在顾盛初至澳门，清朝已得知了法使来华的消息，并认为其目的与美国相同，即进京觐见。❶耆英从顾盛口中得知拉萼尼的行程，推测法国将以"与中国结约共击英夷为言，借图观光上国"。❷拉萼尼到达后，也未立即照会耆英，而是摆足架子，等待耆英屈尊前往。心焦的耆英只得派员前往"慰问"，以刺探情报，核心是北上问题。然而，澳门方面一直未传来准确消息，法使是否北上成为悬念。于是，耆英便巧施手段：针对法方照会要求9月12日在澳门会谈，复照称，由于广州有一系列重要典仪须主持，须在9月底方能成行。耆英的如意算盘是，先拖过9月，等中国海东南季风结束，北风司令，那时"番舶不能逆行而上，则相机驾驭较易为力"。❸

耆英自以为得计的第一招，实为上了第一个当。按照基佐训令，拉萼尼并无进京任务。很可能是顾盛向拉萼尼传授了他的经验。而曾久居澳门的传教士加略利（Joseph-Marie Callery），此时任使团翻译，对此进言：

> 最好不要明讲你是否有进京的意图和命令；如果耆英提出这个问题，你最好尽可能回避。
>
> 如果出现僵局，你就对耆英说："既然你不答应我这如此合乎情理的要求，我就去北京请求皇帝，皇帝肯定不会拒绝我的要求。"❹

---

❶ 《鸦片战争档案史料》第7册，第470页。
❷ 同上书，第470—471页。
❸ 同上书，第501页。
❹ 〔法〕卫青心：《法国对华传教政策》上册，第252页。

第7章　平等与不平等　533

因此，拉萼尼等人始终在进京一事上晃现躲闪，成为要挟耆英的第一个筹码。

1844年9月29日，耆英、黄恩彤一行抵达澳门。10月1日和3日，耆英、拉萼尼互作礼节性拜访。10月5日和6日，双方进行两轮政治性会谈。

10月5日的会谈在拉萼尼的下榻处举行，拉萼尼大谈法中友谊。6日的会谈在耆英的寓所进行，耆英大谈中法友谊。在这些美丽的辞藻之下，拉萼尼提出了"善意"的建议：一、中国派使节赴巴黎，亦批准法使驻北京，两国常通消息，可以互相帮助。二、英国占据香港，对清朝造成威胁，清朝可将虎门割给法国，代为防守，以御英人，一切费用由法国自筹。三、准许法国传教士前往北京"当差"，如以前西洋人主掌天文之事。四、清朝派人前往法国学习船炮水战之法，以将来对抗英人。拉萼尼的这些提议，不见于基佐的训令。

耆英等人对拉萼尼的提议，除割让虎门外，并不陌生。以前来华的士思利、真盛意都有类似的说辞。耆英、黄恩彤也展示了外交"手段"，在中法三百年友谊史的高调下，忽以"定制不符"为由，婉而拒绝。拉萼尼的本意非在于此，对耆、黄的拒词毫不在意，反在口头上宣布，他将不再要求进京觐见。这么一来，耆英已经获得巨大"胜利"。黄恩彤在其回忆录中自豪地写道："拉使（拉萼尼）之技穷矣。"❶

双方的条约谈判始于10月7日。法方以参赞斐列勒（Théophile de Ferrière Le Vayer）侯爵为首，清方以广东布政使黄恩彤为首。由

---

❶《鸦片战争档案史料》第7册，第508—512页；〔法〕卫青心：《法国对华传教政策》上册，第262—269页；黄恩彤：《抚远纪略》，《丛刊·鸦片战争》第5册，第430—431页。

于谈判前耆英已将虎门条约、望厦条约的副本交给法方，以资参考，条约谈判进行得异常顺利。

据拉萼尼的报告，条约主要条款都顺利获得通过，"没有出现任何争议和分歧"，仅在法王路易—腓力普的称谓上有过冲突。按照西方的习惯，路易—腓力普的名号为国王。按照当时中国人的概念，国王低于皇帝，只有真命天子方可称皇帝。拉萼尼要求条约中写明路易—腓力普为"大佛兰西国大皇帝"，以能与"大清国大皇帝"平起平坐。耆英对此十分不满，但交涉不成便作了让步。❶ 结果，他在私下作了技术性的处理，在其进呈的条约文本中，将"大佛兰西大皇帝"、"大佛兰西皇上"与"大清国大皇帝"、"大清国皇上"等字样，统统删去，一律改为"啡哒哂国"和"中国"，❷ 以免引起道光帝审阅时的不快和京官复审中的麻烦。

从现存资料来看，耆英从未就条约的内容请过旨，仅在一份夹片中顺便提到一句：

至该夷通商章程业经议定条款，一切均照英、米二夷新例，字句互有异同，情节尚无出入……❸

寥寥数语，一笔带过，可见这份条约在其心中的地位。而另一位重要的角色黄恩彤在其回忆录中，对中法关涉有着1600余字的记录，却对条约内容及谈判过程未置一词，仅在最后附带说了一句：

佛国亦有贸易条约三十五款，与英、米两国无异，其所重

---

❶ 〔法〕卫青心：《法国对华传教政策》上册，第269—271页。
❷ 《鸦片战争档案史料》第7册，第518—524页。
❸ 同上书，第515页。

不在贸易也。❶

大约他觉得中法条约平淡无奇,根本勾不起他的回忆。

因此,尽管中法条约谈判持续了十多天,但双方的心思都没有放在条约本身上,而是注目于基督教弛禁问题上(后将详述)。由于法方已将中英、中美条约的"优点"全部融于新约,又由于清方仍不知自身利益而慷慨应允,至10月20日,双方已确定了条约的全部条款,只差签字了。

此时,反是法方不愿立即签字,而要求在广州黄埔江面的法舰上另行仪式,摆摆威风。1844年10月24日,耆英一行登上法国最新式的蒸汽动力战舰阿吉默特号(Archiméde),与拉萼尼签署中法"五口通商章程:海关税则",又称中法黄埔条约。在这一炫耀铺张的仪式结束后,双方都在为"友谊"而举杯痛饮香槟酒。

拉萼尼由此领略了两年前南京江面英舰皋华丽号上的全部风光,他为他的国家赢得了一项全无缺点的条约。法国由此获得了虎门、望厦条约中的一切权益,包括片面最惠国的待遇、领事裁判权、协定关税、军舰出入口岸等等。❷而耆英呢?他迟至一周后方

---

❶ 黄恩彤:《抚远纪略》,《丛刊·鸦片战争》第5册,第433页。
❷ 就中法黄埔条约的具体内容来看,有些地方还超过了中英虎门条约和中美望厦条约。如第35款,关于片面最惠国待遇:"至别国定章程,不在佛兰西此次所定条款内,佛兰西领事等官与民人不能限以遵守;惟中国将来如有特恩、旷典、优免、保佑,别国得之,法兰西亦与也。"也就是说,法国有权对其他条约进行"甄别",对其有利便援引,对其不利便拒绝。又如第30款称:"倘佛兰西船遇有破烂及别缘故,急需进口躲避者,无论何口均当以友谊接待。"也就是说,法国舰船只要找一个借口,即可进入中国任何一个口岸。又如第11款,关于引水权的规定:"凡人欲当佛兰西船引水者,若有三张船主执照,领事官便可着伊为引水,与别国一律办事。所给引水工银,领事等官在五口地方,秉公酌量远近、险易情形,定其工价。"由于此项规定,中国各口岸的引水权,后来全部丧失。

上奏汇报签约情况，附呈条约送审。而随折的一片中，他又保举了此次交涉"出力"官员9人补官、加衔、撤销处分！❶

中法黄埔条约是"天朝"的奉献，而"天朝"中人将此大悲凉当作大欢喜。

当耆英将中法黄埔条约抄本封交驿递时，心中充满自信，认定道光帝及军机、部堂们会顺利批准条约。后来的事实也确实如此。此时，让他忐忑不安的是，不久前奏请基督教弛禁一事，道光帝又会如何批复？❷他已经下了保证。

这就涉及到耆英、黄恩彤对法交涉的策略。

耆英等人认为，法国对华贸易数额较小，以8艘军舰来华，目的绝非一项通商条约，"而必有意所专注之处"。❸10月5日和6日两轮政治性会谈，耆英等人拒绝了法方的全部提议，唯恐"夷"人另有动作，便在10月7日晨，即条约谈判的第一天，派人给拉萼尼送去一份私信，好言安抚。该信最后一段话值得玩味：

本大臣不会让阁下为缔约这件小事徒劳往返。

---

❶《鸦片战争档案史料》第7册，第527—528页。
❷《鸦片战争档案史料》第7册，第512—515页。又，一些论者据中法黄埔条约第22款："佛兰西人亦一体可以建造礼拜堂、医人院、周急院、学房、坟地各项"，认为法国由此获得了传教的权利。这是一种误解。黄埔条约的这一条款，对中国人无效，诸如俄罗斯在北京设有教士团一样。即法国人在通商口岸开办的各种宗教场所，只能对外国人开放。实际上，中美望厦条约第17款规定，美人准"设立医院、礼拜堂及殡葬之处"，相比之下，法国只比美国多了"周急院"（救济院）、"学房"（神学院）两项权利而已。再，按照中国人的习惯，法国信奉的为"天主教"，也仅要求对天主教弛禁，后耆英扩大弛禁范围至基督教各教派。因此，我在此也不用"天主教"这一名词，而是统称为基督教。
❸《鸦片战争档案史料》第7册，第509页。

这句话的真实含义是,除了通商条约外,他还将另有酬值。❶

拉萼尼一下子便领悟出话外之音,但吃不准耆英打算在哪些方面让步,时任使团翻译的加略利,以其传教士的职业本能,立即向拉萼尼提议,要求清朝对传教士弛禁。

尽管法国政府训令中并无宗教方面的指示,拉萼尼未奉到这一任务,但在此大好时机面前,不愿坐失,同意加略利就此进行交涉。

10月8日,在法方的多次诱导下,黄恩彤提出,在通商条约之外,另缔约一项军事互助条约。加略利立即表示原则上接受,并乘机提出反条件:既然清朝欲在战时获得法王的帮助,就得对法王信奉的宗教表示亲善。

加略利的这一举动,反过来将了拉萼尼一军,他没有缔结军事条约的授权,便否决了加略利的承诺。而加略利并不罢休,仍不停地要求弛禁。10月12日的会谈中,他还提出割让琉球,而其日记又透露出其真实的目的:"是想以割让琉球,胁迫中国人在解决传教问题上改变以往的态度。"❷

在鸦片战争时期的中西交往中,语言问题一直是一大障碍。当时中国懂外语的,大多为文化程度不高的买办,粗俚贪婪,难充政府的正式帮手。西方各国的翻译,主要是来华多年的传教士,对中国的内情有着更多的了解和理解,成为交涉中的主力。清朝官员因无外部知识,常常将他们误视为"谋主",如郭士立、马儒翰等人。此次也不例外。耆英、黄恩彤特别看重加略利,曾专门派人去做工

---

❶ 〔法〕卫青心:《法国对华传教政策》上册,第347页。后来耆英在奏折中更婉转地明确表示了这层意思:"现在所定条约既不能出乎二国(指英、美)之外,而伊(指拉萼尼)回国系属徒劳往返,难以上复君命,求奴才代为设想。"(《鸦片战争档案史料》第7册,第509页)耆英在这里虚拟拉萼尼的话表露其判断。

❷ 〔法〕卫青心:《法国对华传教政策》上册,第353页。

作。加略利在弛禁问题上表现出来的执着，又使他们误以为是法国政府一项重要条件。既然"天朝"不能在其他方面（譬如进京）通融半步，那么也不妨在此"曲示羁縻"。❶

可是，禁教政策已实施120年，且有大清律等诸多限定，如何说服道光帝同意基督教弛禁，又是一件棘手难办之事。10月15日，加略利来访，耆英想出一个办法：让拉萼尼将康熙帝1692年准许基督教传教的敕令照抄一遍，连同要求弛禁的照会一并交来，再由他上奏请旨。耆英打算与拉萼尼联手，逼道光帝让步。

10月16日，在加略利的操纵下，拉萼尼照会耆英，要求基督教弛禁。加略利的口头声明无异于最后通牒。

> 如果耆英顺利地接受这个要求，并不做任何改动，他今天可以给拉萼尼先生发照会，从此，一切麻烦事就都结束了……假如在传教问题上支吾搪塞，这没有关系，我们不是不熟悉去北京的路，并且我们知道你们有不少多余的领土，我们也知道你们同意俄国人待在你们的国土上。到时候，我们完全可以用另一种比今天更严肃的口气，同你们交涉。

在此威胁下，耆英为尽早结束中法交涉，便表示同意，当晚按加略利口授的意思照会拉萼尼：

> ……我当然有责任尽快奏明皇上，使中国人以后可以公开地在内地信奉此教，使教徒不致因信教获罪……❷

---

❶ 黄恩彤:《抚远纪略》,《丛刊·鸦片战争》第5册，第432页。
❷ 〔法〕卫青心:《法国对华传教政策》中译本，上册，第375页。

按照加略利与黄恩彤的约定,拉萼尼收到照会后应予"回执"。10月17日,拉萼尼应邀至耆英寓所,并无答复。10月18日,清方致函加略利,附上由黄恩彤起草的复照提纲,让拉萼尼照办。在加略利等人的劝说下,拉萼尼终于签了字。而在这份复照中,有两样耆英急需的东西:

> 本大臣即敬录康熙三十一年的奏礼部议准弛禁原案送上查照……
>
> 谅此事(指弛禁)本大臣于所议事宜(指条约)经圣恩准定交互执照(指批准互换)之日,亦必邀圣恩准予矣。此时本大臣所有诸事毕完,庶可以回国矣。此后两国再无衅隙,不挠万年之和好……❶

前者是用来对付道光帝的祖训;后者是让拉萼尼作出保证,清朝一旦同意基督教弛禁并批准条约,便赶紧回国,不再生事。

10月18日,耆英一收到拉萼尼的复照,便立即上奏,作为铺垫。10月22日,耆英在离开澳门准备赴黄埔参加中法条约签字仪式前,上了一道长篇奏折,并附有一片,要求批准基督教弛禁,编造了一个生动的故事:

> 窃照佛兰西夷使拉萼尼请求各款多属必不可行,业经逐加驳斥。惟天主教弛禁一节,请求甚坚,并**呈出碑模,刊载康熙三十一年礼部议准成案,援为口实**,以致相持不决。当经奴才一面将大概情形缮折奏报(指18日奏折),一面督饬藩司黄恩

---

❶〔法〕卫青心:《法国对华传教政策》中译本,上册,第378—379页。

彤及各委员等，**连日设法开导，逐层驳诘，该夷使仍执前议，渎请不休。当诘以碑模传自何人，得自何处，既不能指证确凿，何足为凭。**据称伊呈出碑模乃系先年从中国流传，伊国故老素所宝藏，由来已久，其纸色字画均可查照，非为伪造。至伊国昔年并无能书汉字之人，亦不解刊石立碑之事，何能凭空撰出？复诘以碑文所载成案，即使属实，惟事隔多年，应以**现行定例为准，未便执古例今。**据称**以碑文而论，**中国康熙年间亦曾禁止天主教，因西洋人徐日升等恳请，始行弛禁。佛兰西与西洋同为一教，何以于伊国现求弛禁之处不为奏请？哓哓辩诉，莫可究诘……（重点为引者所标）

耆英于此给道光帝上演了一出自编自导的戏，其有声有色，丝毫不逊于三年前的杨芳、奕山。他说明了法方保证除此之外不再妄求后，明确表示了自己的态度：

> 可否仰邀皇上逾格天恩，将中外民人凡有学习天主教并不滋事为非者概予免罪……

在附片上，他又说了一句分量极重的话：

> 若过为峻拒，难免不稍滋事端。❶

这或许是他内心中对形势发展的一种判断，但说给道光帝听，又明显是一种威胁。

---

❶《鸦片战争档案史料》第7册，第513—515页。

道光帝收到此折片后,当日对此发下两道谕旨。一是由"军机大臣字寄",宣布清朝并未指基督教为"邪教",亦未"严申禁令";二是由"军机大臣密寄",称法方若有"不肯转移之势",由耆英"相机办理"。❶

坚冰开始松动,缺口随即打开。此后,法方又有多次交涉,耆英又有多道奏折,道光帝终于在1846年2月20日明令宣布,基督教弛禁。❷

在现代文明国家中,宗教自由当属基本国策;在现代国际关系准则中,一国也不得干涉他国的宗教政策。但是,当时的情况与一百多年后的今天大不相同。

当时的中国是儒教至尊的国家,而当时的基督教(尤其是天主教)除了唯一的上帝外,激烈反对其他偶像崇拜的存在,这在文化观念上形成了不可调和的对立。当时的中国是由官、士、绅结成一体的控制网络,民间又有地下的会党组织;当时的基督教(尤其是天主教)不仅仅是宗教势力,而且同为社会势力和政治势力,当西方的传教士以母国的方式行事时,势必损害其他社会、政治集团的利益。这又在社会组织上造成水火不容的局势。当时的西方列强经常以"保教者"自居,用战舰去拯救受难的教徒,几乎是信奉上帝者义不容辞的责任。由此,在中华大地上,酿成了数以百计的教案,最后汇成上世纪末的义和团狂飙;而西方列强(主要是法国)不停地以军舰干涉,八国联军的铁蹄致使中国陷于上世纪末最大的灾难。

毫无疑问,耆英、黄恩彤并不喜欢基督教,他们只是从法方各

---

❶《鸦片战争档案史料》第7册,第532页。
❷ 同上书,第631页。

项要求中选择对"天朝"损害最小的一项。可他们并不知道，后来的事实恰与他们的判断完全相反。他们认定允法使进入北京城觐见道光帝是最危险的；而他们认定最安全的弛禁，却在半个世纪后使道光帝的儿媳慈禧太后挟光绪帝在日暮的昏暗中，坐着马车，仓惶逃出了北京城。

尽管我们可以认定，主持中英虎门条约及附件、中美望厦条约、中法黄埔条约谈判的伊里布、耆英、黄恩彤等人，以及审议、批准这些条约的军机大臣、各部堂官乃至道光帝，都没有认识到这些条约会给中国权益造成何等的损害；但是，若不是英国挟战后之威武，清朝自忖难以应付，若不是美国、法国开来了战舰，并表露出不惜动武的种种威吓，清朝是不会签订这些条约的。因此，今天的人们，称这些条约是西方列强强加于中国的，这一结论并不为错。

但是，这一结论又实在不能成为替"天朝"辩护的理由，我们可以看三个例子：

一、中英虎门条约签订后，耆英不仅向美、法两大强国宣布"皇恩"，而且同时让嘩啵啦国（很可能是汉堡）、荷兰商人享有与英国同等的权利，并准备让即将来华的吕宋（西班牙）等国商人享有此种权利。❶在实际操作中，英、法、美三大国在条约中获取的权利，一切西方国家来华商人，后来都可"一体均沾"。

二、1844年底，比利时驻马尼拉总领事兰瓦（J. Lannoy）听从拉萼尼的建议，未得国内授权，来华谋取最惠国待遇，拉萼尼为此还给耆英写了一封"介绍信"。耆英由此请旨获准，于1845年7

---

❶《鸦片战争档案史料》第7册，第324页。

月25日，致送一道正式公文给兰瓦，传达上谕，"将五口通商章程一体颁发"，以广圣主宽大之仁。我们虽不知道兰瓦获得的是哪国"五口通商章程"，但准许照现行各条约办理是确定无疑的。❶不久后，丹麦派领事来华，为"安分贸易"，耆英又请旨颁给"五口通商章程"，道光帝仍予以批准。❷

三、1847年，瑞典和挪威（是时两国结成联盟）派公使李利华（Carl Fredrik Liljevalch）来华，要求按英、美、法三国条约"议定通商条约"，耆英见其送来的条约草案，完全抄袭中美望厦条约（仅将国名变更），便"允其照缮约册，盖用钦差大臣关防"。由此，这两个北欧小国也获得了片面最惠国待遇、协定关税、领事裁判权、军舰自由出入通商口岸的条约权利。道光帝接到耆英的报告，朱批："所办甚是。"❸

从这一系列的事件中，我们可以清晰地看到，欧洲众多中小国家又如何不动枪炮轻易攫取不平等权益，"天朝"中的人们又如何看待和对待令我们今天痛心疾首的不平等权益！

时光过去了许多年。

1870年，日本派出外交权大臣柳原前光来华，谋求订立条约。这个昔日深受汉文化影响而清朝不放在眼里的小兄弟，如此妄举，使大清国颇不以为然。然当时中国最具外部知识的北洋大臣、直隶总督李鸿章同意与日本缔约。1871年，李鸿章与日本大藏卿伊达

---

❶ 《鸦片战争档案史料》第7册，第559—560、575—576页；〔法〕卫青心：《法国对华传教政策》下册，第433—434页；马士：《中华帝国对外关系史》第1卷，第374—375页。当时，中英虎门条约之附件、中美望厦条约、中法黄埔条约皆称"五口通商章程：海关税则"，耆英未指明是哪一个条约，或许将三个条约都颁给了。

❷ 《鸦片战争档案史料》第7册，第578、685—686、689、701页。

❸ 《鸦片战争档案史料》第7册，第785—786页。又据北京大学一先生函告，"嗊啵哑"似为汉堡（Hambury），斯时德国尚未统一。

宗诚经两个月的讨价还价,在天津签订了中日"修好条约"和中日"通商章程:海关税则",中国近代的条约史由此别开生面:双方均向对方开放通商口岸,双方均都拥有领事裁判权和协定关税权,双方军舰均可自由驶入对方的通商口岸……这些不符合西方通行的国际惯例的做法,说明刚刚被从"天朝"体制轰出来的清朝和刚刚踏入"维新"之门的日本,同受各自与西方列强缔结的不平等条约的影响,都不知道正常的国际关系。

时光又过去了许多年。

1881年,李鸿章与巴西使节谈判条约。此次双方签订的条约,方为中国近代史上第一个平等条约,互给最惠国待遇而取消了协定关税等内容。此时已距鸦片战争40年,清朝已与英国、美国、法国、俄国、瑞典、挪威、德国、葡萄牙、丹麦、比利时、荷兰、西班牙、意大利、奥地利等国签订了几十项不平等条约。

由此看来,问题仅仅能归结于耆英、黄恩彤、道光帝等个人身上吗?中国人真正弄清国与国之间的正常关系,付出了多大的代价?

"天朝"是一个梦,一个难以惊醒的梦。

第 8 章

历史的诉说

历史不能重演。历史学家并不因此而停止假设、推论等工作。历史学的许多意义就在其中。

我在研究鸦片战争史时,很快便得出结论:清朝迎战必败,应当尽早与英国缔结一项对其相对有利的和约。这当然是一种假设。可是,这么一来,我就遇到来自内心的两项驳难:

一、按照这一判断,清朝就不应当抵抗,英国军舰一开到中国海马上就投降?

二、按照这一判断,在战场上英勇抵抗的清军将士的血都是白流的?

作为一中国人,我不能回避这些驳难。于是,我思考了很久……

由中国海东望,迎着太阳,是东亚的另一重要国家——日本。在这个中国人眼中位于日出之地的民族,对他们视为日落之地的文明,表现出浓厚的兴趣。一千多年来,他们向中国学习了许多,以致被公认为属于汉文化圈之内的国家。

鸦片战争爆发后不久,日本也遇上了与清朝同样的麻烦。1853年,美国东印度舰队司令培里(Matthew Calbraith Perry)率军舰4艘由上海驶入东京湾。其在日本引起的震动,不亚于13年前英国军舰开抵大沽口。掌权的德川幕府面对着培里送来的国书,其神态犹如道光帝手捧巴麦尊致中国宰相书。他们不知所策,采取了软弱的姿态,约定次年再给予答复。由于这些当时世界上最先进的蒸汽动力美国战舰被油漆为黑色,时人称之为"黑船事件"。

第二年,培里又来了。这次带来了7艘军舰,装备更为精良。德川幕府在此武力的逼迫下,接受了美方的条件,签订条约,被迫开国。

缺口由此被打开,西方的洪水汹涌直入。至1858年,日本与美国、英国、俄国、法国、荷兰签订了十多项不平等条约。西方列强由此获得领事裁判权、片面最惠国待遇、协定关税、设置租界(居留地)等不平等权益。除了割地赔款外,日本"享受"着与中国同等的待遇。

所有这一切,都起源于那4艘"黑船"。在此5年间,日本没有丝毫的抵抗。以对方的条件签订条约,可以认定为投降。日本不事抵抗自是幕府的积弱,反过来说,即使进行抵抗,也将遭到与中国同样的惨败。然开国之后的种种刺激,又转为另一种催化剂。以蒸汽机的日文谐音"上喜选"作的狂歌,对此有着形象的概括:

名茶上喜选,只消喝四碗,
惊破太平梦,彻夜不能眠。

战舰在此化作浓茶,引起神经中枢的高度兴奋,引起日本民族不睡

第8章 历史的诉说

觉的奋斗，引起日本历史上的重大转折——明治维新。❶

日本成功了。今天的日本史学家几乎无人否认，"安政五国条约"的失败是今日日本成功之母。

就如一个人一生中不可能不栽跟头一样，一个民族在历史上会有许多次失败。失败并不可怕。日本最初的失败，虽给其带来种种灾难，但到秋后算总账，真正的失败者是德川幕府及其"锁国"政策，而对今日日本民族说来，当时的痛苦并不比婴儿接种牛痘疫苗时的不适更为强猛。以时间为主轴的历史，给世界上任何民族以东山再起的机会。中国历史上"十年生聚、十年教训"的故事还少吗？视野的放宽，距离的拉长，会给历史学家另一种价值观念。

我在第三章中提到，对于列强的入侵，武力抵抗无疑是正确的；但这种抵抗注定要失败，另作选择也是明智的。前者是道德层面的，后者是政治层面的。负责任的政治家可以选择对其民族更为有利的策略。对此不能简单地以"爱国"或"卖国"的道德观念概括之。

日本的事例已经证明：避免交战，减少损失，也是一种明智的选择；即使订立了不平等条约，也不见得必然一味沉沦。失败的民族仍有机会再度辉煌，关键在于战后的奋发。

可是，清朝与德川幕府不同。它是一个自信的"天朝"，尽管事实上已百病缠身。它不相信自己竟然不敌区区岛"夷"，因而在当时不可能不以武力相拒。有许多材料证明，清朝在鸦片战争中的败北，对德川幕府的不抵抗决策大有关联。而清朝除了亲自尝受滋

---

❶ 米庆余：《明治维新——日本资本主义的起步与形成》，北京：求实出版社，1988年，第1页。本节对明治维新的论说，除参考该书外，还参阅〔日〕信夫清三郎：《日本政治史》第1册，周启乾译，上海译文出版社，1982年。

味外，并无前车可鉴。琦善也罢、伊里布也罢，其和平计划不可能被英方接受，其避战策略更不能为"天朝"容忍。战争不可避免。清军将士注定要在战场上流血。

由此而论，我的假设，即放弃武力抵抗，尽早与英方缔约，只是"事后诸葛亮"的一种策略选择，在当时不具有现实可行性。它的意义仅仅在于，为研究这段历史的人们提供道德批判以外的价值标准。

问题由此而转入下一层面，清军将士在战场上付出的鲜血，怎样才不会白流。

以鲜血而赢得胜利，自是其价值的充分体现。以鲜血而换来失败，也可能不是无谓的，即所谓"血的教训"。一个失败的民族在战后认真思过，幡然变计，是对殉国者最大的尊崇、最好的纪念。清军将士流淌的鲜血，价值就在于此。

可是，清朝呢？它似乎仍未从"天朝"的迷梦中醒来，勇敢地进入全新的世界，而是依然如故，就像一切都未发生。

让我们按照本书人物的出场先后，依次看看这些本应作深刻反省的重要角色在战后的表现。

琦善于1841年8月被定为斩监候，秋后勾决。但到了秋天，道光帝加恩释放，发往浙江军营效力赎罪。由于奕经的反对，改往张家口军台充当苦差。1842年3月，张喜曾见过他，而他对张喜的局势判断，"深以为是"。❶

至战争结束，琦善被控罪名亦被事实推翻。穆彰阿等人设计援

---

❶ 张喜：《抚夷日记》，《丛刊·鸦片战争》第5册，第353页。

救,授意直隶总督讷尔经额召对时说项,道光帝意允。❶1843年1月,旨命琦善为四等侍卫(从五品),任叶尔羌参赞大臣(治所在今莎车)。未及到任,又于4月授二品顶戴,调热河都统。御史陈庆镛直言上谏,指出英人之所以猖狂,是因为琦善"示弱"。道光帝由此收回成命,罢斥琦善,令其"闭门思过"。❷陈庆镛对刚刚结束的战争之分析,仍是裕谦的"人心论"。他的奏折代表着众多儒吏士子的认识水平。

没过多久,1843年11月,道光帝授琦善为二等侍卫(正四品),充驻藏办事大臣。1846年授二品顶戴,迁四川总督。1848年发还头品顶戴,迁协办大学士。1849年调陕甘总督。琦善终于官复原职,道光帝也曾言及对他的评价:

> 四川总督谁为最好?……我看莫如琦善。其人绝顶聪明,封疆年久,何事未曾办过!……我如此用他,他能不出力么?❸

"何事未曾办过"一语,似乎包含着对其鸦片战争中表现的理解。

道光帝死后不久,琦善又倒运了。1851年因为青海滥杀无辜而革职拿问,发往吉林效力赎罪。没过多久,因太平军兴,以三品顶戴署河南巡抚,继以都统衔授钦差大臣,主掌江北大营。1854年,卒于军中。

从1843年复出到1854年病故,我们从琦善这11年的经历中,看不出任何由于这场战争而发生的旨趣变化。除了在驻藏大臣任上

---

❶ 《软尘私议》,《丛刊·鸦片战争》第5册,第533—534页。
❷ 《鸦片战争档案史料》第7册,第127—129页。
❸ 张集馨:《道咸宦海见闻录》,第117—118页。

因英国窥测有过一次小小的交手外,❶他的主要气力仍放在传统事务上,最关心如何再邀圣恩。我们虽不知他内心中是否毫无反省,但他未为中国的变革作任何有益的事,却是无可争辩的真实。

从琦善战后的表现,我们又可以认定,他在战时的避战策略,只是一种苟安,并无长久的打算和通盘的思考。而在19世纪险象环生的世道中,如此苟安只会将中国一次次带入厄难,是不值得欣赏的。

林则徐于1841年6月旨命发往伊犁效力赎罪。因黄河决口,8月改往河南祥符,襄办河工(与琦善定谳同时)。堵口合拢后,仍发往伊犁,至1842年12月来到惠远城。他在这里住了两年多,其具体差使,据伊犁将军布彦泰的奏折,为"派在粮饷处当差",❷又据林则徐书信,实为"终日萧闲,一无所事"。❸西陲的生活很艰难,据林的书信和日记,他似乎一直在生病。

未到伊犁之前,即1841年6月至1842年12月,林则徐对战局的发展十分关心。虽说其"水军"建策不切实际(详见第六章),但对双方在军事上的差别,有切肤感受:

> 彼之大炮,远及十里内外,若我炮不能及彼,彼炮先已及我,是器不良也。彼之放炮,如内地之放排枪,连声不断,我放一炮后,须辗转移时,再放一炮,是技不熟也……内地将弁兵丁,虽不乏久历戎行之人,而皆觌面接仗,似此之相距十里八里,彼此不见面而接仗者,未之前闻。故所谋往往相左。

---

❶《鸦片战争档案史料》第7册,第759—762、789—790、803—804、824—825页。
❷《鸦片战争档案史料》第6册,第561页。
❸ 杨国桢编:《林则徐书简》,第200页。

在此分析上,他提出了八字要言:"器良、技熟、胆壮、心齐"。❶这虽谈不上是完整的救国方案,但也表现出值得肯定的积极进取精神。1841年8月,他在镇江与魏源的一日相会,又为中国近代思想史留下值得记载的一页。

到了伊犁之后,林则徐变得消沉起来,最关心的是京城的人事变动和自己复出的可能。这本是当时官场的职业病,无足厚非。1843年4月和10月写给陕西巡抚李星沅的两封信,可以看出明显的情绪变化。前信称:

> 东南事局,口不敢宣,无固无时不悬悬于心目间,不知何所终极!

后信谓:

> 海邦近事,得了且了,奚暇深考……❷

这或许是林觉得李不够贴心,未吐心语,但1843年1月给郑夫人及长子的一信,大概是心里话:

> 昨见京报,扬威(奕经)、靖逆(奕山)及参赞(文蔚)均拟大辟(斩监候),是牛镜堂(鉴)、余紫松(步云)亦必一律。即使不勾(秋后勾决),亦甚危矣。由此观之,雪窖冰堂,亦不幸之幸耳。❸

---

❶ 杨国桢编:《林则徐书简》,第193页。
❷ 同上书,第210、216页。
❸ 同上书,第203页。

较之他人的命运，林似为自己的"雪窖冰堂"而庆幸。当然，这也可以解释为说给焦虑的家人听听的宽心话。我们不能说林在伊犁无心倾听来自东南的消息，恰恰相反，他非常珍视这些消息，但他却再也没有对此发表评论。被罪之身，需小心谨慎，或许林认为自己的身份和作用，不便多言吧。

1845年初，林则徐得到一个机会，即往新疆各地查勘垦荒情况。这一转机出自伊犁将军布彦泰的保举，也表明道光帝对林的态度开始变化。是年10月，道光帝召林进京，以四五品京堂补用。12月，又命不要来京，以三品顶戴署理陕甘总督。1846年4月，又命接替病故的邓廷桢，出任陕西巡抚。1847年5月，再迁云贵总督。1849年9月，林获准因病开缺。1850年4月，他回到家乡福州。

从遣戍到总督，林则徐在政治上翻了身。特别有意思的是，林几次迁转，道光帝都不依惯例召其进京请训。是自觉有负于林，或尚不肯原谅林，仍不可得知。但林则徐一复出即获奏事权，至今仍留下这一时期的大量奏折，君臣之间有着笔墨交流。

最近几十年的研究，普遍认定林则徐具有改革中国现状（主要是军事方面）的进步思想。依照这一思路，他复出后应当有所建言，应当有所行动。可是，很遗憾，我找不到这方面的证据。其办事细密的作风一如从前，但主要围绕着平叛等传统事务，当时中国最急迫的任务被放在一旁，他只是顺着当时的政治方向走。作为一名一品大员，已有充分的权力和能力，他为什么不说，为什么不做？

蒋廷黻先生认为林则徐是知道了不说，知道了不做，❶对此提出了道德上的指控。实际上还有一种可能，即林则徐的思想被今人夸张了。

---

❶ 蒋廷黻：《中国近代史》，第25—26页。

我在第二章中提到，林则徐在广东了解外部世界的种种举措都不事声张的，今人得以知情，全凭历史学家的史料钩沉。然而，他并没有正面回答其对外部世界的看法，因此对其开眼看世界的广度和深度难作准确评估。从他对战争判断失误来看，似未有透彻的了解。

今人称林则徐具有改革中国的思想，主要源于魏源《海国图志》中"师夷之长技以制夷"这一著名命题（后将介绍）。但这一思想是否出自林，尚无直接证据。至于他在广东购买西洋船炮，似也不能拿来作为证明。在林之前，虎门炮台上就架有行商购买的洋炮，在林之后，奕山主粤时期，行商捐建西式战船、仿制西式兵器的规模又大大超过林。

由此，我们可以认定林则徐有着可贵且有限的开眼看世界的事实，但还不能推导出他有着改革中国的思想。这可举神光寺事件为例加以说明。

由于南京条约中英文本歧意，外国人能否入各通商口岸的城，各地做法不一。❶1845年，英国外交官进入福州城，但英国民

---

❶《南京条约》中文本第2款载："自今以后，大皇帝恩准英国人民带同所属家眷，寄居大清沿海之广州、福州、厦门、宁波、上海等五处港口，通商贸易无碍；且大英国君主派设领事、管事领官，住该五处城邑。"据此，英国民人只能居住于"港口"，官员可居住"城邑"。南京条约英文本，此段措辞不同。原文为："His Majesty the Emperor of China agrees, that British Subjects, with their families and establishments, shall be allowed to reside, for the purpose of carrying on their mercantil pursuits, without molestation or restraint at the Cities and Towns of Canton, Amoy, Foochow-fu, Ningpo and Shanghai, and Her Majesty the Queen of Great Britain, etc., will appoint Superintendents, Consular officers, to reside at each of the above-named Cities and Towns..." 直译为现代汉语，当为："中国皇帝陛下同意，英国臣民及家人仆从，从今以后获准居住广州、厦门、福州府、宁波和上海的城市或镇，以进行通商贸易，不受阻挠和限制；统治大不列颠及各处的女王陛下，将指派监督或领事官员，驻扎上述城市和镇……"从英文本来看，英国民人和官员都可以入城。

人被拒之城外。1849年广州反入城斗争的胜利,使清朝上下大为振奋。1850年2月,咸丰帝继位,在对外事务上表现出不同于前的强硬姿态。6月,两名英国人来到福州,托英国代理领事金执尔(William Raymond Gingell)代租城内神光寺房屋,租契并交侯官县令盖印。此为英国民人首次进入福州城。刚刚回乡不久的林则徐,闻讯组织士绅,书写公启质问侯官县令,并上书福建巡抚徐继畬,要求效法广州,驱逐英人。徐继畬主张从缓设法,避免酿起事端。林再次上书,一连串提出十二个问题,表明他不惜为两名英人入城而引发一场大战。为此,他还向徐继畬表示:"如须绅民守助相资,以成犄角之势,亦必恭候切谕,自当迅速遵行。"❶此外,他又联络闽籍言官上奏,酿成一时大案。

如何看待外国人入城,当时的价值观念与今天迥然不同。可作为战后林则徐唯一插手的与西方有关的事件,我们又看不出他有高于当时中国社会的思想和手段。就组织方法而言,仍是一年前徐广缙、叶名琛的再现,而不惜用武的轻率姿态,又说明他并没有吸取上次战争的教训。历史已经证明,用这种方法不能"制夷",只能制于"夷"。

神光寺事件之前,咸丰帝便欲召林则徐入京,委以重用。神光寺事件之后,广西"会匪"大作(时清政府尚不知洪秀全事),咸丰帝于1850年10月命林为钦差大臣,前往广西,"荡平群丑"。11月5日,他由福州启程,22日至广东普宁,便病逝了。民间传

(接上页)从南京条约该款的执行情况来看,上海已实现入城,后因租界的设立,反从城中搬了出来。宁波亦实现入城。厦门城只是一个直径为2华里的军事要塞,故未有入城之举。广州因民众反对,坚拒英国官员和民人入城。

❶《鸦片战争档案史料》第7册,第1006—1007页。相同的议论又可见林致长女婿刘齐衔的书信(见王铁藩:《林则徐两封未曾发表的书信》,《福建学刊》1992年第3期)。

说为行商派人下毒谋害，未能证实。林则徐病危中口授、其子林聪彝笔录的遗折，仍是臣子对君主的一片忠诚，看不到我们所希望的新气象。❶

道光帝得到英军退出长江的消息，长长地松了一口气。两年多的战争终于结束了，天下终于太平了。他对此的第一反应颇合其禀性：立即下令沿海各省撤军，以节省浩繁的军费。

由林则徐辑录京中来信而编的《软尘私议》，其中一则描绘了战后北京景象：

> 议和之后，都门仍复恬嬉，大有雨过忘雷之意。海疆之事，转喉触讳，绝口不提，即茶坊酒肆之中，亦大书"免谈时事"四字，俨有诗书偶语之禁。❷

这些自然与君主的好恶相关。尽管战争的结局是残酷的，但道光帝并没有作深刻的自我反省，仍是一如既往地将一切责任卸于下属。牛鉴逮问后，他又将奕山、奕经、文蔚等前敌主将送上刑部大堂，统统定为斩监候。他在内心中认定，战败的原因在于这批奴才未能实心实力办事，"天朝"的厄运在于缺乏忠贤智良之臣。1842年10月2日，李星沅在日记中写道：

> 楞香（程庭桂）书，于进见时，蒙谕及英夷，辄以用人不明，深自悔恨，至于握拳槌心。❸

---

❶《林则徐集·奏稿》下册，第1181—1182页。
❷《软尘私议》，《丛刊·鸦片战争》第5册，第529页。
❸《李星沅日记》上册，第432页。

尽管悔恨至"握拳槌心",但他只承认一条错误,"用人不明"。一年多后,邓廷桢由伊犁释放回京,道光帝召见时仍称"用错了人"(指用林则徐)。❶基于这种检讨,他在战争中得到的教训仅仅是慎选良臣。耆英即是他此期发现的人才之一。

战争结束后,道光帝曾下令各省修筑海防工事,但因未有军事学上的检讨,各地竟然旧样复制,全无改进。奕山于1842年10月奏报广东仿造西式战舰一艘,并提议停造旧式师船,经费改用于建造西式战舰。道光帝颇为欣赏,命奕山将图样交闽、浙、苏三省官员参考。❷然造西式战舰有材料、技术诸难,更有经费之艰,各地官员假词推托,他便不再追问。祁𡺛于1842年11月因仿造火轮船,"内地匠役往往不得其法",提议从澳门雇觅"夷匠"。这可一下子触动了他的神经,宁可不要火轮船,也不能让这些危险的"夷匠"入境,连忙下旨阻止。❸耆英于1843年进呈新式击发枪,道光帝爱不释手,但对耆英提出的仿造一事作朱批曰:"卿云仿造二字,朕知其必成望洋之叹也。"❹本来战败的事实,最易使人从器物着眼,进行革新,从而产生波纹扩大式的变化,可就这一步都迈不出去,又遑论其他。

道光帝老了。战争结束那年他已60岁。连续执政20年,日夜辛劳,克勤克俭,衰老也比常人更早降至。万岁爷总不能万岁。就连臣子们都看出他精力不济,恶闻洋务及灾荒盗贼事,便一味哄骗。他像所有的老年人一样,希望天下平静,耳边安静,不再像从前那样细究静静水面下的湍湍暗流了。

---

❶《林则徐寄陕寓家书》,《岭南文史》1985年第1期。
❷《筹办夷务始末(道光朝)》第5册,第2394—2399页。
❸ 同上书,第2470—2471页。
❹《道光朝留中密奏》,《丛刊·鸦片战争》第3册,第472页。

在一切都上轨道的社会中，无所作为是中国传统政治学的最高境界；而在战后中国面临西方威逼的险恶环境中，无所作为是一种最坏的政治。时代变了，道光帝浑然不觉，结果脚随之跟入新时代，而头脑却依旧留在旧时代。❶在专制社会中，旨意决定一切。道光帝由此断送了机会。

可是，就在他临死前，广东又传来了使他兴奋的好消息。

依据耆英照会，英国获得了从1849年4月6日起自由进入广州城的权利（后将叙述）。时限将至，道光帝看到两广总督徐广缙奏折中有"拒之过峻，难免激成事端"一语，下旨"暂准入城以践前约"。❷可这道谕旨到达广州时，民众激越的反入城情绪已使徐广缙无法执行。于是，徐一面制造伪诏对付英人，一面将拒绝入城的情况奏报道光帝。当道光帝听到英人放弃入城（实为暂时搁置）的消息时，感受到开战以来从未有过的喜悦。他封徐广缙为子爵，封广东巡抚叶名琛为男爵，赏给荷包、扳指、烟壶等物品，并在谕旨中大大称赞粤东百姓"深明大义，有勇知方"，❸他以为找到了制"夷"的新方法，即联络民众，利用民气，驱血肉以抗枪炮的力量。

尽管今天的人们对广州反入城斗争有着不同的看法，但我以为，它确实不代表中国前进的真方向。尽管今天许多人对民众斗争有着很高的评价，但我以为，它难阻西方列强军事、经济、政治的攻势。中国欲抵御西方，须自身强大，其必由之途在于学习西方，如同日本一样。那种强烈的与西方势不两立的情绪，自然有其产生和发展的充分理由，但由此产生的对抗，至多也只是低级形式的斗

---

❶ 陈旭麓：《道光是怎样一个皇帝》，《陈旭麓学术文存》，上海人民出版社，1990年，第719—722页。
❷ 《筹办夷务始末（道光朝）》第6册，第3164—3169页。
❸ 同上书，第3183、3190页。

争，且易使当时的人们看不清真正的历史使命和民族前程。

由于道光帝的巨奖，朝野上下一派对外强硬的姿态。这并非来自对世界态势的真实判断，而是与战前的盲目性相联。他们只想报前次战争之仇，却忘了前次战争之教训。几年后，恶果毕现。

可是，充满喜悦的道光帝已看不到这一后果了。反入城胜利后仅半年，1850年2月，他去世了，将这一切痛苦留给他的儿子咸丰帝奕詝，而他平生最喜爱且驾崩于此的当时世界上最华观秀美的皇家园林圆明园，也在10年后由英军点燃的冲天大火中化为灰烬。

伊里布于1843年3月在广州病故，未留下对国是的遗言。

杨芳于1841年7月即广州战败后，获准回湖南提督本任养病，道光帝下旨曰："务当仰体朕心，加意调摄，报国宣猷，日正长也。"❶ 可他后来未能"报国宣猷"，而是1843年以老病获准开缺，回贵州家乡度晚年。1846年病故，享年76岁。史籍称其"著有《平平录》等书凡十余种"。❷ 但没有听说他对战后中国有何建策。

奕山于1842年11月旨命交部治罪，定为斩监候。1843年初锁拿至京，圈禁于宗人府。是年9月释放。未久，以二等侍卫充和阗办事大臣。以后，他在新疆迁转多职，1850年授伊犁将军，曾多次平定当地的反叛。

与他人相比，奕山应有较多的机会表现，因为他的职守恰在大力扩张的俄国的正面。可是，他给清朝带来了一次次灾难。

---

❶《清史列传》第10册，第3068页。
❷ 李元度：《杨勤勇公事略》，钱仪吉、缪荃孙等纂：《清朝碑传全集》第3册，第2549—2551页。

俄国自19世纪30年代吞并哈萨克之后，开始入侵中国巴尔喀什湖以东以南地区，并多次要求在伊犁、塔尔巴哈台（今塔城）、喀什噶尔通商。道光帝恐拒之而引起事端，命伊犁官员妥议具奏。奕山等人经研究后，同意开放伊犁、塔尔巴哈台两城。奏上，道光帝去世，咸丰帝交理藩院再议。理藩院同意奕山的意见，通知俄方派员前往伊犁订立条约。❶

1851年7月，伊犁将军奕山与俄国代表科瓦列夫斯基（Е. П. Ковалевский）在伊犁谈判。俄方提出伊、塔两城通商办法按1792年"恰克图市约"办理。不知"市约"为何物的奕山，见俄方递出条约"官衔人名均无错误，谅非该夷捏造"，便同意了，在"伊犁、塔尔巴哈台通商章程"签了字。

按照平等的"恰克图市约"订立的新条约，对中国却极为不利，危害最大者有三：一、条约规定"两边商人之事，各自秉公办理"，这在恰克图是对等的，因为地处边界；可在中国内地的伊、塔两城就不对等了，中方并不拥有对俄国城市内中国商人的司法权力。结合条约其他规定，实际给予了俄方领事裁判权。二、条约规定，两国贸易"彼此两不抽税"，❷这也是仿效恰克图的做法。可免税在中国境内城市实行，俄国并不开放相应城市，实际成为单方面免税。三、条约规定设立"贸易亭"，又称"买卖圈子"，由俄国治理，与租界类似。当然，签约的奕山并不知这些利害，反在奏折中称："可以行之久远。"❸诸如此类的腔调，我们已从前一章耆英处领教过。而咸丰帝也同其老子一样，顺利批准条约。

---

❶ 以下诸节，我参阅了余绳武等人：《沙俄侵华史》第2、3卷，人民出版社，1978、1981年。
❷ 《筹办夷务始末（咸丰朝）》第1册，中华书局，1979年，第2—8页。
❸ 《筹办夷务始末（咸丰朝）》，第165—169页。

1856年1月，奕山授黑龙江将军。此时正值俄国武装航行黑龙江，奕山不敢阻止，只是侦察、上报而已。❶1858年春，咸丰帝因俄方多次要求"分界"，命奕山与穆拉维约夫（Н.Н. Муравьев）"会同查勘"，并指示"务当恪守旧约（指尼布楚条约），勿使该夷肆意侵占"。❷奕山接旨后，由齐齐哈尔赴往瑷珲。

　　此时的瑷珲，军事上已不再是中国的内地。自俄国多次武装航行黑龙江，特别是在海兰泡（今俄国布拉戈维申斯克）擅设军事基地后，瑷珲已成为俄国炮口下的一座危城。1858年5月23日开始的中俄谈判，弥漫着城下之盟的气氛。在俄方"鸣炮放枪，势在有意寻衅"的压力下，奕山如同17年前在广州，一下子屈服了。5月28日他签订的"瑷珲条约"，出让了黑龙江以北60万平方公里的国土，又将乌苏里江以东40万平方公里的国土改为"两国共管"。❸

　　1859年中俄北京会谈中，清政府否决了"瑷珲条约"，奕山因此被革职。1860年中俄北京条约签订后，他又于次年复出，任署镶白旗满洲都统。此后一直在京官上迁转。1871年授内大臣，并开复其在鸦片战争前的御前大臣、领侍卫内大臣的官职。1874年，以病开缺。

　　奕山活得很长，宦历道、咸、同三朝，本可有所作为。可他从鸦片战争中引出什么教训？我们只能从1858年瑷珲条约看到点影子，即所谓避免衅端。他是鸦片战争中主要官员中最长命的，但他的思想始终停留在鸦片战争前。1878年，他以88岁高龄病故，而

---

❶ 从另一方面来看，奕山也只是奉旨行事。当时黑龙江的驻军已抽调内地参加镇压太平天国，咸丰帝不愿北方开战，且不久第二次鸦片战争爆发，一直谕令黑龙江、吉林官员避免衅端。

❷ 故宫博物院明清档案部编：《清代中俄关系档案史料》第3编中册，中华书局，1979年，第411—426页。

❸ 《清代中俄关系档案史料》第3编中册，第507页。

清廷给他的谥号为"庄简",大约固守旧义可谓之"庄",久官无功可谓之"简"吧。

颜伯焘于1842年1月被革职,返乡途中,路过漳州,曾下轿在下属耳边密语:"如有佳音(指复出事),幸即专人送粤"❶,可见这位官迷之无耻。相比牛鉴、奕山等人,他是幸运的,毕竟未被定谳斩监候;可道光帝因其"虚词搪塞、全无实际"而恨之❷,始终未让其复出。他在家乡默默过了10余年。1853年,太平军兴,他在籍奉召,可只走到赣州,因道梗折回。次年,他还不死心,改道苏州,因病流寓就医。1855年底死于他乡。遍查史籍,找不到他在鸦片战争后有何表现。

奕经1842年11月旨命交部治罪,定为斩监候。至京后,监于宗人府。1843年4月,与琦善同时起复,也因御史陈庆镛直谏,同时改为"闭门思过"。可闭门仅半年,思过尚无心得,便于10月以二等侍卫充叶尔羌帮办大臣,后调伊犁领队大臣。1846年因刑讯逼供革职,发往黑龙江充当苦差。道光帝死后被释回,任职新疆。1852年调京,任工部侍郎等职。1853年太平军攻占南京,偏师北上,他率密云旗兵赴山东防堵,是年11月,卒于军。鸦片战争给他的教训是差点丢掉性命,此外并无其他。

刘韵珂是交战省份督抚中唯一未获咎处反得升迁的人,这自然与其为人乖巧有关。

---

❶ 张集馨:《道咸宦海见闻录》,第66页。
❷ 《清史列传》第12册,第3770页。

自1842年5月18日英军陷乍浦、扬言攻杭州起，刘韵珂便魂腑不归，旧病发作。6月1日，他见耆英由嘉兴返回，准备遵旨就任广州将军，觉得前景无望，即刻卧床不起。6月15日的奏折自称"病势日增"，可道光帝谕以"总当以国事为重"。6月26日的奏折干脆讲明：当日已将巡抚印信交布政使"暂行护理"。道光帝只得给假一月。7月29日再奏要求续假20天，道光帝8月5日朱批再给假1个月。可到了11日，他奇迹般地恢复了健康，接见下属，部署机宜。16日，尚未等到8月5日的朱批，便主动上奏，宣布已接印视事，正常上班了。❶很可能此时的南京谈判创造了有益健康的气候，奕经欲保奏伊里布署理浙抚的流言，更是一剂特效药。

　　战后，刘韵珂奉旨重建海防，来到宁波、镇海等处，亲眼目睹当年修筑工事全被击毁，可他不知近代战术和筑城技术，看不出问题，反觉得"前建各处工程处处为当冲要，无隙可乘"，下令恢复原样。❷1843年8月，他上了一道洋洋万言的浙海善后事宜折，共计24条措施，以今日知识判断，全为不得要领，却也在军机大臣和户、兵、工部堂官中进行一番"认真"的讨论，9月得旨下发。❸可是，这时的刘韵珂已用不着落实这些自己都不相信的善后事宜了，他已荣迁闽浙总督。

　　既然在军事上不足以对敌，聪明的刘韵珂另辟蹊径抗"夷"。1844年6月，英国领事李太廓（George Tradescant Lay）抵任，福州正式开放。可英国人万万没有想到刘韵珂暗中已作部署：一、英商看中武夷山茶叶，他便派兵役在行道上处处设卡刁难，使茶商感到

---

❶《鸦片战争档案史料》第5册，第407、443、483—484、761—762；第6册，第79—80页。
❷《鸦片战争档案史料》第6册，第740页；第7册，第224—237页。
❸《鸦片战争档案史料》第7册，第302—320页。

不便而改道广东；二、英商欲到福州销货，他便劝谕城内商贾不要与之做买卖。最先到达福州的是一艘美国商船，停泊一月无交易，减价抛售亦无效。刘为了早日送客，又让商人购买少许，使之有离港的盘费。第二年，1845 年，福州的贸易额仅 37 万元，恶名远扬，致使 1846、1847 年竟无一艘"番舶"光顾福州。刘氏的诡计成功了。在他主持下的福州，名为开放，实与闭关无异。不明真相的英、美等国打算以福州调换温州为通商口岸。

对待英人入城，更显刘韵珂足智多谋。李太廓初至，他明知条约（中文本）规定英官可以入城，却以领事管理商务为由，拒之入城，引往城南港区南台居住。英国公使德庇时见房屋简陋，再提入城。刘密谕绅士许有年上书反对，以示民情不协。当德庇时要挟撤回福州领事时，他见条约有 5 口之数，恐英人藉此另换口岸，便同意领事入城，但让他们居住于城西南紧贴城墙人迹罕至的乌石山（今乌山）积翠寺，并商定，英国民人若入城居住，契约须由地方官加印，权柄仍操之清方。

刘韵珂对上述手法绝对保密，上奏时分正折、密片。正折上一派官话，而密片让道光帝留中不发。据其称，知情者仅为布政使徐继畬一人。英国领事始终没有发现这位大度的能礼尚往来的一品大员，暗地里居然行此阻挠钳制之术。刘韵珂在密片中表白其目的："福州竟不通商，数年后，该夷灰心而去，则省城根本重地，不令非我族类实逼处此。"❶他想回到战前闭关自守的老路上去。他那别树一帜的"制夷"方法，与中国的振兴之途，背道而驰，尽管道光帝十分欣赏。

---

❶ 以上三节，我参考了郦永庆先生的出色论文：《第一次鸦片战争后福州问题考辨》（《历史档案》1990 年第 2 期）。所据资料见《鸦片战争档案史料》第 7 册，第 560—568 页。

1849年广州反入城胜利后，刘韵珂的这一套不吃香了。人们希望看到直接的对抗，对他表面上"媚夷"姿态极为反感，对他背地里"制夷"手法又不知情。1850年神光寺事件发生时，他在外阅伍，回到省城后，不同意林则徐的激越的方式，仍想采用其惯行的阴招（不让工匠整修房屋，不让房主收租，又因入城英人一为教士、一为医生，不让民人前往听教就医）以迫英人退出。可是登基未久的咸丰帝要的是堂皇的胜利，对他多加申斥。刘韵珂坐不住了，是年12月前往浙江阅伍，行至严州（今建德境内）又生病了，要求给假。咸丰帝看穿了他的把戏，将计就计，将其开缺，"回籍调理"。而刘韵珂去职不久，福州口岸贸易巨增。

　　整整咸丰一朝，刘韵珂默默无闻。至咸丰帝死后，他于1862年应召赴京，次年以三品京堂候补，未久因病回籍，1864年卒。

　　牛鉴于1842年9月被革职逮问，后定为斩监候。1844年释放，交河南巡抚差委。因治黄办捐有功，1845年授主事（正六品），他却要求回籍。1853年应召参与镇压捻军，加按察使衔。1855年因病乞归。1858年死于家乡。没有听说他对中国的未来有何设计。

　　耆英在战后相当长的一段时间里主持清朝对外事务。在第七章中，我们已经看到，他所抱定的宗旨是：避免衅端，尽力维护"天朝"体制，保持民"夷"相安。

　　耆英一点也不喜欢"夷"人，可为其宗旨，不惜低三下四与"夷"人打得火热，毫无"天朝"大吏的威严。他去过香港，去过澳门，多次去虎门等地与西方使者直接面谈，即对他们的照会也十分重视，几乎是有照必复，毫不拖延。除了公务交往之外，他还特别注重私谊，互相宴请，互赠礼品，企图创造一种和谐的气氛，把两国公事当作家事那样有商有量地私下解决。他的主要对手,自然是驻在香港的英国公使,而他写给英国公使的私信,据费正清(John King Fairbank)言,有如情书。❶

从某种意义上讲,耆英成功了。在他主持对外事务的时期,确实中外关系比较和缓。这一切都是牺牲国家利益、民族利益得来的,只是他对这些利益尚无认识。道光帝也很满意这种安静的局面,1845年3月授其协办大学士。

然而,耆英的做法必不能行久。广州士绅民众不满意,怎能如此不辨"夷"夏?英国官员亦不满足,他们手中有各种各样的新要求。民"夷"相安的局面仍被打破,爆发点是广州入城问题。

1843年,璞鼎查提出入城要求,而战后广州民众对英"夷"的敌忾,使耆英不敢答应。1845年,新任英国公使德庇时再提这一要求,耆英仍以"民情未协"相推诿。是年底,清方支付最后一笔赔款,按南京条约,英方应归还舟山。德庇时却提出,若不让入城,便不归还舟山。耆英吓得连忙在私信中告饶,称此事"若有游移,我即无以自安其位"。❷1846年4月,耆英与德庇时在虎门签订"归还舟山条约",明确承认英人有入城权利,并称"一俟时形愈臻妥协,再准英人入城"。❸英方当时未发现,因条约内无具体时间规定,清方可以"时形"为由,无限期拖延!

战后的广州常有民"夷"冲突发生,耆英为避免衅端,对策不无抑民护"夷"之嫌。1847年3月,英人6名在佛山遭石块袭击,

---

❶ 〔美〕费正清主编:《剑桥中国晚清史》上卷,中国社会科学院历史研究编译室译,中国社会科学出版社,1985年,第237页。

❷ 佐々木正哉编:《鸦片战争后の中英抗争:资料篇稿》,东京:近代中国研究委员会,1964年,第20页。

❸ 王铁崖编:《中外旧约章汇编》第1卷,第70页。

德庇时以此为由派军舰内犯。4月2日，英军攻占虎门，钉塞827门大炮的炮眼，4月6日，占领商馆，作出进攻广州城的姿态。最怕动兵的耆英，立即照会德庇时，同意英方的一切条件，其中包括两年后即1849年4月6日，开放广州城。❶

此后，当年12月又爆发黄竹歧事件，6名英人被杀。耆英立即派兵包围村庄，斩首4人，15人送交审讯。这种处理结果使英方感到满意，却使道光帝产生怀疑，这些"夷"人跑到黄竹歧干什么去了？❷

一系列的事件使耆英对自己的驭"夷"能力发生怀疑，南国名城广州在他心中已成险境。想到1849年英人就要入城，头皮就一阵阵发麻。1848年2月道光帝命其春暖时分进京，其职务交徐广缙护理。对此，一些人认为是道光帝对他不满，另一些人称是耆英委人在京活动所致。

是年6月，耆英回到北京。7月，道光帝免其在广东的职位，以协办大学士管理礼部等事务。11月，迁文渊阁大学士。他在京的日子看来过得悠闲潇洒，因为他还得到一个肥缺——崇文门监督。

道光帝死后，耆英倒霉了。咸丰帝召见时，他历言英国可畏，应事周旋。新皇帝闻此不悦。耆英轧出苗头不对，连连以病乞假。而咸丰帝于1850年12月对其动大手术，降为五品员外郎候补。其后，又因坐子罪，革职圈禁。

1858年5月，英法联军攻陷大沽，咸丰帝想起这位主张和"夷"的耆英，授其侍郎衔，参与天津谈判，临行前亲授机宜：以钦差大臣桂良等人为第一线，若不能成交，再由耆英出面稍加让

---

❶ 未查到中文本，英文本据 Inspectorate General of Customs, *Treaties, conventions, etc., between China and foreign states*, vol.1, p. 210。

❷ 《鸦片战争档案史料》第7册，第825—828页。

步，即可成功。咸丰帝对其这一幼稚园水准的外交手法十分欣赏，耆英亦因复出而感恩涕零。他自以为凭其多年在广东与"夷"人的老关系，英、法多少会买他一点面子。谁知一到谈判桌上，英、法因其无钦差大臣头衔仅派几名翻译应付，而这些年轻的"夷"人，手持攻陷广州时搜获的档案，当面念起耆英当年奏折中咒骂"夷"人的文句。年近七旬的老人受不了这般羞辱，面红耳赤地离开了。中英、中法天津条约签订后，咸丰帝正一肚子火气，下令耆英自尽，罪名是"擅自回京"。

耆英在鸦片战争中得到的教训是，军事上无法对敌，应竭力避免战争，这无疑是正确的。可他的这种苟安政策，又何以救大清，救中国？

黄恩彤到广东后，官运亨通。因中英虎门条约订立，迁广东布政使，因中美望厦条约订立，赏戴花翎，加二级纪录，因中法黄埔条约订立，于1845年2月升广东巡抚。他聪明干练，耆英倚为臂膀。法使拉萼尼也颇欣赏其风度，认为他是首任驻巴黎公使的最佳人选。❶

我们不知道黄恩彤若真至法，能否产生后来郭嵩焘使英那样思想巨变，但从他留下的《抚远纪略》、《知止堂集》中，找不到任何有益中国社会进步的思想资料。他最根本的观点是，英国人是绝对打不过的，只能"抚"，"无事则抚以恩，有事则折以信"。❷他对广州民众抗英活动极反感，力主镇压，民众的揭贴也对他毫不客气：

---

❶〔法〕卫青心：《法国对华传教政策》上册，第311页。
❷ 黄恩彤：《抚夷论》，《丛刊·鸦片战争》第5册，第436页。

> 破了黄烟筒，自后不劳兵……
> 治鬼无方法，剥民有才情。❶

"黄烟筒"是粤语黄恩彤的谐音，"治鬼无方法"一句也颇中击要害。他和耆英的那种"柔夷"手段焉能"治鬼"？

1847年1月，黄恩彤因违例奏请年老武生职衔而下部议处。吏部议降三级调任，按道光朝的一般做法，黄应获降三级留任，以后很快开复。道光帝却将其革职，调徐广缙为广东巡抚。❷《清史稿》称道光帝不满黄对外软弱，借细故发作，并隐喻给耆英一个警告，但没有更多的证据。

黄恩彤被革后仍留在耆英身边，获六品顶戴。耆英召京后，旨命交徐广缙差遣，一年后去职。他在山东家乡办过团练，抵御过捻军。1858年曾奉召伴随耆英参加天津谈判，但他赶到天津时，条约已签订，耆英已拿问。他活得很长，据说于1882年死去，但没有资料证明他的"抚夷"思想有何变化。

除了自杀的裕谦，以上12人均是鸦片战争中负有重大责任的顶级人物。他们对战败体会最深，理应有猛烈的反省，有复仇的欲望。可从这12人战后的经历来看，琦善、伊里布、杨芳、奕山、颜伯焘、牛鉴几乎是没有反应，剩下的5人又可分3类：一是耆英、黄恩彤的"柔夷"；二是刘韵珂的阴制；三是林则徐的对抗（假定福州反入城事件能代表其全部思想），道光帝则在三者间游移。作出反应的人，大多在通商口岸。我不知道耆、黄、刘等人若

---

❶ 佐々木正哉编：《鴉片戰爭後の中英抗爭：資料篇稿》，第286页。
❷ 《清实录》第39册，第466页。

第8章 历史的诉说

放缺云贵川或陕甘新,会否像琦善等人一样麻木?

一个民族战败了并不可怕,但战败引出的不是"制夷"而是"顺夷"时,就直接葬送了一切前程。耆英者流之所以在当时就不得人心至今仍受人痛斥,就在于他们不敢"制夷"。

而林则徐呢?这个问题可分开谈。我以为,作为一名士绅、一位民众,战后无论以何种形式抗英(包括反入城)都不应受到指摘,这是他们关心国家命运、民族前程的表现。他们的思想落后、手段陈旧、目标错误,应当由当时社会的思想家、政治家来负责。但是,林则徐作为一名赋有思想的政治家,应当有更高的眼光,应当有负责任的态度,善于将自发的斗争纳入正确的轨道。我这里不是对林格外苛求,而是历史提出了这一标准。鸦片战争给中国提出的使命是近代化,偏离这一轨道就不可能真正的"制夷",反有可能偾事。林则徐没有认识到这一点是他的错误,尽管他那对抗的姿态是可以表扬的。

"天朝"在战争中惨败,但由此引起的震荡,还不如东京湾中出现的那4艘"黑船"。今天的人们对两国的差异已作了种种叙述和分析。而最直接的是,清朝在战后没有振作、没有革新,使清军将士的鲜血白流了。也因为如此,我在上面对负有责任的12名政治家一一进行清算。

日本的维新力量并非来自幕府,而是来自社会,倒幕又成为改革的前提。由于清王朝此时尚不会即刻垮台,我们不妨也看看最为敏锐的中国知识界的反应。

作出反应的精英并不多,其中最杰出的是魏源。他本是一个学者,战前著有《默觚》、《老子本义》、《书古微》等学识深厚的著作。战争的炮声打破了他书斋问学的平静。1841年8月与林则徐的相会,收到林组织翻译的《四洲志》等资料,开始了研究新课题的转移。1842年底撰就《海国图志》50卷,1847年扩为60卷,1852年扩至100卷。

《海国图志》是一部介绍外部世界的史地著作,在人们普遍不知"英吉利"为何的"天朝",其功能和意义非今日同类著作能比拟。而该书"叙"中"师夷长技以制夷"一语,在已知历史结论的人们眼中格外触目惊心,许多人以为他已经找到了钥匙。

魏源心目中"夷"之"长技"有三:战舰、火器、养兵练兵之法。前两项直接对应"船坚炮利",后一项又与清军在战时的懦怯有关。这是曾参与江浙防"夷"事务的魏源,最为直观的反应。他的"师夷"方法主要是聘请"夷匠",并翻译外部世界的书籍。以今日知识来判断,似可认定,仅"师"这些"长技"还是"制"不了"夷"的。"夷"不是那么好"制"的。

魏源的思想虽不够充分,但却十分可贵,朝这个方向走下去,一定能上轨道。可是,魏源的这一思想是不确定的。在《海国图志》中,我们可以看到"师夷""制夷"的言论,也可以看到无须"师夷"即可"制夷"的言论,安南的札船、缅甸的木栅都是他用来说明土法"制夷"的生动事例。就是大讲"师夷"功夫的《筹海篇》中,也有黄天荡的故事。如果我们再看看他同时期的名著《圣武记》,便知其思想之游移,似乎先帝们的方略武功亦可"制夷"。至于在此之后的力作《元史新编》,讲的似乎是"殷鉴"之类的道理。

《海国图志》就是这么一部庞杂的著作,有新思想的闪耀,也有旧观念的罗列。不同的人读之,可以得到不同的体会。无怪乎"师夷"思想在当时不能行远,而到了后来,决定"师夷"的左宗棠等人读之,立即就有心灵的沟通。

与《海国图志》齐名的是《瀛环志略》。作者徐继畬是一名学厚识精的官员，鸦片战争中任汀漳龙道，在漳州组织防御。后历广东盐运使、广东布政使、福建布政使，1846年升福建巡抚。他是总督刘韵珂处理对外事务的主要帮手，有如黄恩彤与耆英的关系。

1844年，徐继畬办理厦门对外开放，发现自己对外部知识的无知，恰遇传教士雅裨理（David Abeel），得外国地图册等资料，开始钻研新课题。此后他广搜资料、精心撰述、反复修改，终于1848年完成这部高品质的地理学著作。《瀛环志略》对外部知识的介绍，比魏源更详尽准确，也没有当时人惯常的附会臆测；它对西方的人文制度多有褒评，却又使用着旧观念。但是，对战后中国应走何种道路这一最最紧要的问题，这部书没有作出回答。而从前面介绍的他弼助的上司刘韵珂战后表现中，我们又似乎可看到徐氏的答复。

还有一部必须提到的著作是梁廷枏的《海国四说》。梁是一位著述宏富的广东名儒，曾入祁埙、徐广缙幕。这部于1846年杀青的著作，对美国和英国介绍尤详，对基督教的议论也可见其功力，而对蒸汽机的描写在当时人眼中有如天书，其缺点与《瀛环志略》相同。

如此评价《海国图志》、《瀛环志略》、《海国四说》可能过于苛求，但战后中国所处的险恶局势又不能不对之严格要求。平心而论，魏、徐、梁是当时最先进的思想家。他们从一个封闭的容器中探出头来，开眼看世界，并能放下"天朝"的架子，平静地看待另一种文明（徐继畬最为突出）已是石破天惊之举。由此为基点，稍稍进步，便可登堂入室，领略新风光。然而，我们今天认为尚不够完美的著作，当时被许多人视之为"夷"张目而鄙视。在"天朝"的文化人中，他们是孤独的，这是他们个人的不幸；然中国最优秀的思想家尚未辨明中国的方向，又是整个民族的不幸。这是时代与社会间的落差。后来，《海国图志》和《瀛环志略》浮海东瀛，识货的日本人为之翻刻，对日本维新思想的发生发展多有帮助，这又是魏、徐两氏始料未及的。

魏源、徐继畬、梁廷枏的思想未能达到历史所要求的高度，很大程度上是由于缺乏思想资料。"天朝"中有着难以计数的书籍，独缺"夷"人"夷"事之作。美国的赠书为耆英谢绝，法国的留学又被黄恩彤婉拒。魏源等人苦无材料，到处托人求人。他们并不知道，就在北京，有着他们急需的大批图书。

1845年，俄国政府因清政府赠送藏文《大藏经》，回赠各类图书355种共计800余册（幅），另有天文、地理仪器和工具。这些图书可分成21类，包括政治、经济、军事、文化、科学、技术、工艺、地理等等，仅地图就有22幅，另有地图册13本。理藩院收到这批图书后，仅译出书名，便束之高阁了。13年后，1858年，郭嵩焘至北京，闻之大为感慨："倘能译其书而为之备，必有以济海疆之用者矣。"一名官员还向郭透露，当年他曾向军机大臣祁寯藻提议译书，祁表示反对，理由是"恐其书不伦，徒伤国体"！❶由于清朝的灭亡，这批图书大多佚失，今存北京图书馆有20余册，存故宫博物院图书馆有地图7幅、地图册10余种。设或这批图书被译为中文刊行，设或魏源、徐继畬、梁廷枏能读到这批图书，其思想是否会有质的嬗变？

相比起魏、徐、梁，洪仁玕的机会要优越得多。他在香港多年，曾充布道师。1859年，他来到太平天国的首都天京（南京），

---

❶ 《郭嵩焘日记》第1册，湖南人民出版社，1981年，第186—189页。俄国赠书的书目可见于何秋涛：《朔方备乘》。羽离子的论文：《俄罗斯首次对清政府赠书始末》（《近代史研究》1991年第4期）对此也有具体的叙说。

作《资政新篇》呈天王洪秀全，建策达28条之多，实为中国第一个具有近代意义的政经改革方案。读之令人鼓舞。可他做个军师、干王，总理朝纲后又怎么样呢？在《军次实录》、《英杰归真》中，我们看到了另一个洪仁玕。在这一变化中，难道完全是洪仁玕的个人选择？其中又有多少历史背景的限定？

历史的诉说夹杂着悲痛。

鸦片战争结束后的14年，1856年，战火又起。英法联军次第攻占广州、大沽，进入天津、北京。清朝又与英、法、美、俄四国签订了11个不平等条约。与前次战争相比，清朝没有丝毫的进步，完全是重复错误。战后，新兴起的地方军政集团——湘、淮系首领做了一些"师夷"的工夫，导致后来的洋务运动（自强运动）。可是，一查来历，其原动力不是来自战败的刺激，其最初目标也非为"制夷"，而是为了对付那些造反的"长毛"。

鸦片战争结束后的52年，1894年，经明治维新而疾速发展的日本，打到其先前祖师爷的门前。他们废除了与李鸿章在天津签订的别开生面的前约，让李鸿章至马关另订新约，仿效鸦片战争中的英国，要求割地赔款，并在一切方面享有与西方列强同等的权利。

鸦片战争结束后的86年，1928年，中英两国政府又在南京签订条约，取消协定关税。这一份新的南京条约开始了转折。

鸦片战争结束后的101年，1943年，中英两国政府在重庆签订条约，废除领事裁判权、军舰自由进入通商口岸、片面最惠国待遇等不平等权利。

鸦片战争结束后的142年，1984年，中英两国政府在北京签订联合声明，香港将于1997年降下米字旗，回归中国。

由此，鸦片战争的一切痕迹已经或即将消除。或许，将来的人们，只能从香港中环以璞鼎查另一中文译名命名的"砵甸乍街"的路牌上，感受到那次战争。到了那个时候，历史的诉说会否永久高昂？

150多年过去了。

19世纪是中国人屈辱的世纪。20世纪是中国人饱尝人世间一切艰难困苦的世纪。21世纪呢？

人们说，19世纪是英国人的世纪。20世纪是美国人的世纪。21世纪呢？

也有一些黑头发黄皮肤的人宣称，21世纪是中国人的世纪。可是，真正的要害在于中国人应以什么样的姿态进入21世纪？中国人怎样才能赢得这一称号——中国人的世纪？

不管历史将作何种选择，我以为，鸦片战争留给我们首要的问题是，中国大陆与西方的差距，比起150多年前鸦片战争时，是扩大了，还是缩小了？

征引文献

（未引用的参考书目未列入）

《军机处录副》帝国主义侵略类、财政类、军务类等

《宫中档朱批奏折》帝国主义侵略类、财政类、军务类等

《上谕档》道光二十至二十三年

《剿捕档》道光二十至二十三年

（以上档案均藏中国第一历史档案馆）

《道光鸦片战争案汇存》（抄本，6册），中国社会科学院近代史研究所藏

《清代中俄关系档案史料》第3编，北京：中华书局，1979年

《清实录》，北京：中华书局，1986年影印本

《鸦片战争后期英军在长江下游的侵略罪行》，上海人民出版社，1959年

福建师大历史系、福建地方史研究室编：《鸦片战争在闽台资料选编》，福州：福建人民出版社，1982年

广东省文史研究馆编：《三元里人民抗英斗争史料》，北京：中华书局，1978年

昆冈等修：《钦定大清会典事例（光绪朝）》，光绪二十五年（1899）刻本

王钟翰点校：《清史列传》，北京：中华书局，1987年

文庆等修：《筹办夷务始末（道光朝）》，北京：中华书局，1964年

赵尔巽等撰：《清史稿》，北京：中华书局，1977年

中国第一历史档案馆编：《鸦片战争档案史料》，天津古籍出版社，1992年

中国第一历史档案馆等编:《鸦片战争在舟山史料选编》,杭州:浙江人民出版社,1992年

中国史学会主编、齐思和等编:《中国近代史料丛刊·鸦片战争》,上海:新知识出版社,1955年

《宝山县续志》,1920年排印本

《宝山县志》,光绪八年(1882)刊本

《筹办夷务始末(咸丰朝)》,北京:中华书局,1979年

《慈谿县志》,光绪二十五年(1899)刊本

《定海县志》,1924年排印本

《定海直隶厅志》,光绪十一年(1885)刊本

《东莞县志》,1921年刊本

《番禺县志》,同治十年(1871)刊本

《光绪大清会典则例》,光绪二十五年(1899)刊本

《郭嵩焘日记》第1册,长沙:湖南人民出版社,1981年

《虎门炮台图说》,清刊本

《林则徐寄陕寓家书》,广州:《岭南文史》,1985年第1期

《林则徐诗集》,郑丽生校,福州:海峡文艺出版社,1985年

《南海县志》,同治十一年(1872)刊本

《钦定工部军需则例》,清刊本

《钦定户部军需则例》,清刊本

《清朝通典》,上海:商务印书馆,1936年

《清朝通志》,上海:商务印书馆,1936年

《厦门志》,道光十二年(1832)刊本

《洋事杂录》,《中山大学学报》1986年第3期

《粤东纪事》,《近代史资料》,1956年第2期

《镇海县志》,1932年排印本

《镇海县志》,光绪五年(1879)刊本

《中枢政考》，嘉庆七年（1802）刊本

《左宗棠全集·书信》第2册，长沙：岳麓书社，1996年

曾国藩：《曾国藩全集·日记》第1册，长沙：岳麓书社，1987年

曾国藩：《曾国藩全集·书信》第1册，长沙：岳麓书社，1990年

曾国藩：《曾国藩全集·奏稿》第1册，长沙：岳麓书社，1987年

陈锡祺等编：《林则徐奏稿、公牍、旧记补编》，广州：中山大学出版社，1985年

范城：《质言》刊本，1935年

龚自珍：《龚自珍全集》，上海人民出版社，1975年

关天培：《筹海初集》，道光十六年（1836）刊本

何秋涛：《朔方备陈》，咸丰九年（1859）刊本

黄恩彤：《知止堂文集》，光绪六年（1880）刊本

黄爵滋、许乃济：《黄爵滋奏疏·许乃济奏议合刊》，北京：中华书局，1959年

嵇璜等纂：《皇朝文献通考》，上海图书集成局，光绪二十七年（1901）铅印本

梁廷枏：《夷氛闻记》，北京：中华书局，1959年

梁廷枏：《海国四说》，北京：中华书局，1993年

陆模：《朝议公年谱》，清刊本

钱仪吉、缪荃孙等纂：《清朝碑传全集》第3册，台北：大化书局，1984年

庆桂纂：《钦定大清会典图》，嘉庆十六年（1811）刻本

沈卓然、朱晋材编：《胡林翼全集》，上海：大东书局，1936年

王铁嵩：《林则徐两封未发表的书信》，《福建学刊》，1992年第3期

王铁崖编：《中外旧约章汇编》，北京：生活·读书·新知三联书店，1959年

魏源：《圣武记》，北京：中华书局，1984年

魏源：《魏源集》，北京：中华书局，1976年

魏源：《魏源全集》，长沙：岳麓书社，2011年

夏燮：《中西纪事》，长沙：岳麓书社，1988年

徐继畬：《瀛环志略》，清刊本

杨芳：《宫傅杨果勇侯自编年谱》，道光二十年（1840）刊本

杨国桢编：《林则徐书简》，福州：福建人民出版社，1985年

杨坚点校：《郭嵩焘奏稿》，长沙：岳麓书社，1983年

姚贤镐编：《中国近代对外贸易史料》，北京：中华书局，1962年

姚莹：《东溟奏稿》，清刊本

裕谦：《益勉斋偶存稿》，道光十二年（1832）刊本

裕谦：《益勉斋续存稿》，道光十四年（1834）刊本

袁英光、童浩整理：《李星沅日记》，中华书局，1987年

张集馨：《道咸宦海见闻录》，北京：中华书局，1981年

赵翼：《簷曝杂记》，北京：中华书局，1982年

中山大学历史系编：《林则徐集·公牍》，北京：中华书局，1963年

中山大学历史系编：《林则徐集·日记》，北京：中华书局，1962年

中山大学历史系编：《林则徐集·奏稿》，北京：中华书局，1965年

朱士嘉编：《十九世纪美国侵华档案史料选辑》，北京：中华书局，1959年

陈胜粦：《林则徐与鸦片战争论稿》（增订本），广州：中山大学出版社，1990年

陈旭麓：《陈旭麓学术文存》，上海人民出版社，1990年

杜永镇：《对虎门炮台抗英大炮和虎门海口各炮台的初步调查》，《文物》1963年第10期

范文澜：《中国近代史》上册，北京：人民出版社，1955年

冯玉祥：《我的生活》，哈尔滨：黑龙江人民出版社，1981年

胡绳：《帝国主义与中国政治》，北京：人民出版社，1953年

胡思庸等：《川鼻草约考略》，《光明日报》1983年2月2日

黄流沙等：《鸦片战争虎门战场遗迹遗物调查记》，《文物》1975年第1期

蒋廷黻：《琦善与鸦片战争》，（北平）《清华学报》第6卷第3期（1931年10月）

蒋廷黻：《中国近代史》，艺文研究会，1938年；长沙：岳麓书社，1987年

来新夏：《林则徐年谱》，上海人民出版社，1985年

老舍：《正红旗下》，北京：人民文学出版社，1980年

李伯祥等：《关于十九世纪三十年代鸦片进口和白银外流的数量》，《历史研究》1980年第5期

李定一:《中美早期外交史》,台北:三民书局,1985年

郦永庆:《第一次鸦片战争后福州问题考辩》,《历史档案》1990年第2期

郦永庆:《鸦片战争时期士民具折上奏问题述论》,《近代史研究》1993年第1期

郦永庆:《有关禁烟运动的几点新认识》,《历史档案》1986年第3期

刘旭:《中国古代火炮史》,上海人民出版社,1989年

刘子扬:《清朝地方官制考》,北京:紫禁城出版社,1988年

罗尔纲:《绿营兵志》,北京:中华书局,1984年

罗正钧:《左宗棠年谱》,长沙:岳麓书社,1982年

吕小鲜:《第一次鸦片战争时期中英两军的武器装备和作战效能》,《历史档案》1988年第3期

麦天枢、王先明:《昨天——中英鸦片战争纪实》,北京:人民文学出版社,1992年

米庆余:《明治维新——日本资本主义的起步与形成》,北京:求实出版社,1988年

牟安世:《鸦片战争》,上海人民出版社,1982年

潘振平:《道光帝旻宁》,《清代皇帝传略》,北京:紫禁城出版社,1991年

彭泽益:《论鸦片赔款》,《经济研究》,1962年第12期

皮明勇:《清朝兵器研制管理制度与鸦片战争》(油印本),1990年

皮明勇:《晚清军人地位》(油印本),1990年

田汝康等:《禁烟运动的思想前驱》及附录,《复旦大学学报》,1978年第1期

王立诚:《鸦片战争前禁烟决策评析》,《兰州大学学报》1990年第4期

王兆春:《中国火器史》,北京:军事科学出版社,1991年

萧致治等:《鸦片战争前中西关系纪事》,武汉:湖北人民出版社,1986年

熊志勇:《从望厦条约的签订看中美外交上的一次交锋》,《近代史研究》1990年第4期

严中平:《英国鸦片贩子策划鸦片战争的幕后活动》,《近代史资料》1958年第4期

严中平:《英国资产阶级纺织利益集团与两次鸦片战争史料》,《经济研究》1955年第1、2期

杨国桢:《林则徐传》,北京:人民出版社,1981年

姚薇元:《鸦片战争》,武汉:湖北人民出版社,1983年

姚薇元:《鸦片战争史实考》,贵州:文通书局,1942年;上海:新知识出版社,

1955年；北京：人民出版社，1984年

余绳武等：《沙俄侵华史》第2、3卷，北京：人民出版社，1978年、1982年

羽离子：《俄罗斯首次对清政府赠书始末》，《近代史研究》1991年第4期

瘦岭劳人：《蜃楼志》，济南：齐鲁书社，1988年

赵立人：《鸦片战争考释二则》，《近代史研究》1993年第3期

〔美〕马士：《中华帝国对外关系史》，北京：生活·读书·新知三联书店，1964年

〔美〕费正清主编：《剑桥中国晚清史》，中国社会科学院历史研究编译室译，北京：中国社会科学出版社，1985年

〔美〕赖德烈：《早期中美关系史，1784—1844》，陈郁译，北京：商务印书馆，1963年

〔法〕卫青心：《法国对华传教政策》，黄庆华译，中国社会科学出版社，1991年

〔美〕魏斐德：《大门口的陌生人：1839—1861年间华南的社会动乱》，王小荷译，中国社会科学出版社，1988年

〔美〕张馨保：《林钦差与鸦片战争》，徐梅芬等译，福州：福建人民出版社，1989年

〔美〕泰勒·丹涅特：《美国人在东亚——十九世纪美国对中国、日本和朝鲜政策的批判的研究》，姚曾廙译，北京：商务印书馆，1959年

〔日〕信夫清三郎：《日本政治史》第1册，周启乾译，上海译文出版社，1982年

〔意〕汤若望口述、焦勖撰录：《火攻挈要》，上海：商务印书馆，1936年

〔英〕巴那比著：《英国水师考》，傅兰雅等译，上海：江南制造局，1886年

〔苏〕阿·伊帕托娃：《第一次鸦片战争及战争以后的中国》，《清史研究通讯》1990年第3期

佐々木正哉编：《鴉片戰争の研究：資料篇》，東京：近代中國研究委員会，1964年

佐々木正哉编：《鴉片戰爭後の中英抗爭：資料篇稿》，東京：近代中國研究委員會，1964年

佐々木正哉编：《鴉片戰爭前中英交涉文書》，東京：巖南堂書店，1967年

佐佐木正哉：《鸦片战争初期的军事与外交》，〔日〕《军事史学》第5卷第2号

佐佐木正哉：《论所谓"穿鼻条约草案"》，《中国的政治与经济》，中译本见《外国学者论鸦片战争与林则徐》上册，福州：福建人民出版社，1989年

佐佐木正哉：《鸦片战争研究——从英军进攻广州到义律被免职》，其中部分中译本见《国外中国近代史研究》第10辑、第12辑、第15辑

佐佐木正哉：《鸦片战争研究——从璞鼎查到任至南京条约签订》

佐佐木正哉：《"南京条约"的签订和其后的一些问题》

（以上论文未注明者皆刊于〔日〕《近代中国》，东京严南堂书店版各卷。中译本皆由李少军先生提供）

Bernard, William Dallas. *Narrative of the Voyages and Service of the Nemesis.* London: Henry Colburn, 1844.

Bingham, Elliot. *Narrative of the expedition to China : from the commencement of the war to the present period.* London : H. Colburn, 1842.

Chinese Repository. vol. 6–14 (1836–1845).（其中部分中译本可见《鸦片战争史料选译》，中华书局，1983年；《鸦片战争与林则徐史料选译》，广东人民出版社，1986年）

Collis, Maurice. *Foreign Mud: Being an Account of the Opium Imbroglio at Canton in the 1830's and the Anglo-Chinese War that Follawed.* London: Faber and Faber Ltd., 1946.

Davis, John Francis. *China During the War and Since the Peace.* vol. 1. London : Longman, Brown, Green, and Longmans, 1852.

Endacott, George Beer. *A Biographical Sketch-book of Early Hong Kong.* Singapore: Eastern Universities Press, 1962.

Gützlaff, Karl. *Journal of Three Voyages along the Coast of China, in 1831, 1832 & 1833.* London: Frederick Westley and A.H. Davis, 1834.

Inspectorate General of Customs. *Treaties, conventions, etc., between China and foreign states.* vol. 1. Shanghai: Statistical Department of the Inspectorate General of Customs, 1908.

Irish University Press area studies series, British parliamentary papers: China. vol. 27, 30, 31. Shannon, Ireland: Irish University press, 1971.

Jocelyn, Robert Lord. *Six months with China Expedition.* London: John Murry, 1841.

Mackenzie, Keith. *Narrative of the Second Campaign in China.* London: Richard Bentley. 1842.

McPherson, Duncan. *Two years in China, Narrative of Chinese expedition, from its formation in April, 1840, to the treaty of peace in August, 1842.* London: Saunders and Otley.

Murray, Alexander. *Doings in China: Being the Personal Narrative of an Officer Engaged in the Late Chinese Expedition, From the Recapture of Chusan in 1841, to the Peace of Nankin in 1842.* London: Bentley, 1843.

Ouchterlony, John. *The Chinese War: an Account of all the Operations of the British Forces from the Commencement to the Treaty of Nanking.* London: Saunders and Otley, 1844.

Teng, Ssu-yü. *Chang Hsi and the Treaty of Nanking.* Chicago: University of Chicago Press, 1944.

人名、船名对照表

（以汉字笔划为序）

三划

义律（Charles Elliot）

士密（H. Smith）

士思利（Joseph de la Serviere）

马戛尔尼（George MaCartney）

马他仑（Maitland）威厘士厘号舰长

马他仑（Frederick Maitland）英东印度舰队司令

马儒翰（John Robert Marrison）

马答加斯加号（Madagascar）

四划

韦伯斯特（Daniel Webster）

贝雷色号（Belleisle）

风鸢（Kite）

巴麦尊（John Henry Temple Palmerston）

巴加（William Parker）

五划

宁罗得号（Nimrod）

兰瓦（J. Lannoy）

甘米力治号（Combridge）

布朗底号（Blonde）

巨蛇号（Serpent）

达内德号（Danaide）

北极星号（North Star）

史蒂德（Stead）

弗莱吉森号（Phlegethon）

加尼（Lawrence Kearny）

加略利（Joseph-Marie Callery）

加略普号（Calliope）

司塔林号（Starling）

丘比特号（Jupiter）

六划

安突德（P. Anstruther）

安度明号（Endymion）
安妮号（Ann）
汤林森（Tomlinson）
汤若望（Joannes Adam Shehall Nonbell）
麦尔威厘号（Melville）
麦都萨号（Medusa）
西索斯梯斯号（Sesostris）
吉瑟林（Jocelyn）
因义士（J. Innes 又译作啈咏吐、啈咏吐）
吗晋啥（Merwanjee）
进取号（Enterprise）
多利那（Edward Delano）
巡洋号（Cruizer）
毕霞（Beecher）

七划

沙厘（Charles-Alexandre Challay）
没兰得湾号（Brandywine）
辛好士（Humphrey Fleming Senhouse）
李太廓（George Tradescant Lay）
李利华（Carl Fredrik Liljevalch）
克里欧号（Clio）
坎布雷号（Cambrian）
呲啉啥（Framjee）
伯麦（James John Gordon Bremer）
伯兰汉号（Blenheim）
伯驾（Peter Parker）
伯劳西伯号（Proserpine）

伯鲁多号（Pluto）
利洛（Grannille G. Loch）
希腊号（Hellas）
阿美士德（William Pitt Amherst）
阿尔吉林号（Algerine）
阿特兰特号（Atalanta）
阿克巴号（Ackbar）
阿厘厄登号（Ariadne）
阿伯丁伯爵（Lord Aberdeen）
阿吉默特号（Archiméde）
纳尔不达号（Nerbudda）

八划

法沃里特号（Favorite）
拉恩号（Larne）
拉地蒙冬（Benoît Ulysse Ratti-Menton）
拉萼尼（Théodore de Lagrené）
青春女神号（Young Hebe）
吖吖喱（Dadabhoy）
罗伯聃（Robert Thom）
罗撒梅尔（J. D. Rosamel）
卑拉底斯号（Pylades）
驾驶者号（Driver）
金执尔（William Raymond Gingell）
佩斯汤基·伯曼基号（Pestonjee Bomanjee）

九划

洪哥厘号（Hooghly）

威厘士厘号（Wellesley）

威伯士德（Fletcher Webster）

威克森号（Vixen）

珍珠号（Pearl）

查顿（William Jardine）

柳比莫夫（и. и. любимов）

律劳卑（William John Napier）

皇后号（Queen）

复仇号（Vindictive）

复仇神号（Nemesis）

保皇党人号（Royalist）

胞祖（Thomas Bourchier）

科瓦列夫斯基（Е. П. Ковалевский）

峫嘟号（Thomas Coutts）

冒险者号（Hazard）

哈利昆号（Harlequin）

咜哎（Whiteman）

费正清（John King Fairbank）

十划

郭士立（Karl Gützlaff）

郭富（Hugh Gough）

海阿新号（Hyacinth）

流浪者号（Wanderer）

哥伦拜恩号（Columbine）

都鲁壹号（Druid）

都泼浪（Fornier Duplan）

顾盛（Caleb Cushing）

泰勒（John Tyler）

真盛意（Adolphe Dubois de Jancigny）

班廷克号（Bentinck）

埃里戈纳号（Erigone）

钱米任号（Chameleon）

皋华丽号（Cornwallis）

爱尔斯号（H. Eyres）

十一划

康威号（Conway）

麻恭（G. A. Malcolm）

基尔德斯号（Childers）

梅姆隆号（Memnon）

培里康号（Pelican）

啴嚯（Turner）

基佐（François Guizot）

培里（Matthew Calbraith Perry）

十二划

窝拉疑号（Volage）

硫磺号（Sulphur）

斐列勒（Théophile de Ferrière Le Vayer）

雅裨理（David Abeel）

黑獾号（Wolverene）

奥克兰号（Auckland）

十三划

塞利亚号（Thalia）

福士（Paul S. Forbes）
裨治文（Elijah Colemen Bridgman）
赖拉号（Lyra）
路易莎号（Louisa）

德庇时（John Francis Davis）
璞鼎查（Henry Pottinger）
穆拉维约夫（и. и. Муравьев）

十四至十六划

谭那萨林号（Tennassarim）
摩底士底号（Modeste）
颠地（Lancelot Dent）
噶唔（Gordon）

十七划以上

戴窦号（Dido）
霞毕（Thomas Herbert）
曙光号（Aurora）
懿律（George Elliot）
鳄鱼号（Alligator）

新版后记

这是一本写于二十多年前的书,出版也近二十年了。作为一部学术著作,前两版已印刷了 17 次,读者的欢迎,使我感到了温暖——不管世道如何变化,学术毕竟有其存在的意义与价值。

此次新版,重新核对了史料,订正了少量讹误,而最主要的,是改变了注释的体例,由原来的章后注改为页下注,以能方便读者。我也经常听到读者对章后注的抱怨,称阅读时前后查阅不便。所有这些工作,都是由我的学生帮助做的。至于书中的文字,基本没有变动,这一方面是最近十多年我的研究兴趣已转向戊戌变法,另一方面是我对鸦片战争的基本看法,依旧没有改变。

茅海建

2014 年 9 月于东川路

三联·哈佛燕京学术丛书
[一至十九辑书目]

第一辑

中国小说源流论 / 石昌渝著

工业组织与经济增长的
理论研究 / 杨宏儒著

罗素与中国 / 冯崇义著
——西方思想在中国的一次经历

《因明正理门论》研究 / 巫寿康著

论可能生活 / 赵汀阳著

法律的文化解释 / 梁治平编

台湾的忧郁 / 黎湘萍著

再登巴比伦塔 / 董小英著
——巴赫金与对话理论

第二辑

现象学及其效应 / 倪梁康著
——胡塞尔与当代德国哲学

海德格尔哲学概论 / 陈嘉映著

清末新知识界的社团与活动 / 桑 兵著

天朝的崩溃 / 茅海建著
——鸦片战争再研究

境生象外 / 韩林德著
——华夏审美与艺术特征考察

代价论 / 郑也夫著
——一个社会学的新视角

走出男权传统的樊篱 / 刘慧英著
——文学中男权意识的批判

金元全真道内丹心性学 / 张广保著

第三辑

古代宗教与伦理 / 陈 来著
——儒家思想的根源

世袭社会及其解体 / 何怀宏著
——中国历史上的春秋时代

语言与哲学 / 徐友渔 周国平 陈嘉映 尚 杰 著
——当代英美与德法传统比较研究

爱默生和中国 / 钱满素著
——对个人主义的反思

门阀士族与永明文学 / 刘跃进著

明清徽商与淮扬社会变迁 / 王振忠著

海德格尔思想与中国天道 / 张祥龙著
——终极视域的开启与交融

第四辑

人文困惑与反思 / 盛 宁著
——西方后现代主义思潮批判

社会人类学与中国研究 / 王铭铭著

儒学地域化的近代形态 / 杨念群著
——三大知识群体互动的比较研究

中国史前考古学史研究 ／ 陈星灿著
(1895—1949)

心学之思 ／ 杨国荣著
——王阳明哲学的阐释

绵延之维 ／ 丁 宁著
——走向艺术史哲学

历史哲学的重建 ／ 张西平著
——卢卡奇与当代西方社会思潮

第五辑

京剧·跷和中国的性别关系 ／ 黄育馥著
(1902—1937)

奎因哲学研究 ／ 陈 波著
——从逻辑和语言的观点看

选举社会及其终结 ／ 何怀宏著
——秦汉至晚清历史的一种社会学阐释

稷下学研究 ／ 白 奚著
——中国古代的思想自由与百家争鸣

传统与变迁 ／ 周晓虹著
——江浙农民的社会心理及其近代以来的嬗变

神秘主义诗学 ／ 毛 峰著

第六辑

人类的四分之一：马尔萨斯的神话与中国的现实 ／ 李中清 王 丰著
(1700—2000)

古道西风 ／ 林梅村著
——考古新发现所见中西文化交流

汉帝国的建立与刘邦集团 ／ 李开元著
——军功受益阶层研究

走进分析哲学 ／ 王 路著

选择·接受与疏离 ／ 王攸欣著
——王国维接受叔本华 朱光潜接受克罗齐 美学比较研究

为了忘却的集体记忆 ／ 许子东著
——解读50篇"文革"小说

中国文论与西方诗学 ／ 余 虹著

第七辑

正义的两面 ／ 慈继伟著

无调式的辩证想象 ／ 张一兵著
——阿多诺《否定的辩证法》的文本学解读

20世纪上半期中国文学的现代意识 ／ 张新颖著

中古中国与外来文明 ／ 荣新江著

中国清真女寺史 ／ 水镜君 玛利亚·雅绍克著

法国戏剧百年 ／ 宫宝荣著
(1880—1980)

大河移民上访的故事 ／ 应 星著

第八辑

多视角看江南经济史 ／ 李伯重著
(1250—1850)

推敲"自我"：小说在18世纪的英国 ／ 黄梅著

小说香港 ／ 赵稀方著

政治儒学 ／ 蒋 庆著
——当代儒学的转向、特质与发展

在上帝与恺撒之间 ／ 丛日云著
——基督教二元政治观与近代自由主义

从自由主义到后自由主义 ／ 应 奇著

第九辑

君子儒与诗教 / 俞志慧著
——先秦儒家文学思想考论

良知学的展开 / 彭国翔著
——王龙溪与中晚明的阳明学

国家与学术的地方互动 / 王东杰著
——四川大学国立化进程（1925—1939）

都市里的村庄 / 蓝宇蕴著
——一个"新村社共同体"的实地研究

"诺斯"与拯救 / 张新樟著
——古代诺斯替主义的神话、哲学与精神修炼

第十辑

祖宗之法 / 邓小南著
——北宋前期政治述略

草原与田园 / 韩茂莉著
——辽金时期西辽河流域农牧业与环境

社会变革与婚姻家庭变动 / 王跃生著
——20世纪30—90年代的冀南农村

禅史钩沉 / 龚隽著
——以问题为中心的思想史论述

"国民作家"的立场 / 董炳月著
——中日现代文学关系研究

中产阶级的孩子们 / 程巍著
——60年代与文化领导权

心智、知识与道德 / 马永翔著
——哈耶克的道德哲学及其基础研究

第十一辑

批判与实践 / 童世骏著
——论哈贝马斯的批判理论

语言·身体·他者 / 杨大春著
——当代法国哲学的三大主题

日本后现代与知识左翼 / 赵京华著

中庸的思想 / 陈赟著

绝域与绝学 / 郭丽萍著
——清代中叶西北史地学研究

第十二辑

现代政治的正当性基础 / 周濂著

罗念庵的生命历程与思想世界 / 张卫红著

郊庙之外 / 雷闻著
——隋唐国家祭祀与宗教

德礼之间 / 郑开著
——前诸子时期的思想史

从"人文主义"到"保守主义" / 张源著
——《学衡》中的白璧德

传统社会末期华北的生态与社会 / 王建革著

第十三辑

自由人的平等政治 / 周保松著

救赎与自救 / 杨天宏著
——中华基督教会边疆服务研究

中国晚明与欧洲文学 / 李奭学著
——明末耶稣会古典型证道故事考诠

茶叶与鸦片：19世纪经济全球化中的中国 / 仲伟民著

现代国家与民族建构 / 昝涛著
——20世纪前期土耳其民族主义研究

第十四辑

自由与教育 / 渠敬东　王　楠著
——洛克与卢梭的教育哲学

列维纳斯与"书"的问题 / 刘文瑾著
——他人的面容与"歌中之歌"

治政与事君 / 解　扬著
——吕坤《实政录》及其经世思想研究

清代世家与文学传承 / 徐雁平著

隐秘的颠覆 / 唐文明著
——牟宗三、康德与原始儒家

第十五辑

中国"诗史"传统 / 张　晖著

民国北京城：历史与怀旧 / 董　玥著

柏拉图的本原学说 / 先　刚著
——基于未成文学说和对话录的研究

心理学与社会学之间的
诠释学进路 / 徐　冰著

公私辨：历史衍化与
现代诠释 / 陈乔见著

秦汉国家祭祀史稿 / 田　天著

第十六辑

辩护的政治 / 陈肖生著
——罗尔斯的公共辩护思想研究

慎独与诚意 / 高海波著
——刘蕺山哲学思想研究

汉藏之间的康定土司 / 郑少雄著
——清末民初末代明正土司人生史

中国近代外交官群体的
形成（1861—1911）/ 李文杰著

中国国家治理的制度逻辑 / 周雪光著
——一个组织学研究

第十七辑

新儒学义理要诠 / 方旭东著

南望：辽前期政治史 / 林　鹄著

追寻新共和 / 高　波著
——张东荪早期思想与活动研究
　　（1886—1932）

迈克尔·赫茨菲尔德：学术
传记 / 刘　珩著

第十八辑

"山中"的六朝史 / 魏　斌著

长安未远：唐代京畿的
乡村社会 / 徐　畅著

从灵魂到心理：关于经典精神分析的
社会学研究 / 孙飞宇著

此疆尔界："门罗主义"与
近代空间政治 / 章永乐著

第十九辑

何处是"中州"？/ 江　湄著
——十到十三世纪的历史与观念变局

波斯与东方：阿契美尼德帝国时期的
中亚 / 吴　欣著

观物：邵雍哲学研究 / 李　震著

魔化与除魔：皮柯的魔法思想与现代
世界的诞生 / 吴功青著

通向现代财政国家的路径：英国、日本
与中国 / 和文凯著

汉字革命：中国语文现代性的起源
（1916—1958）/ 钟雨柔著